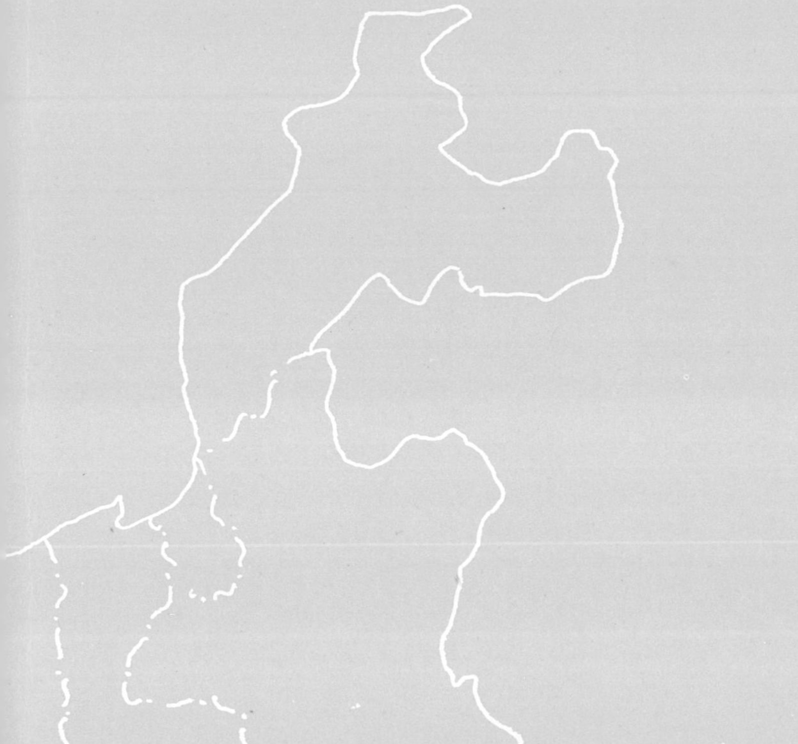

德宏年鉴

2000

（总第9期）

德宏年鉴编辑部

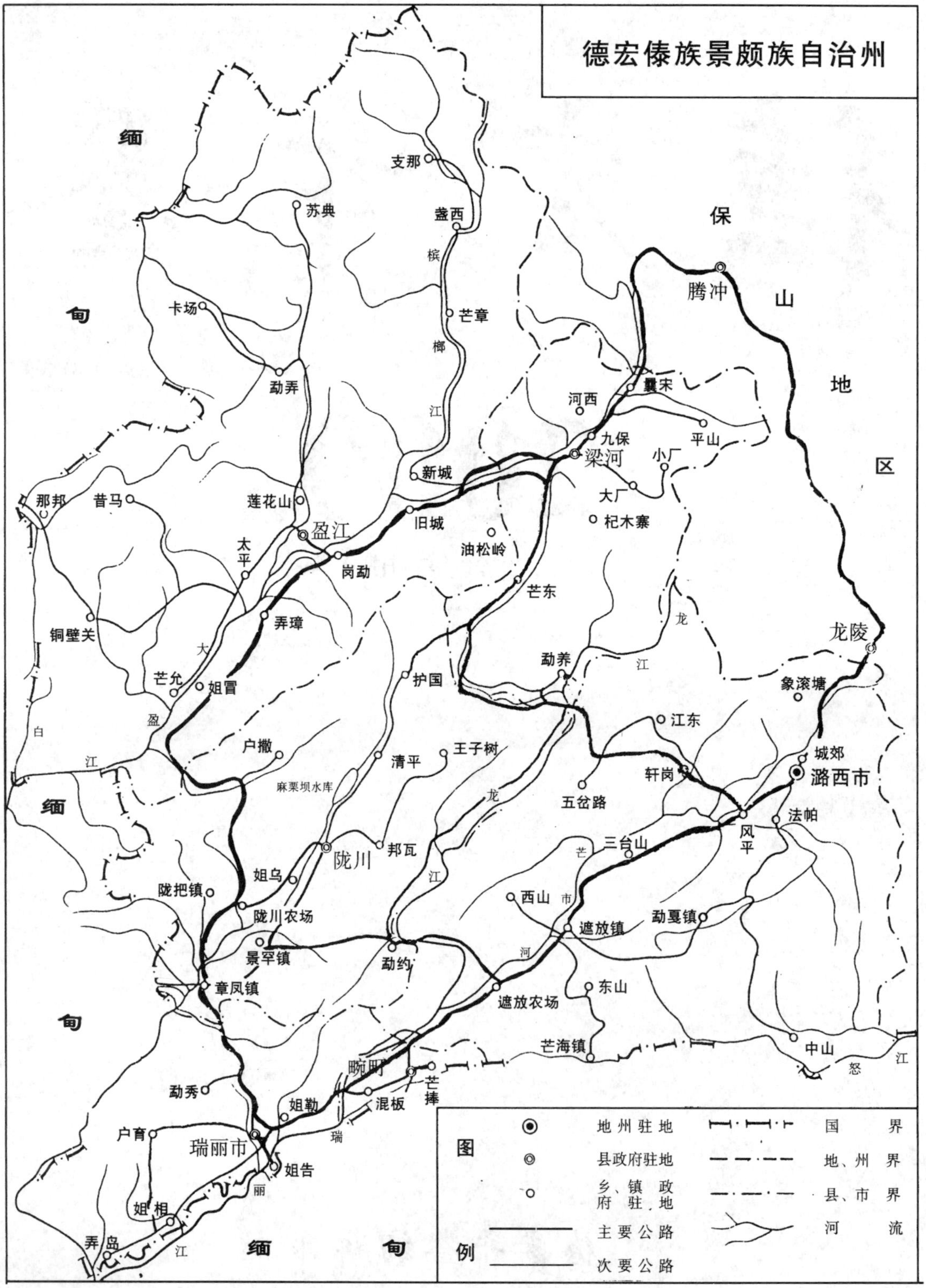
缅
甸
缅
甸
缅
甸
缅
甸
保
山
地
区
支那
苏典
盏西
槟
卡场
芒章
榔
江
勐弄
河西
曩宋
九保
平山
梁河
小厂
新城
大厂
那邦
昔马
莲花山
杞木寨
盈江
旧城
太平
油松岭
岗勐
芒东
龙
铜壁关
弄璋
龙陵
大
江
勐养
芒允
姐冒
护国
象滚塘
白
盈
江东
户撒
城郊
江
清平
王子树
潞西市
麻栗坝水库
轩岗
龙
五岔路
法帕
风平
三台山
邦瓦
陇川
芒
姐乌
江
陇把镇
西山
市
陇川农场
勐戛镇
遮放镇
景罕镇
勐约
河
章凤镇
东山
遮放农场
芒海镇
中山
江
怒
畹町
芒
捧
勐秀
混板
姐勒
户育
瑞
瑞丽市
姐告
丽
姐相
弄岛
江
图例
地州驻地
县政府驻地
乡、镇政府驻地
主要公路
次要公路
国界
地、州界
县、市界
河流

德宏傣族景颇族自治州

《德宏年鉴》编辑委员会

主　　任	管国忠
副 主 任	杨焰平　龚敬政　方绍南　赵家培　李志明　杨俊忠　王　冲
委　　员	张本道　金光亮　李有升　段晓光　龚元政　张建章
顾　　问	王南昆　麻　端　杨拾全　李增寿　杨文忠　李向前
特约顾问	匡大一

《德宏年鉴》编辑部

总　　编	张建章
副 总 编	杨星明
编　　辑	田启云
美　　编	张建章　杨星明　谢尚华(特约)
编　　务	郭桂兰　朱近华　胡筠燕
目录翻译	龚　珊

《德宏年鉴》2000 卷编辑分工

责任编辑	张建章　杨星明
责任校对	田启云　杨星明

《德宏年鉴》撰稿人员名单

（按出现先后顺序排名）

王南昆	管国忠	雷冯庆	尹以庄	杜　平	张建章	王绍山
李有升	方桄民	张新跃	陈友莉	李全民	尹仁山	段兆雄
唐宏君	刀承明	杨盛荣	张慧云	李晓全	孔　锐	蒋开富
尹银胜	张全飞	张廷和	杨明有	杨仲举	夏开荣	许洪宏
闫焕美	杜建波	向　斌	蒲应德	沈志祥	陈寿昌	向　阳
彭建平	文晓燕	尹可谅	吴庆平	李　青	朵明先	陈　江
杨光和	饶华兰	依大别	尚秉有	陈春刚	罗致普	张　赤
张　丽	杨星明	字　伟	尚腊边	任劲良	陈黎丽	李映曦
吴陈刚	杨　芳	丁如松	黄艳芳	谢志坚	何　敏	多俊荣
孟必生	揭曙芬	冯绍先	陈岩西	李　玲	刘云胜	尹朝红
高芝红	彭　锦	朱　伟	何世清	余　菲	毕德义	杨庆东
赵映琦	尹云飞	杨小左	李光升	曹培生	李兴光	王　梅
孟文祥	张景晗	段国琇	张新民	杨　灵	鲁晓咏	戴兴宋
王瑞霞	刘谊中	何　芳	赵明辉	何院军	范　杰	王继华
徐雁秋	杨　灵	李发枝	杨永建	李　斌	单起龙	王　申
严自华	向　梅	冯友祖	李　黎	杨建文	谢　锋	周兴铭
姚宏科	何学明	谢成良	吴昆建	陈卫宏	赵保明	李江航
曾广济	高　江	赵春玲	谢大鹏	李维良	赵　敏	邵维涛
孙和平	李映杰	杨有宽	马志炜	王瑞生	寸永流	李正英
邓吉川	刘江愚	陈德用	杨昌浩	余　虹	李　勇	朱德江
李长富	赵家福	朗继红	车发云	刀承辉	番跃平	刘建平
文静斋	田志明	李建昌	段晓辉	岳小保	高　仪	杨忠德
王永利	任德新	李祖英	曾　方	朗　青	孟成信	张铭光
杨达纲	何明庚	张晶晶	龚成政	马向东	陆　英	方永义

编 辑 说 明

一、《德宏年鉴》是德宏州人民政府主办，由州史志办公室年鉴编辑部编辑出版的综合性地方年鉴。它较全面系统地记载上年德宏经济和社会发展的主要情况，为读者了解德宏、建设德宏提供翔实的信息资料。本期为第9期，向国内外公开发行。

二、本书采用新体式分类编辑法，由文献（专文）、州情概览（综述条目）、大事专题（专题条目）、附录四块组成。州情概览设州概况和县（市）及农垦概况。州概况由地理、历史、民族、宗教、民族节日、党政机构、经济、社会生活8个分目组成。县（市）概况由地理、历史和社会三个分目组成。州情概览仅收载州县（市）级综述条目，其它部门的综述条目更名为某部门的情况等归类于大事专题。本刊不设大事记，而将大事记的内容与大事专题合并。条目是本刊的主要载体，并与黑体字加【】号作为标题。条目前加△者，则为大事记条目。为保持综述条目与专题条目的有机联系，采用了互见法，以解决一个系统的综述与专题割裂的问题。附录下设地方法规、社会调查、热点问题、生活指南及索引。

三、稿件由德宏州有关职能部门提供，并经承撰单位领导审核。其主要数据以德宏州统计局提供的数据为准。为减少重复，本刊精减了部分部门、行业的统计表，并删除了附录中的年度统计资料选编。

四、本刊在卷首设中英文目录，卷尾设主题分析索引，按笔画、音序排列，以方便读者查阅。

五、《德宏年鉴》得到各界人士的关爱与帮助，特此表示感谢！由于成书仓促，本书在编纂质量方面，仍会存在不足，恳请广大读者多提意见，使《德宏年鉴》越办越好。

德宏年鉴编辑部

目 录

文 献

州情概览

德宏傣族景颇族自治州

大事专题

党政机构

军 事

政 法

经济管理

贸 易

口岸管理

工 业

交 通

邮 电

蔗 糖

农 业

林 业

水利水电

农 机

旅　游

农　垦

财税金融

财　政

税　务

金　融

保　　险

城乡建设

建筑业

环　保

教　育

科 学

文 化

卫 生

体　育

社会生活

附　　录

地方法规

社会调查

热点问题

生活指南

MAIN CONTENTS

Literature

A Survey of Dehong Prefecture

Special Topics

Party and Government Organizations

《德宏年鉴》2000年版广告目录

2000 州内大事

2000年5月14至16日，以全国人大常委会副委员长、民进中央主席许嘉璐和全国政协副主席、九三学社中央常务副主席王文元为首的民主党派领导及民主党派人士西部大开发考察团对德宏进行考察。图为德宏州州委书记王南昆（右一）到机场迎接许嘉璐副委员长（左一）一行。　　（赵天安　摄）

德宏傣族少女向许嘉璐副委员长（左一）、王文元副主席（中）敬献花环，并洒水祝福。　　（赵天安　摄）

考察团视察了潞西市三台山德昂族乡中学，九三学社向该校捐款10万元。图为捐赠仪式。　　（赵天安　摄）

2000 州内大事

2000年6月23日，云南省委省政府召开姐告边境贸易区现场办公会，明确了姐告边境贸易区是经国务院同意，由云南省人民政府决定设立，并按“境内关外”方式管理的边境贸易区，是集贸易、加工、仓储、旅游四大功能为一体，面向东南亚、南亚开放的重要口岸和云南省扩大对外开放的示范区和实验区。图为会后合影。德宏州州长管国忠（左二）、省长李嘉廷（左三）、省委书记令狐安（中）、州委副书记李增寿（右二）、瑞丽市委书记孟必光（右一）。（陆 杰 摄）

1999年10月4日至6日，著名美籍华人、国际合作委员会主席、抗日战争中援华作战的美第十四航空队（飞虎队）司令陈纳德的遗孀陈香梅女士一行莅临德宏观光考察。右起为瑞丽市市长思利章、德宏州州长管国忠、陈香梅女士、美中航运公司董事长郝福满先生。（陆 杰 摄）

2000年1月8至9日，国家禁毒委员会主任、公安部部长贾春旺到德宏视察公安、边防工作。图为贾部长（中）一行视察姐告时，德宏州委书记王南昆（左一）、省公安厅边防局局长周如鹏（右二）向其介绍情况。（郑海洪 摄）

1999年9月10日至10月17日期间，德宏州展演团赴京参加国庆50周年献礼演出及短期文化交流。展演团以北京中华民族博物馆景颇寨及目瑙纵歌场为舞台，举办了景颇民族风情、文化艺术展演，并隆重推出目瑙纵歌节。图为10月4日景颇寨喜迎嘉宾。从左至右：德宏州人大主任麻瑞、全国政协副主席万国权、中国文联党组书记高占祥、德宏州委书记王南昆。

（童荣云　摄）

景颇目瑙纵歌仪仗队。　（童荣云　摄）

2000年5月26至28日，应香港中华民族文化发展基金会邀请，德宏州副州长杨俊忠率70余人组成的德宏代表团，赴港参加“中国云南民族艺术节暨商贸展销洽谈会”。

德宏州在香港的展销活动得到了香港各界的重视和关心。全国人大常委会委员曾宪梓、香港特别行政区立法会议员兼香港中华出入口商会会长许长青、厦门旅港联谊会会长耀荣明、泰国国际控股有限公司董事长张恭泰以及云南旅港同乡会会长魏茹芬亲临现场参加了展销活动开幕式，曾宪梓、魏茹芬分别致词祝贺。

（苏汉远　摄）

德宏茶叶吸引了香港的茶叶商。2000年5月26日，是展销活动的第一天，香港山川贸易公司就捷足先登，与德宏州特种茶厂签订了年进货13个品种、2000余吨、价值近7000万元人民币的购销合同。

（苏汉远　摄）

2000年5月15日，全国扫黄打非领导小组在瑞丽市召开2000年打盗版现场会。会议期间，销毁盗版光盘25万张，这在云南是规模最大的一次。

（陆　杰　摄）

1999年5至7月，瑞丽海关连续查获3起走私野生濒危动物大案，铲除了3个走私野生动物活体及制品的黑窝点。共查获虎皮11张、豹皮79张、苏门羚羊皮130张、蟒皮582张、象牙11支、野牛角262只等。此案震动全国乃至世界。　（刘谊中　摄）

德宏州森林公安民警正在清点查获的野生动物制品，准备销毁。　（谢　锋　提供）

2000 州内大事

2000年3月13至16日，中国风景名胜区协会、国家旅游局等单位在北京国际贸易展览中心联合举办“畅游21世纪、全国风景资源、旅游用品及工艺品博览会”。图为德宏州展室一角。

（王培荣　摄）

2000年6月23日，瑞章公路路基通车庆典在瑞丽段举行，省、州、市有关领导为通车庆典剪彩。

（陆　杰　摄）

2000年泼水节期间，潞西市举办了盛况空前的千车万人采花活动。　（张建章　摄）

新兴的国际商贸旅游城市

瑞丽

瑞丽市委书记　孟必光

瑞丽市市长　思利章

瑞丽市位于云南西部中缅边境，是在改革开放中崛起的新兴城市。它是我国开展边境贸易和边境旅游的重要窗口，是我国借江出海，走向东南亚、南亚诸国的重要口岸。

自党的十一届三中全会以来，瑞丽的各项建设事业取得长足发展，呈现出一派欣欣向荣的景象，并摘取了"国家级口岸"、"中国优秀旅游城市"、国家级风景名胜区"三顶桂冠。近年来，瑞丽市委、市政府充分发挥"口岸、热区、旅游"三大优势，紧紧抓住西部大开发的历史机遇，在进一步扩大对内对外开放，加速经济发展方面采取了新举措：一方面"造节兴市"，"造节兴旅"；一方面发展边贸，建设姐告，并取得了令人瞩目的成就。

2000年4月，成功举办了首届中缅胞波狂欢节，举行了彩车选美赛，中缅瑞丽江小姐选美赛，牛车竞赛，民族弹弓、弩箭射击，民族服饰表演，藤球比赛，瑞丽江祝福水灯、竹筏竞赛，动力伞表演，抵棍、扭棍比赛，民族刀舞等民间艺术表演。胞波节期间，还举办了泼水节、目脑纵歌节、边交会、珠宝展销会。丰富多彩的活动内容，吸引了大批中外客商，在国内外产生了较大影响。

2000年，瑞丽加大了姐告基础设施建设的力度，优化服务，推出了"境内关外"管理模式，为搞活边贸创造了宽松的环境。6月23日，省委、省政府在瑞丽召开姐告边境贸易区现场办公会，作出了进一步开放姐告的决定；制定了促进姐告边境贸易区加快发展的一系列优惠政策和措施；提出了将姐告建成集贸易、加工、仓储、旅游四大功能为一体的、面向东南亚及南亚的现代化国际商贸旅游中心。当前，瑞丽各族人民正为实现这一目标努力奋斗。

（谷忠寿　段演　撰文）
（陆杰　赵重天　摄影）

省委、省政府姐告现场办公会期间，省委书记令狐安（左一）、省长李嘉廷（中）在瑞丽市委书记孟必光（前排右一）等陪同下，到姐告边境贸易区调研。

2000年6月23日，省委、省政府在瑞丽召开姐告边境贸易区现场办公会，决定对姐告进一步开放

首届中缅胞波节盛况

牛车选美队伍

缅甸代表团参加胞波节艺术表演

鲜花衬美人 牛车载佳丽

大象表演

新[illegible]旅游城——姐告远眺

建设中的陇川新县城

已现雏型的新县城中心片区

80年代初，随着我国改革开放的进一步深入，客商开始云集陇川县开放的前沿阵地章凤。而老县城位于陇川坝子末端，交通极为不便，制约了全县经济、社会的发展。1985 年后，几届县委、政府领导对县城搬迁工作做出了不懈努力，至1998年，国家民政部以民行批〔1998〕11号《关于云南省陇川县人民政府驻地迁移的批复》，同意将陇川县人民政府驻地由城子镇迁至章凤镇。同年6月4日，在云南省政府德宏现场办公会议上，李嘉廷省长宣布补助搬迁资金1.6亿元，其中省政府安排补助资金1.2亿元，州、县财政自筹资金4000万元。7月，陇川县委、政府成立了县城搬迁工作领导小组，由县委书记马春任组长，县长毛勒端、副县长王建江任副组长，政府、人大、政协等县级领导及各部门负责人为成员。领导小组下设县城搬迁指挥部，由副县长王建江任指挥长。

指挥部先后完成了新县城总规和详细规划。总体规划新县城远期规划面积8.36平方公里；远景控制为12.1平方公里；近期规划（中心片区）面积为1.4平方公里。搬迁总人口总规模为5000人。新县城工程于1998年10月31日举行了开工典礼。

德宏州委书记王南昆（左二）和陇川县委书记马春（左一）听取副县长、指挥长王建江（右一）介绍新城规划情况。

截止2000年5月底项目建设完成情况：一、共征用集体土地1373.33亩，拆迁建筑面积5503.17平方米；共支付征地、拆迁费1510.33万元。二、已竣工交验使用项目有：陇川中学试验楼、办公楼、陇川会堂，共完成投资380万元。三、已完工待交验的项目是：市政综合办公楼及附属设施配套工程，共完成投资约1500万元；新建职工住宅单元楼80幢共633套，建筑面积58297.7平方米，共完成投资3064万元；已有20个单位新建办公楼，建筑面积13435.3平方米，共完成投资1142万元；科技文化馆、图书馆，共完

1998年10月31日，陇川县举行新县城开工典礼奠基仪式。图中右为陇川县委书记马春、中为德宏州委书记何远灿、左为州人大主任麻端。

1998年6月，李嘉廷省长在省政府德宏现场办公会陇川分会上讲话。此会确定了县城搬迁补助资金。

副省长陈勋儒（左）在德宏州副州长杨俊忠（右）、陇川县委书记马春（中）的陪同下观看新县城规划模型。

2000年6月23日，省委书记令狐安视察陇川新县城建设情况。

待交验的陇川县市政综合办公大楼，五大机关及18个单位即将迁入办公。

全国政协常委、原云南省省长和志强（右）与陇川县县长毛勒端（左）观看新县城模型。

成投资约150万元；勐宛路、同心路，已完成水泥混凝土路面2.468公里，共完成投资约2500万元。以上累计完成投资约8356万元。四、正在建设的项目有：体育运动中心计划投资600万元，已完成投资约350万元；新城路、园林路、龙凤路计划投资2000万元，已完成投资约1000万元；县医院计划投资约1100万元，已完成投资约100万元。以上计划投资约3700万元，现已完成投资约1450万元。

中共中央候补委员、德宏州州长管国忠（左一）在听取陇川县委书记马春（中）和副县长、搬迁指挥长王建江（右）介绍新县城规划情况。

新落成的住宅小区

德宏州旅游局

国家级重点文物保护单位－南甸土司衙门

德宏州旅游局组建于1988年。12年来，德宏旅游业借改革开放的东风，走改革开放之路，从无到有，从小到大，逐渐成为德宏经济发展中最具潜力和希望的新兴产业，成为德宏经济新的增长点，舞起了第三产业的龙头。

1999年，德宏旅游以'99昆明世界园艺博览会的召开为契机，切实贯彻全州旅游工作会议精神，紧紧围绕“宣传促销、规范管理、市场整顿、培育支柱”的方针开展工作。全年共接待海内外游4.22万人次，国内游客180万人次，分别比上年增19.63%和47.68%；旅游总收入11.04亿元，增32.37%，出现了“九五”以来的最好态势。

德宏旅游业已成为云南省旅游业的重要组成部分，德宏旅游大有希望。

电话 (0692) 2121972

景颇“绿叶宴”

傣女沐浴大盈江

首届中缅胞波狂欢节的牛车选美

德宏年鉴编辑部向读者致敬

1999 年 9 月，在昆明召开的云南年鉴研究会第二界代表大会上，省人大副主任吴光范向《德宏年鉴》总编张建章颁发奖杯。

《德宏年鉴》是德宏州人民政府主办，由州史志办公室年鉴编辑部编辑的综合性地方资料工具书。创刊于1992年，是全国边疆民族州较早办的年鉴刊物之一。该刊的目标定位是：拥有一本《德宏年鉴》，就拥有当年最新最全最权威的州情。其办刊宗旨是为各级党委政府“存史资治”，为社会各界读者提供翔实的信息与资料，为推进社会主义的“两个文明建设服务。办刊 9 年，已出版《德宏年鉴》9 卷，共900余万字，提供各种信息约 25000 条，向国内外发行 20000 册，并曾多次荣获省及国家级奖。

新千年，新目标。《德宏年鉴》将常编常新，越编越好！

1999 年 11 月，德宏年鉴编辑部编辑人员出席在长沙召开的中国年鉴研究会第七界学术年会。左起为副总编徐建芬、杨星明，总编张建章，编辑田启云。

1999 年 4 月 28 日，《德宏年鉴》97 卷被云南省年鉴研究会、省出版工作者协会和省新闻出版局评为二等综合奖，98 卷同时被评为特等综合奖。12 月 12 日，98 卷又在第三界全国地方年鉴评奖中荣获二等奖。

热烈庆祝云南德宏电

董事长　岳志强

总经理　施加林

云南德宏电力股份有限公司是由德宏州、潞西市、盈江县、陇川县、瑞丽市、原畹町市、德宏州农垦分局8家电力公司共同发起，按照自愿、平等、互惠、互利的原则，以资产、契约、电力生产及调度为纽带，依照“公司法”于2000年2月成立的独立运营的法人经济联合体。它的组建是德宏州打破地域界限、打破隶属关系进行体制改革和制度创新的突破与尝试，是德宏州推进国企改革，实施国有资产战略重组的重大举措。该公司资产总额为6.59亿元，注册资本3.21亿元；下设生产技术处、调度处、财务处、行政人事处、工程咨询处、发电公司和电网公司；总员工1304人；拥有水电站装机容量10.5万千瓦、110千伏变电站7处8台（容量达16.55万千伏安）、35千伏变电站36处65台（容量达12.97万千伏安）、110千伏线路376.89公里、35千伏线路622.1 公里。该公司是德宏州目前规模最大、最规范完善的国有股份制企业，也是德宏州股份制企业在云南省工商局登记注册的第一家。2000年7月1日，该公司正式投入运营。

该公司的主要经营范围是：发电、供电、电网调度、电站、电网设计、中小水电站的投资开发、水电机电设备及物资供应与销售、电力冶炼、融资、商贸、咨询服务等。实行以电力业为主，多种经营。公司的经营宗旨为：本着“诚挚合作、团结务实、开拓进取”的精神，

户撒河四级电站中控室

水电职工岗位考核

槟榔江电站装机1.89万kw

力股份有限公司成立

以先进的经营管理手段，发挥德宏电力的整体优势，提高公司的综合实力，为股东谋求最佳投资回报，争创德宏一流现代企业，为德宏边疆的经济发展与社会进步做出更大贡献。

“鲲鹏展翅九万里”，在新世纪的征途中，云南德宏电力股份有限公司定将前途光明、一路凯歌！

公司挂牌成立庆典

东郊110千伏变电站

勐典河电站装机1.89万kw

110kv线路铁塔

德宏州公安边

公安部长贾春旺（前排左二）在云南省委、省政府、省公安厅、省边防总队和德宏州有关领导的陪同下，视察木康公安边防检察站。

防支队

1	2	3	4
5	6	7	8

1、省边防总队政委和国才向木康边防检查站官兵赠送书籍及慰问品。

2、省委常委、省政法委书记秦光荣（右三）在省边防总队和国才政委及德宏州委副书记麻端等陪同下，视察德宏州边防支队。

3、省边防总队罗正云副总队长（右三）考核德宏边防支队基层训练工作。

4、为提高边防执勤能力，边防官兵有针对性地实施警犬训练。

5、警民携手，共筑长城。图为边防官兵与芒海镇边境联防队员一道开展边境巡逻、管边护边。

6、积极开展农副业生产。图为官兵正在大棚菜地劳动。

7、加强部队正规化建设，努力提高科技含量。图为边防支队举办的“微机办证培训班”一隅。

8、抗洪抢险，英勇无畏。

公安部边防局长朱家华少将（右二）到德宏开展调研工作

德宏州人民检察院

德宏州人民检察院

1998年德宏州人民检察院按照州院党组提出的“抓党建、带队建，抓班子、带队伍，抓队伍、促业务”的队伍建设思路，狠抓队伍教育整顿工作。1999年开展了“五好”、“两满意”活动。年末，州院机关共有干部职工81人，其中少数民族28人，大专以上学历71人，党员46人。

1998年以来主要抓了三项工作：一是加强干部教育培训和有效地组织干警岗位练兵活动。选送各级院检察长、反贪局长、法纪处（科长）到高检和省院培训28人。州院举办两期检察业务培训班，共培训173人，占干部总数的54%。还分别举办了新闻讲作培训班、财务人员电脑培训班，参加培训干警31人。2000年4月，州

德宏州检察院部分班子成员在研究工作。从左至右：余麻约（副检察长、党组副书记）、么宝元（副检察长、党组成员）、杨家忠（检察长、党组书记）、刀保萍（政治处主任、党组成员）

检察院建立了人民代表、政协委员联系制度，主动接受监督。图为召开部份全国、全省和州级“人大”代表座谈会。

检察委员会在讨论案件

州检察院反贪污贿赂指挥中心成立

州检察院召开离退休老干部座谈会

院起诉处组织举办了全州检察机关首届公诉人辩论赛，对促进和提高公诉水平起到积极的作用。二是建立“检委会议事制度”。州院机关实行了竞争上岗、双向选择的人事制度改革，规定了严格的上下班作息时间，颁布了“禁赌令”和“禁酒令”。三是对二级班子领导进行调整和轮岗，两次共提拔23人。1998年以来，州院受到省院记功和表彰的先进工作者、人民满意的检察干警有8人；州院记功和表彰的先进集体8个，记三等功的10人，被评为优秀检察官的36人次，优秀检察工作者8人次；被评为德宏十大杰出青年1人。

2000年元月1日，潞西市农行出纳员夏少春窃取公款人民币82万元潜逃。翌日，州检察院接到报案后，立即成立“101”专案组，经慎密侦查，于元月17日在四川省绵阳市将其擒拿归案。图为该院将夏少春及其同案犯郭勇押回芒市情景

为丰富干警的文化生活和增强集体主义观念，州检察院经常组织开展有益于身心健康的文体活动。

德宏州交通

1999年1月11日至12日，国家交通部部长黄镇东（前排左二）在副省长牛绍尧（左三）、省交通厅厅长李裕光（右二）、原州委书记何远灿（左一）、州长管国忠（右一）陪同下视察德宏公路交通。

1999年7月，德宏州公路产权界定工作全面结束，改变了公路产权不清、权属不明的历史。图为州公路产权界定领导小组验收盈江公路产权工作。

1999年，州县交通部门完成了盈江平卡、梁河大小厂、潞西勐丹爱国小学公路等6 条共122.5公里县乡弹石路改造。图为潞西勐丹乡德昂族群众欢庆爱国小学公路通车。

公路建设指挥管理人员坚持“宁当恶人，不做历史罪人”的质量管理原则，勤检查、严要求。图为州交通局副局长何天忠（二排左二）、李晓春（二排左三）深入瑞章路工地检查质量，为施工单位排忧解难。

州县交通、运政部门加大对客运市场的治理整顿，实现了“车进站、人归点、站管车、服务好”的管理目标。图为盈江县运输公司停车场一角。

局

州交通局高度重视县乡公路养护，1999 年内为各县(市)交通局配备了13台“王牌”拖拉机和5台小型压路机，加快了德宏州公路养护的机械化进程。

“九五”以来，我州相继完成州内六条经济干线建设。图为1995年5月通过省交通厅交工验收的潞盈三级公路。

正在建设中的盈江新城芒康大桥，这是州县交通部门完成“九五”五座大中桥建设任务后启动建设的又一座县乡桥梁。

瑞章三级公路改建工程自10月8日开工以来，省路桥一公司等十二家施工项目部正奋力鏖战，确保2000年5月28日路基工程通车。图为施工现场一角。

州县交通部门仅用8个月时间，在高山峡谷中开通了龙江西线公路，全长54公里，是龙江河谷开发区的主要交通干线。

珠宝路

芒市经济开发区

开发区一隅

芒市经济开发区是云南省政府批准的省级经济开发区，总开发面积9.8平方公里，首期开发面积2平方公里。建区8年来，共吸引国内外客商200余家，协议总投资近3亿元人民币。目前区内基础设施已初具规模，并已成为潞西市对外开发的窗口及新的经济增长点。

芒市经济开发区热忱欢迎国内外客商前来投资、办实业。芒市经济开发区将提供优惠政策及热情周到的服务，并本着“您发财，我发展”的宗旨，与国内外客商精诚合作，共创美好未来。

管委会主任　宝德昌（潞西市副市长）
副主任　杨学放　谢仲立
电话　（0692）2122459
传真　（0692）2118883
地址　云南省潞西市锦华路下段

公务员小区

全互通式立交桥

芒市公路管理总段

省公路局王维凡副局长观看瑞丽段微机网络化管理操作演示

芒市公路管理总段是内部企业化管理的省属事业单位。现有职工791人，下设7个基层单位，33个公路管理所，5个收费站，负责管养着德宏州境内国道、省道、县道18条，全长745.1公里（其中油路330.2公里，弹石路219.7公里，沙石路195.2公里）。干线年均好路率为77.55%，超指标0.7%；年综合好路率为68.37%，超指标1.3%；工程合格率计划100%，完成100%；工程优良率计划70%，完成100%；全年创收效益120万元。

盈江段芒允公路管理所职工学习总段职代会文件

1999年，芒市总段在98年公司化管理取得明显成效的基础上，以喜迎三大盛事为契机，以深化公司化管理为措施，趁势而上，加强管理，各项工作又有新发展，全总段呈现出团结拼搏、路畅人欢的新局面。

芒市总段已连续11年保持省级文明单位的荣誉称号，1999年总段党委被厅党组评为“先进党委”，总段被省精神文明建设指导委员会评为“创建文明单位工作先进单位”。

被誉为“小虎队”的盈江段南五山公路管理所团小组在工地过组织生活

总段管养的320国道芒瑞路一景

中国人民银行德宏州中心支行

人行德宏州中心支行办公大楼

在德宏州，中国人民银行分支机构最早成立于1950年6月1日。1978年前，德宏州金融机构是单一的国家银行体制，既承担管理货币信贷的中央银行职能，又办理专业银行的存贷款和汇兑业务。自1985年1月1日起，中国人民银行德宏州中心支行专门行使中央银行职能，现内设18个科室，在全州3县2市设有5个县级支行。

多年来，人民银行德宏州中心支行不断加强监管，进一步改善服务，积极支持德宏经济建设和发展。至1999年末，全州各项存款余额45.1亿元，比1985年末增加43.7亿元，增长32.12倍，其中城乡储蓄存款余额31.3亿元，增30.77亿元，增58.41倍；各项贷款余额40.23亿元，增37.2亿元，增12.47倍。从而有力地支持了全州制糖、电力、边贸、基础设施建设，支持了收购农副产品、边境贸易和乡镇企业的快速发展。

宣传《中华人民共和国中国人民银行法》

全州人行系统"三讲"教育总结

召开离退休老干部座谈会

中支机关荣获全州人行系统篮球赛冠军

参加全省人行系统文艺调演

德宏州国家税务局

州国税局党组书记、局长　杨家正

1999年，德宏州国税系统坚持以邓小平理论和党的十五大精神为指针，以“三讲”教育为动力，紧密结合德宏实际，提出了以组织收入为中心，以抓基础、抓制度建设、提高干部队伍素质为保证，以“高起点、高要求、高质量”为标准，抓落实，重实效，加大稽查落实，强化征管措施。在税收十分困难的条件下，全州国税干部仍以高度的政治责任感，统一思想，团结一致，鼓足干劲，克服困难，一如既往地积极组织收入。全年全州国税系统共组织税收收入15837万元，完成年计划的110.3%。同时，积极开展创建文明单位活动，进一步搞好精神文明建设。年内，全州国税系统被国家税务总局授予“全国最佳办税服务厅”1个，被州国税局授予“最佳办税服务厅”2个，被省国税局命名为“文明单位”的分局7个，被州政府命名为“文明单位”的县（市）局1个，被县（市）政府命名为“文明单位”的县（市）局2个，被州国税局命名为“文明单位”分局（所）29个，被共青团州委和州国税局共同授予“青年文明”号分局（所）12个。通过精神文明的创建活动和表彰，调动了各级国税机关税干创建精神文明活动的积极性和创造性，形成了学有榜样、赶有目标、争先创优的大好局面。在1999年度的省国税局目标管理考核中，德宏州国税局被评为一级局，9个科室全部进入省局考核的前六名，树立了良好的国税形象。

1999年11月6日，云南省国税局局长段捷庆（右二）到德宏调研工作时与州长管国忠（左二）共商德宏州国税“十五”远景规划。

1999年11月16日，州国税局局长杨家正（左一）在潞西市副市长张丽萍（左二）的陪同下，深入潞西市江东乡，为该校的饮水工程捐款3万元，解决了江东中学的饮水难问题，并向李子坪小学捐赠价值3000元的图书。

州国税局副局长余正保（左二）等深入潞西市国税局遮放分局，慰问基层专管员和了解征管情况。

全州国税系统积极开展“扶贫工程”。图为陇川县国税局到景颇山寨扶贫帮对。

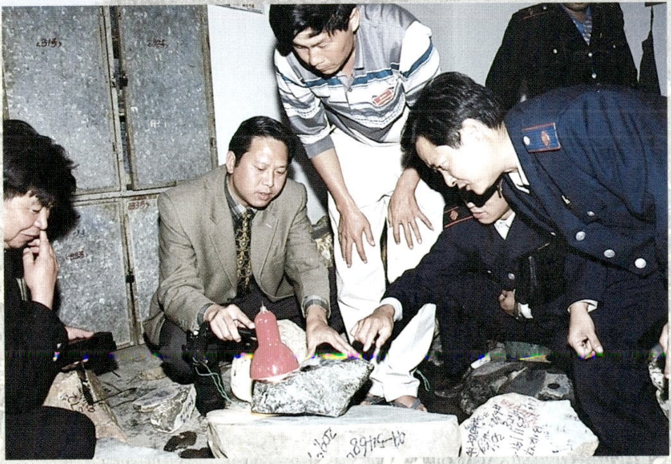

州国税局副局长赵成继（右一）在盈江县副县长方洪明（左二）的陪同下，到边贸企业了解进出口情况。

州国税局纪检组长叶剑（右二）一行到各县市、区局进行目标管理考核工作。

表彰纳税大户和纳税先进企业

德宏州地方税务局

州地税局局长寸强（右一）在梁河调查茶叶农特税的征收入库情况

1999年，由于受经济税源发展的影响，征收工作较为困难。年初，德宏州地税部门认真贯彻了省政府召开的两次财税会议和全省地税局长会议精神，从组织收入和干部队伍建设入手，狠抓了政策措施的落实。为了确保全年任务的完成，州局和各县市局层层制定目标管理责任制及奖惩措施，实行了州局领导和各科室负责人与县市局挂钩联系制度，并签订税收目标管理责任书。同时，结合德宏实际，在省局加强征管的16条措施的基础上，又制定了20条加强征管措施，进一步强化了征管，为税款及时征收入库创造了有利条件。年内全面加强了地税系统领导班子建设和干部职工的政治思想工作，提高了干部职工的自身素质。并认真开展民主评议行风工作，拓宽监督渠道，加大监督力度，增强税收执法的透明度，保证了税收执法的公平与公正。

全年全州地税系统组织地方税收16939.6万元（其中地方工商税收和农四税分别完成13009.6万元和3930万元），为地方经济发展做出了贡献。在新世纪到来之际，全州地税系统将总结经验，开拓进取，以崭新的精神面貌创造更辉煌的业绩。

办税服务厅

实行微机征管

1	2
3	4

1、省地税局副局长杨守修（中）到潞西市地税局检查征管改革情况
2、局长寸强在陇川章凤地税分局进行税源调研
3、州局林体忠副局长到扶贫点盈江县盏西乡帮朗村看望困难户
4、通过考评，州地税局档案达到地州市一级标准。图为州档案局副局长陈智友（左二）向州地税局局长寸强颁发达标证书。

举办税收讲座，增强纳税意识。

向少数民族宣传税收政策法规

德宏州工商行政管理局

州工商局办公楼

歌咏比赛

梁河县工商局办公楼

德宏州工商行政管理局成立于1979年。20年来，全州工商行政管理部门在当地党委政府的领导及各有关部门的支持配合下，干部队伍日益壮大，基础设施逐年改善，监管领域不断拓宽，并取得显著成绩。1995和1999年，州工商局两次被评为全州扶持发展个体私营经济先进单位，受到德宏州委、州人民政府的表彰。1999年，州工商局、潞西市工商局、盈江县工商局及潞西市城南、梁河县曩宋、陇川县章凤工商所被评为州级文明单位；同时，州工商局还被评为州级社会治安综合治理优秀单位和安全文明单位。

云南移动通信公司德宏分公司

中国移动通信 CHINA MOBILE

云南移动通信公司德宏分公司是德宏州移动通信业务的主要运营商，隶属于中国移动通信集团公司云南移动通信公司，是国有大型高科技通信企业，是德宏目前通信质量最好、技术最先进、业务功能最完善、售后服务最周到的移动通信企业。主要经营国家GSM数字移动电话（139、138、137、136、135）、移动数据通信及移动增值业务。经三年建设，目前德宏州GSM数字移动通信网络共开通基站35个、载波233个、信道1670个，能承载用户33400户，现在网用户达24000户，GSM网络已覆盖全州三县二市、边境口岸和70%的乡镇，并与51个国家和地区的87个运营商实现自动漫游；分公司现有员工89人，平均年龄35岁，其中具有大中专以上学历者39人，有各类专业技术人员37人；有固定资产6400万元，2000年将投入资金6645万元，用于移动通信网络建设。该企业的宗旨是：成为世界一流的移动通信运营公司和社会发展的贡献者。

局长　尹以辉

德宏分公司营业部

德宏州民族

标准游泳池竣工投入使用

1999年德宏州民族第一中学领导班子带领全体师生员工，为实现“力争办学条件再上新档次，办学水平再上新台阶，教育科研再有新进展，办学特色再有新突破，学校声誉再有新提高，晋升一级二等完中”的三年近期目标，同心协力，开拓进取，开创了学校工作的新局面。

中、高考成绩再获新突破：中考七科均及格的人数为150人，全科及格率为48.7%，比90年代以来的最好年度1998年提高5.19个百分点；人均总分为566.04分，比1998年提高39.81分；总分达优良级650分以上的人数比1998年增42人。高考成绩取得自1994年以来的第四次新突破，本、专科达线人数93人，达线率为42.08%，比1998年增30人，增加率为47.62%；录取人数187人，录取率84.62%，比1998年提高15.84个百分点。学校连续6年荣获州人民政府颁发的教学质量优秀奖和培养优秀人才奖。

教学质量再获新突

办学条件不断改善，阅览室及教师工作室综合楼、标准游泳池相继投入使用，购置了42台586北大方正教学和办公用计算机，安装了教室有线广播网，把校园内的电线改造为高架电缆，学校的标准化建设又向前迈进了一大步。

教育科研取得了新进展。年内成立了教科室；召开了第一届教育科学研讨会，制定试行了《教师撰写、发表论文奖惩制度》；教师共发表论文55篇，近15万字，其中国家级1篇，省级17篇，州级37篇；完成了两项省级科研课题，科研论文在省、州级报刊上发表及省、州级学术会议上交流。

一年来，学校努力推进素质教育，注

新建成的阅览室、教师工作室综合楼

科研兴校　以研促教

育科研取得新进展

重加强精神文明建设和社会治安综合治理工作，成绩显著，被评为德宏州“文明单位”、潞西市“安全文明学校”和“卫生先进单位”，受到州、市党委政府的表彰和奖励。郭云胺老师指导的课外科技活动小组参加全国青少年生物和环境科技实践活动，荣获国家级“优秀活动奖”、省级“突出贡献奖”和州级“项目奖”。

学生在新装备的计算机教室上课

受到学校及州政府表彰的优秀教师合影

历史将掀开崭新的一页，德宏州民族一中正朝着“环境美、管理严、校风好、质量高、有特色的一级一等完中”的总体管理目标迈进！

重视德育工作，专题研讨成为制度

省教委主任杨崇龙在州委副书记李增寿等陪同下到学校视察

祝贺德宏州财贸学校建校20周年

校领导班子。从左至右：书记赵远昌、校长兰海昌、副校长许本成

德宏州财贸学校建于1979年，为州属普通中专学校。至1999年，校园面积为56亩，校舍建筑面积9000平方米，馆藏图书2.3万册，拥有586型微机23台；有教职工54人，其中教师32人（高级职称3人，中级24人）；有10个班499人，其中普通中专生388人，成年中专生68人，职业高中生43人；开设了财务会计、物价、统计、税务、工商、信贷、企业经济管理等14个专业。建校20年来，共招生60个班2798人。在生源配置上，逐步由全部招收高中生变为同时招收高中生和初中生，至1999年过渡到全部招收初中生。在招生中坚持按当地少数民族和其他民族各半的比例双线录取。20年共培养输送毕业生2211人，他们中大多数都已成为本单位的骨干，为德宏的经济建设和社会发展作出了贡献。

财校新建大门

20年来，该校在完成中专招生计划的同时，还招收了职业高中13个班716人，在职脱产3个班100人；与州财政局联合创办了中华会计函授学校德宏分校；95年开始与重庆商学院联合开办函授大专班，共招生313人，已毕业52人，在读261人；举办各类在职培训班，培训财会人员1260人。20年来，通过多种形式办学和计划外办班共创收358.93万元，为弥补财政经费不足，改善办学条件，稳定教职工队伍起到了重要作用。

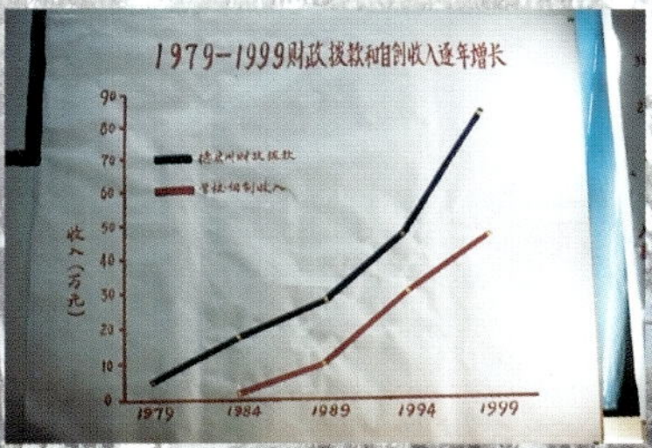

德宏州财贸学校将完全发挥办学条件和专业优势，不断提高教学质量，开展多功能的职业培训，以充满青春活力的步伐迈向21世纪。

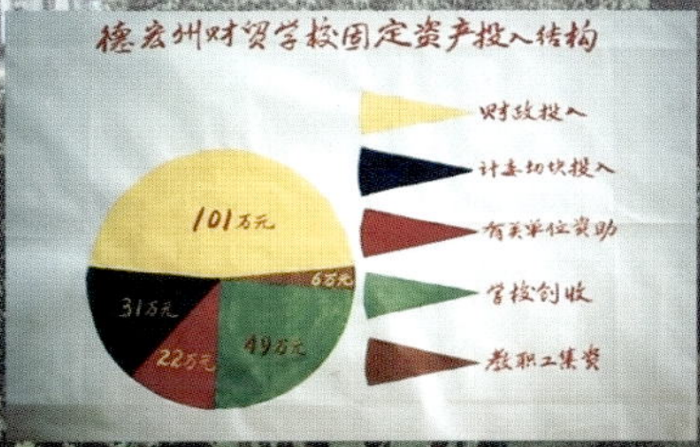

校园绿化美化见成效

全校教职员工合影

电子计算机教学

学生阅读报刊

课余时间举行傣族“嘎秧”舞会

师生们在校园内种植花木

教学区大门

20周年校庆庆典（前排左起：校长邓明秋、副州长赵家培、州政协副主席方文琴、州农机局局长陈寿轩）

德宏农业机械化学校是云南省两所农机中专之一。建校20年来，共面向全省招生2500余人，已毕业1800余人，为云南省农机事业的发展做出了贡献。

1999年学校设有农机化、机电技术应用、电子计算机应用、财务会计、汽车运用与维修专业。此外，还设有西双版纳函授班。有教职工48人，其中高级讲师3人，讲师16人，其他中职3人。在校生640余人。该校在加强理论教学的同时，注重实践教学。近年来，该校对学生发放计算机办公自动化、网络员、汽车修理工技术等级证，增强了毕业生的就业竞争能力。年内，被上级有关部门评为“州文明单位”、“文明学校”、“社会治安综合治理”先进单位。

建校20年，学校一路高歌铸辉煌；展望新世纪，开拓进取谱新篇。

支部书记、校长　邓明秋

副校长　董乐央　许　平

云南省政协副主席朗大忠等领导为OSTA考培点揭幕

实践教学

云南省德宏农业机械化学校

花园式校园

德宏州幼儿园

副州长龚敬政（前排左2）与教师合影，前排左3为韦琳园长、前排左4为杨晓春副园长。

德宏州幼儿园建于1958年。1999年末有教职工57人，专业技术人员50人；办有15个日托班，在园幼儿500多人；设有乐园城、礼堂等娱乐活动场所，拥有各种幼儿玩具和教学设备，是一所设施齐全、环境幽雅的州级幼儿园。

州幼儿园加强教师的业务素质，不断提高教学质量，在教学活动中取得了可喜的成绩。1997年8月，在全州幼儿教师基本功竞赛中，获1个全能二等奖、1个全能三等奖、3个优秀奖和2个单项奖。同年，该园被评为省一级二等幼儿园。在“德宏首届幼儿教育论文、教育活动设计评选活动”中，获1个一等奖、2个二等奖、2个优秀奖。此外，制作的幼儿美术作品先后获省级二等奖和国家级二等奖。

综合大楼竣工仪式。图中右二为教委副主任梁其伦、右四为妇联副主任周发芹、左二为州计生委主任赵友仙。

新建教学综合大楼

欢庆新千年的第一个“六一”儿童节

德宏州交通运政管理处

处长　杨永建

德宏州交通运政管理处是客货运输、汽车维修业、搬运装卸、运输服务、港航监督、出入境汽车运输等行业的管理部门，担负着征收全州运输管理费和拖拉机养路费的任务。

1999年，该处认真贯彻执行中央关于建立统一、开放、竞争、有序的社会主义运输市场的政策精神，积极完成上级主管部门交给的各项任务，并取得好成绩。全年全州完成征收道路运输管理费509.5万元；征收拖拉机养路费544.09万元。年内，被云南省交通厅评为“文明窗口”称号，被团州委授予“青年文明号”称号。

处长　杨永建
电话　(0692) 2121146
地址　勐焕小区

处领导与干部在研究工作

办证厅一角

路检路查

前进中的德宏州中医医院

品种齐全的中药配方中心

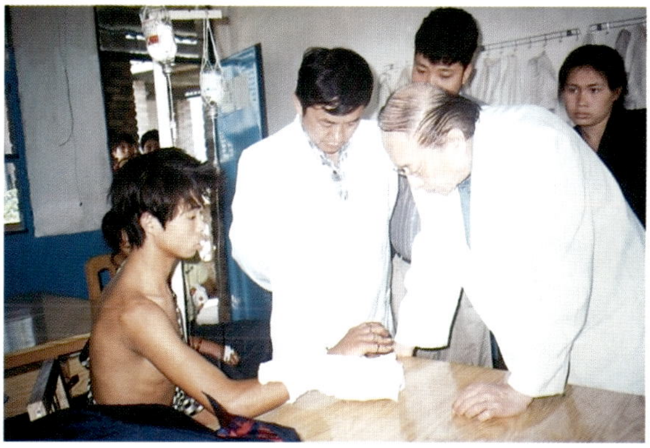

中国工程院院士、著名手外科专家王澍寰教授（右一）莅临德宏州中医院指导工作，左二为州中医院副院长和平

副院长（法人代表） 和平

副书记 管国英

联系电话 （0692）2124008

德宏州中医医院成立于1990年。1999年设有病床105张；在职人员106人，其中高级职称4人，中级职称24人；设内科、外伤科、风湿病科、妇产科、门诊部、皮肤性病科、口腔科、民族医药科、药剂科、功能科、检验科及芒市糖厂分院；拥有万元及10万元以上医疗设备26台。

现开展骨科、普外、显微外科、手外科、颅脑外科、妇产科等手术，并在显微外科、手外科领域取得突破性进展。此外，该院还建立了骨伤、风湿病、糖尿病、心脑血管病、伤残康复等特色专科，形成了医院的特色和优势。

德宏州中医医院始终坚持以“提高医疗质量、服务质量求生存，以科学管理和精湛的医疗技术求发展”的方针。德宏州中医医院将充分利用西部大开发的历史机遇，努力将本院建设成为现代化的中医医院。

右手示、中、环、小指中节及末节完全离断再植成功

医院门诊大楼

德宏州建筑设计院

院长　刘子明

德宏州建筑设计院成立于1987年底，隶属州城乡建设局，属事业单位，实行企业管理。

德宏州建筑设计院创业14年来，在没有财政资金注入的情况下，全院干部职工艰苦奋斗，开拓进取，基本建立了一套适应德宏州城乡基本建设要求的设计队伍。1994年，本院取得了国家建设部核发的工程设计国家乙级资格证书。1999年全院职工有31人，其中技术人员28人（中高级技术人员19人）；设有总工室、设计一室、设计二室、设计三室、建筑工程预决算事务所等；专业设置有建筑学、建筑结构、供水排水、建筑电器、建筑消防、工程预决算6个专业。

建院14年来，全体工程技术人员艰苦创业，刻苦钻研，开拓进取，攻克了一个又一个技术难关，完成了1000多个设计项目，共涉及建设资金8亿多元，为建设新德宏做出了贡献。在新世纪，德宏州建筑设计院将满怀豪情，再接再励，为德宏的城乡建设做出更大贡献。

地址　芒市为民路下段

电话　2121967

院两级班子研究工作

院办公区花园

本院设计作品

1	2
	3

1、人保德宏分公司大楼
2、800兆德宏分公司大楼
3、芒市露发宾馆大楼

1	2
3	4

1、芒市友谊路步行街
2、德宏州图书馆
3、芒市经济实用住房小区
4、芒市机场候机楼

德宏州水

德宏州水利水电局成立于1987年10月。1999年下设办公室、财务科、水电科、建管科、水政科、防洪办、水保办、水管站和局属二级单位水利电力勘察设计院、水利水电工程施工队。共有职工97人，其中高级工程师2人，工程师28人，助理工程师19人，技术员3人。

至1999年末，全州共建成中型水库4座，小（一）型水库19座，小（二）型水库52座，小塘坝165座，总库容达20674万立方米；建成引水灌溉渠道9857件，其中引水流量在0.3秒立方米以上的渠道316件；建成电力提灌站20处，总装机0.101万千瓦；修筑江河堤防311公里。这些工程的建成，为德宏州的工农业生产和城乡人民生活用水提供了重要保证，每年为农业供水6.29亿立方米（解决了农村35.43万人和16.43万头大牲畜的饮水困难问题），为工业供水0.3亿立方米，为城市供水0.3亿立方米；全州有效灌溉面积已达84.83万亩，旱涝保收面积38.42万亩，除涝面积19.19万亩，水土流失治理面积802平方公里；建水电站69处114台，总装机16.7万千瓦，是十一届三中全会前的24.75倍；建成110KV输电线路376.891公里，35KV输电线路622.075公里，10KV输电线路4503.19公里，0.4KV输电线路4991.27公里；110KV变电站7处8台，35KV变电站36处56台，10KV配电变压器3357台；全州65个乡镇全部通电，330个村公所通电（通电率达96.8%），3345个自然村通电（通电率93.7%）；人均年用电

水利部领导现场审查陇川麻栗坝水库

省水利水电厅副厅长李正黄（左一）在州水利水电局局长周金生（右二）的陪同下，深入工程检查指导工作。

99年度全州水利工作会议

瑞丽江工程开工典礼

槟榔江电站

社员群众大干冬春水利

利水电局

392.1 度，全州已实现了农村初级电气化。

为实现德宏州经济的可持续发展，搞好水资源的优化配置和有效供给，必须加快水利水电建设步伐。全州水利水电建设"十五"期间的规划框架是："两江、两库、一前期、一改造、三配套和水电农村电气化建设、农村人畜饮水。"我们决心抓住西部大开发的机遇，做好前期工作，争取列项，争取国家给予支持，尽快使上述项目付诸实施，使德宏的水利水电事业再上一个新台阶。

芒究水库一角

户宋河电站凯邦亚湖

经理　吴林忠

德宏州农资公司

本公司组建于1988年4月，当时只有5名职工，借住州供销社的房子，靠县农行扶持30万元贷款运转经营，发展至今，已成为德宏州的主要农资企业。

1999年，公司下辖芒市建国饭店、瑞丽华德饭店、芒市建国路化肥经营部、芒市887库农药批发部、芒市青年路自选商场、瑞丽姐告化肥经营部、瑞丽华德自选商场、陇川章凤化肥农药经营部等22个经营网点和科室，共有职工45人。本公司与全国著名农资企业建立了稳定的供销关系，与台湾徐记糖果等厂家公司建立了稳定的糖烟酒供货关系，业务辐射德宏州，还扩展到保山、大理等县市。公司占地总面积12493.58平方米，建筑面积13212.61平方米，固定资产总值达2500多万元，商品流动资金800万元，年购进化肥农药30000吨以上，年销售总额达3800多万元，盈利累计总额900多万元，实现了企业效益和社会效益双丰收。

电话　(0692) 2130177　2131633

公司地址　芒市建国路中段

公司办公大楼

青年路自选商场一角

化肥销售网点

潞西市交通局

省州领导视察潞西交通。左起为潞西市副市长刀小周、州交通局局长柳五三、芒市总段党委书记单起龙、省交通厅副厅长杨九寨、省交通厅副厅长谢凤禹、潞西市委书记李春华、潞西市交通局局长李和平、省交通厅工程处工程师陈秉云、芒市段段长杨永恩。

“九五”期间，潞西市交通事业发展迅速。全市15个乡（镇）1个经济合作区，乡乡有文明路；84个行政村，村村通公路。市乡公路除中山、芒海两乡（镇）外，均实现了柏油路面或弹石路面。1999年，潞西市交通局积极开拓进取，加大了公路建设的力度，先后完成了三台山乡、象滚塘乡等四条公路（弹石路），共64.58公里路面的改造工程；配合州重点工程指挥部完成芒市立交桥建设任务；修复西山、江东、五岔路弹石路水毁工程9500平方米；抢修市乡公路、边境路水毁工程等12个项目，总投资1950.4万元。截至年末，潞西市境内总通车里程达2320.12公里，其中国道91.5公里，省道120.57公里，老国道复线52.9公里，市乡道317.6公里，乡村道543.39公里，村社道1168.06公里，专用道26公里。基本形成了以国道为中心，以省道、市乡道为骨架的公路交通网络，促进了德宏经济的发展。

象滚塘公路验收

潞西市交通局制定了“公路建设十五发展规划”，其目标是：五年内建设二至三条高等级公路；全面实现市乡公路弹石化；逐步完善乡村公路的桥涵配套；运政路政管理实现规范化。为实现建设德宏大交通的远景规划目标，潞西市交通局全体员工充满信心，决心一年上一个新台阶。

群策群力修建乡村道路

公路施工质量第一

党的十一届三中全会以来，梁河的经济建设和社会发展突飞猛进。1984年结束了吃植物油靠外调的历史。1986年被评为全国基础教育先进县和全国护林防火先进县。1989年夏粮生产受到国务院嘉奖。1990年，中共梁河县委被评为全国普及法律常识先进集体。1991年，解决了“两个吃不饱”（即农民粮食不够吃，梁河糖厂吃不饱）的难题。1992年，工农业总产值出现并驾齐驱的新格局；荣获省级“双拥模范县”称号；成为全州第一个基本无盲县。1994年，进入全国农村初级电气化县行列；再次荣获省级“双拥模范县”称号。1996年，又获省级“双拥模范县”称号。1998年，创建科技工作先进县活动通过省级验收。1999年，全县国民生产总值23800万元，人均国民生产总值1536元，财政收入3161万元，城镇居民人均可支配收入6426元，农民人均纯收入834元，均比1978年有大幅度增长。城乡居民储蓄存款余额21807万元，比1978年增长283.8倍。农业基础地位得到加强，在巩固粮、油、蔗、茶的基础上，以发展魔芋、松香、柏籽仁、香料、核桃、板栗、桔子、西南桦为主的绿色产业已具雏形。1996年至1999年共投入扶贫资金1400多万元，使5.1万贫困人口摆脱了贫困。林业连续19年无重大山林火灾。全县森林覆盖率已由1976年的26.3%上升到60.2%。工

省长李嘉廷（右三）到梁河调研

省委副书记王学仁（中）、州委书记王南昆（左）、副州长赵家培（右）到梁河调研

县委书记雷翁团（左）到贫困户家问寒问暖

县人大主任尹培佑（左一）深入边远山区与农民谈心

县长肖利生主持中国昆明国际旅游节德宏分会场闭幕式暨阿露窝乐节盛会

阿昌族在中国昆明国际旅游节德宏分会场闭幕式暨阿露窝乐节上表演彩绸舞

中国昆明国际旅游节德宏分会场闭幕式暨阿露窝乐节盛况

梁河在改革开放中前进

改扩建后的梁河县城一角

县政协主席杨牙友（右一）深入挂钩扶贫点组织农民开展科技培训

业已形成制糖、矿产加工、造纸、制药、建材等体系。全县通车旅程已达867.8公里，全部行政村和90%的自然村都通了公路。95%以上的自然村都通了电。市内电话实现程控化，农村电话实现自动化。科教文卫各项事业蓬勃发展。1979年至1999年，全县共引进推广新技术、新工艺、新材料、新品种400多项，获各类科技进步奖367项，其中国家级4项，省部级35项，星火奖2项，金桥奖1项，州县级奖339项。“普六”、“扫盲”成果得到进一步巩固，“普九”取得阶段性成果。2000年，梁河被评为全省文化工作先进县。有线电视实现全县大联网。电视覆盖率达94%，广播覆盖率达80%。初级卫生保健工作通过省级验收。今日的梁河，政治稳定，民族团结，经济发展，社会进步，人民安居乐业，一派生机盎然。

为进一步加快梁河发展的步伐，县委、县政府以西部大开发为契机，以改革开放为动力，以农民增收、财政增收、企业增收、社会稳定为中心，发挥优势，开拓市场，调整结构，建立支柱，强化基础，科教兴梁，打好国有企业脱困和扶贫攻坚战，进一步改善人民生活，实现国民经济持续、快速、健康发展，促进社会全面进步，以优异成绩迎接新世纪。

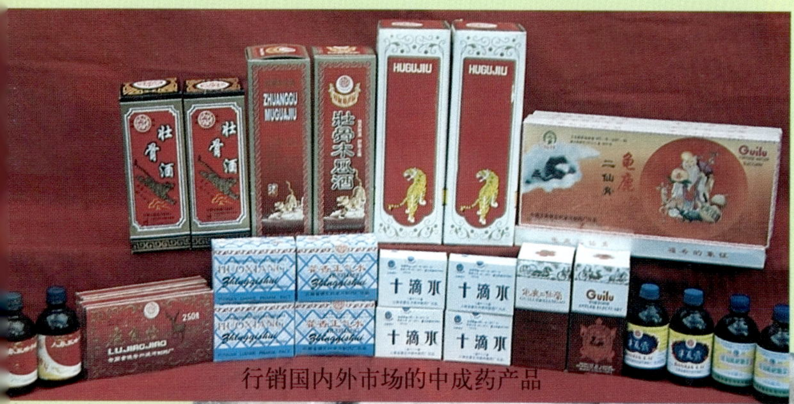

行销国内外市场的中成药产品

质地优良的松香产品

走俏市场的魔芋精粉

梁河在改革开放中前进

昆明知青返乡庆祝大会

梁河县创建科技工作先进县通过省级验收

国家级文物保护单位南甸宣抚司署

梁河县财政局

1999年，梁河县财政局精心组织实施各项工作，完成了财政预算收支任务，实现了“以奖代补”目标。全年完成地方收入1751万元，比预算数增14%，比上年增6%；上划中央两税1410万元，占预算数的93.1%，为上年的93%；预算支出完成7062万元，比上年增5.3%，确保了全年工资的发放及重点项目的支出。全年筹措项目资金1000多万元，并投入农业生产；实行“收缴分离”征收管理方式，有效地发挥了预算外资金的作用；为推进国企改革，加强了对国有资产的管理工作；全年对600多名财会人员进行了会计基础工作规范培训。此外，1996年至1998年，梁河县第三期农业综合开发项目取得明显成效，并于1999年8月通过省级验收。

为搞好第三期农业综合开发项目，梁河县成立了农业综合开发领导小组，办公室设在县财政局，项目区确定在勐养乡。总投资1534.4万元。完成项目主要有：改造中低产田2.4万亩，开垦农耕地0.11万亩，改善和新增灌溉面积0.71万亩，平田改良土壤0.11万亩，营造防护林0.64万亩，示范推广农业新技术2.07万亩，技术培训1.25万人次，建设魔芋基地0.51万亩，建立高密度集约化流水养鱼基地2.34亩。通过综合开发，项目区新

第三期农业综合开发验收现场会

进行新“会计法”培训

营造防护林效果显著

增粮食69.6万公斤、油料6.5万公斤、甘蔗1620万公斤、肉类0.75万公斤，新增多种经营项目产值2798万元；农民人均纯收入达818元，比开发前的1995年增加121元；灌溉保证率从原来的60%提高到90%。

县财政局长、县农业综合开发领导小组副组长张灿琬（右三）陪同州县领导检查农业综合开发工作。

现代化财务管理

扩大机耕面积

整修机耕路

群众投工投劳开挖排涝沟

公司党支部书记、经理　鲁永昌

梁河县电力公司

公司领导班子在研讨工作

公司领导与退休职工合影

梁河县电力公司建于1978年8月1日。初建时，有干部职工42人，辖九保、芒法、红茂3座小型发电站，装机容量656千瓦，全部固定资产原值74.90万元，流动资金9485元。经过20多年的不断发展，至1999年，公司的总资产增至2692万元；内设生产技术科、计量检测科、财务科和办公室等4个科室；下辖大叠水、九保、芒法、红茂等4座电站，发电装机容量1576千瓦；辖勐养、芒东、县城、沙坝、河东等5座35千伏变电站，总容量为19900千伏安；辖电力工程安装装璜部、电力器材经营部、线路器材厂、木材加工厂、用电管理所等生产单位；共有干部职工183人，各类专业技术人员34人。

该公司自建立以来，为梁河的电力建设作出了积极贡献，取得了突出成绩，曾被省水利水电厅评

公司生产的低压开关柜

召开农村电网建设(改造)工程技术研讨会

为先进集体。1994年跨入了全国农村水电初级电气化县的行列。1997年在科技创先活动中，经德宏州科委验收为科技工作先进企业；同年被县委、县政府评为县级文明单位。1998年，全县9乡1镇、63个行政村都通了电，通电户32506户，户通电率99%，用电保证率99.3%。全县人均用电量228千瓦小时，户均用电量245千瓦小时。

1999年，公司通过开展“讲政治、重文化、精技术、练作风”的活动，并推行了厂务公开、民主监督制度，调动了各方面的积极性，取得了较好的成绩。当年被州委、州政府命名为州级安全文明单位，主要经济技术指标均比上年有所提高，年发供电量2236.037千瓦小时，比上年

用电管理所获“青年文明号”称号

经　理　鲁永昌
副经理　许升维　杨晓明
地　址　梁河县城南甸路6号
电　话　(0692)　6161568
邮　编　679200

电力工程部获“青年文明号”称号

建设中的调度大楼

荣获1999年度州级"安全文明单位"奖

增94.74千瓦小时；工业总产值160.7万元，比上年增12.7万元；销售收入1368.67万元，比上年增280万元；实现税金119.62万元，比上年增29.64万元；实现利润45.29万元，比上年增12.67万元。当年还配合县城南甸路的改造工程，按质按量地完成了投资74万元的2.7公里的供电线路改造；新架低压线路4.62公里，安装10千伏配电变压器12台，容量1285千伏安；勘测设计了芒东变电站至杞木寨乡、河东变电站至曩宋乡的马茂电站、河西芒陇水泥厂至芒法电站3条共14.73公里的10千伏输电线路，为进一步加快全县的电力建设奠定了基础。

在千禧之年，全公司干部职工豪情满怀，决心高举邓小平理论伟大旗帜，以党的十五大精神和江泽民总书记再三强调的"充分发挥企业党组织政治核心作用，坚持和完善厂长(经理)负责制，全心全意依靠工人阶级"的指示为指针，向先进单位学习，进一步解放思想，转变观念，真抓实干，努力做好各项工作，以新的精神风貌进入二十一世纪。

加工地板条

荣获第十五届南甸杯男子篮球第一名

荣获南甸杯女子篮球三连冠奖杯

梁河县
电力公司

电渡生产线

梁河县水

州县领导视察湾中河小流域水土流失治理工程

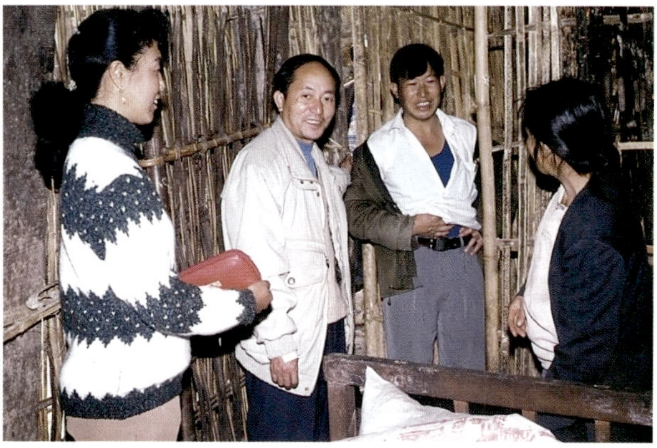

局长瞿东旭（左二）到扶贫挂钩点慰问贫困户

梁河县水利水电局1978年成立，现有干部职工263人。1979年至1998年，共建各项水利水电工程13166件，为全县经济持续、健康发展奠定了基础。

1999年，梁河的水利水电建设又上新台阶。全县完成水利水电工程1820件，其中在水利建设方面取得的成就主要有：如期完成总投资282万元，由国家立项的湾中河小流域水土保持综合治理工程，并顺利通过省、州验收；投资82万元修建了一批人畜饮水工程，解决了37个村寨1.32万人及0.75万头大牲畜的饮水困难问题；投资14.38万元，建起河西乡永海沟取水坝1座，改善灌溉面积0.2万亩；投资32.454万元，加固和完善了曩宋乡的有余沟等工程，并新建了4座取水坝，改善灌溉面积0.5845万亩；投资14.814万元，保证了该沟的畅通；投资24.5万元，在杞木寨乡和平山乡新建10个水浇地工程，新增节水灌溉面积0.08万亩；投资13.97万元，在大盈江加宽老堤560米，修复老堤90米，加固险堤险段1050米；投资31.26万元，完成扶贫水利工程18件；投资60万元，于2000年2月在龙江建起

召开“人与自然科普活动周”水土保持座谈会

新建的办公花园区一角

利水电局

局长　瞿东旭
电话　(0692) 6161155
传呼　127-0060303
手机　13908824489
地址　梁河县城勐底路14号

湾中河小流域水土流失治理工程技术人员与局领导合影

县局领导视察龙江新堤岸

湾中河小流域水土流失治理工程经济果木基地一角

新堤400米。

梁河县水利水电局将抓住西部大开发的机遇，加大水资源的合理开发利用，进一步改善生态环境，为建设梁河做出更大贡献。

梁河有两条江（大盈江、龙江），共有大小支流59条，水资源和水能资源丰富，热忱欢迎同仁志士到梁河投资开发，梁河县水利水电局将为投资者提供最优质的服务。

新建起的龙江堤段

梁河县土地管理局

县委书记雷翁团在全县土地管理工作会议上讲话

梁河县土地管理局1987年成立。十多年来，为梁河的各项建设事业发挥了重要作用。

1999年，该局主要抓了11个方面的工作：一是通过“三讲”教育，全局干部职工在政治上有明显进步，在作风上有明显转变，在纪律上有明显增强。二是加大对新“土地管理法”的宣传力度。征订宣传资料10多种共4000多套（幅），印发宣传资料5000多份，张贴大小标语3000多条，使全县干部群众受教育面达95%以上；积极向国家、省、州新闻单位投稿，被采用86篇。三是加强对干部的培训工作。组织全局干部职工参加国土资源部举办的新“土地管理法”的培训考试，考试平均分达96.6分；安排12人参加州政府举办的综合行政执法培训班学习考试，全部领取了行政执法证；安排地籍股的职工参加上岗培训。四是在县级土地利用总体规划的基础上，完成全县9乡1镇的土地利用总体规划，并通过州级验收。五是圆满完成全县213.6公里、面积259.41万平方米的公路产权和沙石料场的界定工作，并通过州级验收。六是盘活3个单位的城镇土地55宗，面积15.1亩，盘活资金80余万元。七是向独立工矿企业登记发证24宗，占应登记发征的96%。八是查验土地证书696宗，占应查验的95.46%。

局长刘正鳌在全县土地管理工作会议上讲话

严格土地执法　拆除违章建筑

副县长尹可芽（中）、省土地管理局杨家贤副处长（左一）、局长刘正鳌在梁河土地模范县验收会上

九是新创“三无”乡1个，巩固“三无”乡(镇)8个。十是积极开展创建土地执法模范县活动成效显著，并已初步被省政府验收。十一是较好地完成了土地管理目标责任制，并获州政府1999年土地目标管理一等奖。

梁河县土地管理局热忱欢迎同仁志士到梁河投资开发，并将提供最优质的服务。

局长　刘正鳌

电话　(0692) 6162754　6161249

传呼　127—8587014

手机　13908824568

地址　梁河县城先锋路

邮编　679200

县土地管理局全体人员合影

在梁河县首次土地使用权拍卖会上，局长刘正鳌(左一)与中标者王华龙(左二)签订出让合同

省土地管理局局长李如林(右二)、州土地管理局局长杨升吉(左二)参观南甸宣抚司署后留影

土地规划测量

梁河县供销合作

县供销社主任　陈茂荣

梁河县供销合作联合社辖5个县级公司、3个边贸商号、1个茶叶精制厂、9个基层供销社，有员工360余人，经营网点遍布梁河城乡，担负着全县15万多人的主要生产资料、生活资料的购销工作。

梁河县供销合作联社以服务三农为宗旨，以诚实、讲信誉为本，经营项目广泛，热忱欢迎国内外客商惠顾。

主任　陈茂荣

总支书记　苏正堂

副主任　尹培流

电话　(0692) 6161638　6161487　6161323

所辖单位法人代表（主任）及电话

农业生产资料公司

法人代表　李卓平　　电话　6161448

农产品公司

法人代表　尹可保　　电话　6161140

综合批发站

法人代表　孙家祝　　电话　6161268

再生资源开发公司

法人代表　周茂伟　　电话　6161598

综合商场

法人代表　李正明　　电话　6161153

勐养基层供销社商场开业剪彩仪式

农资公司化肥仓库一角

农资公司化肥门市部

联合社

茶叶精制厂

法人代表　赵春座　　电话　6162263

九保基层供销社

主任　江朝映　　电话　6900024

河西基层供销社

主任　张有达　　电话　6911026

曩宋基层供销社

主任　罗有见　　电话　6922027

芒东基层供销社

主任　黄永富　　电话　6966032

勐养基层供销社

主任　龚元兴　　电话　6988032

平山基层供销社

主任　杨世锁　　电话　6933019

小厂基层供销社

主任　陈朝亮　　电话　6933526

大厂基层供销社

主任　雷时云　　电话　6955024

杞木寨基层供销社

主任　尹可尚　　电话　6944516

县供销社主任陈茂荣（右一）、总支书记苏正堂（中）、副主任尹培流（左一）合影。

农资公司领导班子在研究工作

再生资源开发公司烟花爆竹批发零售门市

县供销社综合商场

梁河县畜牧扶贫成

1999年，梁河县委、县政府将小厂、杞木寨、大厂、平山4个山区贫困乡列为畜牧扶贫示范项目区。在4个乡中，又把22个村列为畜牧扶贫工程示范村，共有示范户1400户，每乡平均350户，示范总人口6943人。

为确保示范项目的顺利进行，县委、县政府领导与各乡党委书记和乡长签订了《梁河县畜牧扶贫工程示范项目目标责任书》、《梁河县1999年度畜牧生产目标责任书》；示范项目乡村分别成立了项目领导小组；全县137名各级干部参与了畜牧扶贫工程。

县畜牧局局长赵成良（右三）到杞木寨乡畜牧兽医站研究畜牧扶贫工作

畜牧扶贫工程确定以发展仔猪生产为主，配套推广科学养猪实用技术。1999年，除完成猪圈改造、“三结合”猪圈建设、“三高”母猪及仔猪培养外，还在项目区防疫生猪50934头；猪杂交改良10089窝，其中人工授精1266窝；建青贮窖108.6立方米，推广青贮饲料582吨；印发科学养猪手册10000册；科学培训8038人次；指导农户自制配合饲料，降低了养猪成本。全年投入财政专项资金78.04万元，信贷资金123.65万元，从而保证了项目的顺利实施。

畜牧扶贫工程的实施，使4个乡的经济得到较快发展。1999年末，4个乡生猪存栏34525头，比上年增496头；能繁殖母猪存栏5990头，增982头；大牲畜和山羊分别增1.8%和9.3%。4乡的畜牧总收入1007.47万元，比上年增267.79万元；农民人均纯收入

大厂乡党委、政府领导同有关人员研究畜牧扶贫工作

大厂乡畜牧兽医工作站

效显著

621元，增97元。全年4乡脱贫人口9792人，其中四分之一是靠发展畜牧业脱贫。

畜牧扶贫工程项目的实施带动了全县畜牧业的发展。1999年，全县出栏肥猪40998头，比上年增6151头；出栏率提高4.4个百分点，达52.13%；菜牛出栏增4.7%，年出栏增10.6%；肉奶蛋总产3864.4吨，增538.8吨；畜牧业产值4207万元，增331万元。

平山乡领导视察雪鸡养殖户

小厂乡生猪供精站

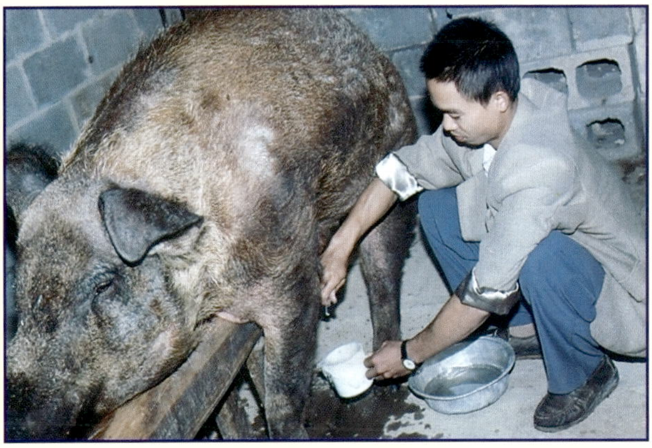

平山乡兽医技术人员正在采精

小厂乡生猪交易市场

培育的“三高”母猪

小厂乡养羊示范户

梁河县国家税务局

梁河县国税局党组书记、局长　杨常繁

1999年全局干部职工以“加强征管、堵塞漏洞、惩治腐败、清缴欠税”和“四铁”精神（铁石心肠、铁面无私、铁的手腕、铁的纪律）贯穿整个税收工作，在市场疲软、税源枯萎、可征税款与任务相差374万元的情况下，正视困难，以“三讲”为动力，以“三高”为标准，努力拼搏，共组织征收1922.11万元，完成州局下达任务数的102.7%。年内被评为全州唯一省级文明单位。书记、局长杨常繁被评为省级先进个人。7个分局、所中6个分别被评为省、州税务系统的“文明单位”。在州国税局的目标考核中，县局6个股室有5个股室取得名次。在县级组织的行风评议中名列第一。连续三年被评为县级社会治安综合治理优秀单位和安全文明单位。

梁河县国税局将在州局党组和地方党委、政府的领导和支持下，在新世纪再立新功。

省州国税领导到梁河调查研究税收工作（右一梁河县国税局书记、局长杨常繁，右二梁河县委书记雷翁团、右三省国税局副局长李永忠、右四州国税局局长杨家正、右五县政府尹以顺副县长、右六梁河县国税局岳品文副局长）

光荣获奖

举办200米“税收与未来”万人签名绘画留言活动

梁河县种子公司

公司办公、营业大楼

梁河县种子公司成立于1978年10月，是隶属于县农业局的国有科技推广事业单位，有干部职工14人，其中农艺师2人，助理农艺师3人。公司在农作物良种的试验示范和推广工作中，曾多次荣获省、州、县项目的奖励。

多年来，公司坚持"质量第一，农户至上，以高产优质求生存，以推广应用求发展"的服务宗旨，围绕县委、政府制定的发展思路，充分发挥引种、试验、示范和推广的职能作用，为梁河走"高产、高效、优质"的农业发展之路作出了贡献。

在新世纪即将来临之际，公司的全体干部职工将以团结拼搏的崭新精神面貌，为加快梁河农业现代化的进程再立新功。

经理　余正炳

副经理　罗湘荣　刘沁梁

电话　(0692) 6161397

地址　梁河县城南甸北路62号

邮编　679200

经理　余正炳

公司经理余正炳（中）、副经理刘沁梁（左）和罗湘荣在研究工作

公司领导察看杂交示范一农大108

高产优质杂交早稻

梁河县林产公司

省林科院为本厂产品进行质量鉴定

梁河县林产公司是1992年11月组建的新型公司，下设三岔河林场、 松香加工厂、地板条加工厂、梁河经营部和芒市经营部。

公司自成立以来，抓住机遇，新改扩建了松香加工厂，使松香加工规模由原来的300-500吨，扩大到现在的2000吨以上，产品质量完全符合国标，为G B 8.45-87的特级和一级产品。8年来，该公司已发展成为当地的骨干企业和纳税大户。

本公司诚招天下客，礼待四方宾，热忱欢迎国内外新老客户来函来电洽谈业务。

公司经理　杨世旺

手机　13908824404

副经理　龙登林　王慧仙

电话　(0691) 6161123　6162257

地址　梁河县遮岛镇团结路20号

邮编　679200

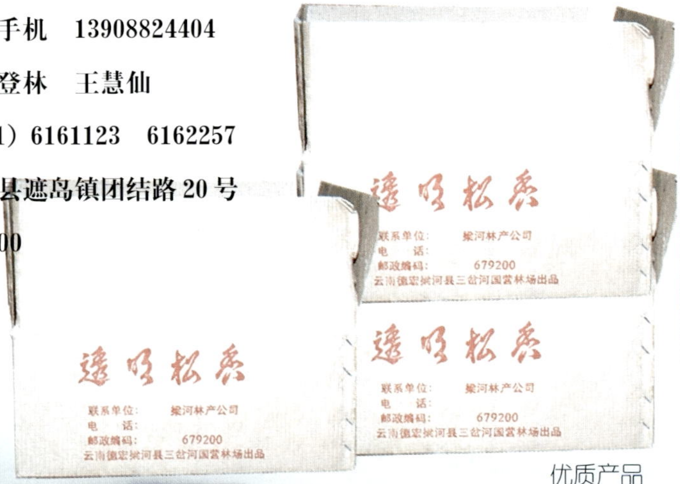

优质产品

产品加工

林产公司松香加工厂全貌

梁河县曩宋中学

校领导学习文件。左起：副校长钊有贵、教务主任李加繁、支部书记张世元、校长杨长飞、总务主任穆在元、政教主任车良茂。

曩宋中学建于1973年。学校面积64亩，现有教职工50人，14个教学班，学生895人。学校教学设备齐全，风景优美，是读书成才的佳境。

曩宋中学由于教学质量较高，全州各地均有学生在此就读。高中会考正考合格率在全州名列前茅，总体科目平均分均在前五名内，英语等科目均为第一、二名。近10年来，中考升学人数在全州位居前列，1998年中考全州一、二、三名均在该校。1999年该校重视学生素质教育，中考上中专师范线87人，被高中录取22人，共升学109人，升学率为75%。曩宋中学决心再接再励，在“普九”中为边疆教育再创佳绩。

初三化学实验课

校门

第十三届田径运动会开幕式

中国西南宝地

盈江县地处云南省西南部、德宏州西北部，位于东经97°31′－98°15′，北纬24°25′－25°20′之间；国土总面积4429平方公里，占德宏州总面积的38.42%；国境线长214.6公里；有16个乡3个镇，共85个行政村13个办事处，1149个合作社。1999年人口为25.57万人，有汉、傣、景颇、傈僳等27个民族。

县委书记　汪宝泉

盈江自古为"蜀身毒道"，是"西南丝路"的重要出口通道；20世纪末，盈江又青春勃发，成为大西南与南亚次大陆贸易往来的重要枢纽，是省级对外开放口岸。盈江拥有地理区位、热区、生物、口岸、旅游、人文资源六大优势。大盈江从北至南贯流县域，盈江坝、盏西坝、支那坝平畴沃野，气候湿热，是滇西南有名的粮蔗之乡。其中盈江坝516.13平方公里，是云南八大平坝之一。盈江县是国家级商品粮基地县、蔗糖基地县。全县森林覆盖率达61.8%，有保存完好的热带雨林，有种目繁多的动植物资源，铜壁关省级自然保护区是云南省26个自然保护区之一，素有"动植物王国"的美誉。境内水资源十分丰富，水能蕴藏量达214.83万千瓦，占全州总量的59.3%。目前境内有户宋河电站、勐典河电站、槟榔江电站、汇流电站及户撒河电站等，电网辐射全州，是德宏电力的生产中心。县内有3个糖厂和3个水泥厂，有硅冶炼、电解铝、木材加工、粮油加工等工业企业，已形成了以制糖、建材、电力、冶炼、加工为主体的地方工业体系。潞盈公路及19个乡镇公路的开通，通讯程控化、市镇建设日新月异，给全县经济社会的发展注入了新的活力。1999年全县完成国内生产总值77752万元（按可比价计算），比上年增9.3%；工农业总产值77783万元（90年不变价），比上年增15.8%；社会消费品零售总额37823万元，增9.07%；边贸进出口总额23489万元，增38.6%；农民人均纯收入1231元，比上年增2.9%。

县委副书记、县长金德祥

省教委主任杨崇龙（左二）、州教委主任杨前光（左一）、县委书记汪宝泉（左三）、副县长刀红艳（右一）等深入乡镇调研"普九"工作。

县委、县政府领导欢迎省教委工作组到盈江

盈 江 县

中共盈江县委常委会议

盈江风光秀丽，民族风情独具特色。大盈江是国家级风景游览区；允燕山公园的允燕佛塔闻名中外；中国最早引种的橡胶母树屹立在凤凰山麓；“独树成林”的“华夏榕树王”占地面积达9亩；浑水沟治理泥石流档墙工程是亚洲第一坝；群山环抱的凯邦亚湖散布着300多个岛屿；全长170米的拱劳河四级大瀑布如银帘垂空；支那云海变幻莫测；建于明代的“铜壁”、“巨石”、“万仞”、“神护”四关遗址犹存；震惊中外的马嘉里事件，谱写了盈江各族人民保卫祖国领土，抗击英国殖民主义武装入侵的光辉诗篇。

在新世纪到来之际，盈江县委、县人民政府以邓小平理论和党的十五大精神为指导，抓住国家西部大开发的机遇，从实际出发，制定了今后的奋斗目标及一系列宽松、优惠的政策。热忱欢迎国内外客商到盈江投资办企业，大展宏图，共创盈江美好的明天。

县委书记　汪宝泉

县　　长　金德祥

盈江解放五十周年纪念大会

升旗仪式

收割机收割忙

边境口岸大象运输队

盈江

土地局长刀保周（左二），参加德宏州汽车运输经贸总公司兼并盈江县汽车运输公司签字仪式。

2000年6月30日公开拍卖盈金路与民安巷交叉路口的一宗国有土地，面积861.9平方米，成交价为47.2万元。

1999年6月25日，盈江县举办了“土地法”知识竞赛。

“6·25”土地日街头宣传活动

盈江县土地管理局成立于1988年。1997年下设办公室、法规股、地籍股、用地股、地价评估中心。1999年有在职干部、职工21人。1993年至1996年全县19个乡镇成立了土地管理所，至1999年，专、兼职干部31人。

县土地管理局正式挂牌以来，与有关部门密切配合进行了土地详查，澄清了全县土地底数；贯彻落实土地法，严格用地审批手续；加强土地执法监察，严厉查处非法占用土地行为；采取切实有效措施，加快土地使用制度改革；划定基本农田保护区，鼓励开发复垦耕地，促进了农业生产发展。

1999年盈江县土地总面积6481425.2亩，其中耕地764481.8亩，园地72025.3亩，林地4507287.3亩，牧草地35785.6亩，城镇村庄及工

土地管理局自成立以来的主要资料成果

颁发国有土地使用证

县土地管理局

局长　刀保周

矿用地 75491.2 亩，交通用地 36652.4 亩，水域 149511.3 亩，未利用土地 840190.3 亩。

全县除那邦镇和卡场乡外，17 个乡镇都划定了基本农田保护区。基本农田保护区总面积为 301788.6 亩，占耕地面积的 39.87%。

新“土地管理法”提出以保护耕地为核心，以推行土地用途管制制度为重点。为认真贯彻新“土地法”，盈江县采取了三条措施：一是加强对土地利用的客观管理，突出土地利用总体规划的整体控制；二是严格建设项目用地的审批和管理，实施土地用途管制及集约用地的原则，制定了全县土地利用总体规划；三是进一步建立健全完善农用地转用、征用土地的公告制度和建设用地的跟踪检查、验收制度。

盈江县土地局的全体干部、职工在新千年、新世纪到来之际，决心开拓进取，严格执法，依法行政，将土地管理工作纳入法制化、规范化和科学化的轨道，为盈江县的社会稳定、民族团结、经济发展做出贡献。

局　　长　刀保周

副 局 长　尚保全　　高跃斌

局长刀保周（中）、副局长尚保全（右一）、高跃斌到现场规划基本农田保护区

土地局办公大楼

县经贸委主任杨庆湘

盈江县经济贸易委员会建于1997年1月，内设办公室、计划财务股、企业股、资源管理股、经济协作股、经济体制改革股6个股室，并管理县经济体制改革办公室和县矿产资源办公室。有职工29人，其中国家公务员16人。

自组建以来，该县经贸委按照社会主义市场经济体制的要求，在进一步提高职工政治水平和业务技能的基础上，更新观念，大胆开拓，帮助和指导全县国有企业改革和脱困，并取得显著成绩；同时，在开展矿业法规的宣传教育、矿山企业秩序的治理整顿、医药市场的管理及经济协作等方面也取得较好的成绩。对全县国民经济持续、快速、健康发展起到了推动作用。

盈江县经济贸易委员会

跨入新千年，县经贸委领导将一如既往，决心带领全体员工，以全新的观念和锐意进取的精神迎接新挑战，努力完成国有企业三年改革脱困的艰巨任务，进一步加快全县国有企业改革的力度，为建立适应市场经济发展要求的科学有效的经济运行宏观调控体系和规范化的市场经济秩序而努力奋斗。

领导班子：

主　　任　杨庆湘　　副主任　杨惠苹

总支书记　李正德　　总支副书记　罗绍凡

经贸委全体员工

领导班子研究工作。县经贸委主任杨庆湘（右），总支书记李正德（中），经贸委副主任杨惠苹（左）

新建成的经贸委办公大楼

盈江县计划生育委员会

计生委主任排正忠

盈江县计划生育办公室建于1979年5月，1987年8月改称为盈江县计划生育委员会，并成立计划生育服务站。自组建以来，他们认真贯彻执行“国策”，在工作中大胆开拓，真抓实干，使全县人口过快增长的势头得到有效控制，各族群众的生育观念有了较大转变，妇女生育率由1979年的4.5%降到1999年的2.38%。1995年度荣获“云南省计划生育工作先进集体”；1996年获州人民政府颁发的“八五”期间计划生育工作先进集体；1997年经省人民政府考核验收，授予“三为主”实现县；1998年县计生服务站被省计生委授予“县级计划生育服务站规范管理”达标站称号；1999年获省计划生育协会颁发的“计划生育协会工作”先进县。

跨入新世纪，县计生委领导班子决心带领全县计生工作者，脚踏实地抓好计划生育工作，努力开展计生行风建设，以崭新的姿态迎接21世纪的挑战。

县计生委领导班子在研究工作

县计生委和服务站的同志深入农村，到计生“三结合”帮扶户家中听取项目进展情况。

盈江县电信局

局领导班子在研究工作。从左至右为办公室主任丁文杰、副局长陶现名、局长李辉、市场部主任陈本安。

1999年，盈江县电信局按照“适度超前，加快发展”的原则，全面加强电信网络建设，并取得较大进展：全县拥有通信光缆318.6公里，通信光缆已覆射所有乡镇；完成了全县乡镇交换、传输、电源设备技改和县间中继SDH数字同步传输网设备的安装调测工作。全年完成固定资产投资1126.89万元；新增电话用户1969户，电话用户总数达11587户；全县电话普及率达4.45%，其中市话普及率达24.46%，均比上年提高0.67和3.86个百分点；公用电话达434部，其中IC卡公用电话115部，IC卡电话已普及全县各乡镇；新增计算机互联网注册用户84户，年末累计用户达97户；金融、保险、海关等计算机数据用户新增5户，年末累计达17户；全年全局完成业务收入1230.35万元，比上年增9.8%；完成业务总量997.8万元，比上年增27.2%。

追求无止境，在新千年来临之际，盈江县电信局全体员工决心以更加优异的工作业绩为您提供优质服务，为盈江的经济建设做出更大贡献。

办公室电话　（0692）8182458

市场部电话　（0692）8180458

“3·15”电信宣传

“3·15”电信宣传

PICC PROPERTY

中国人民保险公司 盈江县支公司

1999年，中国人民保险公司盈江县支公司坚持“以人为本、效益为先、笃守信誉、稳健经营”的立业之本，坚持“人民保险为人民，人民保险造福于民”的宗旨，深化改革，强化管理，积极推广创名优工程活动，确保了各项业务的持续健康发展。

公司现有正式职工9人，专职代办员2人，平均年龄26岁。开办有机动车辆保险、财产综合保险、家庭财产保险、雇主责任保险、公路货物运输保险等20多个险种。1999年共承保保险金额10亿多元，处理赔案844件，支付赔款358.9万元。为支持盈江县的经济建设和维护社会稳定做出了积极贡献，再次被州公司授予“双文明建设先进单位”。

经理室电话　8180725

营业室电话　8180609

中国人民保险公司盈江县支公司营业厅

许本清经理到莲山硅厂火灾现场查勘

2000年1月6日，莲山硅厂发生火灾，烧毁4台变压器，厂房局部受损。事后，盈江县保险部门及时预付了10万元保险赔款。

盈江

检察院新貌

检察长　普　瑞

副检察长　薛文定

徐国旗

1999年，盈江县人民检察院认真按照公正执法、加强监督、依法办案、从严治检、服务大局"的检察工作方针，严格履行法律监督职责，为维护盈江县社会政治稳定、保障改革开放和现代化建设做出了贡献。

全年审查批准逮捕犯罪嫌疑人212人，审查决定提起公诉165人；查处职务犯罪案件10件13人，其中破获2起涉外案件，为国家和集体挽回经济损失160多万元。该院根据高检院确定"99年为基层建设年"的通知精神，致力于基础设施建设，深入扎实地开展了"五好两满意"争创活动。为解决干警住房难的问题，想方设法，筹款集资80万元，新建2栋干警住宅楼。同时，投资25万元，修缮办公楼、购置办公用具及车辆，改善了办公条件。

年内该院先后被省委省政府、省检察院、州综治委授予"精神文明单位"、"人民满意检察院"、"安全文明单位"，有1名干警被授予"省人民满意政法干警"荣誉称号，有2人荣立三等功，32人次受到嘉奖和表彰。在新世纪的征途中，盈江县人民检察院将以新的姿态，努力创造新的业绩。

起诉科干警讨论案件

领导班子研究开展争创"五好两满意"活动

县人民检察院

检察官授级仪式

反贪局干警在研究犯罪预防工作

渎侦工作中的法纪干警

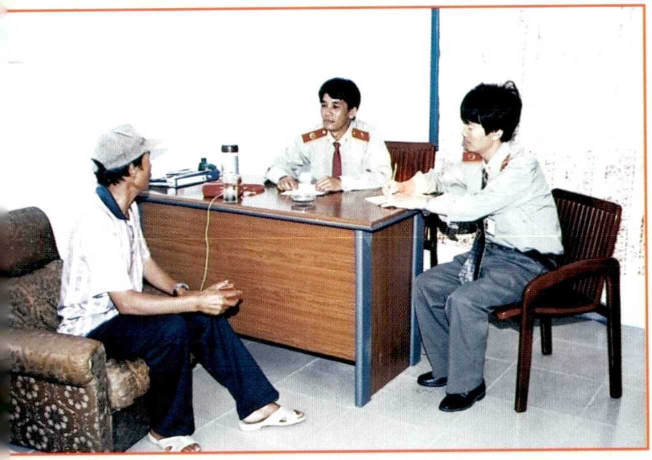

控申科干警接待来访人员

批捕科干警深入基层调查取证

盈江县公安局交通

紧急出动

尽心尽责　一路平安

盈江县公安局交通警察大队有干警22人(其中大学1人，专科13人，中专3人，高中5人)，平均年龄30.4岁，是一支年轻化、知识化的队伍。全队设机动中队、城区中队、车管分所、行政办公室、机动车检测站5个部门。共管辖机动车12090辆、机动车驾驶员15389人、辖区公路1760.5公里。

该大队始终坚持“严格执法，热情服务”的宗旨，把人民群众满意不满意、答应不答应作为工作出发点，积极推行“三制”，创建“平安大道”，实施警务公开制度，不断推行“阳光作业”，简化办事程序。1999年全队团结奋战、通力合作，共受理交通事故214起，处理违章18633人次，处置治安刑事案件3起，抓获犯罪嫌疑人5人。年内有2名干警被授予“全省优秀交通警察队长和全省优秀交通民警”荣誉称号，有6名干警受到德宏州交警支队嘉奖和表彰，大队被授予盈江县“青年文明号”单位和省级学济南交警先进集体。

路检路查

交通规范化指挥

警察大队

大队长　马建平

盈江县交警大队将再接再励，在新世纪再创辉煌。

大队长	马建平
办公室主任	尹以明
一中队长	王明海
车管分所长	张清辉
二中队长	张云龙
二中队指导员	李仕新
二中队副中队长	靳　松

交警大队领导班子研究工作

二中队办公楼

事故多发地段安装限速标志

机动车检测站

车管分所办证厅

盈江县公

大队负责人、党委书记　文洪

盈江县公安局消防大队担负着全县19个乡镇、1个农场的消防安全监督管理、灭火救援、抢险救灾和处置突发事件的重要任务。

大队干部研究和布置工作

随着盈江经济的不断发展，盈江县公安局消防大队在州县人民政府、公安机关及上级消防部门的关心支持下，大队于1998年末购买了办公住宅综合楼一幢2490平方米，经修缮后于1999年5月27日正式挂牌办公；消防中队540平方米的综合楼和126平方米的餐厅也于1999年10月1日建成并投入使用。

1999年以来，中队共接警出动扑救火灾23起，挽回经济损失150余万元；大队组织开展消防安全检查26次，对易燃易爆

搬迁典礼

到学校进行防火宣传

举办消防常识培训并结合实地演练

安局消防大队

总队长李文祥（右一）等和盈江县党政领导到大队检查指导工作

到集市商场进行防火安全检查。图中为支队政委傅亚莲（左一）、支队政治处主任施德兴（左二）、盈江县消防大队负责人文洪（右二）。

物品储存、经营行业、公众聚集场所、木材加工行业进行了消防安全专项治理，共消除火灾隐患400多条；对160名重点单位的法人和从业人员进行了消防安全培训；开展消防安全宣传6次，影视宣传12场次，发放消防知识传单9000余份，受教育人数达20万人次。

在实施大队规范化建设和中队目标化管理中，大队党委充分发挥核心领导作用，不等不靠，按照江主席“五句话”的总要求，坚持“抓队伍建设，促消防工作”的指导思想，进一步强化“三讲”教育，把“两化”作为部队建设的重要措施，立足盈江大队实际，以“软件要硬，硬件要实”为原则，实行了岗位目标责任制。大队党委亲自抓、带头抓，使整个大队的面貌发生了巨大变化，使消防监督管理工作朝着现代化、科学化、规范化迈进了一大步。在1999年全省消防监督规范化建设和基层中队目标化管理达标考核中，盈江消防大队以优异的成绩闯入了全省达标先进大队的行列。

书　记、副教导员　文　洪

副书记、副大队长　马家平

中队营区

大队营区一角

城建局办公大楼

1999年的盈江县城乡建设环境保护工作，在县委、县政府的高度重视和领导下，全局干部职工群策群力，协调一致，勤奋工作，切实履行好城乡建设和环境保护工作职责，为促进盈江社会、经济的全面发展，作出了积极贡献。

一年来，局领导班子以“讲学习、讲政治、讲正气”为核心内容，狠抓干部职工队伍的建设和管理，使职工队伍的政治素质和业务素质进一步得到提高。为搞好县城绿化美化和改善服务功能、树立卫生城市的良好形象，投资695万元，完成了三条主街道6.6公里柏油路面、排污沟、人行道护栏、绿化、路灯等工程的改造建设扫尾工程，完成了三条主街555株小叶榕的补种更换工作。投资80万元完成了盈湖路520米水泥路面，建设路北段前500米主体工程和侧沟支砌工程。投资100多万元完成了盈东路414盏路灯的安装工程及绿化带2950株绿化树和绿化带内五色草的种植。县自来水公司投资38万元，新建了2000立方米净水厂清水沉淀池，日供水可达18000立方，基本保证了县城20年内的供水问题。

为加强、规范对建筑行业的管理，依法建立报建办证制度，业务部门摸索并完善了依法报建程序，把设计、规划、建管、质监和建设单位申报项目按顺序简化浓缩在一张表上，采用流水作业的方式，逐项落实办理。深化环卫制度改革，实施“五定承包”。

努力贯彻落实省、州、县人民政府关于“2000年工业污染源达标排放”的目标。全年共发放排污登记证、许

盈东路夜景

盈江县城乡建设环境保护局

可证400余份，基本掌握了全县的排污种类，为今后治理污染和规范管理打下了基础。

全局干部职工在新千年、新世纪到来之际，决心解放思想、爱岗敬业、更新观念、开拓思路，以创建全国卫生城市为目标，将盈江县城区建成一个环境优雅、美丽整洁的卫生城市。

总支书记、局长　陈　虎

副　书　记　莽洪亮

副　局　长　张策普

花园广场

新改造铺设的自来水输水管

绿草成荫的盈湖公园一角

功能齐全的自来水处理设施

盈江县林业局

国家一级保护植物——纤细龙脑香

国家一级保护植物——鱼尾葵

国家一级保护植物——树蕨

1999年，盈江县林业局认真贯彻执行“以营林为基础，普遍护林，大力造林，合理发展，持续利用”的方针，稳步开展植树造林，积极抓好森林资源保护管理，坚持造、管、护并重的原则，发展林业生产，取得了可喜成绩。

年内投入造林资金229.49万元，完成造林4.16万亩，超计划13.8%。全县工程造林15178亩，其中速生丰产林项目造林13678亩，绿色扶贫工程造林1500亩；完成育苗131亩，超计划9%；封山育林2.6万亩；参加义务植树11万余人，共植树37万株。

全年依法批采商品材23300立方米，民用材10483立方米、木炭1328吨、药材4827立方米，在审批采伐中，对贫困山区村社的申请采伐，在不超计划指标的前提下，尽量给予扶持照顾。全年用于贫困地区村社的采伐指标达8100立方米，占全县指标数的30%，使一些贫困山区实现了以林换路，以林换电，改善了生产生活环境。

年内进一步深化依法治林，依法办案，严厉打击破坏森林资源的各种犯罪活动。全年共查处林业案件80件，其中贩卖野生动物案件8件，收缴野生动物12公斤，并放归自然。为国家和集体挽回经济损失39.1万元，有效地保护了森林资源，维护了林区社会治安。

根据省、州部署，于99年4月开始，历时150多天，集中人力、物力，编制了《盈江县森林分类经营区划报告》。同时，开展了全县野生动物普查

局领导班子深入人工杉木林检查工作。局长龚永强（左二）、书记赵兴（右一）、副局长周涛（右二）、唐应平（左一）

工作，初步掌握了野生动物在盈江的分布情况及种类。此举为盈江县今后的林业发展和野生动物保护工作提供了科学管理的依据。

局长　龚永强

总支书记　赵兴

放归自然的国家一级保护动物巨蜥

木材加工厂一角

优质树种西楠桦营养袋培育成功

热带雨林——铜壁关自然保护区

种植在那邦坝的人工柚木林

盈江县畜牧局

局长　罗有田

盈江县畜牧局成立于1997年初，下设办公室、生产科教股、畜牧渔业综合执法大队、畜牧改良站、兽医防疫站、兽医卫生监督检验所、渔业站、渔政管理所、水槽河畜牧场及19个乡镇畜牧兽医站，共有干部职工125人，其中中级职称21人，初级职称69人。

1999年，盈江县的畜牧渔业稳步发展，大牲畜存栏 76920头，山绵羊存栏22183只，生猪存栏136993头；大牲畜出栏6 048头，羊出栏3121只，生猪出栏74720头。禽出栏391123只。肉奶蛋渔总产量9510吨，比上年增7.3%，其中肉类总产量7209 吨，奶产量 57吨，禽蛋产量357吨，鱼业产量1895吨。人均占有肉奶蛋渔量37.2千克。畜牧渔业产值11577万元，占农业总产值49402 万元的23.4%，比上年增2.5个百分点，其中畜牧业产值9683万元，占19.6%，比上年增1.9%；渔业产值1894万元，占3.83%，比上年增0.66%。人均畜牧渔业产值453元。近年来，盈江县的“定点屠宰，集中检疫”、“防制牲畜口蹄疫”项目分别获得州农业局科技进步一等奖和三等奖；中国——欧盟水牛开发项目县成绩显著，已产杂交牛犊130余头，被省、州评为先进。

局领导班子研讨“十五”发展规划

局长　罗有田

总支书记　沙永灿

副局长　孙恩宗　熊庆忠

副书记　陈建忠

新建的县局办公大楼

人工授精繁殖的水牛

弄璋乡水牛人工授精服务站

水槽河畜牧场

场领导班子研究中——欧水牛项目与老场鲜奶生产同步发展工作计划

水槽河畜牧场建于1959年，拥有土地面积3480亩，主要从事林、畜产业。1999年，该场有优质杉木1000亩，存栏牛184头，其中黑白花奶牛57头，本地水牛68头，摩拉杂交一代水牛59头。比1997年的68头增116头，增63%。1999年鲜奶产量73吨，比1997年的48吨增25吨，增34.2%。优质水牛奶已陆续上市。

中——欧水牛开发项目自1997年启动以来，不仅带动了老场的发展，而且在人工牧草改良、水牛冻改、水牛挤奶、舍饲养殖等方面都起到典范作用。现人工牧草每亩产量达17吨，水牛冻改受胎率达62%，摩拉牛受胎率达52%，黑白花奶牛受胎率达100%，为全省最高标准。

中——欧水牛开发项目启动后，畜牧场焕然一新。

场领导和技术员在挑选优良牧草品种

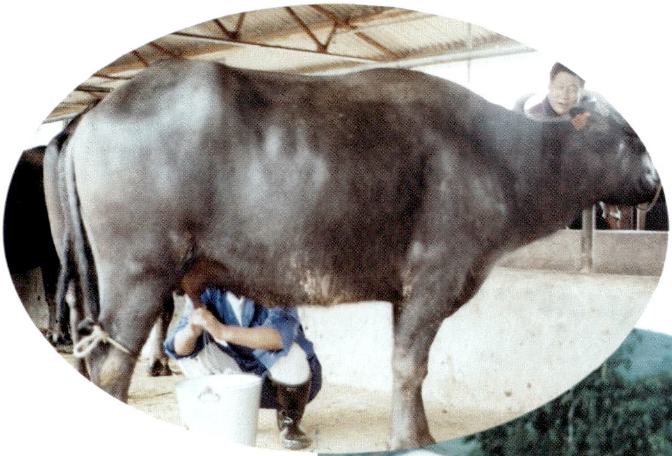

营养物质含量丰富的摩拉水牛奶开始上市

改良后的摩拉杂交一代水牛群

盈江公路

盈江公路管理段是云南省公路局的一个基层单位，该段管养着梁河、盈江两县境内的五条省县道公路，共233.6公里，其中沥青路46.4公里，弹石路126.9公里，砂石路60.3公里。段部下设财务、劳工、工程、行办、机务5个股室、1个工程队、1个路政大队、8个公路管理所和10个家庭承包养护点。共有干部职工154人（其中各种专业职称15人），退离休职工125人。拥有各种公路养护施工机械50台（辆），价值234万元。段下属工程队可承担公路路基，沥青路弹石路路面铺筑及各类型桥梁施工地基填平碾压等施工任务。

盈江公路段自己设计、施工的铜壁关大桥

该段自内部推行公路养护公司化管理以来，加大了工作质量的考核力度，注重抓安全与质量，加强职工队伍的教育和培训，并加强内务管理制度。自党的十一届三中全会以来，该段以邓小平理论和党的基本路线为指导，认真贯彻学习党的十五届四中全会精神和厅局工作会议精神，紧紧围绕全面推行公司化管理这条主线开展整体工作，并树立了“艰苦创业、奉献拼博、开拓创新、永不满足”的单位精神。在新世纪，该段决心用实际行动努力养好边疆公路，为德宏的经济腾飞做出新贡献。

为第一线职工新建的住宅大楼

管 理 段

段长　李开贤

盈江县政府领导视察工地

段　　　长　李开贤（工程师）

支部书记　段日祥

副 段 长　张敏才（工程师、工程队队长）

　　　　　李国清（工程师）

工会主席　薛兰仙

电话：8181277

地址：盈江县盈东路97号

段长李开贤询问养路生产情况

瑞章二级路施工现场

接受上级领导的检查

云南省大

金属硅水出炉

厂长　李章能

云南省大盈江硅冶炼厂主要生产用于电子、航天、化工等工业的重要原料——金属硅，是德宏州及全省出口创汇的重点企业之一。

自1989年9月建厂投产以来，根据外商客户对金属硅的质量要求，该厂调整了产品结构，并在提高产品质量、降低生产成本、节约能源损耗等方面做出了成效，使金属硅产品质量日趋稳定，含硅量达99.5%以上，外销美、英、德、意、韩、日等国及国内的台湾省，产品销售供不应求，受到用户好评。金属硅产品不仅填补了德宏州及云南省的空白，而且经国家商检局鉴定，已超过部颁标准，达国际标准，进入了世界先进水平行列。

2000年元月，为进一步加快“硅电合一”工作进程，切实加强企业的内部管理和经营体制的完善，云南农垦硅出口基地莲花山硅冶炼厂并入大盈江硅冶炼厂。现全厂有员工320人，其中临时工180人，有固定资产2564万元，年产金属硅5千吨。现全厂人才济济，金属硅冶炼技术和设备日臻完善，热忱欢迎国内外客商光临惠顾，洽谈业务，合作投资！

厂长　李章能

手机　13608766560

传呼　127-8584836

电话　(0692) 8188974（办）

党支部书记 林裕平

电话　(0692) 8188983（办）

副厂长　段绍龙　　电话(0692) 8185742（办）

王向东　　电话(0692) 8180639（办）

工会主席　许奇诚

电话　(0692) 8185171（办）

地址　盈江县平原镇盈东路允罕巷

邮编　679300

金属硅装包待运

盈江硅冶炼厂

厂领导班子在研究金属硅生产计划。从左至右：副厂长段绍龙、副厂长王向东、厂长李章能、厂财务科科长吴绍瑜、昆明宏盈硅产品有限公司总经理李存强。

厂长李章能（中）、副厂长段绍龙（右一）在厂生产科解决金属硅生产问题

厂长李章能（右一）在厂财务科指导工作。

厂财务科人员审核财务报表

厂生活区公园一角

厂生活区及生产区一角

盈江县粮油工业公司

盈江县粮油工业公司是以生产粮油制品、配合饲料为主的独立核算的综合性国有工业企业，是德宏州的重点骨干企业之一。

1999年底，公司共有在职干部职工88人，拥有固定资产原值1500万元，建筑面积18000多平方米，年综合产品生产能力72000吨，年均完成工业总产值约1600万元（90年不变价），年均实现税利约160万元，曾被州、县粮食局多次评为先进单位，并荣获“全国国内贸易先进企业”、全省粮食系统“先进单位”及“文明单位”等光荣称号。

该公司自筹资金，引进国内先进的机械设备，先后建成30型碾米厂8座，日产 800袋面粉厂1座，日产10.5 吨面条厂1座，日处理50吨菜籽浸出及精炼植物油厂1座，年单班生产1万吨配合饲料厂1座，主要生产大米、面粉、挂面、饵丝、精炼二级植物油、精制烹饪油、多种型号的家畜、家禽、鱼类饲料（粉状、粒状）。

该公司设备、工艺先进，技术力量雄厚，产品质量上乘，服务热情周到，享誉州内外。公司遵循信誉第一，顾客至上，优质服务，平等互利的宗旨，热忱欢迎新老客户光临惠顾。

领导班子深入配合饲料厂微机室询问生产情况

经理　王边荣

副经理　余德志　段志祥

电话　(0692) 8180211　8180820

公司地址　盈江县平原镇永胜路17 号

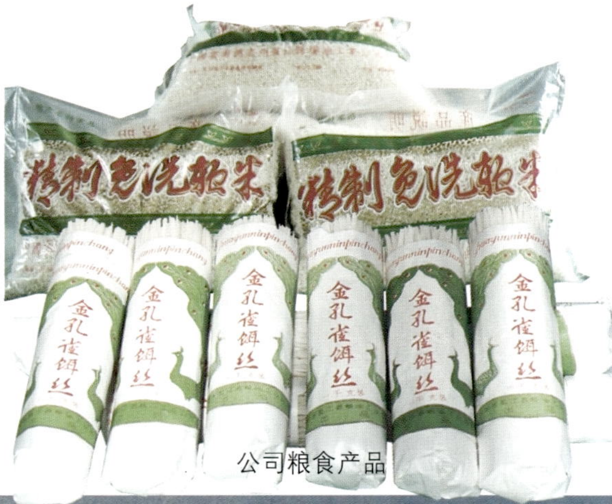

公司粮食产品

面条自动流水生产线

日产800袋面粉生产线

粮油公司厂区

盈江县平原镇

镇党委书记　李智仁

平原镇地处盈江县城，是全县政治、经济、文化、交通的中心；总面积64平方公里；人口10130人，其中汉族2010人，傣族6543人，景颇族821人，少数民族占总人口的72.9%。全镇辖5 个办事处，43个自然村，54个合作社。辖区内的城镇人口、农业人口、暂住人口共3.5万人。

平原镇自然资源丰富，农田水利设施较为完善。近年来，农业产业结构调整步伐加快，基本形成了以粮、蔗为主，果、蔬、养殖业等共同发展的热区农业经济。1999年全镇农村经济总收入2335万元，农民人均纯收入1833元。

平原镇有较好的城市区位优势，有较为完善的市场配套建设。1999年末有个体工商户2189户，从业人员4100多人；社会消费品零售总额2.8亿元，实现利润2012万元。通过“普六”、“普九”工作的实施，全镇教学条件得到较大改善。当前，全镇呈现出经济发展、民族团结、社会稳定的大好局面。

镇长　杨盈

新建的勐町小学教学大楼

平原镇姐相大篷蔬菜样板

平原镇团结沟引水渡槽水利工程

盈江县昔马乡

盈江县昔马乡位于盈江县西部，国境线长18.3公里，有四条出境通道，距县城55公里；面积287平方公里，海拔2570-820米，年平均气温17℃，年平均降雨量3750毫米，平均降雨170天，年平均日照1060小时；辖三个行政村公所，居住着汉、景颇、傈僳三种民族，总人口9917人；拥有铁、铜、锌、硅矿藏，其中硅探明储量为10万吨。

1990年11月9日，该乡被德宏州政府命名为侨乡。全乡居住在日本、缅甸、泰国、美国、新加坡、裴济等国及港、澳、台地区的华侨华人约10000多人。自改革开放以来，乡党委、政府大力招商引资，鼓励华侨和港、澳、台同胞为建设家乡捐款献策。10年来，他们共为家乡的教育事业、交通事业和旅游景点投资540多万元。1998年，盈江星云股份有限公司的6000吨/年电解铝生产线正式投产，并兴建了一、二、三、四、五级勐乃河梯级电站。昔马乡党委、政府热忱欢迎各届人士，到昔马投资开发，共同致富。

乡党政领导班子研究经济发展工作（左三为党委书记王永）

大棚蔬菜

星云公司电解铝产品

乡党委书记　王　永
乡　　　长　段忠亮
联系电话　(0692) 8933010　8933070　8933107

盈江星云股份有限公司厂房一角

盈江县
莲花山乡

乡党委书记李兴明向管理人员了解坚果生产情况

莲花山乡位于盈江县城北部，乡政府所在地离县城5.5公里，总面积271.1平方公里，总人口12498人，少数民族占总人口的64.3%。全乡辖5个行政村，55个自然村，64个生产合作社。

1999年全乡耕地面积28775亩，粮食总产720.3万公斤；甘蔗种植总面积28161.7亩，总产92052吨；茶叶种植270亩，总产62.9吨；油料1864亩，总产156.4吨；水果133亩，总产71吨。年内造林1569亩；协助有关部门发展坚果500亩，薄荷100亩；引种甜蜜桔230亩。全乡有企业875个，固定资产原值2327万元，从业人员1951人，企业营业收入 4355万元，现价总产值3981万元，利税总额544万元，实交税金200万元。农村经济总收入3269.38万元，全乡纯收入2253.67万元。全乡有小学14所，中学1所。乡村卫生面貌显著提高，并积极推行“人人享有初级卫生保健”工作。全乡呈现出社会稳定、经济繁荣、人民生活改善的兴旺景象。

乡党委书记李兴明(左一)、乡长管国爱(左二)深入田间查看包谷长势情况

社员喜收甘蔗

乡办企业——莲花山户勐温泉

盈江县勐弄乡

位于勐弄乡的明代边境八关之万仞关遗址

勐弄乡位于盈江县西北部，总面积228 平方公里，国境线长1.3公里，总人口8556人，是一个以汉族为主，傈僳、景颇族杂居的山区乡。通往缅甸密支那的平卡路和通往苏典乡的平苏路便贯境而过，乡政府所在地距县城30公里。勐弄自然资源丰富，优质木材主要有椿木、杉木、楸木等，林副产品除茶叶是大宗产品外，还有药材和香菇、木耳等；珍稀动物有马鹿、熊、岩羊、豹、豺、高山秃鹫、飞貉、锦鸡等；地下矿藏资源有硅石、磷、石灰石、云母、龙门玉等；水利资源也异常丰富，现建有年发电量640千瓦的电站一座，保证了该县西部四个乡的生产、生活用电。

1999年以来，新一届勐弄乡领导班子确立了以“市场为导向，效益为中心，强化基础，依靠科技，念好‘山’字经，调整产业结构，培育特色经济，实现农、林、牧并举”的工作思路。实施这一思路，主要完成“5332211工程”——建立5000亩规范茶园、3000亩西南桦、3000亩干果基地，建立黄牛、仔猪改良2个基地，架设楂子林、河边寨2条输电线路，建成农贸市场一个，开通有线电视网络。在发展乡镇企业方面，已从四川引进制茶公司到本地建立了勐弄茶厂。现该厂生产的“猛龙牌”茶叶系列产品，在德宏州占有一定市场，并远销香港、新加坡等地。1999年5月建成勐弄农贸市场，结束了该乡群众以公路为街赶集的日子。2000年5月建成勐弄乡文化站。目前，教学楼和乡政府办公楼已动工，年底可竣工。

在新千年，勐弄乡领导班子决心团结一心、开拓进取，努力带领全乡人民群众致富奔小康。欢迎各界有识之士到勐弄开发投资、观光旅游。

乡领导班子（其中前排中为乡党委书记杨清向）

书记　杨清向

乡长　杨林朝

勐弄茶厂的“猛龙”牌茶叶系列产品

新建的乡农贸市场（上侧为正在建设中的乡政府办公楼）

勐弄乡800亩连片茶园

盈江县支那乡

乡领导班子。乡党委书记贾波（前排中）、乡长沙政成（前排右二）

支那乡位于盈江县东北部，总面积346.25平方公里，国境线长18.1公里，是盈江县重要的边境口岸乡之一。

全乡有5个行政村，12635人；主要聚居着傣族、景颇族、傈僳族、汉族等四种民族，少数民族人口占总人口的92.05%。有耕地22545亩（水田9885亩，旱地12660亩），人均耕地 1.5亩。1999年粮食总产326.33 万公斤，人均262公斤；经济总收入1161.5万元，人均933.00元。

支那乡气候温和，森林茂密，药材众多，矿产丰富，民风古朴，并且具有一定民俗色彩，具有较大的开发利用价值。

支那乡党、政领导班子，团结奋进，真抓实干，按照“紧抓粮食生产不放，大举科教兴乡战略，发展绿色产业和畜牧业，开发旅游资源，创建乡村企业，促进多种经营，完善基础设施，建设边境口岸小城镇”的经济发展思路，认真落实《支那乡经济和社会发展三年规划》的各项任务和目标。目前，支那乡呈现民族团结，社会稳定，经济发展的大好局面。乡党委、政府有信心和决心，在县委、县政府的领导下，抓住国家实施西部大开发的机遇，率领全乡各族群众进一步解放思想，开拓进取，扎实工作，努力把支那乡建设成为具有中国特色的社会主义新农村。

支那钨矿（原矿样品）

支那芒棒寨的“独树成林”

支那坝的4000 余亩连片油菜

边境口岸的

瑞丽海关大院

瑞　丽

1999年瑞丽海关认真贯彻全国海关关长会议提出的“依法行政、为国把关”的工作方针，深刻领会到只有严格依法行政，才能真正为国把关。在提高认识的基础上，一是切实加强了对外贸易管理力度，实行综合治理，全力完成上级下达的税收任务；二是进一步强化整体查私缉毒意识，严厉打击走私贩毒活动，保护合法经营；三是以“三讲”教育为契机，进一步加强队伍建设、廉政建设和文明窗口建设，确保“依法行政，为国把关”的方针得到落实；四是加大优惠政策的宣传力度，不断改进服务质量，及时提供信息，促进边疆民族地区的经济发展。年内共监管出入境货物22万余吨，进出口总值10.6亿余元；查获走私违规案件70起，其中查获海洛因7171克，冰毒49220克，罂粟壳（籽）13.5吨；查获濒危野生动物走私违规系列案5起，缴获濒危野生动物活体及制品1171件，案件的侦破引起全国及国外的关注和重视。年内海关总署为该关记集体大功1次，9名同志被总关考核为优秀，23人分别获总署、总关和本关的表彰及嘉奖。

发扬成绩　再接再励

缉毒犬已成为查缉走私的有生力量

查获的濒危野生动物系列走私案的部分赃物

海　　关

1999 年 6 月 24 日缉私警察队伍正式组建

加强对外交往　促进外贸发展

积极开展健康的文体活动

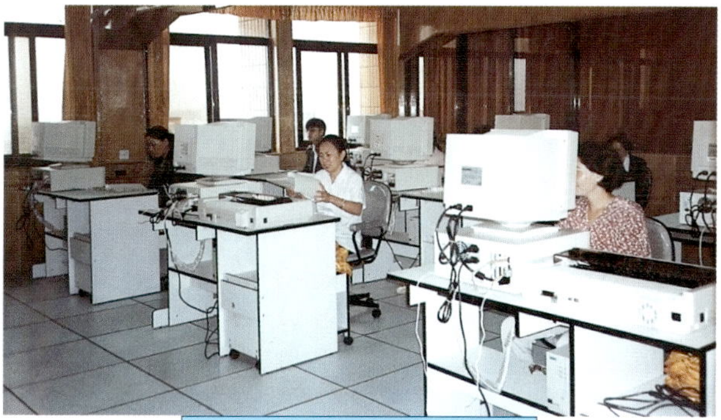

运用电脑管理通关业务

辛勤劳动　硕果累累

优质服务　严密监管

关长：尚秉忠
副关长：刘山河
办公室主任：刘谊中（主持工作）
侦查支局副局长：李坚（主持工作）
侦查支局办公室主任：李涛
电话：(0692) 4141273　4113796
地址：云南省德宏州瑞丽市瑞宏路

瑞丽市 云湖

厂长　王学光

云湖水泥厂严把质量关

瑞丽市云湖水泥厂建于1986年。1988年曾取得云南省建材行业管理部门颁发的C级化验室合格证书及德宏州技术监督局颁发的计量认证书。1989年取得国家建材行业部门颁发的水泥产品许可证。1998年生产的“云湖牌”425号水泥经省州建材部门、质量监督部门抽查检验，各项指标全部符合国家标准。

年设计生产能力为2万吨的云湖水泥厂，99年有职工124人（其中各类技术人员25人），总产值600万元，共生产水泥1.5万吨，完成工业总产值4500万元，实现销售收入4500万元，上缴国家税金21万元，实现利润总额4万元，取得了较好的经济效益。“云湖牌”425号水泥畅销陇川、龙陵、潞西、瑞丽等县市，并远销缅甸。该厂在瑞丽市姐告经济开发区设有水泥销售办事处，实行产、供、销一条龙服务。

瑞丽云湖水泥厂的承诺是：“用户至上，优质优价，实行质量三包（包退、包赔、包换），并承担使用该厂产品所造成质量事故的一切经济损失”。

厂区一角

水泥厂

厂领导对出产水泥进行产品质量检查

厂长　王学光
电话　(0692) 4669019
传呼　127-0018426
姐告办事处电话　(0692) 4666202
厂址　瑞丽市莫里

仓库一角

设在姐告经济开发区的云湖水泥厂销售办事处

瑞丽市国家税务局

1999年瑞丽市国家税务局针对瑞丽市场不景气、国税收入来源剧减的严峻形势，根据上级国税机关和地方党委政府的要求，坚定不移地贯彻“两手抓、两手都要硬”的工作方针，对外加大税收宣传力度和税收稽查力度、清理漏征漏管户、加强发票管理，并进一步理顺税收征管关系，强化税收征管措施；对内通过建立各项规章制度、健全管理机制、实行量化考核、健全税收执法体系、开展税收执法检查、开展行风整顿、加强党风廉政建设、抓好基础建设等工作，促使国税机关各项税收工作得到了全面的发展。

年内，瑞丽市国税局共组织各项收入3254万元，其中“两税”收入3090万元，企业所得税收入48.4万元，其它税收收入115.6万元。

省国税局副局长李永忠（右二）到勐卯一分局了解基层工作情况

召开99年度工作总结和表彰大会

在迎“五一”晚会上高唱《中国税务之歌》

在争创文明建设活动中，市局机关经州局考核评为一级局，四个基层州级“文明单位”顺利通过上级机关的复查验收，姐告分局获得“全州国税系统最佳办税服务厅”称号。

利用首届中缅胞波节的牛车彩车选美赛开展税收宣传活动

把温暖和祝福送到贫困山区扶贫点

文　献

西部大开发与德宏的发展构想

中共德宏州委书记　王南昆

实施西部大开发战略，加快中西部地区的发展。是以江泽民同志为核心的党中央总揽全局，审时度势，面向新世纪作出的战略决策。我们要解放思想，抓住机遇，精心组织，统筹规划，采取切实可行的政策和措施，将我州的开发溶于全国全省的大开发中，促进德宏民族经济发展，兴州富民，把德宏建设成为欣欣向荣的社会主义新边疆。

一、充分认识实现西部大开发的重大意义

实施西部大开发，实现东部、西部和中部地区协调发展，是我党领导经济工作的一条重要方针。建国后，党的三代领导人对西部大开发极为重视，早在五十年代，毛主席在著名的《论十大关系》一文中就强调，要处理好沿海工业和内地工业的关系，并着手抓了“三线建设”。实行改革开放后，邓小平同志指出：沿海地区发展到一定时期，要拿出更多的力量帮助内地发展。江泽民总书记明确提出实施西部大开发是促进全国发展的一个重要的战略任务，并摆在更加突出的位置。我们要认真学习毛泽东、邓小平和江泽民同志的指示，从大局和战略高度认识西部大开发的战略意义，西部大开发是关系到实现共同富裕，加强民族团结，保持社会稳定和边疆安全的重大战略举措，我们一定要认真贯彻实施。

二、在西部大开发中国家和省的总体构想

国家对西部大开发的总体构想或者是总体思路，我认为主要有以下五点：

首先，要把生态环境建设放在突出位置，坚持不懈地搞生态林工程和水土流失治理。其次，要进一步加强基础设施建设，围绕水利资源的综合开发，改善生态环境，加快水利工程的建设，特别是把开发水利与节约用水结合起来。同时加快公路干线、铁路干线、民航机场、通信基础设施建设。打通西南与沿海，连接周边的运输通道。第三，要以市场为导向，加快产业结构调整。产业结构调整不能只讲工业，还要有农业、第三产业、服务性行业、高新技术等，要农林牧副渔综合发展。产业的水平要向高新技术和技术含量高的方向发展，技术改造是为了提高产品技术含量，但绝不能变为扩大现有的生产规模。第四，要集中力量加快扶贫攻坚，把天然林保护工程、退耕还林工程和扶贫工作结合起来，改善群众生产生活条件，保护生态环境。第五，西部地区的落后，主要是人才的落后，要开发西部必须重视人才的培养，加强教育基础工作，促进各方面人才的成长，全面提高劳动者素质。

省委、省政府非常重视西部大开发，中共云南省委六届八次全会指出，中央提出的实施西部大开发战略，给我们云南带来了一次千载难逢的历史机遇，投入西部大开发必须只争朝夕，乘势而上，稳扎稳打，有所作为。基本指导思想概括为：始终坚持解放思想，实事求是的思想路线，紧紧抓住西部大开发的重大历史机遇，以改革开放为动力，强化基础设施建设，着力改善生态环境，调整优化经济结构，努力振兴教育科技，建设连接东南亚和南亚的国际大通道，把云南建成“绿色经济强省”和“民族文化大省”。为此，必须抓住“一个机遇”，即抓住国家西部大开发的历史机遇；发挥“两大优势”，即发挥自然资源优势和区位优势；处理好“四大关系”，即坚持自力更生和积极争取国家支持、开发与开放、发展速度与效益、长远发展与当前工作的关系；缓解“三大制约”，即缓解经济结构和城乡结构的严重不合理，交通等基础设施薄弱和劳动者科技文化素质低等三个制约因素；实施“三大目标”，即建设“绿色经济强省”、“民族文化大省”和国际大通道的目标。

党中央、国务院，省委、省政府已为实施西部大开发指明了方向，我们一定要沿着这条道路，披荆斩棘，奋勇前进。

三、联系德宏实际，做好西部大开发这篇大文章

西部大开发的战役已经打响，国家和省已有了明确的战略部署，根据中央和省的部署结合德宏的实际，我州要抓住西部大开发这个千载难逢的历史机遇，发扬只争朝夕的精神，乘势而上，稳扎稳打，有所作为。

我州在西部大开发中，要做的工作很多，我们简要地概括为：理清一条发展思路，处理好两方面的关系，发挥三个优势，争取四项重点工程，做好五项工作。

我州的一条发展思路是：根据国家实施西部大开发战略的部署，结合我省实施“绿色经济强省”、“民族文化大省”和“国际大通道”建设的要求，州委通过反复调查，认真分析，深入研究，广泛征求意见，初步提出了如下发展思路：“坚持贸易导向，拓展内外市场，继续强化基础，突出科教兴州，改革经济体制，调整产业结构，培育特色经济，实施依法治州，促进全面发展”。实施这一思路的经济发展方针是：“市场为导向，效益为中心，改革为动力，开放促开发，构建德宏经济发展新格局”。

处理好两方面的关系：一是资金方面，自力更生和国家帮助并重的关系；二是人才方面，全州通过民族教育，积极培养与积极引进人才并重的关系。

发挥三大优势：一是热区资源优势；二是边疆区位优势；三是民族文化优势。

争取四项重点工程：一是争取遮冒水利水电枢纽工程和麻栗坝水库工程立项上马；二是争取泛亚铁路过境德宏；三是争取德宏——临沧的省级公路干线的打通和州内县区公路的改造与改善；四是争取将姐告建成自由港和将全州开辟为经济特区。

抓好五项工作。我们要面对现实，立足长远，在西部开发中，着力抓好下面五项支柱产业。

首先是生物工程开发。我州可以充分利用热区优势，实施以国际市场需求为主的生物资源开发创新工程40余万亩，到1999年已完成14.4万亩，品种包括香料、生物药、保健食品、热带及亚热带水果四大类。这些成绩十分可喜，但就目前农业开发的情况看，还存在一些问题，如有些产品的市场定位还不准，科技跟不上，产品的质量还不高，以农牧产品为原料的加工业滞后，销售渠道不畅，营销网络不健全等。不解决好这些问题，就会制约开发性农业的发展和经济效益的提高，影响农民收入的增加和生产积极性。

二是边境贸易。德宏在中缅边境贸易的份额中占有大头。目前中缅边境贸易困难，原因很多，但从长远看，中缅边境贸易前景是好的，一是随着我国加入WTO，将会推动边境贸易的进一步发展；二是亚洲经济已开始复苏，边贸发展环境逐步改善；三是中缅两国经济互补性强，缅甸有丰富的资源，木材、矿产、珠宝、药材都是我们需要的，我国的日用工业品、农业生产资料在缅甸也有广阔的市场；四是中缅边境大多为陆地边界，同一种民族跨境而居，两国政府和平共处，边境居民友好往来，给发展边贸提供了稳定和平的环境；五是从现在发展的趋势看，我州有的出口商品通过缅甸已进入印度、巴基斯坦，只要工作做好了，发展第三国贸易也有很好的前景。当然我们也要清醒地看到，我们在思想上、工作上、政策上还有许多不适应的地方，需要作认真的研究和改进。这里我想着重谈三个问题：一是政策问题，主要是关税、配额许可证等，这些问题地方无权解决，特别是在瑞丽姐告建立自由港问题，要积极向省和中央反映，随着“入世”，我想这些问题是会得到解决的。二是科技工作要跟上，要积极发展边贸加工企业。现在边贸利润率低，我州边贸利润率才5%。一个重要原因是加工滞后，缅甸进来的都是原产品，我们转手又卖出去了，效益很低。要大力发展以木材、珠宝、矿产及其它原料的加工业，并通过加工升值。三是边境管理问题。边境管理在保障国家安全的前提下，还要有利于边贸的发展。我们要管好而不是管死，要搞活而不是搞乱，要管而不死，活而不乱。缅甸现在实行开放政策，泰国、日本、韩国的商品已经进入缅甸市场，我国出口商品在缅甸的市场占有份额在逐步下降。面对激烈的市场竞争，如果不能及时调整我们的工作思路和政策，边贸将很难有大的发展。总之，我们要认真研究缅甸及邻近国家的市场需求，调整工作思路，完善政策措施，改进边境管理工作，发挥科技在边贸加工业中的作用，促进边贸健康发展。

三是发展旅游业。德宏有旖旎的山川景色，悠久的人文历史，丰富的民族文化，绵延503.8公里的国境线，是发展生态旅游、人文旅游、边境跨国旅游得天独厚的资源。德宏这几年旅游业虽有发展，但还不尽人意，景点开发不够、档次不高，这也涉及到科技工作的问题。还有交通不便，服务设施滞后，宣传力度不够。对旅游资源的开发和培植，当前要着力抓好精品工程的建设。旅游景点要精，要有丰富的内涵，要有档次，要相对集中，形成群体，各具特色，使人看了受教育，得到享受，觉得不虚此行，还想再来。要围绕旅游，增加科技方面的含量，开发吃、玩、买的特色优质产品和特色服务项目，要大力开发各具民族特点的娱乐项目，这样才能充实旅游内容，提高综合经济效益。交通要便捷、舒适、安全。按这样的思路去搞，不断加大宣传力度，加大旅游业的科技含量，我州的旅游业就会有一个大的发展。

四是抓好蔗糖业。蔗糖是我州的一项支柱产业，对我州的经济发展作出过积极的贡献，去年由于市场原因，糖价走低，使我州的蔗糖产业蒙受了巨大损失，也极大地损害了蔗农的积极性，加上科技方面原因，我州的甘蔗种植广种薄收的现象比较严重，全州平均亩产不过3—4吨左右，甘蔗品种的含糖份也不高，使多数蔗糖企业全面亏损。今年糖价看好，每吨3000元左右，这为我们蔗糖生产提供了发展的条件。但我们不能盲目乐观，我们要在稳定种植面积，积极提高单产上下功夫。

五是粮食产业。我州粮食产量较多，但优质粮却不多。因此，形成一方面粮食卖不出去，在仓库积压；一方面上海、江苏的大米充斥我州市场。人们说我们德宏是"鱼米乡里无好米"，虽然话有点过份，但我们必须冷静思考，这又涉及到我们的农业科技工作跟不上市场需要的问题。解决我州的粮食发展问题，粮食敞开收购的保护价必须按国务院的规定，拉开档次，激励农民调整粮食品种，注重质量，多种优质粮，提高效益。我们德宏是一个地处边疆，交通不便和粮食流通成本高的粮食生产区。在当前的情况下，必须抓好四点：一是要稳定产量，调整结构，加强农业科技工作，多种些适销对路的经济作物；二是调整粮食品种结构，多种优质稻，提高经济效益；三是搞好粮食深加工，为市场提供更多的粮油优质商品；四是因地制宜发展畜牧业，做好粮食转化工作。

只要我们按照既定的思路和工作方针，埋头苦干，扎实工作，到2005年全州国民生产总值将会达到57.6亿元，年均递增8%；粮食总产稳定在44万吨；城乡居民人均可支配收入达到9600元，农民人均纯收入达到1750元，农村贫困人口基本脱贫；人民群众居住条件、生活质量、医疗保健和受教育条件进一步改善，全州各族人民基本步入小康。只要全州100万各族人民同心协力，励精图治，艰苦拼博，我们的目标就一定会实现。

四、解放思想，更新观念是实施西部大开发的前提

西部大开发既是机遇，又是挑战，我们必须打破传统思维方式和行为方式。从总体上说，我们德宏的各级领导在思想的解放和观念的更新程度上，比起沿海发达省区还有不小差距，主要表现在：满足现状，缺乏创新精神，对市场经济复杂多变的形势认识不足等等。如果我们不开拓进取，西部大开发的机遇很可能就会丧失。

在实施西部大开发战略过程中，我们解放思想、更新观念，首先就是要从实际出发，以强烈的科学精神和实事求是的态度，吃透州情、市情、县情，提出切合实际的工作方针，用足、用活、用好国家的政策。

我们德宏落后的原因固然很多，但人才问题不能不说是一个重要原因。国家实施西部大开发战略在德宏贯彻得如何、落实得如何，关键还在于人才。所以，在国家实施西部大开发的过程中，解放思想、更新观念就是要树立起全新的人才意识，一方面要"筑巢引凤"，吸引大量的高层次人才来德宏工作；另一方面又要充分发挥现有人才的优势。要尽快建立起有利于人才脱颖而出的机制，营造出有利于人才成长的良好环境，激励各方面的人才为德宏的大开发和大发展建功立业。

解放思想、更新观念不是一劳永逸的，它是一个永恒的过程。20年前，我们解放思想、更新观念，获得了大的发展。现在，面对众多的机遇和挑战，我们需要进一步解放思想，更新观念。将来即便发展了，仍然需要解放思想、更新观念。因为客观世界在发生变化，人的主观世界要随着客观世界的变化而变化。所以，我们必须坚持党的解放思想、实事求是的思想路线，把这次解放思想大讨论进一步引向深入。

解放思想、更新观念关键在于各级领导。因为各级领导是广大人民群众的表率，只有各级领导解放思想、更新观念，才能带领广大人民群众解放思想、更新观念。因此，各级领导要做解放思想、更新观念的开路先锋，要深入实际、调查研究、解放思想、大胆创新、不因循守旧、不墨守成规、创造性地做好各项工作。

五、实事求是、脚踏实地、埋头苦干是搞好西部大开发的基础

实事求是、脚踏实地，就是要充分尊重客观规律和客观情况。我们不盲目提一些脱离德宏实际的口号，我们提出的目标和任务，应该是通过德宏100万各族人民群众的努力能够实现的。

我们在实事求是、脚踏实地的基础上，还要增强主动性和工作的进取精神。我们不能等待观望，德宏自己能办的事要先做起来。有的同志误以为西部大开发，就是等着"四面八方来支援"、就是"中央发票子"、就是"政策大优惠"。这是一种误解，我们西部不发达地区，既要国家帮助，更要依靠自己的力量，自力更生。那种等着上边"发票子"、"发项目"、"发政策"、"发人才"的心态是与西部大开发的宗旨格格不入的。

我们德宏虽然有一定困难，但我们能做的事情很多。比如逐步改善投资环境，搞好项目论证准备，建设良好的生态环境，招商引资，招贤纳士等等，我们不妨先干起来。

总之，我们在西部大开发中，信心要足，眼光要远，嘴上要勤，手脚要快，步子要稳，大家同心协力，就能将西部大开发这篇文章做好。我们坚信，只要经过全州100万各族人民的努力，用5至10年甚至更长一些时间，西部大开发将会在德宏结出累累硕果。到那时，全州各族人民群众的物质文化生活有明显改善，全州整体经济实力达到全省中等水平，德宏将以经济繁荣、民族团结、环境优美、文明礼貌、热情好客、社会稳定、治安良好和富裕、民主、开放的新形象展现在祖国西南边疆。

二〇〇〇年五月十日

政 府 工 作 报 告

——2000年3月23日在德宏傣族景颇族自治州第十一届人民代表大会第三次会议上

州长 管国忠

各位代表：

我代表州人民政府向大会作政府工作报告，请予审议，并请各位政协委员提出意见。

一、1999年工作回顾

刚刚过去的1999年，是德宏经济较为困难的一年。在这一年里，州人民政府在省委、省政府和州委的领导下，带领全州各族干部群众以经济建设为中心，团结一致，真抓实干，迎难而上，在困难中前进，进一步推动了全州国民经济和各项社会事业的发展。1999年全州国内生产总值达34.71亿元，按可比价计算，比上年增长4.5%。其中第一产业比上年下降1%，第二产业增长8.7%，第三产业增长7.4%。

(一)、农业和农村工作在困难中前进

全州农林牧渔业总产值完成18.52亿元，按可比价计算比上年下降3.2%。粮食播种面积142.44万亩，比上年减少5.48万亩；粮食总产量达37.98万吨，比上年下降4.3%。其中：大春粮食种植面积104.34万亩，比上年减少1.63万亩；产量32.14万吨，比上年下降1.1%。小春粮食作物播种面积38.1万亩，比上年减少3.85万亩；总产量5.84万吨，比上年下降18.8%。油料种植面积18.13万亩，比上年增加4.24万亩；产量1.24万吨，比上年增长31.85%。甘蔗产量预计达304.04万吨，比上年增产5.34万吨，增长1.8%。列入生物资源开发创新工程计划项目全部启动，进展顺利。由于农副产品市场价格下跌，新的产业一时还不能产生效益，农民人均纯收入达1106元，比上年减少21元。乡镇企业继续保持较快增长，营业总收入达28.53亿元，比上年增长18%；实现利润1.93亿元，比上年下降4.1%；税金总额8581万元，增长11.7%。从总体上看，由于各级各部门高度重视农业，整个农业和农村经济稳定发展，农村社会稳定。

(二)、工业生产持续发展，经济效益不理想

全州工业产值完成18.74亿元，按可比价计算比上年增长20.5%。其中：轻工业产值完成11.98亿元，比上年增长26.1%；重工业产值完成6.76亿元，增长6.9%；制糖业产值完成6.89亿元，增长47.1%。列入统计考核的十一种主要工业产品产量情况为：增产的产品有八种，即食糖30.44万吨，比上年增长47.4%；酒精30705吨，增长57.9%；发电量47909万千瓦小时，增长10.8%；水泥35.66万吨，增长8%；配混合饲料9991吨，增长17.8%；机制纸板3391吨，增长1.2倍；塑料制品2493吨，增长1.7%；木材59776立方米，增长9.1%。减产的产品有三种，即原煤8.45万吨，下降21%；机制纸3523吨，下降2.5%；精制茶2590吨，下降2.9%。

全年工业产品销售率为94.6%，比上年上升3.6个百分点。其中：轻工业为94.9%，上升4.3个百分点；重工业为93.9%，上升2.1个百分点；制糖业为96.7%，下降2.2个百分点。由于市场疲软等因素，工业仍处于增产不增收的状况，企业经济效益不断下降。全州108户国有及年销售收入在500万元以上非国有独立核算工业企业中亏损企业达85户，亏损面达78.7%，比上年上升11.8个百分点。亏损企业亏损额达2.69亿元，比上年增亏3193万元。制糖企业出现全行业亏损，亏损额达2.12亿元，比上年增亏4423万元。

(三)、外经贸进出口总额有所回升

在国家出口退税政策的鼓励下，各级政府不断加强对外经贸工作的领导，有针对性地采取了一些积极扶持企业发展的措施，遏制住了近几年外经贸连续下滑的势头，使外经贸进出口总值有所回升。据海关统计全州外经贸进出口总额完成18.8亿元，比上年增长0.7%，其中进口2.66亿元，比上年增长61.8%；出口16.13亿元，比上年下降5.3%。

(四)、市场物价低位运行，消费品市场平稳

全州社会消费品零售额为16.23亿元，比上年增长2.7%，考虑物价因素，实际增长3.7%，市场物价持续下降，全年商品零售价格比上年下降1%，其中城镇下降0.8%，农村下降1.1%，居民消费价格比上年上涨0.2%，农业生产资料价格比上年下降3%。由于有效需求不足，全州整个消费品市场仍保持平稳运行。

(五)、财政收入有所下降，金融运行基本正常

由于受边贸继续下滑，粮、糖市场疲软，税收下降和干部、职工增资刚性支出加大等影响，全州财政收支矛盾十分突出，财政较往年更加困难。地方财政一般预算收入完成2.06亿元，比上年下降14.6%，地方财政一般预算支出6.4亿元，比上年下降8%。年末，全州金融机构各项存款余额45.10亿元，比上年末增长8%；各项贷款余额为40.23亿元，比上年末下降4.2%。保险事业发展较快，全州承保保险金额为108.9亿元，保费收入0.9亿元，比上年增长2.2%，其中财产险保费收入0.42亿元，人寿险保费收入0.48亿元。

(六)、固定资产投资总额有所下降，重点工程建设进展顺利

全州固定资产投资完成10.1亿元，比上年下降20.1%，其中基本建设投资完成6.86亿元，比上年下降8.5%；更新改造投资完成6498万元，比上年下降48.1%。全州重点工程进展顺利，农村电网改造方案已通过省级初审，勐板河水库建设已开工修建，芒市经济适用住房建设进展顺利，陇川县城搬迁完成投资达8700万元。瑞章公路改造已开工。以小集镇为中心的乡镇建设步伐加快，这些项目的实施均为拉动我州经济起到积极作用。

(七)、改革开放取得新进展

企业改革认真贯彻落实党的十五届三中全会《关于国有企业改革和发展若干重大问题的决定》精神，围绕使我州大多数骨干企业初步建立现代企业制度，半数以上国有工业亏损企业摆脱困境，以全面放活国有小企业为近期目标，通过对企业实行一厂一策的政策，针对不同情况，采取改制、兼并、破产、下岗分流、减员增效，实施再就业等方式进行改革，取得了新的突破。如对现有八户电力企业进行改制，实行公司制改组、商业化运营、法规化管理，组建了云南德宏电力股份有限公司。目前全州国有企业已改革的有77户，占国有总数的24%。农村改革继续以稳定和完善家庭联产承包责任制为中心，完成了土地延包三十年的合同续签工作，调动了农民的生产积极性。并进一步完善各种服务体系，鼓励和引导农民发展个体私营经济、发展乡镇企业，走出一条农贸、农工相结合的发展路子。采取各种措施发展个体私营经济。目前私营企业达604户，比上年增长23.5%，个体工商户达19485户。

旅游事业在对外开放中获得了发展。以中国99昆明世博会和建国50周年庆典为契机，通过内引外联，加强宣传促销工作，取得成效。全年接待国内外游客184.22万人次，比上年增长14%。其中：接待国内游客180万人次，增长13.9%；国内旅游收入8.25亿元，增长47.68%；接待海外游客4.22万人次，增长19.6%；旅游外汇收入3349万美元，比上年增长1.3%；全年实现旅游总收入11.04亿元，增长32.37%。通过旅游宣传，扩大了德宏的知名度，为进一步的改革开放创造了条件。

(八)、扶贫攻坚取得新成效，全州各族人民群众生活不同程度有了改善

在农村继续开展挂钩扶贫责任制，实行村建与扶贫相结合，全面开展党员、干部结对帮扶工作，实施小额信贷扶贫和异地开发扶贫工作，通过对以18个扶贫攻坚乡为主的167个扶贫开发项目的实施和龙江河谷异地扶贫开发，已使3.24万贫困人口基本解决了温饱问题。

全州市场粮、油、禽、蛋、奶、茶、蔬菜、水果等农产品丰富，人民生活有保障。在岗职工年均工资6902元，比上年增加588元；城乡居民储蓄存款余额达31.30亿元，比上年增长9%；人均储蓄存款额达3119元，比上年增加229元。

(九)、教育、科技、文化等各项社会事业获得新的发展

教育工作，按照“教育法”、“义务教育法”、“教师法”、“职业教育法”、“中国教育改革和发展纲要”，制定和组织实施了一系列加快全州教育事业建设和发展步伐的规划和措施。经过努力，全州在深化教育体制改革和调整教育结构，依法治教，加大教育投入，改善办学条件，推进“两基”，推进素质教育，提高办学规模效益和质量效益等方面，取得了突破性进展和阶段性成果。

认真实施科教兴州战略，各族群众科技意识增强，全州科技覆盖率明显提高。文化、卫生、体育等各项社会事业都有新的进步。新闻、出版、广播、影视、修志、民政、侨务、勘界、民兵预备役建设、国防教育等工作都取得了新的成绩。

计划生育、环境保护、土地管理三项国策宣传贯彻日益深入人心，受到重视，取得了可喜的成绩。

(十)、社会主义精神文明和民主法制建设得到进一步加强

1999年州人民政府坚持两个文明一起抓的方针。在全社会大力开展精神文明教育。结合迎接99昆明世博会召开，国庆50周年，民族团结月，澳门回归等大型活动组织开展了一系列丰富多彩的群众性文艺活动，极大地丰富了各族人民的精神文化生活。认真抓了社会治安综合治理工作，开展“三五”普法教育，提高全民法律意识。通过开展以禁毒为中心的专项斗争，继续抓了缉枪、扫丑、打非、反走私等工作，有力地打击了各种刑事犯罪和严重经济犯罪，从而有效震慑了犯罪，弘扬了正气，维护了社会安定。为我州改革开放和经济建设、人民群众生产、生活创造了一个良好的治安环境。

在反腐倡廉工作中，按照中央的部署，结合德宏的实际，认真负责地查处了一批大案要案，并取得了阶段性成效。在全州开展了制止“三乱”和减轻农民负担工作，已收到实效。州政府班子和州政府领导按照省委的部署，认真开展“三讲”教育，取得了初步效果。

州政府高度重视接受人大监督工作，严格按照组织法的规定，认真执行州人大及其常务委员会的决议和决定，按时报告工作，自觉接受州人大的法律监督和工作监督。并把自觉接受人大监督作为检验政府执政能力和民主法制意识的重要标志，为促进全州两个文明建设的协调发展创造良好的法制环境。接受政协的民主监督，认真听取政协的意见和建议，努力改进工作，在依法行政、规范办事、民主决策方面有了新的起色。

各位代表，过去的一年是我们高举邓小平理论伟大旗帜，结合德宏实际，锐意进取，迎难而上，战胜了一个又一个困难，促进全州经济和各项社会事业不断发展的一年。这一年的各项成绩来之不易，无不凝聚着全州各族干部群众的智慧和心血！在此，我代表州人民政府向为我州经济建设和社会发展付出辛勤劳动，做出贡献的全州工人、农民、知识分子、公安干警、各级干部、中央、省属单位人员和驻德宏的人民解放军、武警部队全体指战员致以崇高的敬意！向一切热情关心和支持政府工作的群众团体、港澳台同胞、海外侨胞和各界友好人士表示衷心的感谢！

在肯定我们取得的成绩的同时，我们也要清醒地看到，我州经济工作中还存在一些问题和困难，主要是：

1、农业和农村产业结构调整过程中的近期和中远期后续项目没有形成合理的梯次结构，农业、农村经济和农民收入增长乏力。

2、受市场影响，农业增产不增收。由于粮食滞销积压，蔗糖价格下跌，部分甘蔗应付款不能按期兑现，导致农民变现困难，即期消费购买能力下降，对再生产的物化投入能力减弱。

3、以制糖业为主的地方工业企业负担重，产品缺乏竞争力，经济效益下滑，出现了全行业亏损。由于工业品产销率低，反过来制约全员劳动生产率的提高和实现满负荷生产，企业没有形成最佳规模效益和实现良性循环的预期目的，受食糖市场价格连续几年下跌的冲击，工业效益丧失明显，工业企业出现了巨额亏损。

4、内外贸易仍在低谷徘徊。由于产品技术含量低、市场竞争力不强，不能适应市场的变化，外经贸进出口总值虽有回升，但边境贸易进出口总值还在下滑，整个外经贸形势依然严峻。

5、财政收支矛盾更加突出。由于边贸下滑，食糖销价下跌，缉毒罚没收入、海关、工商、缉私罚没收入改变入库级次，以及工商、技术监督机构上划等因素影响，使我州收入大幅度下降。企业亏损，导致税收征管的难度加大。而支出上，由于国家连续两年调整工资政策的兑现，每年新增的大中专毕业生、军队复员转业军人安置以及各种公务开支增加，使财政困难加剧。

上述困难和问题产生的原因是多方面的，有的带有普遍性，有的带有长期性，但我们有信心和决心，在今后的工作中，通过不懈的努力逐步加以解决。

二、2000 年的工作任务和措施

今年是本世纪最后一年，承前启后，继往开来，我州改革、发展、稳定的任务十分繁重，扎扎实实做好今年的工作，努力完成“九五”计划和本世纪末的重要奋斗目标，这对于实现我们既定的第二步战略目标，向第三步战略目标迈进，是至关重要的，因此，做好今年的各项工作就显得十分重要。

根据中央经济工作会议精神，以及省委、省政府和州委的要求，州人民政府 2000 年工作的指导思想是：以邓小平理论和党的基本路线为指导，全面贯彻党的十五大和十五届三中、四中全会精神，落实省委六届八次、九次全会，州委三届九次全会精神，稳定农业基础地位，保持农村经济的持续发展，以强化国企改革为中心，扭亏增盈，建立现代企业制度，继续调整经济结构，大力发展特色经济，促进边境贸易和旅游业的发展，继续推进改革开放，加强基础设施建设，努力扩大内需，进一步改善人民生活，保持国民经济持续、健康发展和社会各项事业的全面进步。今后全州经济发展思路是：坚持市场导向，继续强化基础，突出科教兴州，改革经济体制，调整产业结构，培育特色经济，拓展内外市场，实施依法治州，促进全面发展。

2000 年全州国民经济和社会发展计划的主要指标：

——国内生产总值 39 亿元，按可比口径计算比 1999 年增长 7%左右。其中：第一产业增长 2.7%，第二产业增长 4.5%，第三产业增长 11.3%；

——全社会固定资产投资 12 亿元，增长 18.8%；

——社会消费品零售总额 17.85 亿元，增长 10%；

——外经贸进出口总额 20 亿元，增长 6.49%；

——地方财政一般预算收入 2.1 亿元，增长 2.2%；

——年末总人口 102 万人，人口自然增长率控制在 10‰；

——城镇居民人均可支配收入 6550 元，增长 3.02%；

——农民人均纯收入 1200 元，增长 8.5%。

为了实现上述计划，必须认真做好以下工作：

(一)、广泛开展“解放思想，更新观念”大讨论，促进全州经济社会的发展

根据省委和州委的部署，在全州广泛深入开展新一轮解放思想、更新观念的大讨论活动。各级各单位要统一认识，深刻领会开展解放思想、更新观念大讨论的重要性、必要性，精心组织好这场讨论。要紧密联系全州实际，结合我州的经济发展思路开展讨论，要坚持以“三个有利于”作为判断工作是非的标准，找准思想观念的障碍，实现思维方式的根本转变。要在各级干部群众中，大力倡导和培养机遇意识，创新意识，质量意识，营销意识，品牌意识，树立发展才是硬道理，科学技术是第一生产力，市场经济等全新观念。通过大讨论不断增强把握和捕捉机遇的能力。要抓住实施西部大开发战略的机遇，开展解放思想、更新观念大讨论。实施西部大开发战略，是党中央面向新世纪加快西部发展作出的重大决策，作为战略区域内的德宏各族干部群众，都为中央这一决定感到振奋。历史的机遇将把发展的曙光展现在全州100万各族人民的面前，我们就应紧紧抓住这一历史的机遇，增强紧迫感和责任感，以只争朝夕的精神积极主动投身到西部大开发之中，大显身手，有所做为。要紧扣中央关于西部大开发的主要思路和政策，提出我州发展的新思想、新政策、新办法和新措施。要根据州情，突出重点，积极做好项目准备和对策研究工作，积极向中央、省争取政策和项目支持，借助上级的大力支持，乘势而上，把德宏的事办好。

要围绕实现省委、省政府构建的把云南建成“绿色经济强省”、“民族文化大省”和“中国连接东南亚、南亚的国际大通道”的宏图，充分认识德宏的优势和特点，放手调整经济结构，发展特色经济；加快基础设施建设，特别是在水利、交通、能源和通讯等方面，力争取得突破性进展。国家拟修建的中缅伊洛瓦底江陆水联运通道和泛亚铁路建设项目，是我国西部开发云南行动计划总体构想的重要组成部分，随着项目的建设实施，必将给德宏进一步开放、加速发展带来机遇，要认真做好准备工作，迎接大开放大发展的到来。围绕开拓市场，搞活流通，进一步为深化改革、扩大开放搞好服务；对外贸易，搞好姐告开发区建设，带动全州经贸发展；解放思想，积极扶持，加快个体私营经济发展；加大科技的投入，重视各类科技人员培养和使用，同时制定措施下大力吸引外地人才，以促使我州经济发展跨上新的台阶。

(二)、稳定农业基础，保持农村经济的持续发展

2000年农业和农村工作的中心任务，就是对农业和农村经济结构进行战略性调整，千方百计增加农民收入，保持农村稳定。要认真落实党在农村的基本政策，巩固和完善土地延包三十年的成果。坚持以市场为导向，依靠科技进步，着力改善农产品质量，加大产业和产品结构调整力度，大力发展优质、高产、高效农业，不断提高农业的综合经济效益，增加农民收入，确保农村稳定。计划粮食播种面积稳定在140万亩左右，其中优质稻种植面积25万亩，甘蔗种植面积稳定在65万亩，生物资源开发创新工程，各种基地种植面积新增54000亩，扩大复种指数，开发冬季农业。巩固提高茶叶等老产业，积极培育畜牧产业，加强森林保护和管理，加大农业执法力度，使农业和农村工作走上法制轨道。

要抓住西部大开发和绿色经济强省战略实施的机遇，以生物资源开发创新工程为契机，加大产业结构、产品结构调整的力度，提高农业产业化水平。要充分认识乡镇企业是农村产业结构调整和新产业开发的载体，是衔接家庭承包经营与社会化大生产的有效途径的重大作用，紧紧围绕德宏外经贸、生物资源产业开发和旅游业“三位一体”的德宏特色经济，大力发展乡镇企业和个体私营经济，把乡镇企业发展和各类开发区、小城镇建设结合起来，加快技术创新、体制创新的速度，着力解决乡镇企业改革、发展与提高的问题。

坚持不懈地搞好农业基础设施建设，重点抓好大盈江、瑞丽江险段治理，农业综合开发，糖料基地、滑坡泥石流治理、小流域治理以及改善农业生态环境建设、中低产田改造以及商品粮基地建设，抓好农村电网改造，抓好农村小城镇建设，力争使农业生产基本条件有明显改善。

加大扶贫攻坚力度。要针对我州现有贫困人口零星分散，贫困度深，扶贫攻坚任务重、时间紧的特点，坚持以解决群众温饱为中心，以贫困村社为主战场，以贫困户为攻坚对象，以稳定解决贫困人口温饱问题的经济开发项目为重点，实行一户一策，加强领导和管理，打好扶贫攻坚战，力争今年解决2万多贫困人口的温饱问题，基本实现全州解决温饱目标。

(三)、坚持分类指导的方针，促进工业的稳定发展

进一步抓好骨干工业发展。蔗糖、建材、能源、电冶、医药等骨干工业应以市场为导向，控制总量、稳定生产规模、强化内部管理，挖掘潜力，努力实现低成本竞争。尤其是制糖企业，要在降低成本、改善营销方式、加强管理、减负增效上下功夫；加速发展多种经营，延长产业链，处理好速度、结构、效益协调发展的关系，加强内部管理，提高综合经济效益；依靠科技进步，提高产业技术水平和企业素质，提高企业整体效益，增强企业抗风险能力。

进一步顺应市场需求，加大经济结构调整力度，大力发展有市场、有竞争力的产业和产品。在以蔗糖为主的骨干工业效益难以回升的情况下，积极培育新产业，开发新产品，强化效益意识，努力遏制工业经济效益下滑的局面。

针对工业企业亏损面较大，亏损额增加的实际，要以提高经济效益为中心，下决心加大扭亏增盈的各项措施，帮助支持企业走出困境。对扭亏无望的企业要采取兼并、破产、资产重组，盘活资产等各种方法，使企业亏损面有明显下降。

(四)、锐意开拓，促进贸易业的发展

抓住全省扩大对内对外开放以及省委省政府把瑞丽姐告作为全省扩大对外开放的突破口的有利时机，充分利用我州的口岸优势，加大对外开放步伐和招商引资的力度，推动德宏外经贸的恢复和发展。要在吃透用活国家政策上下功夫，搞好大贸和边民互市，发展贸技结合、贸工结合、贸旅结合等更高层次的贸易形式，特别是要围绕进口加工升值做文章，发展边贸加工企业，实现两头在外，创汇增值，扭转边贸长期以来仍停留在原材料转口境地的被动局面。

(五)、进一步加强基础设施建设，努力拉动经济增长

要把握“西部大开发”的重大历史机遇，顺势而上，继续加强我州的基础设施建设。今年的投资重点仍然是能源、交通等基础设施建设和基础产业建设，按照一保续建收尾项目，二保新开工项目，三保前期工作项目的原则，不断深化投资融资体制改革，努力拓宽融资渠道，在力争国家和省投资支持的同时，充分调动社会各界力量，大力改善投资环境，促进和保持固定资产投资的稳定增长。计划安排的重点项目是：陇川县城搬迁，瑞章公路，章遮公路续建，农村电网改造，在建工程勐板河水库，大盈江流域梁河县至盈江县境内的防洪治理，瑞丽江国界河治理等，重点前期工作项目是遮冒水利水电枢纽工程、麻栗坝水库工程、大盈江大型灌区配套工程建设。继续抓好城市道路改造、城市园林绿化美化工程建设，加快畹町国际邮件互换局建设，加强农村通讯建设，搞好全州邮政电信扩容工作。商请国家、省有关部门，加快完成芒市机场扩建配套建设，努力促成由德宏出境的中缅陆水联运通道建设和泛亚铁路西线方案前期准备工作的完成，为德宏的发展创造更为有利的条件。

（六）、进一步加大改革开放力度，促进国民经济持续发展

坚决贯彻党的十五届四中全会精神，认真处理好“当前和长远的关系；品种、质量、效益和数量的关系；企业自身努力和外部支持的关系”。切实制定出相关行业、企业改革与发展的方案。以建立现代企业制度为目标，突出抓大放小和结构调整，逐步建立起企业优胜劣汰机制和劳动力合理流动机制，增强企业自我发展能力和市场竞争力。

要充分利用国家调整收入分配政策的机遇，加快住房制度改革，推进住房商品化进程；加快建立统一的社会保险体系，促进养老保险、医疗保险和失业保险的发展；加快教育体制改革，提高教育水平；加快小城镇建设步伐，不断提高非农业人口的比重。以改革促进国民经济的持续发展。

（七）、进一步抓好财税金融工作

进一步加强财政税收管理，广开财源，增收节支，仍然是今年财税工作的重点。全面推行“零基预算”，细化预算分配，使财政预算编制更为科学合理；进行乡财务“零户统管”办法的试点；进一步强化预算外资金的管理，建立预算外资金综合财政，以缓解财政收支矛盾；加快会计委派制试点工作，强化监督管理，规范经济工作秩序；推行政府采购制度，提高财政资金的使用效益；开展财政周转金和部门有偿使用资金的清理整顿工作，盘活资金存量，发挥资金使用效益；加强依法治税，严格税收管理权限制定，进一步加强税收征管，做到应收尽收，确保各级税收及时足额入库；进一步加强对金融工作的协调和领导，进一步盘活存量，优化信贷结构，提高金融运行质量。

（八）、进一步提高人民群众的生活水平

要在积极发展经济的同时，不断提高人民群众的生活水平。要重视农村减负工作，切实减轻农民负担；要积极发展生产，提高企业效益，增加职工收入；要进一步落实最低生活保障制度和失业保险制度，重视帮助离退休老同志解决生活中的实际困难；要确保国家公务员按规定正常晋升工资。从而有效提高人民群众的生活水平。

（九）、抓住机遇，加大投入，发展旅游业

继续把旅游业作为全州的重要支柱之一来建设，进一步加强对全州旅游工作的领导和指导，继续安排100万元的旅游发展专项资金，支持旅游业的建设和发展，积极推进我州旅游业支柱产业建设和发展进程。认真组织制定、完善我州旅游发展规划，积极做好项目的申报工作，力争使我州有更多的旅游项目和精品工程进入国家、省西部大开发和全省旅游发展计划盘子。借中国昆明国际旅游节的东风，组织好中国昆明国际旅游节德宏分会场的活动，以高质量高水平、独具德宏特色的商贸、边境、民族风情、生态游等大型活动吸引游客。进一步加大内引外联和宣传促销力度，拓宽旅游客源市场。加强旅游基础设施建设，加大德宏特色旅游景区景点和产品的开发建设力度，在“特”和“精”字上下功夫，争创德宏名牌，建设一批人无我有、人有我优的精品旅游线路和景区景点，加快旅游交通网络和城市美化、绿化、亮化工程建设。继续抓好瑞丽江—大盈江国家级风景名胜区内芒市民族风情园、盈江凯邦亚湖、畹町漂江游、莫里瀑布、淘宝场、中缅街、瑞丽珠宝城、陇川景颇文化等项目的续建和开发建设。继续抓好内强素质、外树形象的管理、培训、市场整顿工作，力争以优质的服务、良好的市场程序迎接中外游客，努力保持旅游业的持续稳定发展。

（十）、实施科教兴州和可持续发展战略，促进社会各项事业的全面进步

要实施科教兴州的战略，认真贯彻全国技术创新大会精神，充分认识未来科学技术对经济问题、社会经济结构和人民生活的巨大影响，把科技进步和全面推进素质教育放在经济社会发展的重要地位。深化科技改革，加强科技队伍建设，组织实施好农业应用基础研究、生物资源开发、企业技术创新、蔗糖“五个一”等10大科技工程，以促进科技成果转化为重点，增强技术创新能力，在调整农业产业结构、发展优质高效农业，开发绿色产业，壮大蔗糖支柱产业，提高全州经济增长的质量和效益方面，充分发展科学技术的先导、支撑作用。

认真贯彻人口、环境、社会、经济可持续发展战略，坚持计划生育基本国策，加快县乡两级计生服务站所建设，巩固“三为主”成果，积极稳妥地推进“三结合”工作，在人口生育高峰期内，努力实现人口控制目标。

全面贯彻第三次全国教育工作会议和全省教育工作会议精神，加大宣传力度，切实提高对教育的先导性、全局性、基础性地位和巩固的认识，在全州掀起新一轮重教热潮，千方百计增加教育投入，多渠道筹措教育经费，确保教育事业健康发展。坚定不移地推进“两基”发展进程，采取切实可行的措施确保陇川、盈江、梁河“普九”工作目标任务的实现，瑞丽（含畹町开发区）、潞西要进一步做好巩固提高工作。推进教育体制、教育结构改革、调整校点布局、全面提高素质教育。加强乡镇独立建制成技校建设，全面推进素质教育，提高办学规模效益和教育教学质量。积极推进全民健身运动，为经济建设培养高素质的建设人才。

继续实施“边疆文化长廊建设工程”，继续实施“文化精品工程”，推出五个世居少数民族文化精品。

积极推进农村文化建设，发展有益健康的社会文化。完成梁河、盈江两县的图书馆建设。加强民族语言文字的使用工作，促进民族语言文字工作的健康发展。

进一步抓好卫生、防疫、环保、土地管理、新闻、出版、广播电视、史志、信访、民政、侨务、勘界、民兵预备役建设、国防教育、劳动就业、残疾人事业和社会保障工作，促进社会各项事业的全面进步。

（十一）、做好政府机构改革工作

按照国务院和省政府的部署，认真做好机构改革工作。这次政府机构改革，是在我国改革开放和经济建设全面进入21世纪的历史条件下进行的，必须站在跨世纪的高度准确把握改革的基本目标。既要下决心解决政府组织结构、运行机制方面存在的一些深层次矛盾和问题，建立办事高效、运转协调、行为规范的行政管理体系；又要立足于整个行政管理体制的改革，切实消除现行干部队伍中的一些突出弊端和缺陷，完善国家公务员制度，建立高素质的专业化行政管理干部队伍，逐步建立适应社会主义市场经济体制的有中国特色的地方行政管理体制。

在机构改革工作中，各级政府领导干部和工作人员都要按照机构改革的原则和要求做好工作，做到识大体，顾大局，服从命令，听指挥，保证机构改革工作的顺利进行。

（十二）、进一步加强社会主义精神文明和民主法制建设

继续深入开展讲文明树新风活动，提高全民的文明水平，大力开展健康文明的文化体育娱乐活动，丰富广大人民群众的文化生活。积极推进民主法制建设，自觉接受民主监督和法律监督，认真执行州人大及其常委会的决议、决定，按时报告工作。进一步加强与人民政协的联系，认真听取政协委员的意见和建议，努力改进工作。进一步提高依法行政水平，推进依法治州，加强社会治安综合治理工作，严厉打击犯罪，确保社会稳定。进一步加大反腐败力度，进一步巩固州政府领导班子的“三讲”成果，认真抓好各县市政府领导班子的“三讲”教育，转变作风，提高工作效率，培养一支廉洁、勤政，全心全意为人民服务的公务员队伍。

各位代表，2000年是20世纪的最后一年，同时也是完成“九五”计划的一年，我们面临着新的形势、新的机遇和新的挑战，我州的各项工作任务繁重而艰巨。让我们紧密地团结在以江泽民同志为核心的党中央周围，在州委的领导下，团结全州各族干部群众，振奋精神，努力工作，为完成我州今年的国民经济和社会发展计划而努力奋斗！

坚持团结进步两大主题
促进边疆两个文明建设

州人大副主任　雷冯庆

在德宏州第十六个“民族团结月”和跨入新千年之际，回顾、总结、展望我们民族团结进步事业具有十分重要的意义。回眸我州的发展历程，尤其是党的十一届三中全会以来的22年，我们在邓小平理论和党的路线指引下，民族政策得到了进一步落实，全州上下发生了翻天覆地的变化。州委正确执行党的解放思想、实事求是的思想路线，全州民族团结进步事业得到了进一步巩固发展，经济建设和社会各项事业取得巨大成就。我州国内生产总值从1978年的14668万元增长到1997年的34亿元，20年增长22倍，年均增幅达17.02%；粮食总产量从27.77万吨，增加到46.59万吨，年均增幅2.62%，成为全省为数不多的粮食富裕州；财政收入从1464万元增加到3.31亿元，20年增长21.6倍，年增幅达16.9%；农村人均收入从87元增加到1089元；边境口岸贸易从1985年全州开放为边境贸易区前的3788万元增加到1997年的21亿元（不含边境集市贸易），占了全省边贸的“半壁江山”。此外，农业生产条件、工业加工生产能力、教育、文化、卫生、旅游、交通、能源、通讯等基础设施建设得到全面加强，市镇面貌和居民生活水平有明显提高。与此同时，党的民族区域自治制度在自治州的各项事务管理中得到充分发挥；民族法制建设逐步加强；民族干部职工队伍不断成长壮大；各民族之间平等、团结、互助的社会主义民族关系进一步巩固发展，为各民族共同繁荣奠定了坚实的基础。

在以经济建设为中心的同时，多年来，州委、州政府始终把由州人大以法定形式确定的每年的“民族团结月”活动作为宣传党的民族理论、政策，向各族人民进行民族团结进步教育的重要载体，不断丰富内容，创新形式，使“民族团结月”生机勃勃，深入人心。各县市也普遍成立了民族团结进步活动领导小组，采取多种形式开展”民族团结月”活动，使”汉族离不开少数民族，少数民族离不开汉族，各民族离不开共产党”的思想得到不断增强，热爱共产党，热爱社会主义，成为各族人民的坚定的政治信念，各民族平等互助，团结合作，共同繁荣的社会主义民族关系日益发展。

总结多年来德宏州两个文明建设和民族团结进步事业的发展过程，各族人民从实践中体会到没有中国共产党的英明领导，就没有社会主义制度，就没有各民族的团结进步，就没有德宏今天的辉煌成就。历史证明，坚持共产党的领导，坚定不移地走有中国特色的社会主义道路，才能实现各民族当家作主，才能建立牢靠的平等团结互助的新型社会主义民族关系，才能不断把民族团结进步事业推向前进。

德宏州改革开放、开拓进取的22年，充分证明了民族团结是民族地区经济发展社会进步的坚实基础。有了这个基础，德宏才有今天的成就。所以，我们要象爱护眼睛一样爱护民族团结，要象珍惜生命一样珍惜民族团结。德宏人民既是团结的人民，又是勇于开创的人民。德宏各族人民在党的改革开放、富民政策指引下，八十年代初曾在全省边境地州率先开展民族边境贸易，带动了全州乃至全省民族地区的经济发展。我们坚信有了党的改革开放政策，又有民族团结和勇于开拓的精神，再加上得天独厚的地理优势和自然资源，德宏的发展前景将更加美好。

然而，我们也应查看到，在以经济建设为中心，推进民族团结进步发展的过程中，无论是建设和改革，都要从德宏州民族、山区、边疆、贫困的州情出发，实事求是地贯彻党的总路线，用足用活已订的方针政策。要进一步解放思想，加深对“发展才是硬道理”的认识和理解。在改革的措施上要强调灵活性，更要提倡务实性；在所有制结构上，要针对德宏州国有经济成份较高，其他所有制经济成份较低的实际，按照十五大精神，解放思想，因地制宜大胆调整，扶持发展非公有制经济和个体私营经济，使生产关系与生产力水平相适应，进一步促进民族经济快速发展。

德宏州民族工作的实践说明，民族团结进步不仅是过去一代又一代人为之艰苦奋斗，努力进取的崇高事业，而且仍然是今天乃至明天德宏州民族工作的主题，可以确切地讲，德宏的工作实际上就是民族工作，而民族工作的核心就是始终牢牢把握“团结”和“进步”这两大主题，为改革开放和经济建设服务，为维护民族团结、边疆稳定和祖国统一服务。

对德宏州实施西部大开发战略的金融思考

尹以庄　　杜　平

党的十五届四中全会明确提出“国家要实施西部大开发战略”，这是党中央高瞻远瞩、统揽全局，审时度势作出的重大决策；是指导我们实施西部大开发战略的行动纲领；是确保二十一世纪我国经济持续发展的重要步骤；是增进民族团结，保持社会稳定和巩固边防的根本保证；是逐步缩小地区差距，最终实现共同富裕的必然要求。国家实施这个战略决策，给德宏州加快经济发展提供了千载难逢的机遇。为此，我们一定要深刻领会实施西部大开发战略的重大意义，把思想认识统一到中央的重大决策上来，切实发挥金融作用，结合辖内金融工作实际，认真研究金融支持西部大开发的政策措施，扎实贯彻落实好党中央、国务院和总、分行的各项方针政策，支持德宏州在西部大开发中抓住机遇，加快发展。

一、德宏州经济金融发展现状

改革开放20年来，德宏州经济金融得到较快发展。市场机遇逐步健全，各族群众的温饱问题基本得到解决，全州初步形成以边贸为基础，一般贸易为龙头，外贸、外资、外经相结合协调发展的大体系，基础设施建设步伐加快，综合经济实力不断增强，人民生活水平不断提高，初步建立了相对完善的以中央银行为领导，国有独资商业银行为主体，多种金融机构并存的社会主义金融机构体系。1998、1999年，德宏州各项主要经济指标约占全省的1-6%；金融机构各项存、贷款余额约占全省的2-3%。与省内外发达地区相比，总体上仍处于落后状态，存在较大的差距，主要表现在：

（一）是经济基础薄弱，自我发展能力差。德宏州是我省主要的少数民族地区和边疆落后地区，经济发展缓慢。1998年末，德宏州人口99.88万人，占全省总人口的2.41%，土地面积占全省的2.93%，实现国内生产总值（GDP）35.1亿元，占全省的1.96%，人均国内生产总值为3533元，低于全省平均水平18.84个百分点，低于西南四省区人均GDP的9.2个百分点。德宏州财政收入和支出分别占全省财政收入和总支出的1.47%和2.13%。财政基础薄弱，转移支付存在较大困难，投入基础建设、企业流动资金、挖潜改造和科技三项费用的财政支出甚微。

（二）是基础设施建设滞后，严重制约了经济的发展。德宏州山区面积占总面积的89%，地形复杂，交通、能源、通讯等基础设施建设起步晚，相对比较落后。州内公路等级普遍偏低，境内无高速公路和铁路；1998年基本建设投资为6.19亿元，占全省的1.83%，全州国有单位固定资产投资为7.61亿元，仅占全省的1.57%。

（三）是资源开发程度低，生态环境保护任务重。德宏州矿产、水能、旅游等资源极为丰富，但由于生产力水平低，资金不足，技术力量薄弱，交通状况差，致使有效开发利用程度不高，把资源优势转化为产业优势面临诸多困难。由于长期粗放型开发、经营，部分地区自然生存环境遭到人为破坏，环境保护任务十分艰巨。

（四）是产业、产品结构单一，结构性矛盾突出，调整难度大。德宏州是农业州，粮食和甘蔗生产是支柱产业，也是财政收入的主要来源。1997年，制糖工业实现产值占全州工业总产值的46%，占其财政收入来源的45%，1998年占其财政收入来源的25%左右。近几年来，由于食糖市场变化，价格下跌，粮食外调困难，库存积压严重，销路不畅，企业连年亏损严重，对财政和农民增收影响极大。目前，在德宏州尚无其他优势产业能够替代制糖产业，同时在边境贸易下滑的情况下调整经济结构、产业转向的任务十分艰巨。三大产业结构不尽合理。1998年，德宏州国内生产总值中一、二、三产业所占比重分别为39.26%、22.60%和38.14%，工业发展十分落后，低于全省平均水平23.41个百分点；1999年全州国内生产总值完成34.71亿元，占全省的1.9%，其中一、二、三产业所占比重分别为36.01%、22.79%和41.2%，工业发展仍然滞后，国有工业企业的生存、改革和发展面临着很多困难；第三产业优势未得到有效发挥。

（五）是企业经济效益不理想，信贷资产质量不高，不良贷款呈上升趋势。1999年末全州国有独立核算工业企业亏损面达79.3%，比上年同期上升9.9个百分点，利润总额比上年同期下降24.1%。由于工业企业效益下滑，金融运行环境不理想，金融机构不良贷款上升，12月末，全州不良贷款比年初又上升了7.2个百分点。以城乡信用社为主的中小金融机构存款普遍下滑，保支付的压力增大，经营风险较大。社会信用度下降，一些企业偿债意识淡薄，借国家减轻企业负担政策出台之机恶意悬空逃废银行债务，银行收息率下降，亏损增加，经营风险加大；银行发放贷款心理压力加大，正常的银企关系受到扭曲，削弱了国家扩大内需，刺激经济发展的政策效果，不利于地方经济的长期稳定发展。

目前，德宏州经济发展在省内各地州中处于中下水平，与省外发达地区相比差距就更大，德宏州在实施西部大开发中同样将面临东部经济高起点和我国加入世贸组织（WTO）后来自国际竞争等多重压力，机遇与挑战同在。德宏加快经济发展具备很多有利条件：一是政策优势。中央已作出加快西部开发的战略决策，并成立了西部大开发领导小组，专门负责加快西部开发的领导工作。二是资源优势。德宏州拥有丰富的自然资源，全州森林覆盖率达60.12%；山川秀丽，景色迷人，具有浓郁的亚热带风光，大盈江－－瑞丽江区域已列为国家风景名胜区，州内各民族由于文化，宗教信仰，居民建筑，民族歌舞，节日活动，饮食习惯等方面各具特色，蕴含着多姿多彩的民俗风情；全州有2个国家级口岸，2个省级口岸，有28个渡口64条通道、19条公路通达中缅边境，主要边境通道或边民互市点13个，中缅边境地区多为同一民族相邻而居，构成了“一寨两国”、两国居民同饮一口井水等许多独特风貌，边境旅游资源得天独厚；水资源极丰，总量达218.3亿立方米，可开发利用量为102.5万千瓦；矿产资源亦具特色，全州有煤、锡、铜、翡翠等10多种矿藏，其中铅锌矿是云南省6个主要产区之一；德宏州生物资源极丰富，“18工程”全面启动，生态产业及生物资源综合开发蕴藏着巨大的潜力。面对国家实施西部大开发战略的机遇，我州应充分发挥特有的三大优势，进一步扩大内外贸易和边境贸易，加速发展边境旅游，“坚持贸易导向，拓展内外市场，继续强化基础，突出科技兴州，改革经济体制，调整产业结构，培育特色经济，实施依法治州，促进全面发展”。带动全州经济快速增长，把德宏州建成为国家、大西南对东南亚、南亚开放的重要窗口，建设成为粮食，蔗糖基地和具有民族特色的边境旅游区。

二、金融支持德宏实施西部大开发战略的指导原则

经济决定金融，金融服务于经济。西部大开发的重点是加快基础设施建设；切实加强生态环境保护和建设；积极调整产业结构；发展科技和教育，加快人才培养，加大改革开放力度。西部大开发的关键是要有好的政策和更多的投入，通过实施特殊优惠的金融配套政策，创造良好的投资环境，引进资金和技术，推进经济发展。金融在支持德宏实施西部大开发中应把握好以下原则：

(一)、坚持政策性投入与商业性投入相结合，以政策性投入为主的原则。当前我州经济金融运行环境不尽理想。主要表现在两方面：一是经济环境方面，全州经济发展基础薄弱，无现代化的大企业，中型企业少，小型企业多，企业经济效益差，基础设施建设滞后，受交通、通信、水利、能源和环保等“瓶颈”制约明显。二是金融环境方面，国有独资商业银行历史包袱沉重，信贷资产质量较低，自身改革任务繁重；以城乡信用社为主的中小金融机构资金实力弱，抗风险能力差，支持经济的能力有限，按现有信贷条件，仅靠我州自身商业性投入来发展是远远不够的。因此，各商业银行要抓住西部大开发的机遇，积极向各自的上级行争取资金和优惠政策，加大对投资大、期限长、具有公益性质的基础设施项目的投入，依靠国家政策性资金的投入来发展、建设。

(二)、坚持信贷政策的统一性与区别性相结合，实施配套的区域性信贷政策的原则。西部大开发战略是一个区域经济发展战略，金融支持的配套政策必须与之相适应，才能有效发挥作用。因此，分行应加紧制定与西部大开发战略配套的区域信贷政策，并具有可操作性和灵活性，以利于各中心支行、县市支行在认真贯彻执行总行统一的货币信贷政策的同时，组织实施区域信贷政策，以发挥人民银行、市支行区域调控的优势，增强信贷政策的针对性和可操作性，提高金融服务水平。

(三)、坚持开发与防范风险相结合，在发展中防范金融风险的原则。目前，我州各金融机构由于原来承担了大量的政策性金融业务，包袱沉重，不良贷款比例较高，亏损面大。一些企业借改制之机逃废银行债务，金融机构经营风险不断加大。各金融机构要站在实施西部大开发全局的高度，制定积极的经营方针，大力拓展信贷业务和筹资渠道，努力加大金融支持我州实施西部大开发的力度。既要坚持信贷原则，又要防范金融风险，同时，积极向上级行反映，争取政策，对符合条件的企业实施债转股，加大对政策性贷款核销力度，减轻负担，轻装上阵。

(四)、坚持金融支持开发与深化金融改革相结合的原则。在实施西部大开发过程中，我州金融不仅面临着资金投入和资金管理上的更高要求，同时还面临着中国入关后的挑战和困难。因此，要求商业银行一方面要认真落实总行支持实施西部大开发战略的有关特殊政策，切实加大金融信贷投入；另一方面要继续坚持深化金融体制改革，加快商业化迈进步伐，提高自身的经营管理水平，提高专业人员素质，不断完善功能，开展金融工具的创新，提高金融管理和服务水平。

三、支持德宏州实施西部大开发战略应采取的措施

(一)、加大对基础设施建设的信贷投入。1999年德宏州完成施工建设项目265个，总投资10.1亿元，2000年计划投资12亿元，计划比上年增长18.85%，其中50万元以上的基本建设项目计划投资97660万元；技术改造项目计划投资6987万元；50万元以下零星基建及城镇集体（个体）、乡镇企业计划投资21596万元。2000年我州基建投资的重点仍是农田水利、能源、交通、市政等基础设施建设。这就要求辖区各金融机构要多方面、多层次、多渠道筹措更多的信贷资金，采取灵活多样的信贷方式，多渠道地支持我州基础设施建设。同时，要结合我州实际，深入调查，认真评估，在突出特色，找准优势，抓住重点上下功夫，积极参与，配合政府有关职能部门筛选一批符合国家西部大开发战略，对地方经济发展贡献大，有利经济结构调整的重点基础设施项目，而关键又要做好项目的立项、资金筹集、贷款申报等工作，切实加大基础设施的信贷投入。

(二)、积极支持生态环境保护和建设。这是推进西部大开发重要而紧迫的任务。一是坚持以农业为主，在不放松粮食生产的同时，调整农业结构，发展德宏特色农业、节水农业、生态农业和畜牧业，促进农业产业化经营和农业社会化服务体系的发展。二是继续支持我州实施好天然林保护工程，做好天然林保护工程原森工企业银行贷款的清理、收回、债权转移和呆账核销。三是加大林业信贷投入，支持商品林建设和森工企业转产。四是支持做好我州江河湖泊的生态环

境建设，支持做好“退耕还林（草）、封山绿化、以粮代赈、个体承包”试点工作。

（三）、坚持以市场为导向，积极支持产业结构调整。要实现资源优势向经济（产业）优势的转变，培育和形成新的经济增长点，就必须从自身的优势出发，依靠技术进步，发展有市场前景的特色经济和特色产业。我州各金融机构要大力支持特色经济的发展，在支持德宏特色商品、特色项目、特色企业、特色产业上作文章。要充分发挥优势，努力发展高新技术，调整产业结构，实现高效、优质发展。加大对州内的重点行业、重点、企业、重点产品的技术改造和技术进步；优先支持我州生物开发、化工建材、能源、环境保护、旅游、轻工制糖等产业发展；支持加快我州国有企业改革脱困步伐。同时积极支持我州搞好四个方面的开发：一是重点加大对水利资源的开发；二是生物资源的开发利用；三是搞好边境旅游资源的开发；四是支持人力资源开发，通过积极支持教育设施建设，拓展助学贷款业务等加大教育投入，为积极培养各类人才服务。

（四）、认真实施特殊优惠金融政策，加快边疆民族经济发展。德宏是全国30个少数民族自治州之一，经济发展处于中等水平，与云南省其他发达地区相比较，无论从规模上，还是从效益上看，德宏的各项建设还相当落后。采取“一刀切”的金融政策，就会制约民族地区经济的快速发展。因此，对边疆民族地区必须实施特殊的优惠金融政策：一是实行较为宽松的资产负债比例管理，适当提高存贷款考核比例，加大授权授信力度，增强德宏州商业银行支持经济大开发的信贷供给能力。二是提高固定资产贷款比例，延长固定资产贷款期限。在国有独资商业银行省级分行享有新增存款15%可用于固定资产贷款政策的基础上，对德宏州二级分行可享有新增存款10%用于固定资产贷款权，同时适当延长固定资产贷款期限，以促进德宏州国有企业加快技术改造和基础设施建设。三是对支持西部大开发的政策性贷款和专项贷款实行更加优惠的贷款利率，或加大贷款贴息力度，以减轻金融机构的利息支出。四是对德宏州国有商业银行实行财务倾斜和亏损补贴政策，改善其经营状况，提高其对少数民族地区经济发展的支持能力。五是适当提高德宏州商业银行贷款呆坏帐准备金提取比例，调剂使用呆坏帐准备金，加快呆帐核销进度，促进德宏州加大产业和企业结构调整的力度。六是增加人民银行中心支行的调控权限，即分行要增加对人行中心支行再贷款、再贴现的限额，适当延长再贷款期限。对金融机构因支持西部开发、国有企业改革和发展中出现的临时性、季节性资金需求，及时给予再贷款支持，再贷款期限可放宽到3个月或更长一些时间。积极拓展再贴现业务，支持商业银行扩大票据业务，加大对重点行业和企业再贴现的支持力度；同时增加对以城乡信用社为主的中小金融机构再贷款，促进其稳健经营和合理增加贷款。建议对德宏州中小金融机构再贷款利率在现有再贷款利率基础上适当下浮，以支持农村经济、中小企业和私营经济发展。七是国家应给予专项政策帮助德宏解决特殊困难，对国家原支持发放的“老、少、边、穷”专项贷款，建议在停息挂帐，在清产核资后，对无力偿还的，通过破产或呆坏帐冲销方式解决；对国有商业银行原发放的两棉赊销贷款、特困企业职工基本生活费贷款、边贸企业贷款等，建议由国家拿出专项资金予以核销。八是利率等政策倾斜，允许民族地区金融机构在执行国家基准利率的基础上下浮一定比例的自主权，以减轻企业利息负担；放宽条件，优先支持民族地区增大剥离不良贷款限额指标，以减轻金融机构信贷压力，降低不良资产比例，提高经济效益。九是对民族地区在支持基础建设、生态环境保护扶贫攻坚等方面给予一些特殊金融政策（具体体现在资金、指标、规模、比例等方面给予优先安排）。十是从稳定边疆、扶持民族经济发展的大局出发，国家切块下达划拨一定数额的外经贸有偿专项资金，支持边疆外经贸重点企业和加工企业的生产经营；允许民族地区的贸易企业在一定数量限额内的出口货物用人民币结算退税。

（五）、建立、健全与西部大开发相适应的金融保障体系。具体举措如下：一是对基础产业的保障措施。由于基础产业投资大、周期长、资金盈利率低、社会效益显著；加之所需资金巨大，风险较高，因此须相应制定金融保护政策。首先是发行由政府担保的基础产业开发债券，建立基础产业风险保障基金，发行由财政贴息的基础产业债券及可转让债券，允许多种投资方式并存，为其进入金融市场筹资创造金融环境。其次是对所筹资金允许地方留用一定比例，而不是全额上划。二是对农业的保障措施。农业是德宏的一大产业，由于受比较效益低下的影响，长期缺乏融资能力。为了促进生态农业、旅游农业、绿色农业的形成，应建立自然灾害风险基金，发行农业开发债券；银行应积极参与农业保障制度的改革，规定金融机构的新增存款用于农业的必须保证一定比例；地方财政用于农业的资金必须足额到位。三是对一些特殊产业的保障措施。如教育、健康和环保等，应从金融角度尽力创造条件，与其他政策配合建立相应保障体系，促其发展。同时，按市场条件向世界银行、亚洲开发银行等国际金融组织争取优惠贷款或从国际资本市场直接融资，使这些特殊产业的发展能得到更好的保障，以更有效地促进德宏经济的平衡协调发展。

（六）、加大信贷扶贫力度。1999年末，德宏州共有18个扶贫攻坚乡，其中省级扶贫攻坚乡9个（含43个行政村、413个社、7.54万人），州级扶贫攻坚乡9个（含55个行政村、537个社、10.3万人）。目前，全州尚有3.56万人未脱贫，扶贫攻坚任务非常艰巨。各金融机构要处理好扶贫贷款与正常的经营性贷款的矛盾，积极研究探索切合本地实际的扶贫贷款到村到户的有效途径，努力增加扶贫贷款投入。在扶贫贷款投入上，尽量向基础设施建设、乡镇企业、民族手工业等倾斜，走开发式扶贫的新路子，以最大限度地发挥扶贫贷款的使用效益。分行要优先安排和增加支农再贷款指标，以利于基层人民银行加大对贫困地区支农再贷款的支持力度，支持我州农村信用社增加支农再贷款投入，进一步办好农村小额信贷，支持农户生产经营的资金需要。与此同时，调整信贷结构，加大对我州第三产业和非公有制经济的投入。对符合产业政策，具有还贷能力的企业或项目，及时注入资金，逐年提高信贷比重，支持第三产业和非公有制经济健康、快速发展，推动全州经济结构调整和经济运行质量的提高。

州情概览

德宏傣族景颇族自治州

地　　理

【州　境】 德宏傣族景颇族自治州是云南省8个少数民族自治州之一。地处云南省西部，高黎贡山南麓，属滇西峡谷区。位于东经97°31′～98°43′、北纬23°50′～25°20′之间。其东和东北与保山地区的龙陵县、腾冲县毗邻，南、西和西北与缅甸接壤。全州除梁河县外均有国境线，国境线长达503.8公里，有24个乡镇、600多个村寨与缅甸村寨毗邻。全州东西最大横距122公里，南北最大纵距170公里，总面积11526平方公里。德宏州首府驻潞西市芒市镇（城镇规划面积14平方公里），陆距省会昆明785公里，空距427公里。

【口　岸】 云南省有5个国家级口岸，其中2个在德宏傣族景颇族自治州，即畹町口岸和瑞丽口岸。此外，德宏州还拥有2个省级口岸，即陇川章凤口岸和盈江小平原口岸。它们不仅是中国对缅贸易的主要口岸，也是通往东南亚和南亚的重要口岸。据考证，中国大西南的货运经中缅陆水联运大通道直入印度洋，其运输费最底。

畹町口岸：它以缅北九谷（棒赛）口岸毗邻，1937年成立畹町海关。1938年滇缅公路开通后，畹町成为重要的国家级口岸。1950年4月中国人民解放军进驻畹町时，每日进出境运货机动车达200余辆次。1989年边贸商号达59户，进出口总值2.33亿元。按照当时汇率换算，突破800美元，已跨入小康生活水平。同年，畹町被列为全国人均国内生产总值超4000元的189城市之一。

瑞丽口岸：瑞丽是320国道终点。1987年被国务院定为国家级口岸，与缅甸的国家级口岸——木姐毗邻。历年来，通过该口岸的边境贸易进出口总值占云南省的80%以上，被誉为“口岸明珠”。1991年2月，云南省政府批准在姐告设立边境贸易经济区，姐告迅速崛起，被誉为“云南的深圳”。1992年4月，国务院批准瑞丽为沿边开放城市，并撤县设市。1996年瑞丽以全省最大的边境口岸被国家评为“全国先进口岸”。

陇川章凤口岸：它与缅北雷基（洋人街）口岸相依。陆距缅北重镇八莫最近，仅92公里，而八莫是中缅陆水联运大通道的第一港口。据史料载，1924年经章凤出口物质8万驮，1991年被列为云南省省级口岸。1997年缅政府定雷基为克钦邦与中国通商的唯一口岸。1998年8月13日，中缅两国举行了隆重的开通口岸典礼。

盈江小平原口岸：盈江古代便是滇缅通商要道，并在驿道上设有驿站。1894年中英《滇缅通商条约》签定后，曾一度成为滇缅最繁荣的商道，英国领事馆、海关等机构在芒允相继建立。经芒允出口的商品销往缅北、印度等大部分地区，进口的商品来自五大州30多个国家。20世纪80年代中期，边境贸易重新崛起，成为盈江县经济主体之一。至20世纪90年代初，口岸公路网络以县城小平原为中心，分别经芒允、那邦、昔马、卡场、苏典、支那通向边境。其中经芒允出境的公路直通八莫，陆距131公里；经那邦出境的公路与“史迪威公路”连接，北上可达克钦邦首府密支那，陆距197公里。

渡口：1950年前，德宏的渡口水运只有季节性船夫，由民间组织竹筏摆渡，无常设渡口码头。1951年后，随着边境经济的日趋繁荣，民间往来频繁，沿江渡口昌盛。较大的渡口于1960年后改用载重1至20吨的木船，1980年后启用机动船。1990年已形成39个渡口。

【人　口】 据考古证明，早在3000至5000年前德宏地区就有人类繁衍生息，史书中的“濮人”、“朴子蛮”、“布雷”等便是今天德昂族的先民；“滇越”、“金齿”、“掸”、“百夷”等则是傣族的先民。明末清初，由于战争和屯垦戍边等原因，景颇族、傈僳族、汉族及其他少数民族相继迁入。1950年前，由于瘟疫、战争、毒品等危害，各族人民处于“高出生、高死亡、低发展”状态。据1950年人民政论府抽查估算，1949年德宏地区约有65000户，总人口约30万人。1950年后，国泰民安，医疗条件改善，生活水平不断提高，但人口发展失控，增长迅速。至1978年，德宏傣族景颇族自治州的12.72万户，总人口69.39万人。1979年开始实行计划生育政策，至80年代中期，控制了人口盲目发展的势头，人口发展纳入了计划轨道。

1999年德宏州有23.03万户，100.82万人，分别比上年增2.6%和0.9%。人口密度每平方公里87.47人，比上年增0.47人。人口出生率为13.23‰，比上年降0.24%；人口死亡率5.88‰，降

0.1%；人口自然增长率7.35‰，降0.15。在总人口中：农业人品82.39万人，比上年减1.86万人降2.2%，占总人品的81.72%；派农业人口增2.80万人，增17.91%，占18.28%。当地少数民族人口52.25万人，比上年增5840人，占总人口的51.83%；汉族及外来少数民族人口48.57万人，增3511人，占48.17%。在当地少数民族中，傣族32.35万人，占总人口的32.09%；景颇族12.35万人，占12.25%；阿昌族2.63万人，占2.6%；傈僳族2.41万人，占2.4%；德昂族1.25万人，占1.25%。

【政　区】 1999年德宏傣族景颇族自治州辖2市3县，即潞西市、瑞丽市、陇川县、盈江县、梁河县。辖65个乡镇，340个行政村（山区213个，坝区127个），3677个农业合作社（山区2136个，坝区1541个）。

【开发区】 1999年德宏傣族景颇族自治州有5个经济特区：

一、姐告边境贸易经济区：于1990年12月26日建立，是云南省第一个经国家批准的经贸、旅游型的经济开发实验区。

二、瑞丽市边境经济合作区：于1992年12月3日建立，是经国务院特区办批准的云南省三个边境经济合作区之一。

三、畹町市边境经济合作区：于1992年12月3日建立，是经国务院特区办批准的云南省三个边境经济合作区之一。

四、弄岛经济开发区：1992年12月28日由瑞丽市委决定建立。

五、芒市经济开发区：于1993年4月9日建立，是云南省人民政府批准的省级经济开发区。

【地　貌】 德宏傣族景颇族自治州是横断山脉西南部、高黎贡山以西的一块自东北向南西倾斜的切割山原。地势的基本特点是东北高而陡峻，西南低而宽缓；峻岭峡谷相间排列，高山大河平行急下。全州最高点是盈江县北部的大娘山（大雪山），海拔3404.6米；最低点是盈江县西部的羯羊河谷（那邦坝的拉沙河以穆雷江交汇处），海拔210米；一般海拔800至2100米。州府驻地芒市，海拔920米。

其地表景观主要由高黎贡山山脉南延的“三山”与“三江四河”构成。“三山”即大娘山、打鹰山和高黎贡山尾部主脉，“三江”即怒江、大盈江和瑞丽江，“四河”即芒市河、南畹河、户撒河与芒东河。

按海拔高度，德宏的地貌可分为七类地带：

一、海拔2700至3400米，其面积占全州土地面积0.22%。其特点是地势陡峭，多呈“V”型谷，跌水瀑布发育，森林茂密；冬有积雪，夏秋雨多雾浓，气候寒冷，无人居住。

二、海拔2200至2700米，其面积占全州土地面积5.64%。其特点是山顶浑圆，谷坡在20至30度，森林较多，局部地方已开垦为轮歇地，可种植苦荞、土豆等，林间牧场可饲养牛羊等牲畜。

三、海拔1800至2200米，其面积占全州土地面积16.52%。此类地带多为州内江河支流源头，次生林多，陡坡垦植也多。

四、海拔1600至1800米，其面积占全州土地面积44.1%。谷坡一般在15至30度，相对高度一般在100至500米之间。由于植被稀少，垦植较多，导致冲沟较多，是州内水土流失严重的地带。此外，该地带是旱粮、旱地甘蔗、茶叶、苹果、八角及亚热带水果的主产地。

五、海拔950至1100米，其面积占全州土地面积15.25%。其谷坡一般在10至20度之间，植被多为灌丛、草地，冲沟切割较多，水土流失严重。此类型属州内低热层地带之一，是橡胶等热带经济林木与热带水果的主产地。

六、海拔600至950米，其面积占全州土地面积17.92%，其中耕地面积占全州总耕地面积57.03%。

七、海拔210至600米，其面积占全州土地面积0.39%，属热带河谷季雨林地带。未垦地多为热带原始森林和荒草坡地，其植物种类繁多，是天然的热带动植物园。

【盆　地】 在德宏傣族景颇族自治州错综复杂的山峦河谷中，散布着28个大小不等的河谷盆地（俗称坝子），其面积占全州土地面积的17.1%。其中：10万亩以上的坝子有5个，即盈江坝（55.23万亩）、陇川坝（29.72万亩）、芒市坝（21.44万亩）、瑞丽坝（20.42万亩）、遮放坝（11.82万亩），其面积约占全州土地面积的14.32%；1至6万亩的坝子10个，即罗卜坝（57210亩）、户撒坝（48600亩）、南甸坝（45165亩）、勐养坝（43950亩）、轩岗坝（40890亩）、盏西坝（40320亩）、勐典勐弄坝（20340亩）、支那坝（13680亩）、昔马坝（13620亩）、苏典勐戛坝（10920亩），其面积约占全州土地面积2.33%；万亩以下的坝子13个，即南面坝（8700亩）、畹町坝（8010亩）、芒海坝（5250亩）、腰刀坝（4230亩）、勐来坝（3300亩）、那邦坝（2550亩）、买桑坝（2010亩）、南俄坝（1980亩）、腰刀坝（1230亩）、戛独坝、芒市轩岗坝、南多坝、芒棒坝，其面积约占全州土地面积0.43%。这些坝子，多系河流冲积的河谷平原，或陆盆型山间盆地，绝大多数处于海拔1300米以下地带，主要坝区平均气温18.3–20℃。它们是德宏的主要粮蔗产地，也是城镇的主要分布地区。

【气　候】 一、气候简述：德宏傣族景颇族自治州地处低纬度高原，太阳辐射量大，是全国的光照高质区之一。热量丰富，气候温和，属南亚热带气候。年平均气温18.3–20℃，年最冷月（1月）平均气温10.9–12.5℃，最热月（6月）平均气温22.8–24.3℃，年较温差11.8–12.8℃，因而“冬无严寒，夏无酷暑”。德宏属云南省的多雨区，年降雨量1376–1649毫米，5–10月降雨量占全年降雨量的88–90%，其中7月是全年降雨高峰月。11月至次年4月，降雨量较少，仅占年降雨量的10–20%，冬、春旱较突出。

州内有四种气候带：一、北热带气候，年积温8000℃左右，年降雨量2655.5毫米；二、南亚热带气候，年积温5980–7409℃之间，年降雨量1546–1717毫米；三、中亚热带气候，年积温4641–6102℃，年降雨量1775–2080毫米；四、北亚热带及其它气候，一般年均温小于15℃，年积温小于5000℃。

德宏气候的主要特点是：四季不明显，春温高，夏季长，秋多雨，冬极短，雨热同期，干冷同季，年温差小，日温差大。德宏优越的气候条件，为德宏州农、林、牧发展提供了良好的条件和极大的发展潜力。

二、99年气候

（一）、气候特点

1999年，德宏州气候特点：年降水量偏多或特多，其中潞西、畹町为特多，是两市有气象记录以来的极值；其它各县市偏多。年平均气温全州均为偏高，瑞丽、盈江偏高1.0～1.5℃。年日照时数除潞西外，全州各县市均为偏多；畹町偏多245.8小时，是有记录以来的最大值；潞西则偏少134.3小时。年内因气象因素引发的自然灾害有冬春干旱、洪灾、涝灾、泥石流及秋季连阴雨，其灾害强度都重于往年。

1、气温

（1）、年平均气温：瑞丽21.6℃，盈江、潞西、畹町20.3～20.7℃，梁河、陇川19.0～19.2℃。与历年平均值比较，瑞丽偏高1.6℃，盈江、潞西、畹町偏高0.8℃，梁河、陇川偏高0.5～0.8℃。属偏暖年。

（2）、年内气温变化：1～4月，全州出现历年来少有的温高天气。由于降水少，晴天日数多，瑞丽连续4个月平均气温偏高2.0℃以上，2、4两月还过3.0℃；畹町、盈江、潞西则偏高1.0℃以上，2、4两月也超过2.0℃；梁河每月偏高0.4℃以上。全州出现多年来少有的暖冬和春季高温。5月，除瑞丽略偏高，属正常年份；8月，全州除瑞丽正常外，其余各县市气温略回落，均为稍偏低；9～12月，全州各县市平均气温一直保护偏高，尤其是10、12月偏高均在1.0℃以上。

（3）、年极端气温：最高值36.3℃，出现在瑞丽，时间为4月4日；最低值为－0.8℃，出现在陇川，时间为12月26日。

（4）、霜：潞西1月3日初霜，2月2日终霜，霜期31天，有霜日数11天；畹町、瑞丽全年无霜；陇川12月2日初霜，3月4日终霜，霜期93天，有霜日数24天；盈江1月6日初霜，1月25日终霜，霜期20天，有霜日数4天；梁河12月15日初霜，3月5日终霜，霜期81天，霜日数37天。与常年相比，冬季极端气温除陇川、梁河出现较短时间的零下外，其它各县市均在零上，属偏暖年，所以全州均未出现霜冻灾害。

2、降水

（1）、年降水量：潞西2210.2毫米，畹町1900.6毫米，与常年比较潞西偏多591.9毫米，畹町偏多350.0毫米，均为特多年份，并创了历年来的最大值。盈江1805.8毫米，偏多293.4毫米，属特多年份。瑞丽1586.6毫米，偏多170.0毫米；陇川1780.8毫米，偏多180.0毫米，与常年比较，均属偏多年份；梁河1497.8毫米，偏多100.0毫米，属正常年份。

（2）、年降水变化：本年度冬春季节（1－4月）降水特少，全州出现较长时间的冬春连旱；降水主要集中在春末至夏季；秋季出现较为异常的多降水，并出现长时间的连阴雨天气。年内明显地显示出前旱后涝的气候特点。冬季（1－2月），全州自然降水特少，仅在3.7～15.4毫米之间，其中盈江、梁河、瑞丽仅为3.7～7.1毫米，只有正常年份的2成；畹町、潞西、陇川为10.0～15.4毫米，也不到正常年份的一半。春季（3－4月），全州除盈江外的各县市自然降水仍持续偏少到特少，畹町、瑞丽、陇川、梁河均少于50.0毫米，比正常年份偏少3成；潞西65.0毫米，偏少15.0毫米；盈江104.3毫米，较正常年份偏多。5月，全州自然降水明显增多，各县市月降水量出现偏多到特多的情况：潞西319.9毫米，比正常年份偏多了6成；畹町255.5毫米，比正常年份偏多近5成；瑞丽224.6毫米，陇川208.5毫米，盈江181.5毫米，梁河179.1毫米，与正常年同期比较也偏多2～3成。由于降水比较集中，且出现中到大雨以上的天气过程，所以全州于5月上旬中相继稳定进入雨季，比正常年份提早10天，为偏早年份。6月，全州各地降水量又相继减少，除瑞丽正常外，其余各县市均偏少，其中梁河比正常年份偏少近6成；潞西、盈江、畹町、陇川偏少4～5成。7～8月，全州降水量偏多，其中盈江7月多达603.6毫米，比正常年份多245.8毫米，创下有记录以来的最大值；潞西8月份降605.9毫米，比正常年份多降269.6毫米，也创下有记录以来的最大值。9～11月，全州降水仍然保持偏多，各县市比正常年份均偏多3～5成。10月底到11月上旬，出现了一次近年来少有的长时间的强降水，并伴有降温的天气过程。全州雨季分别在11月中旬前结束，与常年相比属偏旱年份。进入12月后，全州各地虽有天气过程出现，但是基本上是滴雨未下。

3、日照时数

1999年全州各县市日照时数在2000～2500小时之间，其中畹町最长，为2501.2小时；瑞丽2416.2小时；盈江2417.2小时；梁河2248.3小时；陇川2366.0小时；潞西最少，为2218.0小时。与历年平均值比较，畹町偏多245.8小时，瑞丽偏多116.4小时，盈江偏多129.6小时，梁河偏多39.5小时，陇川偏多68.7小时，潞西偏少134.3小时。

（二）气象灾害

1999年德宏州受天气影响而产生的自然灾害，主要有冬春连旱、洪涝、泥石流和秋季低温阴雨，是近几年来强度较大且造成工农业生产损失较为严重的一年。

1、冬春连旱

从1998年12月后，全州气温持续偏高，自然降水少，12月、2月全州几乎滴雨未降，而1月、3月、4月降水偏少，加上充沛的光照，全州出现少见的冬春连旱，给全州农业生产，主要是小春作物生长造成严重危害：使没有灌溉条件地区的小春作物大面积枯死绝收；秋值蔗出苗不齐，春植蔗无法栽种；茶叶则新芽少，影响到产量。由于风高物燥，亦使城市消防火险险情增加。据统计，1～3月份全州共发生城市火灾30起，直接经济损失62万元，火灾起数比上年升20%，直接经济损失升86%；尤其是进入3月后，发生了多起损失10万元以上的火灾，给国家、集体和个人造成重大经济损失。森林防火火险等级高居不下，森林火灾频频发生。全州各县市都出现强度不等的森林大火，最突出的是由缅甸起火并温延到盈江境内的原始森林大炎，从2月初入境，燃烽时间长达2个多月，过火面积达1万多亩，后在中央、省、州领导的亲自监督指挥下，经过武警官兵及广大干部群众10多天的共同奋战，才将春扑灭。

2、洪涝及泥石流灾害

进入雨季后，全州各地降水较为集中，大雨、暴雨频繁出现，较常年偏多。年内全州共降大雨97县次，暴雨30县次。大雨以潞西最多，达25次；盈江、陇川、畹町各有15次；梁河14次；最少的瑞丽也现了13次。暴雨以盈江最多，出现8次；其次潞西7次；陇川、畹町各5次；瑞丽3次；梁河2次。全州出现的大雨、暴雨主要集中在主汛期的7～8月。较大的洪涝及泥石流灾害如下：

(1) 7月15～22日，由于受两高之间的强高空切变配合低涡的影响，全州各地普降大雨、暴雨。过程降雨量：潞西230.8毫米，瑞丽85.6毫米，畹町105.7毫米，陇川255.0毫米，盈江188.6毫米，梁河252.4毫米。尤其是18日全州各县市均降暴雨，强降水引起山洪暴发，江、河水猛涨，各地相继出现不同程度的洪灾。受灾情况如下：

①7月18日，潞西市遮放镇遭受洪水袭击，造成9个办事处58个自然村共30414人受灾2167.93公顷，绝收219.53公顷，粮食减产3173吨，甘蔗减产5056.3吨，水产减产426.4吨；损坏田间道路12条64公里；市乡公路中断1条；损坏堤防10公里，决口12处625米，冲毁水利73设施件。直接经济损失达1555.35万元。

②7月16日开始，大盈江水上涨，由于降雨连续不断，大盈江两岸漫堤决口，27个村受到不同程度的洪涝灾害，5465人受灾，9个自然村进水；农作物受灾15572亩，绝对649.5亩，减产194吨；大牲畜死3头；森林毁坏20亩6500株；公路中断5条，塌方122处，长1531米；堤防损坏16处428米，决口5处480米。直接经济损失达125.58万元。此外，盈江县南底河油松岭竹石笼被洪水冲走30条。新城乡跃进堤毁坏50为，冲走钢筋石笼条18米，竹石笼64条。支那乡支那河决口3处490米，损坏堤防12公里。

③7月19日，瑞丽江水上涨，淹没小用棒寨，有23户人家68间房屋进水，水田被淹666亩，甘蔗250亩。

④7月21日，梁河县杞木寨乡弯中河发生山体崩塌，泥石流压死1人。据不完全统计，由于受7月15日～22日天气过程影响而产生的洪灾及泥石流灾害，共造成全州直接经济损失1817.68万元。

(2) 8月6日，潞西夜间出现大暴雨天气，12小时降雨量达93.7毫米。导致芒市大河河水猛涨，造成风平、芒市、城郊3个镇受灾：进水140家，11间房屋损坏，倒塌4间；农作物成灾面积117.76亩，绝对21.15亩；淡水养殖成灾378.16亩，减产187.4吨；乡村公路中断8小时；渠道决口5处；死亡1人。共造成经济损失438.719万元。

(3) 8月17日8时～20时，潞西降暴雨78.4毫米，之后亦连续不断降雨。19日7点50分，320国道3516+400段因山体滑坡，塌方4.9万立方米，淹埋公路92米。经抢修，于22日12点50分通车，交通中断77小时，总计损失15万元。

(4) 8月梁河县多单点大雨、暴雨，导致山洼河水猛涨，山体滑坡产生泥石流，房屋、沟渠公路、河堤等受到不同程度损坏。造成杞木寨、小厂、平山、芒东、囊宋5个乡镇不同程度受灾，经济损失达195.2万元。

3、秋季连阴雨

幅地受孟湾风暴外围云系和北方冷空气配合的共同影响，10月27日～11月7日全州出现少有的长时间强降雨天气，过程降雨量各地均在209～293毫米，全州共出现大雨11县次，暴雨8县次，其中10月30日为最大，潞西81.5毫米，畹町60.4毫米，陇川119.2毫米，盈江111.1毫米，梁河95.1毫米。陇川、盈江、梁河均突破历史同期日降雨量最高记录。受其影响，全州各地江河水暴涨，水库暴满，各地出现灾情，陇川和潞西灾情尤重。受灾情况如下：

(1) 潞西遮放镇再次遭受洪水袭击，全镇9个办事处3095户17520人受灾，紧急转移42人，倒塌房屋10间；经济作物受灾8840亩，成灾面积5334亩，农作物绝收1198亩；公路中断2条，毁坏路基20公里，河堤决口7处98米，冲毁竹坝65处。直接经济损失达169.948万元。

(2) 陇川县南畹河水猛涨，决堤6处355米，水淹甘蔗1815亩，泥沙淹埋田块180亩，谷堆被淹9个，谷铺冲走330个；9个自然村被洪水围困，42户243人受灾。

(三) 气候对农作物的影响

1、气候与粮食

总体上看，1999年的气候对德宏州的粮食生产影响较大，无论是小春生长期还是大春生长期的气候均不利于作物生长，加上出现不同程度的各种自然灾害，使得粮食生产受到危害，导致全州粮食在播种面积减少3.7%的情况下，总产量也减少4.3%。

(1) 小春生产。1999年气候对小春作物的生长有利有弊，但弊大利小。唯一有利条件是在小春播种期间，全州没有出现长时间的连阴雨，使得播种顺利地在最佳节令完成。但是，从1998年晚秋到1999年初夏，也就是德宏小春作物的整个生长期内，由于降水特少，干旱严重，首先对没有灌溉条件地区小麦的出苗和生长造成一定影响；在生长中期也由于自然降水特产，直接影响小麦的拨节和孕穗；在生长后期，又因光照充足，温高湿低，造成了高温逼熟，导致全州各地的小麦普遍提前一个节令成熟。这样就使得籽粒干瘪，千粒重下降，严重影响了产量。

(2) 大春生产。1999年大春生长期的气候也是有利有弊。其有利条件为：一是雨水来得早，5月雨量偏多，基本能够满足栽插用水，全州各地抓住关键节令，基本上做到满栽满插；二是在整个生长期内，虽然雨量多，但是光照充足，温度高，积温好，有利于大春产量的形成。不利条件为：一是6～8月全州降水量偏多，并且多次出现大范围的洪涝灾害，有的水稻被冲毁、淹埋，全州损失了不少面积；二是由于多雨、高温、高温天气，使得各种病虫害发生较多，故影响到大春作物生长；三是三秋时节，全州出现长时间的低温连阴雨天气，虽然对其产量的形成没有造成太大的影响，但是严重影响水稻收割凉晒，使得一些地区出现丰产不丰收的情况。综上所述，99年大春生长期的气候属中等年景。

2、气候与甘蔗

1999年气候对甘蔗生长总体来讲也是有利有弊。有利条件为：一是光照充足，温度高，积温充足，全州各地年均温度均高于往年，日照时数也多于往年，这样的条件对于喜温喜光的甘蔗来讲无凝是较好的生长条件，有利于糖分的积累；二是全州没有出现危害甘蔗生产的冬季低温霜冻。不利条件为：一是春季的干旱，由于降水特少，影响了秋植蔗的出苗，并影响春播甘蔗的栽种；二是由于6~8月份全州出现大范围的降雨天气，且出现了大范围的洪涝灾害，对栽种在低洼和水田上的甘蔗造成一定的危害，部分栽种在二台地的甘蔗也因山体滑坡、泥石流灾害造成毁灭性灾难。综上所述，1999年的气候对甘蔗生产而言，属中等偏上年景。全州年甘蔗304.04万吨，比上年增1.8个百分点。

3、气候与茶叶

1999年气候对茶叶生长极为不利，主要是受冬春连旱的影响较大。因为每年11月后，茶叶的生长一直需要有较好的水份供应，特别是2月份后，要有充足的阳光雨露，但恰是这段时间出现了严重干旱，自然降水特少，故直接影响了茶叶新芽的数量。又由于高温低温，有的地方的茶树新芽极少，严重的地方几乎没有新芽，使得产量严重下降。全年全州在种植面积没有减少的情况下，仅产茶4578.9吨，比上年降18.6个百分点。

（王绍山）

【水　系】　德宏傣族景颇族自治州主要有“三江四河”。“三江”即大盈江、瑞丽江（陇川江）、怒江；“四河”即芒市河、南畹河、户撒河、芒东河（萝卜坝河）。大盈江和瑞丽江属伊洛瓦底江水系，四河皆为其支流。怒江干流从潞西市东南角擦境而过，属萨尔温江水系。

大盈江：在德宏境内流长114.6公里，流域面积3546.8平方公里，上游分为槟榔江和南底河二支。大盈江南流20余公里后，至37号界桩处出境，流入缅甸伊洛瓦底江。

瑞丽江：在德宏境内流长112公里，流域面积5576.3平方公里。至瑞丽市弄岛乡榕棒旺附近出境，流入伊洛瓦底江。

怒江：在德宏境内流长13.7公里，流域面积570平方公里。至潞西市中山乡小街丫口以南曼辛河的汇合处出境，进入缅甸后改称萨尔温江。

芒市河：发源于龙陵县荆竹坪乡和潞西市象滚塘乡诸山溪，至木康以下进入芒市坝，至遮放坝尾南蚌汇入瑞丽江。河长102.1公里，流域面积1830.5平方公里。

南畹河：发源于陇川县清平乡野油坝和蕨叶坝诸山溪，进入陇川坝即称南畹河、至等戛寨沿国境线经瑞丽坝西南55号界牌处汇入瑞丽江。河长65.7公里，流域面积1426.3平方公里。

户撒河：发源于陇川县户撒乡诸山溪，贯穿户撒坝，至虎跳石下汇入大盈江。河长38.5公里，流域面积273.6平方公里。

芒东河：发源于梁河县杞木寨乡水箐山，贯穿芒东坝（萝卜坝），至坝尾汇入龙江。河长38公里，流域面积514.4平方公里。

此外，州内还有属大盈江水系的三级支流：即大盈江水系的支那河、芒牙河、永海河、囊宋河、油竹坝河及户宋河，瑞丽江水系的轩岗河、红丘河、三岔河、芒回河、汤涨河、勐戛浪河、南卡河、红那河、南洼河，怒江水系的朗洼河、朗比河、香柏河、晒干河、万马河、芒杏河、勐古河，直接出境的河流有木笼河、勐戛河、勐典河、勐来河等37条，总流域面积11187平方公里。

【资　源】　德宏傣族景颇族自治州现有山坝土地总面积1728.9万亩，其中已垦植233.2万亩，非农用地122.2万亩，尚有农林牧可利用地1373.3万亩。这些土地分布在三个层次：即海拔210－1400米的面积，约占总面积的50.34%；海拔1400－2500米的面积，约占43.8%；海拔2500－3400米的面积，约占5.86%，因山高坡陡，气候寒冷，大多尚未开发。

州内江河年平均产水量136.3亿立方米，过境水量81.7亿立方米。共有水资源总量218亿立方米，按1999年人口计算，人均占有水资源2.18万立方米，均高于全省、全国人均占有量。地表水大部分未被污染，物理性能良好，符合工农业生产和生活用水要求。目前，德宏的水资源利用率仅占拥有量的2.3%。全州水能理论蕴藏量362.4万千瓦，其中可开发利用量102.15万千瓦。1999年全州水电量仅有46390万千瓦小时，可见开发潜力极大。

全州在地热异常带内有温泉50个，其中水温在40℃以下的12个，40－70℃之间的28个，70℃－100℃之间的9个，101℃的1个（即瑞丽市棒蚌温泉）。

全州共有草场1088.69万亩，占土地总面积的64%，其中山地草场193.1万亩，疏林地草场221.9万亩，灌木丛草场81.68万亩，林间草丛类草场535.7万亩，旱谷轮歇地草场33.67万亩，农隙地草场22.64万亩。因雨量充沛，阳光充足，土质条件好，牧草生长旺盛，近年来德宏喂养存栏草食大牲畜已达20多万头。通过有选择地人工种植牧草，可进一步开发利用草场资源，促进畜牧业的发展。

森林分布在不同的气候带：热带、北热带季雨林，占全州森林总面积的5.4%，主要植被为龙脑香、阿萨姆娑罗双、柚木、美登木、肉楂、竹类等；在亚热带，主要植被为阔叶林，以红椎、栎类、栲类、木荷、红椿、楠木、柚木、油茶、松树等为主，面积约占57.2%；在温暖带，主要植被为常绿阔叶林、杉木、松树、油茶、核桃等，面积约占36.1%；在温带山地，主要植被为铁杉、高山栎、杜鹃灌木丛等，面积约占1.3%。珍稀保护树种有：属国家一级保护植物的秃杉；属国家二级保护植物的有四数木、董棕滇桐、云南黄连、香果树、云南石梓、鹅掌楸、铁刀木、大树杜鹃、云南娑罗双、野茶树、云南山茶花、鹿角蕨等；属国家三级保护植物的顶果木、菠萝密、盈江龙脑香、瑞丽山龙眼、天料木、滇楠、紫薇、木姜子、厚补、林生芒果、木莲、红椿、铁杉、多果榄仁、苏铁、香樟、云南肉豆蔻、云南七叶树、云南苏铁等。德宏竹类品种繁多，历史便有“竹乡”美誉。还有普通野生稻、野生甘蔗、胡秃果、西番莲、橄榄、篓瓜、弥猴桃、番石榴等。此外，云南大叶茶群体种遍布全州，德宏小粒咖啡以味香质优享誉世界。

据初步调查，现有国家规定的一类保护动物：绿孔雀、孔雀雉、白颊山鹧鸪、红腿小隼、黑颈长尾雉、赤颈鹤、红腹角雉、白尾稍虹雉、冠斑犀鸟、双角犀鸟、蜂猴、叶猴、金丝猴、熊猴、豚尾猴、马来熊、熊狸、黑颈长尾雉、巨晰、长臂猿、云豹、云猫、金钱豹、孟加拉虎、亚洲象、云南野牛、扭角羚等。属国家二级保护动物有：草鸮（猴面鹰）、原鸡、缘斑鸠、竹啄木鸟、穿山甲、太阳鸟、岩羊、水獭、水鹿、麝、蟒、眼镜王蛇、秃鹫等，其中兽类50余种，爬行动物30余种，鸟类近100种。属国家三类保护动物有：白琵鹭、胡兀鹫、游隼、灰鹤、蛤蚧、娃娃鱼等。据不完全调查，仅盈江县便有脊椎动物554种，其中鱼类56种，两栖类22种，爬行类34种，鸟类356种，哺乳动物86种。

已探明矿产资源有20多种。有色金属矿有锡、铅、锌、铜、钨、铬、镍，黑色金属矿有铁，能源矿产有煤和石油，稀有金属矿产有铍、铀、锗、粘土，特种非金属、建筑材料及其它非金属矿有云母、水晶、宝石、石灰石等。此外，还有10个重砂金测异常带。德宏矿产资源的特点是种类多，储量少，开采少。

【旅游胜地】 德宏州自然环境优美，历史文化灿烂，民族风情独特，被国内外誉为“孔雀之乡”、“神话之乡”和“歌舞之乡”。

德宏拥有瑞丽江－大盈江国家级风景名胜区和国家级优秀旅游城市瑞丽市。德宏四季如春，空气清新，鸟语花香，阳光明媚，是一块无污染的净土。德宏山川秀美，平坝广阔，翠竹遍野，四季鲜花，热带水果，独树成林，傣家竹楼，构成得天独厚的自然风光，不愧为是东南亚和南亚的精典画卷。参加瑞丽江原始森林漂江游，既可欣赏热带雨林景观，又可领略共饮一江水的中缅两国风光，“一个坝子、两个国家、三座县城”的奇观将使你留连忘返。潞西市的主要景点有芒市民族文化宫、树包塔奇观、芒市镇教派齐全的南传上座部佛寺、三仙洞，瑞丽市的畹町原始森林漂江游、滇缅公路的终点－畹町桥、畹町生态园、扎朵佛脚印风景区、姐勒金熊塔、麓川古城、淘宝场、姐告口岸、中缅一条街，陇川县的景罕玉兔塔、诱人的景颇绿叶宴、邦角景颇山官衙门，盈江县的允燕佛塔、榕树王、马嘉里事件纪念碑、明代所建的“八关九隘”、姐冒仙人洞、虎跳石与落水洞奇观，梁河县的南甸土司衙门建筑群等风景名胜，美不胜收。

德宏具有特殊魅力的边贸集市和异国情调。德宏与缅甸的国境线长达500多公里，同一民族跨境而居，有两个国家级口岸和两个省级口岸，还有许多陆路通道和渡口。中缅两国人民历史上友好往来，有着边境贸易、通婚、互市的习惯。1985年4月8日，德宏州人民政府向国内外发出开放公告，把全州开放为边境贸易区。在瑞丽等口岸城市，不仅有来自缅甸的边民和华侨，还有来自港、澳、台地区及泰国、印度、巴基斯坦等国的客商。在这些现代化的边境城市，尤以珠宝玉石等商品多姿多彩，琳琅满目，独领风骚。神秘的南方丝绸之路经过梁河和盈江，从芒允镇出境，这条古道将吸引无数的寻古探险者。此外，德宏还有抗日战争时期的遗迹，如雷允飞机制造厂遗址、滇西抗日战争纪念碑和旧战场等。

德宏州内居住着傣族、景颇族、阿昌族、傈僳族、德昂族等少数民族，是全国景颇族、德昂族和阿昌族的主要聚居地。德宏的少数民族各具特色，观光民族风情，品尝民族餐饮，参加民族节日，对游客有着巨大的诱惑力。亦可跨出国门，饱览缅甸风光，领略异国情趣。德宏之旅风光无限，前途无量。

历　史

【简　史】 早在新石器时代德宏地区就有人类繁衍生息。考古学家曾在陇川江流域的梁河勐养、潞西五岔路、瑞丽芒约及陇川芒胆发现新石器时代遗址。

公元前424年后，傣族先民在今瑞丽江河谷建立勐果占壁王国（傣语称勐卯弄），建雷允城，遗址尚存。约公元前四世纪，中国历史上最早的一条国际陆路交通线“西南丝路”开通，中印贸易便已开始，德宏即为西南丝路的必经之地。公元前122年，张骞出使西域探寻到的“滇越乘象国”，即指今德宏和缅甸的部份地区。公元前109年，汉武帝开西南夷，德宏为益州郡哀牢地。

东汉属永昌郡哀牢县（今盈江县）。魏晋南北朝属西城县（今盈江县）。唐南诏时，属永昌节度和丽水节度。宋大理国时，属永昌、腾越金齿部地。元代置茫施（潞西）、镇西（盈江）、平缅（陇川）、麓川（瑞丽）四路及南甸（梁河）军民府，隶属金齿宣抚司六路军民总管府。1287年，意大利著名旅行家马可波罗随元军南下，途经德宏地区，他在游记中详细记载了德宏见闻。明代设南甸（梁河）、干崖（盈江）、陇川宣抚司，盏达（原莲山）、遮放副宣抚司，芒市、勐卯（瑞丽）安抚司，隶属永昌府腾越州。清沿明制，乾隆年间增设腊撒、户撒两个长官司（今属陇川县户撒乡），光绪二十五年（1899年）增设勐板土千总（今潞西芒牛坝一带）。南甸、干崖、陇川、盏达、勐卯、户撒、腊撒土司隶属腾越厅管辖；芒市、遮放土司和勐板土千总隶属龙陵厅管辖。1874年在今盈江县芒允乡发生震惊中外的“马嘉里事件”。1911年10月27日，盈江土司刀安仁、张文光（均为同盟会员）领导“腾越起义”，推翻清政府在腾越边地的统治，宣告成立“滇西军都督府”。民国时期改府厅置道，设弹压委员；1917年改弹压委员为行政委员，设立政区，隶属腾越道。1927年废腾越道，隶属云南省第一殖边督办。1932年改行政区为设治局，设潞西、梁河、盈江、莲山、陇川、瑞丽6个设治局（为准县级），属殖边督办。1940年废殖边督办，隶属腾龙边区行政监督。1938年8月31日，滇缅公路全线通车，成为抗战期间中国与国际联系的陆路唯一交通要道。1942年5月，日军入侵，德宏沦陷。1945年1月国土光复后，仍置设治局，先后隶属云南省第六区（保山）及第十二区（腾冲）行政督察专员公署。1949年8月潞西设治局改为潞西县，县城设在芒市。

1950年4月21日中国人民解放军进驻潞西，德宏解放。军政代表团接管设治局，建立潞西县和瑞丽、陇川、盈江、莲山、梁河5个各民族行政委员会，隶属保山专区。1952年经政务院批准，瑞丽、陇川、盈江、莲山、梁河改设县，并设畹町镇（县级镇），均隶属保山专区。1953年7月，成立德宏傣族景颇族自治区，1956年5月保山专区并入德宏，改自治区为自治州，辖保山、腾冲、昌宁、龙陵、潞西、梁河、盈江、莲山、陇川、瑞丽10县及畹町镇。1958年10月，莲山县与盈江县合并为盈江县。1963年8月，德宏与保山地区的建置分开，德宏州辖潞西、梁河、盈江、陇川、瑞丽5县及畹町镇。1969年11月撤销德宏州，并入保山地区。1971年11月恢复德宏州，辖潞西、梁河、瑞丽、陇川、盈江5县及畹町镇。1985年改畹町镇为县级市。1992年6月瑞丽撤县改市。1997年4月潞西撤县改市。1999年2月8日，撤销畹町市，设立瑞丽市畹町经济开发区（副县级）。至此，德宏州辖2市三县，即潞西市、瑞丽市和陇川县、盈江县、梁河县。

民　　族

【傣　族】　德宏傣族景颇族自治州的傣族约占全国傣族总人口的30%，是傣族聚居最多的地区。傣族分布在全州各县市坝区和山间河谷地带。有傣德和傣勒之分。傣德，意为下边的傣人，主要居住在瑞丽市和潞西市遮放坝尾一带；傣勒，意为上边的傣人，分布于潞西市、梁河县、盈江县、陇川县及瑞丽市勐卯镇。语言属汉藏语系壮侗语族傣族语支傣语的傣那方言，使用“傣那文”。

傣族历史悠久，据傣文献记载，公元前424年（周威烈王二年），就有关于傣族部落战争的记述，并随后在今瑞丽江河谷建立勐果占璧王国，在汉文史书中，先秦时称其为“百越”，汉晋时称“滇越”、“掸”或“擅”，唐宋称“金齿”，元明称“白夷”或“僰夷”，清至民国称“摆夷”。傣人则自称为“傣”。中华人民共和国成立后定名为傣族。11至15世纪，勐果占璧王国称雄于世，被尊为“勐卯弄”，即“大勐卯”。唐宋时隶属南诏、大理国管辖。元明属云南行省，实行土司制度。清袭明制。民国置县制。1949年前，傣族已进入封建领主制社会，受南甸（今梁河）、干崖（今盈江）、陇川、盏达（今盈江）、遮放、芒市、勐卯（今瑞丽）7个土司统治。

傣族文化灿烂，有珍贵的《贝叶经》、《里勐沽勐》、《俄并与桑洛》等傣文典籍。有著名的傣历、傣戏、傣医。男女老少能歌善舞，《孔雀舞》、《象脚鼓舞》及大型民间集体舞蹈《戛秧》是其精品。自11世纪后，普遍信仰巴利语系佛教（南传上座部佛教），分摆奘、润、朵列和左底四个教派。同时还保留着原始宗教的残余，供奉树神和白马庙，每年皆按时祭寨神勐神。实行一夫一妻制，恋爱自由，盛行“猎少”。服饰多样，傣勒和傣德差别较大：傣勒着传统、古朴、典雅的服饰，傣德则着缅装。傣勒多居土竹木结构的四合院瓦房，傣德则多居杆栏式竹楼或铁皮顶吊脚楼。傣族精农耕，是最早种植水稻的民族之一。多依水而居，好洗浴，较卫生。主食大米，喜饮酒，好酸辣。常以“撒撇”、“巴撒”、“撒达鲁”等传统佳肴待客。男子有文身习俗。年长者尚保留嚼槟榔习俗。其民族节日多与佛教活动有关，主要有泼水节和进洼、出洼、干朵、堆沙塔、烧白柴节等。

【景颇族】　德宏傣族景颇族自治州的景颇族约占全国景颇族总人口的95%以上，主要分布在各县市的亚热带山区。有景颇、载瓦、喇期（茶山）、浪峨（浪速）、波罗五个支系。语言属汉藏语系藏缅语族景颇语支，其中载瓦语支系的语言属阿昌语支的载瓦语。20世纪初开始使用拉丁文拼音文字，1957年创制了新景颇文和载瓦文，现通用景颇文和载瓦文。

景颇族起源于青藏高原北部，传说为“木转省腊崩”（今青海省日月山一带），约在1000多年前沿金沙江、怒江和恩梅开江南迁，至17世纪末逐渐定居在德宏一带山区。其先民属氐羌，在史籍中唐代称为“寻传”、“裸形蛮”；元明称载瓦支和浪速支为“峨昌”、“莪昌”；明史称“羯些”，“遮些”、“结些”等；民国称为“山头族”，称景颇支为“大山”，载瓦支为“小山”。然而，各支系却自称景颇、载瓦、喇期、浪峨、波罗。1953年7月德宏建州时，统一定名为景颇族。

景颇族历史悠久，但社会经济发展缓慢，至1950年处于原始酋长制经济末期，由山官直接统治。犁耕农业和个体家庭所有制虽已确立，但刀耕火种普遍存在，人民生活贫困。中华人民共和国成立后，实行“直接过渡”政策，于1956年彻底废除山官土司制，使景颇族获得跨世纪的飞跃。信仰原始宗教，信鬼不信神，部分群众信仰基督教和天主教。民间文学十分丰富，主要靠巫师口耳传承，如创世史诗《目脑斋瓦》等。男女青年社交自由，实行一夫一妻制。通行单向姑舅表优先婚模式，形成独特的“姑爷种”和“丈人种”的婚姻关系。保留幼子继承制。居竹木结构干栏式住房。服饰式样不多，但特色鲜明：男子一般着黑布对襟短衣，裤腿短而宽，喜裹白布包头，以长刀和肩包为饰物；妇女一般着黑色对襟式左襟短上衣，下着编织艳丽的红毛线围裙，裹毛织裤腿，喜佩带银饰物。经济以农耕为主，辅以采集狩猎。主食大米，嗜烈酒，喜酸辣。民风豪爽骁勇，热情好客，常以各种春筒菜和特制的水酒待客。男女老少能歌善舞，每逢喜庆便跳集体舞“整戈”，当壮年人去逝时，则跳集体丧葬舞，尤以祭祀、欢庆性大型集体舞“目瑙纵歌”著名和壮观。其主要节日是每年正月十五日举行的目瑙纵歌节，届时人山人海，载歌载舞，通宵达旦。

【阿昌族】　德宏傣族景颇族自治州的阿昌族约占全国阿昌族总人口的85%以上，主要分布在梁河县、陇川县和潞西市。中华人民共和国建立后，建有九保、囊宋、户撒三个阿昌族乡。有昌撒和傣撒之别：

昌撒主要聚居于梁河的九保、囊宋及潞西的江东一带，傣撒主要居住在陇川的户撒与腊撒。语言属汉藏语系藏缅语族阿昌语支，有陇川、梁河和潞西3种方言，一般都兼通汉语或傣语等。没有文字，使用汉文与傣文。

阿昌族起源于青藏高原北部，约在13世纪从澜沧江流域的云龙一带进入德宏，多定居于依山傍水的平坝或半山区。其先民属氐羌，在史籍中汉晋时称“嶲”，唐宋称“峨昌”、“莪昌”、“阿昌”等。阿昌人则自称“蒙撒”、“掸撒”、“汉撒”和阿昌。中华人民共和国成立后，定名为阿昌族。

1949年前，阿昌族已进入封建社会，受领主、地主的双重统治。阿昌族的口头文学丰富，其创世史诗《遮帕麻与遮咪麻》是巫师口耳传承下来的精品。青年男女恋爱自由，对歌是他们最喜爱的文化娱乐活动，盛行“山歌恋”。结婚由父母决定，如女方父母不同意，则进行“抢婚”。实行一夫一妻制。住房多为土木结构，以穿斗瓦顶楼房居多，一户一院。在服饰方面，本民族衣着特点以腊撒地区保留得多，其妇女戴的黑包头，高达一尺，为国内外罕见。傣撒多信仰巴利语系佛教。昌撒过去多信鬼神，也供奉祖先。主食大米，好饮酒，嗜酸辣，常以“过手米线”待客。民族节日是“阿露窝罗节”，每年3月20日举行。

阿昌族精于农耕，擅长栽培水稻。相传水稻之王——“毫安公”，就是阿昌培育的。在经济作物中，户撒烟享有盛名，畅销州内外。手工业较发达，有打铁、铸犁、木匠、石匠、银匠等，其中以打铁著名，制造刀剑的技术较高，其产品“户撒刀”远销国内外。

【傈僳族】 德宏傣族景颇族自治州的傈僳族约占全国傈僳族总人口的3.3%，主要聚居在盈江县西北的苏典一带，也散居于各县市山区。中华人民共和国建立后建有苏典傈僳族乡。有自己的语言，属汉藏语系藏缅语族彝语支的傈僳语。原有拉丁文变体形文字，1957年又创制了以拉丁字母为基础的新文字，全民通用，并出版《德宏团结报》傈僳文版。

傈僳族先秦时期属氐羌，汉晋时属“叟”的一部分，“栗粟”一词最早见于唐代樊绰《蛮书》，宋称“施蛮”、“顺蛮”，元明清称“力些”、“栗粟”等。自称为傈僳。“傈僳”这个名称，除有关史籍用字稍异外，一直沿用至今。公元8世纪前，居住于四川雅砻江及金沙江两岸的广阔地区。8世纪后，逐渐向云南西北迁徙。公元11世纪时，其先民为“乌蛮”的组成部分，与彝族、纳西族有着密切的渊源关系。12世纪后，受元丽江路军民总管府和明丽江土知府木氏的统治。16世纪中叶，由于丽江土知府木氏与西藏两个统治集团之间的长期战争，有大批傈僳族因不堪忍受本氏土司的压迫剥削与战乱，便在部落首领“土必扒”的率领下，迁入怒江地区。17世纪末，一部分傈僳族又“沿着太阳落的地方迁移”，从片马、古永进入德宏盈江地区，后在境内又向四方迁居，形成大分散、小集中的特点。

1949年前，靠近坝区的傈僳族已进入封建地主经济，生产力接近汉、傣族水平；居住在边远山区的傈僳族虽已确立私有制，但还残存着原始公有制和氏族制残余。

傈僳族多信仰原始宗教，自19世纪以来，有部分群众改信基督教和天主教。德宏傈僳族系“花傈僳”，故妇女服饰较为鲜艳美观，衣裙镶数十片五色布块，绣五彩花边，头缠缀满流苏的花巾，耳戴铜环或银环。男服饰为黑布大包头，粗布长衫或短衫，宽裆裤长及膝，小腿另套布筒，喜佩腰刀、弓弩和皮箭袋。住房主要为竹木草结构，有木叉房和穿斗房二种。盖房采取互相帮助的办法，数天内将新房落成，进新房歌舞达旦。1980年后，部分傈僳族住上了瓦房。傈僳族是个能歌善舞的民族，他们采用唱调子的形式，把本民族的历史和重要的生活经验（即叙事长诗），一代接一代地传下去，成为傈僳族人民精神文化生活的重要组成部分。历史上习惯用自然历法，借助自然景物的变化，将一年划分为花开月、鸟口斗月、烧火山月、饥饿月、采集月、收获月、煮酒月、狩猎月、过年月、盖房月10个季节月。实行一夫一妻制，青年男女恋爱自由，实行幼子继承制，以大米、包谷、荞为主食。好饮酒，并以水酒为主。主要节日有“阔时节”，每年正月初九、十日举行。

【德昂族】 德宏傣族景颇族自治州的德昂族约占全国德昂族总人口的75%，分布在全州各县市山区，以潞西市三台山居多。中华人民共和国成立后，建有三台山德昂族乡。分“梁”（汉语称花德昂）、“别列”（红德昂）、“绕买”（黑德昂）三个大的支系，其他还有“绕景”、“雷陇”等。德昂语属南亚语系孟高棉语族的佤崩语支，许多人通傣语、汉族和景颇语。原有本民族文字，仅用于佛教界，群众主要使用傣文和汉文。其先民古代属百濮族群，汉晋时称“闽濮”、“苞蒲”，唐称“扑子蛮”，元明称“蒲人”，清和民国称“崩龙”。德昂族自称“德昂”，意为居住岩洞的有道德的人。中华人民共和国成立后，沿用“崩龙”之名，至1985年9月，正式更名为德昂族。德昂族是德宏最古老的世居民族之一，与“哀牢”关系密切，远在公元前2世纪，德昂先民便居住在怒江西岸一带。被史书称之为“茫蛮部落”。元代前，德昂族处于奴隶制阶段；元明时期属于傣族封建领主经济的一部分；晚清和民国时期属傣族封建土司和汉族地主管辖，社会发展滞后。中华人民共和国建立后，对其实行“直接过渡政策”。德昂族以农耕为主，种水稻、玉米、薯类等。擅长种茶，是最古老的茶家之一。住房多为竹木结构的杆栏式，楼上住人，楼下关牛。青年男女恋爱自由，实行一夫一妻制，盛行姑舅表婚，很少与外族联姻。男子着盛装时，裹黑、白布包头，戴大耳环和银项圈，穿蓝、黑色侧襟短上衣及大裆裤，缠裹腿。妇女裹黑布包头，戴银耳筒和银项圈，穿蓝黑色对襟短衣，下摆边沿用彩色小绒球装饰，着长裙，腰系黑漆篾圈。男子有文身习俗。中年以上男女多嚼槟榔。信仰巴利语系佛教的左底教派，过去仅饲养牛、公鸡和猫。以大米为主食，嗜酸辣，饮食清淡，好饮茶喝酒，常以烤茶煨水招待客人。由于宗教信仰与傣族相同，故许多风俗都与傣族相同。主要节日是泼水节。

宗　　教

【原始宗教】 系统宗教传入前，德宏各民族皆信奉原始宗教，均有自然崇拜、图腾崇拜、祖先崇拜、鬼神崇拜（景颇族和傈僳族仅有鬼的观念）、圣贤崇拜、圣物崇拜。其中尤以景颇族和傈僳族的原始宗教发展得较为丰富、完整。如在景颇族的鬼类中，仅叫得出名的就有130余种。时至今日，傣族、德昂族和阿昌族仍有原始宗教的残留，每年皆定期举行祭祀寨神、地方神等活动。景颇族与傈僳族的原始宗教则迄今基本保留完整，祭祀采用不同的牺牲，祭大鬼要用牛、猪，祭小鬼须鸡或鸡蛋，有的仅用干鱼之类。1951年德宏约有800名巫师，其中傣族巫师200余人。据1989年初德宏州委统战部宗教科对瑞丽、陇川、盈江三县景颇族与傈僳族地区原始宗教活动情况的调查报告记载：共有大巫师20人，其中景颇族16人，傈僳族4人。

【巴利语系佛教】 亦称南传上座部佛教，俗称小乘佛教。11世纪初传入德宏，首建“雷奘相”（今瑞丽市芒约佛寺）；14世纪中晚期麓川王思伦法皈依佛门后得到大发展，傣族、德昂族已多数信奉此教；14世纪末，阿昌族的“傣撒”支也改奉此教。清初仅芒市地区就有62座木结构瓦顶佛寺。普遍信奉此教的民族有傣族、德昂族及阿昌族，但受戒信徒仅占信教群众的五分之一，且多为五旬以上长者。1999年全州有巴利语系佛教寺院642所；佛塔22座；僧侣1353人，其中法师59人，比丘84人，比丘尼20人，沙弥29人；居士1161人；信教群众36.29万人。

德宏巴利语系佛教分为摆奘、朵列、润和左底四个教派。其主要不同点是持戒的程度不同。并由此造成信众的日常生活方式也互有殊异。1949年前，各教派间矛盾较深，几乎不往来。1950年后，在党和政府的领导与疏通下，各派间的关系逐渐缓和。1982年德宏州佛教协会作出统一过泼水节、入夏安居（进洼）、出夏安居（出洼）等重大宗教节日的决议，由此形成了各教派同庆佛节的局面。目前，各教派的门户之见日趋消失，彼此团结尊重。

巴利语系佛教与大乘佛教的主要区别是：一、上座部把释迦牟尼视为主教，认为只有一个佛；大乘则提倡三世十方无数佛，并视佛是离情绝欲、威力无边的神。二、上座部追求个人自我解脱，把“灰身灭智”达到阿罗汉作为最高目标；大乘宣传大慈大悲，普渡众生，把成佛渡世、建立佛国净土作为最高目标。三、在饮食方面，上座部僧侣日食二餐，即早餐和午餐，可吃荤，但超过12时则不许进午餐，只能用糖果汁充饥；大乘则可日食三餐，但只能吃素。四、服饰方面，上座部僧侣头顶不燃香迹，披黄单，着人字形圆头靸鞋；大乘僧侣则燃香迹，着衣服袈裟，穿鞋袜等。

【大乘佛教】 亦称汉语系佛教。德宏的大乘佛教主要在汉族、阿昌族和城镇“傣勒”中传播。9世纪，滇僧李贤至今梁河一带传教。元代建今梁河县九保太平寺。主要有禅宗和常斋教二个教派。禅宗主要分布在梁河、盈江、陇川、潞西4县市汉族与傣勒聚居的城镇；常斋教于19世纪末自腾冲、龙陵转入德宏，主要分布在潞西市山区和梁河县山区。常斋教以观音、玉皇、释迦牟尼、韦驮及弥勒为本尊，以禅宗六祖慧能为祖师，经典全系大乘经典，主张佛、儒、道三教同源。1999年全州有寺院64所；僧侣350人，其中比丘5人，比丘尼54人，居士291人；信教群众3.4万人。

【基督教】 1894年，基督教内地会派遣美籍牧师高曼自六库到今潞西市中山乡木城坡传教。1942年前，德宏基督教属英国教会领导，分两股教会势力直接控制：一股是缅甸密支那总会与八莫总会，另一股是国内的内地会。境外教会的势力大，控制范围有瑞丽、陇川、盈江（含莲山）。内地会仅控制潞西、梁河。1945年抗战胜利后，德宏基督教属美国教会管辖。1947年，缅甸八莫教会在陇川广山成立海洋教会，此后传教速度加快。1950年4月，欧美籍神职人员全部撤离德宏，但仍通过代理人直接控制德宏的教会组织。基督教主要在景颇族、傈僳族和山区汉族中传播。同年底，全州有教堂30余座，信徒6000多人。1951年3月，陇川县300多名基督教徒签名要求坚决执行中国基督教的“三自革新”（自传、自治、自养），提出“爱教必须爱国”的口号。1956年10月，在云南省基督教三自爱国运动委员会的帮助下，在陇川县广山成立“中国基督教浸礼会广山总会”。此时，全州信教户有1467户，信徒10166人，教堂61座，牧师7人，传道员43人。1958年至1961年，中国的宗教政策受“左”的干扰，全州基督教神职人员与骨干大部分外流。10年浩劫，宗教活动被迫停止。1980年陇川县广山和户撒乡的平山寨同时恢复宗教活动，并举办圣诞节。1999年全州有教堂209所；教职人员294人，其中牧师7人，传道员39人，长老31人，礼拜长、执事209人，教师8人；信教群众32133人，其中入教受洗者17749人。

【天主教】 法属圣心会大理教会于1930年派遣法籍神父郑绍基至盈江县傣族寨沙坡传教。1948年后发展教徒较多，截至1949年末，全州共有教徒148人，其中男62人，女86人。1950年外籍神父虽撤至境外，但仍操纵代理人建立吕保总堂，管辖陇川、瑞丽、盈江（含莲山）的天主教。1953年底，全州共有教堂11座，信徒169户，共875人。信徒为了有别于基督教，在住房的门头上插蓝色十字架为标记。1956年4月召开“德宏天主教上层人士座谈会”后，德宏天主教与境外教会脱钩。1958年天主教受到冲击，停止了公开的宗教活动。1980年后开始恢复宗教活动，当时全州仅有教徒百余人。1987年瑞丽、陇川两县先后成立天主教爱国领导小组，并联合在户兰举行圣诞节活动。1999年，全州有教堂7所；教职人员18人，其中执事、教师各9人；信教群众1756人，其中入教受洗者1031人。

【道　教】 1381年明朝廷派平西侯沐英率军进驻德宏，道教随之传入梁河、盈江、陇川等地，主要在汉族、阿昌族和部分傣勒中传播。

德宏道教属全真龙门派，主张儒释道“三教合一”。因佛教先于道教传入德宏，故道观名称皆袭用“寺”。主要道观有建于明洪武年间（1368 – 1398）的陇川县户撒乡皇阁寺和建于1733年的报恩寺；约1665年建的盈江县油松岭青云寺。1999年有道观1所（青云寺），道姑1人，信教群众约3000人。

【伊斯兰教】 19世纪中叶，腾冲龙江乡回族马姓迁入今陇川县户撒乡，新建拉七寨，伊斯兰教随之传入。不久，马家又邀龙江回族柳姓迁居洗马塘，并建老马寨。德宏抗日战争期间（1942年5月至1945年1月），马家寨有一座土木结构的瓦顶清真寺。1966年底拆毁清真寺，赶走阿訇。1980年逐渐恢复宗教活动。德宏州人民政府于1984年7月16日作出决定，并下发24号文件《关于划固定的回族坟地和建盖水房的通知》。同年7月1日，瑞丽市回族首次举办开斋节，共80余人参加，其中旅缅华侨和巴基斯坦商人10余人。1986年潞西县人民政府给回族划7亩固定坟山和盖水房的地基2亩，州人民政府拨专款8万元建“芒市回族服务站”（即水房）。瑞丽县人民政府也给回族划面积约70余亩的坟地。1987年2月，来自全州各县市的回族500余人在芒市举行水房落成典礼。1999年有滇真寺（老马寨清真寺）1所，阿訇1人，信教群众1396人（不含流动暂住人口教徒约4000人）。

民族节日

【泼水节】 德宏傣语称“摆爽南”，德昂语称“拱拍”，阿昌人称“浇花节”。它是傣历新年；也是佛教节日，即浴佛节或佛诞节；是从印度的“洒红节”和到圣河沐浴的习俗衍变而来。泼水节是浴佛、过年、祈雨、迎春耕，祝愿人畜兴旺和五谷丰登之意。在马利语系佛教文化圈内，它是一年中最盛大的节日。

其传说较多，现德宏普遍流传的是民女智杀魔王，但魔头落地即起火，于是民女们只好轮流抱魔头，一人抱一天，交换时互相泼水冲洗的传说。

节期是傣历十二月三十一日至一月二日，约在清明后7至10天后举行，一般欢庆3至7天。1983年4月9日，德宏州第八届人民代表大会第一次会议决定将其定为民族民间传统节日，节期固定为阳历4月12日至14日。第一天是傣历除夕，人们上山采花，装饰佛亭，把水注入水龙浴佛。从元旦开始，各户都端着供品入寺，由法师主持滴水仪式。节期内人们互相泼水祝福，唱歌跳舞，放孔明灯等。

傣族、德昂族及阿昌族认为，泼水可消灾祛病，吉祥如意。1985年后，地方政府对这个节日赋于了诚邀四海佳宾，以水会友，进行经贸洽谈，振兴德宏的新内容。

【目瑙纵歌节】 是景颇族传统的盛大节日，源于创世英雄宁贯娃的传说：很久以前，只有太阳的子女会跳目瑙纵歌。有一次，太阳鬼邀请地球上的万物去参加目瑙纵歌盛会。太阳宫的盛会结束后，鸟类便返回地球，途中，它们见果林中硕果累累，就高兴地跳起在太阳宫跳过的舞蹈。景颇族的祖先宁贯娃听到鸟类跳目瑙纵歌的消息，便赶去观赏。他被目瑙纵歌所陶醉，于是向鸟类学跳此舞。从此，天上的目瑙纵歌就移植到人间。不久，他在“木玘省腊崩”（今青海一带）的日月山下举行了首次目瑙纵歌盛会。

过去，景颇支称其为“目瑙”，载瓦等支则叫“纵歌”，均为大伙跳舞之意。举办庆祝胜利、五谷丰收、迎接贵宾、纪念重要节日或嫁娶喜事等都举行目瑙纵歌。盛大的目瑙纵歌一般都选定在农历正月中旬，为期3至7天。为便于组织节日活动，1983年4月9日第八届人民代表大会第一次会议决定，每年正月十五、十六日为景颇族目瑙纵歌节。

节日里，景颇族男女老少穿上节日盛装，一早便结队汇集到目瑙纵歌广场进行欢庆。目瑙纵歌由两位德高望重的“瑙双”领头。瑙双头戴犀鸟嘴和孔雀帽，手中挥舞长刀，边歌边舞。舞场中央竖立有高大的“目瑙示栋”标志，上刻目瑙纵歌的路线，人们围着“目瑙示栋”尽情歌舞，参舞者少至数百人，多至数千人，故有“万人舞”之称。目瑙纵歌从早跳到晚，通宵达旦，颇为壮观，称得上集体舞蹈之最。

1950年前，目瑙纵歌是景颇族区域内较大的祭祀活动，是祭祀最大的天鬼“木代”而举行的隆重仪式。1985年后，目瑙纵歌节成了广交朋友，进行经济文化交流和加强民族团结的盛会。

【阿露窝罗节】 是阿昌族传统节日，于农历正月初四举行。关于它的来历，较普遍的说法是为了纪念和歌颂阿昌族祖先“遮帕麻”和“遮咪麻”战胜危害人类的妖魔“腊訇”的壮举。据《阿昌族创世纪》记载：远古时无天无地，是天公遮帕麻造天，地母遮咪麻织地，从此人们安居乐业。然而腊訇却造了个假太阳，钉在天幕上，毁灭了人类的幸福。天公和地母为了世间万物的生存，用神箭射落太阳，降妖降魔，使人类获得新生。

窝罗节的前身叫“蹬窝罗”——即跳一种古老的原始宗教的祭祀舞蹈，也是昌撒支系的传统节日。“阿露节”（亦称“赶会街”）则是傣撒支系富有佛教色彩的节日。1983年4月9日，德宏州第八届人民代表大会第一次会议将其统一为“阿露窝罗节”，成为阿昌族的法定节日，每年3月20日举行，节期2日。

节日期间，阿昌人在舞场中央竖起壮丽的“阿露窝罗”标志，人们身着节日盛装，抬着白象和青龙，手持青枝绿叶，在象脚鼓声中围着阿露窝罗标志耍龙舞象，载歌载舞，欢迎佳节。

【阔时节】 亦称“拉歌”节，意即新年歌舞节。每年正月初九举行，节期2天。届时，各地选定场址，搭起台棚，附近村寨的人们聚集在一起跳三弦、芦笙或“木瓜瓜切”舞，举行火枪、弩箭射击比赛及对歌等活动。

1983年4月9日，德宏州第八届人民代表大会第一次会议将其定为傈僳族阔时节。1987年2月，在盈江县城允燕山建了阔时节的永久性标志“木多依”塔，1990年陇川县弄贤村也建了阔时节的永久性标志塔。

党政机构

【州党委】 1999年，中共德宏州委和全州各级党组织高举邓小平理论伟大旗帜，坚持党的基本路线，坚持解放思想、实事求是的思想路线，认真贯彻中央和省委的各项重大部署，带领全州各族人民团结进取，奋力拼搏，克服了重重困难，确保了全州经济稳步增长和社会全面进步，维护了全州社会政治稳定。全州经济工作的预期目标基本达到。内外开放进一步扩大，中缅边境姐告自由港的建设初具雏形。扶贫攻坚有成效，有12.87万贫困人口基本解决了温饱，其中年内解决了3.24万人。社会养老保险、失业保险、医疗保险、住房等社会保障制度的改革已全面启动。非公有制经济上缴税金占地方财政收入的三分之一。社会各项事业有新发展，全州已基本普及六年义务教育和基本扫除青壮年文盲。有4个县市、50个乡镇、15家企业荣获省科技工作先进单位。精神文明和民主法制建设有成效，全州干部职工的理论学习蔚然成风，爱国主义、集体主义、社会主义教育深入广泛。年内加强了党对人大、政协工作的领导，充分发挥了人大、政协的职能作用；“三五”普法进展顺利，社会治安综合治理扎实有效，以禁毒为重点的专项斗争卓有成效。全州涌现出一批省、州、县（市）文明单位、文明村社、青年文明号、安全小区、无毒乡村和五好家庭。全州组织进行了同以美国为首的北约组织炸我驻南使馆、李登辉妄图分裂祖国及“法轮功”邪教组织的政治斗争，并取得显著成效，增强了各族干部群众的爱国主义精神。党的建设不断加强，各级党组织加强了中心学习组和在职干部的理论学习，全面推行党建目标责任制，坚持了党员民主评议和民主评议领导干部制度，继续开展“村建”工作。坚持党员发展方针，壮大党员队伍，全年共发展党员1400多人。加强了县级班子建设，调整、充实县处级干部56人，其中少数民族干部25人，妇女干部7人。老干部工作有起色，层层落实了工作目标责任制。加强了党风廉政建设，全州纪检监察机关共查处党员违纪案件80起，涉及违纪人员88人；在已结案件中有76人受到党纪政纪处分，其中有县处级干部6人，乡科级干部29人，一般党员干部32人，其他干部9人。从12月1日起，历时两个月，认真开展了州级“三讲”教育，取得显著成效，达到预期目的。

在肯定成绩的同时，全州经济建设、社会发展仍存在着许多不可忽视的问题，主要表现在：一、农业基础仍较脆弱，农业经济结构不合理，产品质量不高，商品率低，市场流通不畅；二、山坝区发展不平衡，并且差距有拉大的趋势；三、农民增收缓慢；四、财源单一，建设资金匮乏，区域经济发展滞后；五、骨干企业不多，企业经营机制不活，经济效益差；六、县市财政困难加剧；七、对内对外开放程度低，路子窄，引进资金、技术、人才、管理的工作力度不够；八、社会主义文化建设还存在一些薄弱环节，极少数地区的社会治安状况还不尽如人意；九、州、县市领导班子群体智慧发挥不够，干部的思想解放程度和领导经济工作的水平与形势和任务的要求不相适应；十、教育、科技的发展和人才结构不适应经济发展的要求；十一、反腐败斗争的进展与群众的期望还有一定差距；十二、党政机关的工作作风不够扎实。

（李有升　方桄民）

（见《大事专题》103页）

【州人大】 1999年，德宏州人大常委会始终抓住依法治国这个根本，围绕经济建设这个中心，围绕州委的统一部署，结合本州的实际情况，在立法、监督、调研、代表联系、仪案处理等方面积极工作，不懈的探索，认真履行宪法和法律赋予的职责，做了大量工作：一、按照《德宏州五年立法规划》认真负责组织有关部门按步骤进行条例立法实施工作。二、根据宪法和法律赋予的职权，把会议审议寓于监督之中。1999年州人大常委会组织召开了十一届人大二次会议，召开州人大常务委员会会议6次，完成议程36项，召开主任会议15次，作出决定、决议及审议意见19项。三、加强自身建设。根据人大工作法律化和程序化较强的特点，人大常委会抓了宪法、法律、人大理论知识学习，举办了人大系统业务培训班，并开展走出去请进来的方式进行人大工作经验交流。四、加强机关建章立制工作，保证了常委会工作的正常运转。在常委会的重视下，完成了编写《德宏州人大志》的任务。五、认真办理议案和批评建议，妥善处理人民来信来访等，认真履行了宪法和法律赋予的神圣职责，为全州的改革开放、经济发展、边疆稳定和民族团结作出了重要贡献。

1999年，州人大常委会在立法、监督、人事任免、决定社会发展重大事项上较好的发挥了地方人大常委会的职能作用。但是常委会所做的工作与宪法和法律赋予的职权，与党的十五大提出的任务和各族人民的要求，还有不少差距：一是立法工作抓得不紧；二是监督力度自然不够；三是对常委会的重要决定、决议执行情况检查、监督不到位；四是对各类工作报告的审议质量还需进一步提高；五是人事任免工作有待进一步加强和改进。

（张新跃　陈有莉）

（见《大事专题》114页）

【州政府】（见《特载·政府工作报告》）（见《大事专题》117页）

【州政协】 1999年政协德宏州委员会继续高举爱国主义、社会主义两面旗帜，紧紧把握团结、民主两大主题，动员全体委员认真履行政治协商、民主监督、参政议政职能。年内认真抓了以下工作：一是通过全体委员会议、党委会议、主席会议及专题协商会议等形式，对政府工作报告、州委、州政府即将出台的政策性文件及教育、宗教、农业、生物资源开发、森林保护、旅游等工作和群众关心的热点难点问题进行了广泛协商；主席列席州委常委会议；副主席列席政府有关会议，直接参与党委、政府的决策。二是通过对社情民意反映出来的问题进行调研，提出意见建议。年内选派政协委员作为一些执法部门的监督员，派出政协委员对部门或系统的行风进行评议，积极探索民主监督的新路子。三、通过视察调查，积极向党委、政府提出意见建议，履行了参政议政职能。四是认真做好团结工作，通过举办春节、中秋节座谈会、迎澳门回归演讲比赛、出版文史资料等形式，促进了全州的统一战线工作。五是通过加强学习，特别是认真开展政协领导班子和领导干部“三讲”教育，进一步加强了自身建设。年内，州政协的提案工作、扶贫工作有新的进展，还积极向省政协和有关部门反映情况，为陇川吕良小学争取部分建校资金，为基层提供了智力服务。

（李全民）

（见《大事专题》128页）

【州纪委】 1999年，中共德宏州纪律检查委员会在州委和省纪委的领导下，按照中央确定的党风廉政建设和反腐败斗争的指导思想、工作方针和原则，紧密结合德宏实际，认真抓了以下工作：一是党风廉政建设的宣传教育。州和县市纪委在电视台、广播站组织播放《中国共产党纪律处分条例（试行）》系列电视片和县市制定的“制止公款吃、喝、玩乐请客送礼规定”，受教育人数达60000余人次。深入到乡镇和厂矿播放党风党纪教育录相片75场次，受教育人数为3089人次。二是领导干部廉洁自律。全州有118个县处级以上单位召开了民主生活会，有95%的县处级以上干部参加了民主生活会，民主生活会围绕继续贯彻落实中共中央、国务院制止奢侈浪费八项规定，省委提出的“五不准”和省政府勤政廉政“五要五不要”规定进行检查对照。三是严肃查处各类违纪案件。全年共立案80件，截止年底已查结72件，结案率为90%，处分违纪人员76人。四是受理群众来信来访和举报。全州共受理群众各类信访举报件803件次，按“分级负责、归口办理”的原则，及时进行了转办查办处理，使信访件办结率达90%以上。五是开展干部的业务培训工作。分两期把各县市纪检监察干部集中到芒市进行全面的业务培训，全州共有93名干部参加培训，通过培训，进一步提高了干部的业务素质。

（尹仁山）

（见《大事专题》131页）

【领导干部名录】 **中共德宏州第三届委员会常务委员会委员、书记、副书记名录（1999年底止）**

王南昆（羌族）、管国忠（傣族）、麻　端（景颇族）、李增寿（白族）、杨文忠（白族）、杨焰平（白族）、龚敬政（傣族）、李向前（景颇族）、刘广全

书　记　王南昆（羌族，1999年3月任）

副书记　管国忠（傣族）、麻　端（景颇族）、李增寿（白族）

中共德宏州委工作机构领导干部名录　（1999年底止）

州委办公室

秘书长、主任　李有升

副秘书长、副主任　张其林、刀承贤（傣族）、何春嵘（景颇族）

州委组织部

部　长　龚敬政（傣族）

副部长　龙文生、张盈生（景颇族）

州委宣传部

部　长　李向前（景颇族）

副部长　张方元、陈德寿、万国兴

州委统战部

部　长　彭勒准（景颇族）

副部长　银留孝（傣族）、张腊祥（景颇族）、王春花（女）

州委政研室

副主任　周先法、林念兰、寸永祥

州委老干部局

局　长　孙定益（景颇族）

副局长　薛温彩

州保密局

局　长　何朝元

州直机关工委

书　记　邓国帮

副书记　崔云利（女）、樊腾报

州政法委员会

书　记　麻　端（景颇族）

副书记　王宏军

（段兆雄）

德宏州第十一届人大常委会组成人员

主　任　麻　端（景颇族）

副主任　张本道、孟必芬（女，傣族）、雷冯庆（景颇族）、曹大忠（傈僳族）、杨岩保（傣族）、杨庆华

秘书长　龚元政（傣族）

委　员　王春花（女）、尹培佑、田树明、包孔道（景颇族）、包腊龙（德昂德）、冯绍先（傣族）、夺石当（景颇族）、朱如弼、李建忠（彝族）、沙玉庄（回族）、沙洪亮（回族）、张晓凤（女）、张崇汉、张德宏、欧润汀（傈僳族）、明腊令（景颇族）、岳晓天（傣族）、郑蔚仓（傣族）、龚敬政（傣族）、普生有（彝族）、熊开友（阿昌族）

德宏州人大常委会工作机构及负责人

办公室

主　任　傅宛平

副主任　肖明英（女，白族）

民族华侨工作委员会

副主任　李木明

财政经济工作委员会

主　任　张崇汉

副主任　鲍德山

选举联络工作委员会

主　任　张德宏

法制工作委员会

主　任　沙洪亮（回族）

副主任　余永固

教科文卫工作委员会

主　任　田树明（1999年6月30日任）

（张新跃　陈有莉）

德宏州第十一届人民政府领导干部名录　（1999年底止）

州　长　管国忠（傣族）

副州长　杨焰平（白族）、方绍南（女，傣族）　赵家培（阿昌族）、李志明（景颇族）　杨俊忠

德宏州人民政府工作机构领导干部名录（1999年底止）

州人民政府办公室

秘书长　段晓光

副秘书长　杨占高、杨成礼、方文信（傣族）、刀忠明（景颇族）、孟晓宁（傣族）、普金发、钱　强

（哈尼族）

州计划委员会

主　任　寸时亮（傣族）

副主任　岳成明（景颇族）、郑谛、张郁红（女）

州物价局

局　长　董延宁

副局长　李兴光、孔繁光

州经济贸易委员会

主　任　龚能政（傣族）

副主任　董勒弄（景颇族）、尹绍默、明景让（回族）、岳志强

州经贸委党委

书　记　龚能政（傣族）

副书记　革兴国

州教育委员会

主　任　杨前光

副主任　梁其伦、肖丽华（女，傣族）

州教育委员会党委

书　记　杨前光

州科学技术委员会

主　任　谷中人

副主任　沙玉庄（回族）

州财政局

局　长　沙卫平（景颇族）

副局长　刘振华、李华中

国有资产管理局

局　长　张　平（女）

州人事局

局　长　祁韶京　（景颇族）

副局长　王美如（女）、思镇章（傣族）、张滇晋

编制委员会办公室

副主任　龚云政（傣族）

州劳动局

局　长　周锡华

副局长　管能亮（傣族）、孙学光（景颇族）

州监察局

局　长　思永亮（傣族）

副局长　佟桂仙（女）、何永盛（景颇族）

州公安局

局　长　罗石文

副局长　方有位（傣族）、尚腊友（景颇族）、麻　勇（回族）、杨常林

州公安局党委

书　记　罗石文

副书记　王瑞萍（女）

州安全局

局　长　杨子荣

副局长　管连耀（傣族）、王华

州安全局党委

书　记　杨子荣

副书记　管连耀（傣族）

州司法局

局　长　焦　保（傣族）

副局长　马荣贤（阿昌族）、陈正

州司法局党委

书　记　焦　保（傣族）

副书记　张旺保（傣族）

劳动教养管理所

党委书记　陈　正

州民政局

局　长　王　奇（景颇族）

副局长　王　才、赵安留（阿昌族）、杨麻糯（景颇族）

局党组书记　刀红文（傣族）

州民族宗教事务局

局　长　蔡锦超

副局长　万永胜（傣族）、闵建国（景颇族）

州交通局

局　长　柳五三（白族）

副局长　何天忠、李晓春

交通局党委

书　记　柳五三（白族）

副书记　何木南（女，景颇族）

州农业局

局　长　饶维磐

副局长　余自昌（傈僳族）、白泉

农业局党委

书　记　饶维磐

州水电局

局　长　周金生

副局长　杨国保（白族）、胡琦龙

水电局党委

书　记　周金生

州林业局

局　长　何永明（景颇族）

副局长　罗恒荣、赵家健（阿昌族）

州护林防火指挥部

副指挥长　龚延麟（傣族）

州对外贸易经济合作局

局　长　杨　弄（景颇族）

副局长　解星成

对外贸易经济合作局党委

书　记　杨　弄（景颇族）

副书记　杨明友

州文化局

副局长　杨忠德（德昂族）、方佩龙（傣族）、戴　红（傣族）、童荣云（景颇族）

文化局党委　副书记　杨忠德（德昂族）

州卫生局

局　长　杨正文

副局长　郗保文（傣族）、孙春兰（女，阿昌族）、张德顺

州卫生局党委

书　记　杨正文

副书记　邢伟国

州计划生育委员会

主　任　赵友仙（女）

副主任　管国英（女，傣族）、袁旗光

州审计局

局　长　高定泉

副局长　郝豫昆

党组书记　杨海英（女）

州统计局

副局长　蚌有洲

州土地管理局

局　长　杨升吉

副局长　刀承福（傣族）、李卫（景颇族）、向书华

州城建局

局　长　杨炳辉

副局长　管连民（傣族）、余兆瑞、段志清

城建局党委书记　杨炳辉

州环境保护局

局　长　贺连美（傈僳族）

副局长　王建文

州乡镇企业管理局

局　长　杨新培

副局长　段嘉润、排勒门（景颇族）、亢有道（傣族）

州外事办公室

主　任　王焕炎

副主任　文光义（白族）、杨国胜

口岸办

主　任　龚锦文（傣族）

州粮食局

局　长　汤德绍

副局长　封有利（傣族）

州扶贫办

主　任　寸永元

副主任　杨向宏（白族）、王兴全（景颇族）

州广播电视局

局　长　克明亮（傣族）

副局长　杨连正（彝族）、杨清明（景颇族）、李勒干（景颇族）

广播电视局党委书记　克明亮（傣族）
州旅游局
局　长　卜金富
副局长　崔继华、张　云（傣族）
州体育总会
主　任　何继武（景颇族）
州蔗糖生产办公室
副主任　邱美春
州农机局
局　长　陈寿轩（傣族）
副局长　曹明发（阿昌族）
州地震局
副局长　曹昆兴
州档案局
局　长　乔保软（傣族）
州史志办
副主任　陈茂云、张建章（白族）、杨常锁
州民语委
副主任　跑承梅何腊（景颇族）、快永胜（傣族）
州接待处
处　长　普金发
州驻昆明办事处
主　任　孟晓宁（傣族）
副主任　冯仕仁、孔勒干（景颇族）
州经济研究所
所　长　段晓辉
州侨办
主　任　聂何云
副主任　杨云吉
州体改办
副主任　杨小左
德宏团结报社
社　长　苏汉远
副社长　方　华（女，傣族）、龚家强（傣族）、赵天安
德宏团结报社党委
书　记　苏汉远
副书记　保正祥（景颇族）、龚家强（傣族）
州民族出版社
社　长　童荣云（景颇族）
州广播电台
台　长　傅永林
州电视台
台　长　李华山
州电力公司
经　理　韩光伟
副经理　施加林、杨剑平
总支副书记　起绍贤（彝族）
州供销社
主　任　朱建军
副主任　岳文彬（傣族）
州人民医院
院　长　赵文胜（白族）
副院长　杨　平、何　盈
州人民医院党委
书　记　赵文胜（白族）
副书记　李维蓉（女）
州中医院
副院长　和　平、刘永能
州教育学院
副院长　龚运麟（傣族）、刀承锐（傣族）、刘建平
教育学院党委
书　记　龚运麟（傣族）
州民族干部学校
校　长　管连俊（傣族）
副校长　陈楷模、曹有湘（傈僳族）
民族干部学校党委
书　记　管连俊（傣族）
副书记　陈楷模
州委党校
校　长　李增寿（兼）
副校长　万国兴、彭来中、毛成才
党校党委
书　记　万国兴
副书记　毛成才
州师范学校
校　长　尹光鼎
副校长　李富存
州卫校
校　长　李长富
副校长　张晓明、杨玉祥
总支书记　杨子平
副书记　许枝熙
州民一中
校　长　陈德用
副校长　王希和、线时盛（傣族）、杨　伟
州民二中
副校长　沈丽萍、谭德学（景颇族）
州农校
校　长　李　勇
副校长　刘登文
州财校
校　长　兰海昌
副校长　许本成
支　书　赵远昌
州农机校
校　长　邓明秋
副校长　许　平、董乐央（景颇族）
州技工学校
校　长　李存让
副校长　字达汉
州职业技术培训中心学校
校　长　康裕祥
副校长　多　平（傣族）、字达汉（土家族）

德宏州群众团体组织领导干部名录（1999年底止）

州总工会
主　席　冯绍先（傣）
副主席　向书永、王明山、张宽（女，景颇族）
州妇联
主　席　杨　红（女）
副主席　周发芹（女，傣族）
共青团州委
副书记　何　琳（女）、许贵荣（傣族）
州科协
主　席　谷中人
副主席　沙玉庄（回族）
州侨联
主　席　聂河云
州文联
主　席　朱宽柔（傣族）
州工商联
会　长　刘云胜
副会长　雷麻腊（景颇族）
州老年体协
副主席　路腾芳
州残联
理事长　张显明
副理事长　李　疆、杨街生（景颇族）

（段兆雄）

政协德宏州第八届常委会组成人员名单

主　席　杨拾全
副主席　彭勒准（景颇族，兼）孔文忠（景颇族）、多守业（傣族）、金光亮（傣族）、方文琴（女，傣族）、杨清明（景颇族，兼）
秘书长　胡　蔷
常务委员　刀飞鸿（女、傣族）寸时亮（傣族）、刘子明、刘云胜、伍俄洼达（傣族）、多平（傣族）、祁木锐（女、景颇族）、李建华（女）、李梅仙

（女、纳西族）、沈伟鸾（女、傣族）、陈荫禧、谷兴源、谷忠人、何天忠、闵诚友、杨万生、杨志全（景颇族）、杨忠德（德昂族）、杨海英（女）、张　正（彝族）、线家华（傣族）、林晓昌、郑振泉、栋四（傈僳族）、饶维磐、赵兴宝（阿昌族）、赵恩泽、赵振荣（景颇族）、龚保全（傣族）、排禄强（景颇族）、董成宝（景颇族）、董保柱、董勒成（景颇族）、蒋永锡、解星成、管连坤（景颇族）

政协德宏州第八届委员会各专委会及办公室负责人名单

经济侨务委员会

主　任　蒋永锡

提案法制委员会

主　任　佟文武（景颇族）

民族宗教委员会

主　任　方保焕（女，傣族，1999.4 退休）

副主任　蒋　华（德昂族）

教科文卫体委员会

主　任　祁木锐（女，景颇族）

副主任　魏德炯

文史资料委员会

主　任　李全民

办公室

主　任　万永明（1999 年　月任职）

副主任　彭文清

（李全民）

中共德宏州纪律检查委员会组成人员

常　委：杨文忠（白族）、朱成海、思永亮（傣族）、佟桂仙（女）、何永盛（景颇族）、贺连美（傈僳族、1999 年 5 月 26 日免）、么宝元。

书　记　杨文忠（白族）

副书记　朱成海、思永亮（傣族）、贺连美（傈僳族，1999 年 5 月 26 日免）

（尹仁山）

州中级人民法院

院　长　线东明（傣族）

副院长　刀永胜（景颇族）、李文德（傣族）、高正全

州人民检察院

检察长　杨家忠

副检察长　余麻约（景颇族）、曹岩散（傣族）、么宝元、李　友（纳西族）

（段兆雄）

经　　济

【经济简述】　1999 年，德宏州各族人民在州委、州人民政府的正确领导下，坚持以邓小平理论和党的十五大精神为指导，认真贯彻党中央、国务院的各项方针和省委、省政府的工作部署，努力扩大内需，稳步推进各项改革，调整产业结构，促进了全州国民经济稳步发展和各项社会事业的全面进步。初步测算，全年国内生产总值为 34.71 亿元，按可比价格计算，比上年增 4.5%，其中第一产业增加值降 1.0%；第二产业增加值增 8.7%；第三产业增加值增 7.4%。但经济和社会发展中也存在着一些困难和问题：一是有效需求不足，通货紧缩趋向尚未得到有效遏制，银行信贷继续萎缩，地方财政收支平衡困难，投融资渠道单一，固定资产投资下降，外贸出口增幅不高，经济增长乏力。二是企业改革滞后，结构调整缓慢，支柱产业单一，传统产业规模小，工艺落后，产品科技含量低，单产成本高，缺乏市场竞争力。三是市场需求不旺，优势产业（糖业）发展面临困难，企业经济效益继续下滑，已影响到全州经济的快速发展。四是由于粮食减产，价格持续走低；加之甘蔗收购价下调，农民缺乏其它非农产业渠道收入。所以，年内全州农民人均纯收入仅为 1106 元，比上年降 1.86%，不但影响了农业投入，也阻碍了农村市场的开拓。

（张建章　唐宏君）

（参见《特载·政府工作报告 4 页》）

【农　业】　1999 年，农业和农村经济稳步发展。全州农林牧渔业总产值达 18.52 亿元，按可比价格计算，比上年降 3.2%，其中农业产值 12.90 亿元，降 2.3%；林业产值 1.48 亿元，降 12.5%；牧业产值 3.38 亿元，降 3.8%；渔业产值 0.76 亿元，增 13.4%。

主要农产品产量如下：

	1999 年	比上年增长%
粮　食	379828 吨	－4.3
其中：稻谷	284810 吨	－2.2
小麦	30952 吨	－27.4
玉米	43070 吨	11.7
大豆	5673 吨	－19.6
油　料：	12360 吨	31.8
其中：油菜籽	11631 吨	34.6
甘　蔗	304 万吨	1.8
茶　叶	4579 吨	－18.6
水　果	11298 吨	0.3
橡　胶	4665 吨	6.0
烟　叶	338 吨	－46.0
其中：烤烟	281 吨	－50.3

畜牧业生产稳步增长。全州猪、羊存栏数增长，肉类、禽蛋产量有所下降。主要畜产品产量和牲畜存栏头数如下：

	1999 年	比上年增长%
猪牛羊肉产量	25701 吨	－0.2
其中：猪肉	23330 吨	－1.4
牛奶产量	414 吨	84.8
禽蛋产量	1153 吨	－0.4
肉猪出栏数	292030 吨	－2.9
猪年末存栏数	500552 头	2.0
大牲畜年末存栏数	210440 头	－3.8
羊年末存栏数	57351 头	11.6

渔业生产快速发展。1999 年全州水产品产量达 8606 吨，比上年增 11.0%。

农业生产条件进一步改善。全年农村用电量 3064 万千瓦小时，与上年持平；化肥施用量 40836 吨，增 1.7%。

【种植业】　1999 年，德宏州农业的目标任务计划为：农业总产值力争达到 14 亿元以上；粮食总播种面积稳定在 150 万亩，总产量达 40 万吨以上；油料总产达 0.9 万吨；农村人均纯收入达 1180 元。

年内，全州有耕地面积 182.71 万亩，其中水田 91.69 万亩，旱地 91.02 万亩。因种植业结构继续调整，粮食实际种植面积为 142.45 万亩，较计划减 7.55 万亩，比上年减 5.47 万亩；总产量 37.98 万吨，较计划减 2.02 万吨，比上年减 4.3%；油料产量 12359.8 吨，

超计划3359.8吨，比上年增31.8%；水果产量11297.8吨，比上年增0.3%。农林牧渔业总产值18.52亿元，其中农业产值12.9亿元，与14亿元的目标尚有差距，比上年减9.6%。农村人均纯收入1106元，较计划尚差74元，比上年减1.9%。

全州主要农业科技项目完成情况：水稻种子药剂浸种106.9万公斤，超计划6.9万公斤；水稻旱育稀植28.6万亩，超任务3.6万亩；抛秧2.05万亩，超任务500亩。秧田病虫害防治12.2万亩次，超计划6.2万亩次；大田病虫害防治67.18万亩次，超计划17.18万亩次；农田灭鼠85.4万亩次，超计划35.4万亩次。粮作田地化学除草42.32万亩次，较计划少27.68万亩次。常规优质稻22.08万亩，超任务7.08万亩；三系杂交稻45.37万亩，超计划0.37万亩。玉米25.27万亩，超计划17.27万亩。小麦17.53万亩，较计划少0.47万亩。豆类14.23万亩，超计划0.23万亩。推广科学施肥新技术58.3万亩；积制有机肥168万吨，较上年增5.5万吨。

虽然粮食种植面积较大幅度减少，但86%以上的农业科技项目均超额完成计划指标，有力地维持了全州粮食总产量的基本平衡。

（刀承明）

（见《大事专题》190页）

【渔　业】　1999年，德宏州渔业生产又获丰收。年内以“加大渔业科技推广力度，加快水产品种结构调整步伐，积极发展名特优水产养殖，提高渔业生产效益，增加农民收入”为工作方针，认真抓好以下四项工作：一是以提高单位面积产量为目标，提高经济效益为中心，加快精养高产技术推广；二是以市场为导向，发展适销对路的水产养殖；三是加强技术培训和技术指导工作；四是认真抓好渔政管理，采取行之有效的措施，合理利用和保护水产资源。

全年全州较好地完成了省农业厅和州农业局下达的生产指标。完成的情况是：一、水产品产量。完成和超额完成省厅下达的总产量和单项养殖产量指标。二、养殖面积。省厅下达专用池塘养殖面积2.2万亩，实际完成2.24万亩；稻田养鱼发展计划项目面积12万亩，实际完成12.08万亩，其中“千斤稻、百斤鱼”项目面积1.6万亩，实际完成1.63万亩。三、养殖单产。省厅下达专用池塘单产250公斤，实际为256公斤，稻田养鱼20公斤，实际为20公斤。全州渔业产值达3978万元（按90年不变价），比上年增13.4%。渔业产值占农林牧渔产值比例的3.21%，比上年升0.47%。年末人均水产品占有量为8.54公斤，比上年升6.35%。由于渔政监督管理机构待理顺，执法经费极少，执法力度不够，电触鱼违法案件发生有所上升。

（杨盛荣）

（见《大事专题》195页）

【畜牧业】　1999年，德宏州各级畜牧兽医部门进一步健全畜牧兽医目标管理责任制，不断完善强化州、县（市）、乡（镇）畜牧兽医技术推广与服务功能，加大新技术的推广运用力度，加快畜牧产业结构的调整。年末，全州出栏肥猪29.2万头，比上年减4.58%；出栏率为59.5%，比上年降0.9个百分点。大牲畜出栏2.21万头，比上年增13.2%，其中牛出栏2.18万头，增12.55%；羊出栏1.17万只，增13.7%；禽出栏148.65万只，减6.9%。全州肉、蛋、奶总产量2.97万吨，与去年持平。年人均占有量为29.46千克，比上年降0.32千克，减幅为1.07%。1999年，由于受外来肥猪的冲击和市场需求相对不旺的影响，出现了卖猪难和料肉价格不合理的现象，养猪效益下降，出栏开始下滑。但牛、羊肉的需求明显增加，畜产品的消费日趋合理。

（张慧云）

（见《大事专题》194页）

【林　业】　1999年，全州造林面积达7917公顷，比上年增0.4%。年内人工造林12.53万亩，成活率在85%以上的合格面积为11.87万亩；累计封山育林121.4万亩，其中年内新封11.64万亩；年内完成育苗653亩；迹地更新0.26万亩，预整地造林7.48万亩；义务植树148.98万株。造林绿化资金共投入745.39万元。

99年森林火灾是自1986年以来最多的一年，全州全年发生森林火灾135起，其中森林火警110次，一般火灾24次，重大森林火灾1次（境外火引起）。过火面积3357.68公顷，森林受害面积1156.96公顷，受害率为2.07%。共直接耗用扑火经费49.46万元。年内森林病虫害发生面积1.66万亩，发生率为0.19%。共发生林业行政案件1342起，其中受理824起，综合查处率达99.6%。

全年全州森林总采伐消耗量152.13万立方米，比上年增34.6%。此外，全州组织113人参加，耗资6万元，完成了“全国森林植物检疫对象普查”工作，共采集标本175份，查出全州主要病虫害16类，其中昆虫12类、病害4类。

（见《大事专题》196页）

【蔗　糖】　1999年是德宏蔗糖业的丰收年。98/99榨季，全州甘蔗种植面积达70.94万亩，比上榨季增27.34%；甘蔗总产量298.71万吨，增25.44%；甘蔗单产4.43吨/亩，增1.14%。榨季历时218天，全州共入榨甘蔗270.44万吨，比上榨季增34.49%，占全省入榨甘蔗的18.79%；产糖30.44万吨，增44.82%，占全省产糖总量的18.67%，在全省13个产糖地州中排名第二；产酒精31768吨，增60%。全州平均甘蔗含糖份13.31%，比上榨季升0.74个百分点；平均混合产糖率11.31%，升0.69个百分点；万吨甘蔗产酒精113.92吨，升15.38%。全州实现甘蔗产值5.08亿元（按每吨甘蔗170元计），比上年增15.03%，占全州农业产值的39.38%；全州70万蔗农人均甘蔗收入725元，占蔗区人均总收入1856元的39.06%；实现制糖工业产值（按90年不变价）86629万元，比上年增45.78%，占全州工业总产值的46.21%；实现各种税收7973万元，比上年增13%，占99年全州财政总收入的24.76%，占99年全州地方财政收入的38.06%。

然而，98－99榨季食粮价格一路低走，德宏蔗糖业不仅偿到丰收的喜悦，而且面临生死存亡的严峻考验。99年，全州平均吨糖不含税销价仅1910.13元，比上年减609.12元。各糖厂遵循市场经济适者生存的法则，实施低成本竞争战略，努力降低吨糖成本，使全州吨糖平均含税完全成本降至2581.14元，比上年减827.96元，但仍无法摆脱亏损局面。99年全行业亏损额达21028万元，比上年增亏4066万元。全州蔗糖业99年末累计未弥补亏损总额达39411万元。巨额亏损，加上糖市低迷、食糖暂压、资金无法回笼、糖厂生产经营举步维艰，不得不负债经营。99年底，全州11家糖厂平均资产负债率达109.82%。

州委州人民政府非常重视蔗糖业的生存和发展，榨季期间，多次召开会议，研究营销对策，解决生产经营中的各种问题。为促进制糖企业尽快扭亏解困，州人民政府出台了《关于德宏州人民政府关于1999－2000年榨季工作安排及改革、发展与提高的几点意见》，提出了具体的政策措施：一、实行甘蔗收购每吨130元的最低保护价(同时实行蔗价与糖价联动)，对蔗款规定分榨期和收榨各50%两次兑付；二、降低三种行政性收费，减征缓征三种行政收费，取消糖厂自发电征收电力扶贫基金；三、对企业实行减员增效、下岗分流作了具体规定。同时要求各行政部门，各商业银行要审时度势，把支持蔗糖业扭亏解困提到高度上认识，主动帮助制糖企业排忧解难。99年底，中国南方一场罕见的霜冻，使吨糖（昆明甸尾销价）从开榨初期的2000元左右迅速回升到3000元左右，使德宏蔗糖业看到了扭亏解困的希望。但是，德宏蔗糖业已连续3年亏损，要弥补近4亿元的亏损并非易事。为确保德宏蔗糖产业持续、健康、稳定发展：一要以提高糖料单产和含糖份为主攻方向，选育高糖、高产、抗逆性强、工艺性状好的糖料良种，做到甘蔗早、中、晚熟合理搭配，推动、推广糖料的集约化种植，同时实行按质论价，鼓励蔗农通过发展良种，提高单产和糖份增加收入。要逐步建立起糖厂自己的糖料基地，同时采取多种方式密切农工关系，建立起农工利益共同体。二要发展以强化工艺、简化设备、缩短流程、节约能源、降低成本、提高经济效益为中心的新工艺、新技术、新装备，改革目前甘蔗糖厂的亚流酸法工艺，提高产品质量，开发应用制糖专用检测仪表和计量仪表，提高糖厂自动化水平，增加蒸汽利用次数，提高设备热效能，降低糖厂能源消耗。三要继续实施低成本竞争战略，要以加强财务管理为核心，强化成本管理，把降低成本作为制糖企业扭亏脱困的中心工作来抓，认真落实降低成本的各项措施，努力降低综合成本，增强竞争力。四要提高德宏蔗糖业现有综合利用技术水平与规模，走社会化综合利用的路子，提高综合利用效率，同时积极探索开发新的综合利用渠道。五要通过兼并等方式，形成以资产为扭带的科、工、农、贸一体化的企业集团，提高企业竞争力。六要进一步加强职工培训，同时促进人才交流，以高素质的蔗糖员工队伍，参与日趋激烈的市场竞争。

（李晓全）

（见《大事专题》184页）

德宏州1998－1999年榨季甘蔗生产情况

单位：亩、吨

项目／地区	面积			单产			总产		
	98年	99年	±%	98年	99年	±%	98年	99年	±%
潞西	143000	171280	+19.78	4.02	4.28	+6.47	574920	733000	+27.49
梁河	68836	79723	+15.81	4.96	4.97	+0.20	341137	396036	+16.09
盈江	132593	169679	+27.97	4.21	4.33	+2.85	558215	735560	+31.77
陇川	142589	185103	+29.82	4.69	4.66	－0.64	669589	862444	+28.85
瑞丽	55000	68919	+21.98	4.22	3.77	－10.24	232280	260024	+9.57
畹町	1500			3.36			5040		
合计	543518	674704	+24.14	4.38	4.43	+1.14	2381181	2987064	+25.44

德宏州1998－1999年榨季制糖生产情况

单位：吨

项目／单位	工业入榨量			食糖产量			酒精产量		
	97－98榨季	98－99榨季	增减±%	97－98榨季	98－99榨季	增减±%	97－98榨季	98－99榨季	增减±%
全州合计	2010902	2704397	+34.49	210181	304368	+44.82	19854	31768	+60.00
芒市糖厂	186739	389855	+108.77	20366	43284	+112.53	2525	4727	+87.21

续上表

单位 \ 项目	工业入榨量			食糖产量			酒精产量		
	97－98 榨季	98－99 榨季	增减 ±%	97－98 榨季	98－99 榨季	增减 ±%	97－98 榨季	98－99 榨季	增减 ±%
华侨糖厂	120288	105745	－12.34	12939	12001	－7.25	1367	1304	－4.61
遮放糖厂	89976	174460	＋93.90	9178	19700	＋128.66	895	2398	＋167.93
弄璋糖厂	224153	334864	＋49.39	22599	37573	＋66.26	2188	4110	＋87.84
平原糖厂	170941	226324	＋32.40	19054	25882	＋35.38	1732	2403	＋38.74
盏西糖厂	79996	116252	＋45.32	8479	13072	＋54.17	833	1245	＋49.46
景坎糖厂	335786	505622	＋50.58	34030	56424	＋65.81	3086	5055	＋63.80
陇川糖厂	204686	198856	－2.85	23820	22701	－4.70	1542	2356	＋52.79
梁河糖厂	188453	280459	＋48.82	18577	30799	＋65.79	1675	2981	＋77.97
勐养糖厂	148816	146921	－1.27	14971	15881	＋6.08	2098	1755	－16.35
瑞丽糖厂	203076	223309	＋9.96	22440	26902	＋19.88	1913	2454	＋28.28
龙江糖厂	57992	0	－100	3728	0	－100		980	＋100

德宏州1998－1999年榨季制糖生产主要经济指标情况

单位：万元

单位 \ 项目	工业总产值（按90年不变价）			税金合计			实现利润		
	97－98 榨季	98－99 榨季	增减 ±%	97－98 榨季	98－99 榨季	增减 ±%	97－98 榨季	98－99 榨季	增减 ±%
芒市糖厂	6705	12869	＋91.93	397	711	＋314	－1473	－2644	－1171
遮放糖厂	2565	5637	＋119.77	180	433	＋253	－1183	－2095	－912
华侨糖厂	3637	3381	－7.04	336	210	－126	－850	－1115	－265
梁河糖厂	5165	8604	＋66.58	519	615	＋96	－1303	－2615	－1312
勐养糖厂	4311	4480	＋3.92	325	283	－42	－1985	－1257	＋728
弄璋糖厂	6561	10669	＋62.76	485	707	＋222	－2778	－3105	－372
平原糖厂	5414	7247	＋33.86	457	465	＋8	－1250	－1957	－707
盏西糖厂	2448	3692	＋50.82	178	237	＋59	－1183	－1320	－137
景坎糖厂	9644	15814	＋63.98	761	952	＋191	－3334	－3254	＋80
陇川糖厂	6758	6742	－0.24	565	373	－192	－706	－904	－198
瑞丽糖厂	6217	7494	＋20.54	771	612	－159	－918	－754	＋164
龙江糖厂									
全州合计	59425	86629	＋45.78	4974	5598	＋624	－16962	－21028	－4066

【农　机】　1999年，德宏州农机系统认真贯彻执行《云南省农业机械管理条例》，以粮、蔗生产机械为发展重点，以新机具新技术引进试验为龙头，以农业增产农民增收为目标，强化农机管理执法，加强社会化服务体系建设，不断提高农机化水平。全年全州有868人次农机科技干部深入乡村，进行科技示范推广；组织召开现场会43场次，累计参加现场会3233人次；组织58969台次拖拉机及农机具投入机耕机耙抢种抢收，共完成机耕61.6万亩，机耙54万亩，机收14417亩，机械粉碎还田15.18万亩；组织13302台拖拉机及农机具投入抗灾抢险工作，减少经济损失9354万元。全州各县市农机培训站（校）共培训各类农机人员2725人。其中：培训拖拉机驾驶员1723人，培训其它农机人员146人，培训汽车驾驶员856人。全州农机户达35649户，比上年增2022户，增6%；拖拉机手28656人，增

0.64%；农机户经营总收入18355.23万元，增572.48万元，增3.2%。

全年全州农机总动力达45648.38万瓦特，比上年增4287.83万瓦特，增10.3%。拖拉机拥有量达29647台，比上年增1771台，增6.3%，其中大中型拖拉机1242台，增48台，增4%；小型拖拉机28405台，增1723台，增6%。大中型拖拉机配套农机具1380部（件），增55部（件），增4%，配套比为1：1.11；小型拖拉机配套农机具28384部（件），增1564部（件），增5.8%。联合收割机141台，比上年增44台，增45%。农用运输车958辆，比上年增418辆，增77%。农业机械总值31024.71万元，比上年增2872.93万元，增10%。

年末，全州农业机械总值31024.71万元，完成计划的102%；农机总动力45648.38万瓦特，完成106%；拖拉机拥有量29647台，完成98.8%；机耕面积61597亩，完成96%；机耙面积539960亩，完成99%；水稻抛秧完成20474亩，完成40%；机械深施化肥完成553229亩，完成92%；秸秆还田151800亩，完成96.7%；水稻机收97909亩，完成122%；小麦机收46261亩，完成88%；机械植保完成972536亩，完成99%；机械脱粒17万吨，完成94%；运输作业完成12381.67万吨公里，完成109%。检审拖拉机25232台，检审率为84%。农机事故率0.09‰，重伤率0.015‰，死亡率0.027‰，未突破控制指标。乡镇农机站实现农机总收入505.4万元，完成计划的77%。全州农机公司完成销售3769.9万元，亏损30.7万元。

（孔　锐）

（见《大事专题》202页）

【工　业】　1999年，德宏州工业经济运行仍然困难，企业经济效益持续下滑，亏损企业继续增多，亏损面不断扩大，亏损总额增大，主要经济支柱产业亏损严重，整个工业企业呈现出增长速度加快，但经济效益不理想的状况。

全年全州工业完成总产值（按90年不变价）18.74亿元，比上年增4.6%。其中：轻工业完成11.98亿元，增4.8%；重工业完成6.76亿元，增4.3%。全州工业产品销售率为97.5%，比上年增0.9%。其中：轻工业产品销售率为94.9%，增4.3%；重工业产品销售率为93.9%，增2.1%；制糖业产品销售率为96.7%，增－2.2%。在全州108户国有及年销售收入500万元以上非国有独立核算工业企业中，亏损85户，亏损面78.7%，比上年增23户；全年完成工业总产值11.55亿元，增36.85%；产品销售收入11.83亿元，增18.50%；产品销售税金及附加1235.4万元，增33.56%；亏损企业亏损总额26862.5万元，增23.21%；利税总额为－18632.2万元（上年为－12806.4万元）。造成年内德宏工业经济运行不景气、经济效益下滑的原因是多方面的，但主要原因有以下几个方面：一是德宏的主要支柱产业制糖工业经济效益持续下滑，全州11户制糖企业全部亏损，亏损总额达22076万元，比’98年以前全州的亏损累计额16962万元增亏5114万元。到99年末，全州制糖企业累计亏损达39038万元。二是德宏州的产业结构和产品结构单一，竞争力低，在激烈的市场竞争中处于劣势，很难适应市场变化的需求。德宏除制糖工业这一支柱产业外，尚无新的支柱产业，在整个工业经济运行中，受其影响非常大。99年全州制糖工业实现税金7468万元，比上年增412万元、增5.83%；生产白糖30万吨，亏损22076万元。制糖工业除生产白糖和酒精外，尚无其它高附加值的产品，且白糖质量档次人工、生产成本高、企业规模小。三是亚洲金融危机的影响尚未完全消除，总体来说整个市场仍处于疲软状况，国内市场需求不旺，产品销售不畅，多数企业处于停产半停产状态，亏损企业继续增多，亏损额在逐渐增大，企业步履艰难。四是企业内部资本结构不合理，企业经营负担重，资产负债率高，效益难以体现。全州全部国有及年销售收入500万元以上非国有独立核算工业企业，’99年末负债总额达31.38亿元，占年末资产合计34.73亿元的90.36%，部分企业资产负债率超过100%，已是资不抵债。由于企业处于严重的负债经营，经济效益根本无法提高。五是企业资金紧缺，资金周转困难。年内德宏州尚未执行“封闭贷款”，以致有些企业产品有市场、有订单，但无流动资金，生产经营无法正常进行，加之多年来形成的“三角债”，产品销售的贷款不能及时收回，甚至是以产品抵原有的欠债，更加重了生产企业的资金负担，造成流动资金紧缺的恶性循环，严重地影响了企业的生产和经济效益。

面对’99年全州工业经济运行的严峻形势，州委、州政府及各级企业主管部门切实加强了对工业经济运行的领导，出台和制定了相应的政策措施，为全州工业生产快速增长和扼制企业亏损起到了积极的作用。州经贸委围绕州委、州政府制定的发展方针，积极开展工作，年内着重抓了以下几方面的工作：一是继续抓好深化企业改革，按照州政府“关于国有企业3年改革与脱困纲要”的要求，加大了企业改革的工作力度。年内全州323户国有企业已改革83户，比上年增35户，改革面为25.7%。其中：改为股份有限公司2户，破产13户，兼并6户，试行企业经营者年薪制7户，其他形式21户，撤销5户，放小放活面为25%；在64户国有骨干企业中，已改制10户，占骨干企业的16%；州经贸委21户直属企业已完成改制4户，破产4户，正在改制的10户。二是继续抓好工业企业扭亏增盈。根据省政府的要求，全州列入考核的预算内工业企业为64户，年内省政府下达企业经济效益责任目标是：工业总产值92068万元（90年不变价），经济增长率6%，利润－17111万元，成本费用率－16.65%，产品销售率98%。实际完成为：64户企业中亏损50户，比上年增亏3户，亏损面为78%；完成工业总产值12.23亿元，增长60%；利润17635万元；成本费用率－19.18%，增－2.53%；产销率97.5%。三是加强技术改造项目管理工作。年内在技改投资缺口大，小型技改项目进度慢的情况下，把技改管理工作的重点放在项目的跟踪管理和工程竣工验收及项目的上报工作上；完成了瑞丽糖厂、盏西糖厂扩建工程、昔马110KV送变电工程；完成了芒市民族橡胶厂混合轮胎生产线扩建工程的竣工验收；编制了德宏州2000年技术改造项目计划、“十五”计划和2015年技改规划；严把技改项目审批关，避免低水平重复建设。年内全州计划企业技改投资预计完成6500万元，比上年减6014万元，实际仅完成年计划数的40%。四是认真抓好经济技术协作和内引外联工作。年内全州完成签订协作与联合项目35项，起动34项；计划总投资额29578万元，实际到位资金20427万元，占投资总额的69%。上述项目的实施，为产业结构调整，建立绿色支柱产业，振兴德宏经济起着重要的促进作用。五是认真抓好全州建筑材料工业的行业管理。根据国务院(1999) 49号文件及国家建材局、国家经贸委“关于小水泥工业结构调整”要求，州经贸委年内认真贯彻落实省政府“关于小水泥工业结构调整的实施意见”，制定了全州小水泥工业结构调整的具体实施办法，并报州政府批准实施。从而切实加强了对建材工业发展的宏观调控。六是切实抓好矿管工作。年内矿管工作坚持“开发与保护并重、放开与管好同步的原则”，切实抓好全州矿业秩序的治理整顿。全年全州共查处各种违法案件30起，有效地扼制住乱控滥采的势头，全州矿业秩序明显好转。同时，强化矿产资源补偿费的征管工作，年内省地矿厅下达本州矿补费征收入库任务40万元，实际完成42.5万元。七是扎实抓好安全生产工作，加强对企业安全生产的检查督促。年内全州共组成安全生产检查组59个，参加检查工作人员256人（次)，对390个各类企业开展检查，共查处各类事故隐患或不安全因素420条（项)，切实把事故隐患消灭在萌芽之中，保证了企业的安全生产。年内全州控制指标千人死亡率0.18，千人重伤率0.129；全州工矿企业发生伤亡事故1起，死亡1人，无重伤，大大低于省控制安全指标。八是加强个体私营经济发展工作。年内共推荐上级省重点扶持的私营企业5户，经省批准重点扶持3户，并争取到省个私经济扶持资金拨款70万元，有力地促进了个私经济的发展。九是积极做好企业下岗待岗职工的安置、安抚和思想政治工作。年内因企业生产经营困难，下岗待岗人员逐渐增多，特别是州芒究煤矿、州三象集团公司、州水厂等老企业，由于企业改革（改制)，企业采取减员增效措施，一些职工长期下岗、待岗、待业。为了妥善解决这部分职工的生活问题和思想问题，州经贸委积极帮助企业并与有关部门协调，落实了下岗职工生活保障资金，解决了待岗职工的生活费，并做到按时发放；年内全州未发生大的职工群体上访（闹事）事件，确保了企业的安全和社会的稳定。

（州经贸委）

（见《大事专题》174页）

【乡镇企业】 乡镇企业保持着持续、健康发展的态势。据乡镇企业局统计，1999年末，全州乡镇企业59423个，比上年增0.9%；营业总收入28.53亿元，增18.0%；实交税金8581万元，增11.7%；利税总额2.70亿元，增2.4%。

（赵春玲）

【建筑业】 1999年，全州建筑业总产值完成8306万元，比上年增11.9%；房屋建筑施工面积16.6万平方米，增20.9%；房屋建设竣工面积54054平方米，降26.3%。

（赵春玲）

（见《大事专题》218页）

【经济协作】 1999年，德宏州经协部门认真抓好项目签约和项目的启动实施。全年全州签订协作与联合项目35项，其中启动实施34项。按地区分别为省内25项，滇沪合作2项，滇粤协作2项，区域联合5项。这些项目分行业为工业（轻工业）6项、食品业5项、农业（包括养殖、种植）8项，建筑业3项、修理业4项、商业5项和其他行业4项。合作方式分别为技术协作15项，经济联合20项。至年末，已启动实施34个项目，成功率均达97%。全年共达成合同（协议）计划投资总额29578.01万元，实际到位资金20427.20万元，占合同计划投资总额的69.06%。在合同计划投资总额中，省外为14135万元，实际到位5379万元，占38.05%；省内为15443万元，实际到位15048万元，占97.44%。99年度协作项目部分新增产值2042.72万元，新增利润857.94万元，新增税收776.23万元。

（蒋开富）

（见《大事专题》159页）

【交　通】 1999年，交通运输业发展平稳。全州货物运输量999万吨，比上年增2.8%，货物周转量65956万吨公里，增9.9%；旅客运输量477万人，增7.0%，旅客周转量42552万人公里，增28.0%。

年内，德宏交通部门抓住国家增加基础设施建设投入、扩大内需拉动经济增长的有利政策，全面推进了全州公路交通各项建设，促进了州县公路向等级化、县乡公路向弹石化、乡村公路向网络化方向发展。此外，公路养护、路政管理、运政管理、交通企业管理和精神文明建设都取得了新成绩。

一、公路建设：1999年，德宏公路建设坚持“先干线后支线，先重点后一般”的原则和“既要量力而行，又要尽力而为，并适度超前”的方针，在确保质量前提下迅速推进经济干线与县乡弹石路建设。

（一)、经济干线建设，其重点是潞盈公路二期工程续建和瑞章二级公路开工前期准备工作。潞盈公路是全长142.96公里的州内腹心公路，其路基已于98年5月全线贯通，年内主要进行一期工程水毁地段的修复、养护和二期工程沥清水稳层的铺筑。5月，该路通过省交通厅的交工验收，初评为优良工程。瑞章公路是连接国家级口岸瑞丽和省级口岸章凤的重要通道，全长35.46公里。年内，州交通局同省公路勘察设计院完成了该路的勘测、设计、图纸审验、变更优化设计等工作；10月8日，该路动工改建。(二)、县乡公路建设。县乡弹石路、乡村网络化建设是“九五”期间德宏公路建设的重要工程，州、县交通部门按省、州、县、乡“四轮启动”的资金配套方法，竭力筹措工程资金。年内，改造完成了盈江平卡公路52公里、梁河大小厂公路37公里、潞西勐丹爱国小学公路12公里、陇川陇巴公路10公里、瑞丽勐秀至小街公路10公里、班岭公路1.5公里，共铺筑122.5公里四级弹石路。同时，对龙江西线54公里四级沙石路进行重点养护和水毁修复，巩固了路基、路面，完善了桥涵配套设施；新修了芒（东）油（松岭）20公里的扶贫公路；配合武警边防支队修建了潞西芒海至畹町芒棒30多公里四级沙石路；续建完成了芒市立交桥等。

二、公路养护和交通行业管理

（一）、公路养护。1999年，州交通局认真贯彻全省县乡公路工作会议精神，坚持"雨季抓水毁、冬季抓养护、平时抓落实、季度抓检查、年终抓查评"的原则，进一步深化公路养护体制改革，完善养护承包责任制；加强道班建设，配备养护机械设备，使全州地方公路养护水平进一步提高。全年全州好路率达64.74%，比上年升2.34个百分点。

（二）、路政管理。1. 年内全州路政管理部门认真抓好国道、省道、县乡公路的路产及公路两侧建筑红线控制范围的管理，对非法占用公路路产、乱开道口及红线控制内的建筑加大了查处力度。全年查处违法路政案件1061起，索赔经济损失141万元。2. 州交通局、州土地局、芒市公路管理总段及各县（市）交通局联合对全州境内国道、省道、县乡公路路产路权进行界定，并以95.3分的好成绩通过省交通厅、省土地局的检查验收。从而改变了全州公路产权不清、权属不明，侵占公路产权严重的状况，有效地保护了国家的路产路权。3. 州交通局路政处配合芒市公路总段路政部门对全州境内的国道、省道和通往风景区的道路进行综合治理，对违法占道经营行为予以取缔，为"中国'99昆明世博会"德宏分会场创造了良好的交通环境。

（三）、运政管理。年内，德宏州运政管理部门在客运、维修、航运、安全等方面加大管理力度，并取得好成绩。主要表现在以下方面：1. 客运方面出台了对公共汽车、出租车、旅游车的审批监督制度，严格基础台帐管理，进行有力的调控，真正做到"三级审批，四定管理、划行归市、挂牌经营"；杜绝了过去芒瑞线等路线上因中巴车过多、驾驶员为争线路而寻衅滋事的现象。同时，开展"三优"、"三化"、"三客"整治，实现了"车进站、人归点、站管车、服务好"的管理目标。2. 在维修方面，坚持车辆维修合同管理制度。清理维修站点，核定资质，认定级别，规范操作程序，保证维修质量。从而保证了维修车辆的行车安全。3. 对港航渡口、码头推行安全承包合同制，加大安检力度，保障了水上安全运输。4. 克服"费改税"给拖拉机养路费征收带来的困难，做到"应征不漏、应免不征"，完成了拖拉机养路费征收任务。

（四）、交通企业管理。年内，州交通实业总公司、州配件公司和州县（市）运输企业仍然面临诸多困境，惨淡经营。特别是发生了梁河县运输公司"3.20特大交通事故"和瑞丽运输公司"5.28特大交通事故"，给两家企业带来沉重债务，同时也暴露出这些企业在安全生产方面的漏洞。为此，州交通局在下半年狠抓安全生产承包责任制的落实，建立健全了挂靠车、驾驶员管理的各项规章制度；同时推行了厂务公开，广开财源，增收节支，减员增效"的措施，在一定程度上改变了企业的被动局面。

（尹银胜）

（见《大事专题》176页）

【邮　电】 1999年，全州邮电通信业务总量1.57亿元，比上年增17.6%，其中电信业务总量0.77亿元；移动电话业务总量0.73亿元；邮政业务总量0.07亿元。年末全州电话到达户69560户，比上年增19.6%，其中市话到达户53814户，增15.8%；农话到达户15746户，增34.5%。

1999年，德宏州本地网交换机总容量达14.54万门，其中：市话交换机总容量达12.21万门，农村电话交换机总容量达23232门；长话业务电路达1085路；本地网电路达2960路；农村电话电路达2917路。全州固定电话用户到达数69560户，全州固定电话普及率7.16%，市话普及率38.27%，农村电话普及率1.86%。全州数据用户到达数151户，数据增值业务到达数602户。全州电信企业在册职工总数534人，人均劳动生产率18.37万元。

1999年，是德宏邮政作为国民经济的一个独立部门全面运作的第一年，全州邮政部门围绕省局制定的1999年度邮政业务收入、业务总量、减亏计划、全员劳动生产率的"三大目标"计划及努力实施德宏邮政"抓经营促业务发展，抓管理促增收节支，抓建设促企业素质，全面提高企业两个效益"的工作方针，通过努力，圆满地完成了省局下达的计划任务。1999年全州邮政企业完成业务收入1657.63万元，完成省局下达计划的100.46%，与上年比，增8.1%。其中主要业务：函件收入完成150.93万元，比上年增22.1%；包件收入完成262.18万元，增28%；汇兑收入完成140.95万元，降5%；特快收入完成103.49万元，增13.9%；机要收入完成8.95万元，增19.5%；报刊收入完成182.69万元，增12.9%；储蓄收入完成464.37万元，增7.8%；集邮业务收入完成232.03万元，降36.7%。全州邮政业务总量完成721万元，完成年计划的100.14%，比上年增9.91%。全州邮政全员劳动生产率达3659元。

（张全飞　张廷和）

（见《大事专题》181页）

【固定资产投资】 1999年，固定资产投资规模下降，由于地方财政困难，一些工程资金不到位，固定资产投资比上年减少。全州全社会固定资产投资完成10.10亿元，比上年降20.1%，其中基本建设投资完成6.86亿元，降8.5%；更新改造投资完成6498万元，降48.1%。

【贸　易】 1999年国内消费品市场平稳增长。全州社会消费品零售总额实现16.23亿元，比上年增2.7%，考虑物价因素，实增3.7%。分行业看：批发零售贸易业零售额9.21亿元，比上年增3.6%；餐饮业零售额1.68亿元，增23.8%；制造业零售额1.33亿元，增8.8%；其他行业零售额4.00亿元，降7.4%。分经济类型看：国有及国有控股经济零售额2.86亿元，比上年降12.9%；集体及股份合作经济零售额1.19亿元，降 0.4%；其他经济零售额 12.13 亿元，增 7.6%，占总零售额的 75.0%。

对外贸易实现恢复性增长。据海关统计，1999 年全州进出口总额 18.80 亿元，比上年增 0.7%，其中进口 2.66 亿元，增 61.8%；出口 16.13 亿元，降 5.3%。1999 年，德宏州的对外贸易仍受亚洲金融危机的影响。毗邻国缅甸政府加强了对边贸出口货物的严格管制，制定了“先出后进，进出平衡和先进口国内急需货物为前提”的一系列新的边贸政策，使商品出入境困难，导致德宏已不景气的边贸更加萧条。在严峻的形势下，全州各外经贸业务主管部门和各类进出口企业，认真贯彻落实国家的对外贸易方针政策，加强市场调研，用好用活国家赋予的现行优惠政策，千方百计扩大出口。年内，通过全州外经贸系统和出口企业干部职工的共同努力，终于使德宏外经贸实现恢复性增长。据外经贸业务统计，全州完成进出口总额 22.62 万元，比上年增 17%，其中进口 55396.44 万元，增 54%，出口 17.08 万元，增 8.7%。一般贸易完成进出口总额 22124.46 万元，比上年降 36%，其中进口 14294.14 万美元，增 793%；出口 7830.32 万元，降 75.9%。对外经济技术合作项目下带出材料设备金额 10.03 万元，比上年增 3.4 倍。在边境贸易中，小额贸易完成 80121.61 万元，比上年降 32%；互市贸易完成 18274.41 万元，增 39%。外商投资企业完成销售收入 5398.16 万元，比上年降 9%。全年完成出口退税金额 13681.86 万元，比上年增 3 倍。四种进口商品先征后返税 871 万元。全年为国家和地方缴纳各种税 9142.4 万元。

截至年末，全州有经国家外经贸部核准的边贸企业 420 户，其中有报表的 226 户；一般贸易企业 8 户，其中国际经济技术合作企业 1 户。累计审批外商投资企业 94 户，其中限期整改 24 户，注销 23 户，实存 47 户。年内引进外资项目 3 个。

（张建章　杨明有　杨仲举）

（见《大事专题》165 页）

【供销合作】 1999 年，德宏州供销合作部门扭亏增盈取得成效。全州独立核算单位 92 个，其中盈利单位 11 个，比去年增 3 个；亏损总额 873 万元，减亏 302 万元，减 25.6%。

年内，加强资产和资金的经营管理。各级社对现有闲置资产进行清理，能经营增值的尽力经营起来。特别是基层供销社打开社门办市场，又在基社的场地新建了遮放、勐弄、陇巴等几个市场，共 20000 多平方米。继续完善承包经营责任制，清收各种帐款。通过工作，全年各种应收帐款 4560 万元，比上年减 2656 万元，降 36.8%；收回的欠款又积极用于还债，99 年负债 19090 万元，比上年减 2291 万元，降 10.7%。由于债务下降，减少了财务费用，99 年财务费用 579 万元，比上年降 226 万元，降 28%，降低了经营成本。

州农资公司改革经营机制，建立起“产销直挂，连销经营，配送中心”为原则的直销机制，使农资公司减少成本、增加消费者的实惠、并获得合理利润。按照把供销社办成农民的合作经济组织的要求，筹建了德宏州生猪生产经营合作社。

坚持为农服务方向，搞好农资供应。99 年度全州供销化系统为农村供应化肥 80686 吨，其中尿素 40184 吨，磷肥 5490 吨，复合肥 7674 吨，普钙 27080 吨；供应农具 40000 件；农药 250 吨。农资供应总额 9839 万元。按国发（98）39 号文件精神推行农资经营改革后，农资经营门店增多，营业时间延长，服务态度明显好转，送货上门，减少经营环节，让利于农，低价销售。仅此举措，使德宏农业成本下降了 388 万元，得到了广大农民的好评。

此外，州农资公司为龙江河谷异地扶贫承贷扶贫款 1300 万元，已投入龙江河谷扶贫款 633 万元，投放率 48.7%。

（夏开荣）

（见《大事专题》167 页）

【物　价】 市场物价持续下降。1999 年，商品零售价格总水平比上年降 1.0%，其中城镇降 0.8%，农村降 1.1%；居民消费价格总水平涨 0.2%，其中城镇涨 0.1%，农村涨 0.2%；农业生产资料价格降 3.0%。

（李兴光）

（见《大事专题》160 页）

【旅　游】 1999 年，德宏旅游业以’99 昆明世博会的召开为契机与动力，将旅游业作为支柱产业培育，经过努力，德宏旅游业出现了“九五”以来较好的发展态势。

全年全州接待国内外游客 184.22 万人次，比上年增 14.0%，其中国内游客 180 万人次，增 13.9%；接待海外游客 4.22 万人次，增 19.6%，国内旅游收入 8.25 亿元，增 47.79%；旅游外汇收入 3349 万美元，增 1.3%。全年实现旅游总收入 11.04 亿元，增 32.4%。

（见《大事专题》203 页）

【财　政】 1999 年，德宏州财政按照“统一思想，振奋精神，同心同德，艰苦奋斗，增收节支，加强监管，确保平衡，共渡难关”的财政工作指导思想，经过全州各级各部门的共同努力，全年全州财政总收入完成 32198 万元，按可比口径，比上年的 36839 万元，减收 4641 万元，下降 12.6%。其中：上划中央“两税”完成 11251 万元，为上年 12449 万元的 90.4%，减收 1198 万元；地方财政一般预算收入完成 20550 万元，为年初预算数 24774 万元的 82.9%，为州人大常委批准调整预算数 22774 万元的 90.2%，比上年同期 24074 万元减收 3524 万元，降 14.6%；基金收入完成 397 万元，比上年增长 25.3%。全州财政一般预算支出完成 64017 万元，比上年下降 8%，减支 5559 万元，为年初预算 71100 万元的 90%，压缩支出 7083 万元。基金支出完成 226 万元，比上年增长 197.4%，增支 150 万元。

99 年财政工作的总体情况是任务艰巨，困难重重，收支矛盾突出，财政平衡难度大，财政收入下滑。而造成减收的主要因素有：一是全州三大产业发展不平衡，经济发展类型不尽合理，提供“两税”的主体税源第二产业比重较低，并且效益低下，能够替代边贸和蔗糖的支柱财源尚未形成，导致税源增长潜力不足，加之食糖价格下跌和销售不畅，致使增值税减收 1562

万元，其中地方库减364万元，无法完成上划中央“两税”任务；二是第一产业的农业税计税价格下调，甘蔗农特税欠税严重，农业四税减收498万元；三是缉毒罚没收入上划省级后，罚没收入完成1031万元，比上年下降76.39%，减收3335万元。行政性收费收入比上年下降47.95%，减收350万元。针对以上困难，州政府多次召开财税工作会议，研究部署财税工作，定期分析研究和解决财税工作中遇到的新困难和新问题，给财税部门依法理财、依法治税，壮胆撑腰，并与各县市签订了“以奖代补”消赤保平责任书，把收入任务层层分解落到实处。

（许洪宏）

（见《大事专题》206页）

1999年德宏州财政一般预算收支决算总表（收入）

表一

预算科目	全州汇总	州本级	潞西市	梁河县	盈江县	陇川县	瑞丽市
一、增值税	3，636		902	450	811	498	975
二、营业税	5，584	291	1，499	415	992	507	1，880
三、企业所得税	915	187	106	71	408	13	130
四、企业所得税退税							
五、个人所得税	823	32	216	41	167	119	248
六、资源税	88		35	11	19	4	19
七、固定资产投资方向调节税	475	80	72	22	81	164	56
八、城市维护建设税	922	36	248	40	117	119	362
九、房产税	1，125	18	291	18	126	126	546
十、印花税	119	7	30	6	17	12	47
十一、城镇土地使用税	555	6	166	15	97	70	201
十二、土地增值税	6						
十三、车船使用和牌照税	301	1	149	10	37	20	84
十四、屠宰税	147		49	11	25	26	36
十五、筵席税							
十六、农业税	741		193	102	239	124	83
十七、农业特产税	2，855		669	374	716	647	449
十八、牧业税							
十九、耕地占用税	155		63	22	7	48	15
二十、契税	178	22	42	5	13	2	94
二十一、国有资产经营收益							
二十二、国有企业计划亏损补贴	－52	－50			－2		
二十三、行政性收费投入	380		13		337		30
二十四、罚没收入	1，031	188	197	53	167	108	318
二十五、土地和海域有偿使用收入							
二十六、专项收入	565	17	138	32	135	72	171
二十七、其他收入	1		1				
本年收入合计	20，550	835	5，097	1，698	4，509	2，679	5，750
本年基金收入合计	397		96	53	108	83	57

1999 年德宏州财政一般预算收支决算总表（支出）

表一

预算科目	全州汇总	州本级	潞西市	梁河县	盈江县	陇川县	瑞丽市
一、基本建设支出			902	450	811	498	975
二、企业挖潜改造资金	239	141	73		19		6
三、地质勘探费							
四、科技三项费用	41	29		4	8		
五、流动资金	158	100	28				30
六、支援农村生产支出	2，884	2，350	18	27	140	13	336
七、农业综合开发支出	917	441	85	42	99	148	102
八、农林水利气象等部门的事业费	4，264	608	860	629	898	653	616
九、工业交通等部门的事业费	1，334	433	256	22	487	13	123
十、流通部门事业费	214	165	7	9	7		26
十一、文体广播事业费	2，573	1，241	234	268	283	215	332
十二、教育事业费	12，577	1，299	3，073	1，913	2，856	1，719	1，717
十三、科学事业费	325	258	9	10	10	18	20
十四、卫生经费	5，263	1，665	751	521	689	598	1，039
十五、税务等部门的事业费	2，565	814	610	120	281	254	486
十六、抚恤和社会福利救济费	1，323	274	201	148	234	299	167
十七、行政事业单位离退休经费	6，946	1，274	1，383	869	1，520	922	978
十八、社会保障补助支出	551	128	135	59	49	141	39
十九、国防支出	97	44	22	3	9	10	9
二十、行政管理费	11，308	2，967	1，699	1，267	1，767	1，203	2，405
二十一、外交外事支出	11	1	1		5		4
二十二、武装警察部队支出	305	171	20		22	24	68
二十三、公检法司支出	4，872	1，851	642	294	726	414	945
二十四、城市维护费	1，114	115	317	38	155	39	450
二十五、政策性补贴支出	801	120	45	130	187	216	103
二十六、支援不发达地区支出	1，657	1.122	65	136	182	103	49
二十七、土地和海域开发建设支出							
二十八、专项支出	446	18	85	38	135	5	165
二十九、其他支出	1.232	552	90	51	102	93	344
三十、总预备费							
本年支出合计	64，017	18，181	10，709	6，598	10，870	7，100	10，559
本年基金收入合计	226				103	105	18

【金　融】 1999 年，德宏金融系统认真执行货币政策，面对需求不足和通货紧缩，以及深层次矛盾不断暴露的重重困难，紧紧围绕国民经济发展的总体要求，深化金融改革，提高金融服务，调整信贷结构，切实防范和化解金融风险，促进了全州经济发展。全年全州金融机构各项存款余额 45.10 亿元，比上年增 8.0%，其中企业存款 9.86 亿元，增 0.4%；城乡居民储蓄存款余额 31.30 亿元，增 9.0%。金融机构贷款余额 40.23 亿元，比上年末降 4.2%。

一、金融运行情况

(一)、存款。年内全州各金融机构认真执行国家的金融方针政策，以经济效益为中心，盘活存量为重点，积极拓展新业务，稳健经营传统业务，大力组织存款。年末，各项存款余额 45.1 亿元，比上年末增 33246 万元，增 7.96%，其中国家银行各项存款 36.01 亿元，增 31340 万元，增 9.53%；城乡居民储蓄存款 31.3 亿元，增 25931 万元，增 9.03%。虽然国家连续七次下调利率，在各项存款余额中城乡居民储蓄存款仍居首位，占69.67%；企业存款98639万元，比上年末增377万元，增0.38%；农业存款13320万元，增2282万元，增20.67%；其他存款14033万元，增2436万元，增21.01%。企业存款和储蓄存款中的活期存款增幅都远远大于定期存款的增长幅度，货币流动性明显增强。

（二）贷款。认真执行适当的货币信贷政策，贷款投入适度，增量有所减少。年末，全州金融机构各项贷款余额40.23亿元，比上年末减17699万元，降4.21%；从结构上看，短期贷款26.89亿元，降4.21%；中期流动资金贷款11001万元，增160.69%；中长期贷款10.93亿元，降8.85%。中期流动资金贷款增长的原因：企业对中期资金需求增大，资金的流动性增强，各银行适度放宽中期贷款的"闸门"支持企业的生产经营。贷款减少的主要原因：一是中国建设银行德宏州分行与中国信达资产管理公司成都分公司达成协议，对不良资产进行剥离，剥离金额18953万元；二是中国银行对部分到期贷款户抵押的房产、车辆等，依法以物抵贷，以及核销部分呆帐减少贷款。贷款总量有所减少，剔除对不良资产的剥离和核销部分呆帐减少因素，贷款供应与全州经济发展基本相适应，金融对经济的支持力度继续增强，贷款使用效益也比前几年好。

（三）现金。全年全州银行、信用社累计现金收入214.46亿元，比上年增52.43亿元，增32.36%；累计现金支出219.06亿元，增54.03亿元，增32.74%；收支相抵净投放45934万元，比上年多投放15997万元，增53.44%。现金投放增加的特点：一是行政事业管理费用支出增多，社会消费性支出增加；二是德宏州外贸实现恢复性增长，边民互市日趋活跃，边境贸易多用现金交易，增大了现金投放量；三是支持了全州重点经济建设和乡镇企业的发展，保障了工农业生产资金需要和人民群众生活消费需要。

（四）外汇管理。年内，全州银行加强外汇管理，认真做好辖内外汇、外债国际收支管理工作。全年共办理出口收汇核销217笔，金额1008万元。从结汇收入的结构看，全年累计结汇收入1039万美元，比上年减1570万美元，降60.18%。其中：贸易结汇收入984美元，占结汇收入的94.71%，降60.32%；非贸易结汇收入55万美元，占5.29%，降57.36%。从售汇支出结构看，全年累计售汇支出1334万美元，比上年增1214美元，增10倍。其中：贸易售汇支出1235万美元，占售汇支出的91.89%，增55倍；非贸易售汇支出17万美元，占0.9%，降41.38%；资本项目售汇支出82万元，占6.15%，增18.84%。全州外汇收支逆差295万美元，其中贸易收支逆差251万美元，非贸易收支顺差38万美元，资本项目收支逆差82万美元。此外，按上级有关出口收汇贴息政策及时组织对经贸局、财政部门成立出口收汇贴息办公室，全年共办理贴息61笔，贴息总价475万美元；审核核销进口付汇19笔，金额1235万美元，报审率为99.49%。外汇收支的主要特点：结汇收入减少，其原因今年多数边贸出口都以贸易或对外经济技术合作项目开展贸易，不以外汇进行结算。售汇支出增加，其原因主要受大贸公司进口货物增加所致，其次是受资本项目到期利息归还的影响。

（五）再贷款。充分运用再贷款调齐金融机构资金余缺、支持地方经济发展。年内上级下达德宏对商业银行再贷款指标1000万元，支农再贷款3800万元。人行德宏州中心支行全年对国有商业银行累计发放再贷款15笔，金额12000万元，有力地支持了商业银行旺季农副产品采购和临时头寸不足的资金需要；对农村信用社累计发放再贷款27笔，金额6700万元，解决了农村信用社头寸紧缺的矛盾。农村信用社再贷款投向主要用于农户购买化肥、籽种、茶叶种植等农副生产，为全州粮食获得丰收，做出了贡献。

二、金融监管情况

（一）1999年全辖区金融监管，以防范和化解金融风险为工作重点，做到一条龙"监管"。即：从市场准入监管，对新设金融机构进行严格审核；从营运监管，通过现场和非现场稽核检查，对已经准入的金融机构的业务活动、财务活动和经营管理状况进行监督检查和处理；从退出市场监管，对金融机构撤并和破产倒闭进行监督管理。年内按时按质按量完成了全州金融机构年检工作，全州应参检机构280个（包括保险机构）全部按时参检，年检率100%。其中102个机构合格，61个机构基本合格，1个机构不合格。此外，对国有商业银行、中国农业发展银行分支机构，城乡信用社拟任的高级管理人员进行任职资格重新审查，对不合格的取消了资格，建立和完善了高级管理人员任职资格档案。

（二）严密监控辖区内金融机构风险情况，制订风险处置预案，出现问题能妥善处理并如实上报。年内主要抓好四项工作：一是坚持合作制，针对4家城市信用社自1988年和1993年建社以来，没有按《城市信用合作社管理办法》建立"三会"民主管理组织，内部管理机制和规章制度不完善，资产质量差，亏损严重，资不抵债和支付缺口大等风险状况，整顿规范了4家城市信用合作社。二是调整高风险信用社领导班子，根据高风险的现状，先后与各县市联社进行分析，调整和充实了部分高风险信用社主任和副主任，强化了高风险信用社的管理工作和业务拓展工作，使风险得到有效控制。三是对4家城市信用社实行派驻员，对18家高风险农村信用合作社分别由州中支、农村信用合作联社、农村信用合作社三方签订了综合治理责任书，对其余的农村信用合作社实行划片包干监管，责任落实到人。四是采取有效措施对出现的风险进行及时处置，如对瑞丽市滨海、边城城市信用社出现的支付危机和挤兑，注入保支付再贷款和保个人存款支付再贷款。7月3日因传言，潞西市芒市城市信用社商场储蓄点发生存款挤兑事件，接到报案后，人行德宏州中心支行尹以庄行长和有关人员及时赶到现场，向群众宣传国家保护居民储蓄政策和法规，并临时调剂现金，缓解了储户恐慌心理，平息了挤兑风波，使支付风险得到缓解，把城市信用社的风险降到最低程度。

（三）加强会计国库监管，防范和化解资金风险。年内重点抓好两项工作：一是抓好帐户管理，严格审批各类帐户。年内共审批各种帐户 341 户，取消多头开户 32 户，并对金融机构的会计结算进行检查，使违反结算纪律的行为大大减少，保证了汇路畅通。二是认真把好入库、支拨、退库等三个关口，确保国库资金安全。年内共办理预算收入 30545 万元，办理退库 14480 万元，办理拨款 102764 万元，并圆满完成了三期国债发行 3050 万元。全年兑付国债 815525 元，充分发挥了国库职能。

（四）加强党内廉政建设，认真落实反腐败各项工作。年内人行德宏州中心支行与各县市支行、州中支各科室签订了《党风廉政建设责任制责任书》；其次是抓职工队伍党风廉政教育，全年组织职工观看党风廉政教育录像 16 次，受教育人数达 1260 人次。其三是加大防范和查处案件力度，全年全州金融系统共立案查处违法违纪案件 7 件 7 人；案件数比上年降 61.1%，涉案人员减少 12 人；涉案金额 50.44 万元，降 72%。经处理，追回经济损失 44.96 万元，追赃率达 89.14%，结案率达 100%。与此同时，还办结 1989 年末余存的旧案 4 件 4 人。

（五）高度重视计算机 2000 年问题，继续加快电子化建设。年内主要抓好四项工作：一是充分认识计算机 2000 年问题，积极防范和化解计算机 2000 年问题形成的金融风险，全面掌握全州金融系统的现状及进展情况。二是组织培训电脑人员，及时搞好计算机系统升级。三是制定计算机 2000 年应急方案，并督促各县市支行和各银行对应急方案进行演练。四是做好全州金融机构2000年计算机就绪的检查，发现问题，及时解决，确保各项业务平安顺利跨入新世纪，2000 年 1 月 1 日全州金融机构计算机渡过高风险期，平稳过渡到 2000 年。

（闫焕美）

（见《大事专题》210 页）

1999 年德宏州金融机构存款情况

单位：万元

存款项目	1999 年末余额	比 1998 年增减额	比 1998 年增减%
一、企业存款	98639	377	0.38
二、财政存款	5193	2504	93.12
三、机关团体存款		－36	－100
四、城乡储蓄存款	313028	25931	9.03
五、农业存款	13320	2282	20.67
六、委托性存款	6819	－248	－3.51
七、其他存款	14033	2436	21.01
各项存款合计	451032	33246	7.96

1999 年德宏州金融机构贷款情况

单位：万元

存款项目	1999 年末余额	比 1998 年增减额	比 1998 年增减%
一、短期贷款	268881	－13967	－4.94
（一）工业贷款	45165	－6043	－11.8
（二）商业贷款	125685	－6818	－5.15
（三）建筑业贷款	1146	－280	－19.64
（四）农业贷款	31681	296	0.94
（五）乡镇企业贷款	20007	2418	13.75
（六）三资企业贷款	1752	－40	－2.23
（七）私营企业及个体贷款	4112	－879	－17.61
（八）其他短期贷款	39333	－2621	－6.25
二、中期流动资金贷款	11001	6781	160.69
三、中长期贷款	109271	－10614	－8.85
四、委托贷款	7519	－28	－0.37
五、逾期类贷款	5629	129	2.35
各项贷款合计	402301	－17699	－4.21

【税 务】 一、国税。1999年，德宏州国税局全面贯彻落实党中央国务院提出的“加强征管，堵塞漏洞，惩治腐败，清缴欠税”的十六字工作方针。全年全州组织税收收入15837万元，占年计划的110.3%，其中国内增值税、消费税累计入库14903万元，占年计划的110%；国内增值税入库14560万元，占年计划的109.9%；国内消费税入库343万元，占年计划的114.3%。

二、地方税。1999年，全州地税共组织地方税收16939.6万元。具体分为两项：(一)、地方工商税收完成13009.6万元，完成年计划的100%，比上年增6.8%，增833.6万元。其中：工商各税完成11785.4万元，为年计划的100%，比上年增11.2%；地方国有企业所得税完成670.2万元，为年计划的95.6%，比上年降30.9%；教育费附加529.3万元，为年计划的106.4%，比上年增112.3%。(二)、农四税完成3930万元。由于甘蔗农特税减半入库政策和农业税结算价下调，致使农四税累计入库为年计划5012万元的78.4%，比上年降12.6%。其中农业税741万元，为年计划的95%，比上年降19.9%；农业特产税收入285万元，为年计划的70.8%，比上年降5.9%；耕地占用税收入155万元，为年计划的155%，比上年降11.6%；契税完成179万元，为年计划的179%，比上年降3.4%。1999年，省局下达德宏州地方税收入任务比上年完成数增1383.5万元，其中工商税收和农四税比上年实收数增6.5%和13.2%。

为确保完成全年税收任务，州局采取了各项有力措施：(一)、州局和各县市局层层制定目标管理责任制及奖惩措施，局领导和各科室负责人与各县市地税局实行挂钩联系制度，并签订了税收目标管理责任书，全面调动了干部的工作积极性。(二)、在省政府批准的16项政策措施的基础上，结合德宏实际研究制定了20条征管措施，制定了《关于实行税收目标管理责任制的通知》、《关于实行对各项政策措施贯彻落实情况进行督查考核的通知》等一系列制度和措施，促进了征管工作。(三)、强化各项税种的清查力度，不仅大力搞好了重点税种的按时入库，而且对零散税种全面进行清理，做到了税款的应收尽收。(四)、认真细致的开展税源调研工作，搞好对税源的监控，及时解决征收工作中存在的问题，保证了征收入库工作的顺利开展。

（杜建波　向　斌）

（见《大事专题》208页）

【保 险】 保险事业稳步发展。1999年，全年保费收入0.90亿元，比上年增长2.2%。其中：财产险保费收入0.42亿元，增长5.0%；人寿险保费收入0.48亿元，降2.0%。全年支出赔款4564万元，比上年增276万元，增6.4%。其中：财产险赔款2548万元，占支出赔款的55.83%；人寿险期满给付1495万元，死伤医疗给付521万元，占支出赔款的44.17%。

（见《大事专题》215页）

【审 计】 1999年，德宏州各级审计机关，坚持“依法审计、服务全局、围绕中心、突出重点”的审计工作方针，全面完成了上级下达和当地政府交办的各项审计任务，为维护德宏财政经济秩序，促进党风廉政建设做出了应有的贡献。

年内州、县（市）两级审计机关共完成省审计厅下达和州定审计项目134项，其中财政审计26项，企业审计25项，金融审计7项，固定资产投资审计1项，行政事业审计55项，农业专项资金审计13项，国外援贷款审计10项，其他项目审计3项。提交审计综合报告16个，全州有4个县（市）向各级人大作了1998年财政决算审计结果报告。通过项目审计，共查出违规行为金额10171万元，其中决定处理处罚1657万元，指明要求纠正8514万元。应上缴财政332万元，已上缴财政177万元，其中税金108万元，罚款3万元，其他违规行为金额66万元，应追回侵占挪用资金586万元。查出贪污挪用公款1件1人，移交监察部门处理2件2人。

（蒲应德）

（见《大事专题》161页）

【国土建设】 1999年德宏州土地管理系统抓住土地利用总体规划这个龙头，以保护耕地为核心，以实施土地用途管制制度，占用耕地补偿制度，基本农田保护制度和土地有偿使用制度为重点，积极推进土地使用方式和管理方式的根本转变。经州政府1999年度土地管理目标责任检查验收，全州土地管理系统全面完成或超额完成了省、州政府下达的土地管理目标各项任务，并获得省政府一等奖。年内主要抓好以下十项工作：

一、加大保护耕地和开发复垦耕地的力度，实现“确保本行政区域内耕地总量不减少”的目标。99年全州因建设占用耕地共立项开垦耕地34个，可开垦耕地97.7公顷（已完成47.57公顷），收取耕地开垦费42.62万元，收取耕地开垦保证金75.9万元。经过努力工作，全州耕地面积不仅没有减少，而且净增耕地662.6公顷。目前德宏的基本农田保护区面积已达到81%。

二、土地使用制度改革取得较好成效。年内全州国有土地有偿使用比例达到100%。土地使用权拍卖面积占土地使用权出让总面积的比例达到4.5%，比上一年提高3.86%。盘活城镇存量土地1130亩，占本年度新增建设用地面积的71.5%。

三、深入开展土地管理法宣传活动。新修订的“土地管理法”、“土地管理法实施条例”和“基本农田保护条例”于1999年1月1日起施行。全州全年发放《土地管理法》小册子815本；张贴宣传画1250张、新《土地管理法》公告3500余张和设置永久性标语牌等；通过“六·二五”土地日活动，出动宣传车走村串寨上街进单位进行宣传和开展咨询活动；全州在部、省、州不同刊物和广播电视上共投宣传稿件412条，被采用209条。

通过上述活动，使全州城镇人口受教育面保持在95%以上，农村人口受教育面提高到70%以上。

四、内涵挖潜和盘活存量土地。在99年全州新增建设用地中，除瑞章路、勐板河水库及法律规定可继续享受以划拨方式取得土地使用权的项目外，全部以出让方式办理土地使用权手续。截至年底，全州办理出让手续558宗910亩，其中以拍卖方式供地37宗，16.27亩，成交价279.51万元。共盘活城乡存量土地558宗，1130.67亩。

五、完成建设项目用地审批申报工作。截至12月底，全州承办各类建设用地585宗，面积198.69公顷（耕地79.4公顷），其中需经省、州审批的40宗189.244公顷。

六、积极参与国企改革土地处置工作。年内共参加21个单位的国有企业改革工作，并全部进行了土地处置。共处置土地41宗868.37亩，其中保留划拨10宗571.83亩；补办出让手续26宗279.22亩；原已出让的有5宗17.32亩。

七、土地管理基础建设成效显著。年内完成全州65个乡镇土地利用总体规划的编制工作，并通过省、州级评审验收，目前已按规定分不同层次逐级上报审批；完成了五个镇（乡）的土地定级估价工作，并通过州级评审验收（全州已累计完成13个镇（乡）的土地定级估价工作）；完成州境内国道、省道、县道、乡道及公路设施用地的地籍调查和登记发证工作。公路用地共97宗40823.75亩，公路设施用地148宗48.22亩；新发城镇土地证856宗，使城镇土地发证率达97.4%；共查验土地证书6492本，占应查数的87.6%；到年底完成微机建账2615宗，占32.64%，基本达到省局要求；完成年度土地利用现状变更调查，达到图件、数据、实地三统一的要求。

八、加强土地执法监察。全年全州立案调查土地违法案件22件，比上年降8.33%，并已全部结案。

九、加强业务培训。99年全州土地管理系统在职干部343人，先后参加省、州级各类培训16期。其中：参加国土资源部编印的《土地管理法基本知识培训大纲》规定内容培训的人员四期337人，培训率98.3%。

十、信访。99年全州涉及土地问题的群众来信18件，其中省局转来1件，州政府信访办转来1件。在18件群众来信中，反映违法占地4件，权属争议10件，咨询建议4件。群众来访784人次，其中反映违法占地的有17人次，权属争议208人次，征地纠纷64人次，咨询建议460人次，其他35人次。

（沈志祥）

社会生活

【科　学】　科技队伍不断壮大，科技事业取得新成果。1999年末，全州有各类专业技术人员17750人，其中事业单位16090人，企业单位1670人。县及县以上独立自然科研单位6个，人员338人，其中科技人员105人。全年获省州级科技进步奖34项，其中省级星火奖3项，省科技进步奖1项，州级科技进步奖30项。在获奖项目中，一等奖1项，二等奖6项，三等奖27项。

（见《大事专题》232页）

【教　育】　1999年，德宏州共有各级各类学校1129所；在校学生22.05万人，比上年增6727人；在校学生占全州总人口的22.05%，比上年增0.61个百分点；少数民族在校学生11.51万人，占在校学生总数的52.21%。

全年全州成人高等学校招生251人，比上年增11.6%；在校学生347人，降12.6%。普通中等专业学校招生763人，比上年增13.0%；在校学生2149人，增4.2%。普通中学招生20100人，比上年增41.9%，在校学生46036人，增22.7%。小学招生17661人，比上年降15.6%；在校生144166人，降4.4%。学龄儿童入学率达99.34%。小学毕业升学率113.75%。全年扫除文盲5512人。

在各级各类学校中，小学有859所，教学点272个，在校学生14.42万人。学龄儿童入学率99.34%，学生巩固率98.41%。全州小学有教职工6837人，其中专任教师5912人，比上年增235人；代课教师1165人；临时工204人。有普通初中61所，完全中学11所，9所小学附设初中班。初中在校学生42840人，比上年增8337人；高中在校学生3196人，增180人。有教职工3251人，其中专任教师：高中270人，初中2192；另有代课教师146人，临时工201人。有职业中学9所，职业初中3所；招生5750人，其中职业初中5481人；在校学生9434人；有“3+1”班学生77人；短期培训12个班、学员446人；职业高中6所，招生805人，在校学生1911人；另有中专学校、州民干校职高班招生291人，职业高中会计招生1096人。职业初、高中学校共有教职工323人，其中专任教师：职业初中53人，比上年增16人；职业高中171人，减1人；兼任教师363人。全州共有中等专业学校5所（含中等师范学校1所），招生763人，在校学生2149人；有教职工336人，其中专任教师196人。有中等技工学校1所，招生141人，在校生478人，教职工30人，其中专任教师16人。有教育学院、电大各1所，共有教职工97人，招收学生251人（其中中专生65人），在校生374人。有教师进修学校5所，教职工47人，其中专任教师24人。有州委党校1所，招生212人，在校生1054人，有教职工78人，其中专任教师43人。州民族干部学校1所，招生189人，在校生385人，教职工60人，其中专任教师30人。全州有幼儿园68所，招生8524人，在园（班）幼儿11808人，教职工531人，其中专任教师395人。特殊教育招生132人，在校（班）学生911人。

（陈寿昌）

（见《大事专题》221页）

【卫　生】　卫生事业稳步发展。1999年末，全州共有卫生机构128个，床位3044张。卫生技术人员3528人，比上年增1.4%，其中医师1309人，增4.5%；医士486人，降12.4%；护师705人，增12.1%；护士44.3人，降9.2%。

年末，卫生部门有卫生机构96个、病床2191张、卫生技术人员2832人（正高8人、副高62人、中级885人、初级及以下1877人）。全州每千人口拥有病床3.05张，拥有卫生技术人员3.53人。全州设置村卫生室336个，村卫生室覆盖率为98.53%。全州有乡村医生466人、卫生员418人、农村接生员651人。全州有各类社会办医机构398个、卫生技术人员530人。年内，全州财政投入卫生事业费3482万元，占财政总支出的5.4%。其中州、县（市）医院1258万元、乡镇卫生院893万元、中医174万元、防疫475万元、妇幼保健214万元，合作医疗补助42万元，其它427万元。因财政将原投入卫生事业费中的离退休人员费、药检和卫校的教育经费划出卫生事业费，财政投入卫生事业费较上年减55万元。全州卫生部门当年新增固定资产1387万元，固定资产总额达13625万元。

（向　阳）

（见《大事专题》243页）

【体　育】 1999年德宏州体育工作围绕实施"全民健身计划纲要"和人才培养"三星工程"，解放思想，抓住机遇，结合州情，积极稳妥地做好各项工作，有效地促进了全州体育事业的健康发展。

竞技体育：99年全州体育系统共有21名专职教练员（其中高级教练2人，一级教练9人，二级教练10人）。少体校（班）训练项目有：田径、游泳、排球、篮球、举重、网球，参加训练人数250人。为使竞技体育项目的普及与提高相结合，州体委分别在州民一中、州民二中、陇川一中、芒市四小、盈江民族寄宿制中学、梁河遮岛小学7所学校设置训练网点，参训人数达300人左右。各级教练员遵循训练规律，开展科学训练，运动成绩不断提高。99年度为省少体校输送运动员5人，输送大中专体育院校3人，达到二级运动员标准11人。运动成绩有新突破。年内组队参加云南省少年儿童比赛，共派出田径队、游泳队、举重队、网球队、击剑队84人赴昆明、通海等地比赛，并在德宏州府芒市成功地承办了云南省青少年排球比赛。各项比赛成绩分别为：田径队获金牌7枚，银牌6枚，铜牌3枚，团体总分第六名；游泳队获银牌2枚，铜牌8枚，团体总分男、女各第六名；女子排球队获4人组赛第一名，6人组赛第三名，3人组赛第四名；举重队获金牌1枚，铜牌1枚；击剑获金牌1枚；网球队获男子团体第五名、女子团体第四名。全年参加云南省年度比赛共获：金牌10枚、银牌8枚、铜牌13枚、4至6名44个。

为检验全州青少年竞技体育水平，州体委、州教委于2月在芒市联合举行了"99年德宏州中学生田径、篮球运动会"；5月底，州体委在畹町举行"德宏州第四届小学生游泳对抗赛"。通过运动竞赛，促进了基层训练网点的训练工作。同时，发现和选拔了一批体育苗子。

群众体育：随着全民健身活动的深入开展，全州体育工作会议于3月份召开，会议要求各级体育部门在全民健身活动中，抓住城镇职工体育活动，创造条件推动农村体育活动广泛开展，并调动社会积极因素，组织形式多样的体育竞赛活动。各级体育部门在抓好节假日文体活动的同时，坚持每年的届赛、杯赛。使全州参加城镇体育活动的人数达到146950人次。一、举办全州县（市）级体育骨干二级社会体育指导员培训班1期共21人参加培训考核，使全州社会体育指导员达55人。二、检查、督促、协助陇川县审报云南省体育先进县，工作初见成效。三、组队参加云南省第六届残疾人体育运动会，获举重团体总分第三名，单项获金牌2枚、银牌2枚、铜牌2枚，四至六名4个，并获一项"体育道德风尚奖"。

学校体育：99年德宏州体委、州教委密切配合，加强学校素质教育，从增强学生体质，提高技术水平出发，有效地促进了学校体育的向前发展。在抓好"三操一课一活动"的同时，积极开展《国家体育锻炼》达标活动，全州共有117所学校开展"达标"活动，参加人数39513人，达到标准37742人，达标率占参加人数的95.5%。全州共有147所各级各类学校举办冬季运动会，参加比赛人数达48800多人次。

农村体育：99年全州农村体育工作以陇川争创全国体育先进县，其它乡镇争创云南省体育先进乡镇和建设边疆体育风景线为重点，建设了瑞丽农民傣族边民足球比赛边疆体育风景线。以点带面，促进了各县（市）农村、民族体育活动的广泛开展。各民族利用自己的喜庆节日开展文体活动，篮球、足球、中国象棋、西瓜棋、篾弹弓、射弩、陀螺、秋千、抵棒、扭棒、爬杆、打汤叠、民族武术和文体并兼的象脚鼓、戛秧、目脑纵歌、蹬窝罗、跳三弦等项目深受群众喜爱并积极参与。全年参加农村体育活动人数达128360人次。

老年体育：99年全州新增基层老年人体育协会7个，使基层组织达到165个（其中农村33个，城镇132个）；发展新会员1073人，全州会员达到5924人。各级老年人体育协会充分发挥作用，组织广大老年人进行体育锻炼，并积极开展形式多样的体育竞赛。全年共有37706人次参加各种体育竞赛和培训活动。

（彭建平）

（见《大事专题》247页）

【环　保】 根据《中华人民共和国环境保护法》和《云南省环境保护条例》的规定，德宏州环境保护局发布了1999年德宏州环境状况公报。

一、污染物排放状况。（一）废水：排放总量6646万吨，其中工业废水排放量5637万吨，城市生活污水排放量1009万吨。废水中化学耗氧量9.31万吨，生化耗氧量4.05万吨，石油类81.14吨，其它有毒有害污染物47.68吨。全州城市污水和90%以上的工业废水基本上未经处理直接排入环境。（二）废气：排放总量89.8亿立方米，其中工业废气排放量80.9亿立方米，其中二氧化硫、烟尘和工业粉尘排放量分别为2527吨、3211吨和18243吨。工业废气处理率77.9%，机动车尾气达标率40%。（三）固体废物：城市垃圾排放量6.73万吨。工业固体废物产生量63.7万吨，综合利用率15.8%，处置率74.3%。

1999年与1998年相比，废水排放量增加244万吨，增加3.8%。工业废气排放量增加3.9亿立方米，增加5.1%。机动车尾气污染与危害得到政府和社会关注，机动车尾气治理启动。城市污水处理厂建设和全州工业污染源2000年达标工作进入主要议事日程。

二、环境质量状况。(一)、水环境质量状况。1999年，全州地面水国控和省控断面的水质均不符合《地面水环境质量标准（GB3838－88）》要求。国控断面——大盈江汇流电站水质为Ⅳ类（规定Ⅲ类）污染物为悬浮物、高猛酸盐指数、砷和总磷，超标率分别为50%、100%、33.3%和66.7%。国控断面——南畹河迭撒桥水质劣于Ⅴ类（规定Ⅲ类），污染物为PH、悬浮物、溶解氧、高猛酸盐指数、生化需氧量、氨氮和总磷，其中高猛酸盐指数和生化需氧量分别超Ⅴ类标准2.4和2.7倍。国控断面——瑞丽江姐告桥水质为Ⅴ类（规定Ⅲ类），主要污染物为悬浮物、高锰酸盐指数、生化需氧量、铅和总磷，其中悬浮物、高锰酸盐指数和总磷的超标率分别为66.7%、61.1%和66.7%。省控断面——瑞丽江戛中大桥水质为Ⅳ类（规定Ⅲ类），主要污染物为悬浮物、高锰酸盐指数、生化需氧量和总磷。省控断面——芒市河木康水质为Ⅳ类（规定Ⅲ类），主要污染物为高锰酸盐指数和总磷。此外，盈江县的盏达河下段枯水期有机物污染严重，化学需氧量和生化需氧量分别超标6倍和1.7倍，水体发黑发臭。流经我州各城市的河流受城区生活污水的污染，有机物超标严重，主要污染物为石油类、高锰酸盐指数和氨氮。姐勒水库、芒究水库水质均达到或优于Ⅲ类水质，符合要求。受制糖、造纸、城市污水和农业面源污染及水土流失的影响，德宏的水环境质量总体亦不容乐观。（二）、空气环境质量状况。1999年，潞西市区二氧化硫日均浓度0－5微克每立方米，优于《环境空气质量标准（GB3095－1996）》所规定的一级标准。二氧化氮日均浓度6－28微克每立方米，优于一级标准。总悬浮颗粒物日均浓度68－583微克每立方米，年均值达到二级标准，符合要求。畹町、瑞丽、章风、盈江、梁河各县（市）城区二氧化硫、二氧化氮和总悬浮颗粒物年均浓度可达到一级或二级标准，符合要求。德宏的空气环境质量总体上是好的。受机动车尾气的影响，一氧化碳、烟度、碳氢化合物已成为威胁德宏城市空气环境质量状况的主要污染物。（三）、城市噪声状况。1999年，潞西市城市交通噪声（昼间）平均值67.3dB，声级超过70dB的占监测道路总长度的15.4%。城市区域环境噪声值（昼间）平均值56.1dB，有50.4%的城市人口生活在噪声大于55dB的环境中，比上年增加22.0%。瑞丽市城市交通噪声（昼间）平均值67dB，声级超过70dB的占监测道路总长度的14.3%。城市区域环境噪声（昼间）平均值58.9dB，生活在噪声等效声级大于55dB环境中的人口达79.5%，比上年增加4.2%。1999年，德宏州城市交通噪声污染基本上保持在去年的水平，由于生活噪声的影响，城市区域环境噪声污染在加剧。

三、环境管理。

99年度，州环保局在州委、州政府的正确领导下，开展了一系列卓有成效的工作，使全州的环境管理工作得到了加强和提高，但是德宏的环境形势依然严峻，保护生态和污染治理的任务还十分艰巨。在生态保护方面，主要是保持全州的森林覆盖率，加强自然保护区的建设工作，努力向绿色生态州的方向发展。在污染治理方面，主要是加强现有污染源的管理，控制新污染源的产生，全面开展2000年工业污染源达标排放工作。两次对污染企业进行达标工作检查，督促企业治理工作的进展，扶持企业进行治污工作科学试验、探索新路子，使达标工作初具成效。在环保队伍的自身建设方面，主要是不断提高人员素质，改进工作方法，努力提高管理水平和工作效率，依法行政。在环境宣传方面，主要是以“六·五”世界环境日及工业污染源达标宣传为核心，提高全民环境意识，使环境工作做到家喻户晓，营造一个较好的环境气氛。

（州环保局）

（见《大事专题》218页）

【计划生育】 1999年德宏州计划生育工作保持稳中求进好势头，“三为主”工作得到巩固，“三结合”工作有新进展，执法水平进一步提高，“婚育新风进万家活动”有了良好开端。全年完成省政府下达的人口与计划生育责任指标七项中的六项。

1999年全州出生人数13617人，出生率13.23‰，比上年降1.36个千分点；死亡人数5864人，死亡率5.88‰，升0.08个千分点；自然增长7753人，自然增长率为7.35‰，降1.04个千分点；年增长8940人，年增长率为8.94‰，降1.44个千分点。在出生的13617人中，一孩出生8131人，一孩率为59.71%，比上年升0.13个百分点；二孩出生4596人，二孩率为33.75%，升0.60个百分点；多孩出生890人，多孩率为6.54%，减0.73个百分点。出生婴儿男女性别比是116.25：100。在出生13617人中，计划内出生11096人，占出生总人数的81.49%，比上年升1.17个百分点；计划外出生2521人，占18.51%，降1.17个百分点。全州有已婚育龄妇女194414人，领取独生子女证15577人；女性初婚7238人，晚婚率为54.52%，早婚率为5.90%。在已婚妇女194414人中，采取各种节育措施人数160309人，综合节育率为82.46%，比上年升0.66个百分点，其中采取“三术”的有137318人，“三术率”为70.63%，比去年升1.45个百分点。全州全年做节育手术20772例，其中“三术”14295例。

在完成省政府下达的人口与计划生育责任目标任务方面，根据全省抽样调查数据推算，省政府考核认定，德宏完成责任目标七项指标中的六项，即出生率，综合节育率，计划生育人均经费，出生人流比，重点计生户帮扶率，乡“三为主”实现率均达省下达水平；计划生育率未能完成任务。

州政府下达各县（市）政府99年人口与计划生育责任目标11项，即出生率，计划生育率，计划外多孩下降幅度，综合节育率，长效节育率，出生人流比下降幅度，重点计生帮扶率，乡“三为主”实现率，人均经费，计生部门考核。经抽样考核，潞西市完成10项，梁河县完成8项，盈江县完成8项，陇川县完成8项，瑞丽市完成10项。

（文晓燕）

（见《大事专题》249页）

【劳动工作】 1999年，德宏州各级劳动行政部门围绕国有企业改革和保持社会稳定这两项中心工作，全面推进劳动和社会保障事业发展。年内主要做了以下几方面工作：一、以贯彻“劳动法”为契机，全面开展劳动执法监察，维护劳动关系和谐与稳定。年内，共对1034户企业的劳动管理、工资支付、工作时间、社会保险费等执行情况进行年度审查，涉及劳动者28583人。二、积极培育和发展劳动力市场，努力开辟就业渠道，基本保持就业局势的稳定。全州有职业介绍服务机构49个。全年失业人员在册登记数为2005人，年内新增867人。失业率为1.24%。年内安置就业991人，占失业总数的49.4%。三、积极为国企下岗职工筹措资金，使下岗职工基本生活得到保障。年内有580名失业职工享受失业救济，比上年增284人，发放失业救济金88万元，比上年增195%。四、强化养老保险基金收缴，确保养老金按时足额发放。年内追缴养老保险费20.08万元，失业保险费25.4万元。全州为5130名离退休人员增补养老金88.62万元；为1155名退休人员补发历年拖欠养老金164.02万元。五、按照上级部署，认真完成医疗保险制度改革的各项基础工作。六、认真抓好企业工资分配监督管理，初步建立与现代企业制度相适应的收入分配制度。七、按时完成提高三条社会保障线待遇水平工作。工作中存在的薄弱环节和问题是：一、劳动工作经验严重不足，编制人员少，工作任务繁重；二、县（市）工作进展不平衡，除客观原因外，个别县（市）工作力度小，方法措施单一；三、社会保险基金入不敷出，收缴率低，欠费严重，扩大覆盖面艰难；四、再就业工作所需经费难以落实，致使再就业服务工作滞后；五、工伤保险、生育保险实施办法已报州政府审批，但工作尚未开展；六、仍有部分单位不按规定签订劳动合同，不缴纳社会保险费。

（尹可谅）

（见《大事专题》251页）

【人民生活】 1999年，德宏州人均国内生产总值达3459元，比上年减72元，减2%；年末城乡居民人均存款余额3119元，增加229元，增7.9%。职工工资水平进一步提高，99年全州在岗职工年平均工资6892元，比上年增578元，增9.2%，扣除物价因素实际增9%。其中：国有经济、集体经济和其它经济单位职工人均工资收入分别为6984元、6032元、6353元，比上年增607元、317元和314元，增9.5%、5.5%和5.2%。年内城乡居民居住条件继续改善，新建成住宅面积56.9万平方米，其中城镇居民30.5万平方米，农村居民26.4万平方米。

城镇居民生活：99年城镇居民生活水平进一步提高，据德宏州统计局城乡经济调查队对全州3县2市142户城镇住户调查资料表明：99年城镇居民人均可支配收入6358元，比上年增215元，增3.5%，扣除物价因素后实际增209元，增3.4%。人均消费支出4917元，比上年增217元，增4.6%，扣除物价因素后实际增212元，增4.5%。其中：食品支出2266元，比上年增80元，增3.7%，购买食品支出占消费支出的46.1%；衣着支出475元，减28元，减5.5%。从食物消费量来看，人均消费粮食86千克，比上年减1.7千克；人均消费猪肉23千克，减0.9千克；人均消费牛肉4.7千克，增0.2千克；人均消费蛋类5.7千克，增0.7千克；人均消费鲜菜89.4千克，增加3.1千克；人均消费鲜瓜果43.8千克，增3.6千克。99年全州每百户城镇居民拥有摩托车56辆、洗衣机98台、电风扇88台、电冰箱76台、彩色电视机115台、影碟机32台、家用电脑6台、移动电话4台、太阳能热水器62台。

农村居民生活：99年德宏州统计局城乡经济调查队对梁河、潞西120户农村住户的汇总资料表明：年人均经济收入2218元，年人均纯收入1560元，年末手存货币结余946元。年人均生活消费总支出1297万元，在消费支出中食品、衣着、居住消费支出分别为778元、53元、206元，分别占消费支出的59.98%、4.09%、15.88%；用于家庭设备及用品、医疗保健、交通和通讯支出分别为45元、43元、52元，分别占消费支出的3.47%、3.32%、4.01%；用于文教娱乐支出91元，占消费支出的7.01%；其他消费支出为29元，占消费支出的2.24%。年人均消费粮食277千克、蔬菜87千克、水果12.22千克、肉类16.68千克、蛋类1.59千克、水产品1.78千克。农村居民每日从食物中获得热量3590千卡、蛋白质92克。脂肪23.8克。农村居民每百户拥有摩托车6辆、自行车118辆、电视机63台、缝衣机72架、手表153只、钟44只、洗衣机2台、大型家具879件。

（吴庆平）

潞西市

地理

【市境】 潞西市地处云南省西部，德宏傣族景颇族自治州东南部，位于北纬24°05′－24°39′，东经98°01′－98°44′之间。南北距约62公里，东西距约71公里，总面积2987平方公里。东、东北邻龙陵县，西南接畹町市、瑞丽市，西、西北连陇川县、梁河县，南与缅甸交界。国境线长68.23公里。全市年末实有耕地面积56万亩，其中水田25万亩，旱地31万亩。农民人口人均耕地面积为2.21亩。

【气候】 1999年平均气温20.4℃，极端最高气温35.2℃（4月14日），极端最低气温1℃（12月26日）。年降雨量2014毫米，比上年增587毫米。全年日照时数2185小时，比上年增269小时。霜期30天（初霜1月3日，终霜2月2日）。

【行政区划】 1999年末，全市辖芒市、遮放、芒海、勐戛、城郊、法帕、风平7镇及轩岗、江东、五岔路、三台山、西山、东山、中山、象滚塘8个乡，共43个办事处、41个行政村和1个经济开发区。

【人口】 1999年末，全市人口

32.61万人，比上年增2905人，增0.9%。其中：农业人口25.94万人，非农业人口66703人；男性16.51万人，女性16.11人，男女人口比例约102.4：100。

【民　族】　1999年末，少数民族人口占总人口的50.98%，其中汉族15.99万人，傣族12.11万人，景颇族27125人，德昂族8819人，傈僳族2792人，阿昌族1711人，其它民族4699人。人口自然增长率为8.95%。

【投资环境】　设有省级“芒市经济开发区”和州级芒海、小街两个边境贸易口岸。县城芒市距缅甸腊戍247公里，距仰光1200多公里；陆距省会昆明785公里，空距427公里。芒市是德宏傣族景颇族自治州首府所在地，为全州三县二市政治、经济、文化中心及交通枢纽。省政府将潞西定为全省四个旅游集散地之一。公路有320二级国道纵贯市境，全市境内总通车里程为3690公里。100%的行政村、86%的合作社通公路。建有芒市二级民用飞机场，通航波音737客机。每周有14－18次航班飞往昆明。长途邮电通信装设了程控电话，所辖15个乡（镇）全部开通，并开设450兆、800兆、900兆移动电话和传真、电传、电报等电信业务。芒市设有德宏电视台、德宏州有线电视台、芒市电视台及德宏广播电台。全市15个乡镇除三台山乡外，其余14个乡镇政府所在地都安装了农村有线网。

历　　史

【简　史】　建置沿革古为“乘象国滇越”地。西汉在不韦县境内，属益州郡。东汉（公元69年）在哀牢县内，属永昌郡。西晋（271）属宁州辖地。唐初称茫施，属金齿部，隶剑南道。宋大理时易名怒谋，属永昌府。元（1261）为贺夫爵安抚使属地，至元十三年（1276）设茫施路，为潞西设行政区划之始。明（1382）改置茫施府，1443年改置芒市御夷长官司，1584年置遮放副宣抚使司，1640年芒市御夷长官司升格为芒市安抚使司。清1899年置勐板土千总。民国二年（1913）置芒板、遮卯2个弹压委员，1915年置芒遮板行政委员公署，1932年改置芒遮板设治局，1934年改置潞西设治局，1949年8月建潞西县。中华人民共和国成立后，1952年划出畹町镇，1958年曼令等8寨划归畹町镇，1959年莫里等15寨划归瑞丽县，1960年崩外乡半个乡域划归陇川县。1954年高埂田等7个乡从梁河县划入。1996年10月28日撤县设市。市内区域变更：1952年置3区24乡（镇、街）；1956年置9区（站）61乡（镇）；1958年10月至12月设15个人民公社；到1966年变更为12区（站）78乡（镇）；1969年再置14个人民公社80个大队；1984年废公社改区乡；1987年12月改区、乡（镇）为乡（镇）、村公所（办事处），辖4镇11乡84个行政村（办事处）；1998年风平等3乡撤乡设镇，全市辖7镇8乡84个行政村（办事处）。

【大事纪要】　清乾隆二十九年（1764）潞西各族人民奋起抗击缅甸辛骠信王朝入侵，历时5年。光绪二十九年（1899）中英勘界时，从缅甸索回勐板地。1937年冬至1938年修建滇缅公路芒畹段，潞西成为支援东南亚抗战交通要道。1942年5月4日日军侵占潞西，各族人民抗战。1944年5月10日各抗日部队发起滇西反攻战，12月11日潞西光复。清朝开始致力于“改土归流”未果，民国时期形成“土流”并存。1950年4月21日潞西和平解放，5月6日中共潞西县工委、县人民政府建立。1952年3月县各族各界联合政府和协商委员会成立。1953年底轩岗坝暴发反官租斗争并迅速扩展到全县全州，土司被迫取消官租剥削。同年起步地方工业建设，建起3个厂矿。1954年确定“直接过渡”政策，景颇族等少数民族区17个乡为“直过区”。5月建立全县第一个农业生产合作社。1955年7月至1956年1月傣族区、勐戛汉族区共31个乡和平协商土改。1958年急于求成，在左倾思想指导下掀起大跃进人民公社化运动，导致边疆不稳；同时以芒究中型水库为主的一大批水利设施建立起来，实现了互助合作化。1959年1月取消人民公社，开始调整农业体制，到1962年调整任务基本结束。1963年8月开展以阶级斗争为纲的两批社会主义教育运动试点和第三批面上社教，至1966年底草草收场。1966年下半年文化大革命严重内乱开始。1976年5月发生7.4级强烈地震，全县抗震救灾。1976年10月“文革”结束，开始纠正错误，平反冤假错案。1980年在勐戛、轩岗试点包产到户生产责任制，1982年全县实行家庭联产承包责任制。1983年开展林业“三定”和划自留山、责任山。80年代大力推动粮食和多种经营专业户、重点户发展，茶叶、蔗糖生产“两大支柱产业”建成。1985年退出肥猪派购，随之取消使用布票、粮票。1985年，改革开放，进入历史最好时期。1989年电汽化县建成验收。1992年芒市镇城市改扩工程起步，住房商品化改革起步，国有土地依法进入流通领域。1995年开始实施农村、企业、机关社会养老保险制度。

社　　会

【经济简述】　1999年潞西市国民生产总值126067万元，人均国民生产总值3883元，分别比上年增0.3%和减4.5%。在国民生产总值中，第一产业完成38203万元，比上年减9.8%；第二产业完成32510万元，增3.9%；第三产业完成55354万元，增5.6%。

【农　业】　1999年全市农业总产值达34802万元，比上年减8.76%，其中种植业产值23976万元，减4.57%；林业产值2512万元，减29.36%；牧业产值5453万元，减16.11%；渔业产值1034万元，增11.78%。全年农业增加值38203万元，比上年减15.22%。主要农副产品产量：粮食12.8万吨，减1.54%；甘蔗71万吨，减2.85%；茶叶1963吨，减31.88%；油料973吨，增16.82%；橡胶1155吨，减14.17%。以茶油树、咖啡、印楝“三棵树”为主的经济作物种植面积分别达2500亩、10020亩和898亩。绿色产业总面积已达40多万亩。主要林产品产量：核桃1.15万公斤，油桐籽

1.33万公斤，棕片4万公斤，采伐木林11万立方米。主要畜产品产量：肉产量8681吨，比上年减11.23%；禽蛋306吨，减21.93%；牛奶316吨，增159%。水产品总量1914吨，比上年增10.3%。大牲畜年末存栏53769头，比上年增6.7%。年末全市农业机械总动力18051万瓦特，比上年增5%，其中大中型拖拉机343台，小型拖拉机14034台，农用载重汽车108辆。化肥供应量40336吨，比上年减37.28%。农村用电量979万千瓦小时，比上年增1.87%。农田有效灌溉面积达22.4万亩。水利化程度达41%，比上年增3个百分点。

全年植树造林2253公顷，零星植树44万株，森林覆盖率达47.1%。

【工 业】 1999年，全市共有44户国有企业（含国家参股），其中17户已完成改制，占38.6%。在完成改制的企业中，改为公司制企业4户，兼并2户，出售2户，实行承包、租赁9户。此外，试行年薪制的企业有3户，占6.8%。正在改制过程中的企业有4户，占9.1%，例如：市电力公司、新桥电站和芒究水库电站3户，共同发起组建了潞西市水电有限责任公司。市红茶厂实施破产。全年技改项目4个，共完成技改投资5169万元，其中已完成2项，即法帕水泥厂新建一座28210米机立窑，投资399万元；遮放糖厂二期技改填平补齐工程，投资4600万元。全年工业总产值48945万元（90年不变价），比上年增22.2%；工业产品销售率102.7%，升4.4个百分点。其中：国有经济完成（现价）25334万元，占总额的42.7%；集体经济完成9401万元，占15.9%；中型企业（三个糖厂）完成21217万元，占49%。国有及500万元以上非国有独立核算工业企业，全年完成工业增加值（现价）17878万元。主要工业品产量：食糖75152吨，比上年增76.9%；酒精8429吨，增76.08%；机制纸及纸板3257吨，增13.2%；原煤2.91万吨，减8.2%；发电量8949万千瓦小时，减41.1%；水泥16万吨，增8.7%；木材15947立方米，减26.9%；黄金199千克，增31.9%；精制茶2080吨，减8.0%。

【乡镇企业】 1999年乡镇企业有20282个，其中集体38个，私营34个，个体20210个。从业人员42804人，比上年增7.4%。全年实现总产值66421万元，比去年同期增32%；实现总收入10.47亿元，增34.7%；工业产值18730万元，增26.5%；利润3967万元，比上年增6%；实缴税金3049万元，比上年增18%。

【贸 易】 1999年全市社会消费品零售总额60471万元，比上年增0.7%。其中：国有经济零售额16160万元，集体经济零售额6774万元，分别比上年减6.61和3.49。全市共有个体工商户7319户，从业人员10691人，注册资金6824万元；私营企业147户，从业人员2684人，注册资金7069万元。全年提供税收1945万元，占全市财政收入的22.4%。全市城乡集体贸易成交额达39465万元，比上年减1.09%。

对外贸易，1999年全市进出口总额达21455.8万元，比上年增126%，创历史最高水平。其中：进口1265.7万元，出口20190万元。一般贸易867.7万元。对外经济技术合作完成16339.9万元。边境贸易完成4248万元。边贸进口主要商品有：木材、干胶片、藤条、玉石；出口有：建材、石蜡、纺织品、百货、药品、日用杂品、文化用品、农用生产资料、机械设备、稻种等。

【财 政】 1999年全市完成财政收入7992万元，完成上划中央两税收入2817万元，两部分合计10809万元，比上年增22.15%。市级财政支出10709万元，比上年减7%。

【金 融】 年末全市专业银行各项存款余额13.1亿元，比上年减17.09%；全市金融机构现金总计收入46.5亿元，增15.96%；现金总支出46.7亿元，增12.8%。

【经济协作】 1999年全市累计结转协作项目8项，项目总投资8377万元，其中协作方投资3504万元，潞西市投资4873万元。年内有协作项目1项，项目投资250万元，其中云南力裕商贸有限责任公司投资150万元，芒市硅厂投资100万元。年内协作项目实现总产值4699万元，利润444万元，上缴税金542万元，分别比上年增加842万元、244万元和212万元。年内积极参与在昆举行的全国农产品展销会、旅游交易会和昆交会。全年共引进外资项目3个，总投资622万元。

【物 价】 全年全市社会商品零售价格指数为100.1%，比上年增0.1%，升0.7个百分点；农产品收购价格指数为98.4%，升0.5个百分点。

【旅 游】 全年全市旅游涉外星级饭店营业收入1060万元，接待游客19.81万人次，其中接待海外游客1300人，外国旅客1224人，国内旅人天数20.35万人次。其他宾馆饭店营业收入2188万元，接待游客11.44万人次。旅行社营业收入1141万元，接待游客28534人次，其中接待中缅旅游出境人数27293人次，出境旅游接待51750人天，组织人员参观世博园17800人。景区、景点、民族风情游览区接待10万人次，树包塔接待41240人次。

【建筑业】 全年全市建筑业完成增加值391.4万元，比上年减92.52%；建筑房屋面积3.3万平方米，与上年持平；建筑房屋竣工面积1万平方米，减3.3%。全员劳动生产率15824元/人。

【交 通】 全年全市交通完成增加值9312万元，比上年增13.1%。年内全市境内总通车里程3690公里，其中国道91.5公里，省道72.5公里，老国道复线53公里，经济干线潞盈路148公里，市乡道317公里，乡村道543公里，村社道1168公里，专用道26公里，林区道47公里，蔗区道1323公里。在上述公路中，晴雨通车里程1008公里，占总里程的27%。全市每平方公里拥有公路1.23公里，拥有汽车4755辆。全年货物周转量

16113万吨公里，比上年增19%；旅客周转量2269万人公里，增19.9%。

【邮　电】　年内完成邮电业务量3232万元，比上年减20%．住宅电话新增用户3601户，年末拥有电话机23437部，比上年增18.2%；电话普及率达7.2部/百人，增1个百分点；拥有移动电话6599户。年末局用交换机容量38650门，长话电路2537路。

【国定资产投资】　1999年全市固定资产投资22560万元，比上年增25.88%，其中国有经济投资17485万元，增85.83%；集体经济投资1491万元，减69.48%；其它经济类型投资3584万元。分投资类型情况看：基本建设投资15240万元，比上年增76.92%；更新改造投资1610万元，增172.88%。分行业投资情况看：农牧鱼水利业完成投资2482万元，能源工业完成665万元。全年施工项目68个，施工项目计划总投资36064万元，其中新开工项目42个，新开项目计划总投资25864万元。全部建成投产项目48个，全社会新增固定资产13799万元。

年内城乡基础设施建设情况：完成了象滚塘公路和勐丹公路弹石路改造工程；风法公路那目段；勐戛公路芒里到勐戛段已开工建设；完成了芒市营建路、友谊路步行街、街心花园、开发区珠宝路与320国道相连接的全互通式立交桥等重点市政建设工程；完成了芒市大街、芒市自来水厂14.5公里输水管理和市区筒网改造；芒市开发区400套经济适用住宅建设工程进展顺利；总投资9000多万元的勐板河水库于12月30日破土动工。

【人民生活】　1999年潞西市城镇居民人均生活费收入7399元，比上年增6.04%；农民人均纯收入1053元，减3.75%。全市城镇职工工资总额10775万元，比上年增0.8%；职工平均工资5965元，增8.32%。年末城镇居民人均住房面积20平方米，农村居民人均居住面积19平方米。年内有7639名职工参加失业保险，15395名参加基本养老保险（其中农村社会养老保险10名，企业单位养老保险7814名，行政事业单位7571名）。

【教　育】　1999年潞西市的教育工作坚持贯彻实施科教兴市和可持续发展战略，以实现“两基”为重点，以落实“两全”为目标。全年投入“普九”经费1743万元，启动了“普九”工程。投资1561万元，完成基建项目37个。全市有各级各类学校388所（含州直4所，其它17所），在校生66123人，占全市总人口的20.46%；少数民族学生33878人，占在校学生总数的51.23%，比上年提高2.25个百分点。其中：有幼儿园15所（含州直1所，私立9所），学前班35个班，在园幼儿3126人；小学350所（含农场6所），在校学生数42432人，学龄儿童入学率99.57%；普通初中17所，在校学生14526人，比上年增37.5%；普通高中3所（州直2所），在校学生1501人。全市在职教师3106人。小学辍学率0.43%，中学辍学率1.6%。年内全市有1575人参加高中（中专）考试，其中州外中专录取113人，州内州师范录取46人，高师预备班录取7人，自费生、电视中专录取38人，其它中专录取68人，普通高中录取396人。全年全市有323人参加高考，考取本科6人，专科32人，普通中专6人。99年还涌现出州级先进教师15人，市级先进教师61人。全年共办扫盲班37个，组织文盲半文盲青壮年1077人入学，其中脱盲812人，脱盲率为65.3%。

【科　技】　1999年全市国有企业事业单位共有各类专业技术人员4618人，其中事业单位3892人，企业726人。年内建立了“所市”科技合作关系；建立了英特网终端站；建立了政府对科技成果的奖励制度；实行农科教统筹，加大了科技对部门和行业的渗透力。成功地组织“人与自然”大型科普宣传活动，共展出图片131幅，并获州政府表彰。年内农函大报收学员758人，开办专业14个。此外，举办职初班65个，学员3250人。

【文　化】　1999年全市有业余演出队15支，围绕春节、泼水节、目脑纵歌节、世博会召开和建国五十周年等重大节目，精心组织了文艺表演、丢包对歌、民俗服饰展演、傣戏演出等活动。共举办各类展览4次，展出美术书法作品500余幅。春节期间，市文化局与河南静电植绒书画院联合举办了《中国书画家作品展》和《河南静电植绒书画院作品展》；协助市科协举办了《人与自然》展览；参与《德宏州五十年成就展览》，共制作展版150余块。市图书馆在全国开展的第二次县以上公共图书馆评估定级工作中，被文化部任命为三级图书馆。年内新购图书435册，订报刊65份，馆内藏图书50527册，接待读者2.89万人次，图书流通44890册次，流通率达80%以上。市民族文工团曾连续五年被评为“全省百团千场演出”先进单位，年内到边境县市、缅甸南坎等地演出145场，观众达29万人次。

1999年全市文化市场经营户已发展到369户，从业人员1310人，其中歌舞厅104户，电子游戏42户，保龄球2户，音像制品批发1户，零售、出租72户，音像放映18户，录像带压制VCD1户，图书报刊34户，五小印37户，工艺美术30户，摄形摄像11户，已形成遍及城镇、农村的文化市场网络。

【广播电视】　全年拍摄7集专题片，宣传本市50年来各条战线取得的成就；拍摄了本市改革20年来取得的重大成就的专题片40多集。文艺部在原有《五彩荧屏》的基础上新增了《百味人生》、《影视漫步》；广告专题部增加了广告文艺，拍摄了6部专题片。全年共播出汉语新闻103组798条，傣语新闻89组714条，载瓦语70组593条。在播出的新闻中，图象新闻占93%。全年播出专题18部，《五彩荧屏》46期，边陲春潮46期，动画片380部（集），电视剧155部。全年播出时间达4800多小时。

【体　育】　1999年全市举办各类比赛17次，参加人员7000多人次。在全市50所中小学中开展体育运动达标活动，达标率为96%。参加全州中学生田径蓝球运动会，荣获田径团体第二名，女子蓝球第五名，男子篮球第四名。参加第四届游泳对抗赛，获团体第二名。年末，全市老年体协发展到22个，会员近900人。年内老年体协共举办门球和地掷球比赛6次。

【卫　生】 1999年全市有医疗机构36个，比上年增1个；有病床1178张，减0.84%；专业卫生技术人员1395人，增4.10%（其中医生661人，护士467人，分别增4.4%和3.32%）。有乡村医生和卫生员445人，农村接生人员193人。全年共进行疫苗冷链行转12次，发放各种疫、菌苗242393人份。全年全市儿童人数4600人，建卡4512人，建卡率为98.08%。四苗全程覆盖率94.04%，合格接种覆盖率92.38%。

【环境保护】 全年全市工业废水处理率76.6%，废水排放达标率2.6%，工业燃料燃烧废气消烟除尘率98.8%，生产工艺废气净化处理率64.5%。清理各种垃圾19251吨，比上年增2615吨；清运粪便1057吨，降333吨。城区街道降尘洒水4120吨，增2944吨。市区有16条主要街道，日清扫2次，清扫保洁面积为27.35万平方米，人均清扫3852平方米，比上年增132平方米。有直管公厕10座。新种植行道树1000余株，铺植草坪5000平方米，培养绿化苗木3100株。

【领导干部名录】

中共潞西市委

书　记　李春华

副书记　管国照（傣族）、包孔道（景颇族）、和红梅（女，纳西族）、方正福（傣族）、岳明（景颇族）

潞西市人大常委会

主　任　包孔道（景颇族）

副主任　段　朝、赖永良（德昂族）、方岩喊（傣族）、杨发兴

潞西市政府

市　长　管国照（傣族）

副市长　杨跃先、张丽萍（女）、宝德昌（景颇族）、李志坚、刀小周（傣族）、谢馨莹（女，挂职）

潞西市政协

主　席　排勒恒（景颇族）

副主席　李勒弄（景颇族）、杜仕华（纳西族）、腾二召（傣族）、肖志强（傣族）、多秀芹（女，傣族）、伍俄凹达（傣族）

中共潞西市纪委

书　记　唐勒迈（景颇族）

副书记　杨雯嵝、板杏压（傣族）

中共潞西市委工作机构、市群众团体

市委办公室

主　任　陈川云

市委组织部

部　长　番绍芬（女）

市直机关工委

书　记　李富炳

市委老干部局

局　长　安洪有

市委宣传部

部　长　尹正忠

市委统战部

部　长　肖志强（傣族）

市政法委

书　记　包孔道（景颇族）

市委党校

校　长　和红梅（女，纳西族，兼）

常务副校长　孔祥中

市芒市经济开发区管理委员会

主　任　宝德昌（景颇族，兼）

副主任　杨学放

市保密局

局　长　杨茂勋

市总工会

主　席　马春美

市农工部

部　长　王选荣

市团委

书　记　何秀娟（女，景颇族）

市妇联

主　席　周云英（女）

市残联

理事长　叶永富

市工商联

会　长　杨朝明

市人大常委会工作机构领导名录

市人大办公室

主　任　董加根

法制工作委员会

主　任　曹连春（阿昌族）

财政经济工作委员会

主　任　谢定荣（傣族）

教科文卫委员会

主　任　杨兆武

选举联络委员会

主　任　许本武

民侨委员会

主　任　排勒都（景颇族）

市人民政府工作机构领导名录

市人民政府办公室

主　任　章朝阳

市计划经济委员会

主　任　李勒用（景颇族）

市科学技术委员会

主　任　黄国荣

市科学技术委员会

主　任　岳大科

市教育委员会

主　任　李梅仙（女，纳西族）

市计划生育委员会

主　任　杨保良（女）

市文化体育局

局　长　朱宽育（傣族）

市民族宗教事务局

局　长　排永明（景颇族）

市经济体制改革委员会办公室

主　任　黄国荣（兼）

市史志编纂委员会办公室

主　任　李　青

市外事办公室

主　任　张德友

市扶贫办公室

主　任　番汝华

市“18”工程办公室

主　任　番汝华（兼）

市公安局

局　长　杨守刚（白族）

市司法局

局　长　杨庆国

市民政局

局　长　冯方祖

市档案局

局　长　刘汉卫

市人事局

局　长　张勒干（景颇族）

市劳动局

局　长　朗　岩（傣族）

市交通局

局　长　李和平

市城乡建设环境保护局

局　长　赵恩泽

市城乡企业管理局

局　长　罗林生

市土地管理局
局　长　管有成（傣族）
市农业局
局　长　谢　波
市林业局
局　长　蒋家才
市水利电力局
局　长　周云生
市国税局
局　长　线　三（傣族）
市地税局
局　长　岳志新
市外经贸局
局　长　杨映娣（女）
市审计局
局　长　汤学刚
市监察局
局　长　杨雯嵝
市技术监督局
局　长　高崇云
市统计局
局　长　刘汉东
市物价局
局　长　李勒用（景颇族，兼）
市工商管理局
局　长　赵国旺
市卫生局
局　长　雷洪明
市财政局
局　长　宋光明
市检察院
检察长　孙学锦（景颇族）
市法院
院　长　金依所（傣族）
市反贪污贿赂工作局
局　长　杨朝友
市侨办、侨联
主任、主席　左利民（女，白族）
市广播电视局
局　长　李振强
市农机局
局　长　杨太生
市粮食局
局　长　李晓世（傣族）
市旅游局
局　长　寸丽萍（女）
市畜牧局
局　长　余绍秦

市政协工作机构领导名录
政协办公室
主　任　赵福所
经济委员会办公室
主　任　杨枝和
民宗三胞委员会办公室
主　任　李勒用（景颇族）
提案委员会
主　任　董生远
科教文卫委员会办公室
主　任　唐维忠（99年2月退休，现暂空缺）

中共潞西市纪委工作机构领导名录
办公室
主　任　彭家顺
案审室
主　任　李永明
纪检监察室
主　任　杨荣愿
监察综合室
主　任　杨惠云（女）
执法监察室
主　任　杨常炳
教育调研室
主　任　赵勒宗（景颇族）
信访办公室
主　任　李木尚（女，景颇族）

企事业单位领导名录
市物资总公司
总经理　方岩勇（傣族）
市供销社
主　任　鲁孟刚
市蔗糖生产办公室
主　任　许国光
市茶办
主　任　曹兴联
市芒市糖厂
厂　长　谷兴源
市遮放糖厂
厂　长　李国留
市华侨糖厂
厂　长　聂兆顺
市芒市中学
校　长　周苏华
市民族中学
校　长　李继忠
市教师进修学校
副校长　杨晓峰（主持工作）
市人民医院
院　长　李德茂

市金融系统领导名录
市人民银行
行　长　罗本祥
市工商银行
行　长　黄　亮
市农业银行
行　长　乐江云
市农村信用合作社
主　任　易岩保（傣族）

芒市经济开发区

芒市经济开发区是云南省人民政府批准的省级经济开发区，总体规划面积9.8平方公里，由商贸区、金融区、工业加工区和珠宝城区等部分组成。省人民政府授于芒市经济开发区管委会在开发范围内，原则上行使地州一级的经济管理权和部分市级行政管理权，实行省级开发区的有关政策和管理权限。对进入开发区的投资者，由开发区管委会按照简化程序，方便投资方办事效率的原则，统一办理手续。投资者可享受开发区的有关优惠政策。

一、招商引资

(一)、1999年进区企业共13户，其中从事商业、服务业等第三产业的占绝大多数；州外投资者2户，占15%。协议投资总额2748万元。

(二)、进入开发区正式投入建设单位（含个体）52户，总投资2829万元。

(三)、新建芒市经济适用住宅小区400套，总投入5000万元。

二、区内基础设施建设

1999年开发区会同德宏州交通局，经省交通厅批准，投资960万元（其中开发区投资450万元）修建珠宝路与320国道芒市过境线交汇处全互通式立交桥；投资140万元，修建长430米，宽26米的开发路；投资100万元，修建工业片区的长270米的农田灌溉沟；投资120万元，修建锦华路下段路基工程；投资30万元，修建等相路下段路基工程；投资10万元，修建金相路路基工程；投资12万元，修建银相路路基工程；投资18万元，修建振兴路、翡翠路路灯照明设备工程；投资2万元，进行芒翁路的推土工程。投资15万元，用于解决立交桥的绿化用水和电览问题。

三、土地征用及出让

1999年共征地361.99亩，其中由于受芒市大街工程建设影响，无法耕种，而被开发区征用181.768亩。应付征地费1448万元，实付1041万元。

全年共出让国有土地使用权52.97亩，应收土地出让金630.717万元，实收304.6727万元。

四、资金收支

全年共收入土地出让金1108万元，货款570万元。总支出1590万元，其中支付征地费1041万元，基础设施建设工程支付383万元，上缴财政50万元，支付利息70万元，其它支出46万元。银行存款88万元。1999年是建立开发区以来发展速度最快、投入最多的一年。全年总计投入开发区的资金为9419万元。

领导干部名录

芒市经济开发区管委会

主　任　宝德昌

副主任　杨学放　谢仲立

乡镇概况一览表

单位：(米、公里、平方公里、亩、个、户、人、%、‰、人/公里、万元、千克、头、张)

项目			芒市镇	遮放镇	勐戛镇	芒海镇	风平镇	城郊镇
地理位置				西南	西南	南	西南	东北
政府驻地			芒市	遮放	勐戛村	芒海	风平村	街坡村
海拔			920	820	1370	960	807	910
距县城距离			0	45	33	84	9	
土地总面积			5.2	283	389	105	150	247
耕地面积			1948	101788	61121	9069	59074	46701
其中	水田		1598	48137	16080	4018	43547	26370
	旱地		350	53651	45041	5051	15527	20331
	人均耕地		0.03	2.38	2.19	1.74	1.87	1.54
行政区划	辖行政村		4	9	9	3	5	7
	自然村		2	85	81	26	35	104
	合作社		8	87	109	21	85	110
人口民族	总户数		15940	9814	5519	992	6532	5987
	总人口		58157	42771	27846	5202	31647	30347
	其中	傣族	9701	30382	153	592	29321	18825
		汉族	41307	9151	25248	2097	1968	10829
		景颇族	2820	1867	254	2001	236	157
		阿昌族	389	1	5	4	15	1
		傈僳族	381	142	516	500	0	263
		德昂族	206	889	1542	0	43	249
	人口出生率		8.44	12.51	11.37	11.95	10.41	11.82
	自然增长率		4.13	6.83	5.93	7.13	5.0	7.45
	人口密度		11184	151.13	71.58	49.54	210.98	122.86
经济效益	总收入		1691.5	9162.76	3977.92	1169.75	6537	6946.09
	净收入		558.9	5054.4	2579.4	505.27	3931.3	2886.73
	人均纯收入		1623	1436	947	991	1263	935
	总费用		1132.6	4108.36	1398.52	664.48	2605.7	4059.36
	国家税金		45.7	127.97	43.18	13.41	198.2	173.86
	集体提留		8.8	75.83	29.06	2.66	41.09	28.71
农作物总面积			2897	101858	92871	11383	77929	64047
其中	甘蔗		0	46074	12238	1201	14729	10354
	粮食		2698	51503	68236	9020	61387	47733
	茶叶		127	452	10863	1028	173	4672
	油料		72	3365	782	83	1588	1278
	水果		0	464	752	51	52	10

续上表

项目 \ 乡镇			芒市镇	遮放镇	勐戛镇	芒海镇	风平镇	城郊镇
农作物总产量			867	1944.5	52397	7218	80342	52022
其中	甘蔗		0	173459	42778	4883	53516	36957
	粮食		857	20044	9111	2289	25430	14771
	茶叶		5	33	290	21	15	67
	油料		5	312	35	1	114	98
	水果		0	602	183	24	1267	129
畜牧	牛存栏		11	4211	7953	1556	1282	3957
	猪存栏		1590	24134	17428	2523	19455	17701
	羊存栏		0	0	3853	502	0	1121
教育	中学	中学在校学生	3663	1735	1498	256	1315	1453
		教职工人数	350	67	74	19	57	68
	小学	小学在校学生	4596	5593	4127	730	3899	3772
		教职工人数	251	202	183	41	190	188
卫生	医务人员		17	41	22	10	11	19
	病床		10	30	17	5	20	20
	卫生室		4	8	9	3	5	7
	乡村医生		6	20	21	5	10	19
文化	文化站		1	1	1	1	1	
	电影院			1	1	1	1	
	广播站		1	1	1	1	1	1
领导干部	乡（镇）党委书（代）		卢振军（代）	王绍昆	何立洪	邵云峰	李云江	杨安贵（代）
	乡（镇）政府乡长		腾开伦	金二保	汤成毕	保孔陇	景二团	郗为民
	乡（镇）人大主席		毛先周	郭三保	陈庭甲	曹玉才	徐添福	李发聪

（续表一）

项目 \ 乡镇		法帕镇	轩岗乡	江东乡	五岔路乡	象滚塘乡	西山乡
地理位置		东南	西	西北	西	北	西南
政府驻地		法帕村	轩蚌村	河头村	五岔路村	象塘村	弄丙村
海拔		878	960	1900	1800	1400－1500	1500
距县城距离		7	27	40	60	17	64
土地总面积		224	152	228	202	112	257
耕地面积		43635	33016	21143	38000	7377	37289
其中	水田	31253	18703	13542	11851	3757	10321
	旱地	12382	14313	7601	26149	3620	26968
	人均耕地	1.63	1.92	0.73	3.0	1.18	3.41
行政区划	辖行政村	6	5	8	6	3	6
	自然村	67	45	89	62	53	58
	合作社	92	51	110	64	36	48

续上表

项目			法帕镇	轩岗乡	江东乡	五岔路乡	象滚塘乡	西山乡
人口民族	总户数		4989	3437	5878	3391	1290	2171
	总人口		26777	17179	28961	16536	6275	10948
	其中	傣族	20173	11872	48	4	10	4
		汉族	6296	5112	27319	10786	6178	1223
		景颇族	21	151	56	4889	3	9483
		阿昌族	11	3	1271	7	0	2
		傈僳族	2	5	55	2	58	0
		德昂族	253	8	39	833	24	229
	人口出生率		10.75	16.77	14.95	16.91	12.42	14.95
	自然增长率		4.81	9.99	8.95	10.04	5.57	8.16
	人口密度		119.54	113.02	127.02	81.86	56.03	42.6
经济效益	总收入		112	211	102	34	132	67
	净收入		2912.63	2402	2491.2	1390	421.6	843.33
	人均纯收入		1059	1396	847	850	693	779
	总费用		1915.09	1602.4	1779.98	1176	213.38	922.78
	国家税金		164.5	71.2	98.5	32	6.49	15.64
	集体提留		43.56	22.6	18.21	12	4.56	12.73
农作物总面积			62366	53068	54338	50378	16665	40086
其中	甘蔗		3612	16729	6411	14232	2183	18154
	粮食		54385	30352	36513	29370	11105	18729
	茶叶		2454	4672	10494	5632	3000	2570
	油料		1721	1280	920	1025	274	628
	水果		194	35	0	119	103	5
农作物总产量			30319	83364	58201	68292	7452	68607
其中	甘蔗		12985	73535	49582	62624	5524	64880
	粮食		17019	9305	7940	5475	1865	3563
	茶叶		61	218	514	144	35	80
	油料		142	95	63.5	15	15	16
	水果		112	211	102	34	13	68
畜牧	牛		3627	2668	5444	5355	1113	5485
	猪		15697	8699	11518	7088	1938	5892
	羊		3701	195	577	113	984	58
教育	中学	中学在校学生	1417	966	1336	873	428	556
		教职工人数	53	38	58	25	18	27
	小学	小学在校学生	3435	2749	4088	2602	907	1648
		教职工人数	173	121	158	96	44	77
卫生	医务人员		19	17	17	13	7	10
	病床		10	15	20	16	10	12
	卫生室		6	5	8	6	3	6
	乡村医生		13	10	21	12	6	11
文化	文化站		1	1	1	1	1	1
	电影院		1		1	1	1	1
	广播站		1	1	1	1	1	1

续上表

项目 \ 乡镇		法帕镇	轩岗乡	江东乡	五岔路乡	象滚塘乡	西山乡
领导干部	乡（镇）党委书记	刘宏儒	姚永庆	张再学	杨朝余	杨升虎	杨宏
	乡（镇）政府乡长	岳三过	李志能	陈茂永	何光生	文恩贵	李勒堆
	乡（镇）人大主席	刀三	岳正茂	郭兆华	姚昌华	段世苍	李勒干

（续表二）

项目 \ 乡镇			东山乡	中山乡	三台山乡
地理位置			西南	南	西南
政府驻地			弄丽村	小街丫口	木令坝
海拔			1400	1100－1070	1100
距县城距离			66	74	30
土地总面积			128	296	158
耕地面积			19454	26316	36213
其中	水田		4448	9000	4113
	旱地		15006	17316	32100
	人均耕地		3.48	2.31	5.55
行政区划	辖行政村		4	5	4
	自然村		28	71	48
	合作社		27	56	29
人口民族	总户数		1043	2197	1375
	总人口		5590	11372	6522
	其中	傣族	10	17	12
		汉族	2715	8072	1559
		景颇族	2656	1292	1239
		阿昌族	0	2	0
		傈僳族	27	831	10
		德昂族	177	632	3695
	人口出生率		21.6	14.41	13.03
	自然增长率		13.98	10.26	5.37
	人口密度		43.67	38.42	41.28
经济效益	总收入		774.65	1272.76	1126.87
	净收入		375.05	758.95	374.81
	人均纯收入		692	682	590
	总费用		399.6	513.81	752.06
	国家税金		8.2	10.48	5.98
	集体提留		2.24	7.48	4.34
农业产值	总产值		1889	2986	2380
	增加值				
	其中	种植业			
		林业			
		畜牧业			
		渔业			

项目 \ 乡镇			东山乡	中山乡	三台山乡
农作物总面积			21070	36460	40690
其中	甘蔗		5568	3179	25387
	粮食		13663	29955	12809
	茶叶		1147	2647	1761
	油料		40	5	601
	水果		652	674	132
农作物总产量			19905	11723	75870
其中	甘蔗（百公斤）		17220	7015	73752
	粮食（吨）		2651	4631	2031
	茶叶（百公斤）		23	58	53
	油料（百公斤）		2	0.1	24
	水果（百公斤）		9	19	10
畜牧	牛存栏		2047	3447	2173
	猪存栏		2007	10628	2598
	羊存栏		582	4131	20
教育	中学	中学在校生	303	713	477
		教职工人数	19	23	21
	小学	小学在校生	832	1653	1100
		教职工人数	50	82	57
卫生	医务人员		7	8	11
	病床		10	10	10
	卫生室		4	5	4
	乡村医生		8	12	8
文化	文化站		1	1	1
	电影院				
	广播站		1	1	1
领导干部	乡(镇)党委书记		查大伟	周荣山	杨绍刚
	乡(镇)政府乡长		郭勒腊	金鑫德	杨伍清
	乡(镇)人大主席		郭密佤	晏美聪	包腊龙

（《路西市》，除历史条目为李青撰稿外，其余均为朵明先撰稿）

瑞　丽　市

地　理

【市　境】　瑞丽市地处云南省西部，德宏州西南部。位于东经97°31′~98°01′，北纬23°51′~24°11′之间。陆距省会昆明896公里，距州府芒市106公里，为320国道终点，是昆瑞公路与史迪威公路的交汇处。其东连潞西，北接陇川，西北、西南、东南三面与缅甸克钦邦、掸邦村寨相连。距缅甸木姐市区4.5公里，南坎镇区32公里，九谷市区26公里，八莫市138公里，仰光市981公里。其间均有跨国公路（瑞南路、瑞八路、畹九路）与之相通。它是中国对缅贸易的主要口岸，是面向东南亚、南亚的重要窗口，是国家一级口岸，是大西南沿边重要开放城市。国境线长169.8公里，有大中型界碑（附碑）65座，大、小渡口和通道36个，是云南省边境线上界桩和渡口通道最密集的地段，是开通中缅陆水连运大通道及泛亚铁路，借江出洋的桥头堡。

全市总面积1020平方公里，山区面积占80%，坝区面积占20%；有耕地面积18.7万亩，其中水田10.9万亩，旱地7.8万亩；全市森林面积46080公倾，森林覆盖率为45.7%。

【气　候】　瑞丽市地处北回归线北侧，属南亚热带湿润性季风气候。全年分旱、雨两季，气温高、日照长，历年平均气温20℃。湿度大、雨量多，历年平均降水量1397毫米。

【行政区划】　瑞丽市为县级市，下辖姐告边境贸易经济区，瑞丽市边境经济合作区，瑞丽市畹町经济开发区和弄岛经济开发区，4区均为副县级；勐卯、城关（畹町）2镇，芒棒、混板、姐勒、姐相、弄岛、户育、勐秀7乡；城关、姐告、团结、姐岗、勐卯、银河、瑞宏7个办事处，24个行政村；229个合作社，274个自然村。国营瑞丽农场实业集团总公司下辖勐卯、贺腮、弄岛、雷允、卡兰、莫里6个分公司。国营畹町农场辖9个生产队，场部驻混板乡。

【人　口】　1999年末，全市总人口108298人，其中农业人口68914人，非农业人口39384人。在总人口中，少数民族人口62957人，占总人口的58.1%。人口出生率14.7‰，死亡率5.88‰，自然增长率8.839‰，人口密度每平方公里106人。

【投资环境】　1999年1月，经国家旅游局验收组严格验收，授予瑞丽市“全国优秀旅游城市”光荣称号。被称为德宏第一路的岗勐路（南段）建成并绿化完毕，成为中缅边境一道亮丽的风景线。市容、市貌更加美观、整洁，城市工程不断完善，彻底改变了电灯不明，道路不平，用水不清，通讯不灵的面貌。

历　史

【简　史】　瑞丽，历史悠久，是德宏开发最早的地区，是傣族的发祥地，被誉为傣族的摇篮。据考古发现，瑞丽地区早在三、四千年前就有先民在这里劳动生息。

据傣文史籍《嘿勐沽勐》记载，公元前364年，勐卯果占壁王国建立。秦汉时属哀牢。唐代属永昌。宋隶大理腾越府。元至元三年（1330）置麓川路军民总管府。明洪武十五年（1382）置平缅宣慰使司，万历三十二年（1604）设勐卯安抚司。清顺治十六年（1659），仍设勐卯安抚司，隶腾越厅。民国初，在勐卯设弹压委员，民国四年（1915）改设行政委员，民国二十一年（1932）改瑞丽设治局。1942年日军入侵勐卯，设治局人员撤离，1945年日本战败投降，瑞丽光复，仍恢复设治局。

1950年4月，瑞丽和平解放，建立各民族民主联合政府。1952年，经中央人民政府政务院批准设瑞丽县。1992年6月26日，经国务院批准撤瑞丽县设市。1999年2月8日，撤销畹町市，其所辖行政区域并入瑞丽市。

社　会

【农　业】　1999年，瑞丽市进一步明确冬季农业发展思路，按“一切从市场需求出发，配置资源和作物品种，围绕优化结构，提高效益，发展名、特、优、新、稀作物品种及良种、良法、良制、良销相结合”的方针，充分发挥瑞丽冬春光温土地资源优势，实行政策、科技、投入倾斜。全年全市共播种冬季作物93647亩，复种指数达193%，比上年增6个百分点。冬季作物总产63735吨，总收入达5320.9万元，比上年增6.9%。冬季作物农村人均纯收入505.3元，商品总量达59300吨，商品率达90%以上。

大春生产方面，采取积极优化大春作物品种结构，提高农业综合效益之法。大力办好丰产示范样板，并以“样板”带动大面积生产。年内全市共完成大春粮豆播种面积104679亩，其中优质稻种植45094亩，占48.0%。全市大春粮豆总产41451吨，比上年减8.6%。

全年全市大、小春粮食总产51859吨，比上年减4030吨，减7.2%；农村经济总收入22221.76万元，减120.56万元，减0.54%；农民人均纯收入1845元，减22元。

【工　业】　瑞丽市国有企业皆属中小型企业，规模小，产品单一，抗风险能力差；企业负债面大，负债率偏高，资产运行质量不高；加之国有企业遗留下来的体制不顺、机制不活、产权不清、权责不明的弊端，造成工矿企业生产经营管理不善，缺少竞争意识，经济效益滑坡，利税下降，亏损增大的局面。针对上述情况，瑞丽市积极推行国有企业改革，至1999年末，全市已改制6户，占全市40户国企的15%，其中1户采用“出售”方式，5户采取“股份合作制”的方式。1999年工业总产值18181万元，比上年增5.9%。主要工业产品产量：食糖26902吨，比上年增19.9%；酒精2417吨，增28.4%；机制纸2041吨，增6.4%；发电量2400万千瓦小时，增7%；原煤15458吨，降38.8%；水泥90000吨，降10.7%。

【乡镇企业】 1999年，由于国内市场需求不旺，边境小额贸易无大的突破，农村产业结构调整步履艰难，乡镇企业发展速度减缓，有的指标出现了负增长。全市乡镇企业从业人员12657人，比上年减341人，降2.6%；完成营业收入29407万元，增4.2%；完成总产值25726万元，增3.8%；完成利税5415万元，减495万元，降8.4%。

【贸　易】 1999年，对外贸易面临各种挑战，经受了严峻的考验，并取得边境贸易在低谷中平稳运行的成绩，扼制了瑞丽口岸注册的边贸企业边境贸易大幅度下滑的势头。年末，经国家外经贸部批准备案的边贸企业有167家，已开展经营并报送报表的企业有85家，注册资金12669万元。据统计，全年进出口总值10.6亿元，比上年减12.9%，其中进口6150万元，增12%；出口10亿元，减14%。进出货物22.2万吨，比上年增2.8%，其中进口2.2万吨，出口20万吨。在国家外经贸部批准并经营的85家企业中，全年共交纳税金934.4万元，口岸建设费和各种费用1130.7万元。有10家企业创汇收汇金额达434.8万元。有24家出口退税，共办理退税金额2740.5万元。

国内商业销售总值完成2036万元，比上年降54.2%；年末商品库存972万元，降27.4%；上缴税利138万元，降2.13%；固定资产原值3634万元，降0.8%。

【财　政】 1999年，瑞丽面临国内市场疲软，食糖价格大幅度下跌，边境贸易仍在低谷徘徊的困难局面。为保证财政收支平衡，年内加强税收征收管理，加大稽查力度，做到应收尽收。此外，加强对行政、事业单位预算外资金管理，严格控制“人、车、会、活”支出，树立“节支也是增收”的观念。年内基本保证各机构的正常运转，人员工资、企业离退休人员养老金、城市居民最低生活保障金均能正常发放。全年财政总收入13371万元，支出12304万元，收支相抵滚存结余967万元。实现了收支平衡，略有节余的目标。

【金　融】 年内金融机构采取积极措施，促使存贷双双增长，有力地支援了地方经济的发展。年末各项存款金额15.35亿元，比上年增8.6%；各项贷款余额92574万元，降1.2%。

【经济协作】 本市横向经济联合与协作在连续几年边贸大幅度下滑，来往人员减少，经济处于低潮的情况下，始终坚持“以贸易立市，以旅游活市、以农业富市、以工业强市、以文明保市”这一宗旨。全市的经济协作和引资工作在困难较大的情况下仍取得新成绩。全年共引进内联企业项目23项，项目总投资15371万元，其中协议资金13535万元，实际到位1836万元。引进项目按区域划分：省内14家，省外9家。引进项目按行业划分：内贸公司14家，饮食娱乐服务业5家，工业加工业3家，其它行业1家。

【物　价】 1999年1～10月，商品零售物价指数为99.2%，比上年降0.3%；城镇居民消费价格指数100.5%，涨4.4%；农产品成交价格指数98.9%。全年商品零售价格总水平涨幅控制在2～3%，居民消费价格总水平涨幅调控在4～5%。主要监测种类粮食、肉、食、禽蛋、鱼、蔬菜等的平均指数为96.95%，比上年降3.05%。年内认真开展行政事业性收费的年度审验，审验率达100%，共检审168户，收费总额为1998万元。受理评估案件87件，评估总价值211.94万元。清费治乱168起，罚款24616元。针对群众反映强烈的热点、焦点社会问题，共查处各类违价案件174件，实行经济制裁总金额44126元，维护了正常的市场秩序。

【技术监督】 在1999年的“3.15”行动中，销毁4卡车假冒伪劣商品，标值30余万元。“九九”质量月出动执法人员48人次，重点抽检商家和店铺35家。年末查获一批假冒“三无”产品锁，涉及金额25万元；查获假冒日本本田—100型摩托车30辆，涉及金额11万余元；对瑞丽市城区销售手机的9个门市部执法检查，扣留没收手机31台，查获定量包装严重不足的普钙化肥76吨。全年共处罚没收128621元，行政事业收费37156元。现场处罚24件，立案处罚5件。

针对瑞丽优秀旅游城市珠宝交易量大的特点，年内配套资金10万元，完善了检验和测试手段。全年出据鉴定证书、检定卡310份，技术咨询服务150人次，咨询检定78起。办理代码证640份，收办证费及罚款67220元。

【旅　游】 1999年1月，瑞丽市通过长期的“创优”工作，终于跃入“全国优秀旅游城市”的行列，捧回了“优秀旅游城市”的证书和金杯。云南省人民政府邀请’99中国国内旅游交易会筹备会的全体代表到瑞丽考察，其中有国家旅游局市场开发公司的领导及全国22个省、自治区、直辖市旅游局市场处处长。瑞丽秀美的自然风光和浓郁的民族风情，给他们留下了深刻印象。5月’99昆明世博会开幕期间，开展了瑞丽旅游大规模促销活动，与77家旅行社和177家昆明的宾馆酒店架起友谊之桥，共散发宣传资料11.53万份。布置的展台，荣获“优秀展台奖”。8月，在北京西客站加入了“中国旅游”电脑能摸屏网络，在“旅游街”设立9幅瑞丽自然风光灯箱。11月，《有一个美丽的地方》获全国热点旅游城市“广之旅”杯“特别金奖”和“MTV”制作奖。

全年旅游总人数166.2万人次，比上年增5.5%，其中国内游客95.3人次，增12.7%；国外游客70.9万人次，减2.8%。在国内游客人数中，旅行社经营人数11.67万人次，其中参加中缅边境游的9.02万人次，占全州边境旅游总人数的81%。组织国内旅游人数2.435万人次，组织国外旅游人数0.216万人次，其它途径参加中缅边境旅游的6.47万人次，其它途径参加市内旅游人数77.159万人次。在国外游客人数中，港奥台游客2.034万人次，欧美的游客1.97万人次，缅甸游客65.466万人次。

1999年瑞丽市旅游业总收入为2.8743亿元，比上年增11.9%。旅游商品创汇占全市旅游创汇收入的比重是27.3%，比上年降12.29个百分点；旅游业总收入占GDP的比重是38%，比上年降1.59个百分点。

【建筑业】 全年全市竣工验收工程48个，竣工面积37649.78平方米。合格工程48项，合格率达100%。优良工程9项，优良率19%。加强了工程造价和招投标管理工作，对国税局姐勒营业所办公楼、瑞一中科技楼进行了公开、公平投标。全年办理施工许可证126份，出动214人次对在建工程进行检查，补办各种手续42份，处罚施工主管人4起。

【交　通】 1999年瑞丽市的交通建设“坚持从经济干线为龙头，带动市乡公路，乡村公路全面发展”的方针。年内中缅陆水连运通道建设工作进入实施阶段，瑞（丽）八（莫）公路，八莫港测设完毕，第一阶段的设计图和选址报告，通过中缅两国工程技术专家联合审查验收。瑞章二级公路的征地、拆迁工作圆满结束。市乡公路建设有新突破，勐秀至小街弹石路改建工程，经验收评定为优良工程。班岭口岸公路30公里改建工程进展顺利。等扎公路（7公里）、广平公路（12公里）改建已全面铺开。全年共完成公路建设投资670.35万元，其中瑞八路水毁修复工程300万元。年末全市已有公路337.54公里，其中国道32.6公里，省道109公里，口岸及市乡公路137.54公里，乡村公路58.4公里。年末，公路平均好路率为73.1%，比上年升2.1%，名列全州第一，被评为全省公路养护先进单位。

【邮　电】 1999年，全年完成邮政业务总量161.11万元，比上年增16.73%；邮政业务收入432.09万元，增11.39%。其中：函件完成18.37万元，比上年减7.48%；包件完成114.47万元，增28.76%；汇兑完成51.98万元，减11.86%；特快传递完成53.69万元，增19.47%；机要通信完成0.93万元；报刊发行完成37.53万元，增15.56%；储蓄完成103.49万元；集邮完成28.03万元；音像制品收入完成15.20万元；其它收入完成8万元。全员劳动生产率达7.08万元，比上年增9.4%。

电信市场由于受边贸滑坡的影响，增长幅度有所缓慢。年内利用几个主要节日让利，取得较好成绩。全年完成电信业务收入3814.17万元，比上年减2.1%，其中部属电信业务收入完成3619.79万元，农话电信业务收入完成194.38万元。全年市话用户净增2418户，总到达户19210户；农话用户净增888户，总到达户2642户。全市电话普及率达17.70%；电话村净增7个，总到达数11个；公用电话亭净增134户，总到达户605户；数据用户净增8户，总到达户39户；数据增值业务净增166户，总到达户219户。国内长话达到454万张，比上年增3.34%；国际港澳电话达6.4万张，减53.83%。

【固定资产投资】 1999年，瑞丽市完成全社会固定资产投资18614万元，比上年降27.6%，完成年计划的62%。全年完成水利工程1331件，第三期农业综合开发任务已顺利完成；市乡道路改建完成20.7公里，投资307.35万元；市区街道、公共场所改建10000平方米，安装路灯196盏；畹町、姐告经济开发区基础建设进一步加强，合作区岗勐路南段竣工通车。全年房屋施工面积25.58万平方米，比上年降14.7%，竣工面积15.57万平方米，降22.7%。瑞丽淘宝场、畹町生态园、瑞丽江漂江游、芒林独树成林、莫里热带、亚热带雨林风景区等一批旅游景点景区初步建成。

【人民生活】 1999年瑞丽市农村人均纯收入2000元，比上年增5.9%；城镇居民人均可支配收入7000元，增10.4%；居民消费价格涨幅控制在3%以内；城镇登记失业率控制在2%以内；全市人均占有粮食479公斤，比上年减8.6%；年末城乡居民储蓄存款余额11.13亿元，增12.7%。

【教　育】 1999年全市教职工1096人，其中专任教师813人，行政职员168人，工勤人员115人；少数民族教职工388人，占教职工总数的35%；小学专任教师合格率99.6%，初中专任教师合格率96%，高中专任教师合格率80%。全市有小学49所，358班，毕业生2350人，招生1404人，在校生11505人，其中少数民族生7962人；初中9所，91个班，毕业生1460人，招生2127人，在校生4653人，其中少数民族生2556人；幼儿园10所，69个班，在校生总数2111人，其中少数民族生707人；职高1所，8个班，招生数62人，在校生177人，其中少数民族生111人；普高2所，19个班，毕业生108人，招生139人，在校生305人，其中少数民族生144人；成人技校1所。参加中考478人，被上级学校录取256人，其中升普高118人，升中专70人，升职高68人。参加高考70人，被各级各类学校录取65人，其中重点本科8人，一般本科10人，专科31人，预科5人，电大3人，高职班2人，中专6人，升学率为92.85%。全市学校占地面积1390亩，现有建筑面积14.03万平方米，其中砖混面积66331平方米，砖木面积67930平方米，土木面积6065平方米。99年新增校舍2993平方米，完成校舍改造1005平方米，修缮8348平方米，共投入资金160万元。全年支出教育事业费2592.9万元。教师节期间，组织举办了“瑞丽教育50年”成果展。

【科　技】 1999年4月，市科委牵头举办了“人与自然”科普周活动，参观人次超过1万余人次。与各乡（镇）党委，各经济开发区工委签订实用技术培训责任书，开展了果树丰产技术、冬早蔬菜栽培技术、综合养殖技术的培训5期，参培人数3000多人次。科普活动取得优秀成绩，瑞丽一中申报的“全国第五届青少年生物与环境探索活动”获全国组织奖，《校园植物调查》获云南省三等奖。南京里村公所邦宛社副社长李准弄、弄岛乡贺允村养猪致富能手杨春典两位农民被省政府授予“第五批农民学科学、用科学积极分子称号”。接入中国电信169网，实现了信息处理现代化。“甘蔗丰产栽培综合配套技术示范”通过省科委组织验收，水浇地平均亩产达9吨；鳜鱼引种人工饲养获得成功；开展名贵药材石斛种植示范；对酒精废醪液的治理研究取得重大突破，并申报专利。对申报的27项科技成果进行评审，其中5项获州1999年度科技进步奖。

【文　化】　市艺术团参加了中国昆明’99世博会开幕式首场演出，并担任迎宾任务；在建国50周年云南成就展德宏展馆开幕式上作文艺表演，提高了德宏的知名度。全年共演出112场次，其中国外交流2场，下乡36场，市区74场，观众人数达16.6万人次。市文化馆馆员龙斯鸿撰写的《现代少数民族绘画创作品思考》荣获文化部、浙江文化厅颁发的三等奖。市影视中心全年放映221场，义务放映36场，丰富了城乡文化生活。对省级文物保护单位的等喊弄奘房进行维修，签定了姐勒金塔的保护合同，对勐卯古城（平麓城）及土司大院进行档案调查整理。图书发行又上新台阶，全年购进多种图书64万余册，比上年增6.67%；销售65万册，增1.56%。堵源截流，净化文化市场，多次当众销毁淫秽物品和非法出版物上万余张（盒），烧毁非法录像带373盘，VCD660盘。史志工作有新进展，编写了《瑞丽五十年大事记》，在报上连载。完成了《瑞丽土地志》编写，出版了瑞丽首部散文小说集《孔雀之恋》，在全省发行。

【广播电视】　1999年自办节目播放新闻稿件151组1024条，傣语新闻130组910条，景颇语新闻130组910条，专题节目《边陲明珠》播出27期，《经济生活》播出62期，各类通知通告444条。无线电视转播中央一台节目5942：55小时，转云南省台节目3570：25小时，瑞丽台自办节目324：20小时，州民语台新闻节目31：02小时。有线台转播中央一台节目6388：48小时，云南省台节目5010：58小时，州电视台新闻节目82：00小时，州民语台265：25小时。调频立体声广播（94.9MH2300W）转播5592：04小时；中波广播转播中央台一套节目5194：19小时，云南台一套节目4910：08小时。在全州片检活动中，各项技术指标名列前茅，并连续七年获省厅颁发的先进台奖。新建了勐立、弄贤、等扎、班岭行政村及勐立白沙地、雷弄武甸自然村的”211”工程。改造弄岛乡、勐秀乡广播电视站设备，收看效果大大提高。投资近50万元，将原来的主干线逐步换成光缆，分支干线也逐步换成用中12同轴电缆，分片分段将原来的450MH2系统改造为550—750MH2系统。从元月传送的21套电视节目增加到26套。

【体　育】　新年伊始，把群众参加健身长跑作为新生活的开端，600余人参加越野赛。“青年杯”足球赛已成为瑞丽的热门赛事，比赛紧张激烈，竞技水平逐年提高。“职工篮球赛”已延续22届，持续20余天，47场。首场增设健美操表演、有奖竞猜和有奖问答活动，观众达数万人次。承办了德宏州第七届钓鱼比赛活动，有33支代表队90余人参加。年末全省群众体育工作会议在瑞丽市召开。

【卫　生】　全市年末有国家卫生机构17个，病床331张，卫生技术人员499人。卫生队伍中有高级职称人员8人，中级141人，初级等350人。每千人拥有病床3.1张，拥有卫生技术人员4.7人。全市有行政村26个，设置卫生室23个，有乡村医生48人，农村接生员169人，平均每村拥有乡医1.8人。全市有各类社会办医机构119人，有卫生技术人员119人。儿童计划免疫全年建卡率100%，卡介苗99.2%，脊灰疫苗98.1%，白白破97.6%，麻疹96.8%，血苗全程免疫96.3%，乙肝疫苗35.8%。全年开展三次大规模灭鼠活动，共投放灭鼠毒饵纳盐毒谷66380千克，敌杀鼠3000千克，杀它仗200千克，灭鼠覆盖率坝区达100%，山区达94%。共进行鼠疫细菌学检验1503只，血清学检验200份，均为阴性，未发现鼠疫疫情。妇幼卫生工作有新进展，中英卫幼卫生项目进展顺利。当年新法接生率95.52%，比上年升0.23个百分点；孕产妇保健覆盖率70.47%，升3.48个百分点；0－6岁儿童保健覆盖率61.26%，升9.37个百分点；开展妇女病查治1087人。开展“五大卫生”监督监测，全年监督各类食品314件，合格率95.3%；监督食品生产经营单位3724户次，合格率96.8%；体检1828人，合格率95.2%；处罚59户次，销毁食品5717公斤。全市诊疗病人132126人次，入院7167人，出院7174人，治愈率62.9%，好转率32.9%，死亡率1.2%。

【环　保】　年内普遍开展污染治理，净化空气，水质达标和噪声达标治理工作。主要对市糖厂、纸厂、水泥厂的工业污染源进行治理。水泥厂投资22万元安装了多功能组合式水除尘器，粉尘排放降低了40倍；造纸厂投资47万元，对其排污管进行更新改造；市糖厂拟定投资200万元，进行酒精废醪液治理计划。全市环保工作的重点是筹建“瑞丽市城市污水处理厂”，11月征地29.8亩，预计总投资1188万元。加强市容市貌和环境卫生管理，全年累计出动2100人次，611车次，清理整治街道12条；管理教育违章摊点4250余起，没收取缔摊点161个；拆除有碍市容市貌建筑56户，1792平方米；与9条主街道的沿街面单位、居民户签订“门前三包”责任书125户，签订人行道承包面积38523.70平方米，行道树1131株，草坪面积1985.60平方米，公用果皮箱62个。45名清扫人员累计完成清扫面积29.16万平方米，比上年增5600平方米，人均清扫6480平方米。处置工程渣土、建筑垃圾19827立方米，签订管理责任书126家，查处违规案件16起。垃圾粪便日清80吨，全年共清运垃圾2.92万吨，粪便600余吨。做到日产日清，车去场净。自来水供给建设快速发展，水质浊度、大肠杆菌、游离余氯、细菌总数四项指标合格率达96.9%，基本达到国家饮用水标准。

（杨光和）

【领导干部名录】

中共瑞丽市委

书　记　孟必光（傣族）

副书记　思利章（傣族）、杨治祥、夺石当（景颇族）、俄　吞（傣族）

瑞丽市人民政府

市　长　思利章（傣族）

副市长　刀承济（傣族）陈玉龙、周湛鸿、排　生（景颇族）、刀晓瑞（傣族，女）

瑞丽市人大常委会

主　任　夺石当（景颇族）

副主任　张育清（白族）、刀承英（傣族，女）、线坤成（傣族）、岩　板（傣族）、排春阳（景颇族）、郑统腊（景颇族）、朱如弼

瑞丽市政协委员会

主　席　丁德田

副主席　李林盛、张光兴、钱有昌（傣族）、何亚东、排桂红（景颇族，女）、沙保强、线诺坎（景颇族）

瑞丽市纪委

书　记　帅罕罗（傣族）

副书记　约喊冷（傣族，女）、李自品、庄本廉

瑞丽市人武部

政　委　柴云生

部　长　方建新

瑞丽市人民法院

院　长　刘　森（傣族）

瑞丽市人民检察院

检察长　丁原东

瑞丽市委工作机构、群团领导名录

党　办

主　任　康北斗

宣传部

部　长　谷忠寿

组织部

部　长　曹先聪（阿昌族）

统战部

部　长　钱有昌（傣族）

农工部

部　长　杨恩培

团市委

书　记　黄　彪

工　会

主　席　杨宝祥

妇　联

主　席　相　很（傣族，女）

工商联

主　席　金承高

市委党校

校　长　杨治祥

机关工委

书　记　李云鹏

老干部局

局　长　罗长春

机要局

局　长　苏卫东

保密局

局　长　荣丽榆

市侨联

负责人　邓庆飞

市老年体协

副主席　何瑞强（主持工作）

政法委

书　记　夺石当（景颇族，兼）

副书记　杨建成、张育清（白族）、刀承济（傣族）、金依凹（傣族）、夺石金（景颇族）

纪委办

主　任　陆　杰

瑞丽市政府工作机构领导名录

政府办

主　任　张　新

驻昆办

主　任　李鸿伦

人事局

局　长　许毅刚

财政局

局　长　储国富

劳动局

局　长　张昆丽

公安局

局　长　孙进东

政　委　包志宏（傣族）

电信局

局　长　李继勇

邮政局

局　长　王　晖

经贸委

主　任　王进文

计　委

主　任　郭明晓

监察局

局　长　庄本廉

土地局

局　长　王成刚

国资局

局　长　陈世忠

统计局

局　长　饶华兰（女）

工商局

局　长　赵　钏

文化局

局　长　高　云

史志办

主　任　陈　江

广播电视局

局　长　冯增寿

卫生局

副局长　段连民（主持工作）

教　委

主　任　杨正堂

体育局

局　长　赵瑞生

科　委

主　任　洪宗群

计生委

主　任　刘安杰

档案局

局　长　姚成强

科　协

主　席　刀晓瑞（傣族，女，兼）

审计局

局　长　段朝忠

司法局

局　长　杜春松

安全局

局　长　陈启宏

政　委　王祥文

农业局

副局长　陈世护（主持工作）

畜牧局

局　长　杨继周

水利电力局

局　长　冯文杰

林业局

局　长　夺石干（景颇族）

民政局

局　长　窦祖林（傈僳族）

民宗局

局　长　黄勒弄（景颇族）

扶贫办

主　任　张尚林

经协办

主　任　计永瑞

交通局

局　长　陈永山

边贸局

局　长　张光兴

物价局

局　长　翟会春

技术监督局
局　长　林光辉
旅游局
局　长　赵重璞
城建环保局
局　长　刘星华
地税局
局　长　董瑞义（德昂族）
国税局
局　长　冯怀超
房改办
主　任　张　芬
地震办
副主任　张志勇（主持工作）
气象局
局　长　张正荣
乡镇企业局
局　长　李　强
外事办
主　任　蔡映春
口岸办
主　任　何文忠
侨　办
主　任　赖品祥
残联
主　席　排　生
理事长　龙应明
体改委
主　任　刀承济（兼）
副主任　张　芬（女）、冯绍团
银河街道办事处
主　任　马天景
瑞宏街道办事处
主　任　罗安会
粮食局长兼粮油总公司
总经理　方光华
糖业总公司兼糖厂厂长
总经理　耿怀建
商业总公司
总经理　那振远
外贸总公司
总经理　刘志明
物资总公司
总经理　董应汉
供销总公司
总经理　李金才
农机局长兼农机总公司

总经理　岩　洼（傣族）
汽车运输总公司
总经理　董自元
瑞丽客运站
站　长　吴正端
瑞丽长途汽车客运公司
经　理　陈　宏

瑞丽烟草专卖局
局　长　杨正源
瑞丽民族医院
院　长　何亚东
瑞丽第一民族中学
校　长　党　颖

瑞丽市人大局级领导名录
人大办公室
主　任　樊德康
民族侨务委员会
主　任　王建国
财经工作委员会
主　任　张国翔
法制工作委员会
副主任　李光灿
选举工作委员会
副主任　刘宗春

瑞丽市政协局级领导名录
政协办公室
主　任　包崇向
提案法制委
主　任　陈仕明
经济侨务委
主　任　施之绪
民族宗教委
主　任　刀晓阮（傣族）

瑞丽市金融系统领导名录
人民银行
行　长　高德明
中国银行
行　长　杨国超
工商银行
行　长　张正华
农业银行
行　长　彭启明
农业发展银行
行　长　岩　过（傣族）
建设银行
行　长　张亚杰
财产保险公司
经　理　张　黎
人寿保险公司
经　理　张　勇
农村信用联社
主　任　赵应娟（女）
省州驻瑞丽单位领导名录
瑞丽海关
关　长　尚秉忠
瑞丽检验检疫局
局　长　罗建国
边防检查站
站　长　付平波

政　委　施明富
边防工作处
处　长　李康平
边防工作站
站　长　徐德良
省稻作站
站　长　岳建强
州热作所
所　长　杨崇宽
甘蔗试验站
站　长　董立平
州林科所
所　长　尹家必
德宏进出口公司瑞丽分公司
经　理　李仕林
瑞丽公路养护段
段　长　徐　魁

（陈　江）

姐告边境贸易经济区

地处瑞丽江东岸的姐告边境贸易经济区建于1990年12月26日，距市区4公里，总面积3.4平方公里，是云南省第一个经国家批准的经贸、旅游型经济开发实验区。1998年6月，省政府现场办公会到姐告调研后，批准建立姐告边境民族集市贸易园区。此后，姐告率先成为中国第一个免收一切行政费用的地区。

1999年4月，中共中央政治局常委、全国政协主席李瑞环，在省委书记令狐安、省长李嘉廷等的陪同下视察姐告，对进一步加大姐告的开放搞活作了重要指示。姐告工委管委以此为契机，先后向省政府、省人大、省政府经济研究中心和省外经贸厅，以及国务院干部委边贸调研组分别上报了《关于姐告进一步开放搞活的请示》、《关于设立云南姐告边境保税区的请示》、《关于设立云南姐告自由贸易区的请示》、《关于姐告口岸历年边贸发展的材料汇报》以及《缅甸木姐现行的优惠政策》等一系列报告，引起省委、省政府的高度重视。1999年12月，联检部门迁到姐告大桥以西。中缅街和国门两个通道的通关时间得到延长。

加强姐告城市管理，量力而行搞好基础建设。年内，为完善攀钢和华城小区的配套设施，投资6.31万元，建了2号消防通道；为提高瑞丽江姐告岸的防洪能力，投资

21.41万元，修建2号防洪拦水坝；投资21.1万元，完善允岗至姐告的输变电及供水能力；投资20余万元，绿化姐告环境和修补沥清路面，进一步完善姐告的基础设施。全年到姐告投资建设的有16家，总建筑面积为3963.46平方米，总投资211.44万元。

土地开发是经济开发工作的重点，上半年依据集市贸易园区成片开发要求，先后将国内已出让的5块40余亩土地调整到其他地区。根据省政府《关于设立云南姐告边境保税区方案》确定的“出口加工、仓储、商贸和旅游”的四大功能，制定了新的土地出让规划。全年催收土地出让款72万余元。年内出让土地8.31亩，收到土地出让金111.45万元。依法收回部分土地使用权，敦促16家购地户动工建设。

年内，认真落实“园区”优惠政策和边民互市补充的相关政策。凡是进入姐告集市贸易园区的企业和个体经营者，免征工商管理费、环卫费及办证、建设管理费等；禁止任何单位以任何名议向企业和个体工商户、村民乱摊派、乱集资；变管理为服务。姐告免税商店自5月注册经营至12月，已上交税收30余万元，成为新的纳税大户。边民互市额从原每人每次1000元放宽至3000元，全年边民互市进出口总额达7942.57万元，边境小额贸易达10.6亿元，货物吞吐量22.4万吨。

全年认真开展经济检查，依法打击走私贩私、偷税、制假售假等违法行为。工商分局查处各类违法案件26起，总价值40余万元；国税分局查处偷税大小案件263起，查补税款50.5万元；公安分局进一步落实片警制度，加强对流动人口和特种行业管理，创造了全年未发生大小火灾事故的良好成绩。年内，姐告新瑞文明小区被州政府命名为模范文明社区。

领导干部名录

中共姐告边境经济贸易区工委

书　记　王达章

姐告边境经济贸易区管委会

主　任　王达章

副主任　杨　智、张德刚、李正品

畹町经济开发区

畹町行政区划调整，是国务院、省委省政府在调整、改革和完善行政区划体制中作出的重要决策。中共瑞丽市畹町开发区工委克服若干不利因素，旗帜鲜明，大胆工作，积极做好口岸的社会稳定工作。做到思想不乱，作风不懈、工作不断、队伍不散，为建制调整的顺利实施提供了重要保证。

1999年5月1日，畹町经济开发区挂牌授印大会圆满召开，畹町行政区划调整工作进入具体实施阶段。在对外贸易竞争激烈、贸易政策不断变化的新形势下，畹町经济开发区首先保持了比较稳定的增长速度，其次使新的贸易方式成为新增长点。全年完成对外贸易总值3.91亿元，比上年增2.33%，其中进口14030.3万元，增101.72%；出口2511万元，降19.76%。全区实现工业总产值（按现行价计算）4039.8万元，比上年增4.3%。

全体私营经济发展迅速，年末有个体工商户和私营业主931户，比上年增16.2%；注册资金2668.2万元，增4.9%；个体从业人员1780人，增13.1%。人民生活水平有明显提高，城镇居民人均可支配收入6472.24元，比上年增1.23%；城镇居民人均消费性支出4542.37元，降2.91%；农民现金收入3021.38元，增17.43%。城镇人均居住面积23.65平方米，农村人均居住面积21.6平方米，两者均高出全省水平。城镇登记失业率为2%，底于全省3.5%的指标。

年内，通过推行综合治理目标管理责任制，开发区综合治理工作取得明显成效。全区全年签订责任书71份，边贸货场等先进单位受到州政法部门的表彰。清理文化市场3次，收缴淫秽物品97件，盗版VCD15本，清查取缔赌摊24个。700多名干部职工参加“合同法”普法考试，营造了良好的社会发展氛围。

（杨光和）

领导干部名录

畹町开发区工委

书　记　俄　吞（傣族）

副书记　金依凹（傣族）、董伍、李林章

畹町开发区管委

主　任　杨兴丛

副主任　夺石金（景颇族）、成保平、金岩保（傣族）

畹町开发区工委工作机构领导名录

工委办

副主任　赵双应　（主持工作）

组织部

副部长　王凤英（主持工作）

宣传部

副部长　赵立新（主持工作）

统战部

部　长　马云生

农工部

部　长　徐长发

机关党委

书　记　寸丽贵

政法委

副书记　苏银山

老干局

副局长　付开伦（主持工作）

保密局

局　长　万怀臣

共青团

书　记　唐勒弄（景颇族）

工　会

主　席　郭　敬

妇　联

主　任　李映兰（女）

老年体协办

主　任　段　熙

侨　联

主　席　杨绍辉

畹町开发区管委工作机构领导名录

管委办

主　任　杨立新

计　委

主　任　童国斌

档案局

副局长　龚宇萍广电局

局　长　李　群

计生委

主　任　高桂英

糖　办

主　任　孔自武

体育局

局　长　马昆龙

司法局

局　长　李文斌

粮食局

局　长　张绍华

外事办

主　任　刘　俊

科　委
主　任　陈畹晨
气象局
局　长　赵家留
卫生局
局　长　张保森
民政局
局　长　黄应生
监察局
局　长　褚罗忠
侨　办
主　任　谯京林
民宗局
局　长　腾罕戈
城建局
局　长　朱敬生
安全局
局　长　张　翊
经贸委
主　任　周唐江
人事劳动局
副局长　汤成有（主持工作）
公安分局
局　长　施学志
土地局
局　长　杨文兴
乡镇企业局
副局长　李开忠（主持工作）
旅游局
副局长　李开成（主持工作）
文化局
局　长　杨钧龙
农林水局
局　长　依　摆（傣族）
交通局
局　长　杨卫平
统计局
局　长　王正芳（女）
审计局
副局长　刘晋久（主持工作）
科　协
主　席　匡大伟
邮政局
局　长　杨永生
电信局
局　长　杨丽生
烟草专卖局
局　长　蒋桂芹
工商局
局　长　湛所君
国税局
局　长　董继仁
地税局
局　长　孔　亮
残　联
理事长　段福芝（女）
技术监督局
局　长　韩永杰
检察室
主　任　何清荣
畹町中学
副校长　李希伯（主持工作）

畹町开发区金融系统领导名录
畹町人行
行　长　蓝　军
畹町中行
行　长　许国佑
畹町工行
负责人　郭云学
畹町建行
副行长　李嘉军（主持工作）
畹町农行
负责人　潘卫忠
畹町城市信用社
主　任　李富永
畹町农村信用社
主　任　杨国江
人寿保险公司
经　理　张德军
财产保险公司
经　理　刘向红

省州驻畹单位领导名录
畹町海关
副关长　段培红（主持工作）
瑞丽检验检疫局驻畹办事处
主　任　李桂忠（白族）
畹町边防检查站
政　委　张顺福
站　长　罗永周

（陈　江）

边境经济合作区

瑞丽市边境经济合作区，位于瑞丽市区与姐告边境贸易经济区之间，是经国务院特区办批准的云南省三个合作区之一。

1999年，基础设施建设力度加强，改建、新建和完善了6条城市道路，全长9.7公里，投资环境得到极大改善。全年共审批进区建设工程57项，总建设面积26678.83平方米，建筑总投资1476.97万元，验收竣工总面积17087.44平方米，竣工验收合格率达100%，其中优良工程2项。充分发挥自身优势，扩大宣传，加大招商引资力度，引进项目12个，个体工商户183户。协议投资9432.91万元，其中合作区立项审批的6项，协议投资3804.6万元；由上级审批进区的1项，协议投资5000万元；直接由工商注册登记的企业5家，注册资金390万元；新增个体工商户注册资金238.31万元，从业人员436人。制作完成招商项目12个，编写了新的《投资指南》，组织合作区企业参加“昆交会”，促成企业签订587.5万元的交易合同。

土地资源开发有新举措，全年共征地192.156亩，项目用地报批182.106亩；办理出让手续54综，面积76.916亩，应收土地出让金1034.148万元，已收781.916万元，收取历年来土地出让欠款335.14万元。核权发证97宗，143.61亩；换证7宗，21.88亩；办理土地抵押57宗，213.77亩，抵押金4377.33万元；拍卖土地5宗，5.365亩，平均地价在原定价基础上提高28.33%。

全区农业始终坚持依靠科技进步，提高农业产值的目标。年内，优质稻种植面积占水稻种植面积的60%，实现农业总产值2103.88万元，人均纯收入2862元，比上年增3.17%。

加大禁毒禁赌工作力度，全年先后召开“两禁”会议18次。以法治村工作取得良好效果，全区荣获安全文明单位称号，弄恩被评为州级安全文明村。

领导干部名录
中共瑞丽市边境经济合作区工委
书　记　岩　板（傣族）
瑞丽市边境经济合作区管委会
主　任　苏玉清
副主任　依　旺（傣族）、赵兴会

（杨光和）

弄岛经济开发区

弄岛经济开发区，位于瑞丽市西南部的弄岛乡雷允行政村境内，距市政府驻地32公里。弄岛经济开发区成立于1992年12月，由于受大气候的影响，开发未能形成规模。随着陆水连运大通道战略的实施，弄岛经济开发区将蕴藏着巨大商机。

年内，开发区扩大招商引资力度，美国深嘉贸易公司、中投美联集团、香港峻山发展公司、南碧矿冶公司都先后来人实地考察。美国深嘉贸易公司代表九次来区洽谈，项目经美国嘉州大学论证后，经双方协商一致，以引进高科技国家级火炬计划项目——弄岛甘蔗化工总厂签订了投资 1800 万美元的合同书，办理了建设项目环境影响评估，供电、取水和土地使用规划书，并经市、州外经贸局批准，领取了外商投资企业批准证书。中投美联集团公司办理了生物固氮菌肥厂、无毒农药厂、新型建材厂的国家高科技专利项目。弄岛经济开发区为筹建有自己特色的高科技工业园区，作了大量前期开发准备工作。

据统计，全年从开发区南宛大桥通过的缅方来往车辆达 4400 多辆次，6670 多人次；中方往来车辆 3200 多辆次，4650 多人次。进口柚木 10000 立方米，西楠桦 8000 立方米，藤条 1000 余吨，以及海产品、水产品等；出口大蒜 3000 多吨，瓜子 1000 余吨及苹果、小百货等。

辖区内全年未发生一起火险。国内外投资者对“身佩长刀，不见斗殴，大袋装钱，不见抢偷”的社会治安环境赞叹不已。

领导干部名录

中共瑞丽市弄岛经济开发区工委

书　记　陈忠元

瑞丽市弄岛经济开发区管委会

副主任　陈忠元　约喊润（傣族）

（杨光和）

乡镇概况一览表

单位：（米、公里、平方公里、亩、个、户、人、%、‰、人/公里、万元、千克、头、张、吨、百公斤）

项目			姐勒	姐相	勐卯	弄岛	勐勐	户育
地理位置			东北	南	东南	西南	西北	西
政府驻地			金滇路	姐相街	勐卯镇	弄岛街	勐秀街	允山街
海拔			2.5	19	1	30	20	18
距县城距离			767	772.2	780	750	1470	900
土地总面积			199.6	60	23.4	99	283.2	267
耕地面积			29196	34215	7501	29239	30552	21144
其中	水田		23417	25613	7525	18267	9155	7600
	旱地		5779	8602	4976	10972	21397	13544
	人均耕地		1.9	2.4	2.09	2.8	3.12	3.37
行政区划	辖行政村		4	4		4	4	4
	自然村		39	40	13	31	89	44
	合作社		40	40	13	31	44	28
人口民族	总户数		4229	3582	2241	2821	2458	1512
	总人口		16753	14458	5988	10991	10206	6557
	其中	傣族	12248	13020	641	8479	16	26
		汉族	3505	1374	4814	1664	5349	1746
		景颇族	860	15	205	766	4151	4289
		阿昌族	1	3	9	3		9
		傈僳族	6	5	19	3	208	69
		德昂族	60	6	44		460	403
	人口出生率		17.62	16.72	10.08	20.58	15.50	13.58
	自然增长率		8.51	10.06	7.56	18.64	6.47	4.27
	人口密度							
经济效益	总收入		4818.3	4239.7	1652.8	2753.2	2659.2	2180.1
	净收入		3078.7	2782.8	1037.8	1700.1	1500.9	1140.7
	人均纯收入		2009	1851	2255	1525	1535	1661
	总费用		1769.6	1526.4	615	1063.6	1170	1071.6
	国家税金		36.6	45.2	145.8	35.2	10.9	5.4
	集体提留		17.9	72.5	28.5	18.5	6.1	7.3

续上表

项目			姐 勒	姐 相	勐 卯	弄 岛	勐 勐	户 育
农业产值	总产值		4213	4213	1435	3191	3128	1972
	增加值							
	其中	种植业	2902	3436	520	2586	2488	1610
		林业	228	119	34	172	283	156
		畜牧业	726	406	244	355	353	202
		渔业	357	252	637	78	4	4
农作物总面积								
其中	甘蔗		11665	8939	2409	10415	20994	18305
	粮食		30766	31567	3253	21819	15546	9270
	茶叶		900	115		1070	265	549
	油料		550		29	85	5211	516
	水果		766	1912	310	2202	2042	1581
农作物总产量								
其中	甘蔗		37073000	36120000	11794000	38202000	90867000	55261000
	粮食		11151000	13560000	1106000	7196000	4085000	2972000
	茶叶		10400	2200		23900	5600	6000
	油料		34000		5800	6400	555100	77800
	水果		269100	1343100	85000	1356600	187300	57700
畜牧	牛存栏		1223	665	182	1615	2081	2313
	猪存栏		6665	6171	2110	5613	4802	3344
	羊存栏		194				334	91
教育	中学	中学在校生	439	914		458	376	228
		教职工人数	40	62		34	25	15
	小学	小学在校生	1567	1760		1416	1493	864
		教职工人数	117	93		81	91	84
卫生	医务人员		21	24	5	28	12	14
	病床		12	15		20	10	8
	卫生室		4	4	2	3	6	3
	乡村医生		9	6	3	8	12	8
文化	文化站		1	1	1	1	1	1
	电影院			1		1		1
	广播站					1	1	1
领导干部	乡（镇）党委书记		帅晃	恩帅岩	恩帅依晃	庄很依旺	郑统腊	岩生
	乡（镇）政府乡长		帅喊岩	板帅吞	晓依	白兴庄	杜增发	排干刀
	乡（镇）人大主席		帅很	赛团	杨建超	司占明	张留能	翁草弄

（续　表）

单位：（米、公里、平方公里、亩、个、户、人、%、‰、人/公里、万元、千克、头、张、吨、百公斤）

项目	团 结	姐 告	混板乡	芒棒乡	城关镇	
地理位置	东	东	东北	东北	东北	
政府驻地			混板村	芒棒村	国防街	

续上表

项目			团结	姐告	混板乡	芒棒乡	城关镇	
海拔				763.18	780	890	800	
距县城距离			1	4	20	30.4	27	
十地总面积				3.4	40.3	53.9	1.14	
耕地面积			7435	576	5351	5198	1250	
其中	水田		6340	365	2798	2533	555	
	旱地		1095	211	2553	2665	695	
	人均耕地		1.45	0.59	1.91	2.57	1.81	
行政区划	辖行政村							
	自然村		15	2	7	7	2	
	合作社		15	2	7	7	2	
人口民族	总户数		1307	710	742	498	2153	
	总人口		5251	1781	3015	2203	5846	
	其中	傣族	4687	965	2214	778	693	
		汉族	533	784	550	668	4584	
		景颇族	5	7	3	523	145	
		阿昌族	1		2		22	
		傈僳族	3			4	18	
		德昂族	3	2	32	222	30	
	人口出生率		17.59	22.42				
	自然增长率		9.67	16.52				
	人口密度							
经济效益	总收入		2103.4	305.8	742.07	467.77	213.67	
	净收入		1480	238.3	422.98	268.56	107.66	
	人均纯收入		2865	2370	2678	1310	1544	
	总费用		629	67.5	319.09	199.21	103.78	
	国家税金		10.2	4.4	41.27	2.25	0.87	
	集体提留		4.7	3.4	3.65	2.05	0.73	
农业产值	总产值		1421	93	844	531	282	
	增加值							
	其中	种植业	1132	62	587	363	90	
		林业	48	5	30	14	4	
		畜牧业	93	26	214	145	154	
		渔业	148		13	9	34	
农作物总面积								
其中	甘蔗		583		740	997	220	
	粮食		13235	555	7316	4757	965	
	茶叶				245	27	40	
	油料				104	91	14	
	水果		45		7	36	9	

续上表

项目			团　结	姐　告	混板乡	芒棒乡	城关镇	
农作物总产量								
其中		甘　蔗	2635000		2606000	4591000	1328000	
		粮　食	4257000	163000	2629000	1804000	377000	
		茶　叶			42	5	18	
		油　料			3600	5600	700	
		水　果	68000		390	527	84	
畜牧		牛存栏	106	13	195	614	242	
		猪存栏	1524	320	2012	1437	1754	
		羊存栏				30	290	
教育	中学	中学在校生			213	45	315	
		教职工人数			15	10	44	
	小学	小学在校生	634	150	284	305	762	1480
		教职工人数	51	15	22	18	40	90
卫生		医务人员	2		19	6		
		病　床			8	2		
		卫生室	1			1		
		乡村医生						
文化		文化站		1	1	1		
		电影院					1	
		广播站						
领导干部		乡（镇）党委书记			刘永益	金小伍	刘继红	
		乡（镇）政府乡长			岩卫生	岩放	依摆	
		乡（镇）人大主席			玉所（副）	杨新荣	侯正荣	

（杨光和　饶华兰　依大别）

陇　川　县

地　理

【县　境】 陇川县地处德宏州西南部，位于北纬 24°08′～24°39′，东经 97°39′～98°17′之间，东邻潞西市，南连瑞丽市，北接梁河盈江两县，西与缅甸毗邻，国境线长 50.9 公里。县政府驻章凤口岸，距州府芒市 141 公里，距省府昆明 925 公里，距缅甸八莫市 92 公里。土地总面积 1931 平方公里，山区面积占 77.53%，坝区面积占 22.47%。全县有农业耕地 36.97 万亩，其中水田 17.93 万亩；旱地 19.04 万亩。农业人口人均占有耕地 2.46 亩。全县有林地 171.84 万亩，园地 2.8 万亩，城镇村庄工矿用地 5.1 万亩，交通用地 3.2 万亩，水域 5.6 万亩，未利用土地 37.5 万亩。全县森林覆盖率为 45.5%。地形为西南走向，东北高峻，西南低平。北以春花塘、干崖梁子为屏，中有户撒梁子，东有王子树、邦瓦梁子并列，自东北向西南延伸，形成“三山西坝－河谷”的地形地貌。户撒坝居西北，海拔 1380～1500 米，面积 81.2 平方公里；陇川坝居中，海拔 930～1050 米，面积 198.12 平方公里；龙江河谷居东南，海拔 780～930 米，面积 6.62 平方公里。坝区土地肥沃，雨量充沛，日照充足，易排灌，是陇川稻、蔗主产区。境内有大小河流 98 条，总长 752.85 公里，地表水量为 77 亿立方米。主要河流有南宛河，境内流长 65.7 公里，径流面积 1058.7 平方公里，年产水 10.5 亿立方米；户撒河境内流长 34.4 公里，径流面积 257 平方公里，年产水 2.88 亿立方米；龙江河境内流长 51 公里，径流面积 615.3 平方公里，过境水量 58 亿立方米。植被呈垂直带谱状分布，种类繁多。天然植被有 150 余种类，人工植被有 20 余种类。土地资源丰富，有一级田地 1.59 万亩，占总面积 0.57%；二级田地 11.26 万亩，占总面积 4.04%；三级田地 24.43 万亩，占总面积 8.76%；四级田地 0.74 万亩，占总面积 0.27%；五级田地 205.53 万亩，占总面积 73.67%；六级地 9.42 万亩，占总面积3.38%；八级地13.39万亩，占总面积4.7%。野生动物有4大类107种。矿产资源有稀土、煤、铅、铜、铁、铌、钽、锌、铍等9种，其中已探明的煤储量达356万吨。

【气　候】 陇川属南亚热带季风气候，雨量充沛，日照充足，热量丰富，四季不明显。历年平均气温18.9℃，历年平均降雨量1595毫米，历年平均日照数2316小时，历年平均相对湿度79%，历年平均风速1.5米/秒。1999年全境年均气温19.2℃，最低（12月26日）-0.8℃，最高（4月4日）34.4℃。年日照总量2181小时，比上年减3.26%；年降雨量1793毫米，减4.21%；年均相对湿度80%，降5个百分点。坝子无霜期296天，比上年多30天。本年总的气候特点是：总积温偏高，日照偏少，年雨量分布不均；冬春雨量偏少，干旱突出；汛期及三秋雨量偏多，洪涝灾害突出；雨季开始期提前，结束期推迟；初霜正常，终霜偏晚；光、热、水匹配不合理，属灾害年景。

【行政区划】 全县辖8乡4镇，69个行政村（办事处），648个自然村，706个农业生产合作社。此外，有陇川农场4个分场，45个队（站）。其中：王子树、邦瓦、护国、清平、勐约、户撒为山区乡，王子树、邦瓦定为省级扶贫攻坚乡，护国、勐约定为州级扶贫攻坚乡，清平、户撒有4个村定为县级扶贫攻坚村。

【人　口】 1999年全县总人口38077户，16.28万人。其中：男81732人，女81023人；非农业人口30905人，农业人口131850人。

【民　族】 1999年全县汉族72899人，占总人口的44.79%；景颇族43877人，占26.96%；傣族26838人，占16.49%；阿昌族12172人，占7.48%；傈僳族4194人，占2.58%；德昂族1140人，占0.7%；白族745人，占0.46%；回族450人，占0.28%；其他民族445人，占0.27%。少数民族占全县总人口55.21%。从分布看：傣族分布最多的是章凤镇、景罕镇、清平乡、城子镇和姐乌乡；景颇族分布最多的是清平乡、邦瓦乡、王子树乡、赛号乡，其次是景罕、陇把两镇；阿昌族94%的人口分布在户撒乡；傈僳族人口各乡镇都有分布，其中50%分布在户撒，31%分布在陇把镇和护国乡；德昂族91%的人口分布在章凤镇户弄村。全年迁出1573人，迁入2372人；全年出生2515人，出生率15.56‰；死亡1076人，死亡率6.66‰；人口自然增长率8.9‰；年增长率15.77‰；计划生育率72.73%；人口密度84人/平方公里。

【投资环境】 1999年，陇川县以新县城建设、交通建设及绿色产业开发为龙头的骨干工程全面实施，各项投资进展顺利。

具体投资方向是：一、县城搬迁稳步进行，年末建设资金就位7418万元，完成搬迁投资额8023.3万元。一批重点基础设施建设如：市政综合办公大楼、市政广场（含档案馆、食堂、车库等附属设施）、陇川会堂、科技文化馆、图书馆、新县城住宅小区、园林住宅小区、勐宛路、新成路、龙凤路、友谊路、同心路、体育馆、田径场）及金融等单位住宅小区基本完成土建工程，陆续交付使用。年内共完成建筑面积5.96万平方米，路基5258米；二、年内，连结瑞丽国家级口岸与缅甸国家级口岸雷基的瑞章二级公路改建工程破土动工，陇川县境已完成征地拆迁工作，并下拨配套资金1050万元；三、龙江河谷热区开发初具规模，西线公路全面建成通车，全长54公里。引进外来移民2087户，11112人。种植甘蔗2.01万亩，种植咖啡、柑桔、柠檬等热带经济果木2000余亩；四、结合西部大开发，停建、缓建30多年的麻栗坝中型水利工程，已被省政府列为省级重点工程，并上报国务院审批；五、投资700万元的"商品粮基地县"及投资175万元的"甘蔗良种基地县"省属陇川项目正在实施；六、年内已完成国家级"油料基地县"、"糖料基地县"、省级"退耕还林和天然林保护工程"、"优质稻发展基地县"、"魔芋基地县"等项绿色产业建设项目的申报工作，预计2000年可望批准实施；七、投资397万元兴建的章凤客运站、投资1337万元兴建的章凤农贸市场及投资110万元兴建的章凤邮政大楼，年内已投入使用；八、组织景坎糖厂1亿多元"借改投"资金申报工作进展顺利，上年申报本息2178.74万元"借改投"资金，经省经贸委审批，第一批资金89万元已批复落实；九、完成陇川县民族用品及户撒煤厂技术改造资金650万元的申报工作，争取2000年批复实施；十、投资40万元建盖500平方米残疾人综合服务大楼工程项目，已经省批准实施。

历　史

【简　史】 建置沿革陇川，傣语称"勐宛"，意为太阳正午照耀的地方。东汉归永昌郡哀牢县，唐南诏时属永昌节度，宋属大理金齿。南宋绍兴三十年（1160），麓川部酋兴起，在勐卯（今瑞丽）统一了几个部落，随之兼并勐宛（陇川），建立麓川王朝政权。元至元十三年（1276），在陇川坝北置平缅路。至顺元年（1330）置麓川军民总管府，统管原麓川政权地区。至正十五年（1355）在姐兰（今缅甸南坎附近）置麓川平缅宣慰使司。"三征麓川"后，明正统九年（1444），拆麓川平缅宣慰使司，立陇川宣抚司，辖今陇川、瑞丽、遮放及缅属高丽等地区。清沿明制。民国时期，1912年设弹压委员，划入户撒、腊撒两司地。1916年改为行政委员，旱季住章凤，雨季住杉木笼。同年，户撒划归干崖，腊撒划入勐卯。1932年改置陇川设治局，隶属云南第一殖边督办。1951年12月21日成立陇川县各民族联合政府，隶属保山专区管辖。1958年原为盈江县的户撒区及原属梁河县的邦角文化站划入陇川。同年10月，瑞、陇两县合并，称瑞丽县。1959年9月，瑞、陇分开，重置陇川县，隶属德宏州。

社会发展公元450年，居住在保山卡斯洼的傣族部落首领法赛练，率领367户，由猎人引路，迁徙到今陇川坝尾南宛河旁定居。法赛练氏部落统治勐宛480年，相传19代。929年，德昂族首领莽达良率众，征服勐宛，在雷基（今洋人街）建立德昂王城。莽达良家族统治陇川304年。1233年，勐卯王混贺罕率兵征服勐宛。元至元六年(1340)思可法立为勐卯王，迁都“姐兰”，建立麓川王国。明王朝曾派兵“三征麓川”，于正统九年(1444)，改置陇川宣抚使司。正统十二年（1447），明朝庭废恭项，立原同知多歪孟为陇川宣抚使，沿袭28代，执政503年。末代土司多永安，1951年选为陇川县各民族联合政府县长，原邦瓦山官排早堵选为副县长。1957年完成和平协商土地改革，1958年实现农业合作化，1969年实现人民公社化。1982年开始农村经济体制改革，建立家庭联产承包责任制，农民开始走向脱贫致富的道路。

社　　会

【经济简述】　1999年全县国民经济在艰难行进中略有增长，全年完成国内生产总值44365万元，比上年增3.5%，完成计划的92%。其中：第一产业完成21839万元，减6.40%；第二产业完成11429万元，增19.9%；第三产业完成11097万元，增11.10%。完成工农业总产值67551万元，比上年增6.97%，完成计划的99.28%。年内全县总的经济发展走势是：陇川县在进一步对农业及农村产业结构调整的基础上，不断加大农业投入的力度，继续改善农业基础设施，发展农业科技。本年优质稻、包谷、油料种植面积和产量较上年有大幅度增长。工业（制糖业）快速发展，市场销售年底有所回升。对外进出口贸易及固定资产投资持续增长，城镇建设进展顺利，地方财政增收，金融运行平稳，人民生活比上年有所提高，国民经济及各项社会发展事业基本按预定目标完成任务。但在发展中仍存在不少实际困难，如国民经济增长的速度比上年有所减缓，增长的数量和质量不高。主要原因是农业基础脆弱，农业水利化程度低，难于抗御各种自然灾害；经济增长受市场和价格的影响，农民增收难度加大；全县支柱产业单一，后继支柱产业培育迟缓；地方财政自给率低，县内建设对国家的依赖性大；金融部门不良资金比例高，依靠银行注入资金壮大地方经济难度大；买方市场的形成，致使全县食糖滞销，粮食积压严重，内外贸易不景气的格局一时难于突破。

【农　业】　年末全县完成农业总产值33390万元，比上年减2.34%，占计划的91%。其中：农业产值24642万元，比上年减16.56%；林业产值3094万元，增2.35%；牧业产值4584万元，减6.32%；渔业产值1070万元，增3.24%。农村经济总收入20693.78万元，比上年减10.31%；净收入11900万元，减16.41%；农民所得5676.35万元；农民家庭经营总收入20463.71万元，平均户收8692元；可分配总额11669.59万元，户均4957万元；总费用8837万元，占总收入的42.7%；国家税金354.44万元，比上年减8.09%；提留和统筹款185.62万元，比上年减14.29%。冬季农业发展有新突破。本年开发种植面积12.35万亩，比上年增27.77%；复种指数162%，提高17个百分点；冬季农业总产值3297万元，增32.8%，平均亩产值267元。主要农产品种植面积、产量与上年对比：粮食种植面积23.27万亩，增2.91%；总产5.89万吨，减4.93%，占计划的91%。其中：稻谷种植面积14.54万亩、增1.45%，产量4.55万吨、减5%；包谷种植面积2.95万亩、增4.15%，总产0.56万吨、增14.88%，平均单产190千克；豆类种植面积0.43万亩、增6.92%，总产0.03万吨、增5.49%，平均单产67千克；薯类种植面积0.91万亩、增11.12%，总产0.09万吨、减34.47%，平均单产104千克；小麦种植面积2.13万亩、减13.54%，总产0.32万吨、减29.05%，平均单产151千克；蔬菜瓜果种植面积1.11万亩，完成计划110.82%，总产5277.5吨、增12.46%；甘蔗种植面积20.17万亩、增5.03%，总产78.61万吨、减2.78%；茶叶种植面积2.56万亩，总产751吨、减2.47%；油料种植6.59万亩、增53.06%，总产5491吨、增72.21%；水果总产930.1吨，增2.33%；烟叶总产17.7吨，减61.52%；肉类总产4312吨，增2.47%；水产品总产1415.6吨，增7.44%；禽蛋产量152吨、增6.2%；大牲畜存栏4.05万头、增2.44%，出栏4590头、增3.82%；生猪存栏9.21万头、增2.23%，肉猪出栏4.31万头、增1.76%；羊存栏1.05万只、减2.75%，羊出栏0，29万只、增9.31%；家禽存栏23.8万只、减6.29%，出栏19.94万只、增3.55%。本年完成26757户农户土地承包合同及土地使用权经济证书签发工作，为稳定农村家庭联产经营承包责任奠定了基础。

农田水利建设继续得到加强。全年完成重点水利工程20件，完成投资524.03万元。南宛河、户撒河河堤经过冬春加高培固，提高了抗洪能力。

农业机械化程度进一步提高。全年完成农机总作业量9.08万标亩，占计划的100.89%；完成机耕面积17万亩，超计划0.03%；完成机耙面积10.05万亩，超计划0.45%；完成机械植保1568亩，占计划的14.25%；完成机收面积5.27万亩，超计划22.48%；完成机械深施化肥面积12.07万亩，超计划0.06%；完成机械粉碎桔杆还田面积5.45万亩，超计划21.06%。

【林　业】　1999年完成人工造林2.21万亩，占计划的91.9%；封山护林3.61万亩，占计划的80%；四旁植树26.65万株。批售采伐木材1.32万立方米，其中国有0.32万立方米，集体0.83万立方米，民间自用0.17万立方米。生产商品木炭157吨，征收育林基金58.26万元，征收农林特产税62.67万元。全年发生森林火灾12起，比去年升78.5%。年末顺利完成全县森林分类区划工作。

【工　业】　年末全县完成工业总产值34161万元，比上年增15.30%，超计划8%。其中：轻工业完成29693万元，增20.89%；重工业完成4467万元，减21.40%。完成国有经济产值18855万元，增33.60%；集体经济1664万元，减45.18%；其它经济13642万元。本年产品生产供大于求，全县工业产品销售率仅为71.8%，比上年降19.6个百分点。占工业总产值65%的制糖业，由于产品销售不畅，增加值下降，整体经济效益下滑，亏损进一步加剧。工业企业扭亏增盈尚未有明显转机。本年全部国有和产品销售在500万元以上的非国有工业企业共19户，实现利润-4488.7万元，比上年增亏352.7万元。其中：盈利5户，盈利额45.8万元；亏损14户，亏损额4534.5万元。全县主要工业产品生产情况是：食糖79126吨，比上年增36.78%；酒精7411吨，增60.13%；发电量4420.56万千瓦小时，增19.18%；电池4202.83万只，降2.19%；机制纸79吨，减56.11%；抗生素类胶囊3861.4万粒，减34.98%；原煤10700吨，减30.52%；配（混）合饲料614吨，减23.25%；金属硅530吨，增18.83%；糖果糕点26吨，减78.33%；复合肥3995吨，增17.09%；生活用木制品产值115.9万元，增3.7%；生产用木制品产值341.8万元，增4.03%；精制茶195吨，增1.56%。本年完成国有工业、商业企业改革6户，其中改为有限责任公司2户（原民族印刷厂、县医药公司），依法破产尚未结案4户（原城子塑料编织袋厂、章凤皮革厂、建凤商号、民贸公司）。骨干工业企业—景坎糖厂，经过挖潜改造和扭亏增盈工作，吨糖成本比上年降100元。

【商　业】 1999年全县商品供应充足、物价平稳，市场销售有所回升。全年完成社会消费品零售总额12362万元，比上年增4.07%（扣除物价因素实际增4.03%），完成年计划的98.9%。其中：国有经济完成1306.7万元，集体经济完成508.6万元，分别比上年减23.94%、18.43%；个体经济和其他经济完成6983.8万元，分别增10.4%、10.97%。全县物价总水平持续下降，零售物价总指数为98.5%，比上年末升0.4个百分点。个体经济进一步发展，本年全县个体工商经营户发展到2242户，比上年增30.57%，从业人员达3875人。私营企业86户，比上年增16.22%，从业人员800人。全年完成农业生产资料销售总额2986.9万元，比上年减26.3%。章凤口岸成为德宏第三个中缅对应开放口岸，推动了本县边贸业的发展。全年完成对外贸易进出口总值20013万元，比上年增298.3%，其中进口额完成3358万元，增219.2%；出口额完成16655万元，增319.21%；大贸出口4651万元，减34%。

【乡镇企业】 年末全县有各类企业9757个，比上年增1124个，增12.93%。其中：农业企业发展较快，增726个；工业企业增52个；旅游饮食服务业增268个。从业人员17279人，比上年增13%。从产业结构情况看，第一产业占27%，第二产业占58%，第三产业占15%。全年完成总产值（现价）37283万元，比上年增21%。其中：工业产值（不变价）841万元，比上年增12%。固定资产原值完成11726万元，比上年增8.3%。上缴国家税金736万元，占地方财政预算收入的27.47%，比上年增19.7%。全年营业收入完成41533万元，比上年增21.84%，其中集体经济完成212万元，占总收入的0.51%；个体经济完成41052万元，占营业总收入的98.84%；私营完成269万元，占营业总收入的0.65%。全年实现转移农村富余劳动力1192人。

【财　政】 1999年因制糖工业产品滞销，组织财政收入工作难度加大，收支矛盾突出，但经过调整收支结构，精打细算，仍实现本年财政收支平衡，继续巩固消赤成果，完成了省州“以奖代补”的考核目标。全年财政总收入8385万元，比上年增0.35%，其中地方财政收入4224万元，减9.4%。财政自给率达50.38%。其中：两税上划中央完成1545万元，比上年减26.74%；返还1448万元，减8%。地方财政预算收入2679万元，比上年增4.94%，占年计划的98.85%。财政总支出7718万元，比上年减7.63%。分项支出情况是：经济建设316万元，减32.91%；教科文卫体事业费3457万元，减8.25%；国家管理费1641万元，减2.78%；抚恤、离退休和社会保险费1362万元，增50.5%；国防费10万元，减9.09%；政策性补助费216万元，增47.95%；其它支出98万元，减86.77%；地方财政上解支出618万元。本年财政收支的突出特点是，县城搬迁，加大了基础设施建设，建筑安装营业税和投资方向调节税有较大幅度增长，地方财政净增311万元。但由于糖价下跌，增值税和消费税减收741万元，成为财政总收入减收的主因。

【税　收】 1999年税收情况是：增值税498万元，减26.22%；营业税507万元，增2.63%；企业所得税13万元，增18.18%；个人所得税119万元，增133.33%；资源税4万元，增33.33%；投资调节税164万元，增281%（重点是章凤城镇建设）；城市维修建设税119万元，增2.59%；房产税126万元，增18.52%；印花税12万元，增9.09%；土地使用税70万元，减1.41%；车船使用和牌照税20万元，增186%；屠宰税26万元，增52.94%；农业税124万元，减23.46%；农业特产税647万元，增11.36%；耕地占用税48万元，增47倍；契税2万元，减87.5%；罚没收入108万元，减6.9%；专项收入72万元，增2.86%。

【金　融】 1999年国家再次下调存贷款利率，并开始征收存款利息税，但对金融事业没有多大影响，金融运行仍然平稳。陇川金融机构全年完成各项存款余额41875万元，比上年增13.36%，其中城乡居民储蓄存款28431万元，增4.5%。全年完成各项贷款余额47196万元，比上年增3.31%；货币净投放15645万元，增9.82%。

【保　险】 本年又有新的保险项目开展。人寿、财保两个保险机构全年完成保险费收入1019万元，比上年减13.42%；保险赔付支出410万元，增12.21%。

【经济协作】 1994年以来，全县经济协作进展不大，步履艰难。其原因是缺乏宣传力度，章凤口岸交通不畅，投资者效益不佳，原已达成的部份经济协作项目半途夭折。1999年县政府抓住举办昆明世博会、建国五十周年大庆及陇川县城搬迁等机遇，加强宣传力度，内引外联，使经济协作工作有了起色。全年接待来访或洽谈者20起。由缅商投资150万元，当年就建成了花岗岩板材厂。啤酒生产项目达成意向性协议。原来的部份投资延续项目得到加强。延续种植、房地产等项目的总投资3661.9万元，正逐步落实到位，共创产值497.7万元，创利润5.7万元，创税金34.3万元。

【旅 游】 1999年陇川旅游业迈出新步伐，为迎接'99昆明世博会的召开，旅游部门在3月份认真组织县辖宾馆、招待所、饭店及部份窗口行业服务人员，进行世博会综合知识培训。接着，组织了“陇川县首届旅游服务技能竞赛”和“陇川县景颇文化风情知识培训”。同时，制作旅游图片专版，加大民族文化风情旅游的宣传力度。筹资10余万元，在章凤口岸广山新建“陇川广山景颇山寨”，以展示景颇文化风情。筹资10余万元，完成“陇川县旅游业发展总体规划”和项目详规，并通过有关部门及专家论证。云南景颇园项目建设及章凤口岸出境游，被云南省旅游局列入“十五”和2020年远景规划重点旅游建设工程。陇川旅行社全年接待游客828人，经济总收入30.48万元，比上年增1.7倍。

【交 通】 年末全县拥有各类机动车8488辆，比上年增22.32%。其中：民用汽车1518辆，增15%；拖拉机2732辆，增10.65%（手扶式2490辆，增10.67%）；摩托车4121辆，增34.85%。全年完成货运量91.2万吨，比上年增16.92%；完成客运量114万人次，增23.91%；客货运周转量88000000万吨公里，增17.62%。全年征收公路建设基金146.43万元，比上年增3.54%，征收公路养路费365.02万元，增4.53%。路政管理和运输工作进一步加强。年内交通部门对全县11条县道（总长273.45公里）公路用地、保护用地及4宗公路设施用地进行了界定。全年查处各类违章运输车辆1782辆，确保了运输企业和各运输线路无重大交通事故发生。

公路建设，本年重点实施县乡公路改造计划，主要有四项：一、瑞章二级公路改建工程。公路全长41.66公里，总计划投资2.5亿元，其中州县自筹50%。陇川境全长13公里，配套资金1800万元。9月15日开始县境征地拆迁工作，工程所需占用各类土地374.77亩。11月30日完成此项任务。10月8日，全线破土动工，预计2000年5月路基竣工，2001年5月交付使用。瑞章二级公路的扩建，将更好地促进陇川省级口岸和瑞丽国家级口岸以及缅甸的经济交往。二、章遮公路路面改造工程。1999年经省公路局批准，分三期实施改造计划。原公路为二级设计，三级施工，路基为土路面。1998年全线通车后，经车辆碾压及雨季冲刷，出现大量坑塘和坍塌，急需进行改造，以保证龙江河谷甘蔗的运输。本年已完成第一期改造工程，总投资316万元，其中省补116万元，自筹200万元。三、陇把至城子弹石路改建工程。此路1998年已改建完成6公里，余13公里，经省公路局批准列入本年改造计划。计划投资130万元，其中省补60万元，自筹70万元（自筹部分由景罕、城子、姐乌和丙赛分场分别负责）。10月18日开始进料，12月10日全线铺筑，预计2000年4月竣工验收。四、户撒乡弹石路改建工程。此路全长8公里，原为4级砂石路面，1959年修筑，1964年通车，经过30多年行车，路面坑塘遍布。此外，它又是陇盈公路衔接户撒乡的主干道。经陇川县政府批准，列入1999年改造计划，总投资110万元，争取省州补助60万元，县财政补助10万元，户撒乡自筹40万元，年内已进料，计划2000年4月完工验收。

公路养护。全年投入养护费60万元，增添养路机械；完成备、运、铺碎石1135立方米、混合料5112立方米、红土4500立方米、砂575立方米；补路肩650米；清侧沟24.27万米；铲路肩13万米；清坍坊8万立方米；修复涵洞10个；植道旁树0.33万株。年末好路率达57.6%。

【邮 电】 年末完成业务总量91.2万元，占年计划的97.02%，比上年增0.05%；业务收入176万元，占年计划的95.14%，比上年增25.3%。本年邮政基础设施得到较大的改善。6月，顺利完成章凤、城子、陇把三个网点的“绿卡”设备安装运行工程。10月20日章凤邮政生产大楼竣工验收。12月23日，陇把镇邮政生产大楼竣工验收。邮政经营自去年分营以来，继续出现收支不抵的困难，其原因是占邮政收入50%的邮政储蓄业务收入继续下滑，比上年减15%。集邮业务，抓住建国50周年及澳门回归机遇，收入比上年增97%。

电信事业健康发展，业务收入稳中略减。全年完成业务总量613.07万元，占年计划的91.92%，比上年减30.35%；业务收入692.87万元，占年计划的88.94%，比上年减0.21%。其中：部属完成512.06万元，农话完成180.81万元，分别比上年减71.93万元和15.21万元。本地网放号完成1750户，占年计划的106.06%。其中：市话净增814户，农话净增936户。全年发展“电话村”5个，累计全县电话用户达8549户，占全县总户数的22.45%。电信基础设施建设继续得到改善，本年共完成主要建设工程10项。(一)城乡交换网络及电源优化改造工程；(二)、区乡光纤通信光传输网络建设；(三)、DMS100/200程控交换设备扩容工程及SDH设备安装；(四)ETS450无线接入设备安装；(五)、章风市政通信第一期勐宛路工程，割接电缆2200对；(六)、章风至城子通信光缆由4芯更换为8芯；(七)7月26日建成邦外电话自动点；(八)完成勐约点改造工程；(九)、完成城子片区缆线延伸及扩容工程；(十)、开通赛号乡程控电话。

【能 源】 一、电力。陇川县现有电力主要依靠户撒河一级电站和二级集资电站供电，自并网以来，已能保证正常供电。1999年发电量为4420.56万千瓦小时，比上年增19.18%。其中：农村小型电站发电14.2万千瓦小时。农村用电589.08万千瓦小时，占总用电量的13%。二、煤炭。全县主要有户撒、姐乌、赛号三个地区产煤。本年产煤1.07万吨，比上年减30.52%。三、农村能源建设。1999年继续以发展节柴改灶、推广沼气新技术为建设重点，以点带面全面发展。全年完成节柴改灶1305户，改用液化石油气140户，安装太阳能热水器210平方米，新建沼气池30口。全县10800户非农户，已有7856户使用太阳能和液化气，普及率达72.7%，年均可节约薪柴12000立方米，价值96万元；全县24551农业户，已有6860户改灶，占28%。年均节约薪炭1.37万立方米，价值109万元。有238户建沼气池，占1%，年均节约新柴860立方米，价值10万元。利用沼渣种植蔬菜40万亩，年创经济价值8万元。

【固定资产投资】 1999年贯彻国家扩大内需政策，固定资产投资增幅较大。全年完成全社会固定资产投资19195万元，比上年增13.74%，占年计划的126.45%。其中：完成基本建设投资11211万元，比上年增52.74%，占总投资58.41%；更新改造投资3836万元，比上年减39.2%，占总投资的19.98%；其它投资完成4148万元，比上年增40.99%，占总投资的21.61%。全年房屋施工面积35.81万平方米，比上年增146.46%，全年房屋竣工面积20.63万平方米，比上年增658.46%。其中：住房施工面积15.72万平方米，住房竣工面积10.24万平方米。住房主要是职工住宅。年末新增固定资产12443万元，比上年同期增66.82%。

【人民生活】 年末全县有职工13976人，职工年均工资8787元，比上年增3.0%；城镇居民年均可支配收入4999元，增4.34%；农民因灾害、粮食减收、蔗糖市场等影响，经济收入比上年略减，农村人均纯收入881元，比上年减17.28%。城乡居民储蓄余额户均7467元，比上年增4.5%；人均国民生产总值2760元，增3.52%；城镇农村新建住宅12.47万平方米，增139.8%。全面实施“解困工程”，妥善安排下岗职工生活。300套单元式职工住宅陆续交付使用。扶贫攻坚4乡4村，取得阶段性成果，全年投入各项扶贫资金148万元，全县14个扶贫项目全部启动实施。年内脱贫6366人，占全县贫困人口20.38%。贫困村人均纯收入由原来的501.7元升到780元，人均口粮由240千克升到463千克。

【科　技】 1999年实施了下属科技项目：一、实施“干预青少年吸毒，预防艾滋病”项目，年初经有关部门和专家评估验收。二、加强农村科普宣传，下乡放映科普录像82场，观众达2910人。举办各类科技培训782期，受训2.73万人次。发放科技资料2700份。播电视“科普之窗”节目52期104次。三、引进美国DK656、DK683、DK743三个玉米良种在景罕镇实验栽培，其中DK743、DK656表现良好，亩单产达600千克，有推广价值。四、继续引进“会－2”脱毒马铃薯13.2吨在王子树山区示范种植90亩，平均单产1800千克。其中坡坎一农户试种0.8亩，平均单产6425千克，成为全县典型高产户。五、示范种植美国杂交油葵523亩，平均亩产167千克，最高亩产206千克。示范表明：此油葵抗霜冻能力强，冬种可提早播种，极有发展前景。六、在科技扶贫乡王子树建立山羊养殖示范基地1个，引进良种羊80只，年末已发展到118只。七、在龙江河谷建立咖啡丰产示范园基地50亩，引导农民种植1200亩；在山区建立山苍子示范种植基地830亩。八、建立“陇川深圳药用生物研究所”民办科技机构1个。九、引进冬大豆新品种“中品661”规范化示范栽培1350亩，生长良好。十、完成山区粳型杂交水稻鄂粳杂推广种植9678亩，平均单产453.16千克，对照增幅51.05%。十一、夏季繁育大豆良种“中品661”440亩，平均单产87.4千克，收获良种3.8万千克；培育优质稻“201”、“406”良种繁育70亩，收获良种2万千克。十二、中国——欧盟水牛开发项目取得阶段性成果，本年完成水牛冻精改良361头，产杂交犊牛44头，其初生重、体高、胸围分别比本地水牛品种提高68%、17.8%和16.4%。十三、完成猪杂交改良5554窝，推广良种肉、蛋鸡7060只。

【教　育】 一、普通教育。1999年教育教学质量明显提高。陇一中学生罗焕兰荣获全州中考状元，陇川一中、广等职中、景罕镇中学在优化教学管理，提高教学质量中成绩突出，受到县人民政府表彰奖励。

年末全县有各类学校173所，其中普通中学12所，职业中学2所，小学148所，幼儿园（含学前班）10所，教师进修学校1所。在校生32403人，占全县总人口的19.9%，其中高中生564人（含职高），初中生（含职中及“3＋1”班）7350人，小学生22879人，幼儿（含学前班）1609人。在校生中少数民族学生占53.38%，女学生占47.28%。本年毕业5937人，其中高中（含职中）176人，初中（含职中）1496人，小学3250人，幼儿1035人。当年新招生6833人，其中高中（含职中）279人，初中（含职中）2744人，小学2478人，幼儿（含学前班）1332人。本年全县共有适龄儿童20942人，适龄儿童入学率98.7%。少数民族适龄儿童入学率98.5%。14岁小学毕业率83.1%，升学率94.4%。17周岁人口初中毕业率80.3%，升学率36.9%。年内中专录取57人；大专以上（含预科）录取58人，其中本科录取17人，录取率74.4%。本年全县有教职工1729人，其中专任教师1549人。各类学校教职工为：高中（含职高）78人，初中（含职中）596人，小学1037人，幼儿园65人。另有代课教师199人，临时工295人。专任教师中有高级职称（副高）8人，中级职称（中教一级、小学高级）262人，初级职称1110人。其中：中教二级217人，中教三级96人；小教一级555人，小教二级229人，小教三级3人。本年中小学校校舍建筑面积为18.43万平方米，其中普通中学校舍建筑总面积为63025平方米，职业中学校舍建筑面积为8957平方米，小学校舍建筑面积为112298平方米。中小学校图书室总藏书26.95万册，其中普通中学藏书60457册，职业中学图书室藏书2399册，小学图书室藏书201141册。藏书一类达标3

校，二类达标16校，三类达标48校，达标率为78.8%。全年政府共投入教育经费2236万元，占财政总支出的28.97%。

二、成人教育。全年开设扫盲教学班点88个，年内毕业1720人，在校463人；开设农民技术文化学校12所，教学班点66个，年内培训结业学员1.26万人，在校1301人。其中办得较好的有城子镇农民技术文化学校、章凤镇农民技术文化学校。县农函大辅导站全年招收函大学员837人，开设12个专业，年内毕业196人，均为农民青壮年及回乡初高中毕业生。成人自考本年报考423人次，其中大专397人次，本科26人次。

三、干部职工教育。1999年全县干部职工参加“三五”普法学习4570人，参加文化、业务学习培训2601人。其中：参加大中专函授学习993人，全脱产学习7人，系统培训1488人，领导干部交流56人，一般干部交流57人。县委党校全年开办10个班次，参加学习550人。其中：开办干部短训学习2个班，147人；中专函授4个班，199人，年内毕业40人；大专函授2个班，105人；考前补习班2个，99人。这是党校历年办学规模最大的一年。

【文　化】　1999年全县有乡镇文化站12个，县图书馆、县文化馆、县文管所、县电影公司、县文化稽查队、州景颇歌舞团（原为陇川歌舞团）各1个。有文化市场各类经营户150户，从事文化工作和文化市场经营470人。本年文化体育基础设施有较大改善。在章凤金融路建盖812平方米的新图书馆大楼和900平方米的新文化馆大楼，将于2000年初交付使用。对原有100×170平方米的章凤田径运动场进行改建。在章凤体育中心新建体育馆，总建筑面积2880平方米，预计投资800万元，现正在紧张施工。为庆祝建国50周年大庆，在章凤电影院组织了以“歌唱祖国”为主题的大型专场文艺晚会。为迎接’99昆明世博会的胜利召开，组织60人的景颇迎宾队，于5月1日赴昆明世博园参加开幕式迎宾演出。加强文化市场管理。10月对全县20多户音像制品经营户进行清理检查，收缴淫秽黄色光盘107盘，淫秽画贴77张；没收影碟机2台，功放机1台。县文化馆自筹资金2500元，举办“陇川县庆国庆50周年美术、摄影、书画作品展”，展出作品106幅，开展24天，观众达万余人。县图书馆年内订阅报刊88种，接待读者4461人次，外借图书2390册次，计850人次。在图书服务宣传周期间，带杂志465册，到邦瓦、赛号两乡4所中小学开展宣传及传阅活动，共接待读者1210人次，借阅杂志2975册次。县文物管理所共有文物183件，本年新增13件，其中有国家二级文物1件，三级文物3件。现有省级保护单位1处（邦角小官衙署）、州级保护单位1处（景罕广姆）、县级保护单位3处（章凤观音寺、陇川宣抚司衙署、户撒皇阁寺）。陇川歌舞团升格为德宏州景颇族歌舞团后，全年下乡慰问演出26场，观众达1.6万人次。9月底赴北京参加建国50周年大庆，先后表演113场次，观众9万余人，历时37天。演员金麻诺、李弄兰参加北京召开的“全国民运会”体育舞蹈表演项目，获金牌1枚，银牌4枚。乡文化站积极开展力所能及的文化活动，全年共组织外借阅图书5881册，平均每个文化站490册，外借阅人数达3926人次。室内接待读者4939人次，平均每个文化室接待411人次。全年组织农村业余文艺演出262场，观众达5.21万人次。新华书店加强经营管理，全年销售图书收入351万元，比上年增0.57%；实现利润17.5万元，增16.67%。

【广播电视】　全年转播开路电视2968小时，其中转播中央1台2450小时，转播云南台518小时。中波转播台全年转播2334小时，其中转播中央台1800小时，转播云南台534小时。全年播出汉语电视“陇川新闻”76期726条；播出汉语广播“陇川新闻”286条；制作播出民族语电视“陇川新闻”120期976条，其中傣语39期306条，景颇语42期364条，载瓦语39期306条。播放“科普之窗”栏目52期。为迎接世搏会召开、澳门回归、新千年喜庆等大事，特制作播出电视专题节目11期。为揭批“法轮功”邪教组织，采访陇川县原“法轮功”练习者15人次，制作播出揭批“法轮功”专题电视节目2期。

贷款投资48.7万元，完成MMDS（多路微波分配系统）工程建设，于1999年3月初正式开通，能覆盖陇川坝子大部分村寨，并传送12套电视节目。此外，在覆盖范围内均能实现有线电视安装，至年末已安装300多户。本年完成王子树、护国、邦瓦三个乡政府驻地的有线电视网络建设。致此，全县12个乡镇政府驻地均实现有线电视化。6月购买三套解码器，以微波传送方式，实现章凤、景罕、城子三个网络联网，提高了加密电视节目的收视质量。

【体　育】　举办了“庆三八、心系澳门”千米长跑活动，参赛100余人，分老、中、青三个年龄组，最大年龄80岁，最小年龄18岁，观众达2000余人。“五一”、“五四”期间，举行全县排球联赛，有6个男队4个女队参赛，运动员达100余人。“六一”国际儿童节期间，在章凤、城子两地举行“陇川县雏鹰起飞”体育竞赛活动，有1000多人参赛，4000多名学生观看比赛。7－8月举行陇川县第九届“南宛杯”足球赛，有6个队120名运动员参赛，共比赛15场。10月在新县城章凤举行国庆篮球赛，有男、女队共19个队参赛。

8月，陇川县举办财经系统运动会，参赛单位有保险公司、中行、建行、人行、工商行、农行、农发行、财政局、审计局等。比赛项目有：接力赛、扑克、麻将、集体跳绳、射击等。

年末老年体协共有会员1079人。年内开展各类比赛22次。5月顺利通过云南省体委、省农业厅“争创体育先进县”的检查验收工作。

【卫　生】　1999年全县有县属卫生机构5个，乡镇卫生院11所，卫生工作人员411人，病床288张（不含农场）。有卫生专业技术人员279人，其中高职5人，中职78人，初职196人。全县平均每千人拥有病床1.8张，拥有卫生技术人员1.7人。有67个村级卫生室和

11个医疗点，卫生室达标率50.7%。有乡村医生84人，其中41.5%的乡村医生取得“绿卡”。有农村卫生员70人。全县有个体私营诊所49个，企业办及单位办卫生室11个，共有卫生技术人员72人。全年财政投入卫生事业费510.73万元，占财政总支出的7.19%，比上年增5.31%。卫生系统固定资产原值942.78万元，本年新增固定资产184.93万元。

4月，县政府召开全县“农村初级卫生保健”工作会议，制定出台《陇川县初级卫生保健实施方案》，认真落实13项考核指标。10月27日，经州自查评估培训，力争在2000年初实现“初保”达标。投入资金28.8万元，新建邦瓦卫生院511.7平方米。年内有31名乡村医生到州卫校接受中医药知识培训，38名乡村医生参加中专水平考试，32名参加乡村医生职称考试。继续推广农村改水改厕，全年改水受益人口达2.85万人，占农村总人口23%。年末累计改水受益人口达9.27万人，受益率57.7%。本年以城子、清平两乡镇为重点推广农村改厕。全年改厕1273座，其中沼气厕210座，三格化粪池无害厕364座，其它户厕699座，年末全县累计改厕14004户，改厕率达53%。全年举办农村卫生科普知识讲座24期。开展卫生知识普及宣传活动12场次。全县中、小学全部开设健康教育课，城乡居民卫生知识知晓率达75~85%。

全年报告法定传染病乙类B种1026例，发病率为638.93/10万，死亡23例，死亡率为14.32/10万，与上年相比，发病率升78.5%，死亡率升127.3%。全年投入灭鼠经费38.4万元，配制毒饵19.8万千克。全县自然村灭鼠率达93%。对章凤、城子两地进行鼠密监测，灭效率室内达76.74%，室外达88.3%。全县共监测出鼠间鼠疫点6个，及时采取措施，杜绝了人间鼠疫发生。本年全县共报告疟疾发病639例，占总发病例数的62.28%，发病率39.79/万，比上年升149.62%，死亡4例，死亡率0.24/万，发病最高区陇把镇达116例。全年完成发热血检9031例，检出阳性1043人，阳性率达11.55%。艾滋病防治，本年完成建档、随访和监测任务。在吸毒、HIV阳性配偶、囚犯等7种人群中，全年监测1235人份，检出HIV感染者73人，阳性率为5.91%。四苗全程接种覆盖率达88.57%。全年未发现“脊灰”病例。

县妇幼保健院全年门诊2493人次。全年举办2期乡村医生保健知识培训，培训基层妇幼保健员100多名。为乡村医生配置新法接生器械965件。本年新法接生率达92.8%，比上年升42.5个百分点；住院分娩率达37.13%，比上年升10.3个百分点；孕产妇保健覆盖率达75.6%，比上年升56.1个百分点；孕产妇死亡率达104.44/10万，比上年降222.76/10万；婴儿死亡率达31.3‰，比上年降15.1‰。

全县共有食品生产经营单位536个，从业人员822人。全年对上属单位进行监督检查1854户次，监督覆盖率达100%。没收销毁变质及标识不全食品18个品种，137千克；全年检验食品卫生样品322件，合格达71.4%；对食品从业人员进行健康体检782人，检出乙肝表面抗体阳性15人，占受检数的1.82%，15人全部调离。对城子、章凤两个自来水厂每月进行监测1次，监测结果，城子自来水厂合格率为0，章凤自来水厂合格率为41.7%。对章凤、赛号、陇把、清平等地区10个点的饮水于枯水期和半水期各进行1次监测，结果均未达到国家生活饮用水标准。对全县药品生产、经营单位及医疗卫生单位的药品质量进行监督检查221次，查处12个单位和个人的过期霉坏变质药品13种；抽验检品189批次，合格率93.65%，查处假蛇酒案1起。对全县38名在职医师（士）进行综合笔试和实践考核，对60名执业助理医师和149名执业医师进行资格认定。依法取缔2个不具备办医疗条件的诊所，依法处理了5家使用假劣药品的个体诊所。本年共发生医疗纠纷6起，其中2起属医疗差错，未结案1起。

全年接待诊疗病人166784人次，入院5317人，出院5288人，治愈率达75.9%。医疗业务总收入844.66万元，比上年增21.15%。卫生技术人员有37人到县外进修，19名考取成人医学大专班。全年申报科技进步奖1项，引用推广新技术19项，撰写医学论文35篇，有9篇在省级刊物发表。计生服务站全年接诊58103人次，普查病疾700余人。

【治　安】 1999年全县创建安全文明小区12个，文明村寨52个，文明单位40个；收戒吸毒人员2976人，收械率为75.5%；全年发生治安案件186件，查处134件；发生刑事案件157件，破案112件，重特大案件破案率为66.5%。

【民　政】 全年发生较大自然灾害7起，受灾面积5097公倾，成灾面积3979公倾，绝收面积940公倾；受灾人口3.8万人，成灾人口2.43万人，大牲畜死亡46头，房屋倒塌损坏768间，灾害造成直接经济损失3536万元，其中农业经济损失906万元。当年政府拨出核灾专款126万元，大米10吨。捐赠给特困学生衣物3.5万件。全年接收安置退伍军人18人；办理结婚登记320对，办理离婚15对；办理发放老年优待证108人。

【残　联】 年内，完成全县残疾人普查，共有各类残疾人8193名，占全县总人口的5.12%。建立残疾人“服务总社”、“劳动就业服务所”、“康复服务指导站”、“用品用具供应服务站”等4个事业机构，以加强对残疾人的服务。

【环　保】 1999年环保工作继续坚持“以防为主，以治为辅，防治结合”的方针，开展了以下工作：一、在世界环保日期间，张贴200幅小标语，发放200多份宣传资料；二、坚持每月到厂矿作一次监理、检查，对重点污染源进行治理；三、完成对200户排污单位的申报登记和发放注册登记工作；四、完成对王子树、勐约、邦瓦等原始植被地区作了新增自然保护区初步划定和社会经济调查。

【领导干部名录】

中共陇川县委

书　记　马　春（回族）

副书记　毛勒端（景颇族）、王二软（傣族）、刘贵华

陇川县人大常委会

主　任　岳晓天（傣族）

副主任　排利国（景颇族）、张保健、王华鼎、杨小行（傣族）、杨恩跃

陇川县人民政府

县　长　毛勒端（景颇族）

副县长　杨跃国、管国芳（傣族，女）、闫生赞、王建江、赵兴倬

陇川县政协

县　长　蒋际恩

副主席　雷才国（傣族）、刀小阮（傣族）、李干志（景颇族）、谭木坤（景颇族，女）、翟元章

中共陇川县纪委

书　记　刘德荣

副书记　孔金保（景颇族）、多守辉（傣族）、蒋朝德

陇川县人民武装部

部　长　杨德贵

政　委　向兴友

陇川县人民法院

院　长　赵早波（景颇族）

陇川县人民检察院

检察长　李俊涛（傣族）

陇川县委工作机构及群团领导名录

党办

主　任　彭武俊（景颇族）

组织部

部　长　祁　弄（景颇族）

宣传部

部　长　板岩过（傣族）

政法委

书　记　王二软（傣族）

统战部

部　长　谭木坤（景颇族，女）

共青团县委

书　记　刘桢梅（白族，女）

县妇联

副主席　何继芬（女）

县工商联

主　席　周发富（傣族，1999.11免）

县侨联

主　席　许玲聪（女）

县残联

主　席　赵崇保

县科协

主　席　雷自林（景颇族）

县工会

主　席　杨保国

县委部门管理机构领导名录

政研室

主　任　排冰山（景颇族）保密局

局　长　排麻诺（景颇族）

老干局

局　长　张生朝

县直机关工委

书　记　梁耀昌（阿昌族）

县委党校

校　长　刘贵华

机要局

局　长　丁家田

县人大常委会工作机构领导名录

人大办

主　任　冯岩保（傣族）

法制委

主　任　陆连忠

财经委

副主任　李文安（傣族）

民侨委

主　任　李勒退（景颇族）

教科文卫委

副主任　康裕昌

选联委

主　任　何自山

县政府行政、事业机构领导名录

政府办

主　任　李舟宇

计划委

主　任　张　健

经贸委

主　任　章华生

县教委

主　任　郝忠保

县科委

主　任　雷自林（景颇族）

财政局

局　长　雷保才（阿昌族）

人事劳动局

局　长　杨晓保（傣族）

监察局

局　长　孔金保（景颇族）

公安局

局长、党委书记　宋　云

安全局

局　长　李忠文

司法局

局　长　徐保健

民政局

局　长　雷天四（阿昌族）

民宗局

局　长　岳品荣（景颇族）

交通局

局　长　李本泽

农业局

局　长　杨世彪

林业局

局　长　冯小岩（傣族）

水电局

局　长　翟元章

文体局

局　长　排明光（景颇族）

卫生局

局　长　王苍明

工商局

局　长　胡　宁

统计局

局　长　赵春德

土地局

局　长　马勒卡（景颇族）

城建环保局

局　长　杨恩奖

计生委

主　任　何青云

地税局

局　长　童继光（景颇族）

对外贸易经济合作局

局　长　杨绍龙

外事办

主　任　赵晓权

农机局

局　长　张晓德（傣族）

乡镇企业局

局　长　聂大贵

旅游局

局　长　杨　杏

粮食局

局　长　杨恩杰

广播电视局

局　长　李跃九

扶贫办

主　任　周应柱

史志办

主　任　邓东升（女）

审计局

局　长　蚌德生（傣族）

反贪局

局　长　高建民

档案局（二级局）

局　长　张玉娥（女）

畜牧局（二级局）

局　长　张　勇

陇一中
校　长　李枝源
陇二中
校　长　张德儒

县政协工作机构领导名录
政协办
主　任　们发忠（阿昌族）
经济侨务委
主　任　孙文峰
民族宗教委
主　任　贺　刀（傣族）
提案法制委
主　任　李元明
教科文卫委
主　任　线小焕（傣族，女）
文史资料委
主　任　杨　刚

陇川县工贸企业领导名录
粮油集团总公司
总经理　杨恩杰
糖业集团总公司
总经理　王永棋
党委书记　万荣幸

县联社
副主任　曹根新
章凤房地产开发联营公司
经　理　张仁锦
甸川工贸（集团）股份有限公司
总经理　赵　勇
党委书记　周德学

陇川县金融系统领导名录
人　行
行　长　张增然
中　行
行　长　赵炳翔
工　行
行　长　赵重华
建　行
行　长　段和义
农　行
行　长　王兴昌
农发行
行　长　王自富
财产保险公司
经　理　余发鹏
人寿保险公司
经　理　李春兰（女）

省州属驻陇川机构领导名录
章凤海关
关　长　王　平
州甘科所
所　长　范有才
气象局
局　长　赵家留
国税局
局　长　张　伟
邮政局
副局长　周跃仙（女）
电信局
副局长　尹兴伟
德宏州检验检疫局驻章凤办事处
主　任　寸待凯
武警边防大队
大队长　李德华
技术监督局
负责人　张林松
德宏州景颇歌舞团
团　长　孔艳玲（景颇族，女）

（时间截止2000年4月1日）

乡镇概况一览表

单位：（米、公里、平方公里、亩、个、户、人、%、‰、人/平方公里、万元、吨、元、万头、张）

项目＼乡镇		城子镇	清平乡	章凤镇	王子树乡	护国乡	邦瓦乡
地理位置		中部	坝头	坝尾	东北部	北部	东部
政府驻地		城子街	清平街	章凤街	王子树街	护国街	邦瓦街
海拔		1014	1803	960	1531	1775	1363
距县城距离		26	42	0	68	61	41
土地总面积		60.2	199.5	132.7	256	160	133.3
耕地面积		11667	33620	57993	2608955	9862	21313
其中	水田	7828	14583	39740	10031	5881	7746
	旱地	3839	19037	18253	16058	3981	13567
	人均耕地	2.2	2.56	2.33	2	1.55	3.36
行政区划	辖行政村	3	9	7	9	6	5
	自然村	21	71	75	69	31	45
	合作社	21	74	131	69	40	35

续上表

项目		乡镇	城子镇	清平乡	章凤镇	王子树乡	护国乡	邦瓦乡
人口民族	总户数		3611	2807	7442	2746	1407	1585
	总人口		12512	13647	30136	13617	6642	7214
	其中	傣族	2416	3129	14166	42	7	205
		汉族	7274	2236	12765	6686	4365	573
		景颇族	2197	7808	1830	6592	1661	6408
		阿昌族	267	7	130	124	3	3
		傈僳族	52	422	24	73	534	15
		德昂族	4	1	1040	0	0	0
	人口出生率		17.55	18.7	15.2	14.57	16.55	20.72
	自然增长率		9.37	8.26	9.22	9.19	11.58	10.85
	人口密度		207	36	227	85	85	46
经济收益	总收入		829.35	1363.38	5518.45	1648.37	654.53	854.57
	净收入		514.78	708.71	3488.56	1059.42	324.89	468.42
	人均纯收入		1091	512	1383	802	502	657
	总费用		335	665.63	2029.89	588.92	329.64	386.15
	国家税金		11.23	18.44	55.45	12.4	10.45	6.1
	集体提留		6.4	8.97	60.19	13.7	7.36	4.09
经济收入中	农业		479.54	1086.23	3922.14	1402.37	433.62	725.83
	建设业		0.25	1.04	3.1	2	0	0
	运输业		72.3	26.9	424.46	18	18.31	1
	商饮业		19.54	7.61	127.69	5	1.56	0
	服务业		34.06	4.3	82.52	1	5.72	1
	工业		28.2	1.35	132.39	0	3.8	0
农业总收入中	种植业		299.31	850.28	3095.99	1182.37	242.1	583.86
	林业		33.16	74.95	67.2	14.5	52.88	41.78
	畜牧业		129.55	115.92	556	149.5	118.85	74.19
	渔业		6.75	1.55	33.5	0	0	0
	副业		10.77	43.54	169.45	56	19.79	26
农作物总面积			15443	39836	87250	50173	25792	30832
其中	甘蔗		4995	12075	34481	14688	9539	13595
	粮食		8293	18126	34432	31027	13002	12684
	茶叶		522	2979	134	11360	3978	550
	油料		1453	6858	14522	851	1649	2942
	水果		0	0	0	0	0	0
农作物总产量								
其中	甘蔗		15835	37702	138310	53867	1700.1	33712
	粮食		2286	3986	14974	5935	1703	2185
	茶叶		4.5	154.8	3.1	231.6	194.2	16.9
	油料		70.3	574	1405.2	35.0	82	149.3
	水果		26.0	283.6	85.3	11.0	2.2	45.8
畜牧	牛		0.11	0.48	0.42	0.56	0.18	0.32
	猪		0.35	0.93	1.5	0.78	0.47	0.36
	羊		0.03	0.19	0	0.07	0.5	0.03

续上表

项目 \ 乡镇			城子镇	清平乡	章凤镇	王子树乡	护国乡	邦瓦乡
教育	中学	中学在校学生	0	671		580	323	206
		教职工人数	0	3.5		33	18	17
	小学	小学在校学生	1272	2058	4214	1988	842	1106
		教职工人数	71	85	185	75	45	50
卫生	医务人员		229	13	80	7	6	9
	病床		136	18	55	17	6	0
	卫生室		2	9	6	9	6	4
	乡村医生		5	9	12	9	8	4
文化	文化站		1	1	1	1	0	1
	电影院		1	1	1	1	0	0
	广播站		2	1	1	1	1	1
领导干部	乡党委书记		孙定荣	普生	余会荣	保培元	李川	李维刚
	乡政府乡长		董绍新	李红卫	朗小来	岳太昌	岳太贵	何勒崩
	乡人大主席		莫小项	石老三	蔡云寿	赵保忠	余顺德	李借卷

（续　表）

单位：（米、公里、平方公里、亩、个、户、人、%、‰、人/平方公里、万元、吨、元、万头、张）

项目 \ 乡镇			陇把镇	户撒乡	景罕镇	姐乌乡	勐约乡	赛号乡
地理位置			西南	西北	南	中部	东南	坝中
政府驻地			陇把街	户撒街	景罕街	姐乌街	营盘村	赛号街
海拔			1519	1769	1498	1508	1250	1028
距县城距离			18	32	10	22	30	18
土地总面积			201.8	244.4	165.7	80.7	120.7	108
耕地面积			16654	47742	41203	19587	13748	24319
其中	水田		7982	36155	17356	9428	2616	10052
	旱地		8672	11587	23847	10159	11132	14267
	人均耕地		2.25	2.29	2.76	3.36	4.38	3.04
行政区划	辖行政村		5	11	5	3	3	4
	自然村		41	122	65	35	19	54
	合作社		41	126	83	30	13	43
人口民族	总户数		5880	4304	4307	1383	743	1862
	总人口		22152	21745	17300	6139	3321	8331
	其中	傣族	189	326	3951	1833	12	562
		汉族	17506	7230	8725	2662	573	2274
		景颇族	3164	363	4229	1520	2717	5388
		阿昌族	83	11469	39	22	2	22
		傈僳族	0	1	95	0	0	0
		德昂族	763	2142	102	36	9	23
	人口出生率		11.47	13.74	15.39	17.11	19.44	16.35
	自然增长率		7.61	9.42	8.87	8.48	13.48	16.35
	人口密度		33	56	133	103	27	77

续上表

项目		乡镇	陇把镇	户撒乡	景罕镇	姐乌乡	勐约乡	赛号乡
经济收益	总收入		13377.09	2024.31	2822.06	1311.39	529.2	1761.08
	净收入		881.12	1393.56	1374.73	655.49	264.6	765.77
	人均纯收入		105.4	616	836	1062	809	937
	总费用		495.97	630.75	1449.89	655.9	284.6	1014.29
	国家税金		30.45	91.09	87.61	10.08	5.44	15.7
	集体提留		18.39	10.07	37.64	5.62	2.94	10.37
经济收入中	农业		1070.61	1264.09	2103.36	1128.09	385.69	1300.85
	建设业		0	28.47	1.0	0	0	0
	运输业		50.72	99.56	141.03	72.7	5.75	93.15
	商饮业		19.45	94.7	50.0	28	2.21	11.52
	服务业		0	19.2	4.9	0	1.77	0.6
	工业		7	49.22	8	0	0	37.2
农业总收入中	种植业		841.3	795.02	1589.57	1020.29	251.91	983.09
	林业		22.03	110.21	84.07	13.9	9.91	71.25
	畜牧业		148.54	341.54	410.83	88.6	117.83	214.4
	渔业		0.81	4.12	13.89	5.3	0	1.14
	副业		57.93	13.24	5	0	6.04	30.97
农作物总面积			127610	76431	56243	24544	13748	35148
其中	甘蔗		12561	0	23484	12257	7705	19777
	粮食		10447	49940	21341	9066	5346	11791
	茶叶		136	1100	636	1001	384	739
	油料		3128	18676	8680	2684	70	2390
	水果		21	0	24	0	0	28
农作物总产量								
其中	甘蔗		50752	0	88198	53449	20746	71021
	粮食		3231	7496	6824	3386	1000	2844
	茶叶		3.5	45.3	32.4	30	3.8	20.2
	油料		220.3	1670.6	733	230.3	9.6	201.6
	水果		46	139.8	37	29.4	12.8	112.7
畜牧	牛		0.19	0.73	0.28	0.17	0.21	0.21
	猪		0.49	1.45	0.99	0.45	0.32	0.55
	羊		0.02	0.12	0.08	0	0.004	0.01
教育	中学	中学在校学生	467	642	597	431	201	0
		教职工人数	36	38	46	26	14	0
	小学	小学在校学生	1198	3269	2511	924	404	1129
		教职工人数	60	105	118	34	25	62
卫生	医务人员		11	24	16	5	5	6
	病床		6	20	16	3	6	5
	卫生室		5	11	5	3	3	4
	乡村医生		6	12	6	4	5	4

续上表

项目 \ 乡镇		陇把镇	户撒乡	景罕镇	姐乌乡	勐约乡	赛号乡
文化	文化站	1	1	1	1	1	1
	电影院	1	2	1	0	0	0
	广播站	1	1	0	0	0	0
领导干部	乡(镇)党委书记	何文忠	李维献	韩启祥	冯怀坤	李益明	岳麻空
	乡(镇)政府乡长	杨涛	才时华	岳麻孔	冯小阳	何庆国	冯友欢
	乡(镇)人大主席	金麻干	曹长才	刀承明	冯怀坤	孔勒英	排早跑

(《陇川》撰稿 尚秉有)

盈江县

地理

【县境】 盈江县地处云南省西部、德宏州西北部，位于东经97°31′~98°16′，北纬24°24′~25°20′之间，总面积4429平方公里。其东北面与腾冲县毗邻，东南面与梁河县接壤，南面与陇川县相连，西、西北、西南面与缅甸为界。国境线长214.6公里。县城小平原，又名象城，距省会昆明864公里，距州府芒市151公里；距缅甸密支那197公里、八莫131公里。

【气候】 具有北热带、亚热带温带气候并存的立体气候特征，属南亚热带季风气候。1999年降雨量1812.6毫米，达历年平均降雨量的121%，属洪涝年。其中：4月、7月、10月、11月为偏多；1－3月、6月、12月为偏少；5月、8－－9月为正常。月降雨量最多为7月，达603，6毫米，仅次于1955年7月636.2毫米的降雨量。降雨量最少为2月，滴雨未下，创46年以来2月无降雨记录。降雨日数145天，其中大雨23天，暴雨8天。10月底至11月上旬出现连阴雨天气。日照时数2397小时，比历年平均值偏多87小时，日照百分率54%。月日照数最多为1月，达278.2小时；最少为7月，是103.3小时。雨季5－－10月的日照数857.7小时，占年日照时数的36%；干季1－－4月、11－－12月日照时数1539.3小时，占年日照时数的64%。全年平均气温为20.2℃，比历年平均值偏高0.9℃，是自1955年以来平均气温最高的一年。其中：1－－4月、6月、9－－12月的平均气温为偏高或特高。年极端最高气温36.0℃，出现在4月27日；年极端最低气温1.7℃，出现在12月26日。按气候划分季节标准，当年无冬季出现。

【行政区划】 1999年全县辖16个乡、3个镇，共85个行政村、14个办事处，1152个合作社。地方国营农场下设4个分场，辖33个生产队。

【人口民族】 1999年全县人口自然增长率继续下降。全年全县出生3112人，出生率为12.04‰；死亡人口1487人，死亡率为5.83‰. 年末全县总人口25.57万人，其中城镇人口31590人，占总人口的12.4%；乡村人口224090人，占87.7%。少数民族153099人，占总人口的59.71%，其中傣族94858人，占37.1%；景颇族39250人，占15.4%；傈僳族15573人，占6.1%；阿昌族615人，占0.24%；德昂族400人，占0.16%。

【投资环境】 年内完成县城3条主街道共6.6公里柏油路面、排污沟、人行道护栏、绿化、路灯等工程的改造建设扫尾工作，完成建设路北段物资总公司允罕路前500米侧沟支砌和路基铺设改造，完成盈湖路520米路段水泥路的铺设及绿化，更换了3条大街的绿化树种，并于国庆节前完成盈东路的路灯安装及绿化树种植。县自来水公司投资38万元，新建2000立方米净水厂清水沉淀池，日供水可达18000立方，基本解决了县城20年内的供水问题。按小城镇建设规划，岗勐乡、那邦镇已被正式确定为全省小城镇建设试点单位，太平、弄璋、勐弄等乡的农贸市场改造建设已完成并投入使用。年内对建筑行业加强管理，依法建立报建办证制度。6月召开了施工企业法人代表与技术人员参加的工程质量检查会。此外，成立了盈江县招标投标领导小组及招标办，由主管副县长任组长。

历史

【简史】 公元前四世纪，“西南丝路”形成，盈江即为主要通道。

今盈江，西汉时属“滇越”古乘象国，东汉属永昌郡哀牢县，唐属南诏节度押西城，宋为腾越府乞兰部，元属镇西路军民总管府。明设置土司制度。明清时期为干崖土司、盏达土司、南甸土司及盏西土目司辖区。民国时“改土归流”，先后设弹压委员和盈江、莲山设治局，但始终未能废除土司制度。

1950年5月14日至15日，中国人民解放军122团一部和盈江、莲山军政代表团先后到达盈江（干崖）新城、莲山（盏达）小平原，干崖、盏达土司组织民众欢迎，两地和平解放。两地很快召开各界代表会议，先后成立盈江、莲山各民族行政委员会。1951 年 12 月 31 日，盈江县各民族人民联合政府委员会正式成立 .1952 年 1 月 16 日，莲山县各族人民联合政府委员会正式成立。1955 年秋，曾先后直属于保山专区和德宏州管辖的盏西区划归盈江县。1958 年 10 月，盈江、莲山两县合并为盈江县。

社　　会

【经济简述】 1999 年盈江县国民经济平稳增长。全年国内生产总值 76973 万元，比上年增 6.5%，其中第一产业增加值 34000 万元，降 5.2%；第二产业增加值 18187 万元，增 20.1%；第三产业增加值 24786 万元，增 17.2%。按经济类型划分，国有经济为 16444 万元，占国内生产总值的 21.4%；集体经济 11255 万元，占 14.6%；其它经济 49208 万元，占 64%。年末全县从业人口 13.67 万人，比上年增 3312 人，其中城镇私营和个体从业人员 3387 人，增 607 人。年末全县城镇失业人数为 283 人。国民经济和社会发展中存在的主要问题：社会有效需求不足，经济结构不合理和工业产销矛盾仍较突出，农民收入增长减缓。

【农　业】 全年全县投入基础设施建设资金 1752 万元。年内完成各类农田水利基本建设项目 2872 件，新增灌溉面积 2500 亩，改善灌溉面积 5.3 万亩，除涝面积 500 亩；实施人畜饮水工程 19 件，解决了 7373 人及 3700 头大牲畜的饮水困难；完成大盈江翁姐河堤治理工程及浑水沟水土保持续治工程的前期准备工作；对太平乡、平原镇等乡镇部分中低产田进行改造。粮食生产在力求保持总量平衡的思想指导下，完成粮食作物总播种面积 39.25 万亩，比上年减 1.8 万亩，减 4.3%；总产量 10.075 万吨，减 5.6%。年内“408”、“201”等优质稻播种面积比往年有大幅度增长，品种结构调整取得新突破。

甘蔗种植在保持 21 万亩面积的基础上，加大科学种植和管理力度，“三高”样板和良种示范基础建设步伐加快，甘蔗产量达 84 万吨。农业机械化水平进一步提高，农机总动力达 8114 万瓦特，比上年增 14.69%；农机总作业量 905 万亩，增 12.57%。畜牧业在 12 个乡镇开展猪种改良；以“中一欧水牛开发项目”为动力，抓实项目区工作，7 个项目点完成水牛人工授精 384 头（493 头次）；7 个乡建立永久性青贮氨化窖，共 323.6 立方米。以增加农民收入为目标的 50 万亩绿色产业开发项目稳步实施，山苍子开发种植成绩显著，州第一轮验收合格面积达 31772 亩。重视老荔枝园的改造和澳州坚果基地的建设，薄荷、腰果、核桃、柠檬、板栗、水昌密柚等试验种植均取得较好的成绩。此外，蔬菜、畜牧产品、水产品有较大幅度增长。

【工　业】 1999 年盈江县工业增加值达 13131 万元，比上年增 28.4%；工业总产值 58011 万元，增 42.2%。在工业总产值中，国有经济产值完成 26729 万元，比上年增 52.3%；轻工业产值达 28612 万元，增 20.3%；重工业产值达 29399 万元，增 77.2%。主要工业产品：食粮产量 76526 吨，比上年增 52.7%；酒精产量 7874 吨，增 65.7%；发电量 29947 万千瓦小时，增 49.3%；水泥 10.52 万吨，增 37.5%；配混合饲料 3984 吨，增 5.2%；铁合金 11262 吨，增 96.7%。但产销衔接状况不佳，全县 21 户国有及 500 万元以上非国有独立核算企业产品销售率为 93.8%，比上年降 1.9 个百分点，其中 17 户企业亏损，亏损面达 81%。

【乡镇企业】 1999 年全县原统计年报乡镇集体企业户数为 86 户，通过清产核资合并 18 户为 68 户，经甄别确认为集体企业 22 户（其中纳入规范管理 6 户，暂不纳入 16 户），私营企业 26 户，个体企业 13 户，有限责任公司 1 户，股份合作制企业 3 户，名存实亡 3 户。经资金核实，资产总额为 25757.5 万元，其中固定资产 18330.8 万元，占资产总额的 71.17%；负债总额 23968.3 万元，资产负债率为 93.05%（其中流动负债 15165.1 万元，占负债总额的 63.27%，长期负债 8803.2 万元，占负债总额的 36.73%）；所有者权益 1789.2 万元，占资产总额的 6.95%；全部资产损失总额 200.7 万元，占资产总额的 0.78%。星云公司 5000 吨电解铝生产线、茂源胶合板厂增设的木材加工厂相继建成投产；宏基实业有限公司已投入开发资金 10000 万元，完成了前期工作；勐乃河电站已完成整个工程量的 80%。全县乡镇企业实现营业收入 72055 万元，比上年增 3.48%；实现现价总产值 62236 万元，增 3.89%；完成不变价工业产值 15826 万元，增 18.58%；创利税总额 9780 万元，增 6.76%；上交税金 2296 万元，增 2.64%。

【贸　易】 全年社会消费品零售额达 37823 万元，比上年增 9.1%，扣除物价上涨因素实际增 4%。其中县城消费品销售额 20698 万元，比上年增 7.4%；乡镇消费品销售额 17124 万元，增 11.2%。从行业看，批发零售贸易业 18605 万元，比上年增 15.5%；餐饮业 6038 万元，增 29.3%；其它行业 13180 万元。由于国家采取包括提高出口退税率在内的一系列鼓励出口政策，加之周边国家经济的逐步复苏，全年进出口总额达 18871 万元，比上年增 21.8%。其中：进口总额 14420 万元，增长 30.2%；出口总额达 4451 万元，增长 0.8%。

【财　政】 1999 年盈江县完成地方财政收入 4509 万元，比上年减 150 万元，降 3.2%。全年财政支出 10870 万元，比上年降 1.2%。

【税　收】 99 年工商税收完成 1678 万元，增 6%；企业所得税完成 261 万元，减 40.7%；农业税和耕地占用税完成 975 万元，降 20.2%。

【金　融】 1999 年盈江县金融部门继续采取积极措施，加强信贷资金管理，不良信贷减少。年末全县金融机构各项存款余额达 54628 万元，比上年增 2740 万元，增 5.3%。其中：企业存款 10408 万元，比上年降 5.1%；城乡储蓄存款 41652 万元，占总存款的 76.2%，比上年增 9.7%；各项贷款余额 82924 万元，比上年降

0.5%（其中中长期贷款余额32241万元，比上年增473万元，增1.5%）。

【保　险】　1999年盈江县保费收入1546万元，比上年增6.5%；支付各类赔款及给付412万元。

【物　价】　1999年盈江县市场价格总水平趋于回落。全年居民消费价格总水平比上年回落0.1%，其中食品价格升3.9%，衣着价格降6.6%，家庭设备及用品价格降2.9%，交通和通讯工具价格降14.5%，服务项目价格升2.6%。全年商品零售价格总水平比上年回落1.8%；农业生产资料价格总水平为96.6%，比上年回落3.4%。物价部门继续以“清费、治乱、减资”为工作重点，检查涉农部门5个、农村医疗单位6个、教育单位17个、其它行政事业单位9个、供销商业10个、宾馆和个体工商业265户，共325户；处理53户，没收违法所得金额30503.7元；罚款2710元；为公、检、法进行价格认证39次，认证价值122.64万元；年内开展了“收费许可证”1998年度审验，取消收费项目18个、收费标准112个，新增收费项目4个、收费标准6个，审查收费金额3467万元，共审验75户，注销5户，审验完成率100%。

【技术监督】　1999年，盈江县技术监督部门配合粮食部门，共抽陈仓稻谷10个样品送检，经检验结果判为陈化粮。在元旦、春节、春耕、中秋节期间，检查全县19个乡（镇）的集市及商店，重点检查食品柜台、农药化肥。此外，还经常进行出击检查。全年共检查店铺1300多家、200多种商品，共出动1152人次。其中抽查到定量包装不足的商品有9户9件，标值900元；没收假力宝精110板（标值8800元）、假春城及金沙江牌香烟522条（标值4176元）、假冒美孚机油257筒（标值5100元）、劣质椰子汁饮料24件（标值1776元）、不合格功放机14台（标值7000元）、无碘白象牌食盐41袋（标值2870元）、各类过期食品92件（标值6420元）、假冒飞利甫VCD2台（标值1400元）、假冒双狮手表26块（价值3640元）、假冒山羊和蝴蝶牌钢锄157把（标值1720元）、假冒洗发水14件（标值3000元）、假冒舒肤佳及纳爱斯香皂10件（标值2000元）、假冒味精36袋（标值54元）；现场监督销毁过期失效农药425公斤（标值2800元）；共没收、销毁的假冒伪劣商品1305件（标值50756元）；对生产、销售假冒伪劣商品的违法者共处罚款和没收违法所得10.05万元。在糖厂开榨期间，派人深入糖厂，在蔗区认真宣贯GB7718－89糖料甘蔗国家标准，并对甘蔗的砍、运、榨进行现场监督。

【旅　游】　盈江具有丰富独特的旅游资源，县委、县政府已作出把旅游业培育发展为支柱产业的决定。1999年对旅游景区、景点、线路的规划设计工作进一步加强；重点景区凯邦亚湖的开发建设步伐加快，景区道路、供电、自来水、停车场、茶楼等基础工程已结束；对宾馆、饭店进行了整顿，对管理人员和服务人员进行专门培训，全年接待旅客91080人次。年内完成了对三泰、神州星级宾馆的检查复核工作，太和园宾馆被评定为二星级宾馆，天香园饭庄被确定为全州旅游定点餐饮单位。

【建筑业】　1999年全县从事建筑业的企业26个，其中私营企业10个，个体企业16个（无执照8个）；从业人员576人，其中私营企业411人，个体企业165人（无执照69人）；营业收入1203万元，其中私营企业825万元，个体企业378万元（含无执照者176万元）。建筑企业增加值509万元，其中私营企业311万元，个体企业198万元（含无执照者117万元）；利税总额189万元，其中私营企业88万元，个体企业101万元（含无执照者64万元）；实交税金67万元，其中私营企业38万元，个体企业29万元（无执照者17万元）；利润总额137万元，其中私营企业59万元，个体企业78万元（无执照者50万元）；净利润122万元，其中私营企业50万元，个体企业72万元（无执照者47万元）；工资总额297万元，其中私营企业201万元，个体企业96万元（无执照者53万元）；流动资产年末数242万元，其中私营企业189万元，个体企业53万元（无执照者13万元）；固定资产原值403万元，其中私营企业358万元，个体企业45万元（无执照者13万元）。

【交　通】　1999年县内公路里程1878.59公里，属省管178.88公里，县乡道和主要口岸公路10条328公里，乡村道584.9公里，其它口岸公路、蔗区公路、林区公路769.5公里，边境巡逻路18公里。年内，平卡线37公里路基改造铺筑弹石工程、虎路石6公里三级路沙石路面工程、38号界桩边境巡逻路及盏达河桥、姐岗桥等工程相继竣工。县内两个客运站每天发出中巴以上的客车114辆，比上年增41辆；发出车座2247座，比上年增657座；平均载客率上年是50－70%，99年是30－60%。出租车199辆，载客率上半年30%，下半年23%。小型车已达347辆，比上年增90辆，载客率3.4－4人/次。少数车辆停开，大部份车辆勉强为生，运输经济效益下降，其原因一是市场流动人口减少；二是车辆增长过快，僧多粥少。

【邮　电】　1999年盈江县邮电业务总量达1085万元。年末全县电话到达11587户，比上年增20.5%，其中市话到达7828户，增18.4%；农村电话到达3759户，增25.1%。公用电话200部，其中IC卡电话110部。

【固定资产投资】　1999年盈江县全社会固定资产投资总额18401万元，比上年降21.3%，其中国有单位投资8794万元，增24.9%；集体单位投资629万元；城乡个人投资4767万元，增3.2倍。

【人民生活】　1999年盈江县城乡居民生活水平继续提高。全年城镇居民人均可支配收入6234元，比上年增11.4%。由于市场供求关系变化，农产品价格下跌，制糖业产销矛盾突出，无法及时兑现甘蔗款，农民收入增长减缓，全年农村居民人均纯收入1231元，增2.9%。居民住房条件进一步改善，城镇竣工住宅面积43440平方米，农村竣工住宅面积50622平方米。全县参加社会保险的职工人数达10398人，收缴养老保险基金总额675万元。

【教　育】　1999年，全县普通中学招生9365人，比上年增1924人，在校生10012人；各类职业技术学校招生5702人，在校生6034人；小学招生4774人，在校生43641人，学龄儿童入学率达99.58%；幼儿园在园幼儿2838人。全年全县被大专以上院校录取99人，是自恢复招生考试制度以来被录取人数最多的一年。

【科　技】　全年全县招收农函大学员428名，分别在9个乡镇办班，其中苏典乡办核桃专业班34人，薯类专业班40人，养羊专业班33人；支那乡办养羊专业班60人；岗勐乡办蔬菜专业班31人；旧城镇办蔬菜专业班50人；平原镇办甜竹专业班31人；新城乡办山苍子专业班35人；芒璋乡办山苍子专业班43人；油松岭乡办山苍子专业班35人。县科委与苏典乡农技站配合，推广杂交水稻524亩，平均单产250公斤，比常规稻单产170公斤增80公斤；推广杂交包谷500亩，平均单产184公斤，比常规品种单产80公斤增104公斤。引进脱毒马铃薯种7吨，扶持农户种植50亩，其中10亩样板田平均亩产1000公斤，比常规品种亩产增500公斤。分别在苏典村、勐戛村试验示范“三池一厩一棚”（青贮氨化池、沼气池、畜水池、畜厩、塑料温棚）项目2户；在苏典、勐戛、邦别、茅草寨、撇石、黄草坝等村社扶持农户放养黄山羊255只、黄牛17头；在平原镇开发种植薄荷180亩；在铜壁关乡创建200亩山苍子试验示范基地；在岗勐乡拉勐村建立科技示范村1个；引进美国油菜杂交种40公斤，在旧城、弄璋两乡镇试种160亩，由于气候异常，病虫害严重，产量较低，不尽人意。年内涌现出一批农民学科学、用科学积极分子，杨咪菊等5人获省政府“农民学科学、用科学积极分子”称号。

【文　化】　1999年，盈江县在春节、国庆节和德宏州第十七个民族团结月期间，分别组织三台大型文艺晚会，来自机关、厂矿、学校、驻军、农村的20多个业余演出队参加演出，演出者达1000多人次，观众达20000余人。节日期间，各乡镇112个业余演出队演出215场次，演出人员2710人次，观众达9.5万人次；各乡镇文化站刊出黑板宣传专栏342期。何祖元主编的《盈江县文化艺术志》30万字完稿。县图书馆有藏书68317册。文物管理进一步得到加强，分类建立馆藏文物档案，将县境内的明代四关残留石碑搬到文管所保管；对旧城培龙寺、油松岭青云寺、新城刀盈廷墓、刀安仁故居、四关遗址等处名胜古迹的安全、保护、管理进行了全面的检查，并将有关材料上报，要求列为第二批州级文物保护单位。全年查出文化市场中违法案件15起，违规案件6起，取缔无证经营点8个，VCD2180片（其中有政治问题25片，色情淫秽103片，盗版2052片），录相带390盘，非法出版物494册（其中政治问题19册，色情淫秽41册，盗版434册）。本县自办的综合性刊物《今古盈江》出版2期。

【广播电视】　1999年建成农村卫星地面收转站10座，使全县村级地面卫星站达82座。广播人口覆盖率达85%，电视人口覆盖率达88%。全年共播出汉语“盈江新闻”338条，1332次；傣语新闻118条，236次；景颇族新闻115条，230次。

【体　育】　1999年县体委与电信局组织元旦“电信杯环城长跑邀请赛”，800余名男女老少参赛。1月中旬，盈江、瑞丽举行足球友谊赛，双方1比1握手言和。国庆期间，举行“篮球运动会”，28支球队、300名运动员参加为期18天的比赛，观众达15万人次；同时，举行首届保龄球赛、围棋赛、老年人门球赛，参赛者1000多人次；旧城镇举行足球运动会，8支球队参赛。10月中旬，滇西片海关第四届“国门杯”运动会在盈江县城小平原举行，有篮球、排球、羽毛球、乒乓球、射击、麻将6个项目，来自全省7个地、州、市的210名运动员进行了7天的比赛。11月初，召开一年一度的老年人体育运动会，有门球、麻将、象棋、围棋等项目，参赛者150人次。全县已有32个老年人体育基层组织，经常开展门球、桥牌、健身操等项体育活动。年内参加全州中学生运动会取得女篮冠军、男篮亚军的好成绩。

【卫　生】　1999年全县有18个乡（镇）卫生院，7个县级卫生单位。有在职卫生人员649人，其中技术人员526人，初称333人，中称164人，副高3人，未定职26人；会计35人。全县有村卫生室92个，个体诊所8个；有乡村医生156人。其中获得乡村医生资格证书74人，卫生员82人，接生员536人。年内加大了危房改造的力度，为县防疫站和昔马、油松岭、勐弄、卡场、岗勐、太平等6个卫生院安排建设项目，总投资160余万元，建筑面积3500多平方米。经省州初保委全面审评与复核，被评定为“基本合格”。全县卫生用水覆盖率达77.04%，基本达到初保的底线标准。全年做节育术4918例，其中放环2547例，取环564例，女扎120例，人流1379例，引产300例。应进行婚检人数1662对，实检529对，婚检率31.83%。全年收报甲乙类传染病1639例，死亡21例，发病率为64.6/万，发病率比上年上升。其中疟疾1081例，占总发病率65.96%。县城区两次灭鼠有4790户次投放毒饵，13个乡镇15839户次投放毒饵，县级灭鼠41.11万只，县城及13个乡镇均进行预防性喷洒灭蚤。全年设鼠疫固定监测点20个，流动点103个。发现腺鼠疫患者1例后，立即对一类地区（疫点）进行灭蚤→爱国卫生运动→灭鼠→再灭蚤，进行三次药物喷洒，并对全体居民进行检疫；对二类、三类地区采取相应措施，使疫情很快得到控制，经考核各项指标均达国家疫区处理控制指标。艾滋病监测10号哨点检出阳性31人（新感染18人，原阳性13人），均为吸毒人员。食品卫生监督1500户次，其中行政处罚8户，停业整顿6户，罚款6户；核发食品卫生许可证264户，核发公共场所卫生许可证35户。

对全县乡镇的药品生产、经营、使用的国家医疗机构、药厂、批发部门、医务室、个体诊所、药店、供销社药品销售柜等单位和个体工商户，进行监督检查抽验。全年下乡监督检查33次，查处过期药品35个批次，变质药品26个批次，5个以上药品100个批次，10个以上17个批次；取缔无证行医诊所2个，无证经营药品窝点1个。

【环　保】　在1999年“6.5”世界环境日期间，开展了小学生环保知识竞赛活动，参加人数1800多人；在“科普宣传”活动周中，展出了本县环境污染、水土流失现状的展板。年内对7家省州重点考核达标企业2000年的达标工作作了安排，签订了责任书。加强了对各排污企业的规范管理，共发放排污登记证、许可证400余份，鉴于县城清扫面积大，环卫工人少的实际，职能部门深化环卫制度改革，实行“五定承包”，每日清扫3次，全天保洁。县城清扫面积已达18万平方米，垃圾清运量比上年增30%，全年参与义务植树11万人次，完成造林44526亩，森林覆盖率达62.8%。

【领导干部名录】

中共盈江县委

书　记　汪宝泉

副书记　金德祥（傣族）、王兴才（景颇族）、向明亮（傣族）、甘宏伟

盈江县人民政府

县　长　金德祥（傣族）

副县长　谭新贵（景颇族）、宋雨发、方洪明（傣族）、刀红艳（女，傣族）、王兴明、早明亮（傈僳族，1999年3月免）、姜　洪

盈江县人大常委会

主　任　明腊令（景颇族）

副主任　金学明（景颇族）、杨荣林（傣族）、万学春、刘振川、孟翠英（女，傣族）、杨如甫

盈江县政协

主　席　余正来（傈僳族）

副主席　刀保伦（傣族）、闫自新（景颇族）、王振泽、多守祥（傣族）、熊林祥、思燕章（傣族）

中共盈江县纪委

书　记　何　方

副书记　杨劲松（女，傣族）、王佳林

盈江县人民检察院

检察长　普　瑞（景颇族）

盈江县人民法院

院　长　线家志（傣族）

盈江县委工作机构及群众团体领导名录县委办公室

主　任　杨恩宏

县委组织部

部　长　排志科（景颇族）

县委宣传部

部　长　孟成武（傣族）

县委农工部

部　长　李　兵

县委党史征研究

主　任　陈春刚

县委统战部

部　长　王振择

县委老干局

局　长　杨泽鹏

县委政法委

专职副书记　付国全

县委机关党总支

书　记　杨泽鹏

县委党校

常务副校长　杨自新

县委保密局

局　长　郑光鼎

团县委

书　记　李德松

县总工会

主　席　王加亮

县妇联

主　席　何生兰（女，景颇族）

县残联

理事长　杨锡喜

县侨联

主　席　王有立

县工商联

会　长　尹培纯

县科协

主　席　徐　华

盈江县人大常委会工作机构领导名录

人大办公室

主　任　尹国恒

选举联络工作委员会

主　任　段世广

法制工作委员会

主　任　李凤先（彝族）

财经工作委员会

主　任　杨学钦（回族）

教科文卫工作委员会

主　任　代　雄（傣族）

民族华侨工作委员会

主　任　栋枝芹（女，傈僳族）

盈江县人民政府工作机构领导名录

政府办公室

主　任　段永祥（傣族）

县计划委员会

主　任　王　莉（女）

县财政局

局　长　王澄生

县人事劳动局

局　长　杨必章

县统计局

局　长　景跃章（傣族）

县民政局

局　长　寸待能

县志办

主　任　陈春刚

县广播电视局

局　长　侯天丽（女）

县计生委

主　任　排正忠（景颇族）

县卫生局

局　长　明永济

总支书记　沙玉兰（女，景颇族）

县鼠防站（副局级）

副站长　杨增元

县扶贫办

主　任　排腊等（景颇族）

外经贸局

局　长　张景邦

总支书记　李新强

县经贸委

主　任　杨庆湘

总支书记　李正德

县城建环保局

局　长　陈　虎

总支书记　陈　虎（兼）

县乡镇企业局

局　长　杨树梁

总支书记　岳元锋（傣族）

县土地管理局

局　长　刀保周（傣族）

县文体局

局　长　赖文明（傣族）

总支书记　高明忠

县教委

主　任　李仕忠

党委书记　排学先（景颇族）
县科委
主任　徐　华
县联社
主　任　张兆康
总支书记　熊庆国（傈僳族）
县粮食局
局　长　朱自光
总支书记　朱自光（兼）
县蔗糖办
主　任　杨明深
国资局
局　长　管有志（傣族）
县农业局
局　长　谢祖留
总支书记　思晓德（傣族）
县水利电力局
局　长　胡志强
总支书记　胡志强（兼）
县林业局
局　长　龚永强（傣族）
总支书记　赵　兴（景颇族）
县交通局
局　长　侯伯楼
总支书记　赵兴（景颇族）
县烟草办
主　任　李连宏
县外事办公室
主　任　李永海（景颇族）
县旅游局
局　长　何安国
县司法局
局　长　赵国洪
县安全局
局　长　李开沛
政　委　李富贵
县公安局
局　长　刘江南
政　委　龚自春（傣族）
县民宗局
局　长　龚旭海（傣族）
县监察局
局　长　杨劲松（女，傣族，兼）
县农机局
局　长　岳志留（傣族）
县畜牧局
局　长　罗有田
总支书记　沙永灿（景颇族）
县档案局（二级局）
局　长　徐全英（女）
地税局
局　长　王明显
侨务办公室
主　任　王有立
芒允口岸工作组
组　长　许元清
平原民族中学
校　长　寸炳林
支　书　孟必全（傣族）
民族寄宿制中学
校　长　梅　勇
支　书　杨宏方
县医院
院　长　张　涛
支　书　刀保佩（女，傣族）
中医院
副院长　黎天培
平原糖厂
厂　长　邵曰本
书　记方龙华
弄璋糖厂
厂　长　杨立彪
书　记　尹家顺
盏西糖厂
厂　长　杨永刚
书　记　陈玉屏
芒桑水泥厂
厂　长　杨宗全
书　记　杨贵荣
县电力公司
经　理　刘国俊
书　记　罗绍荣

盈江县政协工作机构领导名录
政协办公室
主　任　刘成国
经济委员会
主　任　陈文忠
提案法制委员会
主　任　张仙彩（女，白族）
教科文卫体委员会
主　任　麻　大（傈僳族）
民族宗教侨务委员会
主　任　排启光（景颇族）
学习文史委员会
副主任　张景娇（女）
中共盈江县纪委工作机构领导名录
纪委办公室
主　任　徐加云
执法监察室
主　任　岳文俊（景颇族）
教育调研室
主　任　李　刚
信访室
主　任　孟　严（傣族）
监察综合室
主　任　张继红（女）
中央、省、州属驻盈江单位领导名录
国税局
局　长　尹华国
工商局
局　长　杨学章
海关
关　长　黄孝荣
商检局
主　任　刀保亮（傣族）
动检局
主　任　张继光
电信局
局　长　李　辉
邮政局
局　长　杨杏姝（女）
人行
行　长　张正华
农行
行　长　欧润湘（傈僳族）
农发行
行　长　郭有进
工商行
行　长　沙永华
建行
行　长　李维相
中行
行　长　杨治钦
财产保险
经　理　许本清
人寿保险
经　理　任向东
支　书　李绍贤
信用联社
主　任　杨建忠
气象局
局　长　梁　刚
技监局
局　长　张有强

（《盈江县》撰稿　陈春刚）

乡镇概况一览表

单位：（米、公里、平方公里、亩、个、户、人、%、‰、人/公里、万元、千克、头、张）

项目			平原镇	莲花山乡	太平乡	芒允乡	姐冒乡	弄璋乡
地理位置			中部	中部偏西	西南	西南	南	南
政府驻地			新建办事处	贺勐	太平街	芒允街	姐冒街	弄璋街
海拔			826	830	810	800	805	810
距县城距离			0	6	12	32	30	19
土地总面积			81.33	225.42	228.38	196.65	174.59	197.72
耕地面积			20859	28775	39701	26268	29493	49723
其中	水田		16329	21060	28554	11475	23609	35013
其中	旱地		4530	7715	11147	14793	5884	14710
其中	人均耕地							
行政区划	辖行政村		5	5	8	3	7	8
行政区划	自然村		46	66	106	33	70	106
行政区划	合作社		52	64	72	38	71	119
人口民族	总户数		9425	2646	3628	1525	3544	5998
人口民族	总人口		32315	12870	17851	6617	15491	26740
人口民族	其中	傣族	9667	6133	7832	3149	8252	14245
人口民族	其中	汉族	19279	4652	6347	1363	4948	9972
人口民族	其中	景颇族	2009	1963	3147	1887	1372	1420
人口民族	其中	阿昌族	80	1	34	11	130	168
人口民族	其中	傈僳族	330	373	545	181	679	615
人口民族	其中	德昂族	26		1			2
人口民族	人口出生率		12.71	16.3	16.38	16.13	14.7	14.14
人口民族	自然增长率		8.89	11.72	9.99	8.58	9.44	7.78
人口民族	人口密度		397.33	57..09	78.16	33.65	88.73	135.24
经济效益	总收入		2334.98	3269.38	3588.82	1298.17	3201.07	5749.05
经济效益	净收入		1785.2	2320.14	2640.81	763.11	2319.15	4206
经济效益	人均纯收入							
经济效益	总费用		549.78	949.24	948.01	535.06	881.92	1543.05
经济效益	国家税金		43.17	39.45	48.2	9.74	51.22	64.64
经济效益	集体提留		20.73	27.02	33.93	10.23	28.77	76.3
农作物总面积			34655	57161	61645	31823	50492	73770
其中	甘蔗		12432	26962	17664	16604	18060	26618
其中	粮食		18591	23021	34366	11081	26953	41687
其中	茶叶		32	210		422	20	25
其中	油料		1126	2657	5362	1773	1618	792
其中	水果		257	73	4	768	118	31
农作物总产量								
其中	甘蔗		54859	89228	66911	59433	69076	110587
其中	粮食		5220	7203	13614	3840	7981	12706
其中	茶叶		14	1260	3	372	2	23
其中	油料		741	2251	4543	1690	1357	518
其中	水果		2946	1996	2011	581	710	4275

畜牧	牛		1771	3554	3304	2219	2362	4288
	猪		5367	8298	5565	4090	9155	15011
	羊		375	1072	1978	127	484	988
教育	中学	中学在校学生	2473	411	815	374	277	1059
		教职工人数	242	24	48	23	17	56
	小学	小学在校学生	4192	2322	3021	997	2429	4734
		教职工人数	298	120	127	57	87	159
卫生	医务人员		297	13	17	11	11	12
	病床		220		20	20	9	30
	卫生室		4	5	8	2	6	8
	乡村医生		15	14	11	3	10	17
文化	文化站		1	1	1	1	1	1
	电影院		3		1		1	
	广播站		1	1	1	1	1	1
领导干部	乡党委书记		李智仁	李兴明	杨连刚	刀承祎	刘雨荐	杨世汉
	乡政府乡长		杨盈	管国爱	许明春	刀建华	廖沙杰	方保合
	乡人大主席		尹腊约	思贵章	排腊	金开发	张糯团	思永明

(续表一)

单位：(米、公里、平方公里、亩、个、户、人、%、‰、人/公里、万元、千克、头、张)

项目 \ 乡镇			岗勐乡	旧城镇	新城乡	油松岭乡	芒章乡	盏西乡
地理位置			东	东	东北	东	东北	北
政府驻地			芒文街	旧城街	新城街	油松岭乡	芒章乡	关上街
海拔			811	850	850	1960	1010	1000
距县城距离			5	19	36	50	66	79
土地总面积			79.38	133.3	290.05	83.34	260.63	351.41
耕地面积			17448	27493	51105	14000	30861	39761
其中	水田		10514	21962	20901	9500	8727	16582
	旱地		6934	5531	30204	4500	22134	23179
	人均耕地							
行政区划	辖行政村		4	6	8	4	6	8
	自然村		50	68	66	46	43	75
	合作社		42	104	83	71	59	101
人口民族	总户数		1652	4126	3600	2703	2264	4052
	总人口		8126	20071	17711	12908	11155	21085
	其中	傣族	3805	11986	10270	26	3286	10061
		汉族	1682	6819	4968	12338	2725	4497
		景颇族	1724	877	2037	236	4820	4731
		阿昌族	22	104	24	30	9	
		傈僳族	893	220	130	231	302	1734
		德昂族		98	258	10		
	人口出生率		15.59	13.60	14.38	14.89	12.06	12.03
	自然增长率		6.82	7.33	7.27	9.59	6.78	6.04
	人口密度		102.37	150.57	61.06	154.88	42.8	60

续上表

项目 \ 乡镇			岗勐乡	旧城镇	新城乡	油松岭乡	芒章乡	盏西乡
经济效益	总收入		1549.06	3624.09	4021.15	1620.76	1305.06	2809.67
	净收入		1043.56	2523.65	2825.26	1212.32	839.95	1951.58
	人均纯收入							
	总费用		505.5	1100.44	1195.89	408.44	465.11	858.09
	国家税金		17.64	63.69	34.35	31.03	20.12	30.4
	集体提留		14.82	41.48	25.82	13.55	22.61	22.42
农作物总面积			26612	45032	73518	29664	32685	54188
其中	甘蔗		12801	13091	38009	300	12234	10928
	粮食		9648	25100	27799	25637	15257	30568
	茶叶			468	483	7343	1074	3666
	油料		704	1286	2318	2520	3533	7411
	水果			7	71	117	742	8320
农作物总产量								
其中	甘蔗		41280	51425	117274	1200	44057	43545
	粮食		3392	8225	8758	5171	2782	6509
	茶叶			56	33	1371	1167	170
	油料		460	1015	1526	540	2293	6770
	水果		1894	434	1306	250	1093	589
畜牧	牛		1715	3114	4535	1871	4339	6533
	猪		4434	12834	9215	8592	5903	12672
	羊		1097	2214	206	2258	934	2323
教育	中学	中学在校学生		763	534	434	424	797
		教职工人数		52	31	21	22	37
	小学	小学在校学生	1435	3714	2403	2155	2149	4127
		教职工人数	157	137	77	56	62	125
卫生	医务人员		4	31	11	11	8	11
	病床		3	30	15	10	6	10
	卫生室		4	6	8	4	6	8
	乡村医生		5	11	12	8	8	13
文化	文化站		1	1	1	1	1	1
	电影院			1	1			1
	广播站		1	1	1	1	1	1
领导干部	乡（镇）党委书记		尹卫东	董福昌	杨荣凡	余天增	肖建平	杨云芳
	乡（镇）政府乡长		排金明	思永俊	岳贺恍	郭美苍	李胜华	刀小发
	乡（镇）人大主席		雷永光	余国芳	孔小福	罗自松	荣昌灯	李永贤

（续表二）

单位：（米、公里、平方公里、亩、个、户、人、%、‰、人/公里、万元、千克、头、张）

项目＼乡镇			那邦镇
地理位置			西南
政府驻地			街道
海拔			240
距县城距离			92
土地总面积			
耕地面积			1567
其中	水田		698
	旱地		869
	人均耕地		
行政区划	辖行政村		3
	自然村		10
	合作社		8
人口民族	总户数		248
	总人口		1298
	其中	傣族	2
		汉族	1072
		景颇族	176
		阿昌族	
		傈僳族	14
		德昂族	
	人口出生率		8.52
	自然增长率		3.87
	人口密度		

项目＼乡镇			那邦镇
经济效益	总收入		170.82
	净收入		147.11
	人均纯收入		
	总费用		23.71
	国家税金		0.29
	集体提留		2.48
社会总产值	农业		
	建筑业		
	运输业		
	商业		
	饮食业		
	总产值		
农业产值	商品产值		
	增加值		
	其中	种植业	
		林业	
		畜牧业	
		渔业	
农作物总面积			1650
其中	甘蔗		
	粮食		1007
	茶叶		
	油料		
	水果		100

项目＼乡镇			那邦镇
农作物总产量			
其中	甘蔗		
	粮食		292
	茶叶		
	油料		
	水果		106
畜牧	牛		490
	猪		695
	羊		
教育	中学	中学在校学生	
		教职工人数	
	小学	小学在校学生	
		教职工人数	
卫生	医务人员		5
	病床		
	卫生室		
	乡村医生		
文化	文化站		
	电影院		
	广播站		1
领导干部	乡(镇)党委书记		杨贵华
	乡(镇)政府乡长		李先胜
	乡(镇)人大主席		杨贵华(兼)

（寸　华）

梁　河　县

地　理

【县　境】　梁河县地处云南西部大盈江流域，位于德宏州东北部，介于东经98°06′－98°31′、北纬24°31′－24°58′之间。东北与腾冲县接壤，东南与龙陵县交界，南与潞西市、陇川县毗连，西与盈江县为邻。县城遮岛，距省会昆明808公里，距州府芒市：经腾龙线160公里，经潞盈公路122公里。

梁河是半山半坝县。全境有中山、低山、火山锥、台阶地、河谷平坝等5种地貌类型。入境的大盈江、龙江将全县分割为两山夹一坝。较大的坝子是遮岛坝、萝卜坝、勐养坝。境内地势由南向北渐低，最高点是北部海拔2672.8米的癞痢山顶，最低点是南部海拔860米的勐养乡老芒东。县境南北纵距49公里，东西最大横距45公里，总面积1159平方公里，其中坝区面积144平方公里，占总面积的12.42%；山区、半山区面积1015平方公里，占总面积的87.58%。全县耕地面积为223457亩（水田106581亩，旱地116876亩），农民人均耕地1.56亩。

境内有温泉17处，其中水温90℃以上的沸泉1处，80℃以上的4处，50℃以上的12处，较大的温泉群有勐蚌温泉、热水塘温泉、丙赛温泉和龙窝寨温泉；有蓄积量较多的思茅松用材林；有药材类、芳香类、竹类等野生经济植物55科、101属、400多种；有锡、铁、硫、煤、铝、锌、铀等30多种矿产资源，其中锡和煤的储量较大。

【气　候】　梁河属南亚热带季风气候，其明显特点是：一、四季不分明，雨量充沛。最热月平均气温为23℃，最冷月平均气温为11℃；全县多年年平均降水量为1363.3毫米。二、立体气候明显。热量随海拔升高而减少，递减率平均为0.56℃/100米，降雨量随海拔升高而增加，垂直递增率为44.7毫米/100米。三、冬季寒冷天数少，春夏季时间长。全年有10天左右的冬季，120天左右的夏季，220天左右的春秋季。四、日照时数长，积温热能丰富。多年年日照时数平均为2385.5小时，多年年平均积温6621.2℃。五、农业灾害性天气种类多。一年四季有干旱、洪涝、低温、大风、冰雹等灾害重叠交错出现。1999年平均气温18.9℃，极端最高气温33.8℃（4月27日），极端最低气温-0.3℃（12月28日）；年降雨量1506.5毫米；全年日照时数2341.7小时。

【行政区划】 1999年全县辖9乡（含2个阿昌族乡）、1镇、61个行政村（含7个民族行政村）、2个办事处、379个自然村、672个合作社。

【人　口】 1999年末，全县总户数35359户，总人口15.53万人，其中农业人口13.96万人，非农业人口15714人。人口出生率13.46‰，死亡率5.96‰，自然增长率7.58‰。人口密度每平方公里134人。

【民　族】 1999年末，全县有少数民族人口50302人，占民族总人口的32.38%，其中傣族33665人，占21.67%；阿昌族11740人，占7.56%；景颇族1493人，占0.96%；德昂族755人，占0.49%；傈僳族1088人，占0.70%；佤族718人，占0.46%；其他少数民族843人，占0.54%。

历　　史

【简　史】 梁河，古名南宋，又名南甸，傣名勐底。西汉时属益州郡不韦县，东汉时属永昌郡哀牢县。从元置南甸军民总管府起，开始成为一个独立的政区。明设南甸宣抚司。请袭明制。民国时期土流并设，先后设置八撮县佐和梁河设治局。从元朝至元二十六年（1289年）设军民总管府至1950年，南甸土司历史长达661年。1950年5月，梁河解放。1952年始设为县。1958年10月22日，国务院批准撤销梁河县，并入腾冲县。1961年4月15日，国务院批准恢复梁河县建置。全县辖7区、1镇、61个乡。1969年4月，改区、乡为公社、大队，全县辖7个公社、43个大队。1984年4月设区建乡体制改革结束后，全县辖1个县辖镇、9个区、9个乡级镇、52个乡（含7个民族乡）、2个办事处。1988年1月，撤区建乡体制改革结束后，全县辖9乡（含两个民族乡）、1镇、61个行政村（含7个民族行政村）、两个办事处。

梁河历史悠久，早在两千多年前就是世界著名的中国西南“古丝绸之路”的必经之地。但直到解放前夕，全县无一条公路，无一座工厂，还是一个缺粮县，有的民族还保持着较多的原始公社的特点。

解放后，在中国共产党的领导下，通过争取民族上层、疏通民族关系、开展对敌斗争、禁种大烟、帮助群众恢复和发展生产等工作，巩固了新生政权。在此基础上，又根据各民族不同的特点，采取“缓冲、调整、和平协商”等不同方式进行了土地改革等，使处于不同发展阶段的各民族一道进入了社会主义。1956年，全县工农业总产值由1952年的705万元增至1107万元，增57%；粮食总产达4509万斤，比1949年增62%，历史上第一次实现粮食自给。后由于“左”的影响，特别是“十年文革”浩劫，梁河的经济建设和社会发展受到较大影响。

1978年党的十一届三中全会召开后，梁河的经济建设和社会发展突飞猛进，人民生活显著改善。1999年，全县国民生产总值、人均国民生产总值、财政收入、城镇居民人均生活费收入、农民人均纯收入分别比1978年增2倍、7倍、8.8倍、10倍和11倍。通过家庭联产承包责任制，农业生产和农村经济快速发展。工业已形成门类比较齐全的体系。工业产值产生了历史性的飞跃，出现了工农业总产值并驾齐驱的新格局。全县通车旅程已达867.8公里，为1978年的6.4倍。全县行政村和90%以上的自然村开通了公路。95%以上的自然村通了电。市内电话实现程控化，农村电话实现自动化。科教文卫事业蓬勃发展。创建科技成果先进县已经省政府验收通过。“普六”、“扫盲”成绩斐然，“普九”取得阶段性成果，是全国基础教育先进县之一和全州第一个达标的无盲县。广播和电视的覆盖率分别达80%和94%。严重威胁人民健康的传染病、地方病得到有效控制。

社　　会

【经济简述】 1999年，梁河的经济建设和社会发展又有新突破，人民生活进一步改善。全县国民生产总值23800万元，比上年减0.43%；人均国民生产总值1536元，减3%。在国民生产总值中，第一产业占42%，第二产业占18%，第三产业占40%。与去年相比，第一产业增3.17%，第二产业减16.5%，第三产业增9.78%。在第一、二、三产业中，集体、个体、私营企业和其他经济类型的比重继续上升。

【农　业】 1999年，县委、县政府始终把农业放在经济工作的首位，大力调整产业结构，加大对农业的投入。全年共投入各类支农资金1000多万元。在农业处于调整阶段和遭受各种自然灾害的情况下，全县农业仍继续稳步发展。农业总产值14004万元，比上年增1.83%，粮食总产量40326吨，减0.60%；油料总产量2587吨，增1.02%；甘蔗总产量41.20万吨，增4.23%；魔芋产量701吨，增57.61%；松脂产量608吨，增19.89%；茶叶产量516吨，减2.40%；水产品产量1121吨，减2.56%；包谷产量5030吨，增35.22%；薯类产量2370吨，增12.86%；肉奶蛋总产量3864吨，增15.69%。全年人工造林21214亩。由于实施天然林保护工程，有效地遏制了超额采伐、毁林开荒和乱占林地的行为。以发展魔芋、松香、滇皂荚、核桃、板栗、桔子、优质木材为主的绿色产业体系进一步发展。全县林地覆盖率60.2%。年内完成农田水利基本项目1820

件，改善灌溉面积3.6万亩，新增灌溉面积0.1万亩，改造中低产田0.65万亩，治理水土流失面积9平方公里，解决了1.31万人、0.75万头大牲畜的饮水困难。

【工　业】　1999年末，全县有乡及乡以上工业企业31个，其中国有企业15个，集体企业16个。年内由于受市场等因素的影响，效益仍不理想。全县13户国有独立核算工业企业有10户亏损，亏损面为76.92%，累计亏损4671万元，比上年增亏518万元。全县工业总产值19366万元，比上年增24.6%。主要工业产品产量为：食糖46679吨，比上年增39.1%；酒精4690吨，增38.0%；原煤2.93万吨，减15.1%；机制纸及纸板2018吨，增11.9倍；锡金属含量614吨，减12.5%；松香581吨，增47.0%；中成药66吨，减16.4%；魔芋精粉50吨，增100.0%；发电量2246万千瓦小时，增9.9%；精制茶217吨，增3.4倍。

【乡镇企业】　1999年末，全县有乡镇企业7494户，其中集体43户，私有19户，个体7432户，从业人员19606人，比上年增18.0%。全年新增转移农村剩余劳动力1503人。全年营业收入32211万元，比上年增22.99%；创造增加值6505万元，增12%；实现利润1258万元，减9.76%；上缴税金622万元，增19.16%。年内对132户乡镇企业进行清产核资和企业性质认定，甄别为国有企业2户，乡镇集体企业43户，私营企业3户，个体企业84户。深化乡镇企业改革的工作，在1998年选取试点获得成功的基础上于年内在全县铺开，至年底已改革64户。其中：摘集体“红帽子”还其个体、私营本来面目的32户；采用股份制、承包、租赁、拍买等形式进行改革的10户；还其国有企业本来面目的1户；宣布停业和破产的21户。年内对各乡（镇）企业办和重点乡镇企业的财会人员进行培训，并选派12人参加省乡镇企业局举办的财会培训班；对乡镇企业系统中申报评职称的85人进行审评，其中评定中级职称42人，助理级职称34人，员级职称9人；进行了乡镇企业贷款贴息项目的申报和落实工作，共申报贴息项目2批13个，安全设施项目1个，向省、州争取到扶持资金36.4万元，解决了部分企业的燃眉之急。

【商　业】　1999年，商品销售总额11153万元，其中批发3448万元，零售7705万元；社会消费品零售总额12757万元，其中县的零售额6252万元，县以下的零售额6505万元。

年内外经贸工作取得突破性进展。全年经营总值达13313.87万元，比上年增1.08倍，其中进口总值2504.59万元，减51.57%，出口总值10809.28万元，增7.77倍；口岸建设费收入79.63万元，增3倍；实现税费120万元，扭转了几年来外贸下滑的局面。

【财　政】　1999年，财政部门加大预算外资金的管理力度，量入为出，量财办事，基本保证了各项政策性支出和各项工作的正常运转。财政收入3161万元，比上年减0.35%，其中地方财政收入1751万元，增5.42%；财政支出7055万元，增2.3%。

【税　收】　1999年，税务部门坚持依法治税，加强征收管理，加大征管力度，在糖价下跌、农业受灾、茶叶减产、市场疲软、国有集体工商企业严重亏损的情况下，较好地完成了上级下达的税收任务，确保了收支平衡和以奖代补目标的实现。

【金　融】　1999年，金融部门在防范和化解金融风险、打击金融犯罪、解决计算机2000年问题等工作中成效显著，使全县金融运行平稳，为地方经济发展作出了积极的贡献。年内金融部门完成现金收入118986万元，比上年增49.82%，现金支出132698万元，增47.64%，投放货币13712万元，增31.08%；完成各项存款余额29168万元，增3.86%，贷款余额40420万元，增25.17%。

【保　险】　1999年，保险事业稳步发展。年内收取各种保险费（含储金）765万元，处理各种赔案2163起（件），赔付金额340万元。

【物　价】　年内全县居民消费价格指数为100.1%，比去年低0.7个百分点，比省控目标低4.9个百分点；零售价格总指数为99.5%，升0.6个百分点；农业生产资料价格总指数为96.1%，升1.4个百分点。

年内严格按照“价格法”的规定，规范了出租车、宾馆、饭店、招待所的收费标准，并实行明码标价制度；规定了1999年杂交玉米和杂交水稻种子的零售价格，调整了食用盐、化肥、农药、成品油等的价格，保护了农民和消费者的利益；对86户行政事业性收费单位进行审验，共降低收费标准10个；受公、检、法等单位的委托，对11个案件的涉案物品进行价格认证，估价总金额为98.57万元，为刑事诉讼案件的定性提供了法定依据；对交通局、运政管理所、汽车运输公司、稽查所等4个执行单位的交通收费进行检查，纠正了这些单位收费不规范和不足之处；开展行业收费检查，对查出的不合理收费均作了相应的处理。

【技术监督】　1999年，技术监督部门深入各厂矿企业完成了台案称、地中衡器具的周期检定工作，确保了量值的准确一致。开展了计量执法检查，查处定量包装不合格、短斤少两和计量器具不合格的违法行为10起。完成统一代码换证275套。积极开展甘蔗农业标准的实施工作。开榨期间派人吃住在糖厂，并深入村寨宣传砍蔗标准，对提高糖厂效益和维护蔗农利益起到了积极的作用。开展了市场打假治劣和行政执法检查工作，查出假冒伪劣商品标值3190元，罚款6400元；查出过期农药420瓶；处理各类行政案件11件，并已全部结案。

【旅　游】　1999末，梁河县遵照省委、省政府《关于把云南建成旅游和民族文化大省的决定》，成立了县旅游开发协调领导小组，对如何搞好梁河的旅游工作和挖掘梁河的民族文化作了认真研究。通过对旅游景点的调查、分析、摸底，作

出开发旅游景点和对投资者优惠政策的决定；提出了2000年旅游发展规划：以县城为中心，重点建设南甸宣抚

【建筑业】 1999年末，全县共有集体建筑企业12个，其中资质为3级的1个，其余均为4级。年内加强了建筑市场的管理工作，建立了公开、公正、公平竞争的机制，使无证设计、无照施工等违法经营活动得到遏制和纠正，保证了施工质量和安全。全年共办理报建手续、核发施工许可证17个，建筑面积14005.8平方米，总投资604.57万元；对4个投资在50万元以上的工程进行招标；查处违章建筑3起、安全事故1起；对重点工程和大型工程的结算严格把关，共结算工程款2250万元。

【交　通】 1998年开工的大小厂36公里弹石路面铺筑工程、8公里过境线扩建改造工程、曩宋乡卫生弹石路修建工程、曩宋乡弄别村南林路修建工程、勐养乡界岭钢筋混泥土空心板桥修建工程已在年内全面竣工。县城部分路段的改扩建工程和芒东乡卫生弹石路修建工程于年内全线开工。年内建成勐养乡弄砍村公路和小厂乡象塘村弹石路；测设了九保乡勐科村10.5公里长的乡村公路；完成了铺筑平山公路弹石路面的规划、工程预算、工程量等的编制工作（该工程已于年底动工）；完成了公路路产路权的界空工作，并通过州级验收。年内加强了交通运输的管理工作，对运输市场、汽车维修业进行治理整顿，严格了客车购置和路线的审批程序，使全县的客运市场向着统一、开放、有序的方向发展。县汽车运输公司加强企业内部管理，加大公司硬件建设，投资34万元对修理车间、停车场及公司广场进行整修，使公司面貌焕然一新。全公司在去年扭亏持平的基础上一举扭亏转盈。全年实现利润3万元，从而路身于梁河为数不多的盈利企业之一，受到省总工会和县政府的好评。全县年内货运量96万吨，货物周转量6290万吨公里；客运量97万人次，旅客周转量5760万人公里。

【邮　电】 1999年，全县电信事业又有新发展。主要完成的工程有：建成开通了万门程控电话；建起了900兆勐养机站；改造了8个农村交换点的交换设备；新增梁河糖厂交换点一个；完善了与市政建设相配套的通信设施；开通了县局至农行，县局至曩宋、芒东、勐养3个乡的音频专线电路，实现了农业银行专线联网。年内全县有公用电话亭134个，其中磁卡电话亭55个；电话用户4135户，其中市内2709户，农村1426户；电话普及率增至2.66%，其中市内电话普及率增至20%；有移动电话726部，比上年增73.7%，传呼机3127部，增62.95%。全县邮电业务总量完成360.42万元，其中邮政业务总量完成47.67万元，电信业务总量完成312.75万元。

【固定资产投资】 年内全县固定资产投资7085万元，比上年降48.95%，其中基本建设投资4474万元，增36.32%，其他投资574万元，减93.1%，农村集体投资72万元，减52.9%，农村私人投资1411万元，增48.95%，城镇工矿私人建房投资554万元，增48.95%。全年已竣工的主要工程有：8公里过境线改扩建工程，大小厂36公里弹石路面铺筑工程，锡矿坑道接潜工程，第二水厂一期工程，湾中河小流域治理工程，勐养江心坝农业综合开发工程，滑坡泥石流支沟治理工程，梁河宾馆建设工程，万门程控电话和900兆勐养机站建设工程，县艾滋病初筛试验大楼工程，平山、大厂、河西3个乡的卫生院综合楼工程等。

【人民生活】 年内城乡人民生活进一步改善。城乡居民储蓄存款21807万元，比上年增4.28%；城镇居民人均可支配收入6426元，增5.7%；农民人均纯收入834元，增7.75%。

年内安置就业人员223人；转移安置灾民383人；发放救灾救济资金97万元、物资5万件；实施了城镇居民最低生活保障制度。

【教　育】 1999年末，全县有小学234所，比上年减8所，在校生22733人，减0.57%；适龄儿童入学率99.94%，升0.64%；有幼儿园3所、学前班70个，在园（班）儿童1915人，增52人；有普通中学10所，其中完中1所，在校学生7496人，增18.7%，其中高中在校生374人，减40人；有职业中学1所，在校生212人，增20人；有乡（镇）农民文化夜校10所、成人技校63个，年内扫除剩余青壮年文盲309人，培训各类实用技术人员1.5万人次；有教职工1788人，其中专任教师1452人。

年内有中小学、幼儿教师981人次参加各种培训。通过培训，高中教师、初中教师、小学教师的学历合格率分别由上年的54%、76.5%、80%上升到74%、87.7%、83.4%。学校设施继续得到改善，建成6所中小学教学大楼、食堂及宿舍，建筑面积4340平方米，总投资279.8万元。另有6所中小学校舍正在加紧建设中，已投入资金168万元。德育工作得到进一步落实。通过开展创建中小学“文明学校”的活动，涌现出一批文明学校，其中评选推荐县级文明单位5所，州级文明单位1所，省级文明单位1所。“基本扫除青壮年文盲”和“普六”教育成果得到进一步巩固。教学质量明显提高。年内高中应（往）届毕业生考取各类大专院校82人，比上年增32人；初中应（往）届毕业生考取中专154人，普师90人、自费、电视中专21人，考取县内外高中200人，上述被录取的人数占报考人数的46.5%。年内中小学生参加各种竞赛成绩喜人，其中获全国物理竞赛一等奖2人，二等奖5人，三等奖8人；获现场作文竞赛省级一等奖1人，三等奖1人，州级二等奖2人，优秀奖8人；获“全国青少年世纪杯征文”二等奖1人，三等奖7人；获“建国50周年全国小学生爱祖国、爱家乡作文竞赛”二等奖1人，三等奖2人，鼓励奖1人。

【科　技】 1999年，梁河的科技工作成效显著。年内有22项科技成果通过验收；召开了梁河县冬春蔬菜种植现场会，促进了全县蔬菜的发展；县委组织部、县科委（协）与9乡1镇签定《梁河县农村党员、基层干部实用技术工作目

标考核责任书》，增加了农村基层干部学科学、用科学发展农村经济责任感。全年培训农村党员、基层干部500多人次；评定农民技术职称50人；开创农村实用技术典型户2000户、示范户2000户；举办科技培训60期，共培训1万多人次；办科技知识宣传栏和县城科技画廊44期；编写《科技与信息》4期，共发放150多份；发放各种科普资料200多份；深入农村放科普录相12场次，观众达8000多人；利用广播电视，举办“科普之窗”栏目，共播出48次；开展各类技术咨询活动和服务200多人次。年内引进优质米示范100亩，亩产达480公斤；推广大棚蔬菜栽培和地膜蔬菜栽培200亩；推广科学养猪“八改”新技术，使4个山区乡的生猪发展有新突破；推广流水养殖新技术，解决了梁河“吃鱼难”的问题；推广种植无性高产茶84亩获得成功；推广能源沼气，年内已有300多户农户使用沼气照明做饭；引进脱毒马铃薯，种植460亩，亩产达2810公斤，为山区人民脱贫致富找到了一条新路子；引进美国杂交油菜种植300亩获得成功。年内科技扶贫效果显著。以大厂乡为例，通过多渠道的科技扶贫，使全乡脱贫率大大提高，人均纯收入比上年增加111元，人均口粮增加24公斤。年内县农函大辅导站结合乡情、村情，以“实际、实用、实效”，培养当地“永久牌”乡土科技致富带头人为原则，围绕各地农业产业化再设专业，根据农民新需进行培训，把班办到贫困村寨，办到基地。全年共招生农函大学员529人，毕业率98%。农函大学员学以致用，大多成为当地科技种田、科技养殖的排头兵，为农村经济的发展发挥了重要作用。

【文　化】　1999年，全县9乡1镇的文化站基本达到有宣传栏、有报刊阅览室、有娱乐室、有录相室、有篮球场的“五有”要求。各文化室充分利用现有设施，开展形式多样的文体活动，并配合当地党委、政府搞好民族传统节日和国庆、春节等节日的文体活动。县文化馆年内先后组织30多人次到村寨开展民族舞蹈培训和民族节日的组织辅导工作，共培训8000余人次，组织农村业余文艺演出队125个。县图书馆藏书42419册，年内接待读者3274人次，外借图书5508册次，办理借书证58个；年内阅览室共订期刊58种，报刊17种，共接待读者6626人次。县新华书店建立健全图书发行网络，全年销售额272万元，实现利润8万元。县文管所年内下乡考古16次，撰写《南甸古墓考》、《梁河古桥》文稿16个条目，拓片4件；完成李根源故居的移交工作；在南甸司署开设“建国50周年梁河县成就展”展厅两个，开展3天就接待参观者3250人次；南甸司署全年接待参观者2万多人次，其中海外侨胞800多人次，外国人43人次。县电影公司年内发行放映120场，收入12000元，全体职工工资发放不到50%。年内加强文化市场管理，查缴销毁非法出版物480盒(册)，收缴色情光盘38盒、书刊26册，取缔电子游戏室2个，音像放映室1个；还开展了宣传贯彻国务院签发的《娱乐场所管理条例》工作，发放条例50份，对全县50多个娱乐场所进行严格审核，并参照条例进行治理整顿，使全县的娱乐场所朝着健康、文明的轨道发展。

【广播电视】　年内建成洒乌、白马头、芒东3座微波发射站；新建网点14个；沟通了芒东乡和杞木寨乡的有线电视，从而实现全县有线电视大联网；对农网、县城网的有线电视用户进行维护，新装有线电视用户600多户，搬迁76户；全面维护了县城至芒东、勐养的有线广播杆路和县内50多座“211”工程；在省上的扶持下，建成开播了300W、100W调频。通过上述工作，全县电视覆盖率达94%，广播覆盖率达80%。

年内广播电视从未出现过停播或错播。电视除正常播出所设的中央、省、州及外省的电视节目外，还积极办好自办电视节目。全年共采编节目620组，播出通知通告132条，广告49条，影视剧1065集。广播除正常播出上级电台的节目外，还自办《民语》、《学习园地》、《国庆专栏》、《世博专栏》、《澳门专辑》、《人口与计划生育》等栏目在全县播出。全年共采编稿件1518件。在做好宣传服务工作的同时，还积极做好广告创收工作。全年共创收80890元，其中电视广告创收77370元。广播广告创收3520元。

【体　育】　年内全面贯彻《全民健身计划纲要》，先后举办了“南甸杯”职工运动会和“企业杯”运动会，举行了篮球、排球、乒乓球、象棋等多种多样的体育比赛，有力地推动了全县体育活动的开展。老年体育也开展得红红火火，有声有色，除经常组织老年人参加各种健身活动外，在“99国际老人节”和“重阳节”期间，又组织老年人进行门球、地掷球、麻将等比赛和登山活动，参加人数450余人。年内全县实施达标的中小学共86所，共有学生16961人，参加达标人数16837人，占总人数的99.3%，达标率为95.5%。

【卫　生】　1999年末，全县有卫生机构125个，其中县级医、药、防、保机构4个，乡级中心卫生院3个，一般卫生院6个，行政村卫生室61个、医疗点32个，企事业卫生室19个，社会办医、个体行医诊室32个。国家卫生单位共开设病床275张，其中县医院150张，县妇幼保健站4张，各乡卫生院121张。全县有医务人员647人，其中高级职称（副主任医师）4人，中级职称106人，初级职称271人，其他技术人员18人。在医务人员中，乡村医生139人，其中取得乡医资格证书（绿卡）86人，占乡医务人员的61.9%。

年内全县国家医疗单位总诊疗20.53万人次，比上年减6402人次，降3.02%。住院4077人次，治愈2175人次，治愈率64.79%；好转1009人次，好转率30.06%；病死35人，病死率1.04%。实施计划生育手术4301人次，比去年增21.33%。全年医疗业务总收入1063万元，医疗收支结余51万元。

年内检鼠1013只，检出鼠疫菌29株，阳性率为2.86%；检蚤238组，检出鼠疫菌8株，阳率为0.42%；血凝试验220份，未检出阳性。进行发热病人血检7103人次，检出阳性163例，间日疟112例，恶性疟51例。对检出的阳性病人及时进行了系统性根治，对545个发热病人进行了一次性假定性治疗。全年预防疟疾服药3355人次，喷洒灭蚊31个自然村1991户。进行食品卫生监督检查46次，共检查单位和个体户1023户次；销毁过期变质食品、酒类1236瓶(盒)、糕点、罐头32.4公斤；抽查食品119件，合格率为87%；抽查餐具120份，合格率为22.5%；对853名食品从业人员进行体检，体检率为99.4%，体检后查出不适宜从事食品工作的人员均被及时调离。在计划免疫中，对1998年出生的2263名儿童，建卡2248人，四苗全程足量接种2175人，全程足量接种率达96.8%；对2400人(份)进行了麻疹疫苗普种，对945人(份)进行了乙肝疫苗接种。年内共发生2类传染病8种425例，比上年增7.32%。全年共有产妇2050人，建卡2033人，产前检查一次以上的2033人，住院分娩1042人，新法接生1997人。全县共有7岁以下儿童15246人，实施眼保健2696人，听力保健2217人，口腔保健2696人。年内共查处违法经营药品案件4起，没收销毁假劣药品188种；抽检药品95个，合格率为85.26%。

【环境保护】 年内县环保部门在工矿企业开展"治污"工作，使矿山、糖厂、纸厂的排污整治工作取得明显成效；解决污染事件5起；围绕"六.五"世界环境日对环保法规进行广泛宣传，提高了广大人民群众的生态意识和环境意识；完成了3个糖厂、5个锡矿厂的排污监测工作，为解决这些厂矿的污染问题提供了科学依据；制定了《梁河县2000年工业污染源达标考核实施方案》，并同9家企业签定《2000年工业污染源达标排放责任书》，为全县2000年实现工业污染达标排放打下坚实的基础。

【领导干部名录】

中共梁河县委

书　记　雷翁团（阿昌族）
副书记　肖利生（傣族）、杨赛光、李维仲（傣族）

梁河县人大常委会

主　任　尹培佑
副主任　冯绍连（傣族）、杨常升、赵敬虎、孙定发（景颇族）、王生权（阿昌族）

梁河县人民政府

县　长　肖利生（傣族）
副县长　尹可芽、段祝聪（女）、尹以顺、杨天明（傣族）、董成宝（景颇族）、赵家亮（阿昌族）、李勇民

梁河政协

主　席　杨牙友（景颇族）
副主席　徐立谦、克成云（傣族）、段一全、赵家斌（阿昌族）

中共梁河县纪委

书　记　孙金发（阿昌族）
副书记　邵恩厚、金成龙

梁河县人民检察院

检察长　段吉永

梁河县人民法院

院　长　赵安胜（阿昌族）

中国人民解放军梁河县人武部

政　委　王绍义
部　长　吴礼全
副部长　何有元

县委工作机构及群众团体领导名录

县委办

主　任　宋春国

县保密局

局　长　王爱宏

县政策研究室

主　任　杨恩聪

县农村工作部

部　长　杨恩聪

县委组织部

部　长　尹以稳

县老干局

局　长　孙家才（阿昌族）

县直属机关党委

书　记　龚回政（傣族）

县委宣传部

部　长　线庆升（傣族）

县委统战部

部　长　赵家富（阿昌族）

县委政法委员会

书　记　李维仲（兼，傣族）
副书记　尹可芽（兼）陈正启

县史志办

主　任　罗致普

县委党校

校　长　雷翁团（兼）
常务副校长　李祖厚

县总工会

主　席　梁兆楼

共青团梁河县委

书　记　杨翠芳（女，佤族）

县妇联

主　席　谷云芳（女）

县侨联

主　席　陈茂华

县科协

主　席　杨炳禄

县工商联

会　长　孙廷荣

县残联

理事长　曹明坤（女，阿昌族）

县政府工作机构领导名录

县政府办公室

主　任、党总支书记　蔺以卫

县计划委员会

主　任　李维森
党支部书记　张秉武

县人事与劳动局

局　长　雷逢晓（傣族）

县民政局

局　长　杨叶茂（阿昌族）
党支部书记　雷逢启

县审计局

局　长　梁其刚（阿昌族）

县统计局

局　长　余绍权

县民族宗教事务局

局　长　赵家山（阿昌族）
党支部书记　景枝林（傣族）

县城乡环境保护局

局　长　陈　争
党支部书记　石德生（傣族）

县土地管理局

局　长　刘正鳌
党支部书记　李自成（傣族）

县对外贸易经济合作局

局　长　江朝湛
党总支部书记　尹可聪

地税局

局　长　尹必赞

县文化体育局

局　长　龚廷政　（傣族）

县广播电视局

局　长　孙润宗

县教育委员会

主　任　杨兴茂（傣族）
党总支书记　尹以华

县科学技术委员会

主　任　杨炳禄

县卫生局

局　长　杨清洲

党总支书记　尹加助
县人民医院
院　长　杨世维
党支部书记　何有元
县计划生育委员会
主　任　蚌德明（傣族）
党支部书记　寸永钦
县农业局
局　长、党总支书记
尹黎明
县经济贸易委员会
主　任　赵家亮（兼，阿昌族）
党总支书记　曹廷阳
县林业局
局　长　肖占先
党支部书记　张世敬
县水利水电局
局　长、党总支书记　瞿东旭
县交通局
局　长　杨元稳
党总支书记　雷发春
县财政局
局　长　张灿强
党支部书记　余淑芬（女）
县工商行政管理局
局　长、党总支书记　王永光（傣族）
县乡镇企业管理局
局　长、党总支书记　董生映
县监察局
局　长　金成龙
县司法局
局　长　尹加顺
县公安局
局　长、党委书记　段光跃
县扶贫开发领导小组办公室
主　任　段明留
党支部书记　陈朝礼
县蔗糖生产办公室
主　任　周德钦
党支部书记　江朝山
县侨办
主　任　龚家豪（傣族）
县农业机械管理局
局　长　郭永旺
党支部书记　许申稳
县烟草办
副主任　徐明增
县旅游局
局　长　赵安周（阿昌族）
县档案局
局　长　许申华
县粮食局
局　长　徐国强
党总支书记　杨明显
县质量技术监督局
负责人　线庆能（傣族）
县供销社
主　任　陈茂荣
梁河锡矿
矿　长　杨天朝
梁河糖厂
厂　长　朱德文
党支部书记　李发良
勐养糖厂
厂长、党委书记　李绍留
梁河一中
校　长　白玉龙
党支部书记　李子沛

县人大工作机构领导名录
人大办公室
主任　王　伟
法制工作委员会
主任　刘玉嘉
财经工作委员会
主任　郑声邦
教科文卫委员会
主任　陈本虎
选举联络委员会
主任　李德广（阿昌族）
民族侨务工作委员会
主任　赵家福（德昂族）

县政协工作机构领导名录
政协办公室
主任　陈春生
提案委员会
主任　郑建云（女，傣族）
民族宗教联络委员会
主任　云天和（傣族）
教科文卫委员会
主任　刘常纯
经济工作委员会
主任　侯永年
文史工作委员会
主任　梁兆佩（阿昌族）

中国人民解放军梁河县人武部领导名录
政工科
科长　黄跃助（1999年8月止）
后勤科
科长　刘　川

中央、省、州属驻梁河单位领导名录
邮政局
局　长　龚邦玉　（傣族）
电信局
局　长　石旭忠（景颇族）
梁河移动通信运营部
主　任　哏天广　（傣族）
国税局
局　长　杨常繁
气象局
局　长　张肇平
人民银行梁河支行
行　长　李灿光
工商银行梁河支行
行　长　景枝贵（傣族）
建设银行梁河支行
行　长　杨继康
农业银行梁河支行
行　长　冯全福
县信用联社
主　任　李维孝
中保财产保险公司梁河支公司
经　理　杨　洪
中保人寿保险公司梁河支公司
经　理　李昊烨（女）

乡镇概况一览表

单位：（米、公里、平方公里、亩、个、户、人、%、‰、人/公里、万元、千克、头、张、百公斤）

项目 \ 乡镇	平山乡	小厂乡	大厂乡	杞木寨乡	九保乡	曩宋乡
地理位置	东北	东	东	东南	东北	东北
政府驻地	平山村	小厂街	大厂街	大坪子	九保街	曩宋关
海拔	1620	2050	1820	1570	1070	1080
距县城距离	33	36	18	32	2.25	10.7

续上表

项目 \ 乡镇			平山乡	小厂乡	大厂乡	杞木寨乡	九保乡	曩宋乡
土地总面积			122	52.8	36.16	57.7	156	111.22
耕地面积			19594	7491	6137	12315	23152	29837
其中	水田		8869	4756	1386	4096	10920	17542
	旱地		10725	2735	4751	8219	12232	12295
	人均耕地		1.25	0.75	0.67	1.61	1.62	1.27
行政区划	辖行政村		6	5	5	4	6	9
	自然村		48	22	25	22	43	49
	合作社		79	46	54	36	67	111
人口民族	总户数		3557	2280	2130	1743	3354	5664
	总人口		15668	10020	9146	7647	14257	23428
	其中	傣族	49	28	50	22	2073	1537
		汉族	14959	9353	8943	6592	7852	17910
		景颇族	103	81	53	40	34	26
		阿昌族	93	484	81	910	3506	3702
		傈僳族	87	61	3	76	379	43
		德昂族		3	1	2	273	6
	人口出生率		13.23	15.14	13.25	17.19	16.62	13.77
	自然增长率		6.78	8.22	6.13	9.19	9.72	8.21
	人口密度		128	190	253	133	91	210
经济效益	总收入		1875.48	782.89	1010.2	945.69	2640.46	3590.04
	净收入		974.62	501.2	519.71	520.43	1306.5	2187.08
	人均纯收入		629	559	591	721	995	926
	总费用		900.86	281.69	490.49	425.26	1333.96	1402.96
	国家税金		16.95	8.64	14.78	11.05	42.4	72.72
	集体提留		8.01	1.05	0.82	2.17	10.46	16.17
农业产值	总产值		893	581	490	694	1481	1951
	增加值							
	其中	种植业						
		林业						
		畜牧业						
		渔业						
农作物总面积			32494	14553	13611	21131	34888	43910
其中	甘蔗		4250	1318	160	5766	9802	11985
	粮食		20586	9543	8654	10271	16980	25369
	茶叶		4790	5204	4892	1312	730	2083
	油料		5510	2994	3914	2842	4253	4378
	水果		829	97	671	235	200	543
农作物总产量								
其中	甘蔗		11890	5036	640	21030	45580	59459
	粮食		4029	2276	2081	2078	4461	6199
	茶叶		808	1332	1704	214	227	380
	油料		3504	1631	2607	1229	2679	3153
	水果		172	111	614	103	620	880

续上表

项目		乡镇	平山乡	小厂乡	大厂乡	杞木寨乡	九保乡	曩宋乡
畜牧		牛存栏	2385	1378	775	1064	2696	2911
		猪存栏	12067	9687	8255	4516	6372	6807
		羊存栏	268	1225	1607	418	545	670
教育	中学	中学在校生	816	450	345	289	755	1517
		教职工人数	30	27	24	17	52	50
	小学	小学在校生	2568	1402	1320	1013	1827	3327
		教职工人数	133	61	54	58	103	169
卫生		医务人员	14	14	18	7	10	28
		病床	11	5	5	6	4	20
		卫生室	5	4	5	4	6	9
		乡村医生	17	12	7	8	10	28
文化		文化站	1	1	1	1	1	1
		电影院						
		广播站	1	1	1	1	1	1
领导干部		乡（镇）党委书记	何忠生	余加崇	李昌良	宋德留	瞿发林	板宝鸿
		乡（镇）政府乡长	闫信维	陈朝位	邵维旭	尹自信	们德维	赵兴旺
		乡（镇）人大主席	邵维生	杨德元	罗本锐	杨绍柱	赵家贤	梁其礼

（续 表）

单位：（米、公里、平方公里、亩、个、户、人、%、‰、人/公里、万元、千克、头、张、百公斤）

项目		乡镇	河西乡	芒东乡	勐养乡	遮岛镇		
		地理位置	西北	西南	南	中部		
		政府驻地	邦读村	芒东村	芒轩村	遮岛街		
		海拔	1180	1060	885	1042		
		距县城距离	6	22	66			
		土地面积	120.2	184	256.9	15.62		
		耕地面积	30984	49801	39234	4912		
其中		水田	15996	22960	17032	3024		
		旱地	14988	26841	22202	1888		
		人均耕地	1.64	1.93	2.32	0.36		
行政区划		辖行政村	8	10	8	2		
		自然村	56	76	55	12		
		合作社	94	106	58	21		
人口民族		总户数	4454	5320	3437	3420		
		总人口	18857	25852	16913	13540		
	其中	傣族	1918	16916	8332	2740		
		汉族	14623	8572	6860	9362		
		景颇族	48	166	884	58		
		阿昌族	1533	33	766	632		
		傈僳族	256	114	9	60		
		德昂族	428		2	40		
		人口出生率	13.16	13.04	11.89	15.63		
		自然增长率	7.52	7.66	5.74	11.02		
		人口密度	157	141	66	867		

续上表

项目 \ 乡镇			河西乡	芒东乡	勐养乡	遮岛镇		
经济效益	总收入		3160	4380.69	2452	1550.85		
	净收入		1761.9	2344.52	1396.0	1267.35		
	人均纯收入		889	911	847	1153		
	总费用		1398.44	2036.17	1056	283.5		
	国家税金		106.16	81.83	34	145.07		
	集体提留		13.87	33.26	15	6.4		
农业产值	总产值		1889	2986	2380	483		
	增加值							
	种植业							
	其中	林业						
		畜牧业						
		渔业						
农作物总面积			43211	68478	53495	7328		
其中	甘蔗		12157	27076	22581	1610		
	粮食		23047	28203	23396	3975		
	茶叶		1766	1104	935	103		
	油料		5404	6789	1010	893		
	水果		103	793	190	24		
农作物总产量								
其中	甘蔗		57104	108817	93847	8570		
	粮食		4884	7047	5873	1398		
	茶叶		206	209	73	6		
	油料		4198	5146	719	1007		
	水果		290	3589	1419	185		
畜牧	牛存栏		2674	5365	3582	565		
	猪存栏		6929	13249	6607	4024		
	羊存栏		1336	819	158	105		
教育	中学	中学在校生	933	765	432	820		
		教职工人数	46	44	32	110		
	小学	小学在校生	2662	4225	2779	1590		
		教职工人数	133	151	109	78		
卫生	医务人员		13	19	20	285		
	病床		10	20	20	154		
	卫生室		8	10	8	2		
	乡村医生		19	24	18	3		
文化	文化站		1	1	1	1		
	电影院					1		
	广播站		1	1	1	1		
领导干部	乡（镇）党委书记		杨海生	尹定跃	闫信能	尹可跃		
	乡（镇）政府乡长		石德柱	景生安	孟元富	板玉龙		
	乡（镇）人大主席		王光恒	蔡荣光	孔志文	张成海		

（《梁河县》撰稿　罗致普）

云南省农垦集团有限责任公司德宏分公司

地　理

【位置面积】　德宏农垦位于德宏州境内，主要分布在坝区。拥有土地总面积15530.17公顷，其中已开垦利用地11286.20公顷，水域面积265.89公顷，已开垦未利用地426.26公顷，可开垦荒地265.06公顷，其它土地面积3286.76公顷。

【辖　区】　云南省农垦集团有限责任公司德宏分公司（俗称德宏州农垦分局）是德宏农垦系统的主管局。辖陇川、瑞丽、遮放、盈江、畹町五个国有农场及农垦电力公司，大盈江硅厂，芒市民族橡胶厂，农垦机械厂，农垦建筑公司，农垦商业公司，农垦职工医院，瑞丽热带农业科学研究所等8个局直企事业单位。

【人　口】　1999年末，垦区总人口41549人，年内出生246人，死亡225人，人口净增率0.51%。实有从业人员16861人，其中职工总人数15189人（女职工7318人，少数民族职工970人），从业人员比上年减898人，减5.06%；职工人数比上年减967人，减5.99%。年末，下岗、待岗职工有402人，实有离退休、退职人员7661人，比上年增75人。

社　会

【经济简述】　1999年，德宏农垦分公司提出“努力克服困难，沉着应付，集中精力抓好经济工作”的方针。年内坚持把农业作为垦区最重要的基础产业。继续完善统分结合的家庭农场双层经营体制，以理顺国有农业最基本的生产关系。在种植业所有制结构方面，坚持以职工投入为主，职工投劳、投资，农场以土地、管理、服务投入为主，进行了较为彻底的改革。在企业改革中，把调动广大职工的积极性作为制定改革方案的出发点，进一步保障职工的物质利益，尊重职工的民主权利。此举极大地调动了职工的积极性，使全垦区形成集中精力抓紧抓好经济工作的局面。年末，德宏农垦实现工农业总产值（90年不变价）19700.35万元，比上年增931.61万元，增4.96%。其中：工业总产值完成11384.01万元，比上年增886.32万元，增8.44%；农业总产值完成8316.34万元，增45.29万元，增0.55%。农业总产值与工业总产值占工农业总产值的比重分别为42.21%和57.79%。年内德宏农垦实现国民生产总值9153.07万元，比上年减960.42万元，减9.50%，其中第一产业5151.76万元，减774.63万元，减13.07%，从业人员12424人，职均4146.62元；第二产业1356.13万元，减327.23万元减19.44%；从业人员2058人，职均6589.55元；第三产业2645.18万元，增141.44万元，增5.65%，从业人员2379人，职均11118.87元。全员劳动生产率为11364元/人，比上年增1023元，增9.89%。

年末，德宏农垦拥有固定资产原值35813.00万元，累计折旧10511.68万元，固定资产净值25301.33万元。全年完成固定资产投资总额1841.97万元，比上年减670.89万元，减26.7%，其中第一产业增24.4%，第二产业减20.2%，第三产业增5.25%。住宅比上年减81.4%。固定资产交付使用率为61.5%。年内垦区主营业收入21086万元，比上年减1279万元，减5.72%。其中：农业收入8198万元，比上年减905万元，减9.94%；工业收入10292万元，减958万元，减8.52%；商品流通、运输、服务、建筑等行业收入1765万元，减246万元，减12.23%；其他利润627万元，投资收益74万元，营业外收入130万元。年末，德宏农垦缴纳税金1180.47万元，其中农业营业税金及附加429.33万元，工业税金92.95万元，商品流通、运输、建筑、服务等行业营业税47.30万元，增值税519.6万元。年末，全垦区亏损4003万元，扣除以前年度损益调整300万元，实际当年亏损3703万元，比上年降703万元，降16%。

年末拥有主要农业机械总动力45545千瓦，其中大中型农用拖拉机117台，小型及手扶拖拉机1140台，联合收割机7台，载重汽车149辆，农用汽车68辆，发电量11907.1万度。

德宏农垦1999年基本情况

表1

项目 ＼ 单位 数据	计量单位	合　计	陇川农场	瑞丽农场	遮放农场	盈江农场	畹町农场	局直单位
总人口	人	41549	13199	12283	5927	6194	1416	2530
总职工	人	15189	5121	4524	1980	1901	552	1111
分场数	个	18	4	6	4	4		
生产队	个	173	42	64	29	30	8	
土地开垦种植面积	公顷	11286.20	3648.93	4547.99	1016.79	1496.69	427.58	148.22
其中耕地	公顷	4536.51	2944.04	841.99	151.05	528.74	68.39	2.3

续上表

橡胶地	公顷	3476.77	12.67	2181.10	544.96	463.85	227.79	46.40
茶　园	公顷	543.12	72.10	93.70	74.66	286.79	6.87	9.00
咖　啡	公顷	303.47		122.88	148.23	4.13	22.83	15.40
水　果	公顷	110.16	31.80	57.88	3.15	16.06	0.27	1.00
造　林（年末实有）	公顷	494.93	95.30	264.15	18.41	8.77	33.30	75.00
水产面积	公顷	209.27	138.58	46.13	14.66	3.73	4.97	1.2
工农业总产值（不变价）	万元	19700.35	10072.34	3106.48	1017.66	1103.3	278.8	4121.77
其中　工业总产值	万元	11384.01	6833.08	355.11	40.72	76.57		4078.53
农业总产值	万元	8316.34	3239.26	2751.37	976.94	1026.73	278.8	43.24
工资总额	万元	5240.24	1857.07	1202.99	659.59	533.32	150	837.27
年平均工资	元/人	3450.02	3626.38	2659.13	3331.26	2805.47	2717.39	7536.18
下岗、待岗职工数	人	402	72	148			43	139

【农　业】 1999年，德宏农垦粮食播种面积1642.87公顷，粮食总产量8058.83吨，比上年增46.36吨；平均亩产327.02斤，比上年减4.78公斤。橡胶开割面积3802.09公顷，年产干胶4243.23吨，比上年增380.34吨。甘蔗种植面积2695.43公顷，比上年增108公顷；年总产甘蔗225.40万吨，比上年增1.42万吨；平均亩产5574.87公斤，减196.08公斤。茶叶采摘面积667.53公顷，比上年增2.89公顷；年总产茶叶970.46吨，减478.78吨；平均亩产茶叶96.92公斤，减48.45公斤。水果种植面积250.39公顷，收获面积77.36公顷，年产水果908.98吨。实有造林面积494.93公顷，当年新增幼林抚育面积2.25公顷，热带亚热带作物年末实有面积334.64公顷，年内生产胡椒、咖啡、砂仁等热带亚热带作物产品76.60吨。年末大牲畜存栏数776头，猪10199头，羊616只，家禽36854只。年内生产牛、羊、猪、家禽等肉类共546.85吨，生产鲜鱼等水产品175.81吨。年末拥有农业机械总动力45545.00千瓦。

年末，农业总产值完成8316.34万元（90年不变价），比上年增45.29万元，增0.55%。其中：农业产值4592.92万元，比上年减302.62万元，减6.18%，林业产值3435.39万元（含橡胶产值3386.62万元），增336.77万元，增10.87%；牧业产值214.80万元，增26.26万元，增13.93%；渔业产值73.23万元，减15.12万元，减17.11%。

德宏农垦农产品主要以胶、粮、茶、蔗为主。年内，垦区粮食总产量增加，粮食销售收入增加。干胶产量4243.23吨，较上年增380.34吨，由于干胶产量及年内胶价回升，干胶收入增加。在新调整的种植业上，经98、99两年的努力，一批新的农业产业发展起来，现已有咖啡4614亩，柚子316亩，龙眼1764亩，柠檬377亩，荔枝217亩，菠萝718亩，胡椒6830株。新农业产业的发展，对垦区农业产业将产生深远影响。年末，甘蔗种植面积及产量较上年增加，然而由于白糖价格持续大幅度下跌，直接影响甘蔗生产，亩产较上年减196.08公斤。因管理不善，投入不足，气候影响，垦区茶叶产量较上年减少478.78吨，使茶叶主要生产场盈江农场、遮放农场和瑞丽农场经营收入减少。

年内，德宏农垦农业经营收入8198.01万元，比上年减905.14万元，减9.94%。上缴农业营业税金及附加费429.33万元，农业经营亏损1745.68万元。

德宏农垦1999年基本情况

表2

项目 ＼ 单位 ＼ 数据	计量单位	合　计	陇川农场	瑞丽农场	遮放农场	盈江农场	畹町农场	局直单位
橡胶开割面积	公顷	3802.09	12.67	2258.61	722.78	557.32	206.91	43.80
干胶产量	吨	4243.23	25.87	2611.32	892.73	403.05	278.31	31.95
粮食播种面积	公顷	1642.87	483.30	518.35	166.38	377.74	97.10	
粮食总产量	吨	8058.83	2855.12	2660.32	770.59	1375.90	396.90	
平均公顷产量	吨	4.91	5.91	5.13	4.63	3.64	4.09	
茶叶采摘面积	公顷	667.53	76.10	105.59	72.83	369.08	34.93	9.00
茶叶产量	吨	970.46	109.93	121.36	154.54	539.38	38.50	6.75
平均公顷产量	吨	1.45	1.44	1.15	2.12	1.46	1.10	0.75
甘蔗种植面积	公顷	2695.43	2328.76	136.20	56.20	173.94	0.33	

续上表

甘蔗产量	吨	225403.27	201271.27	7997.50	3066.60	13052.90	15.00	
平均公顷产量	吨	83.62	86.43	58.72	54.57	75.04	45.45	
咖啡种植面积	公顷	303.47		112.88	148.23	4.13	22.83	15.40
咖啡产量	吨	70.86		14.23	46.49		2.17	7.97
蔬菜种植面积	公顷	192.76	30.66	134.11	7.87	15.69	4.43	
蔬菜产量	吨	2511.66	246.15	1945.95	88.81	189.05	41.70	
油料作物种植面积	公顷	218.52	122.98	0.66	3.66	90.22	1.00	
油料作物产量	吨	223.56	125.94	3.42	8.65	85.25	0.30	
水果种植面积	公顷	250.39	31.13	98.32	15.94	103.73	0.27	1.00
水果产量	吨	908.98	46.14	605.84	26.45	227.00	2.00	1.55

【工　业】　1999年，德宏农垦有工业企业25个，从业人员2012人。有21个工业企业亏损，有4个工业企业盈利。

年内，生产机制糖22701.35吨，比上年减1118.9吨，减4.69%；生产金属硅4470.00吨，增1431吨，增46.27%；酒精2356.00吨，增814.05吨，增52.80%；发电量12482.16万度，增1725.68万度，增16.04%；纤维板1764.56立方米，减180.93立方米，减9.30%；水泥19630.00吨，减530吨，减2.8%；砖、瓦共1017.90万块，增291.7万块，增40.17%；复合肥2503吨，增1471吨，增142.5%；碾米1089.93吨，减1.48%。生产木材1183.00立方米，糕点24.60吨，饮料酒38.50吨，白酒27.98吨，配合饲料275.00吨，金属门窗368.90平方米，汽车大修121辆。

年末，工业总产值完成（90年不变价）11384.01万元，比上年增886.32万元，增8.44%。其中：食品加工业5945.96%万元，比上年减292.54万元，减4.69%；制糖业5902.34万元，减290.93万元，减4.70%；电力生产业1192.27万元，增174.83万元，增17.18%；金属硅冶炼业2901.23万元，增895.43万元，增44.64%；非金属矿物制品业368.59万元（含水泥及其制品制造业285.70万元），砖瓦、石灰和轻质建材制造业82.89万元），增12.83万元，增3.61%；化学肥料制造业187.77万元，增110.35万元，增142.53%；饮料业473.09万元，增9.28万元，增2.00%；交通运输设备修理制造业26.00万元，增0.3万元，增1.17%。

年内，德宏农垦工业经营收入10291.98万元，比上年减958.59万元，减8.52%，上缴工业税金92.95万元，工业经营亏损1973.36万元。年内，白糖生产22701.35吨，比上年减1118.9吨。垦区年内发电量11907.1万度，比上年增1752.08万度，但因用电企业拖欠电费严重，电费回收困难，加之户撒河四级电站投资失误，使农垦电力公司背上一个沉重的利息支付及还本重负，农垦电力公司电量较上年增加，但总销售收入反而下降。年内垦区生产金属硅4470.00吨，比上年增1431吨，由于硅价年内一直处于低价位，硅产品产量增加，而销售收入并未有大的增长。莲花山硅厂由于两次技改失败，造成大量资金浪费。大盈江硅厂历史上投资比例失调，对外扩张的项目基本失败，加之非经营性资产远大于生产经营性成本等因素，使大盈江硅厂年内处于亏损状况。

德宏农垦1999年基本情况

表3

项目　　单位／数据	计量单位	合　计	陇川农场	瑞丽农场	遮放农场	盈江农场	畹町农场	局直单位
工业企业数量	个	25	6	8	2	3	1	5
1、机制糖	吨	22701.35	22701.35					
产值（90年不变价）	万元	5902.34	5902.34					
2、发电量	万度	12482.16	586.56	24.00	0.60	98.00		11773.00
产值（不变价）	万元	1192.27	1.35	2.80	0.04	10.78		1177.30
3、金属硅	吨	4470.00						4470.00
产值（不变价）	万元	2901.23						2901.23
4、木材	立方米	1183.00			1183.00			
5、碾米	吨	1089.93	491.93	326.00	272.00			
6、配合饲料	吨	275.00	35.70	239.30				
7、酒精	吨	2356.00	2356.00					

续上表

8、纤维板	立方米	1764.56	1764.56					
9、水泥	吨	19630.00		17130.00	2500.00			
10、砖瓦	万块	1017.90	190.90		96.00	731.00		
11、金属门窗	平方米	368.90	368.90					
12、复合肥	吨	2503	2503					

【运输业】 1999年，德宏农垦有交通运输单位（网点）951个，其中从事自营的926个，占交通运输单位（网点）的97.37%；从事交通运输人员1488人，其中自营人员1344人；拥有固定资产总额2703.85万元，其中自营经济固定资产1933.30万元，占固定资产的71.50%；拥有载货汽车195辆，其中自营187辆。载客汽车192辆，其中自营184辆。客货两用汽车158辆，其中自营146辆。轿车、吉普车113辆，其中自营56辆。运输用大中型拖拉机123台，其中自营60台，运输用小型拖拉机920台，其中自营911台；从业人员劳动报酬297.05万元，其中自营经济220.15万元。全年货运量175.11万吨，其中自营经济货运量156.79万吨，占货运量的89.54%；货运周转量950.1万吨/公里，其中自营经济货运周转量767.10万吨/公里，占货运周转量的80.74%；全年客运量108.60万人，客运周转量4433.40万人/公里；营业总收入1996.87万元，其中自营经济营业收入1793.55万元，占总收入的89.82%；全年利润总额563.61万元，其中自营经济利润总额540.35万元，占利润总额的95.87%；年末交通运输产值1987.82万元，其中自营经济产值1784.50万元，占交通运输产值的89.77%；全年纳税额132.51万元，其中自营经济纳税额123.38万元，占纳税总额的93.11%。

【建筑业】 1999年末，德宏农垦有经济性质和集体经济性质的建筑企业2个，年末从业人员234人，职工工资总额4.77万元，拥有固定资产原值332.17万元，营业税金及附加1348.74万元，主营业务收入17.05万元，全年利润总额负4.28万元，年末，德宏垦区有自营经济建筑单位1个，年末总产值151.77万元，从业人数84人，从业人员劳动报酬23.45万元，全年利润总额8.25万元。

【贸 易】 1999年，德宏农垦有国有经济性质和集体经济性质的商业单位（网点）11个，拥有固定资产原值277.06万元，年末营业用房面积3905.00平方米，年末从业人员111人，其中职工人数108人，从业人员劳动报酬47.93万元，其中职工工资46.92万元，营业收入590.77万元，全年纳税额5.89万元，利润总额负2.05万元。年末，德宏农垦有自营经济商业单位（网点）195个，拥有固定资产原值321.06万元，年末营业用房2971.00平方米，从业人员244人(其中职工人数40人)，从业人员劳动报酬28.30万元（其中职工工资6.94万元），营业收入297.93万元，全年纳税额15.47万元，利润总额44.20万元。年内，进口商品总额5049.54万元，出口商品总额5038.74万元，其中自营经济商品出口额131.50万元。

【饮食业】 1999年，德宏农垦有饮食业单位38个，年末固定资产原值45.45万元，营业用房面积1992.00平方米，从业人员66人，从业人员劳动报酬13.84万元，营业收入70.98万元，全年纳税额4.69万元，全年利润总额8.20万元。

【服务业】 1999年，德宏农垦有国有经济性质和集体经济性质的服务业单位18个，年末固定资产原值4727.14万元，营业用房面积58493.00平方米，从业人员272人(其中职工人数219人)，从业人员劳动报酬129.97万元（其中职工工资99.74万元），全年营业收入799.03万元，纳税额72.89万元，全年利润总额负243.95万元。年末，德宏农垦有自营经济服务业单位33个，年末固定资产原值1029.35万元，营业用房面积25077.00平方米，从业人员282人，从业人员劳动报酬56.18万元，年内营业收入154.96万元，全年纳税额8.20万元，利润总额11.58万元。

【教 育】 1999年末，德宏州农垦有完全中学1所，初级中学3所，完全小学20所，幼儿园3所；在校学生7010人，在校学生中有初中生1480人，高中生43人，小学生4661人，学前班学生444人，幼儿园在园幼儿382人。年末，德宏农垦有教职工501人，其中专任教师401人；专任教师中有高中教师5人，初中教师117人，小学教师255人，幼儿教师24人。教师学历情况是：高中、初中教师大学本科生13人，大学专科生87人，中专生11人，高中毕业11人；小学教师中大学专科生22人，中专生102人，高中毕业生93人，初中毕业生38人；幼儿教师中中专毕业生4人，高中毕业生16人，初中毕业生4人。教师职称情况是：高中、初中教师中有中教高级5人、中教一级89人，中教二级22人，中教三级4人，末评职称的2人；小学教师中有小教高级49人，小教一级118人，小教二级24人，小教三级10人，未评职称的54人；幼儿园教师中有小教高级3人，小教一级7人，小教二级6人，小教三级1人，末评职称的7人。

年末，农垦各类学校占地面积878.72亩，校舍建筑总面积49685.3平方米，其中教学用房21043平方米，行政办公用房2063.5平方米，生活用房25041.4平方米（其中学生宿舍6355.4平方米，教职工住房17872平方米）。年末学校资产总额471.26万元，全年企业支付教育经费408.78万元，其中教职工工资总额368.90万元。

普及九年义务教育情况是：全垦区有学龄儿童3912人，入学儿童3912人，入学率100%。小学毕业生731人，升初中722人，升学率98.8%。初中毕业生409人，升高中104人，升中专及其它学校63人，升学率40.8%。年内，遮放农场和潞西市同步接受了“普九”验收，且验收合格。至此，垦区办学企业中已有瑞丽农场、畹町农场、遮放农场三个农场完成了“普九”任务，盈江农场、陇川农场完成了“普六”任务。

当前农垦教育存在的主要问题是：一、由于农垦企业经济效益下滑，对教育投入不足，办学条件及设施远未达到要求。二、农垦教师的工资等待遇与地方教师比较存在较大差距，教师队伍的稳定受到影响，部分教师产生厌教情绪，部分骨干教师流失。三、由于经费紧缺，农垦教师的培训、学习受到影响，教师队伍的业务素质难以普遍提高，垦区的教育教学质量难以大面积提高。面对垦区教育的困难，垦区各级组织在千方百计办好教育的同时，积极向地方政府反映垦区存在的问题，使地方政府更多地了解垦区的教育情况，争取政府的支持和帮助，争取将基础教育逐步从垦区企业中分离出去。

【卫　生】 1999年，德宏农垦有医疗卫生单位39个，其中省局所属州局代管的医院1所，农场属医院5所，厂属卫生室5个，分场卫生所19所，生产队卫生室9个。病床839张。从业职工人数780人，其中医务人员644人（含医生346人）。省局所属州局代管的云南省农垦总局第二职工医院设病床160张，从业职工197人，其中医务人员158人（含医生84人）；农场（厂）属医院有病床457张，从业职中410人，其中医务人员337人（含149名医生）；分场卫生所共设病床217张，从业职工164人，其中医务人员141人（含112名医生）；生产队卫生室从业职工9人，其中医务人员8人（含医生1人），设有病床5张。

年末，德宏农垦医疗卫生资产总额1361.23万元，企业实际支付的医疗卫生机构经费760.56万元，全年职工工资总额346.72万元。

【工　资】 1999年，德宏农垦从业人员劳动报酬达5533.84万元，其中职工工资总额5240.24，（下岗、待岗职工生活费用8.38万元，年内拖欠职工工资总额268.78万元）。从业人员劳动报酬比上年减310.65万元，减5.32%；职工工资总额减144.64万元，减2.69%。离退休人员7621人，全年劳保福利费用总额4215.33万元，比上年增207.97万元，增5.19%。

【领导干部名录】

农垦分局

局　长　党委副书记　肖大明
党委书记　副局长　李建忠（彝族）
副局长　张延寿　杨良骥
纪委书记　毕光亮（彝族）
工会主席　冯雪满

陇川农场

代场长　闫和平
党委书记　副场长　师延生
副场长　张洪彩
纪委书记　田琦辉
工会主席　余　杰

瑞丽农场

场　长　党委副书记　张国有
党委书记　杨余康
副场长　和　帜　刘红平　李自森
纪委书记　李朝贵
工会主席　杨明用

遮放农场

场　长　彭东海
党委书记　何新保
副场长　石支边
纪委书记　宋玉民
工会主席　周　斌

盈江农场

场长兼党委副书记　刘昌生
党委书记兼副场长　宋建国
副场长　邹求生　赵家章　黄映虎
纪委书记　魏生芳
工会副主席（主持工会工作）土云彩

畹町农场

场　长　刘雪源
党委书记兼工会主席　王洪文
党委副书记、副场长　甘春明
纪委书记　彪国新

省农垦职工二院

院长、党委书记　尹克强（白）

省德宏热带农业科学研究所

所　长　陈开发
党总支书记　张丽波

农垦电力公司

经　理　邢苏文
党总支书记　李茂增

芒市民族橡胶厂

厂长、党支部书记　杨　宁

农垦机械厂

厂长、党支部副书记　闫沙献
党支部书记、副场长　符开堂

大盈江硅冶炼厂

厂　长　许奇诚
党支部书记　李章能

（《德宏农垦分局》撰稿　张　赤）

（见《大事专题》204页）

芒市华侨实业总公司

1999年，芒市华侨实业总公司实现生产总值4601.6万元。其中：工业产值3487.3万元，占总产值的75.78%；农业产值735.2万元，占15.98%；第三产业379万元，占8.24%。实现税金327.7万元。

年度亏损1155万元。造成亏损的主要原因：一是主要产品销售价格猛跌，仅糖业一项就亏损1114万元。二是企业负担过重。公司1386名离退休人员年支付费用530万元。三是财务费用过大。全年支付银行利息353万元。四是受自然灾害的影响，茶叶、甘蔗大幅度减产。

全年生产干胶134吨，完成干毛茶4004担，98/99生产甘蔗26926吨，种植春秋蔗1855亩。调整低产胶茶园1022亩。工业生产：98/99入榨甘蔗10.7万吨，生产白糖12001吨，产糖率11.35%，生产酒精1304吨；加工精制茶191.5吨；生产编织袋148万条；生产复合肥1431.5吨；生产氧气4771瓶。

（《芒市华侨实业总公司》撰稿　张　丽）

（见《大事专题》206页）

大事专题

（条目前加△，为大事记条目）

党 政 机 构

中国共产党德宏傣族景颇族自治州委员会

△【表彰人民满意的公务员】 1999年1月6日，德宏州委州政府为提高公务员素质，决定对10名“人民满意的公务员”进行表彰。他们是：柳五三、孙定益、杨占高、陈正、叶永富、闫信能、金德祥、岳晓天、番正明和白泉。

【州委部署年内工作】 1999年1月20日，中共德宏州委以德发（1999）1号《关于学习贯彻何远灿同志在州委三届七次全会上的报告的通知》，全面部署年内工作。其主要内容：一是集中精力把经济建设搞上去。其工作重点是：坚持把农业放在经济工作的首位，稳定和加强农业；继续加大投入，扩大内需，加强全州基础设施建设，拉动全州经济增长；深入搞好国有企业改革；发挥地缘优势，扩大对外开放，加快旅游支柱产业建设；面向农村，放手发展非公有制经济，促进乡镇企业快速健康发展；搞好扶贫攻坚；做好财税工作；搞好金融工作。二是必须坚持“两手抓”的方针，促进全州经济、社会、人口与资源、生态环境的协调发展。具体任务是：大力推动社会各项事业的发展；重视生态环境的保护；切实加强党对群团工作的领导，充分发挥群团组织的桥梁和纽带作用。三是严厉打击各种违法犯罪活动，全力维护社会稳定。具体任务是继续开展“严打”和“专项”斗争；持之以恒地开展禁毒斗争；深入开展社会治安综合治理工作；加强政法队伍建设。四是充分发挥人大和政协的职能作用，积极搞好依法治州和参政议政工作。具体任务是坚持和完善人民代表大会制度；加强民族立法工作；坚持和完善共产党领导的多党合作和政治协商制度；加强统战和宗教工作，健全社会主义民主。五是进一步加强社会主义精神文明建设。六是进一步加强党的建设，改善党的领导。具体任务是抓住根本，深入学习邓小平理论；进一步加强党的组织建设；继续抓好农村基层组织建设，搞好机关、企事业、学校的基层党组织建设；进一步加强党风廉政建设。

【表彰基层双拥先进单位】 1999年1月28日，德宏州委、州政府、德宏军分区决定对潞西市芒市镇人民政府等37个基层双拥先进单位进行表彰。

△【王南昆继任德宏州委书记】 1999年3月4日，云南省委常委、组织部长黄维彬在芒市宾馆召开的德宏州领导干部大会上，宣读了省委常委会议关于王南昆继任中共德宏州委书记的决定。

（杨星明）

【贯彻落实党的十五届三中全会决定】 1999年3月12日，德宏州委制定出台了《贯彻落实党的十五届三中全会决定和中共云南省委实施意见的实施办法》。该“办法”共分10部分28条，主要内容有：德宏州农业和农村跨世纪发展目标；长期稳定和落实党在农村的基本政策，保护和调动农民的积极性；坚持科教兴农，优化和调整农业产业结构，推进农业产业化经营；深化农产品流通体制改革，完善农产品市场体系；大力发展乡镇企业和个体经营经济，加快农村小城镇建设；加快以水利为重点的农业基本建设，实施可持续发展战略；打好扶贫攻坚战，努力推进农村小康建设；加强农村民主法制建设，保障农民合法权益；加强农村社会主义精神文明建设，促进农村经济社会协调发展；切实加强党对农业和农村工作的领导，进一步开创全州农业和农村工作的新局面。

【安排农业和农村工作】 1999年3月12日，德宏州委、州政府提出年内农业和农村工作的安排意见。其具体内容是：稳定发展粮食生产、加大产品结构调整力度，进一步提高粮食商品率；稳步发展蔗糖生产，努力实现“四三”工程目标；加快绿色产业建设步伐，培育经济支柱产业；积极发展畜牧水产业，培植新的支柱产业；切实保护森林资源，发展生态农业；加快以水利为重点的农业基础设施建设；大力发展乡镇企业，搞好农村小城镇；加大扶贫攻坚力度，打好扶贫攻坚战；稳定和落实党在农村的基本政策，建立健全农村社会化服务体系；进一步加强农村民主法制建设和精神文明建设，维护农村社会稳定。

【全州党委秘书长及办公室主任座谈会】 1999年4月9日，中共德宏州委办公室在芒市召开全州党委秘书长、办公室主任座谈会。州级班子秘书长、各县市委办公室主任、州直单位党委办公室主任共130人参加会议。会议在传达全省有关会议精神和总结上年工作的基础上，要求全州党委办公室紧紧围绕州委的中心工作，按照“讲政治、守纪律；讲团结、求协调；勤学习、当参谋；严要求、保秘密；多服务、不添乱”的要求，切实抓好以下工作：一、加强学习，强化干部队伍建设；二、建章立制，强化内部管理；三、协调服务，强化秘书和办文办会工作；四、建网立制，强化信息报送工作；五、真抓实干，强化督促检查；六、务求实效，强化信访工作；七、求真务实，强化调研工作；八、勤俭节约，强化行政后勤工作。

【表彰发展个体私营经济先进单位和先进工作者】 1999年4月20日，德宏州委、州政府决定对潞西市人民政府等10个发展个体私营经济先进单位和杨跃先等20名先进工作者予以表彰。

【表彰先进个体户和私营企业】 1999年4月20日，德宏州委、州政府决定对李惠莲等60户个体工商户和瑞丽市畹町富年达木业有限公司等10户私营企业予以表彰。

△**【安排“三讲”教育工作】** 根据上级部署，1999年6月5日，德宏州委作出在全州县级以上党政领导班子和领导干部中深入开展以“讲学习、讲政治、讲正气”为主要内容的党纪党风教育安排意见。其具体内容是：一、认真做好“三讲”教育准备工作。认真学好文件，提高思想认识；认真搞好调查摸底，找准突出问题，制定实施方案；做好舆论宣传工作，突出重点。二、全州“三讲”教育的总体安排，分建立组织机构阶段、试点阶段、学习阶段和全面展开阶段。

【州委召开三届八次全委（扩大）会议】 1999年6月11日，德宏州委在芒市召开三届八次全委（扩大）会议，讨论决定了召开中国共产党德宏傣族景颇族自治州第四次代表大会的有关问题，部署了全州下半年的主要工作。17名三届州委委员、1名候补委员及州纪委委员，各县市纪委书记，州人大、州政府、州政协、德宏军分区领导，正州级离退休干部及州直机关部门领导共186人参加会议。

（杨星明）

【州委制定十项工作规章制度】 1999年6月13日，为进一步贯彻落实云南省委《关于在全省开展“领导当楷模，机关做表率，基层树形象”主题活动的通知》精神，促进州委工作科学化、制度化、规范化，中共德宏州委办公室印发了德宏州委工作十项规章制度：即《中国共产党德宏傣族景颇族自治州委员常务委员会工作规划（试行）》、《德宏州党建五年规划（1999－2003年）》、《中共德宏州委关于党政领导干部管理的若干规定（试行）》、《德宏州精神文明建设目标管理责任制（试行）》、《贯彻实施党中央、国务院<关于实行党风廉政建设责任制的规定>的意见》、《关于县以上党员领导干部民主生活会制度（试行）》、《关于州级领导干部公务活动的有关规定（试行）》、《关于州级领导干部定点联系基层的规定（试行）》、《德宏州老干部工作目标管理责任制（试行）》、《中共德宏州委机关工作人员守则（试行）》。

△**【州委州政府作出加快发展旅游产业的决定】** 1999年7月3日至6日，德宏州委、州政府在芒市召开全州旅游工作会。会议作出了《中共德宏州委、州人民政府关于加快发展旅游产业的决定》。该“决定”共分4部分20条，主要内容有：充分认识加快发展旅游业的重大意义，加快发展旅游产业的依据，加快旅游产业发展的思路和目标，加快发展旅游产业的措施。

【加强和改进学校德育工作】 1999年7月8日，德宏州委、州政府出台了贯彻《中共中央关于进一步加强和改进学校德育工作的若干意见》。“实施意见”明确了全州学校德育工作的主要任务：即认真学习邓小平理论，加强师德教育，加强爱国主义教育，加强艰苦朴素教育，加强遵纪守法教育，加强基础道德教育，加强民族团结教育。

△**【取缔“法轮功”非法组织】** 1999年7月23日，德宏州委就认真贯彻执行中发（1999）13号文件精神发出通知，并明确要求：一、加强学习，提高认识，认清“法轮功”组织的政治本质和严重危害。二、加强组织纪律性，全州共产党员、共青团员、国家公务员和干部职工不准修炼“法轮大法”。三、实行领导管理责任制，各级党组织的主要领导是第一责任人，要一级包一级，层层实行责任制，立下军令状，解决好本地区、本单位“法轮功”问题。四、要十分注意政策，依法办事，区别情况，认真做好工作。五、加强职能部门的作用，严防修炼“法轮大法”的少数人，寻衅滋事，破坏安定团结。六、加强组织领导，承担起党和人民赋予的政治责任。

【制定发展乡镇企业措施】 1999年8月27日，德宏州委、州政府制发《关于促进乡镇企业改革、发展与提高的若干意见》。该“意见”分8个部分36条，其主要内容是：一、进一步深化对乡镇企业发展的认识。二、指导思想、发展思路及发展目标。三、突出重点、全面推进。四、积极稳妥地推进乡镇企业体制改革。五、下大力气抓乡镇企业整体素质的提高。六、理顺隶属管理关系，保证乡镇企业合法权益。七、用好、用足税收及各种扶持优惠政策。八、切实加强对乡镇企业的领导。

【传达学习党的十五届四中全会精神】 1999年9月27日，中共德宏州委办公室就传达学习党的十五届四中全会精神的有关问题发出通知。“通知”要求：及时传达学习党的十五届四中全会精神，统一思想，提高认识，领会精神实质；深入调研，找准全州国有企业存在的困难和问题；抓住机遇，深化改革，提高全州经济运行的质量和效益；认真抓好十五届四中全会精神学习贯彻情况的反馈工作。

【加强国防后备力量建设】 1999年10月16日，中共德宏州委、州政府、德宏军分区作出《关于加强国防后备力量建设工作的意见》。该“意见”的主要内容是：进一步增强党管武装的意识，加大党管武装力度；大力加强人武部全面建设，把县市人武部建设成为坚强的民兵预备役建设“一线指挥部”；高度重视和加强基层武装部和民兵营（连）部建设；进一步加大全民国防教育力度；适当增加民兵事业费的拨款，并进入州、县市两级财政零基预算年度计划，优先划拨；把征民、国防动员、国防教育等工作经费纳入地方财政“盘子”；把州民兵武器装备仓护看护经费纳入州财政计划；把县市人武部办公、住房、训练基地、武器装备仓库的建设及维修纳入地方基建规划，统筹考虑，水电等所需费用也纳入县市同类经费安排解决；把县市人武部在编电话的通讯费，纳入县市同级行政事业单位的实际标准进行核报；在编车辆的燃油费，由各县市财政每年补助1万元；尽快修建人武部新调入干部的住房。

【加强扶贫开发工作】 1999年10月19日，德宏州委、州政府作出《进一步加强扶贫开发工作的意见》。该“意见”主要内容是：一、今明两年扶贫攻坚的总体目标要求和主要任务。计划今明两年解决5.5万贫困人口的温饱问题。努力完成四项任务：继续抓好面上的扶贫攻坚工作；组织好省扶10个试点村的项目实施；严格按照标准开展综合考评，提前解决温饱达标验收工作；着手拟定州和县市的“十五”扶贫开发计划。二、落实政策，强化措施，加大扶贫攻坚力度。认真落实扶贫攻坚政策措施；切实转变观念，改进工作方法；全面加强小额信贷扶贫资金管理；增加投入，加强项目资金管理；积极开展异地扶贫开发工作；继续加强龙江河谷开发工作；加强科技推广，扶持发展支柱产业；加强贫困乡、村基层组织建设；部门紧密配合，齐心协力地投入扶贫开发。三、加强领导，坚持和完善党政一把手扶贫工作责任制。

【州委常委联系县市工作】 1999年11月19日，中共德宏州委作出《关于州委常委联系县市工作的意见》。该“意见”从联系县市的职责、联系县市的要求和联系县市的任务三个方面，明确了州委常委加强对县市工作领导的任务、方法、目的和纪律要求，推动了上情下达、下情上报和广泛联系基层的工作。

【表彰农村基层组织建设先进】 1999年11月29日，中共德宏州委作出《关于表彰98、99农村基层组织建设先进工作队和优秀工作队员的决定》，对潞西市村建办等6个先进单位和邢伟国等66名优秀工作队员予以表彰。

△**【严禁党政领导干部私驾私用公车及大办红白喜事】** 1999年12月9日，在德宏州级领导班子和领导干部的“三讲”教育中，州委广泛听取干部群众的意见，作出了《关于严禁党政领导干部私驾私用公车及大办红白喜事的通知》。“通知”明确规定：严禁全州党政机关超编制购车、超标准配车；购车、用车标准，要坚决贯彻执行《中共中央办公厅关于调整党政机关汽车配备使用标准的通知》（中办厅字〔1999〕5号）、《中共云南省委办公厅关于贯彻执行中央办公厅厅字（1999）5号文件的通知》（云办厅字〔1999〕31号文件）的规定，不得以任何理由擅自超出编制和标准配置车辆；严禁全州党政机关非专职驾驶员，尤其是副处以上领导干部私驾公车；因公务需要驾驶公车的，应由所在单位领导或上级主管领导批准；不得公车私用，特殊情况使用公车的，需经单位领导批准，由专职驾驶员驾车，并按规定缴纳费用；严禁党政机关和工作人员任意借用企事业单位和下属部门的车辆，更不得以“借用”之名长期占用；凡是借用和占用的，必须在州级“三讲”结束前归还；严禁到企事业单位和下属部门报销车辆费用；严禁党政机关副处以上领导干部，借各种机会大办红白喜事，请客送礼；严禁动用公车、公物为己谋求私利。

【表彰社会治安综合治理先进】 1999年12月21日，德宏州委、州人民政府作出《关于表彰全州社会治安综合治理优秀、良好县市和单位的决定》，对在落实99年度社会治安综合治理目标管理责任制中作出突出成绩的盈江县、瑞丽市授予优秀单位称号；对潞西市、梁河县、陇川县授予良好单位称号；对武警德宏支队等11个州直综治成员单位授予优秀单位称号；对州政府办等19个州直综治成员单位授予良好单位称号。

【命名“安全文明单位”】 1999年12月21日，德宏州委、州政府决定授予武警德宏支队、潞西市法帕乡拉老村、瑞丽市第一民族中学、芒市临宾小区等36个单位为州级“安全文明单位（村寨）”。

【表彰州级文明单位】 1999年12月27日，德宏州委、州政府作出《关于命名表彰1999年州级文明单位的决定》。“决定”授予德宏州地方税务局等49个单位“德宏州文明单位”称号；授予瑞丽市姐相乡姐相旺村等3个村寨“德宏州文明村寨称号”；授予德宏州气象局“德宏州文明行业”称号；对1997年命名的30个文明单位进行复查，有18个单位合格和基本合格，继续保持州级文明单位称号。

（《州党委》撰稿除署名者外，均为李有升、方桄民》）
（见《州情概览》25页）

组　织　工　作

【“三讲”教育工作】 1999年3月29日，德宏州委组建了“讲学习、讲政治、讲正气”（“简称三讲”）教育领导小组及办公室。“三讲”办公室设在州委组织部，州委抽调了一批工作人员，专门从事此项工作。为了保证全州“三讲”教育有计划、有步骤地进行，根据省委要求，州委召开专题会议，确定了潞西市为“三讲”教育试点单位。年内投入大量的人力抓好试点工作，使潞西市的“三讲”教育按省委的要求圆满完成。与此同时，州委下发了《关于在全州县级以上党政领导班子和领导干部中深入开展以“讲学习、讲政治、讲正气”为主要内容的党性党风安排意见》文件，有力地推动了全州“三讲”教育学习活动。围绕州级领导班子“三讲”教育，由州委“三讲”办派出调研组，利用近一个月时间到各县市和州直各单位进行调研，共召开25次调研座谈会，个别访谈97人，听取了251人的意见，（其中厅级离退休干部14人，县处级离退休干部20人，正处级在职干部122名，副处级在职干部92名，正科级干部3人）。

【举办科技骨干人才理论读书班】 1999年11月15日至12月15日，德宏州委组织部在州民族干部学校举办了为期30天的全州中青年科技骨干人才理论读书班。学员为州内从事自然科学、社会科学研究及教学等领域的在职优秀科技骨干，共41名。其中：高级技术职称7人，中级技术职称34人。该读书班以学习《邓小平文选》和党的十五大报告为主要内容，进一步深化对德宏基本州情的认识，并了解全球知识经济的发展趋势。其目的是，使之成为具有良好政治素质的跨世纪业务带头人。

【完成好村建工作任务】 1999年，按照德宏州委部署，全州的农村基层组织建设工作在省州扶贫攻坚乡中的三台山、东山、清平、杞木寨、芒璋、盏西、支那7个乡开展。此外，潞西市还抽调工作队，对该市另外3个省级扶贫攻坚乡和6个市级扶贫攻坚村继续派驻工作队抓整建工作。此次开展村建工作的10个乡有60个行政村、10个党委、8个总支、82个党支部，共1730名党员（其中农民党员1167名）。在村建工作中，各村建工作队围绕农村社会稳定、经济发展、农民增收这个中心，认真贯彻党的十五大及十五届三中全会精神，以创建“六个好”（好班子、好队伍、好路子、好制度、好作风、好格局）乡镇党委和“五个好”（好班子、好队伍、好路子、好体制、好制度）农村党支部活动为重点，抓好乡级机关整顿建设；积极推行村务公开，民主管理制度，推动农村基层民主政治建设；大力开展农村实用技术培训，抓好扶贫开发，创办科技示范基地、科技示范户，探索社会化服务体系的路子。同时，各县（市）委和乡镇党委，按照制定的党员发展计划，认真做好新党员发展工作。全州开展村建的10个乡镇共举办入党积极分子培训班38期，有干部82人、村社干575人、群众156人参加培训学习；发展新党员247人，其中村社干191人，群众56人，妇女26人，少数民族140人，35岁以下164人，初中以上文化程度138人。通过开展创建乡镇干部发生了“三多三少”的可喜变化：即讲政策守纪律的多，自由散漫混日子的少；讲科学、讲民主的多，瞎指挥乱命令的少；主动为群众着想出主意想法子办实事的多，门难进、脸难看、事难办的衙门作风少。

【全州第四次党代表大会代表选举】 1999年，德宏州第四次党代表大会代表选举工作，由于州委高度重视，措施得力，各级党组织和组织部门严格依法办事，精心组织选举，各选举单位认真履行好自己的职责，使代表选举工作任务圆满完成。此次党代表选举的基本情况是：一、加强了选举工作的宣传和思想发动工作，使参加推荐的支部和党员具有代表性和广泛性。这次参加推荐的各基层党支部2234个，占全州2251个支部（含省属）总数的99.2%；参加推荐的党员31776名，占全州37125名党员总数（含省属）的85.6%；共提名代表候选人初步人选8455人，占全州党员总数的22.8%。二、加强了对代表选举工作的跟踪检查、指导和审查工作。对明显违反代表产生程序的选举单位进行纠正，确保代表从推荐、提名、选举各阶段工作的顺利进行。三、按照州党代表产生的条件、比例和结构要求，在征求多数党员、基层党委（党组）、纪委监察部门意见的基础上，研究确定了正式代表候选人482名，并上报州委代表选举工作小组进行审查批准。四、各个选举单位按照州委批复的代表候选人预备入选名单，分别召开会议正式进行选举，其中召开党员代表会议有6个单位，召开党代表大会的8个单位，召开全体党员大会的22个单位。各选举单位以无记名投票方式，选举出出席州第四次党代表大会代表407名，占全州党员总数（含省属）的1.1%。在选出的代表构成中，各级领导干部代表323名，占79.36%；工农业、政法、财贸、科技、文卫、体育等生产第一线代表52名，占12.7%；各条战线的劳模、先进工作者代表32名，占7.86%；解放军、武警代表184名，占45.2%。其中：大专以上文化程度代表277名，占68.06%；55岁以下的代表371名，占91.5%。

【干部工作】 1999年，德宏州委组织部在干部工作中主要做了以下几个方面的工作：一、遵照州委部署，对部分县市和州直单位的班子及时进行调整充实。全年共调整处级以上干部106名，其中平级调整77名，新提拔29名。二、针对乡镇换届工作中出现的一些新问题和新情况，组织专题调查组深入县市乡镇调查，并将调查结果反馈到各县市委和组织部。各县市在全面掌握情况的基础上，对违反“选举法”和“地方组织法”的人和事，及时采取措施进行查处。三、配合畹町行政区划调整方案的实施，完善完成人事方案的调配工作，安定了人心。四、根据人事机构改革实施情况，抽调专门力量，配合工商、商检、卫检、动植检、技术监督等中央、省属部门，较好地完成了机构划并和人事考察配备任务。五、组织专人到保山地区考察学习“一推双考”工作经验，为进一步深化全州干部制度改革奠定基础。六、选派了11名乡镇基层干部到州直有关单位挂职锻炼。

【干部监督】 1999年，德宏州委组织部进一步加强干部管理监督工作：一是围绕落实江泽民总书记在中纪委三次会议上的讲话精神，根据州委领导安排，会同州纪委就政治纪律、组织人事纪律、经济工作纪律和群众工作纪律四个方面，向22个州直单位和县市领导班子征求对州委常委上半年民主生活会的意见，共召开座谈会20次，87名县处级领导干部分别参加座谈，并及时将征求意见以书面形式向州委领导进行反馈，为州委领导过好民主生活会打好基础。同时，全州各级领导班子以干部廉洁自律这一专题召开民主生活会，进行自查自纠，推动了反腐昌廉工作的深入开展。二是跟踪考察了一批党政领导班子和领导干部的工作情况，对少数工作配合协调差、执行民主集中制不好、工作作风不深入、闹不团结等干部群众意见大的班子和干部，及时进行谈话诫勉，帮助他们总结经验教训，消除隔阂，沟通思想，增进团结，提高工作效率。三是强化干部监督约束机制。年内结合全州干部工作实际，讨论制定了全州一系列干部监督管理方面的制度。如《县处级干部离任审计制度》、《干部谈话诫勉制度》、《领导干部重大事项请示报告制度》等。这些制度报州委讨论、修改后，已批准实施。

【干部队伍】

1999年德宏州干部基本情况表

项　目	干部数（人）	
总　计	28813	
性别	男	16658
	女	12155
民族	汉　族	19112
	少数民族	9701

1999年德宏州党员和党组织状况表

单位：人、个

项　目	党员数（人）	
总　计	36127	
正式党员	34485	
预备党员	1642	
性别	男	29773
	女	6354
民族	汉　族	21911
	少数民族	14216
年龄	25岁以下	1473
	26岁至35岁	7761
	36岁至45岁	9325
	46岁至55岁	7291
	56岁至60岁	3339
	61岁以上	6938
党组织（个）	党的地方委员会	6
	基层党委	138
	党　组	67
	党总支	211
	党支部	2365
	党小组	2081

（《组织工作》撰稿段兆雄）

宣　传　工　作

【理论武装成效显著】　1999年1月，德宏州委印发了宣传部草拟的《关于深入学习邓小平理论和党的十五大精神的理论教育计划》。该“计划”对各级干部理论学习提出了明确要求，扎实推进了全州的理论武装工作：一是健全和完善了各级党委中心学习组理论学习制度，继续举办领导干部培训班。全年州、县市委党校举办领导干部培训班22期，培训乡科级以上领导干部1400人次。二是抓好面上的理论教育。按照州委的要求和部署，州、县市委宣传部配合村建工作队协助乡镇党委举办政治理论培训班388期，参学人数达28933人次。三是按照省委提出的“领导当楷模、机关作表率、基层树形象”的要求，以“三讲”教育为契机，深入宣传和贯彻落实党建“三句话”，有力地促进了全州党建工作。四是理论工作坚决贯彻中央、省委和州委的指示精神，深入揭批“法轮功”邪教组织。同时，州委宣传部及时发出了《关于在全州党员干部中开展马克思主义唯物论、无神论学习教育活动的通知》，并在全州组织征订《哲学信仰》和《现代科学文化知识》两本书，为全州开展理论教育提供了教材。

【“云南五十年成就展”德宏展厅获双奖】　1999年9月15日至10月30日，由德宏州委宣传部策划、组织，并在昆明参展的“云南50年成就展”德宏展厅，因设计和在宣传月活动中注重突出本州民族特色，使整个展厅引人注目，达到较好的宣传效果。参展期间，先后接待中外观众42万人次，得到丁关根、令狐安、李嘉廷等中央和省领导的充分肯定，并荣获云南省建国五十周年庆祝活动领导小组颁发的最佳设计奖和优秀组织奖。

【获全省精神文明建设表彰的单位和个人】　1999年9月，云南省文明委于国庆50周年前夕表彰了一批创建文明城市（区）、文明村镇（乡）、文明行业、文明单位工作先进单位和个人。德宏州气象局、德宏公安边防支队木康边防检查站被评为全省“文明行业”；杨庭华、郭津德、王绍山、雷翁团、陈德寿同志获全省“精神文明建设先进个人”荣誉称号；畹町动植物检疫局、中国人寿保险公司德宏分公司、盈江海关、陇川县民族小学、芒市公路管理总段被评为全省“创建文明单位工作先进单位”；陇川县章风镇、梁河县杞木寨乡、潞西市法帕镇拉老村、瑞丽市混板乡法坡村被评为“创建文明村镇（乡）工作先进镇（乡）村”。

此外，获得全省文明行业、创建文明村镇工作先进镇（乡）村和创建文明单位工作先进单位表彰的均获得奖匾和2000元到10000元的奖金。

【举办“德宏五十年成就展”】
1999年9月28日至10月29日，历时32天的“德宏五十年成就展”先后在芒市和各县（市）巡回展出，并获得圆满成功。

由州委、州政府主办，州委宣传部承办的“德宏五十年成就展”，是德宏州庆建国五十周年系列活动的一项重要内容。按照州委、州政府要求，州委宣传部全面负责筹展工作，在确保云南五十年成就展德宏展厅按时参展的同时，认真策划、组织“德宏五十年成就展”。在州直各单位和各县（市）的大力支持、配合下，通过州、县（市）筹展人员的共同努力，按期完成132块展版的设计、制作和布展任务，确保了整个展览的顺利进行。“德宏五十年成就展”以详实的文字材料、丰富多彩的图片资料和硕果累累的农业科技成果（实物），全方位展示了德宏50年来的巨大变化和各条战线的辉煌成就，是德宏历史上规模最大、涉及面最广、展出时间最长、最能集中反映德宏50年发展、变化成就的一次大型展览。整个展览深受社会各界欢迎。据统计，全州共5万人次参观本次展览。

【省级精神文明建设表彰】 1999年12月30日，省委、省政府发出《关于命名表彰1999年省级文明单位、省级文明村的通知》〔云办发(1999) 9号〕，决定授予590个单位“省级文明单位”和130个村“省级文明村”称号。德宏州共有27个单位、4个村分别获得“省级文明单位”和“省级文明村”殊荣。德宏获省级文明单位称号的名单如下：

德宏州气象局、德宏州长途线务站、潞西市象滚塘中学、潞西市芒市第三小学、潞西市遮放糖厂、工商银行瑞丽市支行、德宏州公安边防支队姐相工作站、瑞丽市饮食服务公司如意酒楼、陇川县一中、陇川县城子镇第一小学、陇川县民族小学、中国人民保险公司陇川县支公司、盈江县人民检察院、武警盈江县中队、梁河县国税局、建设银行梁河县支行、中国人寿保险公司德宏分公司、瑞丽市邮政局、瑞丽市公安消防大队、德宏州建筑工程公司南疆饭店、盈江县邮政局、梁河县糖厂、梁河县人民检察院、梁河县邮政局、农业银行德宏州分行、武警畹町中队、陇川农场光相分场机耕队。

德宏获省级文明村称号的名单如下：

潞西市法帕镇拉老村、盈江县太平乡龙盆村芒棒三社、瑞丽市混板乡法坡村、陇川县弄把镇户岛二村。

【成功组织“三大宣传战役”】 1999年，德宏州宣传思想工作部门按照上级要求，成功地组织开展了规模较大的“三大宣传战役”：一是集中力量开展好世博宣传战。年初，按照世博会宣传文化大型活动部的安排和州委、州政府的部署，州委宣传部详细拟定了宣传计划，在抓好社会环境宣传的同时，全面组织实施世博会期间的宣传文化活动。组织州级新闻单位开辟专栏、专题，大力宣传举办世博会的意义。全年刊、播世博会为主题的各类新闻宣传报道稿件1000多篇，并先后掀起倒计时300天、200天、100天和开幕式、闭幕式五个宣传高潮。同时在全州2万多干部群众中广泛开展“迎世博盛会、做文明公民”教育培训；还举办“迎世博会知识电脑大奖赛”，并进行现场直播。在世博会期间，先后组织新闻单位拍摄世博园风光系列宣传专题片8集，并在全州播放。全州先后组织6万多人赴世博园参观。二是组织国庆50周年和迎澳门回归的宣传战役。州、县市委宣传部把组织好建国50周年大庆和迎澳门回归宣传作为全年宣传工作的重中之重来抓，先后在全州范围内组织开展图片展览、歌咏比赛、澳门知识竞赛、“红土地之歌”演讲赛及文艺演出等系列活动，使双庆活动异彩纷呈，仅专场文艺演出就组织10台。此外，新闻单位通过开辟专题（栏）、电视展播、系列报道等多种形势进行规模宣传，使50年华诞和澳门回归庆祝活动烘托出隆重、热烈的气氛。三是组织建设民族文化大省的宣传战役。继第一次建设云南民族文化大省研讨会后，州委宣传部及时向州委、州政府作了专题汇报，初步提出德宏的行动计划，并在春节期间组织开展科技、文化、卫生“三下乡”活动，同时组织专业文艺团体在昆明、上海等地演出5台民族歌舞；州民族歌舞团应邀赴台湾参加民族歌舞交流活动；在国庆50周年期间，宣传、文化部门到北京中华民族园成功举办了为期一周的目脑纵歌节展演活动，50多个国家的外宾应邀出席，20多家电视台争相报道了目脑纵歌活动盛况。

【重要社会宣传】 1999年，德宏州宣传部门围绕党委、政府的中心工作，在全州范围内组织开展了以下重要社会宣传工作：一是围绕全州经济结构调整，深入开展以深化国有企业改革与脱困、确保社会稳定为主题的形势政策教育。二是结合重大民族节日和民族团结月活动，广泛深入地开展党的民族政策的宣传教育。三是结合社会治安综合治理，继续深入持久地开展“扫黄打非”、禁毒宣传教育。四是强化“兵役法”宣传和国防知识宣传教育。

通过开展重要社会宣传，使全州宣传思想工作按中央和省委的要求做到了舆论平稳、基调准确、思想统一，促进了全州社会稳定和经济平稳运行。

【经济宣传得到加强】 1999年，德宏州宣传部门围绕贯彻落实十五届四中全会，省委六届七次全会和州委三届八次、九次全会精神，进行了卓有成效的经济宣传：一是以昆交会、全国旅交会，’99昆明世博会为契机，加大德宏的经济宣传力度，为全州的经济发展和进一步扩大改革开放提供强大的舆论声势。二是认真宣传中央经济工作会议精神和省委关于经济工作的各项部署，制定了建设民族文化大省、绿色经济强省，培育旅游支柱产业发展战略宣传的州内实施计划及进一步深化国企改革的宣传方案。三是做好组织实施以改革开放为动力，调整结构、开拓市场、搞活流通为主题的解放思想、更新观念大讨论的组织发动、舆论动员等前期准备工作，并结合国家实施西部大开发战略和中国即将“入世”等问题强化舆论宣传声势。

【对外宣传取得新突破】 1999年，德宏州进一步加大对外宣传工作力度，切实收到以强有力的对外宣传吸引人的效果。一年来，全州宣传部门针对以往外宣工作薄弱的问题，采取切实措施，下大力抓好树立德宏新形象的工作：一是制定德宏对外宣传战略规划，形成全州对外宣传的总体思路和实施步骤。二是以世博会为契机，以文化活动为载体，先后组织州民族歌舞团、景颇歌舞团和潞西、瑞丽市歌舞团在昆明、上海等地演出民族歌舞5场；此外，还在北京中华民族园和深圳世界之窗分别举办了规模盛大的目脑纵歌表演、德宏图片展览，向外界充分展示了德宏的优秀民族文化和人文景观。三是采取请进来走出去的方法，强化对外宣传。全年组织州内新闻单位采编宣传介绍德宏经济社会发展及旅游风光的专题新闻稿件130篇（条）、40个专题片在省电视台等省内外新闻媒体刊播，其中10个专题片和新闻节目在中央电视台播出。全年邀请和接待中央、省内外、香港地区新闻媒体记者40批200人次，到德宏进行采访报道，先后在中央电视台播出反映德宏风貌的电视专题片14个（计240分钟），在香港大公报刊登德宏专版两版，在云南五十年成就展会刊上组织德宏专刊（四版）。四是制作介绍德宏旅游风光和民族风情的VCD片3盒4张，编印德宏民族风情2000年挂历10000册，在国际互联网上发送新闻40条、制作旅游风光网页10页上网宣传，对提高德宏知名度，树立德宏新形象起到积极作用。

【舆论引导成效显著】 1999年，是党和国家历史上具有特殊重要意义的一年，大事、喜事多，热点、难点多，把握正确舆论导向事关全州经济发展、社会稳定这个大局。为此，德宏州宣传部门在完善新闻宣传报道纪律制度方面重点抓了如下几项工作：一是坚持正面宣传为主，弘扬主旋律，热点、难点引导得当，大事、喜事报道充分，严守对突发事件的宣传报道纪律。二是在“5.8”事件的宣传报道中，把全州人民的爱国热情正确引导到抵御外侮、强我中华的主旋律上。三是对“法轮功”邪教组织进行深入揭批，进一步强化马克思主义唯物论和无神论的宣传教育，全州上下初步形成反对迷信愚昧，抵制各种歪理邪说的健康氛围。四是在揭批李登辉“两国论”的政治斗争中，舆论引导正确，彻底揭露了李登辉分裂祖国的险恶用心。五是新闻舆论监督工作日趋完善。

【队伍建设取得成效】 1999年，德宏州宣传部门以贯彻落实省委党建“三句话”为契机，认真扎实地抓好机关内部建设和队伍建设，并取得明显成效：一是对宣传思想战线工作骨干进行系统的邓小平理论培训，使其增强做好宣传思想工作的责任感。二是调整充实全州宣传部门领导班子。三是加大宣传基础设施建设力度。全年为各县市宣传部配发传真机6部。四是组织州、县市有关人员参加省国际互联网对外宣传信息中心举办的电脑联网技术培训班，实施州委宣传部入网和新闻宣传信息上网工作，策划成立州委宣传部直属的德宏国际互联网信息发布中心，并初步拟定组织上网宣传的60个网页的编撰方案，为21世纪的宣传思想工作奠定了坚实的基础。

【精神文明创建活动取得新突破】 1999年，德宏州认真贯彻落实全省精神文明建设保山现场会议精神，全面安排部署了农村精神文明建设工作。年内群众性创建活动取得新突破：一是加大典型宣传力度，弘扬主旋律。一年来，全州宣传部门和精神文明办在继续深化老典型引路工作的基础上，着重抓好树时代新风的先进典型。州委宣传部、州文明办和潞西市委宣传部联合推广了法帕镇拉劳村创建农村“十星级文明户”的先进典型，并在全州广为宣传，产生了强烈反响，收到很好的效果。二是继续组织开展科技、文化、卫生“三下乡”活动，进一步完善了“万村书库”工程。州文明办主动向省争取到了一个“百县乡镇宣传文化工程”——梁河县杞木寨乡文化站项目，并为其争取到省配套资金25万元。三是结合举办昆明世博会和“二庆、二迎”活动，在全州广泛开展“创三优、迎世博”、“迎国庆”、讲文明、树新风”、“人与自然”大型科普宣传周、“红土地之歌”演讲赛等群众性活动，并以群众性系列活动为载体，推动精神文明建设向纵深发展。四是继续开展“窗口”服务行业规范服务承诺制及质量、价格、信誉“三满意”企业活动，芒市汽车运输经贸总公司石化经营部荣获云南省“三满意”企业荣誉称号。五是以创建文明单位、文明村（镇）为重点，发动干部群众广泛参与，使大家在参与中受到教育，公民素质得到提高。组织指导有关部门开展“军（警）民共建”，“青年文明号”“安全文明小区”，“无毒品危害单位、村社”，农村“十星级文明户”，“交道安全文明村社”等群众性创建、评比活动，使全州精神文明建设向纵深发展、向农村延伸。年内，文明单位的数量和质量都有显著提高。

【通报表彰】 1999年，为表彰在“德宏五十年成就展”中做出突出贡献的单位和个人，德宏州建国五十周年庆祝活动领导小组发出了《关于对在“德宏五十年成就展”中做出突出贡献的单位和个人进行表彰的决定》〔德宣字（1999）44号〕，通报表彰了瑞丽市、陇川县等6个单位和51名个人。这次表彰的单位和个人，是在广泛征询各县（市）意见的基础上，由州内部分专家组成评委，对各县（市）送展作品从内容编排、版面设计、图片质量三个方面进行评定的，最后评出瑞丽市、陇川县为最佳设计奖；盈江县和梁河县获得设计奖；陇川县获优秀组织奖，瑞丽市、潞西市获组织奖。此外，冯顺祖、杨赛光、李春华、管国照等21人分别获得特别突出贡献奖和突出贡献奖；陈川云等30人获贡献奖。

（《宣传工作》撰稿　宇　伟）

统　战

【全州统战工作会】 1999年3月30日至4月2日，德宏州委统战部在瑞丽市召开全州统战工作会。州委统战工作领导小组成员、各县市委统战部长及办公室主任、瑞丽市四套班子领导共60余人参加会议。州委副书记李增寿同志专程到会作重要讲话。会议传达贯彻了全国、全省统战部长会议精神，总结了上年工作，安排部署了99年工作要点：一、深入学习邓小平理论和党的十五大精神，用邓小平理论武装头脑，不断提高干部队伍的理论水平和整体素质；二、以增强民族团结、维护社会稳定、促进社会发展为重点，做好民族宗教工作；三、以促进祖国和平统一和扩大对外开放为重点，做好对台和海外统战工作；四、以促进德宏经济发展为重点，加强经济领域的统战工作；五、加强党外干部的培养选拔工作；六、加强统战调研工作；七、加强统一战线的宣传和信息工作；八、组织开展好有重大影响的活动；九、继续抓好扶贫攻坚工作；十、加强统战部门自身建设。

【宗教调研】 1999年8月6日至12日，德宏州委统战部组织有关部门对全州天主教进行专项调研。调研组深入瑞丽、陇川、盈江三县市，对28个行政村进行调查，并形成《德宏州天主教调查报告》，上报州委、州政府和省委统战部。8月17日至29日，德宏州委统战部又组织人力对全州宗教情况进行调查，深入到3县2市11个乡镇的15个宗教活动场所和2个基督教培训点，进行重点调查，并撰写了《德宏州宗教调查报告》（见附录．社会调查）。该调研报告受到州委的高度重视，并批示要求起草宗教管理的地方性法规。此外，该文还获得全省统战系统调研成果三等奖。

【召开民族团结座谈会】 1999年10月13日，德宏州委统战部结合德宏州第17个民族团结月活动，召开了芒市地区民族上层子女代表的民族团结座谈会。民族上层人士子女共37人参加会议。州人大副主任雷冯庆、州政协副主席多守业等民族爱国人士子女踊跃发言，称赞党的民族政策英明伟大和德宏州民族团结、社会发展的巨大变化。州委副书记麻端到会作重要讲话，提出了今后加强民族团结、促进经济发展和社会进步的建议。

【接待工作】 1999年10月28日，德宏州委统战部接待了调研“人口发展与计划生育”的农工民主党云南省委员会副秘书长许明初一行7人；11月18日至30日，接待了到德宏考察边贸、旅游的台湾自治同盟云南省委员会一行11人。

【召开迎澳门回归座谈会】 1999年12月13日，德宏州委统战部召开芒市地区各族各界迎澳门回归座谈会。芒市地区的台胞台属、华侨侨眷、民族民主人士共42人参加座谈会。会上，与会同志以各种方式表达了澳门回归祖国的喜悦，称赞只有在中国共产党的领导下，才能实现祖国统一和繁荣富强。

【培养少数民族干部】 1999年，德宏州委统战部加强培养少数民族干部工作，先后选送州委副书记麻端（景颇族）、州教委副主任董成宝（景颇族）、盈江县副县长刀红艳（傣族）、州总工会副主席张宽（景颇族）等少数民族领导干部到香港、北京、江苏、昆明等地学习培训。

【对台工作】 1999年，德宏州委统战部在对台工作方面主要作了以下工作：一、接待服务工作。99年直接接待了回乡探亲和观光旅游的台胞57人、香港同胞2人；帮助办理本州台属赴台探亲6人；办理台胞回乡定居3人；走访慰问台胞台属45人次；协调处理台胞回乡遇难事件1起。二、贯彻全国、全省台办主任会议精神。11月11日，召开了对台工作会议。州委对台工作领导小组成员、州县各有关部门领导59人参加会议。州委副书记麻端到会作重要讲话。会议传达贯彻全国、全省台办主任会议精神，总结交流反对李登辉“两国论”的成果，分析对台工作态势，进一步明确对台工作任务。会后将会议材料印发各县市，各县市分别作了传达。三、认真开展海峡两岸文化艺术交流。经过历时3年多的准备工作，于12月26日选送10名（4种民族）演员的民族民俗文化展演团赴台演出。

【加强党外干部工作】 1999年，德宏州委统战部加强重视党外干部工作，积极向州委反映加强党外干部的培养选拔工作，强调、促使各级各部门注意选拔党外干部担任各级政府和部门的领导职务。经过调研分析，推荐出一批优秀党外后备干部队伍，并选送其中4名党外干部到内地培训学习。

【扶贫攻坚】 1999年，德宏州委统战部抽派1名科级干部参加盈江支那乡村建工作，继续驻扎在石分村扶贫点开展扶贫工作。年内投入扶贫资金4万元扩大甘蔗种植和新修村社、蔗区公路5公里；筹资2万元解决粮种、化肥问题；帮助乡政府落实了建盖办公楼经费20万元。此外，本部干部职工捐款1000余元，对特困户和军烈属进行春节慰问。

（《统战》撰稿　尚腊边）

政　法　委

【排查化解矛盾纠纷】 1999年2月初，德宏州政法委在春节前共排查出有可能引发群体性纠纷、闹事上访等治安热点问题96件，其中属山林土地纠纷58件，农场、企业职工工资待遇等问题19件，排查出有可能影响稳定的重点人员和治安危险分子198人。对排出的问题，州委、州政府、州政法委领导亲自带队到问题较多的陇川、梁河、盈江等县市现场办公，及时解决问题；对尚未能够及时解决的问题，做了大量的疏导缓解工作；对各类重点人员进行深入细致的逐人分析，制定布控措施。做到责任落实到单位到个人。将矛盾和纠纷化解在基层，解决在萌芽状态。

【召开政法工作会】 1999年3月10日至11日，德宏州政法工作会议在芒市召开。州党政军领导、各县市委、政府分管政法工作的领导，州县（市）政法各部门、武警支队、边防检查站、工作站的负责人共80多人参加会议。会议的主要议程是：一、传达全国、全省政法工作会议精神；二、听取各县市和州直政法各部门的工作情况汇报；三、麻端书记作98年度全州政法工作总结报告，并对99年的政法工作作总体部署。会上州委书记王南昆作了重要讲话。

【省政法委书记秦光荣视察德宏】 1999年5月29日至30日，云南省委常委、省政法委书记秦光荣一行9人到德宏州视察。秦光荣等先后到潞西、瑞丽，看望了武警官兵和政法部门。秦光荣对德宏政法部门为维护全州稳定和世博会德宏分会场的安全保卫工作所取得的成绩给予高度评价，并对今后工作做了重要指示。

【“世博会”保卫工作会和工作检查】 1999年6月9日，世博会德宏分会场安全保卫工作会议在芒市召开。州委付书记、政法委书记作了《总结经验，以励再战，继续做好世博会安全保卫工作》的讲话。会议主要内容是：认真贯彻落实省委领导的重要指示，总结前段的安全保卫工作，研究部署下一段的工作任务。“世博会安保”领导小组成员，州五套班子领导、各县市分管政法工作的领导、政法委专职副书记、州直政法各部门的领导，畹町、瑞丽边防检查站、工作站的领导，新闻记者共计80多人参加会议。

新年伊始，德宏州政法委员会就发出《关于切实做好维护社会政治稳定，确保’99世博安全的通知》；4月16日州政法委组织召开了“全州世博保卫工作会”，对全州的世博会保卫工作及早部署，提前准备；在世博会开幕前，以麻端书记为组长，杨焰平副州长、王红钧副书记为副组长分三个小组对各县市进行了实战前的监督检查”。6月中旬，麻端书记又率政法各部门的领导到各县市，检查督促各项安全保卫工作措施的落实。由于领导重视，责任落实，德宏实现了省州提出的“确保安全、万无一失、不出大事、少出或不出小事”的要求，圆满完成了世博会前期基础、临战、实战三个阶段期间的各项保卫工作任务。

【政法“五长”现场办公】 1999年6月17日至23日，州委副书记、政法委书记麻端率州政法委及州公、检、法、司、安五长先后到瑞丽、陇川、盈江、梁河、潞西巡视、检查、现场办公。主要做了三方面的工作：一是检查上半年全州政法工作情况，进一步落实世博会安全保卫工作措施；二是检查总结全州社会治安综合治理工作情况，督促各县（市）做好“创安”的评选上报工作；三是对各地提出的一些疑难案件或问题实行现场办公，进行分析研究，拍板定案或作出明确答复。

【综治表彰暨“创安”命名大会】 1999年12月21日至22日，德宏州社会治安综合治理奖惩兑现表彰暨“州级安全文明单位”命名大会在芒市召开，州党、政、军领导、各县市党委政府分管领导，各乡镇、农场、开发区的领导、州直各综治成员单位的领导代表及大会特邀代表、新闻记者共200余人参加会议。会议表彰了荣获州级社会治安综合治理的2个优秀县（市）和3个良好县（市），11个优秀单位和19个良好单位，并兑现了奖金。有10个单位作了大会交流发言。同时，州委、州政府还命名了36个州级安全文明单位（村寨、校园、小区）。会上，州委、州政府与二市三县党委、政府领导及36个州直综治成员单位又签订了2000年度社会治安综合治理领导责任书。

【坚决纠正超期羁押】 1999年，德宏州政法委在接到中央有关通知后，认真及时按“通知”要求，加强协调工作力度，对全州各地超期羁押案件进行清理，实行专项治理，并将此项工作抓出成效。全州共纠正超期羁押案件336件584人。

【坚持“严打”促进稳定】 1999年，德宏州政法委狠抓“打击盗抢机动车辆犯罪战役”、“严打涉枪涉爆犯罪”、“追逃”等专项斗争的统一行动，有效打击各种刑事犯罪。全年全州破获各种刑事案件999起，其中重大案件637起，比上年升21%。通过破案，抓获犯罪嫌疑人1421人，摧毁“盗、抢、杀、诈”等各种犯罪团伙130个631人，抓获逃犯44名。一批危害大、影响坏的重特大案件，挂牌督办案件相继被成功侦破。决定起诉665件1029人；审判机关依法审理一审刑事案747件1225人，其中已发生法律效力672件1040人。全年召开大规模公捕公判大会4场（次），其中执行死刑犯114名。

【禁　毒】 1999年，德宏州政法委认真组织开展了禁毒专项斗争，全州共查破毒品案件623件；抓获贩毒嫌疑人866名；缴获海洛因1045.1193千克；鸦片81.6815千克；“冰”毒115.0903千克，比上年增74倍。其中：查获海洛因千克以上大案33起；万克以上10起。检察机关全年批捕毒品案件307件508人，审查决定起诉286件471人；人民法院共审理毒品案件371件670人，其中被判处死刑103人，死缓85人，无期71人，有期徒刑279人。同时，德宏州全面加强戒吸工作，年内共强制戒断和劳动教养收戒10936人次。年末，全州吸毒人员比上年减1070人，降8.7%；全年未发生私种罂粟案件。此外，还下功夫不断推动境外罂粟替代种植工作。陇川、盈江、潞西等已多次与境外会谈，提出改植计划，积极帮助解决改植困难，提供必要的经济和技术支持。全州认真开展遏制零星贩毒活动，全年查获零星贩毒案件278起，抓获毒贩332人，摧毁地下烟馆3个，吸毒窝点15个。

【全面推进“创安”工作】 1999年，德宏州全面开展了“创建安全文明单位（村寨、小区）的活动”。全州已创建安全文明村寨（小区、单位、学校）2096个，其中新创建1822个，占应创建总数的81.2%；被评为乡镇级“安全文明”先进单位的1533个；县（市）级先进单位210个；地（州）级先进单位36个。10月，在各县市考评验收的基础上，州委组织全州“创安”工作考评验收领导小组，对全州“创安”工作进行全面考评、检查、验收，促进了全州“创安”工作。此举在全省地州（市）级综治创安工作当中，尚属首家。

【争创“人民满意政法干警活动”】

根据中央和省政法委的部署，1999年德宏州政法认真组织全州政法系统开展“争创人民满意政法干警（单位）”的活动。年内开展了便民、利民活动，坚决纠正执法不公、执法不严的情况，使“争创”工作收到较好的效果。主要做了以下五方面的工作：一、全州各级政法机关结合自身实际，认真组织干警开展学习教育活动。二、采取五条整改措施，共纠正超期羁押案件16件，查出违法监外执行案件21件；开展了执法大检查，纠正超期羁押犯罪嫌疑人195人，超期办案33件46人。三、对重点案件挂牌督办。年内督办重点案件15件，已结办10件，其余1件正在查证。四、查处政法干警违法违纪案件16起17人，已分别作了处理。五、结合“争创”进一步建立和完善内部管理和外部监督制约机制，认真开展落实各项“便民服务”措施的活动，认真推行警务公开、检务公开、审判公开等制度，在办证、查验、控告申诉、管理、局（院、检察）长接待日等各方面广泛开展便民、利民活动，将执法活动置于人民群众的监督之下。

【依法处理法轮功组织】 1999年，德宏州政法委针对法轮功等邪教组织在州内的活动情况，首先下发了《关于切实防止法轮功练习者大规模聚集，进一步维护我州社会稳定的通知》。之后，政法各机关采取果断措施，妥善及时地处理了德宏的法轮功问题。年内共搜集上报

"法轮功"邪教组织的情报、信息60余条，缴获并销毁法轮功书籍1351本，VCD光盘65盘，录音带676盒，录相带110盘，李洪志画相15幅及其它资料1399份。

【法制教育】 1999年，德宏州普法工作主要抓了以下几个方面：一是抓普法对象的教育工作。全州共有普法对象80、59万人，参加学习73.35万人，参学率达91%。二是举办各种法律培训班（会）。全年全州培训骨干73期3962人；成立了普法讲师团组，共有19789人参加；编演法制文艺节目44个，开展法律知识竞赛33次，放映录相、电影440场次。三是各级人大加大监督与督促力度。年内共视察普法工作40次，审议普法工作16次。四是州委普法领导小组对基层的普法工作，依法治理情况进行了抽查、检查和指导。五是截至12月底，全州两市三县均已开通"148"法律服务专线，热情为群众提供无偿有效地法律服务，收到较好的社会效果。

（《政法委》撰稿 任劲良）

政 策 研 究

【完成农村集体土地承包合同续签工作领导小组办公室工作】 1999年3月，德宏州委、州政府成立了德宏州农村集体土地承包合同续签工作领导小组，并在州委农村工作部设立办公室，对全州农村集体土地承包合同续签换证工作进行具体的组织、协调、指导、督促和检查。州委政策研究室、农村工作部副主任林念兰兼任办公室主任，政研室、农工部的全体干部积极主动地承担了办公室的日常具体工作。经过9个月的努力，此项工作至年底结束。经州"续签办"组织考核验收，全州五县（市）均属优秀，出色地完成了土地承包合同续签的各项工作任务。全州16.52万户农户全部领取了由州政府统一印制，各县（市）政府颁发的《农村集体土地承包经营权证》和《农村集体土地承包合同书》。

【调查研究】 1999年3月，德宏州委、州政府决定召开全州农业、农村工作会议。州委政策研究室积极参与会前调研工作，并主动参与决策，代州委起草德发（1999）2号文件，代州政府起草德政发（1999）39号文件。

6月，围绕州委、州政府作出的把旅游业培植成支柱产业、作为新的经济增长点大力扶持发展的决策，参与了全州旅游产业建设问题调研，撰写了《关于我州旅游产业发展问题的调研》。

7月，根据州委组织召开的龙江河谷开发区社会治安综合治理研讨会精神，参与调研组多次深入河谷地区调研，形成了《关于龙江河谷实施异地扶贫开发情况的调研报告》。

10月，参加了龙江河谷开发区东川、巧家移民安置的工作，重点承担对移民落实土地承包30年的工作。

年内，协同中央政策研究室对三台山等民族乡实施科技扶贫情况进行了调研。牵头组织对全州乡镇和农村民主政治建设的情况进行调研，撰写了《德宏州加强乡镇和农村民主政治建设的情况报告》，经州委常委审阅后，上报省委农村工作部。

对全州农业产业化现状进行调研，撰写了《德宏州农业产业化经营情况调查》，上报省委政策研究室。

根据国家民委、省民委的要求，同州民宗局对德宏边贸情况进行调研，撰写了《坚持改革开放，促进德宏对缅贸易持续发展》，上报国家民委和省民委。

对全州农村形势进行调查，形成《关于德宏农村形势分析的调查报告》，上报省委农村工作部。

参加州民宗局组织的德宏少数民族经济社会发展情况调研，撰写了《德宏州阿昌族社会经济发展情况报告》，上报国家民委、省民委。

全年共印发《德宏调研》七期，交流了部门的部分调研成果。

根据州委办公室的安排，形成了《中共德宏州委政策研究室、农村工作部五年工作总结》。

【全州农村集体土地承包合同续签工作总结表彰会】 1999年12月27日至28日，在芒市召开了全州农村集体土地承包合同续签工作总结表彰暨全州党委政策研究室、农村工作部工作会议。参加会议的有德宏州委常委、州委组织部部长龚敬政，州人民政府副州长赵家培，州委秘书长李有升，州合同续签领导小组成员，各县（市）分管领导，县（市）政研室、农工部的正副主任及州委政研室、农工部的全体干部，共50余人。会上龚敬政部长和赵家培副州长作了讲话，充分肯定了全州农村集体土地承包合同续签换证工作所取得的成绩，并代表州委、州人民政府对合同续签工作中涌现的10个先进集体和37名先进个人进行表彰奖励。会议还讨论了2000年的部门工作计划，并对下一步如何做好工作提出了意见和建议。

（《政策研究》撰稿 陈黎丽）

保 密 工 作

△【计算机上网信息保密检查】 1999年1月，德宏州国家保密局联合公安部门对全州计算机国际联网、国内公众网上网信息进行保密检查。此次检查共涉及德宏境内申请入网用户145户，其中国际联网91户，国内公众网54户；个人上网97户，机关、企事业单位上网48户。检查结果未发现涉密信息上网及泄密情况，但普遍存在一些不安全隐患和泄密漏洞。为此，州保密局对有关人员进行了计算机网络安全保密知识宣传教育。此次上网信息保密检查在德宏州尚属首次。

【查缴非法泄密出版刊物】 1999年7月5日至12日，德宏州各级保密部门根据上级"关于查缴非法泄密出版刊物的紧急通知"精神，在有关部门的配合下，对州内书刊销售门市、摊点进行突击检查，共查获泄密书刊49份，收缴31份，并集中进行销毁。

【开展人事系统保密检查】 1999年，德宏州国家保密局对全州人事系统的保密工作进行检查。5月下发检查"通知"，针对人事工作的业务特点及涉密事项，规定了9个方面的检查内容。8月3日至11日，由州保密局和州人事局有关领导及工作人员组成4人检查组，对州县市人事局机关保密工作情况进行检查，共查看重点涉密部位36个。检查结果，各级人事机关保密工作得到明显加强。

【涉密人员岗位培训】 1999年，德宏州各级保密部门根据省保密委、省委组织部、省人事厅联发的《关于全省保密干部及经管国家秘密人员业务培训计划的通知》部署，共举办涉密人员培训班6期，培训人员696人。此次培训严格按规定的培训内容及课时要求进行，参训人员经考试合格，全部领取了省颁发的"干部岗位培训合格证书"。至此，全州除梁河县外，已基本完成省布置的培训任务，多数单位的经管国家秘密人员达到了"持培训合格证上岗"的要求。

【"三五"保密普法检查验收】 1999年底，德宏州各级保密部门认真做好保密普法验收准备工作。全年全州共订购保密普法教材16894份，领导发表电视讲话14次，召开专题座谈会109次，广播宣传146小时，播放保密教育录像片68部，办专栏墙报288期，挂横幅标语104条，干部职工受教育面达92%，普通群众和学生受教育面75%。12月，省检查组到德宏检查验收，通过听取全州普法情况汇报和对部分单位、县市抽查，检查组对德宏的"三五"保密普法工作给予了充分肯定，验收合格。

（《保密》撰稿 李映曦）

老干部工作

【老干部工作情况】 1999年，德宏州共有离休干部416人，其中抗日战争时期参加革命工作的57人，解放战争时期参加革命工作的359人；担任过正厅级职务的2人，享受副厅级待遇的有21人，享受正县处级待遇的42人，享受副县处级待遇的有162人，享受科级待遇的有189人。专职老干部工作人员有34人，其中正县处级1人，副县处级1人，科局级10人，一般干部15人，工人7人。

根据全国、全省老干部局长会议精神和云南省老干部工作目标管理责任制的量化考核工作任务要求，中共德宏州委下发了《德宏州老干部工作目标管理责任制（试行）》，并于5月21日至22日召开了全州老干部工作会。会上，州委与各县市和州直23个单位签订了《德宏州老干部工作目标管理责任书》。州委组织部、州委老干部局于12月12日至25日对签订"责任书"的单位进行检查和量化考核。其结果是：13个单位优秀，12个单位良好，3个单位合格。通过对"责任书"的贯彻实施，使全州老干部工作得到加强，老干部的阅文、学习、组织生活、参加重要会议、参观考察工农业生产、工作情况通报等制度得到建立健全，使老干部的政治生活待遇得到进一步落实。年内，州委出台了《关于调整州委老干部工作领导小组的通知》和《关于建立州级领导干部联系同级老干部制度的通知》。这两个"通知"下发后，各县市和州直23个单位也陆续调整充实了老干部工作领导小组，建立了领导干部联系同级离退休干部的制度；为解决老干部的特殊困难，州财政拨出5万元专款，建立了德宏州老干部特困资金，解决了长期拖欠老干部的医药费问题。为保障老年人的合法权益，弘扬中华民族敬老、养老的传统美德，州委、州人民政府下发了《关于对离休干部和70周岁以上退休干部实行社会优待的通知》，从而结束了德宏老干部在州内得不到社会优待服务的历史。

"法轮功"事件发生后，德宏州广大老干部以高度的政治责任感和政治敏锐性，坚决与江泽民同志为核心的党中央保持一致，毫不动摇地坚决贯彻执行中央的重大战略决策。在中央作出取缔"法轮功"的决定公布后，参与练"法轮功"的老同志都主动停止练功，纷纷脱离"法轮功"组织。

（《老干部工作》撰稿 吴陈刚）

州直机关工委

【基层党组织建设】 1999年，德宏州直属机关党组织在认真组织学习贯彻《中国共产党党和国家机关基层组织工作条例》的前提下，重点抓了三项工作：一、加强支部工作。全年共有4个总支、32个支部按规定进行了换届，并充实调整兼职党务干部127人。二、加强了对党务干部的培训。全年培训党务干部3期149人，使基层党组织的班子建设得到了加强。三、进一步做好党员发展工作。年内举办入党积极分子培训班2期，参训人员243人，领取《入党积极分子培养考察登记表》48份，发展新党员39人，办理预备党员转正64人。"七．一"期间，州直工委组织了120名新党员进行了入党宣誓活动。

（《州直机关工委》撰稿 杨 芳）

党 校

【中共党校函授学院检查组到德宏检查函授教育工作】 1999年11月26日至28日，中共中央党校函授学院副院长欧亚平率检查组一行3人，在中共云南省委党校函授学院常务副院长杨加柱等陪同下，到德宏州委党校检查党校函授教育工作。

欧亚平副院长到德宏后，首先走访了部分党校学员，随后听取了德宏州委党校关于党校函授教育工作情况汇报。

欧亚平副院长对德宏州委党校的函授教育工作给予充分肯定，在听取汇报后说："德宏党校函授教育坚持正确的办学方向，坚持'社会效益第一、教学质量第二'的办学宗旨，很有特色，为边疆地区培养出一大批乡土型高素质的民族干部，适应了边疆民族地区经济社会发展的需要。

【学员宿舍楼竣工】 中共德宏州委党校学员宿舍楼于1998年6月破土动工，1999年12月竣工。新建的学员宿舍楼总面积300平方米，共4层，有214个床位。总投资310万元。资金来源：在州地方财政无力安排预算立项解决的情况下，学校采取向社会引资、教职工集资、银行贷款等形式筹集。学员宿舍楼的建成既改善了学员住宿条件，也缓解了目前学员宿舍紧缺，学员无法住校学习的矛盾。

【学历教育】 1999年，中共德宏州委党校在校学员3264人，其中中共中央党校函授本科学员289人；中共云南省委党校函授大专班学员1809人；在校脱产民族干部大专班学员46人；中共德宏州委党校函授中专班学员1120人。年内毕业学员750人，其中本科班毕业131人；大专班毕业331人；中专班毕业288。

【党校情况】 1999年，中共德宏州委党校、德宏州行政学校内设8个科室，有在编教职工77人，其中副高职称6人，中级职称29人。年内，该校坚持以邓小平理论为指导，认真贯彻执行党的路线、方针、政策，按照《中国共产党党校工作暂行条例》要求，坚持党校教育方针，以教学为中心，深化教学、科研和后勤改革，推动了学校发展。

【举办国家公务员初任培训班】 1999年，根据云南省人事厅《关于各级行政机关新录用为国家公务员初任培训的通知》及德宏州人事局关于国家公务员培训安排，德宏州行政学校分别于2月、11月继续举办国家公务员初任培训。年内共培训3期5个班，来自全州各县（市）的317名新录用的国家公务员参加了培训。培训班教材统一使用《国家公务员初任培训教程》。通过培训，全面提高了公务员的综合素质。

（丁如松）

德宏傣族景颇族自治州人民代表大会常务委员会

【州十一届人大常委会第六次会议】

（1999年2月25日至26日）

一、决定州十一届人大二次会议召开的具体时间。

二、审议通过州十一届人大二次会议有关事项。

三、审议通过州人大常委会工作报告。

四、讨论通过德宏州人大常委会会议守则。

五、听取全国、省、州三级人大代表视察组“关于视察德宏州林业工作和18生物工程实施情况”的报告，通过了《关于贯彻森林法、野生动物保护法及18生物工程实施情况的决议》。

六、通过人事任免决定。免去王绍君德宏州中级人民法院审判员职务；免去高波德宏州中级人民法院审判员职务。

【州十一届人大二次会议】

（1999年3月21日至27日）

一、听取和审查德宏州州长管国忠代表州人民政府作的“政府工作报告”，并通过该项报告的决议。

二、听取和审查德宏州副州长杨焰平受州人民政府委托作的《关于德宏州“九五”国民经济和社会发展计划部分指标调整情况的报告》，批准了该项报告中提出的调整指标，并通过决议。

三、听取和审查德宏州计划委员会主任寸时亮受州政府委托作的《关于德宏州1998年国民经济和社会发展计划执行情况与1999年计划草案的报告》，经审查和批准，通过了该项报告的决议。

四、听取和审查德宏州财政局局长沙为平受州政府委托作的《关于德宏州1998年地方财政预算执行情况和1999年地方财政预算草案的报告》，经审查和批准，通过了该项报告的决议。

五、听取和审查德宏州人大常委会副主任张本道代表州人大常委会作的《关于德宏州人民代表大会常务委员会工作报告》，并通过该项报告的决议。

六、听取和审查德宏州中级人民法院院长线东明代表州中级人民法院作的《关于德宏州中级人民法院工作报告》，并通过该项报告的决议。

【州十一届人大常委会第七次会议】

（1999年4月27日至28日）

一、听取和审议德宏州人民政府关于贯彻实施残疾人保障法情况报告及州人大常委会调查组的调查报告，通过了“关于加强残疾人工作的决议”。

二、听取德宏州人大常委会选联工委关于全州乡镇人大换届选举情况的报告。

【瑞丽市第十三届人民代表大会第二次会议】 1999年5月4日至7日，瑞丽市第十三届人民代表大会第二次会议在市委礼堂隆重召开。164名人大代表和227名列席代表出席会议。代表们认真审议和批准了市长思利章作的政府工作报告，计委主任郭明晓作的计划执行情况报告，财政局长储国富作的财政预算情况报告，人大主任夺石当作的人大常委工作报告，法院院长刘森作的法院工作报告，检察长丁原东作的检察院工作报告。

（陈　江）

【州十一届人大常委会第八次会议】

（1999年6月29日至30日）

一、听取和审议州人民政府去冬今春水利建设情况的报告及州人大常委会调查组的调查报告，通过了“关于去冬今春农田水利基本建设情况的审议意见”。

二、听取的审议州人民政府关于建设高稳产农田的报告。

三、审查和批准州人民政府关于州本级财政决算的报告。

四、听取和审议州审计局审计1998年州本级财政预算执行情况的报告，通过了“关于1998年州本级地方财政决算的决议”。

五、通过人事任免决定。任命田树明为德宏州人大常委会教科文卫工作委员会主任；任命李友为德宏州人民检察院副检察长；任命王奇为德宏州民政局局长，免去其德宏州统计局局长职务；任命饶维磐为德宏州农业局局长；任命贺连美为德宏州环保局局长；免去刀红文德宏州民政局局长职务；任命杨丽娟、李影、王昌省、夏少华、陈丽、刀继纲、田振宇为德宏州中级人民法院审判员。

【州十一届人大常委会第九次会议】

（1999年8月24日至25日）

一、听取和审议州人民政府关于国有企业改革、脱困和国有企业下岗职工基本生活保障与再就业工作情况的报告以及州人大常委会调查组的调查报告，通过了“关于国有企业改革与脱困工作情况的审议意见”。

二、听取和审议州人民政府、州中级人民法院、州人民检察院关于依法治州规划实施情况的报告以及州人大常委会调查组的调查报告，通过了“关于依法治州情况的审议意见”。

三、听取州人大选联工委关于乡镇主席团履行职责及组织代表活动情况的调查报告。

【州十一届人大常委会第十次会议】

（1999年10月28日至29日）

一、听取州国税局、州地税局关于1999年1至9月税收完成情况的报告。

二、听取和审议州人民政府关于1999年地方财政预算执行情况和州本级财政调整情况的报告，通过了《关于德宏州1999年1至9月财政预算执行情况和州本级年度预算调整的决议》。

三、听取和审议州人民政府贯彻落实州十届人大常委会第四次会议“关于进一步搞好我州边境经济合作区和经济开发区建设的6条意见”的情况报告。

四、听取全国、省、州三级人大代表视察全州边境经济合作区和经济开发区的情况报告。

五、通过人事任免决定。任命杨云梁为德宏州中级人民法院审判员，免去蒲有才德宏州中级人民法院审判委员会委员、审判员和民事审判庭庭长职务。

【州十一届人大常委会第十一次会议】

（1999年12月22日至24日）

一、听取和审议州人民政府“关于实施‘九五’扶贫攻坚计划”的情况报告，通过了“关于全州‘九五’扶贫攻坚工作情况的审议意见”。

二、听取和审议州人民政府“关于加强科技队伍建设”的情况报告。

三、听取和审议州人民政府“关于州十一届人大二次会议代表建议、批评和意见办理情况”的报告。

四、听取州人大常委会执法检查组“关于州县市政府在侨资企业贯彻有关法律法规情况”的报告。

五、讨论通过《德宏州人大常委会2000年工作安排意见》。

六、审议通过《德宏州人大常委会主任会议关于提请终止执行〈德宏傣族景颇族自治州乡镇人民代表大会主席团工作规则（试行）〉的议案》，作出终止执行决定。

七、补选王永银为云南省九届人民代表大会代表。

八、通过人事任免决定。免去沙卫平德宏州财政局局长职务。

【监督工作】 1999年德宏州人大常委会不断健全监督机制，始终把行使人大的监督职权放在整个工作的首位，注重提高监督实效。年内在以“一府两院”为重点的依法行政和严格执法的监督中，开展了以下几方面的工作。

一、严格坚持“三会制度”，努力提高审议质量。全年共召开常委会6次，完成议程36项；召开主任会15次，作出决定、决议及审议意见16项；决定和批准任免国家机关工作人员19人；补选省人大代表1人；先后听取和审议专题报告21项。常委会还授权主任会议听取了州政府专题工作汇报11项。常委会在充分肯定”一府两院”所取得成绩的前提下，加紧督促州政府采取有效措施，尽快解决财政收支平衡、国企改制解困、农民增产增收、边贸旅游发展、城镇住房制度改革、民族专项资金管理使用、山区教师和科技队伍建设等方面存在的诸多问题。

二、认真开展执法检查，坚决维护司法公正。为促进行政执法机关依法行政，州人大常委会先后组织执法检查组，对州县市政府贯彻执行国家制定的“环境保护法”、“产品质量法”、“森林法”、“水土保持法”、“防洪法”、“外贸企业法”的情况进行认真检查；组织专题调查组，对全州贯彻实施“残疾人权益保障法”和实施依法治州规划的情况进行专题调查；州人大常委会还积极配合全国人大华侨委员会执法检查组对德宏州贯彻“归侨侨眷权益保护法”及对侨资企业贯彻有关法律法规情况进行了检查，并对在侨资企业检查中反映出的一系列问题，提出了4条建设性的意见。年内州人大派人参加了对国税、地税、工商三个系统进行的行风调研和行风评议，提出了整改意见和建议23条。在开展司法监督方面，全年共听取有关部门和单位办理案件的情况汇报15件，报告案件的处理情况27件；从反馈的情况看，这些案件已基本妥善处理，有的在群众中反响较大。

三、重视办理代表议案和建议，认真受理群众来信来访。1999年州十一届人民代表大会二次会议期间代表提出的建议、批评和意见共56件，经过交办、督办，年内已全部办理完毕，并认真向代表作了答复。全年受理群众来信来访333件次，其中来信187件次（初信132件），来访145件次（初访77件），接待来访群众442人次；按照“分级负责，归口办理”的原则，转交有关部门办理143件次，并及时跟踪督办，为维护社会稳定起到了积极的作用。

四、加强对经济工作的监督。州人大常委会先后组织全州的全国、省和州三级人大代表对全州边境经济合作区和经济开发区（以下简称“两区”）以及农村经济工作进行了视察。代表们提出了五条建议：一是要进一步加强对“两区”开发建设的领导；二是要进一步落实国家和省赋予的管理审批权限和优惠政策；三是“两区”管委会要重视现行政策和项目开发的研究；四是“两区”的基础设施建设既要创造加快建设步伐的条件，又要注意量力而行；五是“两区”要进一步解放思想，更新观念，推进改革，把开发和建设搞得更好。在对农村经济工作的视察中，分析了制约农村经济发展和农民增收的五大因素，并提出了五条建议：一是要牢固树立教育为本的思想，加大科技兴州、科技兴农的工作力度；二是要以市场为导向，加快农村产业结构调整；三是要坚持可持续发展战略，制定中长期发展计划；四是要加强山区和边远地区的农业基础设施及交通建设；五是要加强市场经济知识的宣传教育，提高农民的商品意识。8月，州人大常委会组织了国有企业改革与脱困调查组，针对国有企业改革和发展中面临的诸多问题进行调查，提出了4条建议：一是要按照党的十五大和十五届一中全会的精神，围绕调整所有制结构这个核心问题，对全州国有中小型企业，继续采取改组、联合、兼并、租赁、承包经营、股份合作、集资等多种形式，加快改革步伐，尽快搞活一批国有中小企业。二是要抓好资产重组，在增量不足的情况下，加大存量调整，盘活资产；建立中小企业发展基金，培育劳动力市场，允许科技人才有序流动，依靠科技促进企业产品的开发和升级换代；积极引导中小企业从生产经营转向资本运营，促进企业的资本优化。三是要发扬工人阶级主人翁精神，发挥职代会、工会组织的作用。四是政府各职能部门要切实转变职能，增强为企业的服务意识，积极为企业排忧解难，特别要认真解决电价过高、收费过多的突出问题，努力降低企业的生产成本，使企业增强活力。

【民主法制建设】 1999年，德宏州人大常委会针对市场经济体制的要求，始终把民主法制建设和实施依法治州方略作为人大工作的根本目标，常抓不懈，逐步推进。年内开展的主要工作有：

一、努力抓好民族立法工作。州人大常委会依据《德宏州“九五”期间依法治州规划》和本届常委会第二次会议审议通过的《德宏州五年立法规划》，分步实施全州的地方民族立法工作。立法规划中需制定的3件单行条例，即《德宏州边境管理条例（送审稿）》已经由州人民政府提请州人大常委会第30次主任会议讨论，并提出了修改意见；《德宏州旅游管理条例》已完成起草工作；需制定的有关实施办法和其它暂行办法及修改法规也正在按规划进行。与此同时，州人大常委会还按照上级人大常委会的要求，积极参与了“立法法”、“大气污染防治法（修订草案）”、“种子法”、和云南省“地热水资源管理条例”、“建筑工程质量管理条例”“农村土地承包条例”、“职业教育条例”、“防震减灾条例”、“出版管理条例”、“民族民间传统文化保护条例”、“劳动就业条例”、“基本农田保护条例”以及“云南省人民代表大会代表议案处理办法”等13个法律、法规草案的讨论和修改工作，提出和反馈了修改的意见和建议。此外，常委会还组织力量先后配合全国人大常委会外事委员会带领的陆地边境管理法立法调研组和省人大常委会组织的《云南省反窃电条例》立法调研组到德宏州开展的调研工作。二、举办法制讲座，提高人大干部的法律知识和执法水平。年内举办了两次法制讲座。上半年，邀请省人大法工委领导讲授依法治国方略，州人大机关全体人员和州人大常委会任命的国家行政机关、审判机关和检察机关的领导共80多人参加听讲；下半年由州人大法工委负责人讲授人大及其常委会如何正确行使行政监督权的问题。两次讲座都取得了一定的效果，增强了推进民主法制建设和实施依法治州的责任感。

【代表联系工作】 1999年，德宏州人大常委会在认真指导下级人大工作，充分发挥基层人大的作用上，主要抓了以下工作：

一、针对乡镇人大班子换届后业务生疏的实际，开展业务培训。6月，州人大常委会举办了有138人参加的全州乡镇人大主席及秘书业务培训班；在经费十分紧张的情况下，州人大常委会挤出资金为各级代表小组订购了《云南人大》杂志，购买了“人大代表履职手册”，做到各级人大代表人手1册，使各级人大代表活动有组织，学习有材料，履职有制度，保证了代表作用的有效发挥。州、县市人大及其常委会、乡镇人大及其主席团的工作得到了进一步加强和完善。

二、召开乡镇换届选举工作总结会和代表工作座谈会。5月，在中共德宏州委的主持下，州人大常委会参与召开了全州乡镇换届选举工作总结会议，总结交流了经验；8月，州人大常委会主持召开了人民代表工作座谈会，重点讨论和研究了代表工作的重要性、紧迫性，提出要花大力气抓好代表工作，健全代表组织和活动制度，开展创建先进代表小组和争当优秀人民代表的创先争优活动，更好地发挥各级代表依法履职。

【宣传工作】 1999年，德宏州人大常委会宣传工作主要抓了健全宣传工作制度和建立通讯员队伍两方面。5月，召开了一年一度的“宣传人民代表大会制度好新闻”评选活动，评出特等奖、一等奖各2篇，二等奖4篇，三等奖8篇，鼓励奖23篇；推荐上报省人大参评的两件作品分别荣获一等奖和鼓励奖，推荐了9名热心人大宣传工作的机关工作人员为《云南人大》通讯员，并建立了全州宣传工作通讯员队伍网络。

8月13日，德宏州人大常委会召开了由州委宣传部、州广播电视局、州级新闻单位、各县市人大常委会领导及办公室领导参加的人大宣传暨好新闻颁奖工用会议。通过会议，进一步提高了与会人员对人大制度宣传工作重要性的认识，完善了人大宣传工作和评选人民代表大会制度好新闻制度，制定出台了宣传人民代表大会制度及人大工作的奖励办法。

【学习与交流】 1999年，德宏州人大常委会共接待省内外人大系统考察团组38批214人次。4月26日，州人大常委会副主任杨岩保、常委会办公室主任傅宛平等3人，参加了在大理举办的全国30个少数民族自治州人大工作研讨会；7月10日，曹大忠、沙洪亮等4人到红河参加六州十地法制工作研讨会。此外，年内州人大教科文卫工作委员会还组织了由州人大常委会副主任曹大忠为团长，教科文卫工委副主任田树明为副团长的全州人大系统教科文卫考察团；组织人员到滇西北三地州考察学习，加强了与兄弟州市和外省部分地区人大常委会的横向联系。

（《人大》撰稿除署名外，
均为张新跃　陈友莉）
（见《州情概览》25页）

德宏傣族景颇族自治州人民政府

【盈江县乡镇换届选举圆满结束】 盈江县18个乡镇的换届选举工作自1998年1月开始，至1999年1月28日全部结束。换届选举产生的新一届乡镇领导班子成员共168名，其中乡镇党委书记17名，副书记34名；纪委书记17名；乡镇长17名，副乡镇长61名；乡镇人大主席16名，副主席4名，兼职主席2名。新一届乡镇领导班子中，少数民族、妇女、科技人员、非党比例都趋于合理，文化层次明显提高。一批年轻干部充实到第一线，加快了干部年轻化的进程。

【中缅边境森林火灾】 1999年2月2日至3月26日，盈江县支那乡中缅边境连续发生3次森林火灾。2月2日晚，境外火2个主火头由缅方一侧，从北向南进入支那乡芦山村的大雪山垭口5、6号界桩处（东径98°1′18″，北纬25°18′26″）和大雪山山峰脚（东径98°0′34″，北纬25°18′16″）。2月7日下午，大火被扑灭。此次火灾过火面积94.5公顷，受害面积16.71公顷。3月3日下午，境外火3个主火头从西向东和东南方向进入支那乡支东村的尖坡山东北方（东径98°3′25″，北纬25°18′33″）、月亮石丫口（东径98°4′13″，北纬25°19′5″）、野牛坡（东径98°5′21″，北纬25°19′7″）、火草岭干（东径98°5′23″，北纬25°18′28″）。3月12日，火灾被扑灭。此次火灾过火面积597.26公顷，受害面积24.75公顷。同年3月18日，境外火2个主火头先后分别从北向西南和正南方向进入支那乡支东村的尖坡山正西方（东径98°2′28″，北纬25°18′18″）和芦山村的马鞍山（东径98°1′45″，北纬25°18′16″）。3月26日，火灾被灭。此次火灾过火面积36.49公顷，受害面积36.49公顷。3次火灾使盈江县林木蓄积量损失19169.6立方米，其中原木损失9584.8立方米，造成直接经济损失300多万元。这次火灾属盈江县解放以来一次最大的森林火灾。据不完全统计，在扑灭火灾过程中，投入干部职工、武警官兵、民兵群众2300多人次，出动大小车150多辆次，投入资金100多万元。

△**【畹町撤市并入瑞丽市】** 1999年2月8日，中共云南省委、省人民政府在州府芒市召开畹町市行政区划调整现场办公会，副省长李汉柏宣读了国务院关于畹町市行政区划调整的批复和省政府关于畹町市行政区划调整的通知。宣布正式撤销县级畹町市，将原畹町市所辖的城关镇、混板乡和芒棒乡划归瑞丽市管辖，其行政区域并入瑞丽市。同时成立副处级的瑞丽市畹町经济开发区。省委副书记、省纪委书记孙淦在会上作了题为《齐心协力，团结进取，促进德宏改革开放和经济建设的全面发展》的重要讲话，指出畹町行政区划的调整，是为适应社会主义市场经济体制，调整行政区划建制中不合理的地方而采取的一项重大的改革措施，它有利于充分发挥国家一级口岸的功能，有利于形成边贸的整体合力，有利于充分发挥区位优势和统一对外开放、统一管理的格局，有利于改变畹町经济结构单一、发展后劲不足的状况，有利于压缩机构、精简人员、减轻财政负担、加大经济投入。同时宣布了州委决定，从2月8日起，由孟必光出任瑞丽市委书记，原州委常委、瑞丽市委书记李增寿已经省委决定，调任德宏州委副书记。

（陈　江）

【昆明知青回梁“探亲”】 1999年2月20日，360多名曾在梁河插队落户的昆明知青，回到阔别已久的梁河县，圆了多年来一直想回第二故乡“探亲”的梦。当天上午，县五大机关领导、县直各单位干部职工和各民族文艺表演队在县城举行隆重的欢迎仪式，热烈欢迎亲人们的到来。中午，县委、县政府在县委小礼堂召开“知青返乡庆祝大会”。县委书记雷翁团在会上致欢迎辞，县长肖利生介绍了梁河县情及社会经济发展情况，知青代表发表了热情洋溢的讲话。晚上，在县电影院举行联欢晚会。在晚会上，知青自发捐资30254元及价值9000余元的文具，用于资助贫困山区的学生。22日上午，知青在县城主要街道种下象征梁河人民与昆明知青友谊长存的“连心树”。下午，县委、县政府举行对口座谈会，征询知青对发展梁河、振兴梁河的意见。23日，知青分头回到原插队的村社看望离别近30年的父老乡亲。

（罗致普）

△**【足球小将杨依伦赴巴西受训】** 1999年2月26日，德宏州傣族足球小将杨依伦离开昆明，前往巴西圣保罗足球俱乐部深造，这是红塔集团在重塑云南足球新形象计划中提出“培养足球本土力量”的重大举措。杨依伦1985年出生于瑞丽市银井寨一个普通傣族农民家庭；1995年到昆明学习；1996年进入昆明市足球管理中心少年足球班。杨依伦的巴西之行，使他成为中国第一位赴国外受训的傣族足球运动员。

△**【德宏景颇歌舞团挂牌成立】** 1999年2月27日，陇川县民族歌舞团正式升格为德宏景颇歌舞团。升格后工作地点、人员编制、行政隶属关系和工资待遇不变。

【省委常委黄维彬深入潞西基层调研】 1999年3月4日，省委常委、组织部长黄维彬在德宏州委书记王南昆及州长管国忠、组织部长龚敬政、潞西市委书记李春华、市长管国照等州市领导陪同下，深入芒市镇芒核办事处和芒市糖厂进行调研。

【程映萱副省长到德宏调研】 1999年3月4日至6日，云南省副省长程映萱一行4人在德宏州副州长方绍南等陪同下，对德宏州3县2市的财税、卫生、计划生育等方面的工作开展调研。

【召开全州农业和农村工作会议】 1999年3月8日至10日，德宏州召开全州农业和农村工作会议，传达贯彻中央、省农村工作会议精神，安排部署全年的农业农村工作。并对全年的农业农村工作提出十项要求：一、稳定发展粮食生产，加大产品结构调整力度，进一步提高粮食商品率。二、稳步发展蔗糖生产，努力实现“四三”工程目标。三、加快绿色产业建设步伐，培育经济支柱产业。四、积极发展畜牧水产业，培育新的支柱产业。五、切实保护森林资源，发展生态农业。六、加强以水利为重点的农业基础设施建设。七、大力发展乡镇企业，加快农村小城镇建设步伐。八、加大扶贫攻坚力度，打好今年扶贫攻坚战。九、稳定和落实好党在农村的基本政策。十、进一步加强农村民主法制建设和精神文明建设，维护农村社会稳定。

△**【全国政协主席李瑞环视察德宏】** 1999年3月23日至24日，全国政协主席李瑞环及夫人在云南省委书记、省政协主席令狐安和省长李嘉廷等的陪同下到德宏州视察。李瑞环主席等视察了瑞丽市畹町经济开发区和姐告经济开发区，接见了德宏州和瑞丽市五大机关的领导并与他们合影留念。

△**【李瑞环视察瑞丽】** 1999年3月23日下午，中共中央政治局常委，全国政协主席李瑞环乘专机从丽江飞抵州府芒市后，驱车前往瑞丽。5时抵达瑞丽市畹町经济开发区，视察中缅友谊桥。24日上午9时，李瑞环等来到户育乡尹山寨，到景颇族社员梅合当家走访。村中社员听到李瑞环来访的消息后，迅速聚集到梅合当家院场，跳起欢快的目瑙纵歌。李瑞环入乡随俗穿上了主人赠送的景颇民族服装，与山上的景颇族社员一起跳起景颇族民间舞。9点半，李瑞环在尹山村头种下了两株大榕树作为纪念。10点，李瑞环到一寨两国的姐相乡银井寨傣族社员喊约岩静家访问，查看了中缅两国71号界碑，两国共饮的水井，并与自发赶来的中缅边民跳起嘎央舞。11点，李瑞环视察了姐告边境贸易经济区，考察边贸货场、联检和中缅街，听取了情况汇报。下午3点，李瑞环来到芒林独树成林景区，考察询问了全国优秀旅游城市瑞丽旅游业的经营情况。

（陈　江）

△**【州政府制定“土地承包延期工作意见”】** 1999年4月，德宏州政府根据中央及省的有关文件精神，作出土地承包期再延30年的工作安排意见。其主要内容有：一、土地承包期确定延长到2030年；二、承包土地“大稳定、小调整”的前提是稳定；三、严格控制和管理“机动地”；四、不能随意提高土地承包费，变相加重农民负担；五、对存在纠纷的山林土地，在续签合同中必须按照行政隶属关系依法妥善处理；六、签订合同，颁发证书。

△**【推行减轻农民负担五项制度】** 1999年4月，德宏州政府决定在全州推行减轻农民负担的五项制度。其主要内容为：一、实行行政首长负责制，保持在本辖区内不出现提留统筹超过上年农民人均纯收入5%的行政村，不发生因农民负担引发的恶性案件和严重事件，不出台违反中央规定的增加农民负担的新收费项目。二、继续完善农民负担收费卡制度。三、实行农民负担审计制度。四、实行提留统筹预结算制度。五、实行农村集资审批制度。

△**【’99北京中华民族园泼水节庆典】** 1999年4月17日，德宏州人民政府与中华民族园共同举办“’99北京中华民族园泼水节庆典”，以此作为德宏傣寨、景颇寨在北京中华民族园的开寨仪式。全国人大常委会副委员长铁木儿·达瓦买提、全国人大民委主任王朝文、国家民委副主任陈虹、全国佛教协会副会长刀述仁、中国科协党组副书记徐善衍、北京市民委的领导同志以及泰国、缅甸、老挝、柬埔寨、斯里兰卡驻华大使馆官员、驻京各大新闻单位记者和首都群众近2000人参加泼水节庆典。州政府副州长方绍南致欢迎辞，中央民族歌舞团傣族青年歌唱家金晓凤演唱了《有一个美丽的地方》歌曲。

（方桃民）

△**【举行畹町经济开发区挂牌授印大会】** 1999年5月1日，德宏州委、州政府在瑞丽市畹町经济开发区举行挂牌授印大会。会议由州委常委、副州长杨焰平主持，州委秘书长李有升宣读了州委常委4月23日会议纪录，州委书记王南昆在会上指出：要通过行政区划调整，加强瑞丽和畹町两个国家级口岸统一对外开放和管理，加强边贸业整体合力和加快边贸区域优势的形成，以促进瑞丽地方经济的快速稳步发展。市委副书记李云保，市长思利章，市人大主任夺石当，分别宣读了市委、市政府、市人大常委会关于畹町经济开发区工委、管委下属各部委办局负责人任命通知，并颁发印章。州委书记王南昆，州长管国忠为畹町经济开发区工委、管委挂牌。州五大机关领导参加了挂牌仪式。

（陈　江）

△**【中国-欧盟水牛德宏项目区工作取得阶段性成果】** 中国-欧盟水牛发展项目自1997年7月在德宏州潞西、陇川、盈江3县市启动以来，至1999年5月已取得阶段性成果。其主要成果有：一、项目区已投资820.9万元，其中利用欧盟资金314.6万元，省配套资金331.5万元，州和县（市）也分别安排资金90万元和83万元。二、采购了一批设备，累计已进行人工授精配种894头，现已产下杂交水牛18头。三、盈江、陇川两县建设改良人工草场播种3200余亩。四、3县市项目区与养牛农户共签订贷款合同313份，发放信贷资金112.9万元，帮助农户购买基础母牛570头，修建牛舍1700余平方米。

△**【州委州政府就“旅客反映问题遭冷遇”发出通报】** 1999年5月，《光明日报》副总编辑齐志文和夫人在云南参加完世博会后，以私人和普通旅客的身份到德宏州旅游采访。在德宏期间，齐志文夫妇在旅游、住宿、购买机票时发现德宏州旅游接待服务方面存在着问题，即向州有关部门反映，却遭到工作人员的冷遇和污辱。这一事件已严重损害了德宏形象，造成不良影响。州委州政府就此事发出通报，责成有关部门立即就存在问题提出整顿措施，有关人员作出书面

检查，并要求全州各行各业，特别是窗口服务行业一定要以此为鉴，搞好行业自纠自查，积极整改，不断提高服务水平，加快全州旅游支柱产业的培育和开发。

△【瑞丽海关查获走私野生濒危动物大案】 1999年5月10日至7月中旬，瑞丽海关连续查获3起走私野生濒危动物大案，铲除了3个走私野生动物活体及制品的黑窝点。共查获活蛇470公斤、活山龟32只、虎皮11张、豹皮79张、苏门羚羊皮130张、水獭皮120张、小熊猫皮19张、蟒皮582张、熊皮1张、象牙11支、野牛角262只，以及象皮、鹿蹄、鹿角、豹骨和其他一批兽骨共383公斤。这些案件的查获在全国乃至世界引起较大震动。

【州长管国忠视察陇川新县城建设】 1999年5月下旬，中共中央候补委员、州长管国忠视察了陇川新县城建设情况。首先听取了县城搬迁指挥部领导关于新县城总体规划和中心片区详规情况的汇报，认真察看了详规模型，然后逐一视察了新县城重点建设工程的实施情况。在视察中，管州长对陇川重视城市规划给予赞扬，对新县城建设在短短一年中取得如此成绩给予肯定，并希望陇川人民继续努力，力争把新县城建设成为功能齐全，既有边疆民族特色，又有现代化气息的新兴城镇。

（尚秉有）

△【潞盈公路通过省交通厅验收】 1999年5月25日，德宏州腹心经济干线—潞盈公路改建工程通过省交通厅的验收，并以91.11分的优良成绩被评定为优良工程。全长142.96公里的潞盈路分两期施工：第一期工程于1996年10月28日破土动工，至1997年6月28日路基及路面底基层完工通车；第二期工程于1997年10月28日开工至1998年5月30日路基工程完工通车。总投资3.9亿多元。该工程的建设速度和工程质量都创造了全省经济干线公路建设的新纪录。

△【州工商行政管理体制移交省工商局垂直管理】 1999年5月25日，德宏州委、州政府和省工商局在芒市举行了德宏州工商行政管理体制改革交接签字仪式。至此，德宏州工商行政管理系统由德宏州地方政府正式移交省工商局垂直领导。

【“瑞八公路”和“八莫港”通过中缅双方审查验收】 1999年5月28日，中缅陆水联运通道“瑞八公路”、“八莫港”通过中缅双方联合审查验收。“瑞八路”、“八莫港”工程是中缅陆水联运通道建设的重要组成部分，中缅双方于1998年11月下旬组成100多人的联合勘测设计队，对“瑞八公路”、“八莫港”进行勘测，1999年2月上旬完成全部外业工作，5月下旬完成“瑞八公路”一阶段施工图设计和“八莫港”选址报告。

【省政府工作组到德宏州进行工作调研】 1999年5月31日，省政府派出工作组到德宏开展为期一个月的调研工作，其主要目的是：加强对德宏州经济工作的领导，检查督促德宏州经济建设发展的各项政策措施，尽快扭转经济形势严峻的局面。省政府调研工作组到达芒市当天，州政府副州长李志明、秘书长段晓光及州直有关单位的领导向省政府工作组汇报了全州经济运行情况、社会发展情况、“18”生物工程工作进展情况、全州当前经济工作存在的困难和问题以及解决的办法措施，并请工作组向省政府反映和帮助解决部分问题。

【潞西市驻昆办挂牌】 1999年6月6日，潞西市驻昆明办事处正式挂牌办公。

△【户闷村成为全州第一个傣族电话村】 截至1999年6月，潞西市遮放镇户闷办事处户闷村的168户傣族农民中，已有138户安装住宅电话，成为全州第一个傣族电话村。

【芒市步行街投入使用】 1999年6月17日，芒市树包塔步行街通过德宏州和潞西市政府的验收，并移交潞西市建设局管理。树包塔步行街位于芒市友谊路东段，全长506米，工程总投资2058万元，是芒市最有民族特色和时代气息的一条街道。

【盈江县取缔“法轮功”邪教组织】 1999年6月，盈江县委根据中央、省、州关于取缔“法轮功”组织的通知精神，及时制定方案，采取有力措施，并通过细致的思想教育工作，使处理“法轮功”问题取得阶段性成果。共取缔盈江县“法轮功”练功点一处，有22名练功者（其中党员10名，干部15名，职工7名）彻底同法轮功组织决裂；收缴与“法轮功”有关书籍59册，宣传资料129份，录相带4盒，录音带56盒，像片1张。

（陈春刚）

【瑞章二级公路改建工程施工图通过省验收】 1999年6月26日，瑞（丽）章（凤）二级公路改建工程施工图设计通过云南省交通厅验收。该路起于瑞丽过境线，止于陇川章凤拉影口岸，全长35.47公里，设计时速为每小时40公里，路基宽12米，路面宽9米。

△【德宏州SPH光缆系统前期架设工程完工】 1999年6月28日，贯穿德宏州5县市长达300多公里的长途光缆架设任务顺利完工，为下一步本地网SPH光缆系统的顺利开通创造了条件。SPH光缆系统工程是德宏州电信部门为改善全州窄频带传输而兴建的一项工程，该工程将引进日本最先进的长途传输线路，使过去的窄频带传输变为宽频带传输，对促进全州信息高速公路建设将起到积极作用。该工程计划投资1000多万元。

△【邵琪伟副省长到瑞丽调研】 1999年6月29日至30日，云南省副省长邵琪伟率团到瑞丽，就如何搞活边疆民族经济等问题进行深入调研。29日晚上，邵副省长主持召开会议，听取瑞丽市领导的汇报。市委书记孟必光、市长思利章、副书记李云保等领导和有关单位的负责人参加会议。副市长卜金富向邵副省长一行11人作专题汇报，并代表瑞丽市向省政府调研组提出搞活经济的几点建议和要求：一、把姐告建成一个政策灵活、环境宽松的特殊经济区域；二、建议

把姐告五大联检部门迁移到姐告大桥西岸；三、请求改变现在的边境管理办法；四、出口货物免领许可证，取销配额限制，实行以文代证的监管方法；五、规范口岸管理，促进对外经济贸易；六、将中缅友谊街纳入全省旅游开发的重点，把芒市机场开辟为国际港；七、请求上级有关部门加强与缅方联系，建立中缅双方司法互助协议、经济贸易协议和投资协议。同时还向调研组递交了关于设立云南姐告保税区的总体方案意见稿。

（陈　江）

【邵琪伟副省长到梁河糖厂进行工作调研】　1999年6月30日至7月1日，副省长邵琪伟到省政府重点联系脱困减亏对象——梁河糖厂进行工作调研，并对梁河糖厂今后的工作提出四点要求：一、强化市场意识，牢牢把握市场脉博，按市场和经济规律来组织企业生产、经营活动，把企业的生产、经营和发展放到国际国内大市场背景中去统筹考虑。二、制定和完善企业管理制度，向管理要效益。三、千方百计降低成本，节约各种费用。四、转变政府职能，为企业改革脱困搞好服务。

【毛泽东之女李讷考察德宏】　1999年7月2日，毛泽东之女李讷及丈夫王景清，在中央办公厅秘书局干部宋国范、省政府接待处干部王晓婷的陪同下，乘机抵达芒市对德宏进行考察。中共德宏州委书记王南昆，州委秘书长李有升，州政府秘书长段晓光，州政府副秘书长普金发到机场迎接。在德宏期间，李讷同志先后考察了畹町中缅大桥、畹町生态园、瑞丽芒令独树成林、瑞丽夜市，边贸街、中缅边境游、瑞丽民族风情园、中缅71号界桩、大等喊、喊散等。7月4日，李讷一行乘机返回昆明。

（李有升　方桃民）

△**【德宏作出“加快旅游业发展的决定”】**　1999年7月5日至6日，德宏州委、州政府在芒市召开全州旅游工作会，并提出努力把旅游业发展成为全州经济支柱产业之一的构想。8月，州委、州政府作出“关于加快发展旅游产业的决定”。其发展目标是：力争到2005年把德宏建成边境、民族风情、自然风光、历史文化融为一体的旅游大州。

【瑞丽江——大盈江国家级风景名胜区总体规划通过省级评审】　1999年7月8日，德宏州瑞丽江——大盈江国家级风景名胜区总体规划项目在昆明通过省级评审。

【瑞丽至弄岛一级公路合作建设协议】　1999年7月，瑞丽市交通局与云南楠碧矿冶公司签订了“关于投资瑞丽至弄岛一级公路建设合作协议书”。瑞丽至弄岛公路全长35公里，是瑞丽市重要的经济干线，也是全州开展边境旅游的特定通道。协议书规定该路总投资6亿元，由楠碧矿冶公司独资修建，合作期限为30年。

【九保发生“为捞井盖惨死3人事件”】　1999年7月11日，梁河县九保太平新村农民钱大俊（47岁）院内的吊井盖掉下井内，钱不听劝告就下井去捞。钱大俊的小儿子钱普（24岁）见父亲下井后久不上来，即脱衣下井救父，也一去不归。钱大俊的大儿媳赵国艳（27岁）得知公公、小叔下井后久无声息，也急忙下井救人，下去后还是一去不归。九保乡党委、政府、九保派出所和乡卫生院闻讯后，立即派人赶赴现场，采取各种措施打捞。由于时间过长，3人被打捞上来后都已死亡。据分析，其死因是连日阴雨绵绵和井太深（深9米）而造成严重缺氧窒息。事件发生后，县委、县政府及民政等部门派员对死者家属表示深切慰问，社会各界也踊跃捐款2.63万元，以帮助死者家属渡过难关。

（罗致普）

△**【德宏州移动电话号码升位成功】**　1999年7月21日23点10分，德宏州移动电话号码升位成功，号码由10位升至11位。

【德宏州委第三期农业综合开发通过省级验收】　1999年7月24日至8月4日，云南省滇西南农业开发检查验收组对德宏州第三期滇西南农业综合开发各区域及项目进行检查验收，并验收合格。

【梁河县召开揭批“法轮功”座谈会】　1999年8月11日，梁河县在县城召开揭批“法轮功”座谈会。参加会议的有县委和有关部门的23位领导及11名“法轮功”练习者。会议认真学习了《中共中央关于共产党员不准修练“法轮大法”的通知》及党和政府处理“法轮功”问题的决策等。11名“法轮功”练习者通过学习和听了大家的发言后，幡然醒悟，决心知错就改，同“法轮功”彻底决裂。会议还对下步工作提出四点要求：一、提高认识，加强领导，做好教育宣传工作；二、继续整顿文化市场，清收“法轮功”书籍及音像制品；三、各职能部门要齐心协力，做好工作，防止反弹；四、做好信息督查工作。

（罗致普）

△**【取缔“法轮功”组织】**　1999年8月16日，德宏州委、州政府在德宏人民广场召开芒市地区销毁“法轮功”类非法出版物大会，共销毁芒市地区缴获的“法轮功”类录相带80盒、VCD光碟32盒、录音带418盒、书籍794本、照片12张、图解5张、布标4幅、宣传资料200余份。据调查统计，在取缔“法轮功”组织的斗争中，德宏州共清查出11个练功点、347名“法轮功”练习者，共收缴“法轮功”类书籍1126本、录像带102盒、录音带618盒、VCD光碟53盘、徽章7枚、布标9幅、照片12张、图片图解23份，其它宣传资料1140份。

△**【中印缅孟地区经济合作考察团赴瑞】**　1999年8月17日，中印缅孟地区经济合作与发展国际研讨会在昆明落下帷幕后，由印度议会议员A·K·萨马、印度阿萨姆邦交通部长S·普罗迪普·哈扎里卡，缅甸联邦驻昆明总领事馆领事吴欧卡，中国驻缅甸大使馆研究室主任王宗颖、中国驻孟加拉国大使馆研究室主任王文天，中国社会科学院亚太研究所研究员博士生导师王宏伟，省政府外事办公室夏文义等20多人组成考察团，于19日至20日在德宏州副州长李志明，州外办

主任王焕炎陪同下，对瑞丽的交通和边贸进行考察。19日下午，考察团首先来到中印公路（即史迪威公路）缅甸过境线的终点畹町桥头，市委书记孟必光、市长思利章、畹町经济开发区管委主任杨兴丛分别向考察团成员介绍了史迪威公路的历史功绩、现状及今后的开发前景。晚上考察了兴市街边贸市场。20日，考察团赴姐告进一步考察史迪威公路和姐告边境贸易情况。考察团对瑞丽市区和姐告的快速发展给予高度评价，称赞瑞丽的确是一个美丽的地方。

【浑水沟泥石流治理工程通过省级验收】 1999年8月19日至20日，由中科院成都山地所设计，经云南省水利水电厅和省计划委员会批准立项的盈江县浑水沟泥石流治理“八五”续建工程顺利通过省级验收。盈江县浑水沟泥石流治理工作已历时30多年。“八五”浑水沟续建工程于1990年10月开始，至1996年4月全部竣工。经过1996年至1998年3个雨季洪水和泥石流的考验，从总体上看，整个续建工程完好率高，未发生移位、沉陷、破损等现象。

△**【章凤建成全州规模最大的农贸市场】** 1999年8月21日，陇川县城的章凤农贸市场工程竣工，并正式开业。市场占地面积9.1万平方米，其中设施建筑面积4.8万平方米，市场面积4.3万平方米。总投资1337万元，其中政府投资422万元，借款236万元，企事业投资209万元，个人投资470万元。农贸市场共设104排，1787个摊位，是德宏州规模最大新型农贸市场。年末已收取管理费28万元，全部用于归还借款。

（尚秉有）

【召开瑞章二级公路改建工程动员会】 1999年8月23日，德宏州政府召开瑞（丽）章（凤）二级公路改建工程动员会。瑞章公路全长41.56公里，改建设计工程造价2.5亿元，是全州继潞（西）盈（江）公路改建工程之后，“九五”公路建设计划的又一重点工程。该工程于10月8日动工。

△**【景颇歌舞饮誉京城】** 1999年9月10日至10月17日期间，德宏州展演团赴京参加国庆50周年献礼演出及短期文化交流。展演团以北京中华民族博物馆景颇村寨及目瑙纵歌场为舞台，举办了景颇族民俗风情、文化艺术展演，并隆重推出目瑙纵歌节。其间，展演团参加了中华民族博物馆景颇族目瑙纵歌节开幕式、第22届万国邮政联盟大会闭幕式、庆祝中华人民共和国成立50周年中华民族园“民族之光”主题游园等重大活动的演出，共演出113场次，有9万多人次的中外宾客到场游览观光，并给予高度评价，从而提高了德宏的知名度。

△**【李根源故居移交梁河县政府所有】** 1999年9月14日，李根源故居移交梁河县政府仪式在南甸宣抚司署举行。李根源是辛亥名将，是国内外较有影响的人物，于1879年出生于现九保阿昌族乡九保村。村内有他的故居两幢，一幢位于县城东偏北1.5公里处，保——瑞公路左侧，修建于民国元年（1912年），占地面积1101.81平方米，建筑面积714.3平方米，为四合院土木结构瓦屋顶的二层建筑，其建筑形式为典型的四合院两照壁滇西民房，当地通称李根源新家；另一幢位于右安街（现称后街），建筑面积约400平方米，属四合院平房民宅，是李根源的出生地。1993年11月16日，李根源故居被云南省人民政府批准为省级重点文物保护单位。由于李根源后裔长期旅居在外，不能顾及2幢房屋的管理和修缮，为有效地保护好历史文物，梁河县政府与李根源后裔经过协商达成协议。按协议要求，李根源后裔自愿无条件地将李根源前街新家和后街老家的全部房屋、实物及土地使用权移交给梁河县人民政府所有；梁河县人民政府有责任对房屋及设施进行修复、维护和管理，并将故居辟为李根源纪念馆。

（罗致普）

△**【国家十部委调查组考察瑞丽边贸】** 1999年9月17日至19日由国家计委、经贸部、外交部、财政部、交通部、公安部、海关总署、国家税务总局等十个部委组成的调查组到瑞丽对边贸作专题考察。调查组在省州有关部门陪同下，对姐告边境贸易经济区、畹町经济开发区、畹町边境经济合作区进行考察。调查组就瑞丽市的边贸基本情况，存在问题，如何进一步发展、完善现行边贸政策，中缅边境地区贸易和发展等问题进行了深入研讨和调查。

（陈　江）

△**【泛亚铁路勘查组到瑞丽踏勘】** 1999年9月23日至24日，由国家铁道部第二勘测设计院副总工程师丁亮等12人组成的勘查组，就新建泛亚铁路的有关问题到瑞丽踏勘。踏勘组先后到芒滚渡口、丙冒渡口、姐告口岸等地实地考察，并听取瑞丽有关人员的汇报。踏勘中，丁亮认为，把泛亚铁路延伸到瑞丽，对内将有利于滇西地区矿产资源的开发，带动沿线经济发展；对外可加大对东南亚、南亚，乃至中东、北非诸国的对外开放力度。据悉，大（理）瑞（丽）铁路全长将控制在628公里内，设计时速为每小时80公里。

（陈　江）

【《建国50周年梁河县成就展》开展】 1999年9月28日，由梁河县委和县政府主办，县委宣传部承办的《建国50周年梁河县成就展》在南甸宣抚司署内开展。此展由前言、概况、黎明的征程、留下的脚印、迎接新世纪的太阳、结束语等6个部份组成，共有展板66块，展出图片473张，分两个展厅安放。此展用新旧对比的手法，将历史照片、今日新貌照片、图表和1万余字的文字说明有机地结合起来，充分展示了建国50年来，特别是改革开放以来，梁河各族人民在中国共产党的领导下，励精图治，奋勇开拓所取得的巨大成就。开展仅4天，参观者就达3250人次，收到了良好的宣传教育效果。

（罗致普）

【盈江庆祝建国50周年系列活动】 1999年9月，盈江县委、县政府成立了国庆50周年活动筹备领导小组，下设宣传、会务、文体、展览、专题、保卫、市容市貌、花卉展览等8个小组，组织各项活动。

为保证节日安全和维护交通秩序，县公安局加大了工作力度。县城建局及时安装盈东路路灯，绿化了城区主要街道，安装了100只果皮箱，使县城面貌焕然一新。9月27日，县委县政府举行庆祝中华人民共和国成立50周年座谈会，有110人与会，县委副书记、县长金德祥主持会议，县委书记汪宝泉作了《回顾过去，展望未来，团结一致把我县社会主义现代化建设事业全面推向二十一世纪》的讲话。9月28日，县政协、县委统战部召开庆祝中华人民共和国暨中国人民政治协商会议成立50周年茶话会。10月1日上午，在县城中心的县政府大门口举行了庄严的升国旗仪式。9月27日至10月3日，在县城人民广场和县老年活动中心相继展出《盈江成就展》、《图书展》、《邮票展》、《花卉、根雕、绘画展》。还开展了丰富多彩、形式多样的文体活动。

（陈春刚）

【王兴才赴京出席中央民族工作会议】 1999年9月29日，中共盈江县委副书记王兴才作为德宏州景颇族代表赴京出席中央民族工作会议。10月1日上午，王兴才与参加会议的各族代表一起在天安门观看了国庆50周年阅兵仪式；下午，参加朱镕基总理邀请的国宴；晚上与党和国家领导人一起观看文艺演出。

（陈春刚）

△**【陈香梅赴德宏观光】** 1999年10月4日至6日，著名美籍华人、国际合作委员会主席、抗日战争中援华作战的美第十四航空队（飞虎队）司令陈纳德的遗孀陈香梅女士一行莅临德宏观光考察。随行人员有美中航运公司董事长郝福满先生，全国政协委员、原国家旅游局局长刘毅，香港大公报社社长王国华，中国航空联谊会会长华人杰等。在德宏州副州长方绍南及瑞丽市有关领导的陪同下，陈女士一行先后参观了瑞丽市“独树成林”、银井“一寨两国风光”、雷允飞机制造厂遗址、南姑河淘宝场和畹町生态园、畹町桥等景区。

（杨星明）

△**【德宏州民族歌舞团演员首次赴台湾展演】** 1999年10月4日至11月22日，中国文化艺术有限公司应“台湾中华视听传播基金会”的邀请，到台湾举办“海峡两岸1999中华民俗技艺博览会”。在这次盛会上，德宏州民族歌舞团首次选派10名演员参演，他们表演的独具民族特色的傣族孔雀舞、景颇族的舂米舞、阿昌族的蹬窝罗舞和德昂族的德昂格舟等优秀民间民俗歌舞，深爱观众好评。

△**【技术监督局体制改革】** 1999年10月11日至18日，德宏州各县市技术监督局正式实行体制上划，实行省以下垂直管理，同时更名为质量技术监督局，并通过州局移交验收。11月1日，德宏州质量技术监督垂直管理移交仪式在芒市举行，云南省质量技术监督局副局长布克明和副州长李志明向州质量技术监督局授印章和匾牌。至此，德宏州质量技术监督部门正式实行省质量技术监督垂直管理。

【潞西市召开“三讲”教育试点工作总结会】 1999年10月20日下午，潞西市委“三讲”教育领导小组在芒市召开“三讲”教育试点工作总结会。

根据省委关于开展“三讲”教育试点的部署和要求，在州市“三讲”教育领导小组的领导和省、州巡视组、驻潞西联络组的指导、帮助和配合下，从4月初开始至10月中旬，潞西市根据中央“三讲”办确定的基本步骤、原则和方法，坚持时间和进度服从质量的原则，扎扎实实地完成了“三讲”教育各个阶段的工作任务，取得了明显成效，达到了预期目的。

（朵明先）

【盈江县完成土地延包30年续签工作】 1999年7月至10月，盈江县19个乡（镇）、99个行政村（办事处）、996个自然村、1152个农业生产合作社全部完成土地延包续签。这次农村土地续签承包人口18.67万人，43699户；续签承包土地面积33.54万亩，其中水田26.58万亩，旱地69516亩；国家任务数1461.38万公斤，其中公粮92.30万公斤，定购粮169.08万公斤；土地承包款319.23万元，其中水田承包款318.23万元；填发农户《土地承包合同书》，《土地承包经营权证书》两份，共87398本；清理收回农转非占用农村承包土地2391.78亩；收回非法占用承包土地865.8亩；填写相关表册21.85万份；编制档案，立件归档，实行乡、村、社规范管理，并首次在农村行政村（办事处）建立了土地承包续签档案。

（陈春刚）

△**【德宏州完成土地承包合同续签换证工作】** 1999年10月31日，经过6个月的努力工作，德宏州土地承包合同续签换证工作全面完成。这次农村土地承包合同续签换证工作共签订“农村集体土地承包合同”16.52万份，承包耕地126.85万亩；签发“农村集体土地承包经营权证”16.52万份，确定国家任务5029.13万公斤。到10月30日止，一证一书的发放工作全部结束，全州65个乡镇、341个村（办事处）、3693个农业合作社的16.52万户农户全部领取了一证一书。

△**【公安部副部长赵永吉视察德宏公安边防】** 1999年11月1日至3日，公安部副部长赵永吉在公安部边防局局长朱家华、出入境管理局局长许甘露等的陪同下，视察了德宏公安边防部队、公安机关及边境管理工作，并看望、慰问了战斗在第一线的边防官兵和公安民警。

△**【和志强考察陇川新县城】** 1999年11月9日上午，原云南省省长、全国政协常委和志强，在州政府副秘书长普金发的陪同下，赴陇川实地考察县城搬迁及建设进展情况。和志强在听取县领导汇报新县城规划实施情况后，观看了市政综合办公楼、职工住宅小区、大会堂、市政广场、绿化广场、体育馆、图书馆及正在施工的勐宛路、同心路、龙凤路等主要市政道路设施建设。在考察中，和志强指出：县城搬迁、市政规划建设要一次到位，陇川新县城建设速度较快，基本上达到省委、省政府的要求。规划搞得好，绿化地占30%，道路设计、服务设施等都达到现代化城

市规划的标准。最后和志强了解到新县城饮用水是山泉水时，高兴地说“山泉水是高级饮用水。今后生活用水和工业用水要分开，同时要搞好排污处理，防止污染，重视环境保护。”

（尚秉有）

△【州农校被团中央评为“全国五四红旗团委创建单位”】 1999年11月，德宏州农业学校团委被共青团中央授予“全国五四红旗团委创建单位”称号，是全省首批被团中央确定为“全国五四红旗团委创建单位”的57个基层团委之一，也是全州唯一获此殊荣的基层团委。11月18日，州委、共青团州委和州直机关团委为该校举行了隆重的挂牌仪式，州委副书记李增寿为其挂牌。

△【全州完成解决计算机2000年问题工作】 1999年11月，经过6个月的努力工作，德宏州全面完成解决计算机2000年问题工作。全州共检查了63个单位，检测计算机150台（套）。

【实行市长接待日制度】 1999年11月，潞西市开始实行市长接待日制度，每月10日、20日、30日上午由正、副市长轮流接待来访群众。此制度的建立有助于市政府更好地了解社情民意，接受群众监督，为群众排忧解难。

（朵明先）

△【德宏出入境检验检疫局挂牌】 1999年11月29日，德宏出入境检验检疫局正式挂牌成立。德宏出入境检验检疫局由原芒市商检办事处、芒市动植物检疫局、芒市卫检办事处合并组建而成，主管潞西、盈江、陇川3县市的出入境卫生检疫、动植物检疫、进出口商品检验、鉴定、认证和监督管理等工作。

△【州级班子召开“三讲”学习动员会】 1999年12月2日，德宏州委、州人大、州政府、州政协领导班子召开“三讲”教育第一阶段学习动员大会。会上州委书记王南昆作了动员报告。

【盈江党政领导赴缅甸拉咱会谈】 1999年12月3日，应缅政府国家边境贸易局局长、中校赖温和克钦独立组织副总书记都扎的邀请，盈江县委书记汪宝泉、县长金德祥、副书记王兴才、副县长方洪明等一行12人，前往缅甸拉咱，就盈江那邦至密支那、那邦至八莫的边境贸易通道开通事宜进行会谈。经双方协商达成共识：本着发展经济的愿望，按照“平等互惠”的原则，早日开通那邦（拉咱）至密支那、那邦至八莫的贸易通道。缅方将联检机构设在拉咱洋（即拉咱以外9公里处），中方将联检机构设在勐乃河桥头。另外，双方还就贸易通道开通后的贸易往来交换了意见。

（陈春刚）

【潞西市为获“青年文明号”的单位挂牌】 1999年12月9日，潞西市委、市政府为获得本年度“青年文明号”殊荣的芒市东方宾馆、市公安局110指挥中心、芒市公路管理总段南天门收费站，市农机局风平农机站等20家单位挂了牌。

（朵明先）

△【芒市糖厂医用氧气正式投产】 1999年12月10日，芒市糖厂氧气分厂的医用氧气正式投产。该项目填补了德宏州没有医用氧气的空白。该厂医用氧气日生产能力120瓶，经检测氧气纯度达99.8%，压力达130kg，纯度和压力分别比国家标准高0.3%和10kg，其它各项生产指标也均超过国家标准。

△【省人大常委会主任尹俊到德宏州考察】 1999年12月10日至13日，省人大常委会主任尹俊在州委书记王南昆、州人大主任麻端、副州长杨焰平及州人大常委会秘书长龚元政的陪同下，对德宏州经济工作和人大工作进行考察。

【省人大常委会主任尹俊视察盈江】 1999年12月13至14日，云南省人大常委会主任尹俊一行4人，在州人大常委会秘书长龚元政等领导陪同下，对盈江县的经济工作、人大工作进行视察。尹俊同志在县人大常委会议室听取了县委、人大、政府领导的汇报，对盈江县的边境贸易、绿色产业、旅游业的发展作了重要指示。此外，他对县人大常委会工作表示满意，并希望县人大常委会继续认真履行职责，加强法律监督，为全县经济健康发展创造一个良好的法制环境。

（陈春刚）

△【省政府在芒市召开德宏香料产业专题会议】 1999年12月22日，云南省政府在芒市举行德宏香料产业专题会议，专门听取当前德宏州山苍子和茶油树种植开发情况，研究下一步发展对策。副省长黄炳生出席会议并作重要讲话；省农业厅、省林业厅、省计委、省“18”办等有关厅局和金融机构负责同志到会；副州长杨焰平、州“18”办主任杨占高和州、县市有关部门负责人参加会议。与会省领导和专家认为，德宏山苍子、茶油树的开发选项是正确的，省里将对这两个产品的开发给予支持，希望德宏州委州政府下定决心干下去，不要动摇。

△【姐告联检机构迁至姐告大桥西部】 1999年12月31日，瑞丽市姐告边境贸易经济区的武警、海关、检验检疫等联检部门，已由姐告国门迁至姐告大桥以西新建的临时联检大楼办公。这标志着云南省建立姐告边境保税区的工作，在迈向新世纪之前已正式启动。姐告边境贸易经济区的对外开放问题，关系到边境少数民族地区乃至全省的经济发展和社会稳定，党中央、国务院以及省委、省政府对此极为关注和支持。国务院边贸调研组在深入调研、分析、论证后，已原则同意云南建立“姐告边境保税区”的设想。省政府于12月10日在昆明召开“姐告地区对外开放工作专题会”。12月20日，在瑞丽召开“姐告地区对外开放工作现场办公会。”为了贯彻落实党中央、国务院及省委、省政府关于姐告对外开放的两个会议精神，市委市政府抓紧了办公地点的建设，各联检机构从讲政治的高度，自觉服从和服务于地方经济建设。在通力合作下，仅用几天时间，就圆满完成联检机构临时办公地点的迁址准备工作。姐告联检机构的顺利搬迁，为下一步实施省委、省政府进一步扩大姐告地区

的对外开放战略决策，奠定了良好的基础，开创了良好的开端。

（陈　江）

【陇川新县城建设进展顺利】 1999年陇川新县城建设进展十分顺利，年末已完成项目建设面积10.93万平方米，路基工程0.53万米，累计完成投资9267.7万元，占计划投资的57.92%。完成工程投资比省定额规定节约6%。重点建设项目的建设速度和质量都是陇川建筑史上从未有过的。

建设项目主要有：一、公共服务设施。包括市政综合办公楼及附属工程档案馆、食堂、车库、市政广场、体育馆、运动场、绿化广场（内设大会堂、科技馆、图书馆）、市场服务中心等，建筑总面积为9.37万平方米。累计完成投资3031.86万元；二、市政道路。有勐宛路、同心路、新城路、龙凤路、园林路等5条，总长2842米，宽30—50米。累计完成投资1130万元；三、住宅小区，统建272套，分建229套，总建筑面积5.03万平方米，累计完成投资2627.5万元；四、国家、省属部门建设项目。有农行办公楼、保险公司大楼、工商行住宅、国税局住宅等，总建筑面积1.25万平方米，建设规模968万元。年末，上属工程项目有的已竣工使用，多数完成土建工程。预计在2000年上半年可全部竣工使用。

（尚秉有）

【梁河县开展土地承包合同续签换证工作】 梁河县农村集体土地承包合同续签换证工作，自1999年4月26日开始，至年底圆满结束。为按质按量完成此项工作，从县直机关抽调473人组成工作队，先集中进行政策、法律、业务培训，然后分赴各乡（镇）、村、社开展工作。续签换证时，全县有农业户数31023户、14.02万人；承包耕地面积14.28万亩，其中水田10.74万亩，旱地57060亩；应完成国家粮食任务402.18万公斤，其中公粮150.33万公斤，合同定购粮251.84万公斤；应交集体提留70.88万元，人均5.05元；应出义务工46.4万个，劳均6.6个；积累工76.6万个，劳均10.9个。续签换证工作结束后，共续签合同31023份，占农业户数的100%；填写合同书情况明细表和经营证情况明细表共82230张；填写合同和经营权证书共62046本；解决土地纠纷237起。这次土地延包期为30年，并首次发放了土地经营权证书。

（罗致普）

【盈江县加大扶贫攻坚力度】 1999年，德宏州直机关22个部门、盈江县直机关66个部门，共挂钩帮扶盈江县13个乡镇、42个行政村。挂钩部门调查了解各挂钩点的实际情况后，对群众进行扶贫政策宣传和农村实用技术培训。农技培训内容涉及养植业、山苍籽种植、核桃栽培等，共培训2582人次。挂钩部门积极参与办实事、献爱心行动，为挂钩点捐款捐物。各扶贫攻坚乡都能按时按量地实施上级批准的扶贫项目。年内，有的项目已通过验收。在76件扶贫项目中，共投入资金476.68万元，其中国家扶持206万元，自筹资金270.68万元。具体实施项目为：水利7件、人畜饮水8件、改土8件、通路7件、通电5件、绿色19件、养猪4件、教育3件、推广"两杂"（包括油菜）6件、加工1件、扶贫到户3件、实用技术培训6件。今年全县投入财政资金100万元，农行小额信贷资金150万元，均用于支那、苏典两个省级扶贫攻坚乡。全年解决温饱人数9954人。

（陈春刚）

【梁河县扶贫工作有新进展】 1999年，梁河县委、县政府实施"以解决温饱为突破口，以项目覆盖和产业牵动为主要措施，以科技为支撑，以单位、干部结对帮扶到户为切入点"的扶贫工作方针，将农业产业结构调整、基础设施建设与扶贫攻坚结合起来，加大扶贫攻坚力度，使全县扶贫工作又有了新进展。一年来，共有1800人次参加挂钩扶贫，并向上协调资金330多万元，单位筹集资金90多万元，干部职工捐资30多万元支持贫困地区发展，使贫困地区的水、电、路等基础设施得到明显改善，农民人均纯收入和人均粮食产量有所增加。1999年，全县又有1.8万贫困人口解决温饱，实现脱贫。

（《州政府大事》撰稿除署名外，均为杨星明　黄艳芳）

【重要通知】 一、1999年1月18日，德宏州人民政府以德政发〔7〕号文件发出《德宏州州直国家机关事业单位医疗保险暂行规定》的补充规定。

二、1999年1月19日，德宏州人民政府以德政发〔8〕号文件发出"关于成立第五次人口普查领导小组的通知"。

三、1999年1月21日，德宏州人民政府以德政发（10）号文件发出"关于进一步加强龙江河谷异地扶贫开发区森林资源保护的决定"。

四、1999年1月22日，德宏州人民政府以德政发〔11〕号文件发出"关于切实加强2号病预防控制工作的紧急通知"。

五、1999年2月23日，德宏州人民政府以德政发〔16〕号文件发出"贯彻省人民政府《关于进一步深化粮食流通体制改革意见》的通知"。

六、1999年3月5日，德宏州人民政府以德政发〔22〕号文件发出"关于进一步加强残疾人工作的通知"。

七、1999年3月9日，德宏州人民政府以德政发〔24〕号文件发出"关于印发《行政执法责任制暂行规定》的通知"。

八、1999年3月15日，德宏州人民政府以德政发〔31〕号文件发出"关于做好1999年化肥流通体制改革工作的安排意见"。

九、1999年3月18日，德宏州人民政府以德政发〔35〕号文件发出"关于加快中国——欧盟水牛开发项目德宏项目实施进程的通知"。

十、1999年3月19日，德宏州人民政府以德政发（39）号文件发出"关于土地承包期再延长30年的工作意见"。

十一、1999年4月2日，德宏州人民政府以德政发〔45〕号文件发出"关于印发《行政执法违法和错案责任追究规定》的通知"。

十二、1999年4月2日，德宏州人民政府以德政发〔2〕号文件发出"关于德宏州乡镇企业深化改革工作方案的通知"。

十三、1999年4月6日，德宏州人民政府以德政发〔49〕号文件发出“关于印发《德宏州个体私营经济投诉中心试行办法》的通知”。

十四、1999年4月14日，德宏州人民政府以德政发〔51〕号文件发出“关于加强科技扶贫工作的意见”。

十五、1999年4月27日，德宏州人民政府、德宏军分区以德政发〔57〕号文件发出“关于1999年民兵预备役工作指示”。

十六、1999年5月3日，德宏州人民政府以德政发〔61〕号文件发出“关于森林分类区划工作安排意见”。

十七、1999年5月3日，德宏州人民政府以德政发〔62〕号文件发出“关于加强信访工作的通知”。

十八、1999年7月6日，德宏州人民政府以德政发〔87〕号文件发出“关于加强税收征收管理的通知”。

十九、1999年7月8日，德宏州人民政府以德政发〔89〕号文件发出“关于加强全州旅游市场管理的有关规定”。

二十、1999年7月9日，德宏州人民政府以德政发（91）号文件发出“关于印发《边境地区打击卷烟走私专项斗争实施方案》的通知”。

二十一、1999年7月14日，德宏州人民政府以德政发〔97〕号文件批转州司法局“关于开设法律服务专用电话的通知”。

二十二、1999年8月18日，德宏州人民政府以德政发〔109〕号文件发出“关于全面开展德宏第十个五年计划和2015年远景规划研究编制工作的通知”。

二十三、1999年8月30日，德宏州人民政府以德政发〔114〕号文件发出“关于加强行政事业单位国有资产清理登记管理的通知”。

二十四、1999年9月22日，德宏州人民政府以德政发〔125〕号文件批转州公安局、州交通局、州文明办“关于创建‘平安大道’实施方案的通知”。

二十五、1999年10月18日，德宏州人民政府以德政发〔137〕号文件发出“关于印发《德宏州2000年工业污染源达标排放考核实施方案》的通知”。

二十六、1999年11月19日，德宏州人民政府以德政发〔147〕号文件发出“关于进一步加强全州机动车尾气污染防治的通知”。

二十七、1999年11月24日，德宏州人民政府以德政发〔148〕号文件发出“关于实施《德宏州机关事业单位社会养老保险制度改革实施方案（试行）》有关问题的通知”。

二十八、1999年12月3日，德宏州人民政府以德政发〔152〕文件批转执行德宏州环境保护局“关于在全州范围内限期停止销售使用车用含铅汽油的通知”。

二十九、1999年12月16日，德宏州人民政府以德政发〔158〕号文件发出“关于进一步搞好农田水利基本建设工作的意见”。

三十、1999年12月23日，德宏州人民政府以德政发〔160〕号文件发出“关于山区推广种植杂交稻继续实行种子补助的通知”。

（谢志坚）

【表彰奖励】 一、1999年3月19日，德宏州人民政府以德政发〔99〕38号文件作出“关于表彰98年度价格调控目标先进单位的决定”。

二、1999年4月2日，德宏州人民政府以德政发〔99〕46号文件作出“关于对1998年度外经贸工作先进单位和先进企业给予表彰的决定”。

三、1999年4月18日，德宏州人民政府以德政发〔99〕50号文件作出“关于表彰1998年度全州消防工作先进县市的决定”。

四、1999年7月14日，德宏州人民政府以德政发〔99〕95号文件作出“关于表彰土地祥查工作先进集体和先进工作者的决定”。

五、1999年7月28日，德宏州人民政府以德政发〔99〕105号文件作出“关于表彰奖励全州城镇集体企业清产核资工作先进集体和先进个人的决定”。

六、1999年8月3日，德宏州人民政府以德政发〔99〕106号文件作出“关于对全州27所中学和两市一县颁发98学年教学质量奖的决定”。

七、1999年8月24日，德宏州人民政府以德政发〔99〕111号文件作出“关于兑现1998年度乡镇企业台阶奖的通知”。

八、1999年8月25日，德宏州人民政府以德政发〔99〕112号文件作出“关于表彰奖励’99人与自然大型科普园先进集体的决定”。

九、1999年9月6日，德宏州人民政府以德政发〔99〕118号文件作出“关于表彰全州教育系统优秀教师和先进教师工作者的决定”。

十、1999年9月29日，德宏州人民政府以德政发（99）129号文件作出“关于授予德宏州气象局等单位的30个科研项目1999年度德宏州科技进步奖的通知”。

十一、1999年10月29日，德宏州人民政府以德政发〔99〕141号文件作出“关于表彰计算机2000年问题工作先进单位的决定”。

十二、1999年12月23日，德宏州人民政府以德政法〔99〕162号文件作出“关于表彰全州农村土地承包合同续签工作先进集体及先进工作者的决定”。

（谢志坚）

【召开全州信访工作会】 1999年12月8日至9日，德宏州政府办公室召开了全州政府系统办公室主任暨信访工作会议。会上州政府秘书长段晓光作了《团结一致，同心同德扎实工作，服务大局》的重要讲话。会议分析了1999年人民群众来信来访情况及特点，指出在新的历史时期信访部门担负的职责和任务。会议表彰了1998年度全州政府系统信访工作目标管理先进集体，具体获奖情况是：梁河县信访科获一等奖，潞西市信访科和原畹町市信访科获二等奖，陇川县信访科获三等奖，瑞丽市政府办信访室和盈江县信访科获达标奖。

【信　访】 1999年，德宏州政府信访部门共受理群众来信来访17540件次，比上年增3581件次，其中来信3179件，比上年减876件；来访14361件次，增4457件次；集体访1012批10924人，增759批、3354人。在17540件来信来访中，反映建议的有1798件次，占信访总量的10.3%；揭发控告1122件次，占6.4%；申诉1413件次，占8.1%；求决9910件次，占

56.5%；其他3297件次，占18.8%。州政府办信访科全年共受理群众来信来访319件次，比上年增85件次。其中：来信176件，比上年增16件；来访143件次，增69件次；集体访64批427人，增44批、209人。电话访4件，领导接待日接访12件次。在319件来信来访中，反映建议的有34件，占总量的10.7%；揭发控告35件，占11.0%；申诉31件，占9.7%；求决208件，占65.2%；其他11件，占3.4%。上级信访部门转来82件，均按领导批示和信访内容，依照分级负责、归口办理的原则，采取转办结合，适时进行督办，及时反馈办理情况，反馈率100%，办结率97.8%。年内，全州受理的来信来访总量呈上升趋势，上升25.5%，特别是集体访大幅度上升，批次增300%，人数增44.3%。乡镇一级越级信访、重复上访、一信多投现象仍较突出，求决类居高不下。信访反映突出的问题主要是：一、困难倒闭企业职工生活困难，求帮助解决医疗费、就业等问题；二、山林土地纠纷问题；三、揭发控告基层领导干部违纪违法问题；四、改革进程中一些经济利益问题；五、历史遗留问题要求落实政策等等。全年管国忠州长阅批群众信访件52件，接待处理来访128件次；杨焰平副州长阅批25件，接处58件次；李志明副州长阅批35件，接处56件次；赵家培副州长阅批15件，接处22件次；方绍南副州长阅批17件，接处28件次；杨俊忠副州长阅批18件，接处25件次；段晓光秘书长阅批115件，接处38件次。

【编写信访信息】 1999年，德宏州政府办公室信访科到基层协调、调查了解信访问题75人125人次，编写《德宏信访动态》18期，对信访反映的热点、难点问题进行深入研究，为协助分管领导解决信访案件做出了积极贡献。

（《州政府信访》撰稿　何　敏）

【办理人大代表建议和政协委员提案】 1999年，德宏州人民政府积极部署和安排了“建议”和“提案”的办理工作，做到事事有交待，件件有回音，并在“建议”和“提案”的面商率、解决率、满意率上狠下功夫，使州人大十一届二次会议代表建议和州政协八届二次会议委员提案的解决率分别达到34.8%和35.3%，比上年分别提高13.9和6.9个百分点。其基本情况为：一、办理人大代表建议46件，其中已基本解决的16件，占承办总数的34.8%；已纳入计划近期内将解决的4件，占承办总数的8.7%；因目前条件限制或其他原因暂不能解决的6件，占承办总数的13%；需向有关部门协商解决或争取得到上级有关部门支持才能解决的20件，占承办总数的43.5%。二．办理政协委员提案51件，其中已经得到解决落实的18件，占承办总数的35.3%；由于各方面因素，需逐步解决的16件，占承办总数的31.4%；需与有关部门协商解决或得到上级有关部门支持才能解决的17件，占承办总数的33.3%。年内，州政府所承办的建议、提案得到了人大代表和政协委员的好评。

（多俊荣）

（见“政府工作报告”4页）

人　　事

【表彰人民满意的公务员】 1999年1月6日，德宏州委、州政府召开“人民满意的公务员”表彰大会，对10名人民满意的公务员进行表彰。1998年，根据省委宣传部、省人事厅关于转发中宣部、人事部《关于开展“做人民满意的公务员”活动的通知》精神，由德宏州委宣传部、州人事局组织在全州党政机关开展做人民满意的公务员评选活动。通过全州自下而上的推荐评选，从各条战线评选出10名人民满意的公务员，他们是：州交通局局长柳五三、州老干局局长孙定益、州政府副秘书长杨占高、州劳教所所长陈正、盈江县人民政府县长金德祥、陇川县人大常委会主任岳晓天、梁河县勐养乡党委书记闫信能、瑞丽市户育乡副乡长番正明、畹町市人民政府副市长白泉、潞西市残联理事长叶永富。

州委副书记王南昆在会上宣读了州委、州政府关于表彰人民满意公务员的决定。州长管国忠在会上作了题为《密切党和政府同人民群众的血肉联系，争做人民满意的公务员》的讲话，并号召全州广大公务员学先进、赶先进。

【年度考核】 1999年，德宏州人事局及时下发了《关于九九年度考核工作有关问题的通知》，对99年度考核工作作了安排和部署。根据上级规定，年度考核不再使用不定等次这一挡，并将考核结果分为四个挡次：优秀、称职、基本称职、不称职。全年全州机关、事业单位（州直不含党群口和副处级以上领导干部）应参加考核人数为14323人，实参加考核人数14229人，占应参加考核人员总数的99.3%，其中被确定为优秀的1981人，占应参加考核总数的13.8%；确定为称职12007人，占83.8%；确定为基本称职148人，占1%；确定为不称职93人，占0.6%；未参加考核94人，占0.6%（其中见习期46人，恢复公职1人，新调入2人，限期调出1人，事假超过半年4人，受各种原因处理40人。）

【任免工作】 1999年，德宏州人事局认真贯彻执行党的干部政策，对任免对象的德、能、勤、绩进行全面考察，把德才兼备的人员提拔到科室领导岗位上。年内共审批任职24人，占正副科级职数的4.5%。同时对州直各部门党组、党委任命的科级干部进行业务指导，完善任免手续。在非领导职务确定工作中，严格按照州推行公务员领导小组德公发〔1997〕11号文件《州直机关国家公务员非领导职务设置办法的实施意见》的规定把关，为符合任职条件的人员确定相应职务。全年确定审批非领导职务82人，其中主任科员28人，副主任科员33人，科员20人，办事员1人。

【纪律惩戒和辞职辞退】 1999年，德宏州人事局严格执行国家公务员和事业单位专业技术人员、管理人员辞职辞退政策的有关规定。年内对管理人事惩戒40人，其中辞职3人，辞退2人，作自动离职处理9人，落实工龄计算16人，改名6人，复核辞退处理1人，恢复公职1人，恢复工资待遇1人，免职1人。

【做好科技副乡长管理工作】　德宏州人事局加大对人事工作为经济建设服务的力度。自1998年以来，分两批先后选派17名科技副乡长。为了鼓励他们认真履行职责，努力完成好任期目标任务，人事部门对其加强了考察考核工作。在去年考核的基础上，99年11月州人事局又会同州委组织部、州科委、州扶贫办等单位，派出考核组深入17个乡，对下派科技副乡长进行考核。通过召开座谈会，个别谈话，找班子成员了解，民主测评等方式，全面掌握了科技副乡长的工作实绩和生活学习情况。之后，将考核优秀者推荐给省、州进行表彰（省表彰1人，州表彰5人）。此外，对存在问题者及时给予批评指正，鼓励他们认真履行职责，努力完成好任期目标任务。

【教育培训】　1999年，德宏州人事局与有关单位配合，开办计算机应用技术培训3期，共培训69人。为使新录用的国家公务员了解行政机关的工作程序，明确公务员应具备的职业道德和行为规范，掌握拟任职务所必备的基本知识和技能，州人事局和州行政学校联手举办新录用人员上岗培训班，统一使用人事部编印的《国家公务员初任培训教程》，全年培训2期，共培训315人。通过考试，全部学员取得了培训合格证书。

【机关事业单位职工养老保险】　1999年，德宏州人事局在加强和完善州直机关事业单位养老保险基金管理的同时，努力做好基金的保值增值工作，使基金不断发展壮大。全年州直参加统筹的机关事业单位共132户，其中党政机关63户，财政全额拨款的事业单位40户，差额拨款的事业单位12户，自收自支单位15户，省属单位2户。参统的干部职工总数为4593人。截至12月底，全州养老保险基金储存额达1591.49万元。其中州直404.71万元，潞西市67.98万元，盈江县378.61万元，梁河县130.97万元，陇川县67.98万元，瑞丽市299.94万元，畹町经济开发区29.81万元。州人事局对建立参保人员的个人养老保险帐户工作极为重视。通过全体工作人员的努力，基本上做到帐帐相符，使每个参保单位和职工都有自己的一本明白帐。

【军转安置】　1999年，省下达德宏州军队转业干部接收安置任务41名，其中团职4名，营职28名，连排职6名，技术干部3名，少数民族15名。由于各级党委、政府重视，措施得力，提前完成了接收安置任务。按政策规定，在芒市地区安置15名（含潞西市3名），梁河县安置3名，盈江县安置4名，陇川县安置7名，瑞丽市安置12名。

【获省科技兴乡贡献奖】　1999年，德宏州人事局积极抓好科技兴乡贡献奖候选人推荐工作。经严格筛选，向省人事厅推荐了10名候选人。经省人事厅审核批准，有9人荣获99年云南省科技兴乡贡献奖，并每人获得2000元奖金。获奖名单如下：杨荣华（潞西市象滚塘乡教委办）、何玉南（女，潞西市三台山乡卫生院）、王金兰（女，瑞丽市边境经济合作区教育组）、黄永兴（瑞丽市弄岛中心卫生院）、穆在元（梁河县囊宋乡中学）、李仲敬（陇川县姐午乡农技站）、杨思强（盈江县太平乡农技站）、杨元林（盈江县芒允乡林业站）。

【职称评聘】　1999年，德宏州人事局严格按政策规定，坚持公开、公平、公正的社会评价机制，实行考试、考核和评审相结合，确定专业技术人员职务任职资格。全年全州评出正高职5人，其中高教1人，卫生4人。副高职61人，其中高教4人，中专6人，中学25人，卫生13人，农业1人，工程3人，艺术2人，档案2人，出版2人，新闻1人，社科1人，体育1人。副高当中中青年破格评审2人（新闻1人，中学1人）。中级职务531人，其中中专27人，中学98人，小学154人，卫生122人，农业47人，工程45人，图书档案12人，艺术5人，出版3人，社科1人，民语翻译3人，播音1人，新闻10人，文博1人，法医2人。在搞好事业单位职称评聘的同时，州人事局在乡镇企业职改方面，放宽评审条件，评审出乡镇企业内部有效的职称中职294人，其中工程61人，经济58人，会计20人，农业8人；初级职务222人，其中工程97人，经济34人，会计57人，农业34人。年内，职称外语考试共有870人报考，实考人数735人，合格472人，合格率为64%。经济资格考试共有538人报考，其中报考经济师274人，报考初级264人。

【计划录用调配工作】　1999年，德宏州人事局在贯彻落实全省人事工作会议精神，确保全州机关、事业单位人员“零”增长的同时，继续贯彻执行省委云办发（1998）8号文件，对领导与非领导职务的晋升，机关和财政拨款事业单位人员的调入进行严格控制，继续完善增人计划卡管理办法，严格工资基金审批制度。此外，继续鼓励大中专毕业生和复转军人到基层、到农业生产第一线。全年全州办理转正定级手续7人，其中行政单位5人，事业单位2人。办理调动手续84人，办理录用手续142人。

【人事统计】　1999年，德宏州机关事业单位（独立核算单位）共有1084个，职工35125人，其中正式职工32160人。在机关人员中：司、局（厅）长及相当者4人，副司、副局（厅）长及相当者25人，处长及相当者125人，副处长及相当者334人，科长、主任科员及相当者1289人，副科长、副主任科员及相当者2163人，科员4237人，办事员856人，见习（试用）期人员164人，工人1190人；在事业人员的管理人员中：副局级1人，处级22人，副处级18人，科级132人，副科级186人，科员789人，办事员230人，见习（试用）期人员15人；在事业人员的专业技术人员中：相当教授级10人，相当副教授级282人，相当讲师级3775人，相当助教级7189人，相当教员级4345人，见习（试用）期人员764人，工人3985人。全州机关事业单位工资总额为2.74亿元，职工年平均工资7866元。年底，全州国家公务员总数为7344人（不含党群、人大、政协、法院、检察院），比上年减933人，其中少数民族2770人，占公务员总数的37%，比上年减408人；妇女2153人，占29%，减172人；共产党员3699人，占50%，减229人。年底，全州事业单位干部总数16743人，比上年增298人，其中少数民族5440人，占事业干部总数32%，比上年增153人；妇女8433人，占50%，增119人；共产党员2608人，占15%，增345人。年底，全州企业干部总数2317人，比上年减169人，其中少数民族450人，占企干总数19%，比上年减16人；妇女827人，占35%，减65人。年底，全州供销社系统干部总数369人，比上年减22人，其中妇女119人，占供销系统干部总数的32%，比上年减25人；共产党员87人，占23%，减84人。

【调资审批】 1999年，德宏州各级人事部门继续贯彻执行国家和省的有关工资福利方面的方针政策，认真办理机关事业单位工作人员工资、福利、待遇等方面的调整审核审批手续。在操作过程中严格按照政策规定办理，不乱开口子，不超越标准，不突破范围。一、根据国务院国办发〔1999〕78号、省政府云政办发〔1999〕197号文件精神，从1999年7月1日起调整机关事业单位工作人员工资标准和增加离退休人员离退休费。在时间紧、任务重、政策性强的情况下，州、县（市）人事部门在接到通知后，立即抽调人员加班加点，做好各项准备工作，并迅速将上级文件精神传达到各部门、各单位，大家放弃星期天，争时间，抢速度抓紧审核审批增资呈报表，确保干部职工在国庆50周年之前领到新增工资。在这次增资工作中，全州机关事业单位科以下干部职工有28257人增加了工资，增资额为355.69万元，人均月增资125.87元；增加离退休人员离退休费6055人，增资额为61.85万元，人均月增离退休费102.15元。二、根据省人事厅云人工〔1998〕31号文件精神，办理了97—98年度两年考核称职（合格）以上正常晋升职务工资3475人，月增资额79697.20元。三、办理了94—98年度连续5年考核称职以上正常晋升级别工资，全州有90人晋升了级别工资。四、根据云人工〔1994〕25号文件精神，为工作岗位改变人员办理工资变动手续2745人。五、根据云人工〔1999〕4号文件精神，办理96—98年度连续3年优秀奖励一次性奖金199人，执行奖金数额71292元。六、根据云人工〔1999〕5号文件精神，办理事业单位97—98两年6%晋升工资663人。七、根据云人工〔1997〕25号文件精神，办理部分退休教师提高退休待遇166人。八、根据人薪发〔1995〕112号、云人工〔1995〕92号文件精神，办理警衔津贴329人。九、根据德人发〔1999〕20号文件精神，办理司法津贴162人。十、根据其他有关文件精神，办理了卫生、计生、环卫津贴483人。十一、根据劳人薪〔1995〕19号文件规定，办理教护龄津贴866人。十二、根据省委云发（1986）37号文件精神，办理知识分子浮动工资277人。十三、根据省民委（1998）9号文件精神，办理回族伙食补贴33人。十四、根据有关文件精神，办理事业单位一线浮动工资96人。十五、办理转正定级工资536人十六、根据国发（1978）104号文件精神和《国家公务员暂行条例》的有关规定，办理退休手续313人，审批退休建房补助费70份，执行建房补助费67.34万元。十七、办理抚恤费72人，执行抚恤费31.35万元；办遗属困难补助68户，执行补助费2252万元。十八、晋升专业技术职务工资2051人。

【机构编制】 1999年，德宏州党政机构数有311个，其中党委52个（含管理机构14个），政府工作机构229个（含管理机构19个），承担政府行政职能的事业单位30个，人大6个，政协6个，群众团体34个。全州行政机关总编制6300个，其中中央下达的州、县市行政编制2944个，乡镇行政编制1712个，行政机关占地方事业编制1644个（含事业单位承担政府行政职能编制）。机关编制在职人员分别是：党委部门641人，其中行政编制611人，事业编制30人，实有人数609人；政府部门2571人，其中行政编制1970人，事业编制601人，实有人数2797人；群众团体编制132人，其中行政编制110人，事业编制22人，实有人数127人；人大编制156人，其中行政编制142人，事业编制9人，实有人数156人；政协编制122人，其中行政编制111人，事业编制11人，实有人数121人。全州机关工勤事业编制501人，实有人数667人。乡镇行政机关编制1712人，实有人数2170人，超编458人；村公所及办事处编制未定，实有人数1056人。政法部门编制总数2692人，实有2547人。承担政府行政职能的事业单位，实有937人，明确在职在编的761人，其他行政单位使用事业编制的有176人。全州党政群机关（含人大、政协、政法、乡镇、村公所）实有人数11317，比1993年增1821人，年平均增304人，增长率为16.7%。事业单位机构994个，其中财政预算机构917个，经费差额机构68个，自收自支机构9个；编制22335人，实有22083人，其中全额拨款20747人，差额拨款1213人，自收自支123人。实有人数1999年比1993年增3215人，年平均增438人，增长率为14.8%。事业单位差额拨款人员占5.5%，自收自支人员占0.56%。1999年度全州国家机关及事业单位实有人数35696人，其中国家职工33400人，临时工2296人（临时工为公安系统、环卫工人、代课教师）。年末全州职工总数比上年增456人，净增长1.4%。

（《人事》撰稿　孟必生）

中国人民政治协商会议
德宏傣族景颇族自治州委员会

【召开常委会议】 1999年2月24日，德宏州政协八届五次常委会议在芒市召开，州政协主席、副主席及19名常委出席会议，州委办、州人大办、州政府办、州纪委办的负责人、各县市政协主席及州政协各委办负责人14人列席会议。会议听取并审议了即将提交州政协八届二次全会审议的“常委会工作报告”和“提案工作报告”，审议通过了召开八届二次全会的有关事项，决定推荐胡蔷为八届州政协秘书长，提交州政协八届二次全会选举。增补李华中、詹茂胜为政协德宏州第八届委员会委员。杨拾全主席在会议总结中对1999年的政协工作提出了要求。

州政协八届六次常委会议于6月29日至30日在芒市举行。州政协主席杨拾全、副主席彭勒准、孔文忠、多守业、杨清明、秘书长胡蔷和25名常委出席会议，州委办、政府办、州委宣传部、州教委和各县（市）分管教育的同志应邀出席会议，州政协委办负责人及各县市政协主席列席会议，州委副书记李增寿到会并讲话。会议学习了《中共中央国务院关于深化教育改革全面推进素质教育的决定》、《中华人民共和国义务教育法》和上级有关普及九年义务教育的验收标准；听取并审议《德宏州政协对全州普及九年义务教育情况的视察报告》及《德宏州政协关于努力推进全州九年义务教育工作的建议案》；传达了省政协“人口资源环境”座谈会精神；通过了人事任免事项，万永明任州政协办公室主任。

州政协八届七次常委会议于9月20日在芒市举行。州政协主席杨拾全、副主席彭勒准、金光亮、多守业及23名常委出席，州委、州人大、州政府、州纪委办公室和州民宗局的领导应邀到会，各县（市）政协主席及州政协委办负责人列席会议。这次会议的议程，一是审议“全州宗教调查报告”；二是审议经主席会议决定由委员提案上升而成的《德宏州政协关于在全州组织实施蔗糖”五个一”工程的建议案》，经过认真审议，与会委员认为“建议案”所列条件不成熟，未获通过。主席杨拾全对会议进行了总结。

州政协八届八次常委会议于12月27日在芒市举行。州政协主席杨拾全、彭勒准、孔文忠、金光亮、多守业、方文琴、杨清明及23名常委出席了会议，州政协办领导和各县市政协主席列席会议。会上，孔文忠副主席传达了中共中央关于在县以上领导班子和领导干部中深入开展以“三讲”为主要内容的党性党风教育的意见；副主席方文琴传达了省政协八届九次常委会议精神。会议主要征求了常委们对八届州政协领导班子和领导干部在”三讲”教育中自我剖析材料的意见和建议。

【召开八届二次会议】 1999年3月15日至19日，政协德宏州第八届委员会第二次会议在芒市召开，出席会议的委员178人，占委员总数的70.4%，列席人员113名。孔文忠副主席作常务委员会工作报告，提案委员会主任董文武作八届一次会议以来提案工作情况的报告。州人民政府秘书长段晓光向大会报告了州政府办理八届一次全会以来委员提案的情况。在3月16日下午的大会上，州长管国忠向与会委员作“关于政府工作报告的说明”。与会委员认真审议了常委会工作报告和提案工作报告，协商讨论政府工作报告和计划、财政以及州检察院、州法院的工作报告。3月18日召开协商座谈会，部分委员代表及各组召集人与州委、政府领导及31个州直部委办局领导就政府工作报告及其他报告进行了面对面的协商。州长管国忠对委员提出的意见建议进行了归纳，并一一作了说明，表示会后要进一步分析研究委员们的意见和建议，努力改进政府工作。会议期间还分别召开了两个专题协商会：一是17日下午举行的关于全州农业和农村工作专题协商会，副州长赵家培到会听取了委员们的发言；二是19日上午举行的关于建立全州旅游支柱产业协商会，州委书记王南昆、州长管国忠、副州长杨焰平、州委组织部长龚敬政到会。19日下午，大会通过无记名投票，选举胡蔷为州政协秘书长；通过了八届二次会议决议，州委书记王南昆在闭幕式上作了重要讲话，政协主席杨拾全作会议总结。

【出版《滇西抗战论文集》】 1999年4月，德宏州政协文史资料第十一辑《滇西抗战论文集》正式出版。论文集是以1995年9月由州政协文史委和云大历史系联合举办的庆祝抗日战争胜利50周年座谈会上交流的论文为基础编辑而成的，1998年9月州委常委会议特批了出书经费，由德宏民族出版社出版，保山日报印刷厂印刷，全书27万字，收录照片14幅。由于作者层次高，涉及面广，论述深刻，出版后受到专家学者和读者的好评，被认为是滇西抗战的力作。

【瑞丽市政协第十一届二次会议】 1999年5月3至6日，瑞丽市政协第十一届二次会议在市委礼堂隆重召开，144名政协委员和296名列席人员参加会议。会上委员们提出很多建设性意见和建议。会议分别协商讨论了市长思利章的《政府工作报告》，计经委主任郭明晓的《瑞丽市1998年国民经济和社会发展计划执行情况与1999年计划草案的报告》，财政局长储国富的《瑞丽市1998年地方财政预算执行情况和1999年地方财政预算草案的报告》以及法院、检查院工作报告。会议审议和同意了丁德田主席作的《政协工作报告》和蒋开凤主任作的《提案工作报告》。

（陈　江）

【调查视察】 1999年5月5日至25日，德宏州政协组织有关的全国、省、州政协委员对全州普及九年义务教育情况进行视察。视察组一行23人，在州政协主席杨拾全、副主席方文琴带领下，深入到梁河、盈江、陇川、潞西的31个乡镇，共视察了38所中学、24所小学，听取了三县一市人民政府关于本县市普及九年义务教育的情况汇报，召开了31次由乡镇领导、教办主任、中小学校长参加的座谈会，广泛听取了乡镇实施“普九”教育的情况汇报，并对照省政府颁发的29项“普九”指标进行调查研究。视察结束后，政协委员分别撰写了“视察报告”和《德宏州政协关于努力推进我州九年义务教育工作的建议案》。“视察报告”总结了全州普九工作的5个方面的成绩和经验，指出了“普九”工作中存在的6个方面的问题；经过六次常委会审议通过的“建议案”提出了加强我州“普九”工作的6条建议，这些建议受到州委、州政府的重视，大部分建议被州教育主管部门采纳。

7月12日至19日，根椐省政协通知精神，德宏州政协组成调查组，由副主席彭勒准带队，在全州三县两市开展了对全州各级党委、政府贯彻落实省、州党委“关于加强党对政协工作领导的意见”的情况和各级政协履行政治协商、民主监督、参政议政三项职能情况的调查。调查组在各县市分别与县市委、县市政协进行了座谈，共召开座谈会11次，听取了县（市）委贯彻“意见”和政协履行职能的情况汇报，还对梁河县遮岛镇政协联络组的工作情况进行了调查。调查结束后向省政协提交了“调查报告”，提出进一步加强党对政协工作领导的意见和建议。

8月13日至21日，州政协组成由省、州部分政协委员、州委统战部、民宗局领导参加的宗教调查组，在州政协副主席彭勒准、多守业带领下对全州宗教情况进行了调查。调查组先后深入到三县两市11个乡镇，对15个宗教场所和2个基督教培训点进行了实地调查，走访了数十名宗教界代表人士，听取了各地宗教部门的汇报，写出了《德宏州宗教调查报告》(经七次常委会审议通过报送州委)。“调查报告”分析了全州宗教工作的形势、存在的问题，提出了加强对宗教管理的7条建议，为州人大有关宗教立法提供了依据。

年内，州政协专门委员会也组织了调查视察活动。教科文卫体委员会先后对部分县（市）城镇乡村学校素质教育、潞西市社会办学情况、梁河县医院实行住院费公开情况，经济侨务委员会对山苍子、魔芋生产情况等进行了调查，并向有关部门提交了调查报告，提出了意见和建议；提案法制委配合省政协调研组对德宏的禁毒工作进行了调查。专委会的调查视察，增强了州政协各专委与有关部门的对口联系，拓宽了政协参政议政的领域。

【赴怒江保山考察文史工作】 1999年5月10日至16日，德宏州政协组织各县（市）政协分管文史工作的副主席、专职文史干部、州政协文史委员共16人，在州政协副主席金光亮带领下，赴全国文史工作先进单位怒江州政协及保山地区学习考察。考究组先后听取了怒江州政协、泸水、福贡、兰坪和保山市政协的经验介绍，交流了开展新时期人民政协文史工作的认识和做法。学习考察开阔了全州政协文史工作的眼界，提高了认识，学到了经验，增强了信心，对促进全州文史工作起到了积极作用。

【举办“庆国庆、迎澳门回归”演讲比赛】 1999年9月8日，德宏州政协在芒市举行“庆国庆、迎澳门回归”演讲比赛，潞西、盈江、梁河、陇川、瑞丽及武警德宏边防支队、州教育系统、州卫生系统8支代表队的16名选手参加比赛，州人大、州政协、州纪委领导及芒市地区部队官兵和中专、中学学生共500余人观看了比赛。比赛结果：梁河代表队的张红俊获一等奖，教育代表队陈圆圆、杜银海获二等奖，边防支队的陈雨薇、盈江县的潘朝春、瑞丽市的王国珍、卫生系统的胡晓倩获三等奖，教育系统、梁河县、盈江县3个代表队分别获集体一、二、三等奖；张红俊、陈圆圆代表德宏州参加了省政协于9月在昆明举行的全省决赛，两名选手均获个人二等奖，德宏代表队获集体二等奖。

【召开政协宣传工作会议】 1999年9月17日，德宏州政协宣传组稿发行工作会在瑞丽市召开，州政协、州委宣传部、统战部、各县（市）委分管宣传工作的领导及各县（市）政协领导共31人参加了会议。州政协办公室主任万永民传达了省政协《人民政协报》、《云南政协报》、发行工作会议精神，州政协主席杨拾全就做好全州政协宣传工作发表了讲话，并代表省政协和州政协向1999年征订发行《云南政协报》先进单位梁河县政协颁了奖。州委宣传部副部长张方元、州委统战部副部长银留孝也在会上就支持政协做好宣传工作发了言。会议对2000年全州政协的宣传、“两报”征订、发行工作做出了安排。

【州政协领导班子和领导干部“三讲”教育】 1999年11月29日，根据德宏州委的统一安排，德宏州政协成立“三讲”教育领导小组及办公室；12月1日，7名领导干部参加了州委组织的“三讲”教育。在“三讲”教育中，领导班子和4名党员领导干部写出了党性党风剖析材料，针对党性党风方面存在的问题进行了认真剖析，找问题、挖根源、论危害，提出了努力方向。剖析材料经各县（市）政协主席、州政协专委会负责人及州政协常委的认真评议，最后通过了巡视组的审核，随之制定了《德宏州政协领导班子“三讲”教育整改方案》。该“方案”从5个方面提出了17条具体整改措施。“三讲”教育有力地推动了政协自身建设。

【召开德宏州海外联谊会二届一次会议】 1999年12月16日，德宏州海外联谊会第二届理事会第一次会议在芒市召开。州人大、州政协的领导及97名理事出席会议。州政协主席杨拾全在会上讲话，第一届理事会副会长多守业作第一届班子会、常务理事会工作报告，第一届理事会副会长雷冯庆作《关于〈德宏州海外联谊会章程〉修订草案的补充说明》。经过认真协商，会议选举了新一届州海外联谊会常务理事会，麻端、李增寿、方绍南、李志明、孔文忠、方文琴、杨清明、张国龙、林清福9人任顾问，杨拾全、杨唐泽、杨秀、彭勒准4人被聘为名誉会长，金光亮当选为会长，多守业、李开兴、林炳森、耿星、雷冯庆、蒋永锡任副会长，胡蔷任秘书长，卜金富等22人任常务理事。本届会议审议通过了修订的《德宏州海外联谊会章程》。本届理事会共有理事127人，其中海外人士68人。

【举办全州政协通讯员、信息员培训班】 1999年12月22日至24日，德宏州政协对其聘请的各县（市）政协通信员、信息员进行培训。参加培训的学员共26人，《德宏团结报》主编苏汉远、州广播电台高级编辑胡孚亭为学员讲课，并为学员评点了自己采写的新闻稿件。通过培训，学员基本掌握了新闻、信息采访编写要点，是加强政协宣传工作和反映社情民意工作的一项具体措施。

【扶　贫】 1999年，德宏州政协继续抓好挂钩点盈江县苏典乡的扶贫工作。其主要工作为：一是派两名干部驻苏典乡，协调州县扶贫工作队落实1998年编制的《苏典乡扶贫项目计划》；二是重新与所有挂钩扶贫单位续签了扶贫项目计划落实责任书；三是抓了热区的开发，州政协主席4次深入热区考察调研，与乡党委、政府共同研究，于10月成立了热区开发指挥部，出动两台推土机，动员数百名群众投工投劳，拉开了热区开发水田的序幕；四是帮助组织了11吨脱毒洋芋种，在该乡大面积推广种植脱毒洋芋。春节前夕，州政协机关干部还捐钱捐物对该乡贫困户进行了慰问。

【提案工作】 1999年德宏州政协八届二次会议期间及今后共收到委员提交案83件，立案67件，立案率为80.7%；到八届三次全会前共办复65件，占应办复提案的97%。在67件提案中，一件涉及边防检查，需要省委、省政府解决，经征得省政协委员同意上升为省政协委员提案，受到省政协重视；另有两件重点提案上升为州政协建议案，提交常委会审议。州政协提案委年内的主要工作是：一是对提案工作条例严格把关，对内容重要但格式不规范的提案进行了加工整理；二是主动开展了提案函复办理落实情况的追踪调查，促进了提案落实工作；三是于8月份配合省政协在全州各县市进行调研，总结各地提案办理的经验，推动了全州政协提案工作的程序化、规范化和制度化。

【接待工作】 1999年，德宏州政协共接待国内外客人82批507人次，其中海外侨胞7批23人，国内政协系统38批298人次。重要接待活动有：1月11日接待贵州省政协副主席吴若秋一行4人；4月28日接待四川省政协副主席史志义一行13人；5月14日接待天津政协副主席杨大峥一行9人；6月11日接待广西自治区政协副主席梁义林一行12人；6月18日接待吉林省政协副主席郑龙哲一行5人；7月4日接待福建省政协副主席王耀华、刘金美一行16个；7月22日接待贵州省政协副主席宋树功一行5人；8月13日接待江苏省政协副主席朱兆华一行7人；8月17日接待广西自治区政协副主席姚克鲁一行6人；10月23日接待海南省政协副主席李明天一行13人；11月2日接待北京市政协副主席李荻生一行11人；12月6日接待贵州省政协副主席王惠业一行10人。

（《州政协》撰稿除署名外，均为李全民）

（见《州情概览》25页）

中国共产党德宏傣族景颇族自治州纪律检查委员会

【干部培训】 1999年10月12日至21日，德宏州纪委监察局对各县市纪检监察干部分两期进行业务培训。第一期参训的是办公室、信访室、纪检监察室、案件审理室，第二期参训的是教育调研室、监察综合室、监察执法室，全州共有93名干部参加了培训。这样全面的业务培训是纪检监察机关合署办公以来的第一次。这次培训是根据县市纪委换届后干部变动大、新手多的实际，为提高纪检监察干部的业务素质而进行的。培训采取集中动员学习，业务对口培训的方式进行。州纪委对这次培训比较重视，专门召开常委会进行研究安排，朱成海副书记作培训动员，思永亮副书记、局长作了培训总结，培训结束时，杨文忠书记作了重要讲话。这次培训使干部的业务素质得到了提高，达到了预期的目的。

【档案管理“升级达标”】 1999年，德宏州纪委组织专人对多年来不规范的档案和近年零散的档案资料按要求进行了认真的、全面的清理、规范、立卷归档。12月7日，经州档案管理升级达标考核小组检查考核、评定，以总分97.5分的成绩达到了“云南省档案管理B2级标准”。

【党风廉政建设宣传教育】 1999年，德宏州纪检监察机关首先重点抓了《中国共产党纪律处分条例（试行）》电视系列片的播放。该片共十集，全长1600分钟。州和县市纪委在电视台共播放了82场次，受教育人数达6万余人次。陇川县纪委在播放时，要求县直各单位把收看系列与“三讲”教育相结合，认真组织讨论，收到了较好效果；盈江县、潞西市纪委还到部分乡镇、厂矿和直属单位播放了《权与钱的考验》、《沉沦轨迹》等党风廉政教育片共75场次，受教育人数为3089人次。其次，注重抓了党风廉政建设的宣传报道工作。州和县市纪委结合纪检监察机关的工作实际，对党委、政府和纪检监察机关在党风廉政建设方面作出的重大举措、反腐败斗争取得的阶段性成果，案件查处中的典型案件作了宣传报道。全年共向《云南纪检监察》和《德宏团结报》投稿51篇，被采用了46篇。同时，还抓了《党风与党纪》、《中国纪检监察报》、《云南纪检监察》等刊物的征订发行工作，全州共组织征订了千余份，扩大了纪检监察工作的宣传教育面。

【领导干部廉洁自律】 1999年，德宏州纪委主要从以下几方面抓了领导干部廉洁自律：按照上级的要求，州纪委转发了“云纪发（1999）9号”文件《关于认真贯彻中纪发（1999）5号文件精神过好县以上领导班子民主生活会的通知》，要求严格按照“云纪发（1999）9号”文件规定的9个方面的问题进行自查自纠。全州130个县处级单位有118个召开了民主生活会，有95%以上的县处级领导干部参加民主生活会。少数因故不能按时召开会议的，也作了说明情况报告。二、州级领导进行“三讲”教育期间，州委以德发（1999）26号向全州发出了《严禁党政干部私驾私用公车及大操大办红白喜事》的规定，州纪委为贯彻州委26号文件精神，以德纪发（1999）7号、8号文件在全州范围内发出了“关于贯彻执行州委德发（1999）26号文件有关问题的通知”和“关于贯彻执行州委‘德发（1999）26号’文件的具体意见”，在社会上引起了强烈反响，受到广大干部群众的支持和拥护。三、继续围绕贯彻落实中共中央、国务院关于制止奢侈浪费八项规定，省委提出的“五不准”和省政府勤政廉政“五要五不要”规定，潞西市、瑞丽市、盈江县纪委认真抓了巩固清理通信工具成果防止反弹的工作，对移动电话配置和话费补助的规定进行了监督检查，对少数单位违反规定配置移动电话和话费使用超过规定标准的，进行了纠正，有效地巩固了98年清理通信工具的工作成果；瑞丽市、盈江县、陇川县、梁河县纪委还重新行文重申了《关于严禁赌博、反对奢侈浪费、加强廉政建设的规定》、《关于设宴请客的规定和领导干部个人重大事项报告、收入申报、礼品登记制度》、《关于制止公款吃喝玩乐和请客送礼的有关规定》，遏制了公款吃喝玩乐和请客送礼之风的蔓延；盈江县、梁河县、潞西市建立了领导干部离任审计制度，并对新上任的领导干部采取个别或集中的方式进行党风廉政教育。四、在全州范围内推行了“村务、厂务、政务”三公开工作，并取得了一定成效。通过开展“三公开”工作，增强了干部廉洁自律的自觉性和民主法制意识，同时也进一步增强了广大群众的民主监督意识。

【信访工作】 1999年，德宏州纪检监察机关共受理群众来信656件，来访121人次，电话举报26次。在受理的信访举报中，属检举控告的有725件次，占90%；申诉的34件次，占4.2%，其它的59件次，占7.3%。在检举控告中，涉及地厅级干部11件次，县处级干部136件次，乡科级干部266件次，一般干部205件次，其他人员111件次。对受理的信访举报件，纪检监察机关均严格按“分级负责，归口办理”的原则，及时进行了转办和直接查办工作，使信访办结率达90%以上。对上级党政机关领导和纪检监察机关交办并要求跟踪反馈办理情况和办理结果的重要信访件共16件，均全部办理完毕并反馈了查处结果。全州纪检监察机关的信访部门，全年初核与自办案件共215件，转立案调查18件，给予处分15人，批评教育84人，澄清问题使其解脱91人。

【查办违纪案件】 1999年，德宏州共立案查处各类案件80件，涉及违纪人员88人；截止12月底已结案72件，结案率为90%。在已结案件中，有76人受到党政纪处分。从违纪人员的职级看，涉及县处级干部6件6人，乡科级干部29件30人，一般党员干部25件32人，其他人员8件8人。从违纪的性质看，贪污有21件，挪用公款17件，走私抢支2件，失职渎职5件，违反野生动物保护规定1件，违反计划生育政策3件，吸毒3件，违反组织人事纪律5件，侵吞公物1件，敲诈1件，受贿1件，诈骗1件，其它11件。通过查办违纪案件为国家挽回直接经济损失230万元。

（《纪　委》撰稿　尹仁山）

（见《州情概览》26页）

监　　察

【执法监察】 1999年，德宏州纪检监察机关共开展专项执法监察4项，配合有关部门监督检查5项，涉及金额25037.1万元（其中违纪金额19.4万元，挽回经济损失11.2万元，占违纪金额的57.7%）。年内开展的执法监察主要有：一、扶贫工作纪律和扶贫专项资金大检查。根据省政府云政府发（1998）231号文件和德政发（1999）5号文件精神，由州政府挂帅，监察、财政、审计、扶贫办等部门组成检查组，对省、州扶贫攻坚乡1998年度的扶贫工作纪律及专项资金的管理使用情况进行了执法监察。1998年全州共投入资金2119.9万元。其中省投入9个省扶贫攻坚乡450万元，龙江河谷异地扶贫开发资金500万元；州投入财政专项资金115万元；各县市配套专项扶贫资金148.9万元；各部门拨出扶贫专项资金906万元。通过检查，发现有少数乡（镇）对扶贫资金使用制度把关不严，造成了使用不合理的现象。全州共有不合理开支93869元。为严肃扶贫专项资金使用管理规定，加大执法监察力度，由州政府办下发督办通知书，对不符合开支的款项提出整改意见，限期进行纠正。截止1999年底已全部纠正。

二、粮食流通领域改革的执法监察。根据云监（1999）26号文件和德政发（1999）47号文件精神，由州政府挂帅，州纪委监察局牵头，计委、粮食、财政、工商、农发行、审计、物价等部门共同实施，对全州5个县市65个乡（镇）以及州直涉及粮改工作的有关部门，全面系统地开展粮改情况执法监察。通过检查，全州粮食市场管理和运行总的情况是好的，各级粮食、农发行、财政均没有挤占、挪用粮食收购资金和粮食风险基金情况。1998年6月至1999年6月，全州共严肃查处违犯粮改法纪政策案件5件，涉及违纪人员5人，违纪金额10.08万元；给予党纪处分1人，政纪处分4人，挽回经济损失68651元，移送检查机关查处1件1人；对其它存在的问题要求及时整改，其中抽查3县（市）发现的6个问题，已全部纠正。

三、建设工程招投标监督检查。年内对全州建筑工程招投标继续实施“双合同”制。为确保建设工程有关法律、法规的落实，由建设、监察、计委、司法公证等部门抽调人员，对全州的建筑工程项目开展了执法监察。全年全州建筑工程共有91项（含历年遗留工程39项），建筑总面积21.75亿平方米。此次执法监察共抽查40项，占总工程项目的44%，抽查工程建筑面积10.18亿平方米（其中竣工工程19个，建筑面积63500平方米；在建工程21个，建筑面积38259.3平方米）。从抽查的情况看，州、县（市）在建筑市场上作了大量的工作，收到较好的效果。全州从1998年10月至1999年10月1日止，共参加建设工程招投标52个（其中50万元以上的49个，50万元以下的3个），建筑工程总投资金额8654.4万元，每标都订立“双合同”。从这次检查的工程项目看，凡是招投标项目的工程质量都明显好于未招投标项目的质量。检查中未发现违纪违法现象。

四、对农民负担的监督管理。1999年农副产品价格下滑，自然灾害严重，农民收入减少。面对这种情况，德宏州各级纪检监察机关，按照中央关于做好农业和农村工作的重要指示，始终把减轻农民负担的监督检查工作作为贯彻落实党在农村经济政策的首要任务来抓，切实履行监督管理职能。1998

年全州提留统筹1345万元，人均16.68元，占上年农民所得收入的1.53%；全州有5个行政村突破限额，比上年突破限额行政村减少14个，减少73.68%。全州社会负担1209万元，人均14.99元，占上年农民所得收入的1.3%。两项负担相加全州共计2554万元，人均31.67元，占上年农民所得收入的2.9%。在社会负担中，行政事业性收费112万元，建校集资304万元，农田水利集资181万元，架电集资106万元，修路集资225万元，其它集资83万元，计划生育罚款141万元，违反乡规民约罚款16万元，其它罚款41万元。两项负担相加超过上年农民所得收入5%的共有48个行政村，已责成各县（市）委、政府、农民负担办对超限额的行政村进行整改。全州没有发生过动用专政工具和手段向农民收钱、收物；没有发生因农民负担过重而引起的严重事件和伤人、死人的恶性案件。

除上述专项执法监察外，全州各级纪检监察机关还积极参加和配合有关部门对侵犯个体和私营企业权益的来信来访进行调查处理，参加计生委行政执法和行风建设的监督检查，制止了州工行与州养路稽查所签订合同用牡丹卡收养路费和州农行与有线台用金穗卡征收有线电视收视费的违规经营做法，对全州招生、招干、各类职称的考试工作进行了监督检查，参加了全州推行的厂务公开的试点工作，并取得了一定成效。

【民主评议行风】 1999年，德宏州按照云政办发（1999）67号文件要求，在国税、地税、工商三个系统开展了民主评议行风工作。为切实搞好此次行风评议工作，州及各被评单位自上而下相继成立了领导机构，并抽调业务精、责任心强的人员负责具体工作。同时，各单位根据州纠风办的实施意见，结合本单位实际，制定了切实可行的行风评议实施方案，确定了评议的方法步骤和内容标准。评议期间，全州共聘请了人大代表、政协委员、新闻记者、工青妇代表及各有关职能部门的评议员111名，组成15个评议组，参加系统的行风评议。行风评议采取上下联动、内外结合、面向社会、群众参与的方式进行，先由国税、地税、工商三个被评单位进行自查自纠、自我评议，作出自评报告；在自评的基础上，分别召开评议会，由评议代表依据评议内容、标准和要求进行评议。评议代表采取分散和集中的方式，运用各种渠道，调查了解被评单位的行业风气情况，掌握具体材料，提出书面评议意见。评议阶段共发放行风调查问卷711份，回收率为100%；召开各种类型的座谈会116次，人数有1113人；暗访和当面征询用户及职工341人次；实地查看窗口单位38个，收集建议和意见102条，反馈905条。被评议单位对评议中反映出来的问题，坚持边评议、边整改，提出了整改措施，并逐项检查落实。通过此次民主评议行风，干部队伍精神面貌有了很大改观，各系统认真修改完善了各项规章制度，涌现了一批拒贿、拒礼、拒吃请的税务、工商干部，受到了人民群众的称赞。

【案件查处】 1999年，德宏州各级纪检监察机关共受理行政违纪案件29件，涉及30人。违纪人员中，县处级1人，乡科级5人，一般干部24人。按违纪性质分：贪污6件，贿赂3件，失职渎职2件，挪用公款4件，吸毒1件，走私贩私4件，以权谋私1件，违反财经纪律1件，腐化堕落2件，其它5件。处理结果为：政纪处分给予开除公职5人，撤职1人，降级4人，记大过4人，记过6人，警告7人，免予政纪处分3人。通过查处违纪案件为国家挽回经济损失230万元。

（《监　察》撰稿　揭曙芬）

人 民 团 体

工　会

【开展“送温暖工程”活动】 1999年，德宏州、县（市）两级工会在调研的基础上，对1699户家庭人均生活费低于当地生活保障的困难职工建立了困难职工档案，并报请州委。根据《中共德宏州委办公室关于德宏州领导干部与州直企业特困职工结对帮扶安排的通知》，从2月1日起至2月25日全州共组织了由193人组成的17个慰问小组（其中党政领导105人，工会干部88人），慰问困难企业159个、1699人。

【州总工会五届二次全委扩大会议】 1999年3月4日至5日，德宏州总工会在瑞丽召开五届二次全委扩大会议。应到会委员29人，实到会委员23人；各县市总工会不是州工会委员的工会主席、经费审查委员会主任、会计、州工会经费审查委员会委员、女职工委员会委员、省属7个系统工会主席和州工会四个科室负责人共29人列席会议。中共德宏州委副书记李增寿出席会议，并作了重要讲话。会议听取和审议了州总工会主席冯绍先作的关于《德宏州总工会1998年工作回顾和1999年工作任务》的工作报告；听取和审议了州总工会副主席、经审主任张宽作的关于“经审工作报告”；副主席向书永代表州总工会常委会对完成1998年的工会工作目标责任书情况作了通报；副主席王明山对全州基层工会组织整顿作了进一步的安排。会议还对六县市（含畹町）工会经费和财务工作进行审查，对新的工会财会制度进行了业务培训。最后，州总工会主席冯绍先与五县市总工会主席签订了1999年工会工作目标责任书。

【开展劳动模范推荐工作】 1999年，根据省委、省政府关于召开云南省第十六届劳动模范和先进工作者表彰大会的决定，德宏州总工会积极开展“省劳模”推荐工作。4月，州地方税务局局长寸强、州民族医院副院长何盈、潞西市公安局职工刀玉琴、梁河县勐养乡中营村新芒东社农民徐永亮、潞西市三台山乡早内村农民苟有生被云南省人民政府授予“云南省劳动模范”荣誉称号。

【承办云南省第四期工会上岗资格培训班】 1999年7月17日至24日，由德宏州总工会、潞西市总工会和龙陵县总工会联合承办的云南省第四期工会上岗资格培训班在龙陵县巴拿掌开学，州总工会主席冯绍先在培训班开班时作了动员，龙陵县委副书记杨德算作了重要讲话。培训班由省工青妇干校校长张涛和培训部主任刘驰授课，潞西总工会主席马春美和龙陵县总工会主席尹照明也结合工会工作实践作了经验交流。州总工会和潞西市总工会机关干部、州直、省属的11个单位工会、潞西市19个单位工会、盈江县的14个单位工会、瑞丽市的3个单位工会、陇川县的5个单位工会、畹町工会70名工会干部和保山各县市基层工会干部36名，共计106名工会干部参加了培训。通过培训，全部学员都获得了省总工会颁发的上岗资格证书。

【全州企业厂务公开工作会】 1999年8月16日至17日，由德宏州委、州政府、州纪委和州厂务公开领导小组主持、州总工会具体承办的全州企业厂务公开工作会议在芒市召开。出席会议的有州纪委监察局、州委组织部、州总工会、州经贸委等厂务公开领导小组成员单位的主要领导，各县市党委、政府、纪检、监察、组织部、工会、经贸委、畹町开发委和部分省属驻芒市企业及99年度即将推行厂务公开试点工作的企业负责人，州厂务公开协调小组办公室工作人员共计122人。会上，州委副书记、州厂务公开协调领导小组组长李增寿作了重要讲话；州委常委、州纪委书记、州厂务公开协调领导小组副组长杨文忠对全州企业推行厂务公开工作进行了部署；州总工会主席、州厂务公开协调领导小组副组长冯绍先传达了省委、省政府关于厂务、政务、村务“三公开”工作会议精神；厂务公开协调领导小组办公室人员现场组织与会同志进行厂务公开专题录相讲座并组织与会人员进行分组讨论；州人民政府副州长、厂务公开协调领导小组副组长李志明分别与各县市政府领导和州直8个厂务公开试点企业签订了《德宏州企业推行厂务公开制度目标责任书》，并在会上作了会议总结讲话。

会议对全州推行厂务公开作出四点明确要求：一是要以职工代表大会为基本形式，依照有关法律和文件的规定，通过每年一次的职代会或临时召开职代会，将有关事项分别向职代会报告，提交职代会审议、审查同意或审议决定。二是定期召开党政工联席会或职代会联席会，由厂长（经理）发布工厂（公司）经营情况公告，以利进行监督。三是要在厂区设立公开栏或黑板报等定期公开有关事项。四是通过书面材料，如发通知单、建立明白帐等形式让职工群众了解工厂（公司）实情。

【工会财务工作成效显著】 1999年，由于德宏州企业亏损面大，各级地方财政困难，加之机构改革和企业改制使工会基层组织减少，工会经费收缴工作受到严重影响。11月中旬，州总工会根据省总工会的要求，召开了财务经审工作会议，明确了工会主席亲自抓经费收缴，财务、经审干部分工分片包干联系基层工会拨解工会经费。会后，州总工会财务经审干部深入各县市区工会进行经费审查，促收经费。同时，州总工会狠抓州直、省属经费拨解工作，使州总工会完成了省总批复州总工会全年工会经费的预算任务。全年全州工会经费拨交收入为56.78万元，比上年增11.37%；上缴省总工会35.07万元，比上年增15.32%，超省总预算任务690元；州总工会核定各县市总工会预算拨交经费收入108万元，实际完成943，649.72元，完成预算数的87.4%；州总工会核定各县市上缴经费预算数35.5万元，实际上缴21.4万元，完成预算数的60.3%；州直、省属上解州总工会22.04万元，超过了全州各县市区工会上缴的总数。

【协助党委政府做好下岗职工基本生活保障和再就业工作】 1999年，德宏州总工会及时召开专题会议，传达有关会议精神，并积极做好下岗职工基本生活保障和再就业工作。据统计，至1999年，经劳动部门批准减员增效、下岗分流的企业42个，经批准规范下岗的职工562人；已建立再就业服务站的企业36个，包含下岗职工212人，能足额领取基本生活费206人；按“三三制”资金筹集办法，社会应承担的95.2万元已筹集到位。年内，州总工会按照省总工会“双百双万”工程的要求，免费举办了一期下岗职工再就业培训班，培训的专业有烹饪、美容美发、家电维修；同时，州总工会把选树再就业典型、推广成功经验作为宣传工作的一个重点，帮助下岗职工转变就业观念，推动了全州下岗职工基本生活保障和再就业工作。

【开展全州基层工会组织整顿工作】 1999年，德宏州总工会按照省总工会关于“加强县级工会三年规划”的要求，开展了一次全州性的基层工会组织整顿工作。此次整顿以选好一个工会主席、配好一个班子、收好一笔工会经费、开展好一次工会活动等的“五个一”为目标，对全州工会会员和工会组织机构重新作了登记，建立了会员会籍档案。在整顿工作中，全州已进行会员会籍登记的会员有32937人，重新弥补入会申请书的有5100人，重新补发了会员证10773本，重新补发会员手册17322本。年内，全州有地方工会组织566家、在职会员42388人，已建女职工委员会157个、经审会92个、职代会131个、劳动争议调解委员会27个、法律监督委员会44个，有省级模范职工之家26家、省级模范职工小家2家、州级先进职工之家62家、州级先进职工小家21家、县级先进职工之家111家。

【推行厂务公开试点工作】 1999年，德宏州认真落实中央关于建立和实行厂务公开制度的重要批示，按照省委省政府关于厂务、村务、政务“三公开”工作会议总体安排，积极稳妥地推行本州厂务公开工作。厂务公开协调领导小组由州委、州政府、州纪委和州委组织部、州总工会、州经贸委等部门领导组成，办公室设在州总工会。年内，州委制定了厂务公开的“实施意见”，确定在全州34个制度较为健全的国有企业推行厂务公开制度，并制定了年内厂务公开的重点企业、厂务公开工作进度报表、厂务公开试点阶段工作步骤和方法、厂务公开检查验收考核办法。年内，州委副书记李增寿、州纪委书记杨文忠带领州总工会领导和潞西市总工会领导深入遮放糖厂、芒市糖厂就厂务公开进行调研和座谈，指导全州厂务公开工作；各县市也由工会的领导和政府主管企业的领导、纪委的领导挂帅，成立了厂务公开协调领导小组，制定了本县关于厂务公开的实施意见，形成了全州一级一级抓进度、一级一级抓考核、一级一级抓落实的工作格局。据统计：年内全州37个企业推行了厂务公开制度，超额完成9%。

厂务公开协调领导小组及其办公室人员名单

组　长　李增寿　州委副书记
副组长　杨文忠　州委常委、州纪委书记
李志明　州政府副州长
冯绍先　州总工会主席
龚能政　州经贸委主任
龙文生　州委组织部副部长

办公室

主　任　张　宽（兼）
副主任　李华光　州经贸委揭曙芬　州监察局

（《工　会》撰稿　冯绍先）

共　青　团

【纪念“五四”运动80周年】 1999年5月4日，为隆重纪念“五四”运动80周年，共青团德宏州委、州青联与州委宣传部、州教委联合举办纪念“五四”运动80周年暨芒市地区第六届青年文化活动周。纪念大会上德宏州委书记王南昆作了重要讲话；芒市地区2500名年满18周岁的青年在国旗下举行庄严的成人宣誓仪式，800名优秀青年加入了团组织；团州委还表彰了17个先进团组织、20名优秀团员、22名优秀团干部和17名支持共青团工作的党政领导。纪念活动期间，先后举办了“世博杯”趣味接力赛，“歌唱祖国、歌唱家乡、庆世博、迎澳门”大型歌咏比赛，青少年作品展，配乐诗朗诵比赛，辩论赛，“我为德宏献良策”征文颁奖座谈会等活动。

【青少年思想政治教育】 1999年，德宏州各级团组织始终把加强青少年的思想政治教育放在首位，开展了以党的基本理论为主线，以爱国主义、社会主义、集体主义为主要内容，以维护祖国统一、促进民族团结为重点的思想教育工作。通过开展纪念建国50周年、“五四”运动80周年、迎澳门回归、’99昆明世博会、抗议以美国为首的北约袭击我驻南使馆事件、揭批“法轮功”事件、揭批李登辉“两国论”等活动，深化了思想政治教育内容，从而进一步树立全州广大青少年热爱党、热爱社会主义祖国的坚定信念。州县市团委、青联、少工委联合举办的青年文化活动周、少儿“百花园”艺术节、农村青年文艺汇演等活动，把革命传统、理想信念、社会公德、职业道德教育寓于丰富多彩的活动之中，进一步增强了团组织的吸引力、凝聚力。全年全州共发展新团员2200名，团青比例达到20：80，团组织向党组织推荐优秀团员作党的发展对象1456人，占1998年年末团员总数的3%。

【跨世纪青年文明工程】 1999年，德宏州各级团组织在开展“为孤寡老人送温暖”、“赈灾济困”、“做文明青年、树时代新风”、“助耕包户”等传统活动的基础上，不断拓展工作内容：一是州、县青年志愿者协会积极组织青年志愿者开展长期“一助一”结对帮扶活动，开展“科技、文化、卫生”三下乡活动，弘扬了团结友爱，助人为乐，尊老爱幼的新风正气。二是开展“青年文明号”活动，提高了窗口行业的服务质量、经济效益和社会效益，改善了机关工作作风。年内，共考核州级“青年文明号”106家，新命名州级“青年文明号”35家。

【希望工程助学行动】 1999年，共青团德宏州委继续组织实施希望工程。年内，用希望工程基金资助失学儿童7名，捐方结对资助面临失学儿童126名，建成希望小学3所、“一村一校”6所。

【青年绿色希望工程全面启动】 1999年，在组织全州青少年开展植树造林、绿化荒山等常规活动的基础上，共青团德宏州委发出了《关于实施绿色希望工程的通知》和《保护母亲河建绿色家园倡议书》，全面启动了本州青年绿色希望工程。据统计，全年全州各级团组织共募集绿色希望工程资金32000元，参与绿化工程105项，植树造林6624亩。

【青年科技工程取得较大进展】 1999年，德宏州农村团组织认真按照上级团委要求，以科技星火带头人和科技示范户为骨干，以市场为导向，以效益为目标，以农村产业结构调整和培植农村新型产业为契机，大力兴办“独立自办型”、“联合开发型”、“入股参与型”的青年股份合作体43个，建立不同规模的青年科技示范园6个、农村青年科技示范户282户、科技培训基地45个，培养农村青年星火带头人52名。与此同时，“三项实用技术万亩科技示范”取得突破性进展，年内参与推广种植水稻旱育稀植71736亩、脱毒马铃薯6173亩、杂交玉米地膜14804亩、冬黄豆5127亩、热果2613亩、大棚蔬菜100亩、山苍子260亩、甘蔗175亩、澳洲坚果250亩。

【跨世纪雏鹰行动】 1999年，德宏州共建雏鹰假日小队近2000支，结手拉手队员4000对，结手拉手辅导员1000对，建手拉手书屋33个，建手拉手联谊乡（镇）29个，各县市颁发雏鹰奖章146枚，州少工委颁发雏鹰奖章52枚；瑞丽市、潞西市荣获“云南省雏鹰达标市”光荣称号，4所小学少先队荣获“云南省雏鹰大队”称号，4名少先队员荣获“云南省雏鹰奖章”，3名辅导员荣获“云南省星星火炬奖章”，2名少先队员荣获“云南省优秀少先队员”称号，1所学校的少先队荣获“云南省优秀少先队组织”称号，潞西市芒市三小刘兰庆老师荣获第二届“云南省十佳少先队辅导员”称号，邱文等10名同学荣获第五届“德宏十佳少先队员”称号。通过深化跨世纪雏鹰行动，使城市儿童争章参与面达95%、农村达85%。

【跨世纪青年人才工程】 1999年，共青团德宏州委与州劳动局、州经贸委联合在全州厂矿企业中开展了青年创新增效活动，与州劳动局联合开展了“下岗青工创业领头人”、“青年文明号生产线”和“青年岗位能手”评选活动，与州委宣传部、州级新闻单位联合开展了第三届“德宏十大杰出青年”评选活动。年内，共评选表彰州级“青年岗位能手”16名、州级“下岗青工创业领头人”2名；潞西市三台山乡原副乡长赵志刚、户撒乡原乡长彭乔和被团中央、全国青联、国家民委授予“各族青年民族团结进步模范个人”荣誉称号。

【开展跨世纪素质发展夺杯赛】 1999年，德宏州城乡各中学根据“跨世纪发展夺杯赛”活动要求，积极开展此项工作。年内，有6所中学获州级形象杯、2所中学获州级理想杯、1所中学获州级科技杯。其中潞西市芒市中学荣获省级理想杯，盈江县平原民族中学、梁河县第一中学荣获省级形象杯。

【团队一体化建设】 1999年，德宏州共有970名优秀少先队员被推荐加入团组织，从而促进了全州强队建团、以团带队、全程衔接、团队共兴良好局面的形成。

（《共青团》撰稿　陈岩西）

妇　　联

【“三八”节纪念活动】 1999年3月8日，德宏州各级妇联和各族各界妇女开展了丰富多彩的纪念活动。节日前夕，州妇联组织了由州直及潞西市直54个单位143名歌手参加的卡拉OK比赛，开展了由州直36个单位77个队参加的首届“三八”杯保龄球健身赛，还组织了芒市地区2000多人参加的游园活动。各县市、乡镇妇联以联欢会、座谈会、纪念会、表彰“五好文明家庭”、时装表演等形式开展纪念庆祝活动。

【“三八绿色工程”启动】 陇川县“三八”绿色工程始于1993年，县妇联首先在贫困山区乡勐约搞试点，种植柠檬20亩，竖起“三八绿色工程”第一块丰碑。至1999年8月，全县各乡镇妇女，在县妇联的指导下，开创的“三八绿色工程”已发展到510亩，种植各种经济林果木8.6万株，总投资0.6万元，各基地并根据有关政策，到公证处办理了法律手续，使“三八绿色工程”沿着健康大道继续向前发展。

（尚秉有）

【庆祝“六一”国际儿童节】 1999年，德宏州各县市、乡镇妇联和学校、幼儿园以各种形式开展丰富多彩的庆祝活动。芒市地区共有9所小学、幼儿园的303名少年儿童在芒市小礼堂参加文艺表演，州委、州政府的领导应邀观看演出。梁河县妇联、团委、教委、文化局等单位联合举办了“首届少儿歌手大赛”。“六一”节期间，州直各单位、社会各界人士纷纷向贫困山区少年儿童捐款捐物，潞西市捐款12300元以及作业本、铅笔、文具盒等学习用品一批。盈江、梁河、潞西等县（市）妇联代省妇联向获得“云南省儿童基金会1998年度优秀贫困学生”的学生颁发了奖学金。

【“双学双比”活动】 1999年是“双学双比”活动开展十周年。德宏州、县市、乡镇妇联和各协调单位继续组织农村广大妇女开展“双学双比”活动。全州有779名妇女通过参加扫盲班学习脱盲，有420名妇女参加农函大学习，有82049人次参加种植、养殖、加工等各种实用技术培训。在“双学双比”活动中，涌现出许多先进典型，铜壁关乡三合村戛独社社员罗永鸾获得全国“双学双比”女能手称号等。通过“双学双比”活动，提高了农村各族妇女素质，为发展农村家庭经济打下了基础。

【组织开展“手拉手”及“结对扶贫”活动】 1999年，德宏州各级妇联认真组织妇女干部、女能人、女专业户开展结对扶贫，从信息、资金、技术等方面给贫困户以帮助。据统计，年内，共结帮扶对子362对。其中州妇联干部与市象滚塘乡的5户贫困户结为联系户，不但帮助他们学习生产技术，而且还资助其子女上学；梁河县、乡妇联多方筹集资金12000元，帮助以种植、养殖为主的科技示范户20户、脱贫示范户15户；潞西市妇联动员女干部扶贫结对捐资助学209名；芒市镇5名农村妇女骨干，与山区勐戛镇5户贫困户结对帮扶，每人每年资助250元，救助贫困户，使5名失学儿童重返校园。

【“循环金”项目取得较好成绩】 1999年，德宏州各级妇联积极争取省妇联促进妇女发展循环金。全年共争取到该项资金15万元，扶持妇女养殖户53户、加工业1户、下岗职工1户、茶叶示范基地1个；梁河县用该资金5万元扶持省级贫困乡小厂乡50户农户发展养猪业，全年收入95000元，纯收入45000元，平均每户纯收入900多元，使50户贫困家庭1911人基本解决了温饱。年内，在实施第二轮循环金的同时，认真做好已到期的循环金回收工作，如数上缴省妇联。

【开展城镇女职工“巾帼建功”活动】 1999年初，德宏州妇联在全州城镇女职工中开展“巾帼建功”活动，并把“巾帼建功”活动的指标进行分解，实行目标量化考核，按照目标量化考核内容开展工作。广大女职工积极参加政治理论学习，树立正确的世界观、人生观和价值观，重视加强文化、专业知识学习。州工商局鼓励支持妇女职工以脱产、半脱产、自考等形式进行学习，提高文化知识和学历水平，全局在职女工29名，有15人参加了大专院校函授自学考试；全州银行系统把开展“学、比、建”和创建“巾帼文明示范岗”结合起来，强化女职工敬业意识、职业道德、市场竞争意识，努力提高女职工业务水平，做到学三门、会两门、精一门，树立了良好的行业形象；芒市公路管理总段在女职工中开展以“强素质、树形象、创业绩”为主题的活动，提出每个女职工每年读五本书、写五篇心得、做五件好事、种五盆花、栽五棵树，还组织开展各种知识竞赛、业务学习、技术比武等活动，激发女工敬业精神，年内全段有34名女职工加入中国共产党，涌现了“三八”红旗集体9个、“三八”红旗手69名、“五好文明家庭”20户。

【帮助下岗女工再就业】 1999年，德宏州各级妇联对下岗女职工的情况进行调查，协助开展帮扶工作。潞西市妇联对全市所属的国有企业下岗女职工和再就业情况进行全面调查，及时将情况向政府和有关部门反馈，为政府解决问题提供情况。年内，全市198名下岗女职工中，有近60%的人已实现了再就业，有40%左右的女工参加了季节性临时工。州劳动局的女职工，结合部门业务，积极为下岗女职工分忧解难：一是宣传国企改革的有关政策，帮助改变择业观念；二是督促企业落实孕期、产期、哺育期的妇女政策，维护女职工合法权益；三是对下岗女职工家庭确实有困难参加就业培训的给予照顾，免收其培训费。

【信访工作】 1999年，德宏州、县市妇联共接待来信来访521件，通过采取主要领导亲自抓、安排专人具体抓，基本做到事事有落实，件件有回音，结案率为97.88%。来信来访的内容主要涉及家庭婚姻、家庭纠纷、扶养、赡养、社会福利、儿童保护、人身权益等问题。

【组织实施妇女儿童发展纲要】 1999年，德宏州各级妇联积极协助政府实施《中国妇女发展纲要》、《九十年代中国儿童发展规划纲要》等妇女儿童法律法规。州妇联配合州妇儿工委召开了全州妇女儿童工作会议，传达全国、全省妇女儿童工作会议精神，总结交流各县市和州直有关单位实施两个“纲要”的情况和经验，研究部署深入学习贯彻两个“纲要”的工作。为加大妇女儿童法律法规宣传的力度，州妇联先后印发了“两纲”及“妇女权益保障法”、“未成年保护法”、“儿童权利公约”、“义务教育法”等学习材料13050多份，同时在14岁以下儿童的家庭中开展妇女儿童法律法规知识竞赛抽奖活动。梁河县把《中国儿童法律法规汇编》发到2000多名中小学生中，让学生与家长同读，并组织知识竞赛，参赛率达99%。潞西市妇联组织了由1900多名妇女参加的“两纲”、“两法”知识竞赛。通过多种形式宣传，提高了妇女儿童法律法规知识普及率，推动“两纲”贯彻落实。

【乡镇妇联执委换届选举完成】 1999年，德宏州乡（镇）妇联班子任期届满，全州各乡镇都先后召开了妇代会，选举产生了乡镇新一届妇联执委。从盈江、潞西两个县（市）选举结果情况看，新选举的执委中，少数民族占54.1%，高中、中专以上文化程度占61.92%，平均年龄35岁左右，基层妇联组织得到了加强。

（《州妇联》撰稿　李　玲）

工　商　联

【开展对非公有制企业贷款担保试点工作】 1999年4月，云南省工商联在保山召开了全省非公有制企业贷款担保工作会议。会议号召全省工商联积极开展对非公有制企业贷款担保试点工作。德宏州工商联结合德宏的实际进行了认真分析研究，决定在比较有条件的瑞丽市先进行试点工作。7月，瑞丽市召开首次个私工作会议，正式决定从市财政拨出30万元，作非公有制企业贷款担保的铺底资金。8月，州工商联将全省非公有制企业贷款担保工作会议精神和工作计划向州委、州政府作了汇报，得到了州委、州政府的肯定和支持。9月初，州工商联和州商业银行达成共识，双方决定签订“关于非公有制企业贷款担保的协议”，作为全州开展贷款担保工作的指导依据。

【瑞丽市召开首次个体私营经济表彰会】 1999年7月16日，瑞丽市委、市政府召开首次个体私营经济工作会暨表彰会，市五大班子领导、各部委办局负责人和个体私营经济的代表360多人出席会议。市委书记孟必光、市长思利章在会上分别作了题为《解放思想，加强领导，开创个体私营经济新局面》和《大力发展个体私营经济培养新的经济增长点》的讲话。副市长刀承济宣读了《中共瑞丽市委、瑞丽市人民政府关于大力发展个体私营经济的决定（讨论稿）》。会上，市委、市政府还分别表彰了“先进个体工商户”、“先进私营企业”以及为发展瑞丽市个体私营经济作出贡献的“先进单位”和“先进个人”，并为他们颁发了奖状、证书和奖金。

（陈　江）

【非公有制经济情况】 截至1999年12月，德宏州个体工商户累计19485户，从业人员29659人，比上年减3322户和7423人；私营企业604户，从业人员6255人，注册资金17017万元，投资者1139人，私营企业比上年增115户，从业人员增719人，投资者增193人。股份制、股份合作制和各种联营经济税收大幅度下滑。全年全州非公有制经济缴纳税收7748.93万元，占地方财政收入的36%，其中个体、私营企业缴纳税收7315.26万元，占地方财政收入的34.9%；联营经济缴纳税收433.67万元。99年整个非公有制经济的税收比上年增加378.23万元，其中个体私营企业税增1032.86万元。

【积极开展对非公有制经济先进典型的宣传工作】 1999年，德宏州工商联主要采取以下措施加强对非公有制经济先进典型的宣传：一是邀请云南东陆时报记者两次到潞西、瑞丽、畹町对非公有制经济进行专门采访报道；二是组织了州电视台、电台、团结报社、春城晚报社的记者对全州非公有制经济的先进典型进行系列报道；三是领导带头向有关报刊写宣传非公有制经济发展的文章；四是用调查报告和简报的形式进行宣传。

【为非公有制经济人士调解经济纠纷】 1999年，德宏州反映乱收费、乱罚款以及各种经济纠纷的比较多，调解经济纠纷是工商联的重要服务内容，州工商联始终把调解经济纠纷作为重要的工作来抓，大部分的经济纠纷经过和有关部门协调得到了妥善解决。7月，州工商联按照行风检查的要求，抽出专人积极参加对有关执法部门、职能部门的行风检查工作。

【州县市工商联实行量化目标管理责任制】 经德宏州工商联二届四次执委会通过，从1999年开始，德宏州系统实行量化目标管理责任制。年内，经初步检查，做得比较好的有梁河县、瑞丽市。

【建立乡镇分会】 1999年，德宏州工商联要求各县市工商联进行成立乡镇分会的试点工作。梁河县工商联率先在6个坝区乡镇成立工商联分会组织，填补了全州县市工商联乡镇分会的空白；盈江县工商联成立了1个乡镇分会。

【个体私营经济发展趋缓】 截至1999年12月底，德宏州个体工商户共有19485户、从业人员29659人、注册资金17017万元、营业收入22021万元、上交税金5866万元，分别比上年降18.2%、20%、19.4%、12.4%、3.9%；社会消费品零售总额75811万元，增15.1%。私营企业共有604户、从业人员6255人、注册资金33257万元、营业收入13663万元、上交税金235万元、总产值4839万元，分别比上年增23.5%、13%、19.3%、91.1%、40.7%、77.2%(个私办)。

（《工商联》撰稿除署名外，均为刘云胜）

侨　　务

【州侨联三届五次全委会暨侨办主任会】 1999年1月26日至27日，德宏州侨联三届五次全委会暨侨办主任会在芒市召开。州侨联三届委员、各县市侨办主任及州直有关单位领导参加了会议。会议审议了聂河云副主席代表州侨联三届常委会所作的《1998年工作总结及1999年工作安排意见》的工作报告，各县市侨办侨联进行了工作交流。会议还安排部署了全州99年侨务工作计划。州人大副主任雷冯庆、州政府副州长方绍南、州政协副主席多守业到会并作了重要讲话。

【方绍南副州长到芒市华侨农场进行春节慰问】 1999年2月3日至4日，德宏州政府副州长方绍南、潞西市委副书记和红梅、副市长刀小舟一行在州侨办领导聂河云、杨云吉、潞西市侨办主任左利民及芒市华侨农场场长孙金发的陪同下，前往芒市华侨农场下属的3个分场27个生产队，看望了101户贫困归难侨职工家庭，向他们赠送了1.8万元的春节慰问金和州委、州政府的《春节慰问信》。

【州人大主任会议审议全州侨务工作】 1999年5月31日，德宏州人大主任麻端主持召开德宏州十一届人大常委会第20次主任会议，听取了州人民政府副秘书长杨成礼所作的《德宏州侨务工作情况报告》。会议认为：全州侨务工作在贯彻落实《中华人民共和国归侨侨眷权益保护》、对内对外联络、侨情调研及普查、为侨服务及侨务部门自身建设方面取得了显著成绩。但值得注意的是，全州涉侨经济案件、民事案件仍时有发生，各级政府要从大局出发，把侨务工作列入政府重要议事日程。

【梁河县第三次归侨侨眷代表大会召开】 1999年6月15日至16日，第三次梁河县归侨侨眷代表大会在遮岛召开。这次大会应到代表57名，实到代表48名，特邀代表49名。此次大会审议和通过了县侨联二届委员会工作报告，并对今后工作的安排部署及县侨联第三届委员候选人、顾问建议名单进行了认真讨论。大会选举产生了梁河县侨联委员会常委、主席、副主席、秘书长，陈茂华当选梁河县侨联三届主席、李灿光为副主席（兼）、王明纲为秘书长（兼）；大会聘请谷孟温、李茂荣侨胞为本届侨联顾问。州人大副主任雷冯庆、州政协副主席多守业、州侨联主席聂河云到会祝贺并作了重要讲话。

【唐乐山博士到德宏州考察】 1999年6月22日至23日，英国儿童救助会中国总干事唐乐山博士在省侨联有关人员陪同下，到德宏州就少数民族地区妇女儿童救助问题进行了两天的考察。年底，该救助会同意在德宏州建一所儿童救助所。

【林晓昌等被评为“全国归侨侨眷先进个人”】 1999年7月，德宏州缅甸归侨林晓昌、何成光因积极参与经济建设，热心社会公益事业，成绩突出，受到国务院侨办、全国侨联的表彰，并被评为“全国归侨侨眷先进个人”。

【省调研组到芒市华侨农场调研】 1999年8月3日至6日，云南省政府华侨农场体制改革调研组一行7人在组长（省侨办副主任）万兆灿的带领下，对芒市华侨农场体制改革工作进行为期3天的工作调研。调研组广泛听取州政府、潞西市委、市政府及芒市华侨农场对华侨农场体制改革的意见及存在的问题。此次调研对完成芒市华侨农场体制改革工作将具有重要意义。

【州侨联三届六次常委（扩大会议）暨侨办主任会】 1999年8月19日至20日，德宏州侨联三届六次常委（扩大）会议暨侨办主任会议在芒市召开。州侨联三届常委、芒市地区部分委员25人及各县市侨办主任参加会议。此次会议传达了全国侨联六代会、全省侨务工作会议精神；研究了第四次德宏州侨代会组织方案；安排部署了第七次云南省侨代会德宏州代表的推荐工作；会议补选聂河云为州侨联三届主席。

【省侨务机构调研组到德宏州调研】 1999年9月2日至3日，由云南省侨办副主任王冰、省侨联主席陈碧云率领的省侨务机构调研组到德宏州就侨务机构设置进行工作调研。调研组在德宏州期间听取了州政府及有关部门的汇报；对德宏州“侨办侨联合署办公，两块牌子一套人马”的机构设置模式给予充分肯定。

【开展“为侨资企业服务行动年”活动】 1999年是全国侨务系统“为侨资企业服务行动年”。为此，德宏州侨务系统认真贯彻执行国侨发《关于在侨务系统开展“为侨资企业服务行动年”活动的通知》精神，制定了德宏州侨务系统为侨资企业服务承诺制；各县市侨办侨联建立了侨资企业联系点，向社会公布了维护侨资企业合法权益举报电话；协助州人大侨委开展了对全州侨资企业执法调查，发放了征求意见表。11月，全国人大侨委执法检查团到德宏州进行侨务执法检查，州政府副州长方绍南作了全州侨务执法情况汇报，检查团对本州在维护侨益，为侨服务方面所做的工作给予了充分的肯定。

【信访工作】 1999年，德宏州各级侨务部门共处理信访11件，结案7件，结案率达65%。其中影响较大的瑞丽市归侨赵毅珠宝店被砸案及瑞丽市侨眷段定英房屋错处案得到妥善解决。

（《侨务》撰稿　尹朝红）

科　协

【举办“人与自然”科普周活动】 1999年4月9日至15日，德宏州科协、州科委、州委宣传部、州教委、州林业局、州环保局、州计生委、团州委和各县市人民政府联合在全州范围内举办了“人与自然”大型科普活动周活动。此活动共展出版面156块，图片3227张，放映科技录像74场，发科技书刊2286册，发科技报9450份，印发有奖知识竞猜582题，设立咨询点38个，实物宣传321类，参加单位40个，现场工作人员316人，参观人数22.67万人次。此次活动规模盛大、内容丰富，从不同的角度展示了全州科普宣传、生态环境保护取得的成绩和面临的形势，中国科协书记处书记徐善衍观后给予高度评价。此次活动，获省科协优秀组织奖和活动一等奖。

【农村实用技术培训】 1999年5月6日至7日，德宏州委组织部和州科协共同召开了全州首次农村党员、基层干部实用技术培训工作会。各县市委组织部、科协、科委、扶贫办的领导及部分县市分管领导、全州18个扶贫攻坚乡领导共80余人参加会议。会上州委组织部、州科协与各县市委组织部、科协签订了“农村党员、基层干部实用技术工作目标考核责任书”。为贯彻落实全州农村党员、基层干部实用技术培训工作会议精神，各县市回去后及时把会议精神向主管领导汇报，先后经县市委研究决定成立了“农村党员、基层干部实用技术培训工作领导小组”，对培训工作进行了安排部署，并制定了相应的“责任书”。据统计，全年全州科协举办各种实用技术培训达17万多人次；盈江县芒璋乡根据产业开发，组织74人到乡政府进行山苍子种植技术培训，并组织85人到铜壁关乡山苍子种植基地实地考察。

【推广应用甘蔗电脑农业专家系统】 1999年7月28日，德宏州科协、州科委、州蔗糖办联合召开推广应用甘蔗电脑农业专家系统经验总结会，来自省科协的电脑专家、全州的甘蔗种植专家、部分糖厂领导及推广应用领导小组成员共16人参加会议。会议对3个糖厂两个榨季该系统使用情况进行认真分析，再次提出软件修改意见，使这项高新技术更趋完善。年内，通过3个点、5123亩和几百户蔗农的使用情况看，该系统使用后不仅提高产量和糖分，还对甘蔗品种改良，实现市场目标管理提供科学依据，具有很强的现实指导意义。如在对照施肥方面，每亩可节约投资50元。年底，该系统的使用又有增加，即瑞丽糖厂5000亩、梁河糖厂（芒东分厂）1000亩。至此，全州5个县市蔗区都有点，为明后年大面积推广使用该系统奠定了坚实基础。

【承办全省农函大工作会】 1999年12月1日至4日，云南省农函大工作会议在德宏州召开，来自各地州市科协、部分县市分管领导、各分校辅导站负责人、省农函大及德宏州有关人员共240余人与会。会上表彰了76个先进集体、40个荣誉领导、403个先进工作者、181位优秀教师。

【学会情况】 1999年，德宏州科协有州级学会、协会、研究会28个，会员4813人；县市级学会、协会、研究会105个，会员5049人；农村专业技术研究会91个，会员2823人；乡镇科普协会63个。

【科技宣传】 1999年，德宏州科协系统利用电视、广播、报刊、黑板报、科技橱窗、科普画廊、科普园地等大力宣传党的科技方针政策及科技信息。年初州科协与有关新闻单位签订协议，加大科技宣传力度，不定期地报道科技信息、学会活动、青少年科技活动情况，宣传科技专家。潞西市科协与芒市电视台合办的“边陲春潮”科普之窗全年播出54期，每期12分钟。梁河县科协、瑞丽市畹町经济开发区科协分别与县、区广播电视台合办“科普之窗”、“科普园地”。据统计，州、县市科协与电台、电视台播放专题节目72个，不定期出刊“科普橱窗”“科普画廊”20期。德宏州发明协会在全国技术创新大会召开以后，及时把会议精神翻印成册，共印300份，送发给州级五套班子及有关单位领导。

【科技活动】 1999年，德宏州科协共举办科普讲座231次，听讲人数18740人次；举办科普展览20次，参观人数30多万人次；举办专题科普宣传32次，组织工作人员179人次；举办科普画廊展览，画廊展览总长度620米；举办青少年科普竞赛6次，参加人数300人次；举办青少年夏、冬令营6个，参加人数110人次；无偿提供科技咨询127项，被采纳科技建议3条；引进技术4项，开发新产品1项，推广新技术17项；向人大、政协提案4项，被采纳1项；接待科技工作者来信来访97件，协调解决77件；表彰优秀科技工作者64人次；《德宏科普》报出版1期，发行3000份；《德宏团结报》的“科普园地”出版48期；“德宏科协”简讯编印18期，发放2000余份；主办科技期刊2种，发行650册；编著科技图书3种，发行350册。

【科技培训】 1999年，德宏州级学会、协会、研究会共举办各种培训37期，培训人数2610人次；对科技人员进行继续教育626人次，其中参加证书学习111人。年内，计算机培训中心完成各种培训18个班次，培训学员413人次。1月9日，州科协与其他部门联合在省级科技扶贫攻坚乡——潞西市象滚塘乡河心场村举办甘蔗“三高”栽培技术现场会，9个社166名社员参加培训。梁河县科协以农函大为突破口，举办各种科技培训60期，参加培训万余人次。

瑞丽市畹町经济开发区举办各类高产农作物栽培技术培训15期，参加人员1100多人次。

【学会活动】 1999年，德宏州级各学会、协会、研究会举办国内学术会议18次，参加人数837人次，交流学术论文213篇；举办学术报告会13场，参加人数638人次；举办科普讲座161次，听讲人数4018人次；举办科普展览20次，参观人数7750人次；举办专题科普宣传228次，组织工作人员228人次；接待来访科技团组8个，接待总人数130人次；举办科技报告会12场次，听讲人数1620人次；主办科技期刊2种，年发行量25500册，年发表论文125篇；编辑论文集2种，年发行量555册；被采纳的科技建议29项。州护理学会举办的“爱岗敬业”巡回演讲活动，用身边的事教育身边的人，取得了较好的效果。年内，全州开展学术交流活动的学会、协会、研究会有13个，改选换届的学会、协会、研究会有2个；德宏州发明协会被省发明协会评为先进单位；州科协将原挂靠州科协的“德宏州生命科学文化研究会”予以注销。

【青少年科技活动】 1999年，德宏州科协选送了7件作品，参加云南省第五届青少年生物与环境科学实践活动评比，获项目三等奖2项，优秀活动奖2项，优秀组织奖2项。有2件作品代表云南省参加全国第五届青少年生物与环境科学实践活动评比，荣获优秀活动奖1项，优秀组织奖1项，即德宏州民族第一中学生物课外科技活动小组的“德宏野生动物变迁原因调查宣传教育活动”，获全国优秀活动持之以恒奖；德宏州瑞丽市第一中学获全国优秀组织奖。年内，州科协还与州教委共同帮助州民族第一中学学生张毅编印了其发明作品《超速查式新英汉词典》，该书共印刷出版1600册，在州民族第一中学师生中试用，反映效果较好。

【农函大】 1999年，德宏州农函大39个专业共招生2825人，比原计划2000人多招825人，与上年相比增931人，增40%。其中乡村社干部613人，占21%；共产党员808人，占27%；4个省级科技扶贫示范乡学员541人。陇川县王子树乡的农函大学员通过学习甘蔗和茶叶栽培技术，使茶叶亩增收30－50元，甘蔗总收入720万元，8个村公所的蔗农脱贫面达85%。为确保办学质量，7月1日至2日，芒市举办了德宏州农函大辅导教师培训工作会，来自全州56个乡镇农科站科技人员、部分乡镇领导、县市科协辅导站负责人共137人参加会议。会议主要对“县市辅导站管理考核（试行）办法”进行培训。年内，农函大德宏州分校、农函大潞西市辅导站被省农函大评为先进集体。

（《科　协》撰稿　高芝红）

军　　事

中国人民解放军云南省德宏军分区

【民兵工作调整改革】 1999年4月2日至8月31日，根据（1997）参联字第2号文件和云南省军区《关于深化全省民兵工作调整改革的通知》，德宏州在潞西民兵工作调整改革试点的基础上，开展了全州民兵工作调整改革。此次民兵工作调整改革的主要任务是压缩基干民兵规模，调整民兵组织，加强政治建设，提高训练质量，改善武器装备，优化整体结构，搞好组、训、装的协调发展。其主要做法是：一、各级重视，机构健全。为做好此项工作，州委、州政府和分区联合成立了民兵工作调整改革领导小组，下发《关于深化民兵工作调整改革的通知》（即德发（1999）8号文件），各县（市）按照文件要求，及时成立县（市）、乡（镇）民兵工作调整改革领导小组，分别召开县、乡两级民兵工作调整改革会议，安排部署民兵工作调整改革任务，做到了分工明确，责任具体。二是重点突出，合理编组。各级按照减少数量、合理布局、突出重点、分类建设的原则，重点突出了“三队一网”的编组，使之达到规模适当、编组科学、结构优化、管理有序的要求。三是立足实际，因地制宜。各级结合全州民兵分布的实际，按照规范、适用、统一的要求，狠抓了民兵营、连部规范建设。四是严格标准，狠抓质量。各级通过反复学习文件，进一步明确了调整改革的指导思想、方针原则、任务要求和方法步骤，下大力改革民兵训练路子、改进民兵政治工作、加强民兵流动人员管理和武器装备安全管理。五是作风深入，成效明显。此次民兵工作调整改革正值全州深入开展“三讲”教育，分区和县（市）人武部把“三讲”教育与民兵工作调整改革同步展开。六是加强检查，严格验收。调改中，分区普生有司令员、赵建国参谋长等领导先后率工作组对各县（市）民兵工作调整改革进行检查验收。通过采取听、看、查、点、问等形式，重点抽查县（市）人武部和部分民兵应急分队、基干民兵连连部建设情况，现场提问民兵的性质、任务和官兵相识以及各种信（记）号规定等基本常识，详细查看部分县、乡的战时兵员动员方案、军警民联防方案、维护社会稳定方案、抢险救灾方案拟制情况和连部“两图一表”及各种文电资料。通过验收，认为全州民兵工作调整改革基本做到编组科学、规模适当、结构合理、人员精干、管理有序、资料齐全、连部规范，全州总评合格。

【德宏军分区开展“三讲”教育】

1999年5月6日至6月26日，德宏军分区根据党中央、中央军委和两级军区党委的统一部署，在分区和人武部党委、机关中深入开展以“讲学习、讲政治、讲正气”为主要内容的党性党风教育。以总政编印的《军队“三讲”教育必读》为材料，系统地学习了毛泽东、邓小平、江泽民等三代领导核心关于“三讲”的46篇重要论述，还学习了辩证唯物主义基础理论的部分内容。向地方有关部门发出征求意见函45份，收回23份，听取和征求了各方面的意见和建议20条。制定了加强理论学习、加强思想政治建设、加强民主集中制建设、加强宗旨教育和端正工作指导思想等五条整改措施。此次“三讲”教育达到预期目的。

【战备执勤】 1999年5月3日至4日，梁河县芒东乡武装部部长孔自奇、专干蔺应武、龙正红3人在配合芒东乡派出所设卡过程中，抓获贩毒分子9人，缴获海洛因400克、鸦片2850克，受到了县委、政府的表彰。

7月，潞西市遮放镇发生特大洪灾，潞西市人武部和遮放镇武装部迅速组织遮放镇民兵及遮放糖厂应急民兵300多人，参加抗洪抢险战斗。

10月12日12时左右，潞西市江东乡民兵班长段登明积极配合公安机关在该乡大水井公路3公里处堵截3名重大犯毒案嫌疑犯。段在民兵和群众的协助下，抓获贩毒分子3人，受到公安机关和人民群众的好评。

【表彰奖励】 1999年7月1日，德宏军分区政治部主任杨自凯和梁河县人武部政委王绍义分别被云南省军区评为“优秀党务工作者”和“优秀党员”。

7月9日，分区司令部军务动员科参谋陈中生等17名党员被德宏军分区党委评为“优秀党员”，受到通报表彰。

8月24日，潞西市人民武装部被云南省军区评为全面建设先进单位，受到通报表彰。

9月22日，潞西市人民政府征兵办公室被云南省人民政府征兵办公室评为1999年度征兵先进单位，受到通报表彰。

11月6日，潞西市人武部党委为参加州国防后备力量建设工作会议军事汇报表演的芒市镇民兵应急排副排长王顺昌、城郊镇民兵应急连一排排长金荣辉各荣记三等功1次，对方志德等15名应急民兵给予了通报表彰。

10月11日，德宏州人民政府征兵办公室对在1999年冬季征兵工作中涌现出来的12个先进单位和14名先进个人进行了通报表彰。先进单位是：潞西市、瑞丽市、陇川县、盈江县、梁河县人民政府征兵办公室，潞西市法帕、城郊镇，盈江县弄璋、盏西乡，瑞丽市勐卯镇，国营陇川农场，梁河县芒东乡；先进个人是：潞西李春华、彭韶荣，瑞丽刀承济、杨盛刚，陇川毛勒端、杨德贵，盈江寸时旭、徐开卫，梁河尹可芽、何有元，州直刘新光、郭正培，德宏军分区彭锦、彭彪。

年底，云南省军区党委通令嘉奖1999年度工作成绩突出的一批师团干部，为潞西市人武部政委于怀芳荣记三等功1次，分区司令员普生有受到通令嘉奖。

年底，德宏军分区党委为在1999年度工作中成绩突出的分区政治部干部何家松、陇川县人武部后勤科科长李新海、分区后勤部小车班班长王先勇等3人荣记三等功，分区司令部军务动员科参谋彭锦等18名干部受到通令嘉奖。

年底，梁河县人武部、分区政治部组织干部科、潞西市人武部军事科、陇川县人武部后勤科、盈江县人武部政工科分别被分区评为1999年度先进单位，受到通报表彰。

年底，分区政治部将1999年度工作中成绩突出的杨春华、翟向阳、赵海洋、李建华、谭军、张平、杨旭、郑金荣等8名战士评为年度优秀士兵。

年底，潞西市人武部党委为江东乡民兵班长段登明荣记三等功1次。

【撤销畹町市人民武装部建制】 1999年8月1日，根据云南省人民政府《关于撤销畹町市将其行政区域并入瑞丽市的通知》（即云政发〔1999〕28号文件）和成都军区〔1999〕司务字第39号文件以及云南省军区〔1999〕司务字第22、23号文件精神，德宏军分区撤销了畹町市人武部。畹町开发区的民兵预备役工作由瑞丽市人武部负责组织实施。

【州委议军会议】 1999年10月15日，州委书记、德宏军分区党委第一书记王南昆在德宏军分区招待所主持召开中共德宏州委议军会议。参加会议的有州委副书记、州长管国忠，州人大副主任张本道，州政协副主席孔文忠，州纪委书记杨文忠，分区司令员普生有、政委刘广全，分区司政后部门领导以及各县（市）委书记、县（市）长、人武部部长，州委人民武装委员会和州国防动员委员会全体委员共65人。会议听取了德宏军分区司令员普生有《关于1997年州委议军会议贯彻执行情况报告》和各县（市）关于贯彻1997年州委议军会议的情况报告，调整充实了州委人民武装委员会和州国防动员委员会成员。州委书记、德宏军分区党委第一书记王南昆，州委副书记、州长、州武委会主任管国忠分别在会上讲了话。会议要求，各级党委、政府和领导一定要提高思想认识，切实摆正民兵预备役建设工作的位置，积极为民兵预备役建设办实事、解难题，具体做到“四个到位、四个跟上”（即思想要到位，认识要跟上；领导要到位，协调要跟上；政策要到位，措施要跟上；工作要到位，落实要跟上），一件一件地抓好落实。会议还着重研究和议决了党管武装、人武部建设、基层武装部建设、全民国防教育、民兵事业费基数等10个问题，并形成《会议纪要》。

【州国防动员委员会全会】 1999年10月15日，德宏州委、州政府、德宏军分区联合召开德宏州国防动员委员会全会。分区司令员普生有主持会议，州国防动员委员会副主任、德宏军分区政委刘广全传达省国防动员委员会第二次会议精神，总结1996年以来全州国防动员工作，并部署今后两年全州国防动员工作任务。会上，州人民武装动员、国民经济动员、人民防空动员、交通战备动员、国防教育动员办公室的领导分别在会上发言，州长、州国防动员委员会主任管国忠在会议结束时作了重要讲话。会议强调，各级要以新时期军事战略方针为指导，按照“围绕打赢，注重基础，突出重点，狠抓落实”的工作思路，全面加强全州国防动员工作。具体是：人民武装动员工作要在提高质量和快速反应能力上下功夫；国民经济动员工作要在提高平战转换能力上下功夫；人民防空工作要在增强防护能力上下功夫；交通战备工作要在增强交通保障能力上下功夫；国防教育工作要在增强全民国防观念上下功夫。

【州国防后备力量建设工作会议】 1999年10月16日，德宏州委、州政府、德宏军分区联合召开德宏州国防后备力量建设工作会议。会上，分区司令员普生有传达云南省国防后备力量建设工作会议精神，总结1996年以来本州国防后备力量建设工作，并部署今后一个时期本州国防后备力量建设工作任务；州委书记王南昆作重要讲话，潞西市人武部交流了正规化建设经验。会议强调，各级要发扬党管武装的优良传统，切实加强对国防后备力量建设的领导；要把思想政治建设放在首位，不断提高民兵预备役人员的思想政治素质；要按照江主席“五句话”总要求，把人武部建设成为全面过硬的民兵预备役工作“一线指挥部”；要以质量建设为目标，深入开展“科技练兵”活动，不断提高民兵军事训练水平；要服从大局，科技先富，充分发挥民兵在经济建设中的生力军作用；要以民兵“三队一网”为重点，努力提高民兵队伍的整体素质；要认真贯彻中办发〔1999〕24号文件精神，切实搞好基层人武部机构的设置和专武干部的配备工作。会议期间，与会代表实地参观了潞西市人武部正规化建设和法帕镇民兵营营部建设，观摩了潞西市民兵应急分队紧急出动演练和对抗射击表演。

【州征兵工作会议】 1999年10月17日，德宏州政府和分区联合召开德宏州1999年冬季征兵工作会议。会议主要传达学习省征兵工作会议精神和总结部署征兵工作。会上，各县（市）政府和人武部领导与州政府和军分区领导签订《征兵工作目标管理责任书》，并通报表彰1998年冬季征兵工作先进单位和个人。

【冬季征兵】 1999年，德宏州冬季征兵工作于11月1日开始，到12月16日结束，历时46天。在被征集的新兵中，农业户口占征集总数的69.03%，非农业户口占30.97%；党团员占13.87%；大专文化占1.94%，中专（含技校）占13.87%，高中毕业占19.35%，职高占12.58%，初中毕业占52.26%；独生子女占10%；具有专业特长的占21.29%；革命军人、干部、知识分子出身的占18.07%，工人出身的占9.35%，贫下中农出身的占41.94%，社员出身的占30.64%；汉族占55.16%，少数民族占44.84%；预征对象占96.77%。连续14年杜绝征集高小生入伍，各项指标均达到或超过省征办规定的要求。征兵开始前，州县两级共成立征兵领导小组6个，抽调参加征兵工作人员108人；成立政审组6个，抽调政审人员436人；成立体检组6个，抽调体检医生213人。全州共划拨征兵经费45.6万元。征兵期间，全州共悬挂、张贴大小标语4235条（幅），制发各种文电、“简报”235份，各级领导发表广播电视讲话和播放征兵公告65次，自办板报、墙报75期，新闻媒体采用稿件111篇，义务咨询1560人次，适龄青年报名人数达3000人，预征对象1646人。征集中，全州对2105名适龄青年进行初审，合格1902人；终审767人，合格575人；初检2448人，合格1487人；上站体检1094人，肝功合格930人、尿检合格984人、RPR合格670人、终检合格404人。

【党建工作】 1999年，德宏军分区按照军委和两级军区“在团以上党委班子和领导干部中深入进行以‘讲学习、讲政治、讲正气’为主要内容的党性党风教育”和江主席关于民主集中制的“十六字”方针，狠抓了党委班子的自身建设。一是召开了分区党委扩大会议，总结了上年工作，部署了1999年工作任务。二是抓了党委中心组理论学习制度。按照总政“七项规定”和成都军区“五个一定要”要求，深入学习党的十五大精神、邓小平理论和江主席的一系列重要论述，并进行了重点授课。三是狠抓了分区和人武部两级党委、机关的“三讲”教育。重点解决理论学习坚持不够好、班子凝聚力不够强、工作作风不够实等问题，并通过“三讲”，查找问题，制定措施，从而使党委班子达到“一个增强、两个确保”的要求。四是认真贯彻落实民主集中制，加强班子团结。年内，召开2次民主生活会，针对“三讲”教育中查找出来的问题，开展批评与自我批评，班子成员之间解决自身问题的能力不断提高。五是坚持从严治官，干部队伍建设明显增强。各级围绕分区党委提出“从学习上管好、从思想上管严、从工作上管实、从作风上管住”的要求，加大了从严治官的力度，坚持用条令条例和规章制度管理干部，干部形象有了明显变化。同时，还加强了干部的培训工作，先后组织交流干部岗前培训和政工干部业务培训以及为期10天的理论读书班，加强了对干部的考核、教育和选拔任用工作，干部普遍受到教育和锻炼，事业心和责任感得到进一步增强。六是加大纪检工作力度，认真落实党风廉政建设责任制，制订了党课教育计划，定期组织党员学习军地有关廉政建设方面的文件，从而严肃了党的政治纪律、组织纪律、经济纪律和群众纪律。七是树立务真求实的思想，工作作风明显转变。全年各级领导和机关下基层400多人次，以蹲点、跑面等形式，开展面对面的帮助指导，为基层解决民兵预备役工作中的困难和问题20多个。

【两个经常性工作】 1999年，德宏军分区有重点地加强了两个经常性工作：一是狠抓教育整顿。坚持了3月份的法纪教育整顿月和每月一天的法纪教育日活动，组织官兵认真学习军队的条令条例和国家法律法令。年内，全区共上法制课10次，进行安全防事故教育5次，增强了大家的法规意识，提高了遵纪守法的自觉性。二是坚持思想汇报、思想分析制度。对官兵的现实思想和行为表现进行定期分析，重点排查“个别人”的思想情况，及时发现和处理6名“个别人”的思想问题，确保了官兵思想稳定。三是狠抓了预防犯罪工作。全区各级按照《军队基层预防犯罪工作暂行规定》，加大预防走私贩私、吸毒贩毒、卖淫嫖娼、心战策反、泄露机密、盗卖枪弹、各种经济犯罪、重大军警民纠纷和国内外敌对分子对部队的渗透等工作力度，杜绝了各种事故和案件，保证了部队纯洁与巩固。四是狠抓防间保密工作。各级针对全区地处边境口岸，隐蔽战线斗争十分突出的实际，按照“抓教育、强管理、重警戒、搞协调”的思路，定期对全区保密工作情况进行检查，对担任警卫、通信、机要、保密等人员进行政审和教育，落实月报制度。年内无失泄密现象。五是狠抓人员、车辆、枪弹和营院管理。在人员管理上，坚持一日生活制度、值班制度、请示报告制度和请销假制度；在车辆管理上，严格车辆派遣手续，实行派车单制度；在枪弹管理上，完善武器弹药管理和使用制度；在营院管理上，狠抓营区整治，对外来人员和车辆实行盘查和登记制度。六是狠抓人武部正规化建设。派出得力人员协助潞西市人武部抓正规化建设，受到了省军区师团干部读书班学员的好评。

【军事训练】 1999年，德宏军分区着眼未来战争的需要，围绕“打得赢”的要求，按照机关干部抓“集中”，人武部干部抓“集训”，民兵训练抓“改革”的思路，狠抓了年度军事训练工作：一、狠抓分区和人武部机关干部训练。全区训练从3月1日开始，到11月30日结束，共分三个阶段：第一个阶段为共同科目训练，参训率为91.3%，合格率为91.9%；第二阶段为分业科目训练，参训率为94.5%，抽检合格率为100%；第三阶段为综合演练阶段，主要进行动员扩编室内战术作业，达到了预期的目的。二、狠抓民兵军事训练。从3月1日开始，到5月26日结束，全年训练民兵2030人，其中应急分队1520人，步兵分队300人，专业技术分队210人，共同科目合格率为99.26%，专业科目合格率为97.5%。三、加大科技练兵的含量。一是认真传达学习了军委和两级军区有关科技兴训电视电话会议精神，集中抓高科技知识的辅导和学习。二是成立科技兴训领导小组，加强科技练兵的组织领导。三是结合各地实际，有重点地向民兵传授农业科技知识，使农村参训民兵都能掌握1～2门农科实用技术。四是制定学习计划，规定每周三为高科技理论学习日，主要采取听讲座、看录像、做作业等形式，全年完成3次高科技知识答题作业，平均答题都在95%以上，总评成绩良好。

【政治教育】 1999年，德宏军分区认真贯彻全军政工会议和两级军区政治工作指示，大力加强部队和民兵预备役思想政治建设：一是深入抓好邓小平理论学习，官兵政治理论素质明显提高。各级都把政治理论学习作为提高官兵政治理论素质的大事来抓，采取集体学习、个人自学、参加读书班和知识讲座等方法，坚持每季度6天和每周三晚上学习制度，完成了党的基本路线和基本纲领、邓小平新时期军队建设思想、党的思想作风建设、社会主义建设的理论实践等专题学习。二是不断深化“四个教育”，保证部队高度稳定和集中统一。针对国家和军队深化改革的新形势，集中抓以“弘扬伟大抗洪精神”为主题的艰苦奋斗教育，激发官兵立足边疆建功立业的使命感和责任感；结合庆祝建国50周年、恢复对澳门行使主权及抗议以美国为首的北约轰炸我驻南使馆等重大政治活动和事件，采取集中教育、开展歌咏比赛、参观德宏50周年成就展和收听收看广播电视等形式，广泛开展爱国主义教育，引导官兵了解中国50年的变化，了解中国改革20年的巨大成就，增强了官兵爱党爱国爱军的极大热情；针对李洪志邪教组织，在官兵、职工、家属中狠抓了深入揭批“法轮功”的教育，并对所属人员进行清查，保证了全区无一人参加练习“法轮功”；针对士官制度改革，采取集体座谈、个别交谈、专题辅导等形式，认真开展士官制度改革教育，确保战士的思想稳定；针对本区地处改革开放前沿，受“黄赌毒”和“酒绿灯红”影响的实际，制发《反腐蚀教育意见》，开展以反策反、反渗透、反走私、反腐败为主要内容的反腐蚀教育，不断提高官兵的思想道德素质，增强拒腐防变的能力。三是重视军营文化建设，丰富官兵文化生活。为适应新时期军队和民兵预备役工作的需要，分区先后组织21名官兵参加中央党校和后勤干部指挥学院函授学习，在节假日和业余时间里，定期组织官兵、职工开展篮球、橡棋、扑克等比赛和官兵卡拉OK歌咏比赛，丰富了官兵的军营文化生活。四是加强宣传报道工作，新闻报道取得一定的成绩。全年被各级各类报刊采用稿件155篇（幅），其中省级以上50篇、地州级105篇。

【国防教育】 1999年，德宏州各级国防教育办公室根据上级关于加强国防教育的指示，积极协调州、县（市）党委、政府及有关部门，重视抓了对全民国防教育的领导和指导工作：一是结合“国防教育月”，在全州掀起了学习宣传“国防法”高潮。组织了万人参加的“国防法”知识竞赛，有力地推动了全州国防教育工作的深入发展。二是加强对学校师生的国防教育工作。各级大、中、小学结合教学安排，聘请技术过硬和经验丰富的官兵到学校为学生开展7至15天的军训活动。三是积极开展宣传新“兵役法”活动。新“兵役法”颁布后，各级召开了宣传动员会议，军地领导亲自走上街头进行宣传，发表广播电视讲话。据统计，全州组织9000多人参加新“兵役法”知识竞赛。四是完成省政府、省军区赋予的《关于国防教育法立法调研》12个方面36个问题的调研任务。

【拥政爱民】 1999年，德宏军分区及各县（市）人武部以“青年民兵之家”为龙头，组织民兵开展建设“千里文明边防线”、“五优五兵”和“扶贫帮困”活动。首先，各级主动协调地方党委、政府，成立开展“千里文明边防线”活动工作领导小组，联合下发文件，部署任务，抓试点，并取得初步成效。潞西市芒海镇邦马村的“青年民兵之家”初具规模，设施齐全；梁河县芒东乡大树寨“青年民兵之家”，定期向社会开放，已成为民兵学科技、学文化的阵地；陇川县姐乌乡杞木寨村青年民兵自筹资金建盖的“青年民兵之家”，积极开展活动，使全村成为无毒村、无赌村，受到乡党委、政府的好评。其次，利用召开党委扩大会议和议军会议等时机，部署“五优五兵”活动。此外，重视抓了以扶贫帮困为重点的双拥共建工作，为29名失学儿童解决4000元学费，并捐赠部分衣被等物资。

【后勤保障】 1999年，德宏军分区按照“面向基层，深化改革，强化管理，注重落实，提高效益”的工作思路，狠抓后勤建设，较好地完成了全年各种保障任务。一是狠抓了在职训练。定期举办后勤干部微机培训，实现了财务账目微机管理。另外，全年有6名后勤干部先后参加军队后勤指挥学院后勤专业和地方党校函授大专班学习。二是严格财务管理。进一步树立过“紧日子”的思想，制定和完善了《加强经费管理规定》和《加强财务管理补充规定》，经费管理严格执行《经费管理目标责任书》和财务“五总、五控、二审”规范化管理细则，较好地坚持了经费“一支笔”审批制度和领导干部离任经费审计制度，确保了公务费、事业费收支平衡。全年保障各种经费1043万元，其中预算经费932万元，预算外经费36.5万元、基本建设费32万元、代管经费52万元。共接待各级工作组和客人587批1340人。三是保障了运输安全。认真落实油料标准化供应制度，严格油料分配、使用和管理，开展了“安全、节约、爱车、守纪”和“红旗车驾驶员”评比活动，严格落实军车号牌、行车证的核发，确保了运输安全。全年动用车辆6310次，运输各类物资823吨，组织车辆维修43台次，完成了战备训练、生产生活、接待等保障任务。四是规范营产营具管理和绿化美化工作。年内以营产营具正规化管理为重点，制定了分区营院建设十五年规划，将整个营区按功能划分为军事管理、综合保障和生产生活三个相对独立区域。全年维修住房3378平方米、维修线路2700米、维修管道300米、住房整治1200平方米，新制营具22件、门窗45道，自发电240小时，培植各种盆景180盆，四旁植树420棵，种植草坪210平方米，义务植树1800棵，建立营房工程档案27份，空闲营房完好率为90%。五是挖掘生产生活潜力。年内继续贯彻落实军委关于“军队不再经商”的指示，充分利用现有土地、水面、空闲房地产等优势，抓好养猪、种菜，落实伙食管理“五项”制度，确保了生产收益按标准补助到位。全年自养猪37头、产蔬菜1160公斤，自给率达37%。全年创收37万元。同时，还加强了对人武部集体食堂的管理和指导。六是开展了卫生防疫工作。年内以创建等级卫生单位活动为重点，认真落实《全军“九五”除害灭病规划》，重点强化对伤寒、流脑、疟疾、肝炎、霍乱等防治，年内发病率控制在总部规定的标准内。全年为官兵、职工门诊2116人次，抢救危重病人26人（成功率100%）；灭鼠6次，投放鼠药20公斤；修剪草坪3500平方米，清除垃圾20吨，大面积药物喷洒8次。七是进一步抓好计划生育责任制的落实。全年婚前教育16人次，无超生、偷生、大月份引产等问题的发生，确保了计划生育“六率”连续12年达到100%。

（《军分区》撰稿　彭锦）

中国人民武装警察部队德宏州支队

【喻林祥少将视察武警德宏州支队】 1999年1月4日至5日，中国人民解放军总政治部组织部长喻林祥少将在武警云南总队政委王永银少将和德宏州州委书记何远灿、州长管国忠、州公安局局长罗石文等领导的陪同下，视察了武警德宏州支队。

（杨星明）

△**【武警德宏支队被树为全军先进单位】** 据1999年2月2日《解放军报》载：解放军总政治部近日召开新闻发布会，向全军及武警部队推出4个深入落实“五句话”总要求，大力加强部队全面建设的先进旅团单位的经验，武警云南总队德宏州支队榜上有名。这是继去年成都军区驻滇某炮团按“五句话”总要求全面加强部队建设受到总政表彰后，云南省又一家受到总政表彰并连续刊发经验文章的旅团单位。

（杨星明）

【全州公安局局长、政委参观德宏支队】 1999年3月13日，参加德宏州公安局长会议的州和各县市公安局长、政委一行60余人到武警德宏支队参观。他们观看了战士的腰鼓表演，检阅了支队驻芒市部队的冬季训练成果汇报。

【全州人大代表检查德宏支队工作】 1999年3月24日，400余名全州人大代表莅临德宏支队检查工作。代表查看了机关和一中队建设，并观看了一中队官兵的硬气功、擒敌术表演。

【支队荣获武警部队卫生达标单位称号】 1999年4月，武警德宏州支队顺利通过武警部队爱卫会组织的卫生达标单位验收，成为武警部队80个卫生达标单位之一。

【朱曙光副司令视察武警德宏支队】 1999年5月19日至20日，中国人民武装警察部队副司令员朱曙光中将在云南总队副总队长王佐明大将、德宏州委书记王南昆、副书记李增寿、副州长杨俊忠等州市党政领导陪同下，视察了武警德宏支队机关、一中队和潞西、瑞丽中队。

（杨星明）

【深入开展“三讲”教育】 1999年6月21日至9月7日，武警德宏州支队开展了以“讲学习、讲政治、讲正气”为主要内容的党性党风教育。整个教育分为思想发动、理论学习、党性分析、整顿总结四个阶段。教育以理论学习为中心，以党委班子和领导干部为重点，积极开展批评与自我批评。通过教育，党委班子形成大事讲原则，小事讲风格，相互信任，相互支持，相互关心的良好氛围，达到了预期目的。

【总队基层建设现场会在德宏召开】 1999年8月6日至9日，武警云南省总队基层建设现场会在德宏支队召开，总队部门以上领导和各支队支队长、政委参加会议。与会人员观摩了德宏州支队机关正规化建设、潞西中队勤务队列化演练、一中队“三互”活动展板和政治课演示、瑞丽中队农副业生产和各种登计统计表。此次现场会为云南总队正规化建设起到了示范导向作用。

【武警总部全面考核德宏支队】 1999年11月4日至7日，武警总部政治部主任李栋恒中将率司、政、后机关12人组成考核组对德宏州支队进行年度工作全面考核。考核组重点考核了支队党委、机关、直属一中队、潞西中队、畹町中队。

【陈自刚获“武警部队优秀基层带兵干部”称号】 1999年，潞西市中队副营职中队长陈自刚被武警云南总队评为“优秀基层带兵干部”。陈自刚入伍13年，先后15次受到上级嘉奖，3次被评为优秀共产党员，2次荣立三等功。他所带的中队先后4次被总队树为基层建设先进中队、标兵中队，4次荣立集体三等功，1次荣立集体二等功，并被命名为省级青年文明号、省级文明单位。

【刘辉荣立二等功】 1999年，潞西市中队正连职指导员刘辉荣立二等功。刘辉入伍10年来，先后多次被总部、总队评为优秀基层带兵干部、优秀政治指导员、学雷锋先进个人，3次荣立三等功，曾获“德宏州第二届十大杰出青年”。他归纳整理的形势政策、队史传统、法纪法规、经常性教育教案成为许多单位学习的样板。

【潞西中队荣立集体二等功】 1999年，武警潞西中队围绕三级党委的工作部署，紧密结合自身实际，按照江主席“五句话”总要求，步步打基础，项项抓落实，点滴求过硬，固强补弱，推进中队建设的整体提高。年内，中队设施完善配套，环境优美；官兵思想稳定，爱岗敬业，遵规守纪，完成任务出色。中队继上年被总队评为标兵中队、荣立集体二等功后，今年又先后4次受到总队和德宏州委的表彰，再次荣立集体二等功，并有5人次受到总队以上的表彰（其中4人次被总队总部评为优秀带兵干部、优秀班长）。

【军事训练】 1999年初，武警德宏州支队制定了军事训练“重点抓干部，难点抓教学，单项抓尖子，全面抓基础”的工作思路，进一步加大军事训练力度。3月，支队在一中队召开了军事训练动员暨经验交流会，并集中48名军事骨干进行了1个月的军事集训。4月，支队又集中中队长、排长进行培训，提高“一线”带兵人的军事素质和组训能力。5月，支队筹集资金10万元，为基层中队建立5个小练兵场，配发了各种训练器材，在一中队教导队、潞西、瑞丽中队修建了4个400米障碍场和单兵战术综合训练场地，改善了训练设施，提高了教学水平和组训能力。另外突出抓了中队防暴小分队的处突训练，年内支队司令部自编了一招制敌二十套动作教案，加强了防暴小分队擒拿格斗、一招制敌、围追、堵、截、救等技术战术训练，提高了现代条件下部队执勤和处突能力。支队机关军事训练，年内重点抓了队列、射击等基础科目。支队还针对军事训练中的重点难点问题，进行了示范教学。4月，在一中队成立了教学示范班，推广缩小靶纸营区射击教练法，10月在全州部队推广。全年支队共完成军事业务训练667个训练日，参训率81%，首长机关完成25个训练日，参训率为80%。年内中队完成了队列、擒敌、器械、战术、射击、散手、警棍盾牌术、勤务处置等训练科目，机关完成了队列、擒敌、射击等年度训练科目。年内举办军事骨干集训4期162人，散手集训1期18人。

【看守执勤】 1999年，武警德宏州支队牢固树立中心意识、忧患意识，叫响了“哨位就是战场、执勤就是战斗”的口号，建立和完善了勤务研究、分析、检查、讲评等一系列勤务工作制度。司令部每月、中队每半月、班排每周召开一次执勤形势分析会，认真研究和解决执勤中的问题。4月，支队对中队长、排长、班长进行了新“执勤规定”培训，从勤务组织指挥到勤务教育检查，从上下哨动作到勤务讲评总结，从执勤设施管理到勤务值班都进行了统一规范，并狠抓了哨兵防袭击训练，严格落实“三班”、“四哨”、“二小时”和勤务8项制度；加大勤务检查力度，定期不定期开展“三个一遍”检查，纠正了执勤中的“常见病”、“多发病”。全年支队共看守人犯（犯人）1287名，其中毒品犯669名；押解犯人26次640名，用兵97人次，行程43083公里；处决罪犯18次162名，用兵541人次，行程692公里，出动车辆28台次；制止犯人（人犯）自杀4起4人，制止闹事6起20人，收缴违禁物品10件，毒品840克；担负城市武装巡逻17组次，用兵138人次，出动车辆41台次；担负警卫任务4次，用兵40人次，圆满完成了国家政协主席李瑞环视察德宏期间专机警卫和驻地警卫，确保了安全。

【组织工作】 1999年，武警德宏州支队按照“抓班子、带队伍、强书记、严制度、促发展”的总体思路，狠抓以党支部为核心的组织建设。全年培训基层政工干部1次，改选党支部10个、团支部9个、军人委员会8个，发展党员30人、团员34人，上党课296个课时、团课308个课时，表彰先进党支部2个、优秀党务工作者2人、优秀党员12人，召开民主生活会2次，民主评议党员1次54人，帮扶党支部2个。在干部队伍建设方面，年内调整干部26人，其中提升职务16人，转业3人，选拔优秀士兵入武警院校6人，举办干部培训班3期48人。年内经考察干部称职率达97%以上，配备率100%，新老率56%，受训率100%，在位率100%。

【政治教育】 1999年，武警德宏支队以培养“四有”军人为目标，注重用先进的思想教育官兵，用正确的行为引导官兵，用良好的风气感染官兵，用健康的文化生活陶冶官兵。年内，一是围绕两件大事（国庆50周年、澳门回归）开展“三爱”（爱党、爱国、爱武警）教育，激发官兵自豪感、光荣感、使命感。二是深入开展以“做党和人民忠诚卫士”为主题的“四个教育”，进一步强化爱国奉献意识。三是结合形势任务开展反“两国论”、揭批“法轮功”，增强官兵政治敏锐性和鉴别力。四是围绕“两个确保”（确保社会稳定，确保部队稳定），采取案例剖析、现身说法等形式开展法纪教育，提高官兵依法办事的自觉性。全年机关教育达40天，基层平均教育达52天，受教育面95%以上。

【后勤工作】 1999年，武警德宏州支队认真落实制度，强化管理，完善设施，狠抓农副业生产，提高综合保障能力。全年核销基层经费191.7万元，审计经费84.4万元，争取地方政府和用兵单位经费46.6万元。核销粮秣8.69万公斤，有9个单位伙食费、粮食实现“双节”。有5个单位改建节能灶，8个单位建蔬菜大棚35个，4个单位解决防蚊防蝇配套设施，4个单位安装太阳能82平方米，投资12万余元完善教导队设施，为基层配发9台豆浆机、8个保险柜、1个冰柜、5个消毒柜。年内武器装备完好率为98%；车辆完好率为88%，入库率为80%，无行车安全事故。全支队全年出栏猪252头，养鸡、鸭1500只，产鱼3200多公斤，产蔬菜7万多公斤，收入22万元，肉菜自给率达85%，补入伙食人均每天1元。营区绿化美化率达30%，卫生防病工作扎实，昼夜发病率在0.35‰以内，计划生育率达100%。经费物资管理，认真落实领导“一支笔”签字的审批制度，机关实行三级联审（主管后勤首长、后勤处处长、财务股长）制度，进一步强化监督机制，加大审计力度，每季对中队经费开支审计1次，对公用物资实行计价挂帐，责任到人，包干负责；对生产生活管理，推行“计价核算，有价运行”的管理方式；对武器弹药的管理，严格落实“武器装备三化达标”要求，并积极开展“四会、四无”活动，定期不定期对物资器材进行清查，保证了物资、装备、车辆的完好率。

（《武警德宏州支队》撰稿除署名外，均为朱伟）

德宏州公安边防支队

【畹町、瑞丽边防工作站移交支队】 1999年1月1日，根据上级指示，畹町、瑞丽所属的4个边防工作站正式移交德宏州公安边防支队。

（杨星明）

【秦光荣视察州公安边防支队机动大队一中队】 1999年5月30日，省政法委书记秦光荣在省公安边防总队政委和国才、州政法委书记麻端和州公安边防支队支队长皇宏建、政委邓龙顺等陪同下，视察了州公安边防支队机动大队一中队。

（杨星明）

【立功受奖】 1999年，德宏州公安边防支队按照质量建军、科技强军和全国公安边防工作会议提出的“业务工作上新台阶，队伍建设取得较大进展，基层建设有所加强，开创公安边防工作新局面”的工作目标，狠抓“军队基层建设纲要”落实，按照支队年初提出的实施一项工程（一带一工程）、掀起两个高潮（军事训练和农副业生产）、开展三项活动（读书活动、学先进学典型活动、为人民服务树边防新风活动）、增强四个意识（主人翁意识、爱岗敬业意识、争先创优意识、服从服务意识）、树立五种风气（学习风气、求真务实风气、真抓实干风气等）工作思路，积极投入部队建设，扎扎实实开展了以“讲学习、讲政治、讲正气”为主要内容的党性党风教育，基层正规化建设、部队管理、军事训练、边防执勤、精神文明建设、队伍素质教育、世博会安全保卫等工作都取得了可喜成绩。年内，瑞丽勐卯边防派出所被公安部边防局评为基层建设标兵单位、雷允边防工作站被云南省政法委评为“云南政法系统人民群众满意单位”，4个基层单位被云南省边防总队记集体三等功，13个基层单位被总队评为基层建设先进单位，有2个单位被团省委、公安厅重新任命为“青年文明号”，有3个单位被团州委、州公安局新任命为“青年文明号”，5个基层党支部和3个基层团支部受到总队表彰；有3名个人荣记一等功、7名个人荣记二等功，78名个人荣记三等功，有1人被公安部评为全国优秀人民警察。

【党组织建设】 1999年，德宏州公安边防支队认真贯彻江主席关于“要进一步增强党组织自身的凝聚力、对广大群众的吸引力、在改革和建设中的战斗力”的重要指示，在党组织建设工作中主要做了以下几项：一是建立健全基层组织。年内支队严格按照党章规定，在广泛调查、考查、征求基层意见的基础上，改选党支部62个，年中补选基层党组织13个，改补选基层团组织34个。二是加强党支部一班人的管理、培训。年内95%的基层党支部书记、副书记参加了支队举办的党务工作培训班和“三讲”教育培训班，丰富了业务理论知识，提高了开展工作的能力。三是采取以会代训形式，规范了基层党组织党务工作的程序。四是严格党组织十项生活制度。支队业务部门每季度抽查基层组织生活制度落实情况，年内基层党组织基本做到党日活动正规，党课教育经常，民主生活严格，实际效果明显。五是加强引导，不断提高民主生活会质量。年初，支队党委“一班人”召开民主生活会，专门召集各基层大队军政主管和重点站、队、所的主管参加，支队党委“一班人”带头开展批评与自我批评，互相揭短，为基层主管做了一个很好的示范，带动了全区基层党组织开展批评与自我批评活动，受到官兵的赞扬和拥护。六是开展民主评议党员活动，促进党员队伍建设。“七．一”前夕，支队抓住“三讲”契机，在全区部队中开展建队以来声势最大，程序最严，要求最高的一次党员民主评议活动。通过对全区647名党员的评议，表彰了一批优秀共产党员；对18名基本不合格党员作出“限期改正”的处理。此举促进了党员队伍建设。七是抓好党员、团员发展工作。随着新“兵役法”和士官制度的实行，党员发展工作遇到一些新情况、新问题。年内支队在如何做好新形势下党员发展工作方面做了一些探索，即在保证质量，优化结构的前提下，早培养、早考察。全年全支队举办入党积极分子培训班21期，共培训292人，发展党员248人，办理预备党员转正78人，发展团员98人。通过以上几项工作，全区部队基层党组织自身凝聚力、战斗力都明显增强。

【干部队伍建设】 1999年，德宏州公安边防支队在干部队伍建设中主要做了以下工作：

一是开展以提高干部素质为主的读书竞赛活动。支队要求全区干部必须用工资的5%购书，年内读5本书，且写读书笔记，每周开展1次读书交流活动。通过检查，年内95%的干部落实了这一规定。二是开展大整顿。在“三讲”教育期间，支队对各基层班子、干部队伍进行了一次思想大整顿，采取本人述职、群众评议、自己查找问题与领导点、上级点相结合的方式进行，对存在问题的班子、干部提出限期整改意见；对群众意见大，问题多，战斗力弱的班子，采取支队、大队二级帮的形式，帮助他们解决问题；对弄岛边防工作站等少数特别弱的班子，采取组织措施，进行调整。通过整顿，纯洁了干部队伍的思想，增强了干部的事业心和责任感。三是下大力抓好预防职务犯罪工作。(一)、抓教育。支队年内在认真组织学习《云南公安边防部队预防职务犯罪暂行规定》的基础上，将此“规定”印制成小册子，做到干部人手一册，按章办事；同时开展“边防军人的职责”、“奉献与享受”、“军人与金钱”、“边防军人应有的价值观”等专题教育，增强了官兵特别是干部的抗诱惑能力和热爱边防、献身边防的意识。(二)、对重点岗位和重点人员进行清理整顿。支队年内先后对口岸、内勤、财务、办证室、文秘等重点岗位和口岸执勤人员、司务员、办证员、调研人员等重点人员进行两次大的清理整顿。(三)、建立干部思想档案。支队要求基层组织每月对干部的工作、思想、作风、生活、学习、社会活动及家庭主要成员的工作、生活、社会活动等情况进行1次书面报告，由大队整理后报支队干部科；支队每季度对全区官兵特别是干部队伍思想状况进行分析，增强工作针对性。(四)、全区干部实行2人以上留营集中住宿制度。(五)、建立调研人员工作制度，明确规定调研人员与特情朋友接触必须要2人以上，坚决杜绝单线接头、办事。(六)、建立站、队、所互相监督机制。从支队到大队及重点站、队、所设置举报箱，公布举报电话，在社会上聘请义务执法监督员。

【政治思想工作】 1999年，德宏州公安边防支队为达到“三讲”教育“一个增强、两个确保”的总要求，扎实地开展了以“三讲”为主要内容的政治思想工作。

一是广泛动员、普遍学习“三讲”教材。年初，支队利用召开工作会议之机，在全区部队开展以“讲学习、讲政治、讲正气”为主要内容的党性党风教育，要求全区部队认真学习中央有关指示精神和规定的28篇必读文章，并统一购置“三讲”读本及辅导材料。二是举办“三讲”教育培训班。5月，在芒市举办了1期由机关科以上干部、大队政治工作者和基层站、队、所党支部书记共63人参加的“三讲”教育培训班。三是开展巡回授课。支队邀请了地方教授会同支队具有一定理论知识和上课经验的干部组成授课组，在全区部队开展巡回授课，受到基层官兵的赞扬。四是突出重点，狠抓支队、大队两级班子的教育、学习、整改工作。支队党委多次召开民主生活会，先后共征到给支队党委的意见和建议10条，给支队党委成员的意见和建议33条，给支队机关的意见和建议6条。在此基础上，支队党委及时召开会议，再次认真对照检查，并采取系列措施，对党委班子、成员及机关工作存在的薄弱环节，一项一项地查，一项一项地整改。五是为进一步深化“四个教育”，全区部队开展了“艰苦奋斗、奉献警营”、“热爱本职、服务人民”等专题教育，认真学习贯彻十五届四中全会精神和江总书记在国庆阅兵上的讲话；各大队领导，特别是政治工作者年平均下基层上课21天；以各大队为单位，组织教(指)导员交叉上课；木康边防公安检查站结合本单位业务重的实际，开展了“六小”教育法（小集中、小题目、小辅导、小讨论、小测试、小讲评)。通过抽查，全区部队完成年度教育任务好，收听、收看新闻制度和每日读报制度得到进一步落实。年内全支队59个基层单位政治教育共计13921个课时，政治教育课时的正课占25%以上，受教育面达95%。

【警民共建】 1999年，德宏州公安边防支队积极开展警民共建活动，年末共有共建单位120个。年内支援地方重点项目建设3800个劳动日，出动车辆58台次；抢险救灾27次，出动兵力4278人次；抢救遇险群众264人次；为灾区捐款2.7万元，捐物2078件；义务植树27500株；举办少年警校9期318人，为中、小学、机关军训9期927人；扶助失学儿童42名，救助贫困生4名，照顾孤寡老人24人，收养孤儿2名；先后9次参加地方各县市开展的三下乡活动。特别值得一提的是，盈江铜壁关边防工作站与乡政府共建13亩绿色环保教育基地，站党支部开展了“三个三棵树工程”活动（入伍栽三棵树，入团入党栽三棵树，退伍栽三棵树)，既支持了地方经济建设，又培养了官兵环保意识。

【边境管理】 1999年，德宏州公安边防支队本着“方便往来，保护合法，制止非法，打击犯罪”的原则，按照全国公安边防工作会议提出的“业务工作上新台阶”的要求，狠抓边防管理业务建设。其具体做法是：一是巩固边境秩序整治成果，采取全线管理，分段整治，逐段理顺的方法，规范了入出境秩序。先后理顺瑞丽弄岛、陇川章凤、盈江昔马、铜壁关、瑞丽畹町一公里等边境入出境秩序，做到归口管理，凭证出入。二是强化界务管理，加强边境警戒巡逻。坚持偏远山区每季度巡查，半山区每月巡查，坝区每周巡查，重要和复杂地区每天巡查。严格三级会哨制度，支队与友邻支队、站每年1次，大队与大队每季度1次，站与站每月1次。通过武装巡逻与会哨，保证了边界标志完好，走向清晰，加强了边境结合部的管理。三是认真落实三级会谈会晤制度，支队先后与缅方进行会谈会晤8起54人次。3月，支队就开通瑞丽至缅甸八莫等旅游线与缅甸八莫地区移民局进行会谈，双方签署了会谈纪要；4月，受总队委托，支队与缅甸掸帮移民局进行会谈，双方就边境地区社会治安和出入境管理等问题进行磋商，在一定程度上达成了共识。四是加大口岸管理现代化建设力度。年内，在总队的帮助下，对勐卯、章凤、贺闷、姐相、弄岛、雷允等重点站、所配置、安装了电脑，实行微机办证、验证管理；在木康边防公安检查站安装了电视监控设备，改善了执勤条件，提高了工作效率。五是加强边防业务培训。年内支队在弄岛站召开由各边防大队、边防站、派出所、情报站、二线站业务主官参加的边防业务培训会。会上统一了边境管理的9种登记表、口岸执勤勤务组织程序、勤务派遣制度、各种案件审批制度、预防职务犯罪制度和措施；明确规定了处罚的审批权限（50元以下由站、所领导批准，50元以上500元以下由大队领导审批，500元以上由支队审批）；重申了案件侦破必须逐级上报，批准后才能实施；对边境管理有关经费的收缴、保管进行具体规定（边境管理费等当日交单位司务室，每3天基层单位必须统一上交大队财务室，大队每月上交支队）。

【缉毒缉枪】 1999年，德宏州公安边防支队进一步加强情报队伍建设，形成多层次、多渠道、全方位的情报信息网络。年内支队通过隐蔽力量获得毒品线索63起，查破案件26起，缴获海洛因92331克、鸦片375.99两，分别占支队查缉总数的16.5%和44%。其次，支队按照“严打、严防、严管”的禁毒方针，采取“一线堵口子、二线堵通道、边防派出所控制社会面”的点、线、面相结合的方式，加大公开查缉的力度。全年支队通过公开查缉缴获海洛因48.75万克、鸦片466.43两、制毒配剂6000公斤。

【部队管理】 1999年，德宏州公安边防支队主要采取以下措施加强部队管理：一是认真学习条令条例、《中央军委关于加强军队管理教育工作的决定》和支队制定的“加强基层正规化建设若干规定”，提高全区官兵遵守共同条令、用条令管理部队的自觉性和自我约束能力。二是在全区部队实行分类管理，严格执行封闭式、跟踪式、流动式相结合的管理规定。三是建立行政管理责任制，增强各级责任心。年内，支队从上到下建立责任制，一级对一级负责，按条例条令和有关规定管理部队。四是每个基层单位都建立由主管、一般干部、班长、党（团）员组成的管理队伍，在重点时机，对重点人员、重点岗位实行定人定位管理。五是积极开展安全防事故工作。支队年内认真组织学习部局“安全防事故工作若干规定”，提出了“五抓一主动”（按阶段抓重点，分类指导抓关键，突出机关抓两头，联系实际抓整顿，盯住问题抓落实，主动打好攻坚战）的安防总要求；各级都建立健全安防工作领导小组，签订安防责任书，对安防工作情况坚持日讲评，周小结，月评比，季度大检查。此外，支队半年组织1次交叉检查。年内加大了对车辆的管理力度，凡是出德宏的车，由木康站负责查验，没有支队的派车单一律不得放行；同时开展路查路检，有效地控制了车辆私自跨区域行驶。

【军事训练】 1999年，德宏州公安边防支队围绕“依法治训、安全施训、从严治警、科学练兵”的要求，坚持训练为执勤服务的指导思想，贴近实战、贴近勤务需要，狠抓基础训练，突出技能战术训练。其主要做法为：一是广泛深入动员，在全区部队掀起军事训练高潮。二是认真完成总队交给的新兵年度训练任务和年度训练计划。三是实行三级主官军事训练责任制，增强了军事主官抓军事训练的责任心，促使干部队伍特别是领导干部真正成为部队军事训练的“龙头”。年内，以各大队为单位先后集中所属干部进行军事基础科目强化训练15天。四是制定各类处突方案，狠抓方案演练，保证处突需要。五是开展军事业务竞赛活动。年内，以县（市）边防大队、机动大队为主，分片开展了军事业务竞赛活动，推动了全区部队军事训练工作。在此基础上，支队组建军事比武分队，参加总队第四届军事业务比武，取得了团体第三名的好成绩。全年，支队全训分队平均训练日135天，参训率为96%；半训分队平均训练88天，参训率87.4%；简训分队平均训练日28天，参训率79%。

【后勤建设】 1999年，德宏州公安边防支队后勤建设工作主要取得以下成绩：一是加强后勤队伍教育和培训。年内组织后勤官兵认真进行人生观、价值观和职业道德教育，引导官兵干一行、爱一行、钻一行，正确看待和行使手中管钱、管物的权力，为部队理好财、当好家；加大业务培训力度，提高本职业务工作能力，年内共举办司务、财会人员业务培训2期，科学种菜2期，协助总队举办驾驶员、等级厨师培训各1期。二是建立健全各种工作制度，严格落实收支两条线规定，加大审计力度，保证了各项经费收、支合理。年内70%的单位经费无超支，并略有节余；无贪污、挪用公款现象。三是加快营建步伐，保质保量完成营建任务。支队成立了以邓龙顺政委为组长的营建工作领导小组，建立了“营房建设三级责任制”。年内总队批准营建项目21项，经费投资664万元，边防派出所等单位营房建设和改造已全面铺开。四是加强医疗卫生事业建设，提高卫勤保障能力。坚持预防为主的方针，做到月服大锅药和月有预防针剂药品，努力减少和控制发病率，杜绝烈性病爆发流行和食物中毒的现象发生；狠抓医德医风，提高医疗业务水平，并阶段性地进行战地救护训练，掌握战地“四项技术”；做好计划生育的宣传和教育工作，保证无计划外生育。五是在全区部队掀起农副业生产高潮。在总队的支持下投入经费18万元，建盖了5714平方米的温室大棚，改善了基层种植条件。章凤边防工作站官兵自己动手，将3亩多菜地的土质全部更换，年内种出反季节的多品种蔬菜，受到陇川县委、政府的高度赞扬。全年部队蔬菜自给率达50%，肉食自给率40%，65%的单位菜肉自给率达70%。

（《边防支队》撰稿除署名外，均为何世清）

政　　法

法　　院

【办案情况】 1999年，德宏州两级法院共受理刑事、民事、经济、行政、执行、审判监督案件4168件（其中旧存607件），已审结3668件，未结500件，结案率为88%。与上年相比，受、结案分别增508件、679件，结案率升5%，为国家、集体和公民换回经济损失48455.82万元。

【刑事审判】 1999年，德宏州两级法院受理一审刑事案814件1352人，审结747件1225人，结案率为91.77%。其中：毒品案371件670人，审结348件607人；盗窃案169件237人，审结157件222人；抢劫案45件90人，审结40件82人，故意杀人案23件27人。审结20件24人；伤害案48件115人，审结44件106人；贪污、挪用公款案20件22人，审结18件19人；其他案138件191人，审结120件165人。在审理好一审案件的同时，中院共受理刑事二审案件63件，已全部审结。其中：维持原判43件，改判14件，发回重审6件。在审结的全部刑事案件中，已发生法律效力672件1040人。其中：宣告无罪4人，免予刑事处分6人，判处徒刑的1030人。在处刑人员中：判处死刑、死缓、无期徒刑293人，有期徒刑631人，拘役10人，缓刑86人，做其他处理10人。年内，各级司法机关对毒品犯罪始终保持严打态势，毒品案件由上年的403件降为371件，毒品案占全部刑事案件的比例也由53%降到45%。

【经济审判】 1999年，德宏州两级法院共受理一审经济案443件，审结388件，结案率为87.58%，已结诉讼标的20258.7万元。其中：借款合同案131件，审结122件；购销合同案95件，审结90件；建设工程承包合同案41件，审结39件；其他案176件，审结137件。中院受理二审经济纠纷案56件，已全部审结。其中：维持原判21件，改判15件，发回重审6件，调解6件，撤诉6件，其他处理2件。

【民事审判】 1999年，德宏州两级法院共受理一审案1202件，审结1066件，结案率为88.69%。其中：婚姻家庭纠纷案598件，审结537件；债务案337件，审结294件；赔偿案155件，审结130件；其他案112件，审结105件。中院受理二审案115件，已全部审结。其中维持原判38件，改判47件，发回重审9件，撤诉5件，调解8件，其他处理8件。

【行政审判】 1999年，德宏州两级法院受理一审行政案件22件，审结21件，结案率为95.45%；受理二审案6件，已全部审结（其中：维持原判1件，改判2件，发回重审2件，其他处理1件）。

【审判监督】 1999年，德宏州两级法院受理告诉申诉案件45件，已全部审结。其中：刑事9件、民事18件、经济16件、行政2件。接待群众来信来访2412件（次），其中：立案1541件，说服息诉6件，转有关部门处理321件，其他处理544件。

【执行工作】 1999年，德宏州两级法院认真贯彻中央关于加强人民法院执行工作的11号文件，依法受理执行案1402件，执结1161件，结案率为82.81%，比上年上升24%，共执行诉讼标的25814.51万元。在已执结案件中：民事案534件，经济案394件，行政案6件，刑事附带民事案16件，行政机关申请执行非诉讼案200件，其他11件。

【开展“三项活动”】 1999年是“审判质量年”、“案件执行年”、“争创人民满意的好法院、争当人民满意的好法官年”。为此，德宏州两级法院积极开展了上述“三项活动”。首先，全州两级人民法院把改革作为推进各项审判工作和确保司法公正的动力，以公开审判为重心，强化庭审方式改革，规范诉讼秩序，以保证办案质量和办案效率。中院在调查研究的基础上，制定了“一审民事、经济纠纷案件开庭审理规范”、“民事、经济案件举证规则”、“一审经济纠纷案件判决书格式及应注意的问题”等规定，在全州两级法院中试行。同时，建立立审分离制度，强化内部监督，实行案件流程管理、跟踪督促。年内，久拖不决的案件减少，二审改判率明显降低，审判质量得到了明显提高。其次，认真执行《中共中央关于解决人民法院“执行难”问题》的11号文件，及时把全省中级法院院长座谈会议精神向州委常委会作了专题汇报，州委王南昆书记要求各级党政部门坚决支持法院的执行工作，决不搞地方和部门保护主义，把人民法院的执行工作做好。根据中央文件精神和州委领导的指示，全州两级法院大张旗鼓地全面开展了执行工作，形成了党委、政府关心支持，新闻媒体关注，全社会重视执行工作的新局面。年内法院执行队伍得到了加强，执行工作装备、经费得到了补充，执行工作的条件进一步得到改善，执结了1161件案件，结案率比上年的58.69%上升了24.12%。第三，在全州范围内开展“争创人民满意的好法院、争当人民满意的好法官和爱岗敬业的好干警”活动。组织全体干警以不同的方式认真学习邓小平理论，学习党的十五届四中全会精神和中央经济工作会议精神，认清当前经济形势和国家的中心工作，明确审判工作的指导思想，提高了全体干警的思想政治觉悟和解决实际问题的能力，较好地解决了

“为谁服务、为谁办案、为谁执法”这一根本问题，涌现出了一批先进集体和先进个人。如：潞西市法院被评为全州人民满意的好法院；州中院刑一庭、经一庭被荣记集体三等功；盈江法院法警队长尚木汤被评为省级先进工作者，受到省委省政府的表彰；评选出好法官、好干警、见义勇为先进个人21人。

（《法院》撰稿　余菲）

检　察　院

【畹町检察室成立】

1999年5月20日，根据省政法委、省检察院和德宏州委的决定，正式成立“瑞丽市人民检察院畹町经济开发区检察室”，并挂牌办公。由何青荣任检察科室主任，杨锡伟任副主任。检察室下设综合科、刑事检察和职务犯罪检察科。

【反贪污贿赂指挥中心成立】

1999年9月28日，“德宏州人民检察院反贪污贿赂指挥中心”成立，并挂牌办公。由杨家忠任指挥长，余麻约、李友任副指挥长。李明、夏芳分别担任办公室主任、副主任。

【反贪污贿赂】1999年，德宏州检察机关共受理贪污贿赂、挪用公款等职务犯罪案件85件。初查52件，立案侦查41件，其中贪污15件，贿赂6件，挪用公款20件。移送审查起诉31件36人。通过办案，为国家和集体挽回经济损失309.38万元。99年的反贪污贿赂工作：一是突出打击重点，查处大要案件20件，占立案数的40%，副处级以上的干部3件3人。二是明确为“国企”改革服务，查办国有企业中的经济犯罪嫌疑人21人。三是开展追捕逃犯的专项斗争，共追捕逃犯5人。四是积极开展犯罪预防工作。全州检察机关先后和金融、建筑等部门建立15个预防联系点，开展专项预防11项，个案预防28件。

【法纪检察】1999年，德宏州检察机关共受理初查法纪案件29件44人，立案8件11人，结案7件10人，其中州院受理6件6人，立案3件3人，结案4件4人（含上年积存2件2人）。

【审查批捕】1999年，德宏州审查批捕部门受理各类移送审查批捕案件868件1401人，其中毒品案326件551人，盗窃案196件266人，走私案7件16人，检察机关自侦案件26件26人。经过审查决定批准逮捕806件1284人，纠正漏捕12人；决定不批准逮捕47件92人。审查批捕主要抓如下几方面工作：第一、严把案件的程序关、事实关、证据关、定性关，坚持批捕的“三个条件”。全年亲自或协助侦查机关补充证据30份。第二、充分发挥监督职能。全年共收立案监督线索8份，发出说明不立案理由4份，通知公安机关立案2件，纠正侦查机关有案不立、有罪不究，以罚代刑的错误。对侦查机关侦查活动中的违法行为，提出口头纠正70余次，提出报捕建议4份，发出检察建议纠正违法通知书4份。第三、提前介入15件重特大案件，积极配合侦查机取证，从重从快打击刑事犯罪份子。

【审查起诉】1999年，德宏州审查起诉部门根据提高人民检察院提出的检察改革措施，以“案件质量年”为契机，用程序法规范办案人员的行为，杜绝了过去超办案时限的“顽症”。全年共受理侦查机关和检察院自侦部门移送审查起诉、不起诉和上诉、抗诉案件940件1504人。经审查，提起公诉665件1029人，不起诉53件87人，其中州院办理一、二审案件260件505人。经审查，提起公诉233件428人，不起诉7件26人。出席二审法庭6件（次）。年内，履行法律监督职能，依法提出抗诉8件；书面纠正违法1份；口头纠正违法22次。

【监所检察】1999年，德宏州检察机关对全州6个看守所和1个劳动教养所的管理是否合法、被监管人员的合法权利是否得到保护进行了检察，进一步维护了监管场所的正常秩序。全州看守所共关押15961人，超期羁押346人；劳动教养1195人。年内解教392人，非正常死亡1人。年末劳教人数为802人。年内各看守实行驻所检察，共检察各类法律文书3155份，配合有关部门进行安全检查2391次，消除各种隐患164起。经多方努力，至5月基本解决了侦、捕、判、执行各阶段的超期羁押问题。对公、法机关的超期羁押，口头纠正500余次，书面纠正40余次。

【控申检察】1999年，德宏州检察机关共受理人民群众来信、来访、以及各类案件452件。其中：控告378件，审查处理336件；初查6件；直接答复49件；转各业务部门51件；移送其他检察院27件；转其他机关88件；存查15件。受理申诉案件69件，其中立案复查6件；直接答复3件；转其他部门46件；存查12件。受理赔偿案件5件，其中立案4件；转其他机关1件。6月23日，州检察院召开新闻发布会，杨家忠检察长发表讲话；24日州、县、市检察院组织干警上街进行“举报宣传周”活动；25日，检察长继续上街接待举报、申诉和法律咨询；12月14日省院组织，由省院孙勤（代）、州院杨家忠、盈江县院普瑞参加的“三长”接待群众来访，共接待群众13人（次）。

【民行检察】1999年，德宏州检察机关共受理各类民事、行政、经济申诉案件64件。经审查立案18件；决定提出抗诉3件，并出庭抗诉。提出检察建议8件；劝说息诉20件；中心审查12件；其余正在办理。抗诉3件中，改判1件。采纳检察建议改判5件，通过检察活动，为申诉人挽回经济损失7万余元。

【刑事技术检察】1999年，德宏州检察院刑事技术检察主要做了如下工作：一是多方筹集资金，添置必要的技术设备；二是建立和健全机构，培训刑事技术人才；三是利用现有条件和技术，积极为业务部门提供技术服务；四是99年11月，与保险公司德宏分公司联合成立“保险特殊案件理赔鉴定中心”，打击作保骗赔，为维护保险经济程序迈出新的一步。全年州院刑事技术处共受理技术鉴定案件13件。其中：现场勘验2件，检验鉴定3件，文证审查1件，提供技术协助

5件；出具文书材料2份；参加死刑临场监督6次，临场验尸120具。

【检察委员会】1999年，德宏州检察委员会共有委员11人（各县市检察院5-7人）。全年召开检察委员会112次，讨论案件180件262人。其中：州院召开检委会28次，讨论案件72件108人。经过讨论，改变报请部门意见的23件31人。

【党组建设】1999年，德宏州检察院进一步抓好党（团）组织建设，严格组织生活制度。全州全年发展新党员17人，办理预备党员转正18人。

【精神文明建设】1999年，德宏州检察机关被省委、省政府表彰为“人民满意的政法干警”1人。被省检察院表彰为“人民满意的检察干警”7人，记二等功1人，记三等功1人。受州检察院表彰的先进集体3个，记集体三等功1个，个人记三等功9人，评为优秀检察官12人，评为优秀检察干警5人。

【业务培训】1999年，德宏州检察机关选送两级院检察长、反贪局长、法纪处（科）长共24人到高检、省检培训。州院举办2期检察业务培训班和1期宣传报道培训班，共195人参加培训。组织管理97、98级电大生学习考试，99年有5名学员毕业。年内做好专科升本科或研究生班的学员注册及管理工作。组织31名干部参加年内初任检察官资格考试，有11名干部考取。

【举报信访】1999年，德宏州检察机关认真处理信访工作和查办违纪案件，全年受理举报信访9件（次），举报个人7件，举报单位1件。初查8件9人，立案1件1人，转处2件。对全国人大、省委、省院、州政法委批办、交办的申诉案件认真复查，并园满办结。全年作出党内警告处分1人，通报批评1人。

【检察官评定】1999年，德宏州检察机关首次评定检察官等级213人，占全州干警总数的66%，并建立了检察官等级档案和检察官晋升制度。

（《检察院》撰稿　毕德义）

公　安

【侦破德宏州首例计算机犯罪案】据《德宏团结报》载：1999年3月5日，原中国农业发展银行德宏州分行信贷员史斌，因涉嫌利用电脑“空存空取”骗取银行利息贪污巨款，被潞西市检察院依法逮捕。此案是德宏州首起利用计算机犯罪的案件。1993年4月至1996年11月，史斌在潞西市农业银行青年路营业所和银友储蓄服务点工作期间，利用微机开假定期储蓄存单套取利息等手段，先后贪污银行公款15笔，作案金额37747.64元，其行为已涉嫌贪污罪。

（杨星明）

【侦破“3.16”持枪杀人案】1999年3月16日13时，无业游民崔毅敏（川籍）和齐承律（鲁籍）持手枪到芒别水库伺机作案抢劫；15时左右，州粮油机械厂工人杨永兴驾双狮牌摩托车驶入芒别水库，崔对杨连击两枪，杨当场毙命，歹徒抢得摩托车和杨身上仅有的5元钱后向瑞丽方向逃窜。歹徒在行至遮放收费站时翻车，两人受重伤，在医院救治中，潞西市公安民警从其身上搜出“五四”手枪1支和子弹24粒，从而破获了一起特大持枪杀人案。同时查明：此枪是无业游民方开宏（大理州巍山人）于3月5日从施甸县公安局一民警家中盗走，3月17日盗枪犯被抓获。

（杨星明）

【张天伦携公款潜逃被抓获】1999年5月29日，涉嫌携公款潜逃的原盈江县卡场乡财政所副所长张天伦被依法抓捕归案。张天伦在1998年1月至1999年5月任职期间，采取开据现金支票取款的手段涉嫌贪污、挪用公款30余万元。5月27日，犯罪嫌疑人张天伦在缅甸密支那被抓获。

（杨星明）

【维护政治稳定】1999年，德宏州各级公安机关把维护稳定作为公安工作的首要任务，加强了三方面的工作：一是加强情报调研工作。年内，全州公安机关共收集各类情报信息900余条，上报州委、州政府和上级公安机关750条，对州内影响政治稳定的上访、请愿、闹事、群体性事件等动向，及时向党委、政府报告，做到了超前预警。二是保持高度的政治敏锐性和政治鉴别力，旗帜鲜明地依法取缔“法轮功”邪教组织。全州公安机关对“法轮功”活动的调查开展早，并在全省最先获取了有关“法轮功”活动的录像带和VCD光盘。当中央定性法轮功组织为邪教组织后，全州公安机关积极协助党委、政府及时取缔了法轮功在全州的11个练功点，收缴法轮功书籍1351本、录音带626盒、录像带110盘、VCD光盘65盘、照片163张、图解36幅、徽章4枚、布标11幅及各种宣传资料1399份。全州公安机关上报党委、政府和上级公安机关有关法轮功邪教组织的重要信息60余条，为党委、政府正确决策提供了可靠依据。并与宣传部门配合，提供资料，开展揭露法轮功的宣传活动，公开销毁法轮宣传资料。三是认真排查社会热点问题，积极预防和妥善处置群体性事件，并随时做好处置突发事件的准备。对可能引发群体性事件的隐患，采取了积极预防措施。如盈江农场拖欠职工工资问题，陇川县糖厂欠蔗农蔗款问题，及时向党委、政府报告，协助做好疏导缓解工作。年内，全州因山林土地纠纷，工资福利待遇等问题引发的群体性事件20起，做到了及时报告，协助党委、政府依法处置。对有可能引发群体性事件、闹事或上访等热点问题78件，各级公安机关做了大量疏导缓解工作，并进一步制定和完善了处置预案，从思想、警力、装备上做了充分准备。

【保卫大型庆祝活动安全】　1999年，德宏州各级公安机关有三个大的大型活动保卫工作，即’99昆明世博会的召开、国庆50周年和澳门回归庆典。按照上级“确保安全、万无一失、不出大事、少出小事”的要求，全州公安机关狠抓了各项安全保卫措施的落实。一是加大治安案件的查处和流动人员、重点人员的管理力度。对“三无”人员进行了3次大清查，共清查流动人口24507人次，查出无证人员2656人，收容遣送“三无”盲流人员847人，清理查处境外三非人员和乞丐1637人次。二是强化枪支管理工作，加大民用枪支收缴力度。收回了全部超配枪支，收缴民用枪支1192支。三是认真排查治安危险分子。全州共排查治安危险分子259名，落实了专控措施，做到了防患于未然。四是加强了对宾馆、饭店和旅游景点的消防、治安管理工作。全州进行了两次消防安全大检查，普遍签订了治安管理责任书。五是组织了三次全州性的以“四防”为主的安全大检查。六是严格进出境管理，加强边境巡逻，严防境外敌对分子入境破坏。七是加大了重点交通路段的管理力度。八是“世博会”前强制收戒大批吸毒人员，延长戒断期至半年以上，确保良好的社会治安秩序。九是节庆期间加强了值班备勤工作，增加了市面和娱乐场所巡逻警力，进一步完善110快速出警机制。做到了世博会、国庆50周年和澳门回归庆典期间不出大事。

【禁　毒】 1999年，德宏州公安机关把禁毒作为工作的主要任务，其采取的主要措施和取得的主要战果有：一、全警动员，深化缉毒工作。年内，全州公安、边防部队共查获走私、贩运千克以上海洛因大案33起，其中万克以上10起。如州局禁毒支队与边防支队联合侦办的“99.1.25”特大贩毒案件，获海洛因446千克，创全州一案缴获海洛因最高记录；州局刑警支队侦办的“99.1.13”特大邮寄毒品案，缴获海洛因24.75千克，反响强烈。查获走私、贩运千克以上冰毒案件10起，如潞西市局8月23日侦破的特大贩运冰毒案，缴获冰毒49.22千克，共计50万片，创全州一案缴获冰毒最高记录。年内，全州共查破毒品案件600余起，抓获犯罪嫌疑人800余名。二是不断强化戒吸工作。全年共收戒10936人次，其中强制戒断6629人次，集中戒断3332人次，限期戒毒122人次，依法送劳动教养853人。三是巩固禁种成果，积极推动境外罂粟替代改植工作。全年全州未发生私种罂粟案件。坚持堵截和查处境内出境帮工种植罂粟人员，并严厉打击走私易制毒化学物品行为，不断推动境外罂粟替代改植工作。陇川、盈江、潞西等县市多次与境外会谈，提出改植计划，积极帮助解决改植中的困难，提供必要的经济和技术支持。四是深入开展禁毒宣传。全州在农村开展禁毒图片展览，在中小学生中深入开展“远离毒品、珍惜生命”的教育活动。全州在“6.26”、“10.26”期间，召开大型公捕公判大会，共对110名毒品犯罪分子公开判处死刑，执行枪决。

【打击刑事犯罪】 1999年，德宏州公安机关在深化刑侦体制改革中，狠抓了刑侦破案责任制，加强刑侦基础工作，提高破案攻坚能力措施的落实。全年共破获刑事案件999件，比上年多破案件189件(其中破大案637件，比上年多破案件111件)；抓获犯罪嫌疑人1421名；协助外地破案60件；摧毁犯罪团伙130个，涉及成员631名；缴获赃款赃物折价1269.7万元，各种枪支39支、子弹1367发。年内，全州公安机关还适时组织开展了“打击走私盗枪机动车统一行动”、“严厉打击涉枪涉爆犯罪”、“追逃”等专项斗争。在全国网上追逃专项斗争中，全州抓获逃犯44名，其中公安部督捕逃犯1名，省公安厅督捕逃犯3名，州局督捕逃犯4名。成功侦破了大批危害大、影响坏的重特大案件。如：潞西市局侦破的“3.19”杀人焚尸案；瑞丽市局侦破的“2.4”杀人案；“3.23”特大绑架案，成功将被绑架的4岁女孩安全救出；“9.12”跨国绑架案；陇川县局侦破的“4.7”杀人案；盈江县局侦破的“5.30”出租车抢劫案等。

【治安管理】 1999年，德宏州公安机关共查处治安案件5512件10668人。在全州开展了禁娼禁赌专项行动，共查处赌博案件668件2608人，卖淫嫖娼案件370件755人。共收缴流散民间的军用枪21支，收缴炸药962公斤，雷管34965枚，导火索1339米，手榴弹4枚，炮弹3枚。继续深化派出所改革，全州78个派出所，已有64个所不同程度地开展了改革工作，其中有48个所已制定了工作目标责任制，实行量化考核。

【打击经济犯罪】 1999年，德宏州公安局根据公安部、省公安厅关于“调整工作职能，理顺关系，担负经济犯罪侦查任务”的有关精神，州局报批成立了“经济犯罪侦查处”，各县市局也及时成立了经侦机构，承担起了侦办经济犯罪案件的职能。年内，全州共受理经济犯罪案件60起，立案32起，破案29起。侦办案件涉及金额748万元，挽回经济损失295万元，抓获犯罪嫌疑人53名，有力地打击了经济犯罪活动。

【队伍建设】 1999年，德宏州公安机关坚持从严治警、依法治警的方针，以“三讲”教育为契机，以民警素质考试为动力，切实贯彻“真抓、早抓、主动抓”的指导思想，加大队伍建设力度。一是加强党风廉政建设。州、县市公安局党委坚持一年召开两次民主生活会，开展批评与自我批评。二是认真抓好“严禁刑讯逼供、严禁滥用枪支警械、严禁滥用强制措施”的“三项治理”集中整顿工作。全州各级公安机关共签订“三项治理”责任书594份，制作发放警示牌209块，警示卡426片。三是实行警务公开制度，自觉接受社会监督。目前，全州禁毒、刑侦、治安、外管、监管、交管、110等侦查、窗口业务管理部门，已先后将办案程序、制度、时限、收费标准、依据、投诉方式公开张榜公布，接受监督。州局和各县市局还聘请了83名特邀监督员，广泛听取意见，接受监督。四是加强民警教育培训，提高队伍基本素质。年内圆满完成了人民警察基本素质考试，全州参加考试民警1188名，参考率为99.7%，考试及格率为99.2%，取得了优异成绩。五是开展立功创模活动，弘扬正气，鼓励士气。年内，全州公安机关共有80个集体立功受奖，其中三等功4个，嘉奖19个，先进集体57个；个人有475人立功受奖，其中二级英模1人，三等功28人，嘉奖271人，先进个人175人。

【梁河县缉毒成效显著】 1999年，

梁河县公安局共破获毒品犯罪案32件，其中鸦片案11件，海洛因案16件，冰毒案1件，预备案2件，罂粟壳案2件；缴获鸦片7.4905千克，海洛因1.433千克，冰毒0.965千克，罂粟壳3700千克，毒资27.45万元；抓获毒品犯罪嫌疑人54名，其中逮捕23名，刑拘17名，劳教7名，治安处罚4名，其他处理3名。

（罗致普）

（《公安》撰稿除署名外，均为杨庆东）

消　　防

【火灾情况及特点】 1999年，德宏州共发生火灾46起，死3人，伤无，直接经济损失86.68万元，与上年相比，火灾起数降19%，死亡人数降25%，直接经济损失升33%。重大火灾1起是：10月25日14时左右，瑞丽市勐秀乡勐典村公所曼建社景颇族村民勒展家由于生活用火不慎引起火灾，造成勒展妻木边及6岁女儿和4岁儿子3人被火烧死的重大火灾事故。分析年内的火灾情况，有四个明显特点：一是县市城区火灾突出，农村火灾居高不下。全年各县市共发生火灾33起，直接经济损失66.73万元，分别占火灾总数和总损失数的72%、77%；农村发生火灾13起，死3人，直接经济损失19.94万元，分别占火灾总数、死亡人数、总损失数的28%、100%、23%。二是居民村民木材加工行业火灾突出。全年居民村民发生火灾21起，死3人，木材加工行业发生12起，两项占火灾总数72%。三是起火原因多为用电用火不慎，其中电气原因引起火灾11起，违反安全规定10起，用火不慎13起，吸烟不慎6起，小孩玩火4起，放火1起，不明1起。四是火灾集中于上半年。上半年全州共发生火灾37起，直接经济损失65.94万元，占火灾总数的和损失数的80%、76%。

【党风廉政建设】 1999年，德宏州消防部队各级党委、党支部切实把党风廉政建设纳入重要议事日程。支队专门成立了纪委，配备了专职纪检干事，各大队相继配备了兼职纪检人员。年内结合消防监督规范化建设，实行了警务公开，向社会公布勤政廉政措施，建立举报信箱，并将“消防监督人员十不准”、“消防监督文明用语18条”、“消防监督工作忌语20条”印制成卡片，发放到每个干部和士官手中。全年全州消防官兵共拒收礼金3200元，拒收礼品折价1150元，拒吃请102次，树立了消防部队的良好形象。

【精神文明建设】 1999年，德宏州消防部队围绕江主席在十五大报告中提出部队精神文明建设要走在全社会前列的要求，再次掀起创建“文明单位”和“青年文明号”的热潮。年内潞西市消防中队再次被授予国家级“青年文明号”，瑞丽市消防大队被授予省级“文明单位”，支队机关，瑞丽市消防一中队、消防二中队，陇川、盈江两个消防中队被授予州级“青年文明号”。全州五个基层消防中队全部被授予州级以上“青年文明号”，消防部队成为全州精神文明建设的排头兵。与此同时，全州消防部队广泛开展拥政爱民活动，密切警政警民关系。年内共出动车辆80辆次，官兵767人次，为民办好事59件，帮助学校军训学生2435人，义务植树1380棵，义务清除垃圾87吨，义务送水1240吨，还积极开展扶贫帮困、爱心献功臣等活动，累计捐款4135元，支助特困学生5人。

【立功创模】 1999年，德宏州消防支队结合基层消防中队目标化管理、消防监督规范化建设及世博会消防保卫等工作，大力开展立功“创模”活动，并涌现出大批先进集体和个人。年内，瑞丽消防二中队、陇川县消防中队被总队授予目标化管理先进单位；盈江消防大队、梁河消防大队被授予全省消防监督规范化建设先进单位；支队防火处在世博会消防保卫工作中成绩突出，受到省总队的通令表彰；7月1日，梁河消防大队党支部及3名优秀共产党员受到总队党委表彰。全年全州消防部队有1人荣立三等功，3人被总队评为优秀基层干部，6人被评为优秀士兵，6人被评为优秀班长，3人被评为红旗车驾驶员，26名官兵受到嘉奖。

【目标化管理】 1999年，德宏州消防部队采取切实有效措施，全面实施目标化管理。其主要做法是：一、成立目标化管理领导小组并制定奖惩措施。二、同各大队主管签订“目标化管理责任书”。三、明确工作目标。党委要求瑞丽消防一中队、潞西消防中队必须保持先进，瑞丽消防二中队、陇川消防中队、盈江消防中队必须争创先进。四、支队党委成员于8月12日至9月12日按照分片负责的挂钩点与基层官兵同吃、同住，共同实施目标化管理。年内基层消防中队目标化管理做到了一日生活制度化，执勤训练程序化，生活学习正规化。9月底，州支队采取一听、二看、三查、四问、五考的办法，对五个基层中队的目标化管理进行全面考核。10月中旬，省消防总队目标化管理考评验收组对全州五个基层消防中队目标化管理进行考核。考核结果：瑞丽一中队、潞西中队继续保持先进；瑞丽消防二中队以93.63分，陇川消防中队以90.7分的成绩跨入全省消防部队目标化管理先进中队的行列；盈江中队以89.15分成绩跨入达标行列。

【训练与救灾】 1999年，德宏消防支队5个基层消防中队立足现有的装备器材，从实战出发，严格依照先技术后战术、先分解后综合的方法，因地制宜地开展配戴空气呼吸器、一车一泵出水操等适应性灭火训练，全年投入训练日110个，对制定的105份重点单位灭火作战预案，全部实施了演练。年内共出动官兵833人，车辆120辆次，扑救火灾37起，挽回经济损失300万元，最大限度地减少火灾损失。

【后勤保障】 1999年，德宏消防支队围绕“保障有力”的总目标，不断提高后勤保障能力。一是强化财务管理。年内支队两次对基层大队、中队的后勤财务进行检查和审计，堵塞各种漏洞，保证有限的经费用在刀刃上。二是加强后勤队伍建设。年内培训卫生员4人、驾驶员20人。三是大力发展农副业生产。年内，全州消防部队自产蔬菜4800公斤，出栏肥猪29头，产鱼

1350公斤，禽620公斤，生产收益7.8万元，其中补入伙食3.2万元。四是加强部队基础建设。年内投入经费170余万元，用于部队基础建设；广大官兵投入劳动日1300余个，自己动手美化营区，节约经费近10万元。年内州支队建成了花园式营区。

【消防监督规范化建设】 1999年，德宏消防支队党委成立了消防监督规范化建设领导小组，以规范执法程序和加强消防监督业务基础工作为突破口，全面加强消防规范化建设。通过一年的努力，基本达到了消防监督规范化建设的要求，实现了人员素质增强、岗位职责明确、执法程序规范、法律文书完备、业务档案健全、技术器材完备、廉洁且高效的消防监督目标。12月初，省消防总队消防监督规范化建设考评组对支队防火处、梁河大队、盈江大队进行全面考评。考证结果：梁河、盈江大队均以181分的总成绩跨入全省消防监督规范化建设达标先进单位的行列，支队防火处以177分的成绩顺利达标。

【落实消防安全责任制】 1999年，德宏州各级政府遵照《中华人民共和国消防法》，全面落实消防安全责任制。3月12日至14日，州人民政府专门组成以州防火安全委员会副主任、州政府秘书长段晓光带队的工作组，赴各县市对1998年度州长与县市长签订的“消防安全责任书”进行考评，并续签99年度的责任书。4月15日，州政府对98年度获得消防工作一等奖的瑞丽市政府（奖金5000元）、二等奖的梁河县政府（奖金4000）、三等奖的潞西市政府（奖金3000元）进行表彰，各县市人民政府以此为契机，及时与各乡镇人民政府、各重点单位签订消防安全责任书。年内各县市政府同63个乡镇、4个农场、66个消防重点单位及其它230个易燃易爆、中小学校等重要场所签订了“消防安全责任书”。12月1日，州人民政府组派了由方文信副秘书长带队的工作组，对99年度州长与县市长签订的“消防安全责任书”进行考评，具体得分为：梁河县政府96分、瑞丽市政府92分、盈江县政府90分、潞西市政府88分，陇川县政府81分。工作组还代表州长与各县市续签了2000年的责任书。省人民政府于12月底对德宏州落实省长与州长签订“消防安全责任书”进行考评，德宏州以92分优秀成绩通过验收，并被省人民政府授予1999年度消防工作先进单位。

【消防监督管理】 1999年，德宏消防支队采取了以下措施，强化消防监督和管理：一是加强消防重点单位的监督检查。按照《中华人民共和国消防法》要求，报各级人民政府批准，重新确定了66个消防重点单位，实行了定人监督、定人管理的方法，每季度进行一次全面的检查，确保了重点安全。二是切实抓好消防安全专项治理。年内，全州消防监督机构累计出动车辆133辆次、256人次，对易燃易爆、消防产品进行消防安全专项治理，消除火灾隐患290处，改变了重点行业的消防安全条件。三是加强日常检查和监督。针对1至3月份全州火灾突出的情况，州人民政府及时发出了《关于认真做好当前消防工作的紧急通知》，全州消防部门结合元旦、春节、泼水节、建国五十周年等节日，在全州范围内深入开展消防安全大检查。全年全州开展消防安全检查7次，专项检查24次，累计出动警力1422人、车辆467辆次，检查单位1876个，查出火灾隐患1627处，督促整改1504处。四是加强建筑防火审核工作。年内共审核工程项目84个，审核面积1.9万平方米，提出整改意见44条。五是加大消防执法力度。年内共罚款30440元，按照“三不放过”原则，保证火灾事故查处率达100%。

【消防宣传教育】 1999年，德宏消防支队深入扎实地开展了各种消防宣传教育活动：一是切实抓好中小学生消防教育。结合3月29日为全国中小学生“安全教育日”的实际，全州消防部门出动50名官兵到20所中小学校进行知识讲座，直接受教育学生18700人。二是狠抓“消防法”宣传活动。9月1日，“消防法”颁布实施一周年之际，各县市在城区主要街道悬挂横幅标语6条，播出防火标语40条，出动宣传车12辆次，发放宣传资料6千余份，用电视、广播全文播放“消防法”7天24次，直接受教育4万多人次。11月9日为全省第六个“119消防日”，各县市政府领导发表电视讲话6次，举办知识竞赛1次、消防知识讲座3次，设立消防咨询站5个，发放宣传资料8700余份，播出消防录相片17部，张贴防火标语134条，全文播放“消防法”7次，播出宣传稿件19篇，受教育群众近10万人次。三是加强消防培训。年内举办培训班35次，培训人员2262人。四是积极鼓励广大官兵向各类宣传媒体投稿。年内全支队向报刊、电台投稿146篇，被采用108篇；支队办公室向州委、州政府、省消防总队上报信息57条，被省政府采用1条，省消防总队采用12条，州委、州政府采用16条。因此，支队年内还被评为全州政务信息二等奖。

【世博会消防保卫工作】 1999年，德宏消防支队切实抓好世博会消防安全保卫工作，出台了《德宏州’99昆明世界园艺博览会消防保卫工作方案》，成立了世博会消防保卫领导小组，下设防火监督组、灭火执勤组和综合协调组。年内在全州消防部队实行责任制，支队与大队、大队与中队直至每一个官兵都签订了世博会消防保卫责任书。从3月20日起，全州消防部队取消双休日，停止一切探亲休假，全力抓好世博会消防安全保卫工作。首先是对41个定点接待单位，28个旅行社、8个旅游景点进行为期3个月的消防安全专项治理；其次从4月份开始，支队先后4次下派工作组，对粮、油、水、电、通讯等单位进行重点督查。全年出动车辆88辆次；人员411人次；检查单位84个；与41个定点接待单位、28个旅行社、8个旅游景点及84个相关单位签订了消防安全责任书；对852名从业人员实施了全员培训，落实了持证上岗制度；对76个定点项目全部制定灭火作战预案，并全部实施演练。由于以上深入扎实的工作，世博会期间德宏分会场没有发生任何火灾，圆满完成了世博会德宏分会场的消防保卫工作，受到省消防总队的表彰。

（《消防支队》撰稿　赵映琦）

司法行政

【梁河县举办禁毒巡回展】 1999年6-10月，由梁河县政法委、宣传部、团县委、公安局、司法局、教委联合主办的禁毒展览，在全县9乡1镇巡回展出。展览共有46个版面，内容包括毒品知识、严厉禁毒、远离毒品、任重道远、毒品实物5大部分。巡回展分三个阶段进行：第一阶段于6月21日至26日在县公安局展出；第二阶段于9月7日至11日在5个坝区乡展出；第三阶段于10月在梁河一中和4个山区乡展出。展览期间，州人大主任、州委副书记、州政法委书记麻端和州公、检、法、司、安的领导参观了展览，并给予高度评价。据不完全统计，这次巡回展的参观者达3万多人。

（罗致普）

【梁河法院开展“执行工作宣传周”活动】 1999年8月15~18日，梁河县人民法院结合县情，利用街天，分别在县城、曩宋、罗岗等地开展“执行工作宣传周”活动。宣传周期间，耐心解答群众提问，向过往群众散发宣传材料510份，出动宣传车沿街播放有关的法律、法规，受教育群众达7万多人次。宣传周结束后，又召开执行大会，对24件执行案件的负债人及负债金额作了公布，并对两名长期拒不履行人民法院生效的法律文书的被执行人予以司法拘留。执行大会当天，被执行人交纳执行款102577.06元，查封被执行人丰田皇冠小汽车1辆、玉石毛料48.9公斤、房屋4幢。没有交纳欠款的被执行人均定立了履行计划，办理了定期申报财产手续。这次执行大会，维护了法律的尊严。大会实况通过广播、电视播出后，产生了良好的社会效果。

（罗致普）

【开通“148”法律服务专线】 1999年9月28日，根据云南省委、省政府的要求，经德宏州委、州政府同意，瑞丽市司法局首家在全州开通“148”法律服务专线电话。12月中旬，潞西市司法局完成“148”开通工作。在3个月间，全州5个县（市）司法局的“148”法律服务共接到群众电话法律咨询293个，接待来访群众103次批共471人，受理法律事务并上门调解调处75件，移送有关部门处理37件，避免经济损失50万元。

全州法律服务中心共担任乡镇基层组织和企业、农民个体户常年法律顾问32家，代理农村群众诉讼152件，办理非诉讼法律事务148件，代群众写各类法律文书563件，给农村群众解答法律咨询3753人次，调处各种纠纷1288件。

【梁河县开通“148”法律服务专线电话】 1999年11月18日，梁河县司法局开通“6160148”法律服务专线电话。它是司法行政机关把普法教育、法律咨询、法律援助等融为一体的为广大群众提供法律服务的一种快捷方式。其服务宗旨是：把法律交给群众，送服务到万家。提供的主要服务有：一、解答法律咨询；二、代理各类诉讼；三、代写各类法律文书；四、担任常年法律顾问；五、联络办理各类公证事项；六、帮助草拟和审查合同；七、调处各类民间纠纷；八、对需要上门服务的，根据管辖范围和具体情况，指派律师等上门服务，必要时按照规定提供法律援助。“148”开通至年底，已初步发挥了传播普及法律常识，密切党群、干群关系，维护群众合法权益的功能和作用，共接待群众来访12次35人，提供法律建议12个，法律电话咨询解答4个，受案分流1件，调处纠纷1起。

（罗致普）

【劳教工作】 1999年，德宏州劳教所新收劳教人员336人，解除劳教386人，截至12月底在教劳教人员858人，超设计规模收教358人。年内仅有一名劳教人员脱逃在外。由于加强了所内各项安全防范措施及检查，全年所内无重大案件发生，无毒品流入。全年给劳教人员讲授文化、法律、劳动技能课1352个课时，受教育面达在所劳教人员数的100%。全年劳教生产和各项劳务创造收入320.5万元。

【普法和法制宣传】 1999年，德宏州各级司法系统积极开展法制宣传。4月，召开全州法制宣传教育会议后，又对114个中央、省属驻德宏的部门和州直部门进行“三．五”普法规化落实情况调查，并对其中的26个单位进行了重点检查。为加强指导和监督领导干部和行政执法人员学法用法，年内聘请华东政法学院教授在芒市、瑞丽、盈江举办3场法制课讲座，全州800余名州、县（市）、科级以上领导干部听了讲课。积极支持州人民政府法规科对全州行政执法人员的执法资格进行上岗培训，有1347名行政执法人员上法律课，共147个课时。同时，全州各级普法部门还举办各类普法培训班73期，培训人员3962人。年内各级人大对全州普法工作视察40次，审议16次，有力促进了州、县（市）和乡（镇）“三．五”普法工作的开展。州、县（市）司法局在抓好普法工作的同时，积极做好依法治理工作，指导全州275个单位，49个乡镇、331个村、94个企业开展了依法治理，促进了218个单位推行执法责任制。全年在电台、电视、报纸中开办法制宣传栏目24期，编印法制宣传材料36期，制作法制宣传图片40套1710幅，翻印制作傣、景文普法宣传教材2000册。此外，年内共招收法律函授本、专科学员191人。

【律师工作】 1999年，德宏州共有62名执业律师，其中12名律师事务所的主任参加了省司法厅举办的新法律、法规业务培训；50名执业律师参加州司法局举办的新合同法和执业纪律教育培训。此外，对12个律师事务所的15名会计财务人员进行了财会业务辅导。年内，州司法系统完成了对律师事务所的财务审计，完成了对12个律师事务所的62名执业律师的年检、注册送审工作。年内全面建立了全州律师事务所和执业律师的社会监督机制，州、县（市）司法局共聘请社会监督员41人，任命系统内督查员12人。全年全州律师事务所共指派律师担任法律顾问106家，代理刑事辩护案件357件，民事诉讼代理368件，经济纠纷诉讼代理122件，行政诉讼代理22件，办理非诉讼法律事务155件，为国家、集体、公民个人避免和挽回经济损失1235万元。

【公证工作】 1999年，德宏州有7个公证处、21名公证员，共受理各类公证事项1856件，经法定审查后出证1851件，其中国内民事公证397件，国内经济公证1246件，涉外公证185件。全年接待来访咨询1214人次，办理经济公证涉及金额26978.4万元，拒绝公证33件，制止不法经济交易涉及金额273万元，向有关部门提出法律建议5件（被采纳3件）。年内潞西市公证处和瑞丽市公证处主任吴卫萍被省司法厅分别评为“全省公证质量先进集体”和“全省公证质量先进个人”。潞西市公证处被省司法厅确定为司法部“全国文明公证处联系点”。

【基层法律服务】 1999年，德宏州共有62个乡镇司法所，共代表乡镇人民政府做出处理决定331件；为基层政府提出工作方面的法律建议115件，其中被采纳86件；协助基层政府制定、起草规范性文件77件；制止群众集体上访90起；制止群众群体性械斗73起；直接代表乡镇人民政府受理调处各类纠纷1309件。年内，共帮教136名“两劳”解释解教人员，并为其中130人落实了农村责任田。

【人民调解】 1999年，德宏州司法所主动指导全州323个农村村民调解委员会开展工作。全年调处农村各类纠纷3034件（其中调处成功2813件），调处内容涉及生产经营、婚姻家庭、土地森林；重点排查了159件民间纠纷，给予专项治理32件，制止群众性械斗54起，集体上访56起。年内有7个司法所因工作成绩突出，受到当地党委、政府表彰。

【法律援助】 1999年，德宏州司法部门共办理各项法律援助277件，其中由各级法院指定援助的刑事辩护占85%。

（《司法行政》撰稿除署名外，均为尹云飞）

经 济 管 理

经济体制改革

【州企业实施“三改”减免有关收费】 1999年1月15日，德宏州政府转发了省物价局等六厅局《关于对企业实施改革改组改造过程中的有关收费实行减免及有关问题的通知》。“通知”要求，凡是中央、省人民政府已经公布取消的涉及企业的收费项目，以及本通知规定降低收费标准和免收费用的，各地、各部门必须严格执行；各级物价、经贸委、监察、财政、审计、纠风办等部门要密切配合，认真履行自己的职责，抓好本地区的落实和监督检查工作，凡发现不按规定执行，顶风违纪的，发现一个从严查处一个，对典型案件可以通过新闻媒体予以爆光。

【完成乡镇企业改革】 截至1999年初，德宏州16个乡镇企业完成了改革试点工作，涉及资金11030万元、固定资产8091万元。年内，已完成改革工作的16个乡镇企业的具体情况是：实行产权转让3个、破产2个，实行有限责任公司1个，风险抵押承包1个、租赁1个，其它形式2个。

【慰问困难企业及下岗职工】 1999年2月8日至10日，德宏州委、州人民政府春节慰问团走访慰问了困难企业及下岗职工。慰问团对德宏州水泥有限责任公司、德宏州交通实业总公司、德宏州民贸批发站等24家困难企业和3家破产企业的下岗职工、残疾职工、在职特困职工和218户特困户，进行春节慰问，共发放价值10万元的慰问品和慰问金。

【陇川县医药公司改组】 1999年4月8日，经陇川县经济体制改革办公室批复，同意将陇川县商业局医药公司整体改组为“陇川县医药有限责任公司”。改组后的有限责任公司不设国家股，前公司的存量净资产经剥离后全部让渡给改制公司；公司改组后，在职职工与公司的劳动关系不变，退休人员与公司的供养关系不变。改制后的新公司并保留享受原有的优惠政策。

【盈江县民族皮革厂破产】 1999年5月20日，经盈江县人民法院民事裁定宣告：盈江县皮革厂破产还债。盈江县民族皮革厂始建于1958年，建厂40多年来曾为地方民族工业的发展，繁荣民族经济，安排就业，缴纳税收等做出一定贡献。但随着市场经济的发展，皮革厂陈旧的设备，落后的生产工艺逐渐失去了市场竞争能力，产品大量积压，负债增多无法偿还，负债额达978.9万元，资不抵债399.3万元，资产负债率169%。

【管国忠州长对全州水利电力企业改革提出要求】 1999年5月，为加快德宏州电力体制改革，改变现行“小而全”、“分而散”的产业低档化体制，实行“统一规化、统一建设、统一调度、统一管理”的优质高效电源、电网运行，充分发挥最佳经济效益和社会效益，州长管国忠就全州电力企业改革提出具体要求：一、完成和签署发起人协议。以电力成员公司为主，有关部门参加，成立筹备组，具体承担组建全州电力股份公司事务。二、要进行财务审计、资产评估，明晰产权，进行资产重组。三、州政府要成立领导小组，加强对水利电力改制工作的领导。要引导企业认识重组的重要性和紧迫性，要协调好各种利益关系，推动水利电力企业的改制工作顺利进行。

【召开全州经贸暨国企改革与脱困工作会】 1999年5月22日，德宏州政府召开全州经贸暨国企改革与脱困工作会。李志明副州长在会议上要求各县市、国有企业单位要努力打好国有企业改革与脱困攻坚战，要认真落实国有企业改革与脱困目标责任制；要切实加强领导，各县市和各相关部门要设立或明确负责国有企业改革与脱困工作的领导机构和办事机构，实行“一把手工程”；对列入全州三年改革与脱困的企业，要逐户拟定具体方案和措施，确保工作落到实处；坚持“多种形式并举，股份合作制为主”的方针，对列入“放小”范围的企业，要实行一企一策；要以“三改两加强”为核心内容，以转换经营机制、调整和完善所有制为重点，多制并举，进行多种形式的改革。

【民航芒市站开发公司改制为股份合作制企业】 1999年9月，经德宏州体改委批复，同意民航芒市站开发公司改制为股份合作制企业，企业改制后更名为民航芒市飞翔股份公司。

民航芒市站开发公司是由民航芒市站职工1993年集资组建的集体所有制企业，主要经营航空包机、客货代理、三类旅游服务等业务。年内该公司根据民航云南省管理局“关于对民航下属企业要进行分离改制”的要求，抓住机遇，深化改革，确定将开发公司改制为股份合作制企业。公司改制后实行独立核算、自主经营、自负盈亏，是具有法人资格的经济实体。

【潞西市加快企业改革步伐】 1999年9月，潞西市为加快企业改革步伐制定了7条措施：一是加强企业领导班子建设，力求把班子建设成为对国家、企业和员工负责的战斗堡垒；二是以市场为导向，调整和优化工业产业、产品结构；三是多渠道筹集技改资金，解决企业资金困难；四是明确企业改革的方向和目标，分清责任，重在落实；五是重视和支持骨干企业生产，积极帮助企业寻找销售市场；六是分类指导，一企一策，多种形式一齐上；七是实行“四轮”驱动，即政府推动、企业主动、部门联动、政策引动，努力促进企业改革的顺利进行。

【盈江县民族贸易公司组建有限责任商场】 1999年11月，盈江县民族贸易公司为摆脱困境，由在职职工21人共同出资入股，利用职工旧宿舍和仓库组建成盈宏有限责任制商场。有限责任制商场的股东通过选举产生了董事会、董事长、监事会和专职财会人员。商场的建成不仅盘活了企业的闲置资产，创造了经济效益，而且产生了一定的社会效益。

【梁河县外贸私企兼并国企】 1999年12月，梁河县政府批准县光大公司（私营企业）对桂梁商号一部（国有企业）的兼并方案。之后县光大公司采取一次性出资和承担桂梁一部债务的形式，成功地兼并了桂梁商号一部的资产和经营权。桂梁商号成立于1991年，1998年至1999年5月累计亏损达20.33万元，虽然县外经贸局派员整顿仍无好转，最终被县光大公司兼并。

【潞西市国企改革与脱困工作有所进展】 1999年，潞西市进一步加大国有企业改革力度，以“三个有利于”为标准，围绕转换经营机制与调整和完善所有制结构，认真开展国有企业改革与脱困工作，并取得进展。年内，按照《潞西市综合配套改革试点总体方案》和《关于加快潞西市国有企业改革步伐的意见来安排布置全市国有企业改革工作。一是通过调查，市政府与14个企业主管部门签订了“潞西市国有企业下岗职工基本生活保障与再就业和国有企业三年改革与脱困目标责任书”，把国企改革与扭亏脱困的目标、任务具体落实到责任单位和责任人上。二是建立了国有脱困企业帮促组，指定市级领导联系重点脱困企业。三是进一步加强了对企业改制工作的领导，调整充实了市企业改革协调领导小组及其工作班子，使全市国有企业改革稳中有进，有所突破。全市1999年共有44户国有企业，已完成改制的企业17户，占38.6%（其中改为公司制企业4户，兼并2户，出售2户，实行承包、租赁9户）；试行年薪制的企业3户，占6.8%；正在改制过程中的企业有4户，占9.1%（其中市电力公司、新桥电站和芒究水库电站3户共同发起组建潞西市水电有限责任公司，市红茶厂实施破产）。

【瑞丽市国有企业改革见成效】 1999年，瑞丽市积极稳妥地推进国有企业改革，取得初步成效。年内，瑞丽市先后完成了对瑞丽造纸厂、利民商号、饮食服务公司、食品厂、红旗煤矿、市国际旅行社、远大科贸公司等国有企业的改制。在改制过程中，市委、市政府妥善安置国企下岗职工，针对各企业存在的不同程度的问题和困难，该市决定将改制企业应该缴纳的土地款和其他应入国库的款项，先以企业欠债的形式挂帐，等企业有了效益后再行收回。改制后的企业在经济效益、职工生活、厂区建设、企业管理等方面都有不同程度的改善。

【陇川县国有企业改革进展快】 1999年12月底，陇川县累计已完成国有企业改革12户，占全县拟纳入改制企业27户的44.4%，成为本州国有企业改革进展较快的县。已完成改革的12户国有企业，改革的形式是实行国有民营1户、租赁1户、解散2户、拍卖1户、被兼并1户、股份有限公司1户、有限责任公司2户、股份合作制2户、改为私营企业1户、实施破产4户。陇川县国企改革的经验主要有：一、认真搞好企业资产清查、资产评估、产权界定等基础工作是国企进行改制的必要条件。资产清查要结合1995年第三次国有企业清产核资确认结果和现有帐面及实物资产，并协调解决好企业有争议的资产，最后报国资部门立项、确认，达到改制企业产权清晰的目的。二、处理好改制企业的国有净资产和土地使用权问题。为使国有企业通过“三改一加强”达到放开搞活的目的，在具体操作中对改制企业经评估确认的国有净资产原则上让渡给企业，主要用于解决退休职工的社会保障费用，另一部分适当量化给职工，其余作为集体共有股留存企业；对改制企业的土地使用权问题纳入整体资产评估，成为国有净资产组成部分，不另行处置。三、国企改革中稳妥处理好在职职工和退休人员的安置问题。认真遵循“三个有利于”的原则，同时根据实情确定具体操作的“三个有利于”（即有利于企业的发展，有利于职工生活保障，有利于不增加财政负担）；对国企改制中在职职工安置费标准，立足改制企业的实有净资产，不盲目攀比，国企改制在职职工终止国有职工身份或与企业解除劳动关系的，每年工龄给予500—700元的安置费；对退休职工要保证其医药费、丧葬费、抚恤费的落实和兑现，对改制为股份合作制或破产、解散的必须按云劳〔1966〕202号文计算落实养老统筹费。四、对改制企业债权债务的处理。债权债务原则上由改制后的企业享有和承担，对因债务人破产或死亡不能收回的帐款，或因债务人逾期3年以上未能偿债，应按政策列为坏帐损失，改制企业可帐清债留，继续保留对债务人的索偿权利；改制企业原欠财政的借款应逐级申报，争取“借改投”，将借款转为企业资本金。五、改制的形式要符合企业的实际。在国企改革中坚持因企制宜，一企一策，一切从实际出发，改革形式不拘一格，丰富多样。六、对已完成改制的企业进行必要的跟踪调查，努力完善和解决改制时存在的矛盾和问题，加强和提高改制企业领导班子及职工对改制形式的理解，使改制企业实现转换经营机制，并产生效益。

【梁河县加快国有企业改革步伐】 1999年，梁河县按照建立现代企业制度的要求，大胆探索国有企业的改革路子，加快了对国有企业的改革工作。在对县属国有企业的改革试点中，县委、县政府采取了以下措施：一是实行整体出售，即将处在亏损边缘的企业进行出售，重新组建私营企业；二是对效益好、生产经营相对稳定、具有发展潜力的企业，实行劳动合作与资本合作相结合、按劳分配与按股分红相结合的股份合作制；三是实行分立重组，对整体效益差、亏损大、整体难以搞活的企业，将有潜在效益的设备或经营场所作为投资股本，与相关部门或单位共同出资组建有限责任公司。通过上述改制，调动了企业的积极性，部分企业已经重现生机与活力，并逐渐产生了较好的经济效益。

【国有企业依法破产】 1999年德宏州县市对国有企业中资不抵债、扭亏无望、不能清偿到期债务的8户企业实施依法破产。年内实施依法破产的8户国有企业是：盈江县民族皮革厂，资产总额579.6万元，负债总额978.9万元，资产负债率169%，5月依法破产；盈江县有色金属采选厂，资产总额210万元，负债总额402.5万元，资产负债率192%，2月依法破产；盈江县矿产公司，资产总额71.9万元，负债总额203.6万元，资产负债率283%，4月依法破产；陇川县民族皮革厂，资产总额200.79万元，负债总额974.92万元，资产负债率486%，2月依法破产；陇川县塑料编织袋厂，资产总额285.7万元，负债总额601.7万元，资产负债率211%，2月依法破产；陇川县民贸公司，资产总额438.67万元，负债总额607.16万元，资产负债率138%，7月依法破产；陇川县建风商号，资产总额427万元，负债总额609万元，资产负债率143%，7月依法破产；潞西市红茶厂，资产总额492万元，负债总额1095万元，资产负债率222%。

（《经济体制改革》撰稿　杨小左　李光升）

计　委

【德宏州中央直属粮库工程】 1999年1月，经国家计委〔1998〕1839号文批准德宏州中央直属粮库工程开工建设。该工程位于潞西市城郊，总建筑面积9179平方米，总库容0.5亿斤。该工程预计年底竣工验收，计划总投资1600万元，其中主体工程由国家拨款1370万元、省安排115万元、州级配套115万元。

【潞西勐板河水库动工】 1999年12月，潞西勐板河水库建设开工。该工程总库容810万立方米，总投资9510万元（其中省补助6660万元，地方自筹2850万元），年内省安排前期工程费300万元。

【瑞丽江国界河治理】 1999年12月，瑞丽江国界河治理工程正式开工。该工程总投资3023万元，其中中央补助1000万元、省级补助1000万元、地方自筹1023万元。

【陇川县被列入“九五”第二批国家级商品粮基地】 1999年，根据国家计委、农业部、水利部计农经〔1999〕799号文件，陇川县被列入“九五”第二批国家级商品粮基地。该“基地”建设总投资700万元，年内安排投资350万元。

【调整种植业结构】 1999年，德宏州针对粮食积压、食糖滞销的状况，以市场为导向，因地制宜，加大了种植业内部结构调整的力度。全年全州共调减粮食种植面积5.48万亩，增加冬季农业开发面积2万亩、油料种植面积4.24万亩。在继续加强各类商品基地建设的同时，以香料为重点的“18”生物工程开发面积年末累计达到13.72万亩，其中当年新增5.6万亩。列入计划考核的主要农产品产量：粮食37.98万吨，比上年降4.33%；油料12360吨，增31.85%；甘蔗304万吨，增1.78%。在种植业结构调整的同时，增加农业投入，以水利和生态建设为重点的农业基础建设进一步得到加强。通过实施18个攻坚乡167个扶贫开发项目和龙江河谷异地扶贫开发，全州全年又有3.24万贫困人口基本解决了温饱问题。乡镇企业在改革和调整中继续稳步发展，全年实现总产值22.26亿元，工业产值5.36亿元，分别比上年增15.1%和19.8%。

【工业生产稳定增长】 1999年，德宏州累计完成工业总产值（90年不变价）16.55亿元，比上年增20.5%，为年计划的103.4%；工业增长仍以国有及非国有年销售收入500万元以上的企业为主，增长的行业已由单一的蔗糖工业向电冶工业和水泥制造业等行业延伸。年末全州工业产品销售率达94.6%，比上年提高3.6%。但由于大部分产品仍不能适应市场需求，部分企业经济效益持续下降。全州列入统计考核的108户国有及年产品销售收入500万元以上的非国有独立核算企业中，亏损的有85户，亏损面达78.7%，比上年升11.8%；亏损企业亏损额达2.69亿元，增亏3193万元，其中制糖企业亏损额达2.12亿元；实现利润－2.64亿元，增亏3685万元。

【内外贸易恢复增长】 1999年，德宏州全州实现社会消费品零售总额16.23亿元，比上年增2.7%，为年计划的92.22%。在国有和集体经济下滑的同时，其它经济仍保持稳定增长。年内，外经贸企业向多元化经营方向发展，结束了持续下降的局面，据海关统计，全州全年完成外贸进出口总额18.79亿元，比上年增0.7%。

【地方财政收入下降】 1999年，德宏州由于蔗糖市场持续疲软、粮食积压、工商企业连续亏损、职工增资等刚性支出加大，全州地方财政收支平衡差额较大。全年地方财政一般预算收入为2.06亿元，比上年降14.6%；一般预算支出为6.4亿元，比上年降7.89%。

【固定资产投资下降】 1999年，德宏州由于资金到位率低，就位较晚，州县配套资金严重不足，全州施工项目仅有265个，比上年减147个，其中基建项目224个，减125个；更新改造项目14个，减4个；其他项目27个，减18个。全年固定资产投资10.1亿元，比上年降20.14%，为年计划的74.81%。年内，在资金不足的困难情况下，重点项目建设取得新进展：全州农村电网改造通过省级初审；陇川县城搬迁全年完成投资8000多万元；瑞章公路改造和勐板河水库建设已开工；瑞丽江国界河治理与德宏国家粮食贮备库建设进展顺利；邮电通讯继续得到发展，年底全州本地网交换机总容量达14.54万门，其中市话交换机总容量达12.21万门，农村电话交换机总容量达23232门。

（《计委》撰稿　唐宏君）

经济信息中心

【实施局域网建设】 1999年，历时3年的德宏局域网项目建设方案设计完成，并经过省中心批准实施。至此，德宏建立了自己的网站。年内，访问云经网德宏中心的人数达3500余人次。

【登录德宏“中国企业网址”】 1999年，根据省中心云经网企划部的规划和要求，德宏州经济信息中心整理编辑了州内57户工商企业进网，利用云经网建立了具有信息收集、存储、处理、发布、检索、镜像的完整体系，为宣传德宏，为德宏州国民经济建设和各工商企业的发展发挥了应有的作用。

【办好“两刊”】 1999年，德宏计委信息中心充分发挥“云经网”网上资源优势，以网络先行，逐步实现了从纸上信息向网络信息的转变，使信息的快、准、新向前迈进了一大步。年内两刊质量不断提高。全年出版《德宏经济信息》和《边境市场》各24期，发行量上升到7500多份，提供宏观经济信息600余条，政策、法规信息150余条，经济观点、视点80余条，产、供、销信息和市场动态分析1700余条。

（《信息中心》撰稿　曹培生）

经济协作

【经济协作项目】 1999年8月，德宏州经贸委分管经协的明景让副主任参加“’99”昆交会，并出席西南六省区市七方经济协调会第15次会议；11月27日至30日，以州政府副秘书长钱强为团长的德宏州政府代表团9人，参加了在楚雄州召开的川滇十地州市经济协作区第十三次联席会议。在两次会议上，德宏州瑞丽市交通局与云南楠碧矿冶公司签订了交通能源建设项目协议书，潞西绿洲茶油树发展有限公司与香港三和贸易公司签订了300吨的期货交易协议，盈江勐典河电站、瑞丽弄岛经济开发区与昆明南碧矿冶公司签订协议，由南碧矿冶公司引资1000万元人民币投入勐典河电站建设，引资6亿元人民币建设瑞丽城区至弄岛一级公路35公里。

【扩大经协与交流】 1999年，德宏州先后与上海、天津、江苏、浙江、福建、海南、武汉、广东、广西、湖南、四川、贵州及省内共23个省市区建立了协作关系，省内外县级以上政府或相当于县级以上的部门单位在德宏设立办事机构的有59家，外来企业在德宏设窗口61家，全州三资企业93户。在加强巩固原有的联合与协作关系的基础上，扩大发展新的联合与协作关系，据统计，全年全州经协系统接待前来德宏参观考察、洽谈经济技术合作的外地各级政府和各界投资厂商295人次，进行各类人才培训49人次，干部交流3人次。

【评选“经济联合协作优秀企业”】 1999年，德宏州经协办在项目实施过程中，注重加强督促企业内部管理，提高企业的社会效益和经济效益。年内推荐芒市傣家醇有限责任公司、芒市绿洲茶油树发展公司、瑞丽云瑞公司、瑞丽新世纪宾馆、陇川双龙纸品有限责任公司、盈江电力公司和盈江星云电解铝有限股份责任公司参加云南省评选“云南省国内经济联合协作优秀企业”。

（《经济协作》撰稿　蒋开富）

（见《州情概览》34页）

物　价

【收费管理】 1999年3月1日至5月末，德宏州物价部门根据省物价厅安排，对所有执收单位的收费项目、收费标准、收费范围进行审验。全州应审验行政事业性收费单位1172户，已审验1172户。审验中央制定的收费项目107项，金额1872.76万元；省级制定的收费项目347项，金额19439.38万元。审验中予以注销“收费许可证”40户，新增办理“收费许可证”40户。新增收费项目20项31个收费标准，变更收费项目44个416个收费标准。协助财政部门实施财政专储439户，专储金额6541万元。经营服务性收费单位应审验746户，已审验592户，合并注销80户，审验率为90%。

【收费专项检查】 1999年11月1日，德宏州物价部门为认真贯彻落实《中共中央、国务院关于治理向企业乱收费、乱罚款和各种摊派等问题的决定》，在全州范围内开展了行业收费检查工作。州和各县市成立了由县市主要领导和有关部门参加的领导小组，抽调物价（计委）、监察、财政、审计、经贸等有关部门64人，组成16个行业收费检查小组，对公安（含交警）、交通、工商、税务、城建、土地、劳动、运政、卫生防疫、环保、文化、外经贸、技术监督、计划生育、水利水电、乡镇企业、林业、教育等行业共172个执收单位的收费（含保证金、押金、基金、资金、赞助）执收情况进行重点检查。全州共查出各类价格违法案件70件，查出非法所得金额1627.68万元，已处理乱收费违法案件19件，实现经济制裁总金额68.65万元，没收非法所得金额57619元，退还用户金额42.27万元，罚款5500元，已收缴财政43310元。在查出的19件案件中，已发出《行政处罚事先告知书》4件，主动退款1件，其余14件正在审理之中。

【完成控价目标】 1999年，德宏州物价工作围绕省物价工作会议提出的"保持市场物价总水平的基本稳定，继续稳妥推进价格改革，整顿市场价格秩序"的方针，以价格调控目标为中心，结合德宏实际，主要抓了以下几方面的工作：一、继续深入贯彻《中华人民共和国价格法》，坚持价格总水平调控目标行政首长责任制；二、切实做好世博会期间全州市场价格总水平稳定工作，确保市场价格不出现大的波动；三、认真贯彻国务院和省人民政府关于进一步深化粮食流通体制改革的有关规定，继续做好粮食流通体制改革，严格执行保护价敞开收购农民余粮政策，查处粮食收储企业的低价或变相亏本销售行为，促进粮价合理回升；四、认真做好农村电价整改，按照《云南省农村电价管理规定》，积极推进农村电网改造、电价整改和城乡同价的"两改一同价"工作，切实减轻农民负担；五、启动和研究居民住宅区物业管理和物业管理办法，推进住房制度改革，降低住房造价；六、继续做好医疗收费、药品价格整改工作，降低药品虚高价格；七、继续做好清费、治乱工作，进一步规范行政事业性收费和经营服务收费行为，建立健全管理和监督的新机制；八、加强价格信息和价格事务工作，为各级党委、政府和有关部门决策服务；九、积极开展价格监督检查，查处价格违法行为，整顿市场价格和收费秩序，严肃价格法纪，为生产、经营和国民经济的运行创造一个良好的经济环境；十、抓好干部队伍建设和干部教育，提高干部队伍素质。

由于全州物价干部开拓进取，扎实工作，圆满地完成了年初制定的各项工作任务和预定的价格调控目标。据统计，全州商品价格指数为99%，比上年涨幅回升0.1个百分点；居民消费价格指数为100.2%，回落0.5个百分点；农业生产资料价格指数为97%，回升2.7个百分点，取得了较好的成绩，保持了价格总水平的基本稳定。

【价格事务】 1999年德宏州价格事务主要围绕价格评估和价格信息两个中心开展工作。年内全州共受理各类价格评估、认证295件，评估总金额1464.93万元。其中：州局51件530.78万元，盈江39件122.64万元，梁河11件98.57万元，瑞丽87件211.94万元，畹町11件361.7万元，潞西25件35.6万元，陇川71件103.7万元。此举为司法机关和有关部门依法裁决经济案件提供了依据。年内在盈江、瑞丽、芒市建立了3个价格监测点，及时向省价格信息中心报送有关价格资料，同时，认真做好《德宏物价公报》和《中国物价公报（云南版）》的发行征订工作，全州共发行征订2469份，为各级党委、政府和职能部门掌握了解市场价格动态和决策提供依据。

【价格检查】 1999年，根据省物价局的统一部署，德宏州物价部门开展了对医疗、民用航空、交通电信等行业的收费检查，并积极开展了商品明码标价和收费专项治理。截至12月31日，全州共查出价格违法案件398件，非法所得金额3550万元，已处理355件，处理非法所得124.58万元，实现经济制裁总金额130万元。其中：退还用户77291元，没收违法所得116.1万元，罚款62506元，已上缴财政122.34万元。

（《物价》撰稿　李兴光）

（见《州情概览》36页）

统　计

【探索专项调查新方法】 1999年6月，德宏州统计局按照新制定的《关于划分经济成份的规定》，在潞西市对694户个体工业进行抽样调查试点工作，并摸索出一套以县为单位开展个体工业抽样调查的方法。年内，州统计局还与州工商局联合开展了德宏州商品交易市场快速调查，对全州43个商品交易市场，从经营方式、规模、经营环境等进行调查，并探索出搞准集市贸易统计数据的调查方法。这些专项调查不仅满足了省对某一行业的情况需要，同时为当地党委、政府和有关部门掌握这些行业的基本情况提供了依据。

【第五次人口普查准备工作】 1999年，德宏州统计部门根据省人普办的要求，完成了组建州、县两级人口普查领导机构，并配备了人员和筹措了经费，为2000年的人口普查做好了准备。

【提高统计数据质量】 1999年，德宏州统计局认真贯彻党中央、国务院关于"坚持实事求是，反对和制止在统计上弄虚作假"的指示精神，成立了德宏州统计局数据质量评估小组。年内评估小组对下级统计部门所送的统计指标数据进行认真审核评估，尤其是对一些关系到国民经济和社会发展的重大指标进行质量评估，发现问题及时核实纠正，圆满完成了1998年报和1999年定期报表任务。年内，德宏州统计报表在全省评比中有11个专业榜上有名，受到省统计局表彰。

【统计服务】 1999年，德宏州统计局在统计信息咨询服务工作中主要做了以下工作：一、编写了统计分析60期，其中部分分析报告得到州党政领导的称赞，有2篇文章获省统计局优秀统计分析二等奖，3篇文章获三等奖。二、抓好年快报。2月份及时发表统计公报，为社会了解全州经济和社会发展情况提供了详实情况。此外，年内还为州人大、州政协"两会"的召开提供了数据服务。三、编辑完成《德宏州领导干部工作手册》。该"手册”根据党政领导的需要，增设了全国30个民族自治州的主要经济指标及排序。年内还为省统计局撰写了《统计年鉴》德宏部分稿件。

（《统计》撰稿　王　梅）

审　　计

【本级预算执行审计】　1999年，德宏州各级审计机关以依法规范财政分配和预算收支管理及预算批复为目标，从审计总预算会计帐目入手，开展了全州预算执行情况审计。全州县市审计机关均向政府提交了审计结果报告，州级和4县市审计机关受政府委托向人大作了《关于1998年财政预算执行情况的审计工作报告》。通过对财政部门及对部分预算执行单位财政、财务收支的审计，发现有的行政事业性收费和预算外资金管理问题较多，如挪用资金购买控购商品、交通工具，不能如实申报纳税，历年周转金放款逾期额较大等。最为突出的是州体委财务人员在经办体育彩票中吃回扣，私吞公款。年内在对州、县、检察院财务收支管理审计中，审计出在财务管理上不规范，内部管理制度不健全，以领代报、公款私存、罚没款长期滞留等现象。针对审计出来的上述问题，州、县市审计机关已按照财经法规，提出整改建议，并分别作出处理。

【审计监督国有金融机构】　1999年，德宏州审计局按审计署的统一部署，在全州开展10项金融审计。其主要目的是摸清州、市县工商银行、建设银行系统1998年资产负债损益情况，揭露盈亏不实、帐外帐、违规经营和资产不实等问题，以促进依法经营，整顿金融秩序，防范金融风险。年内已将审计情况向省审计厅作了报告。

【审计国有企业】　1999年，德宏州共安排企业审计5项，实际完成企业审计25项，主要开展了电力、制糖、造纸企业审计，并对盈江电冶厂1996年至1999年3月期间资产、负债及损益情况进行专项审计调查。在进行企业财务收支审计中，共查出违规行为金额7040万元，审计决定处理处罚376万元，要求纠正6664万元。查出的主要问题有收入不实700万元，成本不实674万元，虚减利润60万元。审计出应补交财政255万元，已补交财政117万元，其中罚款2万元。下半年，为积极配合电力企业改制工作，全州组织近20人的审计小组，分别对州及各县市电力公司及所属独立核算单位资产、负债、损益情况进行审计，摸清了电力行业财务和资本运营状况。对审计暴露出来的一些突出问题，已依照有关财经法规进行严肃处理，有效地维护企业利益，促进企业增收节支，并为政府及有关部门做好企业改制提供可靠的数字依据。

【审计行政事业和专项资金】　1999年，德宏州审计局为规范行政事业单位的财政收支，开展了行政事业单位和专项资金审计。全州共完成行政事业单位审计55个，其中审计国家机关单位财政财务收支14个，专项资金审计8个，其他专项资金审计2个。经审计，共查出违规行为金额2276万元，决定处理处罚1173万元，指明纠正1103万元。查出的主要问题有，应缴未缴预算收入52万元，挤占挪用261万元，虚列转移30万元，乱收费、乱罚款、乱摊派12万元，预算外收入未缴专户52万元，私设小金库142万元，国有资产流失70万元，偷税漏税20万元。在查出的违规违纪金额中，应交财政66万元，侵占挪用资金220万元，现已交财政49万元。在行政事业单位的财政财务收支审计中，发现的较为突出的违规违纪行为是：州民政局地名办在办门牌及320国道设标工作中，超标准乱收费、以虚假发票冲销报帐、用收费发放补助等问题。问题暴露后，州政府领导十分重视，批示政府办发文对当事人作了严肃处理。

【审计监督固定资产投资】　1999年，德宏州共安排固定资产投资审计项目1项，即对州计委培训中心基建工程决算及其财务收支审计。共审计项目投资总额524万元，查出多列工程概算7万元（主要是多算税金、用材不按合同规定、多算重算工程量）。年内，州审计局还完成建设资金来源审核项目8项，审核建设资金1042万元。

【审计国外援贷款项目】　1999年，德宏州审计局对州本级及县（市）卫生局国外贷款项目1998年财务收支实施情况进行审计，共审计ⅤⅠ、ⅤⅡ项目10项。审计查实项目计划投资总额777万元，其中外资482万元。通过审计，对违规行为47万元指明要求纠正，对12万元尚未配套的资金提出了审计意见。

【审计监督扶贫资金】　1999年，德宏州审计局按照省厅统一安排，对本州9个省级扶贫攻坚乡1997年至1999年6月扶贫专项资金的投入、管理及使用情况进行审计。审计总金额1107.95万元，共查出违规金额50.14万元，并对违规行为进行了归还资金原渠道、调整帐务处理。

【审计监督职工养老保险基金】　1999年，德宏州各级审计机关统一对州、县（市）劳动局下属的社保办1998年度的企业养老保险基金及经费收支情况进行审计。1998年全州共收入养老保险基金4270.67万元，支出2945.99万元。审计暴露出的问题是：有的县（市）社保办对养老保险基金的管理使用不严格，拉用保险基金建盖职工住房和办公楼、购土地、购车等，拉用养老保险基金累计达177.87万元。

【完成离任审计任务】　1999年，德宏州共完成离任审计21项，审计后继续任用8人，免职2人。

【社会审计执业质量监督】　1999年，德宏州审计局根据省审计厅《关于审计机关监督社会审计业务质量的暂行规定》的通知，对州审计事务所1998年的业务项目质量情况进行抽查、检查。此次审计共抽查项目21项，其中验资12项，财务收支审计项目7项，会计报表审计1项，建帐建制审计项目1项。通过检查，发现个别验资项目注册资金数与注册资金证明不符，有的审计工作底稿不全等，其他项目均能符合《中国注册会计师独立审计准则》规范执业行为。年内，州审计事务所共完成会计查证29

户，验资51户，资产评估84户，较好地发挥了社会中介机构监督职能。

（《审计》撰稿　蒲应德）

（见《州情概览》41页）

工商行政管理

【表彰工商行政部门先进单位和个人】　1999年4月22日，中共德宏州委、德宏州人民政府在芒市召开全州个体私营经济暨表彰大会，德宏州工商行政管理局、瑞丽市工商局、潞西市工商局、陇川县工商局、盈江县个体劳动者协会被评为“扶持发展个体私营经济先进单位”，赵钏、赵国旺、罗德宏、王永光、孟文祥、赵家相、张占学、唐体富、李边荣、张正钦、许升留、寸守幸、唐勒弄13人被评为“扶持发展个体私营经济先进工作者”，受到表彰奖励。

△【完成工商行政管理体制改革】　1999年4月26日至5月3月，德宏州工商行政管理局根据国务院〔1998〕41号、云南省人民政府云政发〔1998〕77号文件规定，即工商行政管理部门体制实行省以下垂直领导，对全州3县1市和畹町开发区工商局机构、人员编制、经费、资产进行了对口接收上划。该项工作于5月25日顺利完成，并做到了“思想不散，纪律不乱，工作不断，平稳过渡”。

△【广告协会成立】　1999年8月，德宏州工商行政管理局召开了第一次广告经营者代表大会。大会通过了《德宏州广告协会章程》及有关规章制度，选举产生了第一届理事会及会长、副会长，并正式宣告成立德宏州广告协会。该协会挂靠德宏州工商局，办公室设在商标广告科。

【获“州级文明单位”称号】　1999年，德宏州工商行政管理部门坚持“两个文明”一起抓，积极开展文明单位创建活动，并取得显著成绩。年内德宏州、潞西市、盈江县工商局，潞西市城南、陇川县章凤、梁河县囊宋工商所被命名为州级文明单位。

【调查研究】　1999年，德宏州工商局积极贯彻落实省委、省政府、州委、州政府“关于大力发展个体私营经济”的决定，积极扶持个体私营经济的发展，并围绕发展工作中出现的问题开展调查研究，撰写调查材料供领导机关参考决策。全年州工商局个体科3次深入各县市进行调研，撰写了《全州个体私营经济负担问题的调查》、《自然人投资设立的有限责任公司发展现状及存在问题的调查》、《瑞丽市个体工商户下降应引起重视》、《关于外国企业在我州内未经核准登记设立常驻机构、从事生产经营活动处理意见的报告》。上报州委、州政府后，受到党委政府的重视。

【开展市场专项治理】　1999年，德宏州工商行政管理部门共出动检查人员6369人次，出动车辆1770台次，在全州范围内开展了5次市场专项整治。具体情况如下：一是开展粮食市场整治，重点管好收购关、粮食批发加工企业粮源关、粮食运输关。全年全州查处粮食违法违章案件162起，查处粮食350吨，罚没款39万元，并取缔无照经营196户。二是开展元旦、春节期间市场整治。“两节”的整治重点是卷烟、副食品、饮料等，共没收各类假冒卷烟871条，各种变质食品3995袋（盒、瓶），饮料、酒264瓶。三是开展“红盾打假护农”活动，检查经营农药、化肥、种子企业。全州没收失效农药5294瓶（袋），没收过期失效种子7080包，扣留尿素1164包，取缔无照经营26户。四是开展“扫黄打非”活动。全州没收非法出版物278本、录像带97本、非法盗版VCD1575片。五是开展清理收缴“法轮功”的各种书刊、录像制品，清理检查书报摊店、印刷企业263户。

【建立市场巡查制】　1999年，德宏州工商行政管理系统，按照国家工商局、云南省工商局的部署，在全州推行市场巡查制，对辖区内的各类企业和个体工商户的经营行为实行全方位监管，形成了以州局到各基层工商所的上下联动网络。全年查处市场违章违规案件1328起，查处病害猪肉1300公斤，注水猪肉854公斤，过期变质和假冒伪劣食品3870盒，假冒“山茶”卫生纸150件，非法出版物6878册，假冒“日产摩托车”16辆。

△【建立“3·15”投诉举报快速反应指挥中心】　1999年，德宏州工商行政管理局为切实保护广大经营者和消费者的合法权益，成立了“3·15”投诉举报快速反应指挥中心。之后，各县市工商局也成立了指挥办公室。其职责是查处辖区内的各种投诉、举报及违法违章案件。

【依法行政】　1999年，德宏州工商行政管理局根据省政府法制机构和云南省工商局的要求，制发了《德宏州工商行政管理机关行政执法责任及考评办法》、《德宏州工商行政管理局案件审核规定》，健全了法制制度，加大了内部执法监督。全州工商行政管理机关共查处经济违法违章案件217件，经州工商局法制机构审核作出书面意见的217件。年内，州工商局将注册登记档案、许可登记档案等纳入法制工作日常监督范围，统一了立案处罚文书，促进了秉公执法。

【干部队伍建设】　1999年，德宏州工商行政管理局切实加强干部队伍建设。8月，重新任命各县市工商局领导班子，批准成立各县市工商局党组，并配备了纪检组长；县市局领导班子共27人，其中大专以上学历16人，平均年龄40岁，少数民族干部占40.7%。为提高干部学历和素质，州工商局积极鼓励在职干部进修学习深造。截至1999年底，全州工商行政管理干部在各类大中专院校就读197人（其中本科11人，大专175人，中专11人），占干部职工总数的33.9%。

【开展民主行风评议】　1999年，德宏州工商行政管理局积极贯彻落实党中央、国务院“关于开展反腐倡廉，纠风正纪”的部署，有组织、有计划地在全系统开展民主行风评议工作。5月份成立由州和县市工商局长组成的11人领导小组，抽调87人组成工作班子，先后下发6份文件进行安排部署，聘请社会各界和有关部门的200人为民主行风义务监督员，设举报电话7部，举报箱56个，意见簿100多本，召开动员会、讨论会、座谈会100多次，向社会发放问卷调查表1500份，发放内部干部职工调查表565份。问卷调查结果：综合满意率为97.53%和98.8%。针对民主行风评议小组提出的9个存在问题和10条建议，州工商局党组制定了6项整改措施，并要求限期改正。

【打击走私贩私】 1999年，德宏州各级工商行政管理部门认真贯彻全国第二次“打私”工作会议精神，以“两车”、“两烟”为重点，坚持“市场管，处罚严”的方针，加大对走私贩私的查缉力度。全年全州查获走私贩私凌志300轿车1辆，日本产摩托车3辆，各类卷烟1459件，汽车轮胎50套零321条，玉石毛料521公斤，甲片210公斤，泰国产拖鞋7680双，越南产洗发水6000瓶，泰国产力宝精12000瓶。

【开展企业年检和个体户验照】 1999年，德宏州各级工商行政管理部门根据国家颁布的“企业年度检验办法”和对个体工商户进行验照的规定，对各类企业开展年检。年内应参加年检的国营集体企业4119户，完成年检3707户，年检率为90%；应参加年检的私营企业499户，完成年检413户，年检率82.8%；应参加验照的个体工商户20828户，完成验照16171户，验照率为77.6%。依法注销各类企业682户，查处无照经营867户。通过年检验照，进一步加强了对企业和个体工商户的监督管理，规范了经营行为。

【保护商标专用权】 1999年末，德宏州已有注册商标164件，并已有10户企业的12件商标被省局核准列入“云南省重点保护名录”。年内，州工商局对假冒、侵权的“回味”牌茶叶、“澜沧江”啤酒等案件进行查处。同时，对全州商标印刷企业进行定期检查，并对非法印刷商标的4户企业进行了处罚，保护了商标专用权。

【规范广告经营行为】 1999年，德宏州工商行政管理部门为规范广告经营行为，检查并换发了75户广告经营单位的“广告经营许可证”。“世博会”前夕，州工商局对全州广告市场进行专项整治，收缴广告小报（印刷品）4660份、宣传小册子3000份，拆除广告布标69条，清埋乱张贴广告2000多张；查处广告违法违章案件23起，罚没10400元。

【开展对抵押物的登记管理】 1999年，德宏州人民政府正式授权州和各县市工商行政管理局，对全州城市房地产、乡镇企业厂房、机器设备担保抵押进行登记管理。年内，州工商局与州人民银行联合下发了《关于加强与金融机构贷款业务相关的抵押登记管理工作的通知》。年末，全州办理抵押登记66份，主债权金额5792万元；抵押物价值7184万元，其中动产抵押7份，不动产抵押59份。

【外商投资企业管理】 1999年末，德宏州已累计登记外商投资企业87户，其中已注销、吊销企业29户，实有58户；在58户外商企业中，中外合资企业26户、中外合作经营3户、外商独资企业29户；投资额在1000万美元以上的有3户。总投资额12360万美元，其中外商注册资本5518万美元。

【市场培育登记】 1999年，德宏州已有各类市场164个，纳入统计的有150个，其中边境市场42个。全年成交总额8.22亿元，比上年增4.43%。在150个市场中，已办理登记116个。根据国家工商局的市场办管脱钩的规定，年内已脱钩14个市场，由市场经营服务中心管理。

【私营企业稳步发展】 1999年，德宏州私营企业已发展到604户，比上年增23.5%；雇工人数6255人，增12%；注册资金33257万元，增19.2%；全年创产值4839万元，比上年增77%；实现销售额13663万元，增91%。自然人投资的有限责任公司由98年的188户增加到261户，增38%。1999年全州个体私营企业向国家缴纳税金7315.26万元，占地方财政收入的34.9%。

【对个体从业人员开展技能培训】 1999年，德宏州工商行政管理局、德宏州个体劳动者协会与德宏州劳动局，联合举办了个体美发从业人员技能培训和鉴定考核。年内有72人参加培训，其中69人通过考核鉴定，领取了《中华人民共和国职业资格证书》，并持证上岗。

（《工商行政管理》撰稿 孟文祥）

质量技术监督

【实行省垂直管理】 1999年10月10日至11月1日，根据上级“质量技术监督部门实行省以下垂直管理”的指示精神，德宏州完成了州局接收5个县（市）局和州局移交给省局的任务。另根据州政府《关于原州劳动局承担锅炉压力容器防爆电器等特种设备安全监察职能划归州质量技术监督局承担的通知》，8月31日，州劳动局安全监察科连人带编和职能一并移交州质量技术监督局；各县（市）也于9月底完成此项任务。移交省局的德宏州质量技术监督管理系统机构、编制、人员、经费、资产主要情况为：一、州县（市）机构6个，州局内设机构5个、事业单位4个。二、总编制99个，其中：机关行政编制33个，工勤编制3个，机关事业编制51个，事业编制13个。三、截至10月10日，在职100人（含工人5人），退休6人。四、现任县（处）级干部2人，乡科级21人，正副主任科员12人。五、应接收档案106份，实接收103份。其中：退休5份，乡科级（含非领导职务）33份，一般干部64份，工人6份。六、至6月30日，全州财政预算内拨款51.62万元，预算外拨款36.55万元；全州实际支出57.03万元。七、资产总数287万元，其中固定资产188万元。

△**【拍卖收缴冒牌摩托车】** 1999年11月，德宏州和瑞丽市质量技术监督局在瑞丽查获117辆假冒日本本田的国产“冠军”、“渭明”、“轻骑”摩托车。根据对收缴物品仍有使用价值和本着节约利用资源

的原则，经请示云南省质量技术监督局和州人民政府同意，州质量技术监督局将该批摩托车委托有拍卖资格的德宏州宏源拍卖有限责任公司进行拍卖。该批摩托车的保留价为23.76万元，成交价为29.13万元，增值53700元。参加拍卖人员有115人，来宾400多人。

【查处宏城加油站】 1999年12月，德宏州质量技术监督局接到群众举报，原宏城加油站加油计量有严重问题。接到举报后，州稽查队及有关执法人员迅速赶到加油站进行检查，当场从该加油站加油人员中查出一只遥控器，经仔细检查发现该加油站在隐秘处安装了先进遥控设备，由人工进行遥控加油，随意克扣消费者。对此违法行为，州质量技术监督局依照有关法律规定，对该加油站处以罚款63000元，并没收了两台加油机。

【按期完成计量检定任务】 1999年，德宏州质量技术监督部门，对全州423台（只）加油机、流量表、155块工作压力表、标准压力表、41只毫安（毫伏）表、26只电桥电阻箱、21台抗折抗压试验机、167台分折天平、167盒天平法码、50台地中（上）衡器、2377台（杆）计量器具进行了检定，按期完成了年内检定任务。

【标准化工作】 1999年，德宏州质量技术监督部门的标准化工作主要做了以下两方面：一是做好四年一次的代码换证工作。在工商、税务、交警等有关部门的支持下，完成换证3200套，受到云南省质量技术监督局的表彰。二是根据云技监局"迎世博"文件精神，对全省珠宝玉石饰品7100件出据质量检验卡2200份，对标签标注不合格和没有明码标价的产（商）品责令经销商限期改进，并给予咨询服务，为净化珠宝市场起了积极作用。

（《质量技术监督》撰稿 张景晗）

国土区划

【梁河县城后山、囊滚河滑坡泥石流治理工程通过验收】 1999年7月26日，梁河县城后山、囊滚河滑坡泥石流治理工程通过省验收。省计委国土整治农业区划办验收意见如下：该工程自省计委1991年批准立项以来，经过多年治理，于1998年底竣工。工程施工组织和管理较好，符合设计要求，质量合格，并经过多年汛期的考验，运行良好，达到了预期目的。经治理的灾点已趋于稳定，经济、社会和生态效益显著。特别是对囊滚河治理与开发相结合的工作做得出色，受到了省地有关部门和单位的充分肯定。省计委国土整治农业区划办同意德宏州计委的初验意见，准予工程验收。

【《德宏州农业气候资源及区划》通过验收】 1999年8月13日，由德宏州科委、州农业区划办公室、省气象局农业气候区划办公室等部门的领导和专家组成验收组，共13人，在潞西对《德宏傣族景颇族自治州农业气候资源及区划》成果进行了验收鉴定。验收鉴定意见如下：本项成果在县级农业气候区划基础上，全面分析全州光、热、水、风等农业气候资源数量和时空分布规律，归纳提出了本州气候资源的特点，对旱、涝、低温、霜冻、大风和冰雹等主要农业气象灾害逐项进行分析研究，对州内主要作物水稻、小麦、茶叶、甘蔗等生长与气候条件的关系进行分析，提出相应的发展措施，科学地划分了本州的农业气候区，对合理开发利用本州农业气候资源提出了建议。本项成果已在生产实践中得到广泛应用，对本州社会、经济可持续发展起到一定作用，并取得了一定的社会、经济效益。本项成果已达省内同类研究的先进水平，同意通过验收。

【盈江县浑水沟泥石流"八五"期间治理工程暨五号拦沙坝竣工验收】 1999年8月19日至20日，云南省水利水电厅主持对"盈江县浑水沟泥石流'八五'期间治理工程暨五号拦沙坝"进行验收。工程验收专家组对该期工程提出以下意见：一、该期工程设计对浑水沟滑坡泥石流活动趋势分析符合实际情况，设计方案合理，采用的治理措施得当。在长达6年的施工中，修改设计和调整单项工程的数量是合理的。二、建设项目包括：五号拦沙坝1座、二凹应急工程谷坊2座、潜坝1座、钢板渡槽170米、造林1010亩。三、工程质量良好。建设单位能严格按有关规范、规程和设计要求施工，有完善的工程质量监督、检验制度。各项工程建筑物尺寸与设计尺寸符合，外观质量良好；工程开挖、回填、砌筑、钢筋制作和混凝土浇铸等主要工序有施工记录；工程各阶段有质量检验报告，保证了工程的内在质量。四、五号拦沙坝采用的钢筋混凝土箱格、干砌石混合型重力式拦沙坝为国外首创，具有施工方便和节省投资等优点，经多次优化设计的坝体结构与三号坝和四号坝型相比，节约投资30%。五、五号坝竣工后已经历3个汛期的泥石流和洪水考验，坝体稳定、无破损，运行正常。综上所述，该期工程设计先进，工程质量良好，工程决算真实，建议验收委员会给予通过验收，并将五号坝申报优良工程。

【农业生态与资源可持续利用调研】 1999年，德宏州各级国土区划办公室，根据云南省农业区划委员会办公室的通知精神，在全州范围内组织实施农业生态与资源可持续利用调研工作。此次调研完成的调研报告有：《德宏州农业生态与资源可持续利用调研报告》、《潞西市农业生态与资源可持续利用调研报告》、《瑞丽市畹町经济开发区农业生态与资源可持续利用调研报告》、《陇川县农业生态与资源可持续利用调研报告》、《德宏州生态环境与资源利用基本情况调查表》、《潞西市农业生态环境与资源利用基本情况调查表》、《瑞丽市生态环境与资源利用基本情况调查表》、《瑞丽市畹町经济开发区生态环境资源利用基本情况调查表》、《陇川县生态环境与资源利用基本情况调查表》、《盈江县生态环境与资源利用基本情况调查表》、《梁河县生态环境与资源利用基本情况调查表》。

【资源考察与开发规划】 1999年，德宏州和陇川县联合开展《户撒坝资源考察与开发规划》工作。陇川县政府专门成立户撒坝资源考察领导小组，县国土区划办制定了户撒坝资源综合考察方案。参加考察的单位有州国土区划办，陇川县计委国土区划办、农业局、林业局、水利局、气象局、经贸委和户撒乡。年内外业考察工作已完成，内业工作正在进行。

【梁河县囊滚河支沟续治工程】 1999年，为巩固和完善梁河县囊滚河泥石流治理成果，德宏州国土办向省计委国土办申报了《梁河县囊滚河流域泥石流灾害续治工程报告》，得到省计委国土办的大力支持，并以《云南省计委关于梁河县囊滚河流域支沟泥石流灾害治理的批复》批准继续治理。该治理工程选择勐板河和邦杏河两条支沟，采用稳、拦和生物治理的方案，建拦沙坝一座，谷坊24个，工程造林1000亩，总投资控制为70万元，工期为1999—2000年，省补助35万元（已安排了25万元），其余州县自筹解决。

【盈江县南怀河泥石流灾害治理工程立项】 1999年，盈江县南怀河泥石流灾害治理工程，在进行了200多米复式V型泥石流排导槽验收后，完成了整个流域防治的可行性研究报告，并报省计委国土办批准立项。省计委以《云南省计委关于盈江县南怀河泥石流灾害治理工程的批复》，同意实施该可行性研究报告。工程设计按20年一遇洪水标准设计。主要工程为修建拦沙坝4座、谷坊坝3座、固床坝3座；停淤场一个；V型排导槽2232米，导流堤100米；封山育林9387亩，植树造林6000株。工程总投资控制380万元（不包括试验段工程费），省补助160万元，其余220万元由州县各自配套110万元。工程2000年开工，定于2003年竣工验收。

【编写《县、市滑坡泥石流灾害区划及防治措施》】 1999年，德宏州计委国土区划办下发了关于编写《各县市滑坡泥石流灾害区划及防治措施》的通知。年内已完成此项工作的有瑞丽市畹町经济开发区、陇川县、潞西市，正在进行的有盈江县、梁河县、瑞丽市。

【生态环保项目工程建设】 1999年，德宏州县计委国土区划办配合城建部门、环保部门积极开展环境保护项目工作，年内上报了《关于盈江县计委建设盈江县城垃圾生物处理厂经费补助的申请》，争取到省拨城镇生活垃圾生态处理补助费10万元。此外，上报了《陇川县城市污水处理工程项目建议书》。

（《国土区划》撰稿　段国琇）

贸　　易

对外经贸

△**【昆交会上连夺七连冠】** 1999年7至8月初，德宏州外经贸局积极组织外经贸企业参加’99中国昆明出口商品交易会。本届交易会正值世博会在昆举办期间，是扩大宣传德宏特色产品和广交商朋的时机，州外经贸局认真做好组织参展筹备工作，全州共组织53户企业参加，参展企业按贸易方式分：一般贸易6户，边境小额贸易28户，外商投资企业11户，生产企业11户，其他实体2户；按县市分：潞西12户，瑞丽15户，陇川3户，盈江7户，梁河5户，州直11户。共认购摊位22个，其中专业馆2个、周边经贸馆20个（州直8个，潞西2个，瑞丽7个，陇川2个，盈江2个，梁河1个）。各项成交额实现了保平略超的目标。边境小额贸易及边境经济技术合作成交4795.5万美元，一般贸易成交235万美元，引进国外资金2项2630万美元，国内意向性投资3项共9亿元人民币。在本届交易会上，德宏实现了四多：一是参展企业多，比上届增10.4%；二是成交金额多，仅边境贸易成交额就比上届增20.1%；三是参展商品多，比上届增9.8%；四是新产品多，共有7项。年内，德宏外经贸局被云南省对周边国家贸易管理局授予“昆交会边贸成交七连冠”。

【外经贸局党委成立】 1999年9月22日至23日，中共德宏州外经贸局党委在芒市召开了第一次党员代表大会。局机关、州直外经贸各公司7个基层党组织的15名代表出席会议，并邀请州委、州政府、州纪委、州委组织部、州直机关工委领导和新闻单位列席会议。会议选举产生了中共德宏州外经贸局第一届委员会领导成员，选举产生了出席中共德宏州第四次党代会代表。

【国际经济技术合作进一步扩大】 1999年，德宏州外经贸局为扭转边贸进出口持续下滑给整个外经贸带来总额下降的影响，认真学习贯彻国家外经贸部、海关总署外经贸政发（1998年）844号文件《边境小额贸易企业均享有对外经济技术合作经营权，开展与毗邻国家边境地区的工程承包与劳务合作》的规定，并及时制发了《关于加强我州边境地区对外经济技术合作业务管理的通知》，对项目、合同、物资，出口退税款的管理工作作了明确规定和要求，使全州外经贸企业努力遵循“一业为主、多种经营”的方针，充分利用德宏地缘优势，寻找合作项目，扩大商品、资金、技术、劳务合作与交流。年内对外经济技术合作快速发展，带动了国内机械设备材料的出口，规范较上年进一步扩大，上缴税费增加。全年全州有55户企业申报对外工程承包项目184个，合同金额22472.2万美元，完成项下带出国产设备物资11317.16万元，比上年增长3.4倍。完成上千万美元的企业有：德宏国际公司、德宏州进出口公司、潞西市进出口公司、畹町裕丰商号和瑞丽市进出口公司。

以上5户企业共完成8293.9万美元，占总额的73.29%。各县市完成的情况为：潞西完成1603.74万美元，占14.17%；畹町完成1609.13万美元，占14.22%；瑞丽完成2063.75万美元，占18.24%；陇川完成32.1万美元，占0.28%；盈江完成51.71万美元，占1.82；梁河完成1004.3万美元，占8.87%；州直完成4952.43万美元，占43.76%。全州对外劳务输出332人，年底在境外116人。

【一般贸易发挥龙头作用】 1999年，德宏州各进出口公司业务大幅度增长，一般贸易保持了一定规模。年内一般贸易进出口总值完成2672万美元，比上年降36%，其中进口1720万美元，增8倍；出口952万美元，降75.9%，完成出口年计划的48.8%。出口下降的主要原因是：一、人民币保值坚挺，企业出口成本增加，换汇成本和换汇风险加大，企业无利可图，一般贸易出口难以开展。二、各进出口公司发挥既有大贸进出口经营权，又有边境小额贸易经营权的优势，利用国家对边境小额贸易扩大经营权限的政策，大力开展对外经济技术合作，部分一般贸易出口业务向外经工程承包项下带出物资出口方式转移，从而使一般贸易出口下降。三、受金融危机影响，远洋贸易出口下降增大，省下达德宏的计划配额出口的品种和数量指标比上年减少，年内出口计划配额仅230万美元，比上年减663万美元。全州一般贸易虽然没有完成出口创汇计划，但在开展进口业务上却创下较好的业绩，8家进出口公司（含外经）完成进出口9671万美元，比上年增65.7%，占全州外经贸进出口总值的34.98%，起到了龙头作用。其中：经营较好的州进出口公司，全年完成进出口总值3825万美元，比上年增58%，占全州进出口总值的13.8%。

△【边境贸易仍是基础】 1999年，德宏州外经贸局加快边境贸易发展步伐，努力缓解边贸下滑趋势。外经贸局抓住年内国家对边境贸易经营出台了新政策的有利时机，发挥边贸基础较强的优势，充分利用好边境贸易企业均享有对外经济技术合作经营权；对外经济技术合作企业均享有边贸经营权；互市贸易从1000元扩大到3000元的新政策。找准突破口，大力发展边境贸易、易货贸易、工程承包等业务，使边境贸易走上多元化发展的新路子。年内，虽然小额贸易出口下降44%，但边贸企业的进出口总值仍保持增长，边民互市贸易额比上年增39%。全州经营总额超亿元的有3户，超500万元的有45户。企业比上年减亏4730.26万元。德宏边境贸易在整个外经贸发展中仍保持一定规模，其基础地位不可动摇。

【招商引资】 1999年，德宏州外经贸局在招商引资和外资管理工作中，进一步解放思想、更新观念、改善投资环境、扩大对外宣传，积极做好招商和利用外资工作。年内利用昆交会、澳门云南招商引资暨外经贸旅游洽谈会等活动，编制、发送各类招商引资项目16个，以展版、图片、音像、宣传材料等形式，展示德宏风光、投资环境、外商投资企业现状及风采。经广泛宣传，促进了招商引资工作。年内新审批项目3个（合作1个、独资2个），增资项目1个；投资总额3002.2万美元，协议外资2616.23万美元，实际到位658.32万美元，比上年增5.65倍。外资来源主要是美国和缅甸。截至年底，累计审批外商投资企业94户，投资总额18828.23万美元，协议外资14070.57万美元，实际到位5509.88万美元。在外商投资企业中，限期整改24户，撤销23户，实存47户。在实存企业中，合资20户，合作4户，独资23户。投资总额15666.39万美元，协议外资12613.18万美元，实际到位5049.94万美元，资金到位率40%。协议中资3053.21万美元，实际到位2738.28万美元，资金到位率89.98%。中方资金多以土地、房屋等固定资产投入。在做好引进外资工作的同时，引导和扶持现有外商企业扩大生产规模，提高经济效益。管理上树立服务第一，审批管理第二的服务意识，使外商投资企业得以健康发展。全州外商投资企业年内完成生产经营（销售）总额5398.16万元，完成年计划的108%，其中州直3957.7万元，完成计划132%；畹町29万元，完成计划15%；瑞丽1178.56万元，完成计划的74%；盈江232.9万元，完成计划15%。在生产销售总额中，电力出口535万度，金额455.86万元。外商投资企业全年缴纳税款395.9万元。

△【出口退税稽核步入正轨】 1999年，德宏州外经贸局积极做好出口退税稽核工作。实行出口退税政策，是发展对外贸易经济，调动企业积极性，增强企业活力的一项优惠政策，以鼓励企业努力扩大出口，促进外经贸工作全面发展。经过一年多的运作和摸索，该项工作已步入正轨。年内全州累计办理出口退税登记的企业214户，具备办理退税条件的企业165户，实际办理退税业务的企业51户，占全州具有边贸经营权420户企业的12.14%；共退税款13681.86万元，比上年增3倍，其中一般贸易出口退税456.22万元，经合项目退税11859.19万元，边境小额贸易1366.45万元（边境小额贸易中易货贸易576.2万元）；年内累计先征后返871万元，占全省1186万元的73.44%，位居全省第一。

【表彰先进】 1999年，德宏州政府表彰了州外经贸系统和进出口企业的18个单位。分别是：一、先进管理单位2个，即瑞丽市对外贸易经济合作局、盈江县对外贸易经济合作局。二、一等奖3个（1998年度进出口额在1亿元以上不亏损或利润在100万元以上的企业），获奖单位是德宏州进出口公司、德宏国际经济技术合作公司、瑞丽市利民商号。三、二等奖1个（1998年度进出口额在6000万元以上不亏损或利润在50万元以上的企业），获奖单位是陇川县对外经济贸易公司。四、三等奖10个（1998年度进出口额在2000万元以上不亏损或利润在20万元以上的企业），获奖单位是潞西德裕商号，畹町华昌边贸总公司、商神发展有限公司、进出口公司，瑞丽利宾公司、云瑞商号、振华商号、洪顺有限责任公司，陇川甸川贸易实业总公司，盈江振龙实业总公司。五、外商投资先进单位2个，即云南德宏户宋河电力开发有限公司、德宏泰隆工业有限公司。

年内，德宏州外经贸局根据企业上年进出口实绩，特命名外经贸60强企业，并在政策上、服务工作上给予倾斜扶持。

【扶贫工作】 1999年，德宏州外经贸局组织副科以上党员、干部，深入扶贫点盈江苏典乡与12户贫困户结对帮扶，为贫困户提供3600元资金，用于购买、种植脱毒马铃薯，在全局开展“爱心献功臣”、送温暖活动，共捐款7700元，衣物68件；德宏户宋河电力开发有限公司（外商企业）为芒允、铜壁关两乡免费架设电线，降低电费，对主要乡镇街道免收电费，并为部分贫困村民建盖了居住小区，共扶持资金1600多万元。

（《对外经贸》撰稿 杨明有 杨仲举）

国有民贸

【经营持续下跌】 1999年，德宏州有国有民贸商业企业40户，其中商业企业30户，工业企业5户，民贸企业1户，饮食服务企业4户。这些企业中有3户属股份制企业。年末全州国有民贸商业企业在职职工人数1394人，固定资产净值10409万元，流动资产11364万元。年内，国有民贸商业企业经营阵地逐步缩小，购销比重持续大幅度下降，形成社会商品零售总额增加，而国有民贸商业经营继续跌落的态势。全州年末库存2581万元，比上年降35.2%；商品购进总值完成6073万元，降49.5%（其中国内纯购进1130万元，降57.1%；从批发零售贸易购进4855万元，降45.2%；进口88万元，降83.1%）。商业销售总值8092万元，降45.2%（其中国内纯销售贸易业3438万元，降40.9%；批发零售贸易业3561万元，降40.9%；出口1093万元，降62.5%）。上缴国家税收731万元，增2.7%（其中商业企业缴税512万元，工业企业缴税20万元，民贸企业缴税60万元，饮食服务企业缴税62万元，3户股份制企业缴税77万元）。利润总数亏损570万元，减亏48.6%（其中盈利企业利润总数194万元，与上年持平；亏损企业亏损总数754万元，减亏42.1%；亏损企业25户，占企业总数的63%）。

【法制化管理】 1999年，德宏州国有民贸商业企业加强规范监督流通秩序，依法办事，严格执法。年内主要做了以下几方面工作：一、联合工商、质检等部门不失时机地组织全州商品市场质量检查和打假活动，扼制了假冒伪劣商品的泛滥，保护了消费者的合法权益。二、认真贯彻国务院颁布的《生猪定点屠宰条例》，在各县市成立“生猪定点屠宰领导小组”的基础上，对执法人员送省进行培训，进一步加强上市肉食的质检，使人民群众吃上“放心肉”。三、切实加强化学危险物品的安全管理。年内联合有关部门组织专项检查，未经申报和批准的企业，不得从事化学危险物品的各种生产经营活动。四、强化盐务管理。年内举办了全省盐政综合执法培训班，认真学习国务院《食盐加碘消除碘缺乏危害管理条例》、《食盐专营办法》以及行政综合执法法规法则，加强了盐政执法力度，制止不合格食用盐上市，保护了公民的身体健康。五、搞好全州石油成品油经营企业的审批工作，有效地控制石油成品油经营企业一哄而上、过多过滥的发展趋势。六、对全州饲料行业基本情况进行调查，促成省国税局对德宏粮油集团8户工业企业生产的饲料产品免征增值税。

（《国有民贸》撰稿 张新民）

（见《州情概览》35页）

供销合作

【清偿债务】 1999年6月3日，经潞西市人民法院民事裁定（99）潞执字第61号，按（93）潞经督字第16号、28号支付令，依法将被执行人德宏州供销社在芒市镇东风西部下段南侧的房屋（土地总面积为1366.35平方米，其中建筑物占地面积514.93平方米，空地面积为851.42平方米），以评估价135.99万元变现清偿德宏州供销社所欠中国银行德宏支行的部分借款本息。

【清理核查供销社财务挂帐】 1999年，德宏州供销合作社系统认真执行国家计委、财政部等七部门以计经调（1999）1733号《关于开展清理核查供销合作社财务挂帐工作的通知》，开展了供销合作社财务挂帐清理核查工作。首先，州、县（市）政府成立了清查小组，抽调责任心强、业务熟练的人员开展工作。通过近一个月的努力，全面彻底真实地澄清了供销社的财务挂帐。全州清理核查供销社财务挂帐汇总情况：

参加此次清理核查财务挂帐的供销社汇编企业共95户，其中县级以上供销合作社6户，州县（市）社办企业和基层供销合作社89户；在册人员1880人；离退休职工679人。调查了解非清理核查对象3户，其中合作经营企业2户；无法进行清理核查的企业1户；在册人员53人。全州清理核查供销社财务挂帐总数是14615.8万元，其中潞西市20户企业，挂帐数2808.7万元；梁河县18户企业，挂帐数2862.5万元；盈江20户企业，挂帐数1392.9万元；陇川县17户企业，挂帐数1961.7万元；瑞丽市12户企业，挂帐数2920.4万元；州直8户企业，挂帐数2669.6万元。

一、全州清理核查供销社财务挂帐14615.8万元，按时间划分，其构成是：1992年末亏损挂帐2881.6万元，其中中央政策性亏损挂帐206.3万元；地方政策性亏损挂帐380.7万元；经营性亏损挂帐2294.6万元。未收回1993年至1998年12月新增未弥补损失挂帐11734.2万元，其中地方储备商品补贴未到位资金15万元，经营指定商品价格补贴未到位资金74.3万元，其他补贴未到位资金327.6万元，经营统购统销商品亏损295.4万元，指定经营商品亏损709.6万元，政府部门占用资产损失45.2万元，主管部门政策形成损失5.9万元，承担救灾任务形成亏损1.1万元，经营非统购统销或指定商品价差亏损2673万元，挪用专项资金形成亏损7.7万元，对外投资、经营股票亏损本金68.4万元，购置交通工具、生活设施形成亏损71.2万元，其他利息净损失1761.6万元，不合理摊派、收费增加亏损2.9万元，列入损益的坏帐损失821万元，支付社员股金利息形成亏损10.7万元，其他经营、管理费用净支出4843.6万元。

二、全州清理核查供销社财务挂帐总数14615.8万元中，按性质划分，其构成是：中央政策性亏损挂帐206.3万元（实际损失数为359.8万元，与指标数相差153.5万元），其中1981年至1984年商品统一降价损失22万元，未收回84.86万元“两棉”赊销款110.3万元，1991年商品削价损失74万元。州级政策性亏损挂帐808.1万元，其中德发（1987）13号《关于发展山区经济的政策规定》、德政发（1984）29号《关于发展山区经济若干政策问题的规定》共挂帐313.3万元（州级负担96.5万元，县级负担216.8万元）；德政发（1991）60号文件《德宏州人民政府关于进一步扶持供销社的决定》造成亏损挂帐327.6万元；德政发（1998）34号文《德宏州人民政府（关于组建德宏州龙江河谷异地扶贫开发农资协调领导小组及其经营部的请示）的批复》，造成亏损挂帐384万元。县级政府政策性挂帐是699.1万元。“政治网点”造成的挂帐是890.8万元。经营性亏损财务挂帐12011.5万元。

【州农资公司增设经营网点】 1999年，国务院39号文件下发后，德宏州农资系统面临诸多挑战。为了适应市场，立稳脚跟，州农资公司先后在芒市造纸厂三叉路口、营建路中段、东风西部、团结大街西段和陇川县章凤、户撒、芒东、王子树等地设立化肥、农药经营部。这些经营部的设立，为抢占市场，服务农民发挥了积极作用。年内，州农资公司销售化肥19119吨，农药134吨；农资销售总额达2729万元，实现利税6万元。

（《供销合作》撰稿　夏开荣）

（见《州情概览》36页）

1999年度德宏州供销社系统主要经济指标

单位：万元

单位＼项目	商品销售总额	销售毛利	全部企业净利润	商品流通费用总额	其中：经营费用	上缴国家税金	流动资产	其中：库存商品	固定资产（原值）	长期借款	所有者权益	流动资金周转次数	独立核算单位个数	亏损单位个数	资产负债%
潞西市供销社	1795	221.6	-220	523	131	39.3	2941.6	869.3	2683.8	825.1	1486.9	0.61	20	19	72.5
瑞丽市供销社	3688	194	-189	204	106	48.7	3000.4	297.7	1993.1	164.5	1218.6	1.23	16	14	79.7
陇川县供销社	1644	361	-122	502	279	23.3	1827.3	614.6	1177.9	119.2	834	0.9	16	16	72
盈江县供销社	2035	347	-73	497	218	35.6	2224	580.9	1439.2	51.7	1187.2	0.92	18	13	63.3
梁河县供销社	855	149	-222	391	151	8.5	2241.3	744.5	722.2	45	-447.6	0.38	17	17	116
州级	2742	372	-47	509	242	6	2359	602	652.1	1745	1239.6	1.16	5	2	70.9
合计	12759	1644.6	-873	2626	1127	161.4	14594	3709	8668.3	2950.5	5518.7	0.87	92	81	77.6

1999年德宏州供销社系统主要农业生产资料购、销、存情况表

品名＼指标	单位	调入			销售			库存		
		本年	上年	±%	本年	上年	±%	本年	上年	±%
化肥	自然吨	89919	188596	-52.3	80686	116325	-30.6	17949	15037	19.4
其中：尿素	自然吨	44943	63288	-29	40184	63092	-36.3	5978	6086	-1.7
硝铵	自然吨	0	1	0	3	5	-40	1	1	0
碳铵	自然吨	0	45	0	21	84	-75	26	44	-40.9
钙镁磷	自然吨	6801	6689	1.6	5490	7145	-23	2144	1240	72.9
普钙	自然吨	30447	34366	-11.4	27080	34365	-21.2	6580	4546	44.7
重钙	自然吨	3	45	-93.3	33	54	-38.8	1	4	-75
钾肥	自然吨	136	1064	-87.2	201	947	-78.8	249	303	-17.8
复合肥	自然吨	7589	13098	-42	7674	10633	-27.8	2945	2813	4.7
铁农具	百件	300	632	-52.5	400	727	-44.9	800	897	-10.8
农药	吨	302	197	53.3	262	194	35	206	162	27.1
农膜	吨	95	68	39.7	127	77	65	23	53	-56.6

医药管理与购销

△**【取消出口药品“准销证”】** 鉴于缅甸等邻近国家近年来加强了进口药品的质量管理，并实行医药品种“注册”制度。因此，德宏州医药管理局、卫生局、工商行政管理局、外经贸局于1999年5月12日研究决定：取消1995年以来执行的边贸出口药品“准销证”制度。各边贸药品经营企业的药品出

口不需要再到州医药局和药检部门办理“准销证”和“质量认可单”。

【陇川县医药公司改制】 1999年5月，陇川县医院公司在县经贸委的指导下，进行了体制改革，职工每人交纳6000至20000元不等股金，成立股份合作制企业。此举调动了职工的积极性，并为德宏州的医药企业改制闯出一条新路。

【盈江药材公司成立】 1999年7月10日，经盈江县政府、云南省医药管理办和省卫生厅批准，盈江县药材有限公司正式挂牌成立。公司注册资金61万元，职工10人。年内销售180万元，实现利润13万元。

【查封医疗器械非法经营】 1999年10月9日，德宏州医药管理局根据国务院国家医药管理局出台的《关于经营医疗器械必须办理医药管理部门核发的<医疗器械经营准许证>和工商部门核发的<营业执照>》文件通知精神，对未能出示合法证照的昆明市云卫医疗器械有限公司德宏分公司和德宏州恒康医疗器械经营部发出通知，指出其为证照不齐的非法经营，要求一周内停止经营，待补齐证照后，方可营业。

【医药购销】 1999年，德宏州医药管理局主要抓好三方面工作：一、加强医药市场管理，打击非法经营行为。二、改善药品零售布点。三、做好医药企业脱困、改制工作。虽然采取了上述措施，但年内收效甚微。全年全州8家医药公司共完成销售4434.4万元，上交税收237万元，企业利润-98万元。其中州和盈江医药公司亏损较大，其余各家医药公司利润均有一定增长。年内全州医药商业企业共有职工306人，企业资产总额5964万元，负债总额5463.7万元。

【潞西市益康医药有限公司】 1999年，潞西市益康医药有限公司完成销售额4326.47万元，利润61.66万元，上交财政利税106.292万元，该公司现已成为德宏州医药经营企业中综合实力最强的企业。年内被潞西市评为“先进企业”，并被省级评为“质量、价格、服务”三满意企业。

（《医药管理与购销》撰稿　杨　灵）

粮油购销

【德宏中央直属粮食储备库工程建设】 根据国家计委“中央直属储备粮库建设暂行管理办法”，德宏中央直属储备库工程建设经国家批准，于1999年1月26日开工。工程建设总规模为2500万公斤仓容，概算总投资1540万元，总建筑面积7570平方米。经省统一公布招标，中标单位是：A标段为云南省建筑总公司，B标段为云南省第一建筑工程公司。

【“粮改”执法监察大检查】 1999年4月，由德宏州县（市）粮食局主要领导亲自挂帅，抽调一批业务骨干组成工作班子，对全州粮食部门执行“三项政策，一项改革”的各环节工作进行自查。在此基础上，州、县粮改执法监察办公室又进行了认真的复查、核实，其检查结果为：

一、粮食收购方面：1998年6月1日至1999年5月31日，全州共收购原粮6644.8万公斤。在收购中各县市粮食部门均严格按保护价敞开收购农民余粮，没有发现低于保护价收购农民余粮、压级压价和拒收限收情况，收购款全部按户交户结，结算中除扣公粮款外，没有代扣其他任何税费，也没有给农民打白条的情况。二、粮食销售方面：1998年6月1日至1999年5月31日，全州共销售贸易粮5705.67万公斤，其中顺价销售粮食5666.67万公斤，占99.32%；有39万公斤是降价销售，占0.68%，亏本金额为5.26万元。降价销售原因：一是小春收购期间阴雨连绵，小麦普遍发芽，为保护农民种粮的积极性，收购了部分发芽小麦，此次降价销售中有34.28万公斤属发芽严重的小麦。二是近年来由于仓库紧缺，在报废仓、走廊、晒场上堆放大量的粮食，底层和边皮有一部分粮食不同程度变质，此次降价销售中有4.49万公斤属变质较严重的粮食。三、粮食库存方面：1999年5月末，全州库存原粮统计数19553万公斤，保管帐面数为19601.2万公斤，统计数比保管数少48.2万公斤，占0.25%，帐实基本相符，不存在“虚报库存，骗取财政补贴”问题。四、资金封闭运行方面：从1998年6月1日至今，粮油购销资金的收支，都经过农发行设的“一基三专”帐户严格管理，每个粮管所（粮油分公司）都有农发行派驻的信贷员监管资金收支，没有私设小金库问题和挪用粮食收购资金问题。五、新增财务挂帐方面：1998年6月1日至1999年5月31日，新增财务挂帐61.33万元。经检查亏损数字属实，没有虚报。六、干部、职工违纪违法方面：1998年6月1日至1999年5月31日期间，德宏州粮食部门有5个干部、职工有违法违纪行为。其中：梁河县有2名职工挪用公款4940.6万元，受到给予开除工职、缴还公款的处分；陇川县一粮所所长挪用公款2.29万元，受到给予撤销职务的处分，所挪用的公款已如数收回；瑞丽市工业公司经理，代私商粮贩办理运销粮食的有关手续，收取费用2.25万元，受到给予撤销职务收缴非法所得的处分；潞西市一粮油分公司经理帮助私商贩运粮食，受到给予撤销职务、调离工作的处分。在“粮改”执法监察检查中，虽然没有查出明显的违反“三项政策”的问题，但查出的一些问题已引起有关部门的重视，如一些粮食部门与管理粮食市场的部门关系不够协调，市场管理力度不足；有的县市在资金封闭运行前，工业企业占用商业企业的粮食价拨加工款尚未还清等。

【落实粮食国家新标准】 1999年11月1日，国家质量技术监督局会同国家粮食储备局和农业部起草发布了粮食质量的国家标准。该“标准”于2000年4月1日起实施。德宏州各级粮食部门为认真贯彻落实该“标准”，年内主要做了如下工作：

一、加强对新标准的宣传工作，提高粮食企业和农民的质量意识。年内充分利用各种新闻媒体强化宣传，使每个企业、每个农民都知道新的国家粮食标准，让农民认识到种好粮、卖好价、多增收的道理，提高发展优质粮食的积极性。

二、国有粮食购销企业严格执行新的国家粮食标准。年内粮食企业开展了技术培训，掌握了新的检测技术，确实做到依质论价，优质优价，不借机压级压价。各级收购单位应在显要的位置公布新的等级标准和价格，对不执行新标准的行为，依法查处。三、大力推广和普及仪器测评粮食质量等级工作，改变用手感、目测等感观测评质量等级的状况。四、粮食部门要积极配合农业部门做好优质品种的推广工作，调动农民调整种植结构的积极性。

【粮食系统“政企分开”】 1999年，德宏州粮食系统按照州政府粮食体制改革方案的要求，重新核定了粮食主管部门的行政机构、编制，落实了人员经费，做到粮食行政主管部门与企业在人、财、物上分开。

【落实按保护价敞开收购农民余粮政策】 1999年，德宏州各级粮食部门在粮食库存大、顺价销售不畅、企业经营困难的情况下，认真贯彻按保护价敞开收购农民余粮的政策，坚持按定购价、保护价公开挂牌收购农民余粮，做到不拒收，不限收，不停收，不压级压价，不打白条，不代扣代缴公粮以外的其它一切税费，保护了农民的利益。年内，全州国有粮食购销企业共收购粮食4949万公斤（原粮），比上年减1688万公斤，其中定购粮入库2817万公斤，占任务数的65%。

【制定粮食收购价格政策】 1999年，德宏州根据云南省政府“关于粮食收购价下浮”的规定，制定了小春和大春的定购价和保护价。具体价格如下：每公斤小麦定购价中等1.20元，级差6分；保护价1.14元，级差5分；稻谷实行定购价与保护价并轨，每公斤价格为1.116元，等级差率按5%执行。优质价稻谷实行优质优价；油菜籽、玉米、大豆及其它品种按随行就市价执行。年内粮食收购价格总体比较合理。此举为顺价销售粮食创造了有利条件。

【粮食销售情况】 1999年，德宏州国有粮食企业克服官商作风，普遍采取走出粮店的办法，大力促销粮食，积极探索适应市场经济的销粮新路子。年内，全州销售粮食（贸易粮）1511万公斤，比上年多销393万公斤，外调粮食（原粮）3000万公斤，减1665万公斤，基本做到了粮食顺价销售。

【扭亏增盈】 1999年，德宏州针对粮食企业近年来亏损大幅度上升的问题，主要采取以下措施扭亏增盈：一是制定促销控亏的办法；二是加大推销、促销工作力度；三是合理布局经营网点，降低费用成本；四是加强企业财务核算管理。年内，全州粮食企业财务状况有所改善，扭亏增盈初见成效：全年全州粮食企业亏损1796.2万元，比上年减亏2685.7万元；粮油商业经营企业亏损145.1万元，减亏49.2万元；粮油工业亏损557.8万元，增亏408.3万元；饲料工业亏损97万元，减亏11.4万元；其他经营企业亏损328.9万元，增亏184.3万元。在全州32户粮食企业中，盈利3户，利润总额29.2万元，比上年增12.4万元；亏损企业29户，亏损总额2954.2万元，比上年减2116.1万元。

【多种经营】 1999年，德宏州粮食部门结合粮改，进一步发展多种经营。首先发展种植业，年内种植各种经济作物6903亩，其中州粮局与盈江县粮食局合资开发澳州坚果5400亩。其次，充分利用顺街地段，修建铺面出租创收，仅潞西市粮食局铺面出租就收入74万余元。另外，多数企业对宾馆、餐厅、舞厅、商场等经营项目，采取了灵活多样的经营办法，既调动了经营者的积极性，又稳定了企业的收入。年内，全州多种经营企业亏损108.7万元，比上年减亏13.99万元，上缴税收59.4万元。

【仓储粮食继续实现“一符四无”】 1999年，德宏州库存粮食19.11亿公斤，均实现“一符四无粮仓”标准，粮食没有出现严重的虫害、霉变、鼠害事故，并且帐实相符。

【部份粮食品种退出保护价收购范围】 1999年，德宏州政府根据国务院（1999）11号文件“关于调整粮食收购政策”的精神，制发了《关于做好1999年秋粮收购工作的通知》。该“通知”决定从1999年秋粮收购起实行粮食定购价与保护价并轨；从2000年4月1日起，小麦、早籼稻退出保护价收购范围；针对全州玉米品质差，流通困难，决定从1999年秋粮收购起将玉米退出保护价收购范围。年内，对规定退出保护价收购范围的粮食品种，积极鼓励用粮企业和粮食经营企业直接收购、经营。国有粮食收购企业可以按照“购得进、销得出”的原则进行收购。部份粮食品种退出保护价收购范围政策实施后，农业发展银行要继续做好对国有粮食购销企业资金的供应工作，按“库贷挂勾，以销定货、以效定货”的原则提供贷款，积极支持粮食购销企业的购销活动。

（《粮油购销》撰稿　鲁晓咏）

烟草专卖

【烟草经营艰难】 1999年是德宏州烟草公司卷烟经营十分艰难的一年。由于受云南卷烟市场供大于求、昆明烟草市场波动较大、出口回流烟冲击、假冒烟及走私烟屡禁不止的影响，德宏烟草产品从卖方市场转变为买方市场，造成环境急剧变化，烟价持续跌落，经营利润日趋下滑，直接制约了州烟草企业的生存和发展。

面对严峻形势，州烟草公司主动走向市场，积极采取措施，拉动卷烟销售量。全年销售卷烟25134箱，完成销售总额11594万元。由于毛利率仅为6.3%，因此仅实现经营利润237万元，比上年降16.4%。

【卷烟经营】 1999年，德宏州烟草公司把开拓市场作为卷烟经营的重点，把城乡批发零售网点建设当做“生命”工程来抓。累计建立销售网点28个，其中年内新建5个，安置营业员5人。7月，根据省局（公司）要求，理顺卷烟销售和专卖的关系，取消原来由盈江、梁河县粮烟副食品公司委代批的卷烟批发业务，成立了盈江、梁河两县烟草专卖局和烟草有限责任公司。7－12月，两县烟草公司分别实现利润37.8万元、15.2万元，改变了上半年亏损的状况。其次，采取鼓励卷烟销售措施，分别下达月销售计划，把销售额与效益工资挂钩，调动了各县（市）公司卷烟销售的积极性。年内，主动配合昆明卷烟厂、春城卷烟厂在芒市、瑞丽开展卷烟促销活动，千方百计寻找适销对路的卷烟品牌。各县（市）公司、卷烟网点制定了各品牌批发零售量、库存量、价格变化的日动态表和月汇总表，做到胸中有数，调配平衡有力。年内超额完成了省烟草公司下达年销售2000箱的计划任务。

【专卖管理】 1999年，德宏州烟草专卖局先后发放宣传材料2200份，并通过德宏电视台、广播电台、团结报扩大宣传力度。根据云烟专〔1999〕18号文的规定，组建了德宏州烟草专卖稽查大队和瑞丽市稽查中队。根据1月5日州政府发布《德宏州人民政府关于加强打击出口倒流卷烟、清理整顿卷烟自由批发市场的通告》，州局组织全州专卖管理人员于4月中旬至5月上旬，对全州各县（市）卷烟市场进行历时18天的清理整顿工作，共检查个体经营户1200户，没收外烟、出口回流烟5500条，假冒烟350条，按期完成了卷烟自由批发市场的清理整顿任务，另外配合公安、交警、边防武警等执法单位，先后查办卷烟走私案件101起，没收走私外烟5380条，出口回流烟16404条，假冒烟874条。经主管部门批准，在州政府及新闻等单位的监督下，于10月12日在芒市举办销毁走私烟、假冒烟现场会。截至12月底，共换发烟草专卖零售许可证2300份，查办案件268件，没收走私、出口回流烟488件，没收烟用辅料284件，上交州财政罚没款60.5万元，

（《烟草专卖》撰稿　戴兴宋）

口岸管理

【瑞丽口岸联检设施建设选定方案】 1999年5月，云南省政府批准瑞丽口岸联检查验设施建在姐告大桥西岸一侧，初步设计投资规模为1580万元，总占地面积100亩。7月，省建筑技术发展中心两位专家对联检中心建设进行实地考察和可行性研究，提出了具体建设地点和两种建设方案。10月27日，联检服务中心筹建领导小组组长李志明、副组长龚锦文在姐告主持召开会议，选定建设方案。该方案主体建筑将现代建筑风格与地方民族特色融为一体，主楼高3层，总建筑面积6000平方米；第一期工程占地30亩，共设立进出口查验通道8个、非出入境车辆通道4个。联检楼建成后，可满足2010年进出口货物总额8~10亿美元，进出人员5000万人次的业务需求。

【口岸管理改革】 1999年10月，德宏州口岸管理全面实行四项改革措施：一、全面推行联合办公、一条龙服务的查验方式。二、逐步改变收费程序。由口岸把关服务部门分别收费改为一家统一集中收费，然后按收费标准每月统一核拨各查验单位。三、改变通关方法，即运输车辆、货物入关时，先验证放行后加强后续监管；货物出关时，先在联合办公室完成报关、查验、收费，经现场查验人员验证后即放行。四、清理口岸收费单位。除代表国家依照国家法律在口岸设立的检查、检疫、检验机关和口岸综合管理职能部门外，任何单位不得以任何名誉挤进口岸收费。通过实施四项改革措施，提高了口岸把关与服务质量。

【瑞丽口岸实行“境内关外”双线管理】 1999年12月31日，根据省政府《关于进一步做好姐告地区对外开放工作的会议纪要》，瑞丽姐告口岸将各查验机构迁至姐告大桥西侧800米处的孔雀山庄，实行“境内关外”双线管理。一线是姐告4.186公里的边境线，在中缅街、国门和货场3个出入口设值勤验证点，由边防武警、海关人员对出入境人员、车辆、货物进行验证和口岸监护、边境巡逻警戒，界碑维护等管理。二线为瑞丽姐告大桥西侧至孔雀山庄口岸联检服务中心。口岸查验部门在此实行联合办公、统一收费、一条龙服务。为解决入境报关和出关又出境的问题，在查验现场设出入境通道和非出入境通道，并在联检服务中心完成报关报检、消毒、办证、验证等工作。仅出入姐告经济开发区的人员、车辆、货物从非出入境通道直接进出。采取“境内关外”双线管理，提高了工作效益，边民反映出入境方便了，外商反映通关环境宽松了。

【章风口岸创进出口总值最高水平】 1999年，陇川县不断拓宽国际合作领域，对口岸管理实行放宽一线、管好二线政策，简化手续和办事程序，减少货物滞留口岸时间，从而提高通关速度。年内，章风进出口总值达20013.76万元，比上年增298.28%；货运量32702.47吨，增43.63%，创历史最高水平。

（《口岸管理》撰稿　王瑞霞）

【瑞丽海关反走私犯罪侦查支局成立】 1999年6月24日，瑞丽海关反走私犯罪侦查支局在瑞丽市宣布成立。该队伍属海关和公安双重垂直领导，以海关领导为主。

（杨星明）

【瑞丽海关】 1999年，瑞丽海关认真贯彻落实全国海关关长会议提出的“依法行政、为国把关”的工作方针，在队伍建设、廉政建设、税收征管及打击走私贩毒活动等工作均取得显著成绩。其具体情况为：

一、超额完成税收征管任务。针对进出口贸易顺差过大，进口物

资量少，品种单一，税源不多等情况，年内主要采取以下几项措施：（一）认真做好税收调整后的衔接工作；（二）严格执行“依率计征、依法减免、科学归类、正确估价、及时入库”的方针和缓税、退税的审批制度；（三）进一步加强各部门的联系配合，通过审价和稽查审计，有重点地打击低报、瞒报等骗税、逃税行为。截止12月25日，瑞丽海关共征收入库税款410.6万元，其中关税131.7万元，进口环节税278.8万元，消费税850元，超额完成了税收任务。

二、规范管理，促进发展。年内在姐告货运通道实行“开关闸”管理制度，闸口实行两班倒制和节假日值班制，延长了开关时间；对相关部门的业务范围职责重新划分调整，使各个环节操作更趋严密合理；调配充实一线人员，口岸查验及实际监管的力量相应得到加强，出入境货物的通关速度也随之加快。至12月25日，瑞丽海关共依法监管进出口货物22.4万吨，进出口总值10.6亿元，监管出入境人员437万人次。

三、查私缉毒。（一）加大查私缉毒的宣传力度，得到社会各界的理解和支持，营造了打私工作的良好氛围；（二）进一步加强情报调研，及时掌握走私动态，实施有力打击；（三）加强了非设关地段和重点路段的巡查。全年全关共查获各类走私违规案件70起，其中毒品案件15起，经济性案件55起，私货估值250万元；缴获海洛因7171.2克、冰毒49220克、制毒化学制剂1303公斤、罂粟壳（籽）13.5吨；查获香烟319件零40条、汽车4辆，缴获濒危野生动物皮张千余张（其中虎皮11张，豹皮77张）；移送人犯11人。年内，瑞丽海关缉毒犬基地首次培训出安静型缉毒犬3条，投入旅检现场使用，并协助有关部门成功破获了包括“8.23”特大冰毒案在内的多起案件。

四、政研、信息及科技等取得新成绩。年内瑞丽海关组织撰写了9篇调研文章，被总关学会、调查局和德宏州经济研究所等部门刊物采用；编发各类信息161期，共273条；与德宏团结报社合办“海关之窗”专栏，登载40余篇（次）宣传报道文章，取得很好的效果。科技工作，年内配合总关完成了对瑞丽海关计算机“千年虫”问题的测试，保证了该关工作不受影响和干扰。年底实施了EDI5.0版本安装调试工作，为进一步推进科技业务一体化打下基础。

五、队伍建设和廉政建设情况：年内，瑞丽海关以“三讲”教育为契机，重点组织学习人民日报6月8日登载的《权钱交易法不容》一文和评论员文章，将总署重新修正的《海关总暑关于违反海关执法和廉政纪律行政处分暂行办法》整理打印，人手一册，并以“湛江案件”为反面教材，在全关范围内深入开展以清除执法腐败为主要内容的教育整顿工作，进一步健全完善了规章制度和监督制约机制。年内，全关受总署记集体大功1次，有1人立二等功、有3人立三等功；业务一科被团省委评为“青年文明号”；9人被总关考核为优秀；23人分别受海关总署、总关与本关的奖励和表彰。

（刘谊中）

【畹町海关】 1999年，畹町海关主要做了如下工作：一、进出口情况。全年监管进出口货物总值4.07亿元，其中进口总值5467万元，出口总值3.5亿元；监管进出口货运总量8.5万吨，其中进口0.92万吨，出口7.6万吨；办理进出口报关单1748票；监管进出境人员67.47万人次；监管进出境运输工具7346辆。二、加强税收征管，确保税收任务完成。其具体措施是：（一）加强税源分析，严格征管，取消实行多年的小集中报关制度，实行一票一报关制度；（二）对进出口货物拟实行保证金制度，保证税款及时入库；（三）切实加强实际查验工作，完善作业制度，堵塞漏洞；（四）加强与有关部门的沟通协调；（五）实行夜间加班制度，打击偷关瞒税，落实各业务环节责任；（六）完善对加工贸易、转关运输货物管理。全年共征收关税178.2万元，增值税298.5万元，圆满完成了总关下达的税收任务。三、强化缉私缉毒工作力度。年内畹町海关拓宽情报来源，加强专题情报调研工作；加强与有关管理部门和执法部门的联系协调，搞好边境一线反走私环境的综合治理；加强业务、岗位训练，提高队伍整体战斗力。年内共查获各类走私、违规案件19起（其中，查获毒品走私案件7起，缴获冰毒4794克、海洛因363克；查获易制毒化学试剂走私案6起，缴获醋酸酐、盐酸、硫酸、酒精等各类化学试剂7663公斤；查获走私假币案2起，缴获假人民币14.39万元；查获进口违规骗税案1起；查获国产轮胎多报少出1起），向司法部门移送走私嫌疑人17人，罚没收入入库33000元。四、信息、政研工作取得较大进展。年内报送“信息”79期；组织调研、撰写文章16篇，其中12篇被采用刊登，并有3篇文章获奖。五、表彰情况。年内畹町海关被国家民委、省委、省政府授予全省维护民族进步先进集体；畹町海关调查科被国家人事部、海关总署授予全国海关先进集体；畹町海关被畹町开发区工委、管委授予外经贸优质服务单位；畹町海关被昆明海关评为学术论文研究组织活动先进集体；畹町海关被瑞丽市委、市政府授予安全文明单位。

（《畹町海关》撰稿　何　芳）

【瑞丽检验检疫局】 1999年11月30日，瑞丽商品检验局、动植物检疫局和卫生检疫局三个部门合并，成立“中华人民共和国瑞丽出入境检验检疫局”。年内，该局在业务改革中推行“一次报验、一次采样、一次检验检疫、一次卫生除害处理、一次计费、一次放行”的“六个一”检验检疫管理模式，不但促进原“三检”业务上的深度融合，而且简化手续，提高工作效率，方便了边贸货物和人员的进出往来，减轻了外贸企业的负担。年内业务工作的主要情况是：一．商品检验情况。1至11月共检验进出口商品2994批，货值50927万元，其中出口商品2313批，货值45793万元；进口商品681批，货值5134万元。出口查验263批，货值22887万元。签发《边境贸易出口商品验放单》1508份、《出口商品预验换证结果单》537份。二、动植物检疫情况。年内共检疫动植物及其产品6926批，检疫重量74378.06吨；检疫木材18379.19

立方米，检疫活动物5243头（只）。与上年相比，检疫批次增20.2%（主要是互市芒果增长），检疫木材量增29.7%，检疫重量降25.8%，活动物检疫量降66%。此外，检疫皮张10张、苗木29万株、植物性外包装一百多万件，消毒入境车辆48366辆。全年对外出具检验检疫放行单证（含商品检验和卫生检疫）4800份。为货主换回经济损失1922.5万元。在进境动物及其产品的检疫中，检出二类传染病沙门氏菌19批、鸡白痢3批；检出二类寄生虫异尖线虫17批、对盲囊线虫4批、针蛔虫2批，疫情检出率为3.78%。检出一般寄生虫驼形线虫、背孔吸虫等14批。

在进境植物及其产品的检疫中，检出一类危险性害虫谷斑皮蠹6批；检出二类危险性害虫巴西豆象5批、灰豆象46批、桔小实蝇22批；检出三类危险性害虫四纹豆象67批、绿豆象189批、花生豆象8批。植检的疫情检出率为27.7%，比上年增10.4%；有害生物检出率为38.44%。此外，年内植检还检出台湾多型豆象和胸纹粗腿豆象，这在瑞丽口岸属首次发现。三、卫生检疫情况（包括盈江、章凤、芒市办事处）。年内，依法对入出境人员进行检疫查验10.99万人次，其中出境88321人次。查验出入境交通工具24505辆次，查验入出境交通员工48274人次。查验入境货物2954批次、21.18万吨。出境货物接受申报3600批次、54381吨。对入出境人员、常（暂）住外国人和口岸从业人员进行传染病监测体检2399人次，其中外籍人员735人次。对禁止入境的传染病患者依法监护出境2批17人。为出境旅客进行预防接种56人次，为35745名旅客提供了国际旅行健康咨询和预防服药，共签发健康证书557份。对入（出境交通工具实施卫生监督检查18070辆次，开展口岸卫生监督检查116次。对来自疫区的交通工具实施卫生处理14577辆车次，对入境货物实施卫生处理（除鼠、除虫、消毒）1739批次、37739吨。对进口食品实施卫生监督检验3476批次、25196吨，抽样检查493批次，进行微生物检验453批次，签发卫生许可证154份。进行艾滋病病毒抗体检查1291人次（其中：外籍人员735人次，中国籍556人次），检出阳性32例（其中外籍人员28例，中国籍4例）；乙肝表面抗原检查189份，检出阳性29例（其中外籍人员18例，中国籍11例）；梅毒血清学检查361份，未检出阳性；疟原虫镜检142份，检出阳性6例（均为外籍人员）；肛拭法霍乱监测检验56份，对姐告经济开发区饮用水抽样进行霍乱监测检验54次，均未检出阳性；进行血型鉴定490份。

开展大规模灭鼠1次，检死鼠3021只。3、4月又分别进行了两次鼠密度调查，先后捕鼠53只，经鉴定为2目2科4属4种，鼠密度分别为9.24%和8.81%，比上年明显下降。

（《瑞丽检验检疫》撰稿　赵明辉）

【瑞丽边防检查站】　1999年，瑞丽边防检查站认真贯彻落实全国、全省“公安边防工作会议”精神，按照“边防业务工作要上一个新台阶，队伍建设要取得较大进展，基层建设要有明显加强”的总要求，强化边防检查和边境管理工作，并取得以下成绩：

一、边防业务工作：一是加强口岸通道执勤室硬件建设，改善执勤条件。二是理顺口岸和边境秩序，认真落实中缅两国边境管理协定，使双方的对等正规化管理迈出了重要的一步。三是大力开展“为人民服务，树边防新风”活动。年内在口岸现场公开收费项目和标准，推出“瑞丽边防检查站向社会承诺书”，公布了执勤人员的姓名、警号、照片，并在执勤现场设立举报箱和投拆电话，以接受群众的监督。四是为了促进德宏州边境旅游的发展，主动与地方旅游局、畹町边检站、德宏边防支队协商，开通了旅游人员从甲地出境乙地入境的旅游线路。五是积极做好世博会期间和国庆五十周年的边防检查和边境管理工作。六是在总队的关心下安装电视监控设备、为执勤分队装备边防巡逻车，提高了边境管理的效率和质量。至年末，瑞丽边防检查站管理出入境人员391.86万人次；管理出入境交通运输工具84.38万辆（台）次；进行会谈会晤5起34人次；抓获非法越境人员962起1837人次；抓获偷渡3起20人；查破贩枪贩毒案件31起，抓获犯罪嫌疑人17人，缴获海洛因1494.4克、鸦片96两、冰毒345克、制毒化学品2657.4公斤、罂粟壳（籽）9300千克，自制手枪1支、雷管400枚、手榴弹1枚、子弹392发、炸药111公斤，玉器801件，淫秽物品550件，假人民币5900元，水獭皮20张。二、部队管理工作：一是抓条令条例教育，增强官兵的条令意识。二是大力开展作风纪律整顿。三是建立健全各项规章制度，如出台了《干部管理规定》、《预防案件措施》等，并把这些规章制度落到实处。四是开好每月1次的安全防事故工作分析会、每季度1次的官兵思想分析会，掌握官兵的思想动态。五是紧紧围绕“人、车、枪、酒、财”等安防重点，严格车辆、武器等装备管理，严格落实一日生活制度，建立正规的战备、训练、工作和生活秩序。三、政治建设：一是年内在站党委班子和党委成员中深入扎实地开展“三讲”教育。二是认真组织全体官兵学习党的十五大精神，加强政治教育，坚持用邓小平理论武装官兵的头脑。三是切实加强党的建设，党委、支部的凝聚力和战斗力得到了增强。四是加强干部队伍建设。定期召开家属座谈会，做好家属工作。年内清理、取缔了干部家属非法出入境打工的现象。五是加强宣传文化工作和图书室建设。全年在各级报刊、电台发表新闻稿件60余篇，建立了两个规范的图书室，藏书7000多册。六是积极做好拥政爱民工作。年内三次出动官兵250余人次参与地方扑救山林大火，为出入境旅客做好事120余件等。四、后勤建设：一是投入基层正规化建设资金150万余元，用于新建中缅街通道执勤室、购置维修执勤设施、装修招待所、维修家属房和营区绿化等。二是将军械仓库从姐勒搬迁到站部，确保了军械仓库的安全和使用方便。三是坚决贯彻执行中央军委部队“部队不再从事经商活动”的决定，大力开展农副业生产，不断改善部队生活。四是做好卫生防病工作。年内全站官兵进行了一次肝功化验，并注射了乙肝疫苗；为团级干部进行健康检查1次；全年喷洒药物6次；全站服预防药4次；全站官兵发病率控制在20‰，传染病发病率控制在40‰以下，无计划外生育和超生。

（《瑞丽边防检查站》撰稿　何院军）

工　业

机械工业

【机械工业持续亏损】　1999年，德宏州4户国有机械工业再次出现整体亏损，这是自1997年以来出现的第二次全行业亏损，亏损总额达156万元，其中州机械厂亏损135万元，占全行业亏损总额的86.5%。由于德宏机械工业的工业产品主要以生产制糖机械为主，而糖业生产企业的严重亏损无形中对机械工业产生根本的影响，各机械生产企业为制糖企业提供的大量糖机产品因糖厂亏损而收不到货款，仅州机械厂在糖机配件上被糖厂占压的资金就达360多万元，致使新的订货没有流动资金购买原材料，企业因此无法实现再生产。年内，各企业曾做过多方努力，试图扭转机械工业面对的这种不利情况，在产品开发方面力争生产一些市场适销对路的产品，譬如抛秧机、开沟犁、防滑轮及部分小水泥、小水电等机械产品，但数量较少，难于改变企业的处境。全年全州4户国有工业企业，完成工业总产值（90年不变价）582万元，比上年降39.3%；实现产品销售收入517万元，降38.5%；上缴国家税金33万元，降64.5%；企业利润为亏损156万元，增亏102万元，负增长188.9%。

【州机械厂改制】　1999年，德宏州芒市机械厂企业领导班子研究和职工代表大会讨论，决定企业实行改制，采取"先终止，后重组"的办法。由国有企业改制为股份合作制企业。州机械厂拟定了企业改制方案并经第11届职工代表大会审议后上报，州人民政府批准了芒市机械厂的改制方案。根据州人民政府的批复，州经贸委协助芒市机械厂组织召开了全体员工大会，集体讨论通过了企业章程，由股东大会选举产生了企业董事会和监事会。从此一个具有40多年建厂历史，拥有职工300余人、资产总额2400万元的国有工业企业完全转变成了一个股份合作制企业。

煤炭工业

【煤炭企业继续亏损】　1999年，德宏州共有煤矿企业32户，其中国有煤矿4户、乡镇煤矿11户、个体煤矿17户。全年共生产原煤8.45万吨，比上年降21%；实现工业总产值190万元（90价）、降25.8%；上缴国家税金42万元，降33.7%；企业亏损58万元，增亏61%。4个地方国营煤矿中，除瑞丽红旗煤矿微利外，其余全部亏损。

【煤矿技术改造】　1999年，德宏州煤矿共完成技术改造项目投资110万元，具体改造项目是：州芒究煤矿扩建工程40万元、潞西等毗煤矿允门接替井工程45万元、潞西江东煤矿20万元、瑞丽红旗煤矿通风设施5万元。

建材工业

【建材工业有转机】　1999年，德宏建材工业仍以水泥企业为主，全州共有水泥专营生产企业11户，设计生产能力为72万吨规模，全年生产水泥35.66万吨，为生产能力的49.5%。全年实现工业总产值（按90年不变价）4067万元，产品销售收入9928万元，上缴国家税金741万元，企业亏损总额998万元。年内，由于国家增加基本建设投资，加之大理至保山、保山至腾冲、瑞丽至陇川章凤、芒市至盈江公路建设等几个较大基本建设项目的拉动，给德宏水泥生产企业带来了一个好的市场机遇，全州11户水泥生产企业产品较上年稍有增长，企业职工工资基本能保证按时发放并有所增加，各水泥生产企业的产品在保证州内市场需求的情况下积极向州外市场拓展，不断增加州外市场占有份额。但由于本州各水泥企业历史上形成的企业数量多、规模小、企业负债较重等因素影响，致使德宏州水泥企业经济效益仍不理想。各企业之间竞争激烈，竞相让价，使本州的水泥价格远低于州外其它水泥企业的产品价格，有的企业甚至不惜以低于成本的价格销售，这就造成水泥企业在市场较好、产品产量有所增长的情况下仍产生亏损。

【州水泥有限责任公司实施资产抵贷】　1999年，德宏州水泥有限责任公司继续深化企业改革，采取资产抵贷的办法，将公司所有资产抵押给建设银行德宏州分行。建行德宏州分行又将所有资产委托给州通用水泥有限责任公司经营，这样完全摆脱了最初改制时所遗留下来的原有债务，减轻了企业利息的压力。年内，该企业内部继续深化改革，主要围绕降低成本这个中心来进行。在人员管理上继续裁减富裕人员，实行定岗定员，严格控制原燃材料消耗，以吨水泥核定各岗位工种的费用和原燃材料消耗，同时努力提高台时产量和严格质量管理，大力拓宽产品销售市场。全年共生产水泥5.59万吨，比上年增27%；实现工业总产值（按90年价）810万元，增21%；企业亏损110万元，减亏259万元。

（《机械、煤炭、建材工业》撰稿　范杰　王继华）

轻工工业

【梁河县大西南矿泉水厂开业】

1999年7月20日，由梁河县个体商尹以刚投资135万元新建的日产0.5kg/瓶矿泉水1000瓶、20kg/桶矿泉水100桶，年产矿泉水1680吨的小元有限责任公司大西南矿泉水生产线正式投产，并开始向县内外销售，从而结束了梁河饮矿泉水只靠外调的历史。该水厂位于距梁河县城2公里的弄么村。泉水出露于富含硅酸盐的花岗岩和岍嘛岩的地层深处。水质经国家地质、卫生、环保、技术监督等部门鉴定为：大西南矿泉水为珍稀低钠、低矿化度偏硅酸型的优质天然矿泉水，外观清澈透明，口感清凉甘甜，内含钾、钠、钙、镁、锌、锶、偏硅酸等20多种对人体健康有益的微量元素，无任何污染物及有害物质。至1999年12月20日，大西南矿泉水销售额为69000元，上缴税金6177元。

（罗致普）

【轻工企业亏损】 1999年，德宏州国有轻工企业共12户，全年完成工业总产值2560万元，比上年增20.52%；完成产品销售收入2854万元，增20.98%；上缴国家税费233万元，降13.06%；实现利润－238万元，减亏135万元。在12户轻工企业中，除造纸业略有利润外，其他企业全部亏损。

【造纸工业略有盈利】 1999年，德宏州有造纸企业3户，即潞西市造纸厂、瑞丽市造纸厂和梁河县造纸厂。全年完成工业总产值2036万元，比上年增27.65%；完成产品销售收入2244万元，增38.95%；上缴国家税费165万元，增23.13%；实现利润13万元，减亏65.79%。

【印刷工业】 1999年，德宏州有印刷企业4户，即盈江县印刷厂、陇川县印刷厂、潞西市彩印厂和梁河印刷厂。全年完成工业总产值168万元，比上年减少31.88%；完成产品销售收入312万元，减30.04%；上缴国家税费37万元，增5.71%；实现利润－159万元，减亏129万元。

【制革工业】 1999年，德宏州共有制革企业2户，即德宏州皮革厂和陇川城子皮革厂。全年完成工业总值4万元，比上年减75%；完成产品销售收入9万元，减52.63%；上缴国家税费1万元，减66.67%；实现利润－14万元，减亏1万元。

【纺织工业】 1999年，德宏州有纺织工业1户，即盈江县织布厂，但生产项目已由原来的织布工艺改为现在的塑料编织袋工艺。该厂全年完成工业总产值42万元，比上年减53.85%；完成产品销售收入28万元，减69.57%；实现利润－12万元，减亏12万元。

【食品工业】 1999年，德宏州有国有食品工业共2户，即德宏州特种茶厂和瑞丽海圣饮料厂。全年共完成工业总产值310万元，比上年增77.14%；完成产品销售收入261万元，增39.57%；上缴国家税费30万元，增200%；实现利润－66万元，减亏18万元（其中：德宏州特种茶厂实现利润2万元，瑞丽海圣饮料厂实现利润－68万元）。

【盈江县皮革厂破产】 1999年，盈江县皮革厂由于经营管理不善，企业亏损严重，不能清偿到期债务，于5月20日经法院裁决宣告破产还债。破产前，该厂资产为560万元，总负债为1047万元，资不抵债487万元。

（《轻工工业》撰稿　徐雁秋）

医药工业

【畹町药厂新增一条针剂生产线】 1999年6月，畹町药厂投资200多万元，新建成一条小型针剂生产线，并一次性试产成功。

【滇野药厂出租厂房】 1999年10月，瑞丽市滇野药厂和美国一洲集团正式签订租赁合同，将药厂现有车间设施出租给一州集团，租期10年，年租金25万元，10年后一州集团新建酿酒设备归滇野药厂所有。通过租赁经营，使药厂部分下岗职工重新上岗就业。

【瑞丽民族药厂新增一条针剂生产线】 1999年，瑞丽民族药厂投资300多万元，新建成一条小型针剂生产线。该厂现已能生产针剂43个品种。10月，该厂生产的针剂6个品种已通过缅甸注册，产品已出口缅甸。至年底，该厂针剂产值已达200余万元。

【医药工业经营情况】 1999年，德宏州医药工业生产仍处于生产规模小和科技含量低的状况，严重制约着医药工业的发展。全年全州正常运转的6家制药厂年总产值5445.1万元，完成销售收入4386.1万元，上交税金352.9万元，利润－114.3万元。年内，职工总人数592人，资产总额9686.5万元，负债总额8063.1万元。

（《医药工业》撰稿　杨　灵）

矿产资源管理

【矿产资源管理】 1999年，德宏州开发利用的矿产主要有：金、锡、铜、铅、锌、铁、煤、石灰石、粘土、地热水、矿泉水等。全州共有矿山企业452户，其中国有矿山企业9户，集体矿山企业104户，个体采矿339户；从业人员6746名。全年矿业总产值3亿多元，占全州工业总产值的6%左右。年内除金矿、锡矿、煤矿等少数矿山企业初具一定规模外，大部分属水泥用石灰石、建筑用砂石、砖瓦用粘土等季节性生产的矿山企业，且数量多、规模小、产值低、效益差、流动性和波动性大，给矿管工作带来很大困难。

年内，地矿行政工作坚持“在保护中开发，在开发中保护”的总原则，组织开展好矿业秩序治理整顿，坚决查处违法案件，确保矿业健康有序的发展。年内全州查处无证开采矿山企业7户，取缔非法开采矿山7户，注销采矿许可证8个，惩处盗窃、抢夺矿山企业矿产品的违法案件2起，查封党政机关工作人员开办的采石场10个，处理矿山安全事故4起，追缴矿产资源补偿费6万元，协调解决矿山资源纠纷2起，采矿与探矿权属纠纷1起。在矿产资源补偿费的征收管理工作方面，年内制定了《德宏州开展采矿许可证换证工作实施意见》，召开了采矿业许可证换证工作会议。全州完成矿产资源补偿费征收入库42万元，超省下达目标任务2万元，较好地维护了国家对矿产资源的所有权益。年内全州共完成小矿地质检测报告23份，经州小矿地质检测审批小组审查批准15份。

【矿业秩序通过省检查验收】 经过四年多的治理整顿，至1999年德宏州矿业秩序已得到全面好转。年底省政府维护矿业秩序考核组按《云南省维护矿业秩序目标责任书》规定的8条标准、16项考核内容，对本州矿业秩序进行考核，综合考核评分88分，通过了省地矿厅和省人民政府的验收。

（《矿产资源管理》撰稿 李发枝）

安全生产

【职业安全监察】 1999年，德宏州职业安全监察工作以国家法律和《云南省劳动保护条例》为统领，以消除事故隐患、控制重特大事故、减少一般伤亡事故和职业危害为重点，根据国家赋予职责加强预防性监督检查。年内对1家企业扩建项目进行了审查验收，对148名特种作业企业人员进行了培训考核发证。至年末全州共发出特种作业人员操作证2126本，并按期复审换证1147人（证）。全州全年发生非矿山企业职工伤亡事故1起，死亡1人，无重伤，直接经济损失2万元；与上年相比：事故起数降80%，死亡人数降80%，重伤持平，直接经济损失降82.76%，安全形势逐步好转。

【矿山安全监察】 1999年，德宏州深入贯彻落实“矿山安全法”等一系列法律法规，加大安全生产宣教力度，扎实开展矿山安全监督检查。年内，全州矿山安全监察人员实施现场监察42人（次），先后对24个矿山企业进行了现场监督检查，发出监察通知书7份、监察意见11条，跟踪整改率达100%。年内还开展了小煤矿、尾矿库、废石场等讯期安全检查和特种作业人员持证上岗专项检查；组织了有367名矿山企业职工参加的矿山安全法规知识考试，增强了职工反违章、保安全的自觉性。年内取得了全州无矿山企业职工伤亡事故发生的好成绩。

【州安全生产工作机构变动】 1999年8月3日，根据中央和省级国家机关机构改革和工作职能设置情况，德宏州人民政府决定：将原州劳动局承担的安全生产综合管理、职业安全监察、矿山安全监察职能，从9月起交由州经济贸易委员会承担，由州经贸委全面负责综合管理全州安全生产工作，对安全生产行使国家监察职权。同时，原设在州劳动局的德宏州安全生产委员会办公室，亦改设在州经贸委内，继续履行州安委办的各项职责。

（《安全生产》撰稿 李发枝）

（见《州情概览》33页）

交　通

公路交通

△**【交通部部长黄镇东视察德宏】** “昆禄公路”质量问题爆光后，引起了社会的广泛关注和国务院、交通部及省委、省政府等各级领导的高度重视。为全面贯彻落实国务院领导指示和全国公路建设质量会议精神，1999年1月11日至12日，国家交通部部长黄镇东率专家组一行在云南省常务副省长牛绍尧、省交通厅长李裕光及州委书记何远灿、州长管国忠等陪同下，视察了德宏州320国道芒瑞段、畹町口岸公路、瑞丽口岸公路及潞西市西山弹石公路。黄部长一行对德宏公路交通建设取得的成绩给予了充分肯定。

（杨星明）

△**【盈江发生一起特大交通事故】** 1999年3月5日，21时30分，潞西市芒市镇郑天明驾驶东风EQ3090F型自卸车到丙汗沙场拉沙，当车到腾瑞线K83+500米处时，因对面驶来的车灯光刺眼，郑天明驾驶车辆超速行驶，致使所驾车辆撞在前方停车准备下人的手扶拖拉机尾部（手扶拖拉机载人14人），造成当场死亡4人，送医院途中死亡1人，经医院抢救无效死亡2人，重伤2人，轻伤5人，两车部分受损的特大交通事故。

（杨星明）

【腾瑞路梁河县城过境线改建工程竣工通车】 1999年4月9日，腾瑞路梁河县城过境线改建工程竣工通车。梁河县城过境线属省道腾瑞路K41－K49段，全长8公里，是梁河县城的中心街道。工程为三级沥油路改建工程，工程于1998年2月28日动工，总投资484万元。它的改建完成，极大地改善了梁河县城路容路貌，增强了梁河县城的城市整体功能。

【龙江河谷西线公路竣工通车】 龙江河谷西线公路是德宏州实施异地扶贫的一项重点工程，于1999年4月30日正式通车。此路为四级路，南起勐约，北至勐养，途经王子树、邦瓦、勐约三个贫困山区乡。全长54公里，其中新修40.1公里，老路改建13.9公里。修建此公路是全县人民梦寐以求的愿望。1978年后，省州县虽投入大量人力物力，开发龙江河谷，但终因江河隔阻道路不畅，使开发工作受阻。1997年10月，州政府召开龙江河谷开发现场会，决定把龙江河谷西线公路建设作为开发龙江河谷的一项政治任务来抓。之后，技术人员三进河谷，完成测设任务。1998年5月开通路基。1999年清除15万立方米坍方，并增设桥涵配套工程和填土2500多立方。同年，经省州县公路部门验收合格。

（尚秉有）

【全州完成路产路权界定】 经过一年的努力工作，至1999年7月，德宏州完成了全州路产路权界定工作。共完成界定公路72条、里程1876.2公里，其中国道1条128.5公里，省道4条334.9公里，省管县道13条281.7公里，地方县乡公路54条1131.5公里；界定公路用地面积2432万平方米，折合土地36485.63亩；界定道班、苗圃、沙石料场等公路设施用地148宗、82万平方米、折合土地1223.03亩；与乡镇签订协议400份，办理土地证245宗。8月底，省交通厅、省土地局对德宏州公路产权界定工作进行了验收，按百分制评定，得分95.3分，受到验收组的一致好评。该项工作的完成改变了全州公路产权不清、权属不明、侵占公路产权严重的状况。

【全州县乡公路养护水平上台阶】 1999年，德宏州交通局在县乡公路养护上进一步深化公路养护体制改革，完善养护承包责任制，加大养护道班建设和机械设备的投入，促进了全州县乡公路养护水平的提高。年内，州交通局在养护体制改革方面继续在全州推行各县（市）交通局与县（市）地方公路管理站签订合同，实行“五定”（专业道班实行“三定”）的养护“责任制”，将养护资金与养护效益挂钩，彻底改变“养路先养人”的状况，大大提高了养路职民工的积极性和养护资金的使用效益。在养护道班建设方面，年内共投入资金90万元，扶持潞西、梁河、盈江、陇川等县（市）新建了中山、平山、大小厂、卡场、朗外梁、护国6个道班；投资37万元进行道班房修缮，改善了道班工人的居住环境。在养护机械设备投入方面，共投入54.7万元，为各县（市）交通局及养护站购买13台“王牌”拖拉机、5台小型压路机，加快了全州县市公路养护的机械化进程。另外，在全州范围内组织开展“义务养护周”活动，发动机关干部、人民群众广泛参与公路养护，一方面提高了各族群众的爱路护路意识，也在一定程度上缓解了养护资金不足的压力。年终州交通局对地方公路进行了检查考评，共抽查县乡公路814.55公里，好路里程有532.3公里（其中优等路136.4公里，良等路390.9公里），全州好路率达64.74%，比上年提高2.34个百分点。

（《公路交通》撰稿　尹银胜）

【客货运输管理】 1999年，德宏州拥有经营客运户1793户，共有车辆2835辆，28483个座位。其中私营及个体1646户、车辆2356辆、座位21929座。经营客运车辆情况是：卧铺客车109辆，座位4587座；大型客车98辆，座位3839座；中型客车709辆，座位13948座；小型客车1103辆，座位6016座；旅游客车3辆，座位27座；出租客车922辆，座位4653座。营运线路204条，比上年增41%，其中：跨省3条，跨地州71条，州内130条，县内61条。全州日发班次1106班，比上年增295%，其中：跨省3班、跨州184班，州内919班，县内432班。年内，全州货运经营户2579户，共有车3418辆，吨位9064.1吨。其中：危货运输车75辆402吨，大型货车927辆1686.6吨。

【汽车维修业管理】 1999年，德宏州共有汽车维修业户492户。其中：一类11户、二类79户、三类295户、摩托车维修107户，从业人员1977人，主要设备2135台。年内，全州运政管理部门对全州汽车维修从业户进行了清理整顿，加强了汽车维修资质的审查复核。通过整顿，一类维修企业降为二类8户，二类降为三类3户，并认定8家维修企业为营运车定点二级维护企业。年内州运政处配合107所，在瑞丽开办了第一期汽车维修从业人员培训班，参加培训人员83人，经过18天培训，全部取得了国家认可的技工等级证书。

【港航运输监督管理】 1999年，德宏州有大的江河6条，即瑞丽江、大盈江、龙江、南畹河、芒市大河、万马河，有渡口、码头56个。有旅游景点水库三个，即芒究水库、姐勒水库、盈江凯邦亚湖，现有机动客船7艘、150个客位，机动货船12只，非机动船78只。年内各县市港航监督部门分别同当地县市政府、乡政府、村公所、渡运驾驶员签订了《乡镇安全责任承包书》、《村办事处安全责任合同》。年内，州县市港航监督部门对渡口、码头停靠船只进行详细检查三次，对船只技术状况进行检查登记，并在重点地段、渡口、码头安置了航运监督员，及时消除了事故隐患。全年无港航运输事故发生。

【运政稽查】 1999年，德宏州共有一个运政稽查支队、六个运政稽查大队，有稽查人员78人。全年共派出稽查人员15031人次，查处违章经营车7899辆，罚款17377元，有力地打击了违法违章经营行为，保护了合法经营者权益。

（《运政管理》撰稿　杨永建）

【瑞章二级公路改建工程开工】 1999年8月23日下午，德宏州政府召开瑞章公路改建工程动员大会，副州长杨焰平作了《团结一致建设瑞章公路，争创一流，跨入新世纪》的动员报告，拉开了改建工程的帷幕。原来的瑞章公路，山高、坡陡、弯急、标准低，早已成为制约陇川省级口岸与瑞丽的国家级口岸经济发展的“瓶颈”。瑞章二级路的改建，是加快边境现代化建设步伐，促进边疆经济、社会发展的一项重要举措。10月8日，瑞章二级公路改建工程正式破土动工，全长41.66公里，改建线路35.47公里，其中陇川县境内长13公里。预算总投资2.5亿元。预计2000年5月路基通车，2001年5月交付使用。届时，它将成为全州第一条有隧道的二级公路。

（尚秉有）

德宏汽车运输经贸总公司

【生产经营大幅度增长】 1999年，德宏汽车运输经贸总公司为提高市场竞争力，投入150万元资金，帮助经营单位改善经营环境、服务基础设施。各经营单位适时根据市场变化，调整经营结构，努力开拓市场，超额完成了生产经营任务。全年全公司经营总收入6218万元，其中客运收入1274万元，占

20.49%；销售收入4012万元，占64.52%；劳务收入860万元，占13.83%；房地产租金收入72万元，占1.16%。年内全公司生产经营创利144.9万元，其中二级经营单位留利120.7万元。经营总创利比上年增12.6%。

【健全经营承包机制】 1999年，德宏汽车运输经贸总公司为确保总公司、经营单位、职工三者利益的协调发展，制定了《对二级单位经营者年终经营成果奖惩试行办法》，并与经营单位签订了经营承包责任书。多数单位通过努力，基本达到“奖惩考核试行办法”所规定的年度利润、上交指标、职工收入、基础管理、安全5个方面内容要求。年终，本公司对完成好的经营承包者给予了奖励。

【量化考核目标管理】 1999年，德宏汽车运输经贸总公司对“经营收入、成本定额控制、实现利润、职工收入、经营服务质量、新经营项目开发、安全生产、职工技能培训”8项目标管理实行量化考核。各经营单位认真按照总公司量化考核指标的要求，制定了实现目标管理的措施办法，并落到实处。通过量化考核目标管理，促进了公司生产经营和经济效益的提高。

【石化经营效果显著】 1999年，德宏汽车运输经贸总公司石化经营部采取一些新的经营举措，取得了较好的经济效益。其主要做法是：一、为改变德宏石油市场竞争无序、竞相压价的混乱状况，本公司多方奔走，取得政府有关职能部门支持，与德宏各加油站联合成立“德宏州石油协会”。二、与国内优秀企业海尔集团、红日燃具公司、超人公司等协商，取得上述厂家产品在德宏市场的特约经销权。三、开发了矿泉水和饮用水设备的销售项目。四、投入大量资金在电视台常年播放企业形象广告。五、积极开展“质量、价格、服务”三满意活动。全年实现销售收入3684万元，其中液化销售收入798万元，比上年增22%；上缴国家税金121.5万元，上交总公司148万元，创利10.2万元。

【改造经营设施】 1999年，德宏汽车运输经贸总公司先后完成盈江、芒市客运站的售票门面、车辆通道、候车室的改造和瑞丽、章凤、梁河加油站的改造，还把瑞丽食宿站的仓库改造为经营住宿房。年内，通过对经营设施的改造，取得了较好的社会效益和经济效益。

【开发客运新班线】 1999年，德宏汽车运输经贸总公司客运经营单位根据客运市场的变化，及时调整班线班期结构，并新开发了一些班线，以增强客运市场竞争力。芒市客运站增开了芒市至保山班和瑞丽至四川金江班，完善了南伞班的经营，新增3辆车、更新4辆车投入营运；盈江客运公司开辟了盈江境内旅游景点凯邦亚湖专线班车，又将原来经营的盈江至昆明隔日夜班车改为天天班；章凤客运站开通了陇川至施甸班，同时加快了跨县私车进站经营速度。

【职工技能培训】 1999年，德宏汽车运输经营总公司，投入资金4.9万元开展汽车检测、维修、会计基础、电算化、宾馆礼仪服务、普通话、高快客车等15个方面的培训，共培训176人次，培训面达25.4%，达到省交通厅下达的培训指标。

【纪检监察】 1999年，德宏汽车运输经贸总公司认真贯彻落实《关于党政机关厉行节约制止奢侈浪费行为的若干规定》、“廉政建设”和“五不准”规定，有效地促进了党风廉政和经济建设。年内，受理职工群众来信来访举报工作，初查核实3件，澄清是非2件，立案调查1件；对全公司投资50万元以上的工程建设项目逐一进行执法监察，未发现违法违纪情况；清收各种欠款3.6万元，为企业挽回了损失。

【安全统筹】 1999年，德宏汽车运输经贸总公司根据新时期安全生产的要求和企业的实际，制定“安全管理系统”，并将此文件下发到各经营单位执行，旨在加强安全生产管理。一、统筹情况：年内统筹车辆437辆，比上年增37辆，统筹收入225.9万元，除理赔、上交交通厅统筹中心外，亏2.4万元；职工意外伤害统筹收入4.8万元，理赔1.5万元，留存赔付准备金3.3万元。二、安全情况：年内发生交通事故32起，其中重大事故3起、特大事故1起（“7·7”特大事故），死亡16人，受伤15人，全部经济损失150万元。年内本公司针对安全生产的严峻形势，对安全生产薄弱环节进行了严格的检查整顿。

【改善职工生活】 1999年，德宏汽车运输经贸总公司在企业发展的同时，努力提高和改善职工生活水平：一、根据国家有关政策，年内从10月份起给职工调整了工资，提高了收入。二、给离退休人员月均增加50元的生活补贴，并兑现了国家有关提高离退休人员工资的政策。三、完成了芒市片区42户职工集资建房，使职工乔迁新居。四、解决了9名职工子女就业。五、组织离退休人员80人分两批赴昆明世博园参观。六、春节前夕，开展送温暖活动，给有困难的职工、离退休人员送去慰问金4万余元。

【章凤、梁河车站升格为客运站】 1999年，德宏汽车运输经贸总公司在省交通厅的支持下，对章凤、梁河汽车站进行重点投资建设，并将两个车站升格为客运站，使之成为总公司新的经济增长点。其具体情况是：一、陇川县车站抓住陇川县县城搬迁的发展机遇，按照国家二级客运站的标准要求，投资近400万元新建了功能齐全的章凤客运大楼，使章凤客运站的经营规模、经营条件和质量得到了根本性的改善。新建的客运站有长短途客运、招待所、汽车维修、停车场、洗车场等经营服务项目以及相适应的组织机构和管理制度。招待所拥有标准客房52间，每天可接纳旅客98人；年内有客运经营线路8条，参运单位6家，个体经营18户，日发班车21次。年内按照省交通厅关于“章凤客运站新建后，必须向社会开放”的指示精神，该车站建成后，全方位向社会开放经营，成为陇川县公用型车站，有效地改变了陇川县客运市场“有车无站”、沿街占道经营、相互压价、不合理竞争的混乱状况。二、梁河客运站投资100多万元进行了扩建，新建了客运招待所、加油站、液化站，开办了小汽车出租公司等经营服务项目，改变了过去客运基础设施差、经营单一、驾驶员、旅客不满意的状况，初步具备了作为客运站的功能。

【建立芒市小汽车修理厂】 1999年，德宏汽车运输经贸总公司在省交通厅重点扶持下，投资400多万元建立芒市小汽车修理厂。该厂具有一流的现代化设备和技术较好的修理人员，完全能承接国内外各种低、中、高档微型车的修理。年内，该厂以打基础、树形象为原则，以服务、质量走向市场，并初步赢得顾客青睐。年内先后与一批有车单位、出租公司建立起合同维修关系，并成立德宏小型营运车二级维护检验站，取得车辆车型改装定点和汽车肇事定点维修业务。

【创建文明行业活动】 1999年，德宏汽车运输经贸总公司把创建文明行业活动作为精神文明建设的主要工作来抓，在全公司积极开展爱岗敬业、诚实守信、文明经商、优质服务、奉献社会、奉献企业活动。在创建活动中，涌现出一批省、厅、州级先进单位和个人。他们是：石化经营部在“全省万店无假货”活动中，被授予“质量、价格、服务”三满意企业；芒市客运站被交通厅授予98、99年度安全生产先进集体；盈江、瑞丽客运站分别被省交通厅授予“青年文明号”；芒市交通旅行社、瑞丽客运站瑞运旅行社分别被州旅游局授予“'99昆明世博旅游接待”先进单位；芒市客运站站长杨连顺被省交通厅授予世博会交通安全工作优胜个人；瑞丽客运站站长吴正瑞被省交通厅授予“世博会”文明优质服务员；3名客货车驾驶员被省交通厅授予“98、99年度安全生产先进个人”。年内，总公司还评选出190名先进个人、8个文明单位、6个先进集体、4名劳动模范。年底，本公司拿出5.4万元对上述先进单位和个人进行表彰。

（《德宏汽车运输经贸公司》
撰稿　李　斌）

公路管养

【部省领导到总段看望指导】 1999年1月12日上午，国家交通部部长黄镇东一行在云南省委常委、常务副省长牛绍尧、省交通厅厅长李裕光、副厅长晋福祥、省公路局局长杨家福及德宏州委书记何远灿、州长管国忠等陪同下，到芒市公路管理总段机关看望职工，并指导工作。会上，黄部长就公路建养的作用地位、公路建养质量的重要性及干部作风建设作了重要讲话，牛副省长、李厅长、何书记也发了言。会上，总段党委书记单起龙、总段长杨永恩等领导回答了部长的提问。

【组织青工写作演讲比赛】 1999年2月6日，芒市公路管理总段开展了以“让青春在岗位上闪光”为主题的写作、演讲比赛。比赛分两阶段进行：首先，发动青年写作演讲稿，评出写作获奖文章；然后，将写作获奖作品发还团支部，由团支部挑选演讲选手参加总段于6月14日进行的演讲比赛。

【创“三优”迎世博】 1999年2月，芒市公路管理总段掀起苦战100天、安全保畅通热潮，以实际行动迎接世博会。在此项活动中，芒市公路管理总段从“三抓三创”入手（即抓职业道德教育，创优质服务；抓社会公德教育，创优良秩序；抓三好五无一畅通，创文明公路），大搞公路养护，确保了世博会期间公路安全畅通、方便。

【综合治理南天门路段】 1999年3月，按省公路局通知要求，芒市公路管理总段及时组织人员踏勘、详测南天门路段，优选治理方案。4月，潞西段组织人员、机械开始实施边坡减载；总段领导适时到现场办公，解决疑难问题。年底，共完成边坡减载土石方4万立方米，完成圬工砌体3500立方米。

【油路养护技术操作规范化培训】 1999年5月10日至12日，芒市公路管理总段在潞西段举办了一期油路养护技术操作规范化培训班，来自3个段的33名职工参加培训。

【接养潞盈路K0－K80.4】 1999年5月26日，省交通厅决定将潞盈路K0－K80.4路段交芒市公路管理总段接养。为管养好这段路，5月28日总段召开会议，研究安排工作；5月30日，总段与德宏州交通局签订移交协议；6月3日、4日，潞西、盈江两段派人正式接养该路段。

【召开团代会】 1999年6月14日至16日，芒市公路管理总段召开了第九次团员代表大会。会议总结了总段过去几年团的工作，提出了今后的奋斗目标和工作任务；表彰了先进；民主选举产生了总段第九届团委班子。

【完成工作目标】 1999年，芒市公路管理总段以喜迎三大盛事（世博会、建国50周年和澳门回归）为契机，深化公司化管理，各项任务全面完成，年终被省交通厅评为“质量优胜单位”、“安全先进单位”。年内，具体六项目标完成情况是：一、养护质量与工程质量。干线年均好路率计划76.85%，完成77.55%，超指标0.7%；年均综合好路率计划67.07%，完成68.37%，超指标1.3%；综合值计划71.5，完成72.14，超指标0.64；工程合格率计划100%，完成100%；工程优良率计划70%，完成77.9%。二、完成计划工作量。年内计划完成工作量2738.1万元，完成100%。三、基础管理及职工生活。六图二表、路段责任到人、规范化养护、“三园”建设、集体伙食均完成计划的100%。四、职工培训与科技进步。年内干部培训计划20%，实际培训76人，占50.67%；工人培训计划16%，实际培训108人，占18.4%；推广采用新技术计划2项，完成2项；机械设备折旧率计划8%，完成10%；机械设备净值增值计划2%，完成2%。五、安全生产。千人重伤率控制数为0.47‰，实际为0；千人死亡率控制为0.37‰，实际为0；年人均经济损失控制为60元，实际为37.35元。六、精神文明建设。年内干部职工遵纪守法，爱岗敬业，文明生产，无违法乱纪情况发生。

【深化公司化改革】 1999年，芒市公路管理总段继续深化、完善公司化管理。年内瑞丽公路段重新进行公路养护招投标，在全总段率先推行以工程量核定工作量（即工程费制）改革。这一改革，打破了按定员或定额下达经费和生产任务的惯例，打破了所与所之间的管养界线，强化岗位竞争，增强了所组自主经营管理，使路况、人况大为改善。

【公路绿化美化】 1999年，为迎接省公路局2000年对320国道芒瑞段的绿化达标验收，总段和潞西、瑞丽两段按照“三高（高起点、高标准、高质量）、两大（树苗大、树塘大）、两合理（合理施肥、合理浇水）、四统一（统一树苗、统一栽种时间、统一种植标准、统一验收办法）”的原则，抓紧对芒瑞路绿化缺株补种工作。6月27日，总段组织机关副科以上领导，与省交通厅、公路局及德宏州、市交通局领导在320国道黑山门路段同植公路行道树。据统计，年内，芒市公路管理总段共种行道树41.8万株，其中，320国道13.15万株，潞盈路25.1万株。

【抢险保畅通】 1999年雨季，连绵不断的大暴雨，使芒市公路管理总段的18条公路路基被毁3738立方米，沙石路面被毁26038平方米，油路面被毁6288.8平方米，涵洞半毁4道，挡墙被毁2663立方米，水沟被毁1188.6立方米，坍塌方1409处共27.63万立方米，累计水毁损失178万元。水毁最为严重的是320国道、潞盈路、腾瑞线和盈昔线。水毁发生后，总段领导迅速赶往现场确定抢修方案，组织人力、机械抢修。通过全总段职民工的艰苦奋战，确保了世博会期间公路安全畅通。

【路产界定】 1999年，芒市公路管理总段按期完成了总段管养的745.1公里公路的路产界定工作，勘定了公路用地、公路保护用地、公路设施用地，为依法管好公路、确定公路安全畅通奠定了基础。

【安全生产】 1999年，芒市公路管理总段从教育、检查和防范入手，全方位加强安全管理。年内主要做法有：慎重核发机驾人员内部上岗证，集中培训爆破员，完善公路标志和安全设施。全总段全年没有发生重大伤亡事故，被省交通厅评为“安全生产先进单位”。

【开展创省级“青年文明号”收费线活动】 1999年，芒市公路管理总段党委对320国道芒瑞公司收费工作及收费人员提出新要求，即围绕一个目标：创建省级“青年文明号”收费一条线；过好五关：金钱关、人情关、荣辱关、纪律关、厌倦关；树好三个新形象：言行规范、高效工作的新形象，文明礼貌、热情服务的新形象，站容站貌、环境优美的新形象。320国道芒瑞收费线五站还开展了“创建省级‘青年文明号’收费一条线，我怎么办？我站又该怎么办?”活动，每名收费员写出自己的感想打算，潞西段还开展演讲比赛。创建活动的开展达到了提高认识，提高收费服务质量和文明程度的目的。

【党建和精神文明建设】 1999年，芒市公路管理总段围绕我国发生的喜事、大事，认真组织干部职工学习政治理论、时事政策和中央领导重要讲话精神，学习相关法律法规、英模人物事迹，增强职工的政治意识和爱岗敬业精神，全总段没有职工修炼“法轮功”。年内总段党委被厅党组评为“先进党委”，总段被省文明委评为“创建文明单位工作先进单位”。

【推行厂务公开】 1999年，芒市公路管理总段组建贯彻执行厂务公开的工作机构，就厂务公开问题行文下发各段队，在全总段正式推行了厂务公开制度。

（《公路管养》撰稿 单起龙 王申 严自华）

民　　航

【航空运输生产完成情况】 1999年，芒市航站进出港航班1464架次，旅客运输17.87万人，货邮运输1938.6吨，客座率88.7%，载运率74.8%。

【安全工作】 1999年，芒市航站继续坚持“严”字当头，狠抓安全管理。其主要做法是：一、安全教育。坚持每周一召开职工大会，由值班领导对上周的安全工作进行讲评，指出问题，提出解决办法。每周对职工进行一次安全及政治思想教育，组织学习总局、省局的各类有关安全的文件和会议精神、航空安全简报、国内外重大时事。全年共出各类工作总结17份、简报14期、宣传栏6期。二、签订责任书。1月芒市航站领导与航站下属的航务科、营运科、公安分局、安检站、机场科、财务科、办公室、飞翔公司的部门领导签订《航空安全责任书》、《防火安全责任书》、《社会治安综合治理责任书》，把航空安全责任落实到科室，使每个职工明确航站的安全目标和安全措施，明确自己的安全生产职责，并在工作中自觉地遵守执行。三、严格制度。年内芒市航站确立了“用制度保安全”的指导思想，各类规章制度不断出台，除原来的106项岗位制度外，新制定了《领导值班制度》、《科长签到制度》、《班长汇报制》、《科长巡岗制》、《飞行准备工作报告制度》等，规定每天上午9:00以前，科级干部向值班领导签到；每天航班起飞前1小时，各部门负责人到调度签到，汇报人员在岗及设备运行状况。四、规范工作程序。年内，芒市航站各部门结合自身实际自编了各类工作手册和一系列规范化工作制度。如：“旅客运输流程图”、“货物运输流程图”、“候机楼服务工作流程图”、“售票工作流程图”、“重要旅客服务流程图”、“候补机票登记制度”、“设备使用维护统计表”、“飞行区巡视记录表”、“不正常航班处置预案”、“安检防爆预案”、“机务工作手册”、“航前航后工作预案”、“芒市航站确保雨中飞行十条规定”、《芒市航站机务维修管理手册》等，其中《芒市航站机务维修管理手册》以其内容广、责任明、条理清，受到民航西南管理局适航处检查人员的高度评价，并建议在西南地区推广。五、世博会安全优质服务。1999年5月10日，’99世界园艺博览会在昆明举行，德宏作为世博会的分会场，航站担负着世博会期间的运输重任。3月底，芒市航站成立了“保障世博会航空安全工作领导小组”，制定了《芒市航站保障世博会航空安全措施》，从领导职责、防火防爆、天气航管、社会治安、飞行区管理、飞机过站检查、车辆设备维修等8个方面加强防范，加大管理，并通过开展“以文明优质服务为世博会作贡献劳动竞赛”活动，促进安全生产，保证了世博会期间的空地安全，为世博会的圆满成功作出了贡献。

【基础设施建设】 1999年，芒市航站以世博会为契机，加强基础设施建设。年内航站在公司（省局）的关心和大力支持下，扩建停机坪，完成助航灯光和盲降导航设施的安装工程；完成公安综合楼通讯安装工程，购置安装了自动转报系统终端设备和电脑线路分路器、调制解调器、IOKV交流参数稳压器；大修和改造了售票大楼，在候机楼扩容微波中继线路6条，新增IC卡电话两部；对候机楼前后的花园、停车场、冷饮部、机场大门及场内所有道路进行了大规模的扩宽改造，种植草坪25亩、改造果园38亩、种植各种花草树木1万余株，道路两旁设置了路灯、标志牌、路线，彻底改变了过去道路狭窄、杂草遍地、车辆行驶停放混乱的局面。

【服务工作】 1999年，芒市航站在抓保障飞行安全的同时，毫不放松提高服务质量，在微笑服务、精品服务、变被动服务为主动服务以及增加服务项目、扩大服务网络方面都做了许多工作。如组织窗口单位学习“航空法”、“50句忌语”，做到文明服务、礼貌服务；保持特色服务，服务员穿着艳丽的民族服饰上岗；印制“抱歉卡”，在航班延误和取消时发给旅客，主动为旅客端茶送水，热情为他们联系更换机票事宜，做到“航班延误，服务工作不延误”；与州邮政局合作，扩大货运收付网，使各县市的货物在当地就可办理航空货运的交付和签收手续；印制“用户服务卡”、“旅客评价意见表”，设置举报电话、制作“旅客用户投诉意见程序流程图”，虚心接受监督并制定解决办法。优质的服务受到了旅客、货主的赞扬，得到了社会各界的好评。

【职工培训】 1999年，芒市航站积极鼓励和支持职工参加成人高考和自学考试、参加各种业务技能培训。年内有7人考入各类成人学校，7人参加英语、会计、法律、护理等专业的高等教育自学考试，5人考入州党校本科班。至1999年芒市航站有38人就读于各类成人学校。年内有45人次参加民航及地方的各种业务培训，有3人获得党校毕业证书，1人取得助理会计证，4人取得电子、电气放行执照。年内有气象5人、安检13人、公安11人参加了省局主管部门组织的专业理论技术考试，均成绩合格，取得“上岗证”。此外，芒市航站还经常进行各种业务学习、技能培训和知识讲座。

（《民航》撰稿　向　梅）

（见《州情概览》34页）

邮　　电

电　　信

【全州电信工作会议】 1999年3月18日至19日，德宏州电信工作会议在芒市召开。本次会议是德宏州电信专业独立运作以来召开的第一次全州电信工作会议。会议得到了州委、州政府的关心重视，州政府管国忠州长亲自到会并作了重要讲话；州局戴陇局长作了题为《迈向二十一世纪为德宏电信事业的持续发展而努力奋斗》的工作报告。本次会议的主要内容是全面贯彻落实了全省邮电工作会议精神，进一步统一思想，为全州电信专业经营实现“开门红”奠定基础。

【畹町电信机构合并】 1999年5月10日，随着畹町行政体制的调整，德宏州电信局决定：撤销畹町市电信局并入瑞丽市电信局，成立瑞丽市畹町经济开发区电信分局。

【表彰先进】 1999年5月，云南省邮电管理局和省邮电工会联合表彰全省邮电系统先进集体、先进个人，德宏州电信部门共有两个单位和十名个人获云南省邮电系统先进企业、先进集体、劳动模范、先进生产（工作）者等光荣称号。他们是：德宏州长途电信线务站获“云南省邮电系统先进企业”光荣称号；陇川县电信局市话机线组获“云南省邮电系统先进集体”光荣称号；瑞丽局雷林生同志获“云南省邮电系统劳动模范”光荣称号；州局江宗艳、线务站马春生，瑞丽局杨瑞新，盈江局刘再应、段中军，陇川局郭永刚，梁河局何玮国、蔺斌，畹町局辜杰等9名个人获“云南省邮电系统先进生产（工作）者”光荣称号。

【电信重组】 1999年6月21日，为贯彻落实国务院批准的《中国电信重组方案》，把移动通信业务从中国电信中分离出来。德宏州电信局成立组建移动通信分公司领导小组，同时召开全局干部职工大会，传达了省局《组建云南移动通信公司实施方案》精神。7月初，州局初步拟定了《德宏移动通信分公司组建方案》，并于7月2日召开了组建方案讨论会，对初定的组建方案广泛征求意见，形成正式的组建方案上报省局。经省局批复同意后，8月6日，德宏移动通信分公司正式宣布成立，德宏州电信分营工作顺利结束。

【GSM网移动电话号码升位成功】 1999年7月21日23时10分，随着全国GSM网号码升位工作顺利完成，德宏州3县2市GSM数字移动电话号码由十位成功升至十一位。

【实施财务集中核算】 1999年10月1日，德宏州电信局决定：从即日起全州电信企业财务实行集中核算管理。财务集中核算后，全州各县（市）电信局的工作重点及内容管理将全面围绕市场营销。

【“201”校园卡电话建成开通】 1999年11月9日，德宏州电信局在州民族中学成功举行了德宏州“201”电话卡首发仪式，它标志着德宏州校园卡电话工程正式建成并开通使用（“201”校园卡电话是州局针对大中专院校、医院、宾馆等集群用户而推出的一项新的用卡打电话、按卡支付话费的电信业务，它可以在州内任何一部固定电话和IC卡电话上拨打）。“201”校园卡专用电话首批在州医院安装了158部，在州民中安装了81部。

【停收电信价格调节基金】 1999年12月15日，为认真贯彻执行《国家计委、信息产业部关于开展全国电信资费检查的通知》精神和国家收费政策的有关规定，德宏州政府发出通知，立即停止执行德宏州人民政府德政发〔1999〕34号文《德宏州人民政府关于印发〈德宏州电信价格调节基金实施办法〉的通知》制定的电信价格调节基金收费政策。

【瑞丽查出外省IC卡】 1999年12月，瑞丽市电信局在该市工商管理局的协助和配合下，对瑞丽市市场上销售的IC卡进行了全面清查，共查出外省IC卡387枚，面值19300元。这些外省IC卡号分别为安徽、上海、陕西、江苏、山东、浙江、辽宁、福建等字头，是一些人送到瑞丽市进行代销的。外省IC卡的流入违反了国家有关电话卡管理规定，严重扰乱了电话卡销售市场，损害了当地电信部门的合法利益，根据有关规定，瑞丽市工商管理局扣押了查获的外省IC卡。

【通信建设】 1999年，德宏州电信通信建设主要完成如下工作：一、程控交换方面：梁河局新建扩容DMS－100交换机10000线；全州区乡C&C08机改造扩容30960线。二、传输方面：二级干线SDH传输设备潞西至保山开通2.5G；本地网SDH2.5G环网建成；州局电信枢纽楼至老电信大楼2.5G点对点局间中继建设完成；本地网架设264.46皮长公里SDH传输设备光缆；区乡传输扩容新建36个点。三、电源方面：全州区乡开关电源优化改造55套；全州区乡蓄电池优化改造66套。四、其它项目：完成了NO.7信令一期工程建设；完成了201校园卡工程建设并投入运营；开通ETS450兆无线接入系统4套。

【网络运行维护】 1999年，德宏州各局以提高接通率为中心，以压缩障碍为目标，深入贯彻全省电信运行维护工作会议精神，严格执行省、州局制定的通信设备运行维护管理办法，确保基础管理到位，基本制度落实到位，圆满完成了’99昆明世界园艺博览会重要通信保障工作。11月27日，全州电信全网运行设备参加了全国统一进行的“中国电信Y2K全网在线测试”，并顺利通过测试；12月31日，中国电信Y2K现场指挥中，全州电信全网运行设备安全顺利渡过千禧年。年内，全州长途来话接通率平均为56.3%，比省局下达指标高6.3个百分点；全州长途去话接通率为54.9%，比省局下达指标高7.9个百分点；全州长途电路可利用率为100%，比省局下达指标高2个百分点；全州本地网接通率67.1%，比省局下达指标高7.1个百分点。

【业务经营】 1999年，德宏州电信业务总量完成7705.2万元，比上年增14.1个百分点；全州电信业务收入完成9811.91万元，增8.45个百分点。全州本地网市农话放号11381户，完成省局下达年计划的100.72%，其中：市话放号7339户，完成年计划的103%；农话放号4042户，完成年计划的96.24%。全州数据用户放号54户，完成年计划的67.5%；数据增值业务发展474户，完成年计划的118.25%；公用电话放号529部，完成年计划的176.33%；发展电话村28个，完成年计划的112%。

【国内国际电话】 1999年，德宏州电信完成国内长话948.8万张，比上年增104.4万张，增12.4%；本地网去话张数完成1022.4万张，增83.8万张，增8.9%；农话去话张数完成878万张，增350.4万张，增66.4%；国际港澳电话完成87936张，减55543张，减38.7%。

【数据通信业务蓬勃发展】 1999年，德宏电信加大对数据通信领域的硬件投资建设力度，强化业务宣传及营销，取得显著业绩。1月1日，州局数据分局顺利完成了“中国公众多媒体通信网－德宏网站（现更名为德宏信息港）”的主页制作，德宏有了自己的网站。3月30日，将德宏州跨世纪电脑科技开发中心推上了德宏网站的主页，从而推出了德宏网站的首期网络广告。7月25日，数据分局168台及时开通了德宏州高考查分热线－16899777，当晚热线拨打量达1233次；随后的半个月内，热线拨打量3306次，时长5781分钟。12月初，与德宏州团结报社达成协议，双方将共同开发2000年《德宏团结报》的网络版，由德宏团结报社负责提供《德宏团结报》的电子版信息，包括版面设计及相关图片；德宏州电信局负责将《德宏团结报》的电子版信息制作为网络版，同时提供网络空间放置和发送到德宏网站上，并负责维护及管理。截至1999年底，全州数据用户达151户，数据增值业务用户达602户。

【职工培训教育】 1999年，德宏州电信局人力资源部认真组织开展职工在职培训教育，年内有187人参加各项培训，占职工总数的35%；培训学时9870学时，人均52学时。年内严把邮电中函入学质量关，99级邮电中函入学12人。

【安全生产】 1999年，德宏州电信部门开展了“百日安全无事故”竞赛活动。全州电信企业组成6个检查组，对所属班组所、车辆、三线交叉点等进行了检查，共检查班组所等基层单位71个、车辆60辆、消防灭火器材171只、长途光缆三线交叉259道、市农话三线交叉275道、市话电缆150皮长公里、住宅68户。

另外，还对资金安全状况进行了检查。通过检查，及时处理了一些安全生产中存在的隐患。

（《电信》撰稿　张全飞）

邮　　政

【首次职工代表大会】　德宏州邮政局第一届第一次职工代表大会暨工会会员代表大会，于1999年1月14日至16日，在州邮政局召开。这是德宏邮政独立运作后的首次邮政职工代表大会，全局职工代表和工会会员代表、列席代表共52人出席了会议。州邮政局局长宝正东作了“统一思想、凝聚力量、艰苦创业，开创德宏邮政事业新局面”的行政工作报告，州邮政局副局长、工委主任赵学光作了工会工作报告，计划财务部主任作了财务工作报告。本次职工代表大会民主选举产生了德宏州邮政局新的工会委员会、女工委员会和财务经费审查小组。

【首次全州邮政工作会议】　1999年3月7日至9日，德宏州邮政局召开了首次全州邮政工作会议。全州各县、市邮政局局长、副局长、办公室主任、经营部主任、州邮政局副科级以上管理干部、业务发展标兵共70人出席会议。州邮政局局长宝正东作了“统一思想、坚定信心、凝聚力量，开创德宏邮政事业新局面而奋斗”的工作报告，州人民政府杨焰平副州长到会讲话，对德宏邮政工作和发展提出6点希望和要求。会上州局与各县、市局签订了99年度邮政经营承包责任书和签订了邮资票品管理责任书，并对在98年中，为发展邮政业务做出成绩的7名标兵和30名积极分子给予表彰奖励。

【机构设置】　1999年3月29日，德宏州邮政局任命了部、室主任、经理和各县、市邮政局局长、副局长。德宏州邮政局职能部、室有：综合办公室、纪检监察审计室、人事教育部、计划财务部、运行维护部、经营服务部、邮票公司、城乡营业部、工会。县、市邮政局有：梁河县邮政局、盈江县邮政局、陇川县邮政局、瑞丽市邮政局、畹町市邮政局（后为瑞丽市畹町经济开发区邮政分局）。

【上半年工作总结会议】　全州邮政上半年工作总结暨经营管理会议，于1999年7月27日至29日在州邮政局召开。州邮政局领导、各县市邮政局领导、各部室负责人，专业公司经理及业务管理人员共65人出席了会议。州邮政局局长宝正东作了题为“凝聚力量抓发展，挺起脊梁闯困难”的工作报告。会议总结了上半年全州邮政工作及各项计划任务完成情况，分析了德宏邮政面临的困难和存在问题，提出了下半年加强管理、深化改革、增收支节、发展业务、运行维护、文明建设、改善服务、安全生产8个方面的具体措施和管理考核办法。

【人事经营会议】　1999年9月19日至20日，全州邮政人事、经营工作会议在州局召开。州、县、市邮政局局长、州局副科级以上管理人员、各县、市局办公室、经营部、经营业务人员共60人参加了会议。会议研讨并通过了99年度德宏邮政劳动人事制度、工资制度的改革方案；通过经营管理体制、机构组合、设置的改革方案。

【集邮展览】　1999年，为配合建国50周年纪念活动，德宏州邮政部门于9月28日至10月9日，举办了集邮展览活动。这次集邮展览是历届邮展中规模最大、展品最多、质量最高的全州性集邮展览。由州宣传部、州邮政局、州集邮协会联合举办的第十届集邮展览，共展出邮集36部、242框、1284片，其中青少年邮集21部、466片。梁河县邮政局举办第五届集邮展览，共展出邮集18部、78框、304片；盈江县邮政局举办第八届集邮展览，共展出邮集17部、104框、473片；陇川县邮政局举办第六届集邮展览，共展出邮集16部、48框、288片。

【纪念世界邮政日活动】　1999年10月9日，是第30届世界邮政日。德宏邮政围绕“世界只有一个邮政网”主题词，开展了丰富多彩的纪念活动。在州府和各县、市主要街道悬挂宣传“世界邮政日”的各种宣传用语和邮政业务宣传用语，共35条；印制散发邮政业务、邮政知识、22届万国邮联知识材料70000份；召开了50个单位参加的题为“邮政与用户手拉手”用户座谈会；发放了100个单位的征询函；在《德宏电视台》、《德宏有线电视台》、《芒市电视台》及各县、市电视台上播放国家邮政局与中央电视台录制的专题片《中国邮政》，共播放22次，播放了德宏邮政50年成就及各种邮政业务专题共24期；在《德宏团结报》上刊登了德宏邮政50年发展史及成就文章。

【州集邮协会第三届代表大会】　1999年11月29日，德宏州集邮协会第三届代表大会在芒市州邮政局召开。上届州集邮协会会长、常务理事、理事、代表共55人出席大会。州邮政局局长宝正东作了第二届代表大会以来的工作报告，对今后州集邮协会工作提出安排意见。本次大会新选举产生了第三届集邮协会理事、常务理事、秘书长、副会长、会长。宝正东当选为会长，李文星、和跃宁、唐纬文为副会长，秘书长唐纬文（兼），聘请王南昆、杨拾全、李增寿、杨焰平为名誉会长。大会通过了第三届德宏州集邮协会新章程。

【业务完成情况】　1999年，德宏州邮政完成国内平常函件937651件，比上年减8.81%；国内给据函件完成346056件，比上年减6.6%；国际及港澳函件完成3776件，比上年减23.30%；特快专递完成27659件，比上年增21.98%；包件完成59562件，比上年减0.65%；报刊累计数为893.1万份，比上年减7.18%；邮储期末余额达12224万元，比上年减11.92%；集邮邮票销售105.5万枚，比上年减17.77%。办理汇票185945张，比上年减8.96%；办理邮政礼仪业务514件。

【建章立制】　1999年，德宏州邮政局抓了建章立制工作。年初制定了从局领导到各部、室、基层生产班组、邮政支局、所的《岗位责任制》。在企业基础管理中，先后制定了《德宏邮政企业计划财务管理办法实施细则》、《集邮音像图书专户存储的会计管理办法》、《邮资票品管理办法》、《音像图书业务管理办法》、《接待工作管理办法》、《车辆管理办法》、《通信费用管理实施办法》、《开展劳动竞赛及奖罚办法》、《生产奖考核办法》、《搞好增收节支，控制非生产性开支的管理办法》、《关于加强营业窗口收寄包裹的检查验视工作的通知》、《关于邮政行政工作时间和纪律要求的通知》、《关于严禁收寄保护的野生动物体、壳、皮、骨的通知》。邮政各项管理制度建立健全，既保证了邮政事业的健康发展，又为企业管理有章可循。为规范服务和经营提供了保证。

【管理目标考核】 德宏州邮政局围绕省邮政局提出的“三大目标”工作方针，制定了全州1999年度“抓经营促业务发展，抓管理促增收节支，抓建设促企业素质，全面提高企业两个效益”的工作方针。州局绘制了方针目标管理展开图，把计划、进度、责任层层分解；把措施、实绩、活动、诊断纳入考核和评价。根据分营后质量管理体系的变化，州邮政局重新对全州邮政基层质量管理小组，进行组建和注册登记，帮助各县、市局的QC小组选好课题，开展质量管理活动。10月，对全州16个QC小组活动和课题目标进行了考评和诊断。

【邮政通信建设】 1999年，完成了邮政通信建设任务。完成了陇川县邮政局新建邮政生产楼的建盖和竣工验收工作；完成了盈江县邮政局邮政生产楼的设计、预算、报批、动工建盖工作；完成了原州局生产楼的设计、预算、报批等前期工作；完成了购买新邮政生产楼的报批手续，并组织前期施工工作；对“绿卡”网、综合电子化营业、事后监督、报刊发行等微机进行更新，并顺利解决“千年虫”问题；对各县、市局邮政储蓄柜员机的投入使用做好前期的安装和准备工作。年内，省邮政局为德宏州各县、市配备了自供电源设备。

【50周年邮政成就展】 1999年，在庆祝建国50周年之际，德宏州邮政局撰写了题为“彪炳邮政青史，拓创不朽业绩”的德宏邮政发展史，参加德宏州50周年成就展。展出文章中，撰写了德宏邮政50年来，坚持“人民邮政”为人民服务和“迅速、准确、安全、方便”的方针，履行普遍服务的职能，为德宏州的经济建设，社会进步，民族团结，巩固边防，两个文明建设作出了贡献。经过50年的发展，德宏邮政局、所、网点遍布全州城乡，已达74个；邮路发展到1042公里；农村投递路线已达4255公里，实现了村村通邮路；邮政职工已达457人，其中少数民族93人，大专以上文化43人，中专51人，高中159人，初中143人，技工24人。邮政业务从单一向众多发展，至99年，德宏邮政除开办传统的信函、包件、汇兑、报刊业务外，还开办了众多轻新型业务，主要有：邮政储蓄、集邮、特快专递、音像、图书、礼仪服务、邮购、商业信函等。

（《邮政》撰稿　张廷和）

（见《州情概览》35页）

蔗　　糖

制糖生产

【梁河糖厂芒东分厂建成投产】 1999年1月17日，梁河糖厂芒东分厂一次试车成功并投入生产。经一个榨季的检验，各种机电设备运转正常。生产工艺、日榨能力达到设计要求，产品质量符合国家标准。第一个榨季共产白糖12115吨，酒精1113吨，创总产值2693.2万元，上缴税金415.9万元。芒东分厂于1997年7月3日动工兴建，至1998年11月31日竣工，总投资8900万元，设计规模为日处理甘蔗1000吨，日产酒精4000公斤。　（罗致普）

【蔗糖系统科技进步奖】 1999年6月1日至2日，德宏州蔗糖系统科技进步奖评委会在盈江召开评审工作会议，对1996年度和1997年度全系统申报请奖的33项科技成果进行认真评审。共评出获奖成果25项，其中一等奖三项（工业1项、农业2项）；二等奖3项（工业2项、农业1项）；三等奖15项（工业7项、农业8项）；鼓励奖4项（工业2项、农业2项）。

△**【召开全州蔗糖工作会】** 1999年10月20日至21日，德宏州委、州政府在芒市召开全州蔗糖工作会议。这次会议是在德宏蔗糖支柱产业受到市场猛烈冲击，糖厂处于巨额亏损，糖业发展举步维艰的形势下召开的。州委书记王南昆作了动员讲话，副州长杨焰平作了蔗糖工作报告，州长管国忠作了会议总结。会议进一步肯定蔗糖业在全州经济工作中的重要地位和作用，分析了当前蔗糖生产面临的形势，提出了制糖企业扭亏解困的具体措施和对策，部署了1999/2000榨季蔗糖生产任务，并要求各级党委政府和经济工作部门必须扎实抓好以下工作：一、统一思想、认清形势、坚定不移地搞好蔗糖支柱产业，全州上下同舟共济，齐心协心，支持蔗糖业走出困境。二、企业要真正成为扭亏解困的主体，切实加强管理，从节约、降耗、增收、挖潜等方面最大限度地降低生产成本。三、深化企业改革，努力探索德宏蔗糖业发展的新路子，逐步建立起与市场经济相适应的激励与约束机制。四、加快普及推广高糖、高产良种和先进科学适用的耕作栽培技术，提高甘蔗糖份和单位面积产量，继续抓好“吨糖田”建设，尽快实现全州甘蔗原料基地良种化。五、要组织强有力的促销队伍，改善营销手段，研究营销战略，提高产品覆盖率，加速产品和

资金周转率，提高营销效益。六、进一步加强对蔗糖工作的协调和领导，多渠道筹措榨季启动资金，做好新榨季各项准备工作，保证适时开榨。会议还认真讨论了《德宏州人民政府关于1999/2000年榨季工作安排及改革、发展与提高的几点意见》。州五大机关及德宏军分区主要领导、各县市委书记、县市长、政府分管领导、州县（市）蔗糖办和有关单位负责人、各糖厂厂长、各植蔗乡（镇）领导等200多人参加了会议。

【召开全州食糖产销形势分析会】 1998/99榨季开榨后，由于食糖供需失衡，糖价急剧下滑，销售十分困难，到99年元月20日，全州产食糖6.25万吨，仅销售230吨，平均销糖率0.37%。大量的库存积压，致使糖厂资金周转遇到前所未有的困难，糖厂生产和经营举步维艰，蔗农甘蔗款难以兑付。面对如此严峻的形势，州委、州政府于99年元月26日在芒市召开了全州食糖产销形势分析会议。会议由州委常委、副州长杨焰平主持，各县市分管领导、各糖厂厂长、州蔗糖办、州各大银行领导等30余人参加会议。会议围绕当前食糖销售的严峻形势，集思广益、分析研究克服困难的对策，推出了当前渡过难关的措施和办法。会议最后强调：一是各糖厂要切实抓好当前砍运榨和制糖生产，做到高安全、高质量、高收回、低消耗，要组织强有力的、精干的营销队伍，深入销区积极稳妥地促销。二是各糖厂要全面加强管理、特别要突出以成本为核心的管理，采取强有力的措施和办法，努力降低成本，以低成本参与竞争。三是各糖厂要积极筹措资金，全力解决资金困难问题，金融部门要给予糖厂大力支持，举全州之力、帮助蔗糖业渡过难关。四要注意做好深入细致的群众思想工作，做到糖厂和蔗农相互理解，同甘共苦，共渡难关。要求各糖厂千方百计兑付部分蔗款，让广大蔗农过一个安定、祥和的春节。五是各县市政府要加强对蔗糖业的领导，深入企业，帮助解决一些实际问题，共同研究缓解资金压力的对策和措施。

【瑞丽糖厂扩建工程获奖】 为适应德宏州蔗糖生产发展计划和瑞丽市甘蔗生产发展的需要，瑞丽糖厂依靠企业自身力量，采取统一规划、分段实施的方案，自1996年到1998年分别对压、清、煮、酒精及供排水系统进行技术改造，使该厂生产能力由原1500吨/日扩成2500吨/日。工程设计布局合理，设备选型先进，部分设备达到国内目前先进水平，项目投资省，且自筹率高，每吨生产能力投资仅为国家概算标准的1/3。投资效益明显，项目投产后，各项生产技术指标稳步提高，三年运行结果，综合效益居全州前列，资产负债率低，走出了一条依靠科技扩大再生产的路子。1999年获州科技进步二等奖。

【遮放糖厂被授予“中专函授教育先进办学单位”】 遮放糖厂在日趋激烈的竞争中进一步意识到，只有建设高素质的人才队伍，增强科技创新能力，才能使企业在竞争中立于不败。从而把提高职工素质作为提高企业整体素质的重要措施之一，并列为工厂管理的长期任务，该厂在实践中大胆探索，采取“送出去”、“请进来”等多种途径提高职工素质。此外，一方面对申报高、中级工的技术工人进行从理论到实际的职业技能培训考核。一方面为职工参加函授自学大开方便之门。为解决糖厂生产期间职工无法离岗面授的困难，为更多的员工创造深造学习的机会，该厂请州委党校到厂内开办函授中专班。1999年，该厂被中共德宏州委干部教育委员会授予“中专函授教育先进办学单位”。

【瑞丽糖厂“压榨自控的研制和应用”获奖】 瑞丽糖厂为解决该厂输送机操作人员工作量大、1＃、2＃撕裂机电机安全运行缺乏保障，蔗料均衡入榨差等难题，与科研单位共同研究，将普通鼠笼型异步电机拖动和变频调速品调速、应用于工业现场环境的可编程电脑控制器组成调速控制系统。该系统设备选型先进合理，应用于生产实践两年，运行性能稳定可靠，保障了设备安全运转，提高了榨量及抽出率，减轻了工人劳动强度，取得较好的经济和社会效益，有较好的推广应用前景。1999年，该项目获州人民政府科技进步三等奖。

△**【华侨糖厂推行市场成本目标管理】** 面对近年市场经济的无情冲击，华侨糖厂调整生存思路，确定“以提高产糖率为中心，以降低成本、提高产品质量为关键，以完善管理为重点的方针，尝试实施市场成本目标管理，即根据预计可实现的销售收入，扣除目标利润，倒推出目标成本，以该目标为管理的根本，一切管理行为以目标设立开始，执行过程以目标为指针，结束时以目标是否完成来评价业绩，评定奖惩。98/99榨季，该厂认真分析研究各生产环节的实施情况及最低耗费界限，先后出台和完善了《榨季生产安全措施》、《生产工艺制度管理》等6套80多条行之有效的措施，并将各项成本目标责任指标分解到各车间、班组或个人。在保证产品质量的前提下，从节约一张纸、一度电、一个螺丝钉做起，尽可能减少消耗。机关管理人员也从原60多人减至30多人。为使目标责任落到实处，还实行成本责任风险金制度。全厂从上到下，按级别高低交纳数额不等风险金，榨季结束经考核完成任务的，风险金如数退还，并按考核指标给予奖励。实施结果，全榨季入榨105745吨甘蔗，产糖12001吨，产糖率11.35%，吨糖耗蔗8.11吨，处于全州领先地位，降低总成本675万元，吨糖直接生产成本也从上榨季的2716元降为2180元，减536元。

【梁河糖厂科技成果获奖】 梁河糖厂于1996年在对压榨车间进行技改扩建中，引进应用英国欧陆公司最新推出的SSO－590系列全数字化传动技术——微机控制全数字化直流传动装置。经96/97、97/98两个榨季运行结果证明，该项目具有技术先进，过载能力强，调整平稳、操作简便、安全可靠、维修方便等特点，对提高生产能力，实施高糖高榨和提高糖份回收具有明显效果。1999年，该项目获州人民政府科技进步三等奖。

【勐养糖厂新型榨辊应用成果获奖】 勐养糖厂与芒市特种技术服务部，根据压榨辊的磨损机理和其工况要求，采用表面工程技术，针对性地提高压榨辊的抗腐蚀性能、提高了压榨辊的持蔗率和破碎率度。通过97/98、98/99两个榨季的生产运行，该项目不仅大大提高了压榨辊的使用寿命，并且在提高抽出率、增加日榨量、降低蔗渣水份等方面均具有明显效果。该项目投资省、见效快，具有一定推广应用价值。1999年，该项目获州人民政府科技进步三等奖。

甘蔗生产

△【**甘蔗技术研讨会**】 1999年8月24日－26日，中国轻工总会甘蔗糖业研究所、德宏州蔗糖办、瑞丽市糖业总公司在瑞丽市共同举办了“甘蔗品种改良与原料蔗科学管理技术研讨会”。会议目的是依靠科技，解决德宏州糖厂蔗区普遍存在的甘蔗品种“多、乱、杂”，品种熟期搭配不合理，熟期趋一问题；改变德宏州糖厂产糖率长期低水平徘徊的局面，降低吨糖生产成本，缓解糖厂严重亏损进而扭亏为盈，同时提高糖厂和农民的经济收入，促进全州蔗糖业尽快走出困境。参加这次会议的有州科委、瑞丽市科委、各县市蔗糖办、甘蔗技术推广站、各糖厂、省农业厅经作处，临沧地区双江糖厂、联合国粮贸组织派遣的印度专家K.C.Apeandar亚历山大博士和主办单位共74人。会议听取了轻甘科所专家和亚历山大博士的专题报告和讲座，瑞丽糖业公司介绍了该公司与其科技依托单位轻甘科所合作实施甘蔗品种改良和原料蔗生产科学管理的经验，并组织现场参观了瑞丽糖厂甘蔗良种繁育基地和“亩产吨糖”示范基地。

【**甘蔗生产**】 1998/1999榨季，德宏州甘蔗生产的特点：投资增加、面积扩大、单产上升、总产增加。其主要原因是：各级领导重视、糖厂扶持力度加强、科学种蔗提高，从而促进农民的种蔗积极性；加之春雨较好有利春蔗下种，因此，1998年全州甘蔗种植面积达709422亩，比上年增152298亩，增27.3%。其中：田蔗面积242909亩，比上年增91760亩，增60.7%；旱地蔗面积466513亩，增57663亩，增14.1%。总面积结构：冬春蔗面积252714亩，占总面积的35.6%；秋植蔗面积111764亩，占15.75%；宿根蔗面积344944亩，占48.6%。实际收获面积67470亩，失收面积347.8亩（其中春旱损失9774亩，涝灾面积7940亩，霜冻损失110亩，病虫草为害和其它灾害损失16894亩）。甘蔗总产量2987064吨，比上年增605883吨，增25.44%。其中工业原料收购2743723吨，比上年增708583吨，增34.8%。农业全茎用种量243341吨，比上年减99477吨，减29%。平均甘蔗单产4.43吨，比上年增0.05吨，增1.14%。

各项技术有新突破：甘蔗地膜覆盖138062亩，比上年增49005亩，增55%。其中新植盖膜118211亩；宿根蔗盖膜19851亩；化学除草面积623825亩，比上年增加301425亩，增93.5%；甘蔗间套种面积31428亩，减6911亩，减18%；蔗田配方施肥面积609837亩，增147637亩，增31.9%，云大BR120肥17194亩，硅肥14730亩，其它肥77830亩。全州组织实施甘蔗“三高”栽培技术229608亩，比上年增69108亩，增43%。甘蔗“三高”样板平均单产6.28吨；水田蔗“三高”面积131318亩，占61.4%，水田蔗单产达7吨；旱地蔗“三高”面积82571亩，占38.6%，平均单产5吨。甘蔗含糖份13.39%，比非“三高”同期12.2%高1.19个百分点。“三高”总投入资金1418.88万元，平均每亩投入66.34元。该项目荣获99年云南省星火科技三等奖。

全州甘蔗生产投入4577.8万元，其中州县蔗糖局投入168.8万元，糖厂投入4409万元。其中水田蔗投入1723.26万元（补助1684.88万元，奖励抓蔗人员38.38万元）；秋植补助469.15万元（补助397万元，奖励72.15万元）；生资补贴1475.27万元（化肥补贴1393.23万元，农药补贴19.04万元，其它补助如机耕费、开荒费、良种调运补助等63万元）；新技术试验示范推广费238.25万元；蔗区道路修建费588.47万元。全年甘蔗生产贷款共3850.44万元（春种贷款2529.9万元，秋种贷款947.54万元，管理贷款373万元）。甘蔗化肥用量74803.73吨（氮肥25352.87吨，磷肥15433.55吨，钾肥1243吨，复合肥32774.31吨）；农药使用254.46吨（防虫剂157.34吨，除草剂97.12吨）。全州有57个乡镇、4个农场、285个行政村、2455个合作社种植甘蔗。蔗区人口70.4万人，其中坝区45.4万人，山区24.9万人。蔗区人均产蔗4.24吨，蔗区人均产糖475公斤，蔗区人均甘蔗收入723元。全州有从事甘蔗管理和专业技术人员1074人。其中糖厂农务人员374人，乡级专职干部81人，辅导员282人，州、县糖办甘蔗站、甘科所、农场等从事甘蔗管理337人。

（《蔗糖》除署名外，均为李晓全撰稿）

（见《州情概览》30页）

农　业

农业综合开发

【**第三期农业综合开发省级验收反馈意见**】 1999年7月24日至8月4日，云南省农业综合开发验收组对德宏州第三期农业综合开发（国家立项、省级立项）项目进行验收。验收组通过实地检查项目，观看录相，听取汇报，一致认为：一、德宏州第三期农业综合开发效果较好地体现了国家和省农业综合开发的指导思想，全州各级党委、政府对农业综合开发工作高度重视，开发项目设计合理，工作扎实，重点突出，管理严格，较好地完成了第三期农业综合开发任务，取得较好的经济、社会及生态效益。二、德宏州第三期农业综合开发有四个特点：（一）始终以坚持治水改土的农田基本建设为重点；（二）农业产业结构调整有了较大改观，特别是冬季农业开发成效显著；（三）把林业项目摆在重要位置，为德宏生态环境的改善和持续发展打下了坚实基础；（四）重科学、依靠科学促进农业综合开发工作落到实处。三、建议：（一）德宏的冬季农业开发要以瑞丽为示范区，带动陇川和盈江两个县；（二）陇川、盈江两县最具优势的是优质米开发，山苍子的种植也很有前途，但应考虑如何应用科技使之矮化；（三）潞西市种植茶油树具有优势；（四）瑞丽市要以热区和热果开发为主；（五）梁河县要继续对魔芋加大开发力度；（六）德宏开发薄荷在全省最有优势。

【梁河县第三期农业综合开发项目通过省级验收】 1999年8月，梁河县第三期农业综合开发项目通过省级验收。梁河县1996年被列为省立项的农业综合开发县，1997～1998年度又被列为国家立项农业综合开发县，项目区确定在勐养乡。县委、县政府高度重视此项工作，把农业综合开发列入全县“九五”计划发展农业的重点，并成立了县农业综合开发领导小组。经过3年实施，已全面完成预定开发任务，到位资金1534.9万元，其中财政资金到位684.5万元，农业开发专项贷款资金到位500万元，自筹资金350.4万元；分项目投资为：土地治理项目投资931万元，多种经营项目投资474万元；群众投工11.48万个。完成的土地治理项目主要有：改造中低产田2.4万亩，新增开垦宜农沙滩地（净增耕地）0.11万亩，新增灌溉面积0.2万亩，改善灌溉面积0.51万亩，改良土壤0.11万亩，扩大良种面积0.7万亩，营造防护林0.64万亩，开挖疏浚沟渠4公里，衬砌渠道10.57公里，建桥涵闸渡槽57座，修机耕路6.6公里，开挖回填土方14.49万立方米，衬砌石方0.4万立方米，完成混凝土0.16万立方米。完成的多种经营项目主要有：建设魔芋基地，种植魔芋0.51万亩；建立高密度集约化流水养鱼基地，建流水养鱼池6口，流水养鱼面积2.34亩，已出售鲜鱼1万多公斤。通过治理的项目区，经济效益、社会效益和生态效益成效显著，土地治理和多种经营项目总产值和利税大幅度增长，新增总产值3363.1万元，新增利税总额823.4万元。

（罗致普）

【农业综合开发情况】 1999年，德宏州认真总结了农业综合开发第三期的开发经验，并按照国家和省农业综合开发办的要求，主要抓了三个方面的工作：一是抓第三期（1996－1998）农业综合开发扫尾工程建设及验收准备工作；二是抓1999年度农业综合开发项目的实施；三是抓2000年度农业综合开发项目的调研和评估论证选项上报工作。年内，经有关部门的共同努力，圆满完成了各项开发任务，并通过省级第三期农业综合开发验收，批准了德宏2000年农业综合开发项目投资计划。

【第三期农业综合开发投资情况】 1999年，完成了德宏州第三期（国家立项）农业综合开发任务，1999年，其投资情况是：项目总投资计划9717万元，实际就位9424.8万元，占计划数的97%，其中中央财政资金计划1920万元，实际就位1920万元，占计划数的100%；省级财政资金计划1941万元，实际就位1927万元（省扣畹町报帐制质量保证金14万元），占计划数的99.2%；州级财政配套资金计划450万元，实际就位486.5万元，占计划数的108%；县市财政配套资金计划1618万元，实际就位1642.5万元，占计划数的102%；自筹资金计划1624万元，实际就位1801.8万元，占计划数的111%；农行专项贷款计划2164万元，实际就位1647万元，占计划数的76%。

【第三期农业综合开发任务完成情况】 1999年，完成了德宏州第三期（国家立项）农业综合开发任务。3年累计完成中低产田改造19.01万亩，占计划数的98%；人工造林5.01万亩（其中经济林0.42万亩），占104.8%；畜牧养殖5万头，占116.3%；发展水产养殖980亩，占128%；新增固定资产6265平方米；新增灌溉面积1.38万亩，占125%；改善灌溉面积6.62万亩，占104%；新增除涝面积1.3万亩，占100%；改善除涝面积4.2万亩，占100%；改良土壤7.01万亩，占95%；新增农机总动力0.8万千瓦，占112%；扩大机耕面积1.76万亩，占114%；扩大良种种植面积3万亩，占110%；新增粮食844万公斤，占111%；新增油料45万公斤，占107%；新增甘蔗16439万公斤，占112%；新增水产品56.7万公斤，增11.34倍；新增肉类58.9万公斤，占102%；新增多种经营产值6055.3万元，占104%；新增税利总额1660万元，项目区农民人均新增纯收入289元。第三期农业综合开发具体实施项目是：一、水利措施。完成开挖疏浚渠系200.5公里，占计划数的126%。项目投资381.3万元，占112%；完成衬砌渠道66.5公里，占91%，项目投资1588.8万元，占89%；完成桥涵闸渡槽810座，占108%，项目投资733.5万元，占170%；完成机耕路125.6公里，占101%，项目投资265.8万元，占67%。二、农业措施。完成改良土壤7.01万亩，占计划数的95%，项目投资979.6万元，占66%；完成良种基地面积0.4万亩，占98%，项目投资135万元，占93%。三、林业措施。完成人工造林4.59万亩，占计划数的105%，其中潞西1.45万亩、盈江0.98万亩、陇川1.01万亩、瑞丽0.72万亩、梁河0.43万亩。项目投资697万元，占计划数的93%。完成苗圃60亩，占计划数的200%，其中盈江30亩、瑞丽30亩；项目投资23万元，占计划数的135%。四、农机项目。购置大中型拖拉机21台，配套农机具49台（件）；项目投资216.3万元，占计划数的130%。五、科技推广。完成示范推广19.54万亩，占计划数的139%；项目投资668.9万元，占102%。六、多经项目。

完成龙眼、荔枝、竹笋、西番莲、香料、剑麻、魔芋、杜仲、八角、柠檬等种植业项目8.83万亩，占计划数的91%；项目投资2503.5万元，占99%。完成水产养殖0.1万亩，占计划数的128%；完成投资284万元，占102%。完成秸秆氨化养牛（年出栏）0.2万头，占计划数的200%；项目投资37万元，占100%。完成仔猪养殖（年出栏）2.05万头，占计划数的76%；项目投资301万元，占100%。建成潞西三棵树农副食品批发市场一个，固定资产6265平方米，项目投资311万元。

【第三期农业综合开发投资情况】 至1999年，德宏州第三期（省级立项）农业综合开发项目完成，其投资情况是：资金就位872.9万元，占计划数的146%，其中：省级财政资金225万元，占100%；州级财政配套资金22万元，占100%；县市级财政配套资金75.5万元，占101%；农行专项贷款500万元，占221%；群众自筹50.4万元，占101%。

【第三期开发任务完成情况】 1999年，德宏州第三期（省级立项）农业综合开发任务完成，其具体情况是：改造中低产田0.7万亩，占计划数的78%；完成造林0.23万亩，占105%。项目区扩大机耕面积0.04万亩，为计划数的100%；改善灌溉面积0.27万亩，占100%；扩大良种种植面积0.3万亩，占100%；提高森林覆盖率0.13%，减少土壤沙化面积0.21万亩。通过土地治理，项目区年新增粮食92万公斤，占计划数的102%；新增油料6万公斤，占100%；新增糖料1785万公斤，占112%；农业纯收入总额实现1304万元，农民年均收入为885元。多种经营项目区实现新增产值（90年不变价）1750万元，新增利税总额340万元（其中纯利润320万元），农民人均年增加纯收入54元。开发区具体实施项目是：开挖疏浚渠系7.2公里，占计划数的267%；衬砌渠道7.54公里，占126%；修建桥涵闸渡槽71座，占208%；修建机耕路2.5公里，占125%；组织农民技术培训0.4万人次，占200%；建设农田示范推广2.3万亩，占767%；购置仪器设备1台。多经项目完成魔芋种植0.3万亩，占计划数的100%；完成流水养鱼、水养面积2.34万亩，占117%；扩建梁河糖厂压榨车间生产厂房1712.4平方米，购置机器设备1台，扩建后该糖厂从日处理甘蔗1000吨增加到日处理甘蔗1500吨。

【1999年度农业综合开发投资计划和开发任务】 1999年，云南省批复德宏州年度农业综合开发投资计划和开发任务为：开发项目总投资3221万元，其中：中央财政资金898万元（其中有偿资金353.2万元），省级财政资金694万元（其中有偿资金285万元），州级财政配套资金131万元，县市级财政配套资金506万元，农行专项贷款400万元，自筹资金562万元，其它资金30万元。项目总投资中用于土地治理项目1666万元，多种经营项目1555万元。1999年度农业综合开发任务为：改造中低产田5.6万亩，新增灌溉面积0.1万亩，改善灌溉面积3.5万亩，新增除涝面积0.3万亩，改善除涝面积0.5万亩，改良土壤面积1.7万亩，扩大良种种植面积2.3万亩，营造防护林0.6万亩。多经项目为：建设0.33万亩的柠檬生产基地，0.02万亩竹笋基地，0.1万亩魔芋良种繁育基地，建设年加工5000万公斤鱼粉生产线。项目建成后新增粮食265万公斤，油料11.9万公斤，糖料4190万公斤。

【开发项目资金就位情况】 1999年，德宏州农业综合开发项目资金到位2471.8万元，占计划数的76.74%。其中：中央财政资金848万元，占计划数的94.4%；省级财政资金619.8万元，占89.3%；州级财政资金143万元，占109%；县市级财政资金380万元，占75.1%；农行专项贷款计划400万元，没有到位；自筹资金481万元，占81.25%。

【1999年农业综合开发任务完成情况】 1999年，德宏州年度农业综合开发任务完成情况是：土地治理项目，完成中低产田改造3.05万亩，占计划数的55%；围绕中低产田改造完成新增灌溉面积0.1万亩，占100%；改善灌溉面积2.5万亩，占71.43%；改善除涝面积0.5万亩，占100%；扩大良种种植面积1.7万亩，占100%；营造防护林0.52万亩，占87%。具体实施项目是：一、水利措施。完成投资355.5万元，占计划数的41%，其中：完成拦河坝9座，投资51万元，占计划数的100%；完成开挖疏浚渠系22.3公里，占39%；完成衬砌排灌渠道7.1公里，占31%；完成桥涵闸渡槽44座，占49%；完成投资304.5万元，占38%。二、农业措施。完成改良土壤1.35万亩，占计划数的79%，其中潞西市0.65万亩、瑞丽市0.4万亩、盈江县0.3万亩；完成投资98万元，占50%。完成良种基地0.7万亩，占计划数的70%，其中潞西0.1万亩、陇川0.6万亩；完成投资59.8万元，占35%。完成机耕路15.22公里，占计划数的28%，其中潞西9.1公里、盈江3公里、瑞丽3.12公里；完成投资28万元，占26%。瑞丽完成配套农机具8台（套），占计划数的200%；完成投资12万元，占100%。三、林业措施。完成营造防护林0.52万亩，占计划数的87%，其中潞西0.1万亩、瑞丽0.02万亩、陇川0.2万亩、盈江0.1万亩、梁河0.1万亩；完成投资145万元，占94%。瑞丽完成苗圃地5亩，投资5万元，占计划数的100%。四、科技推广。完成示范推广3.96万亩，占计划数的94%，其中潞西0.16万亩、盈江1.5万亩、陇川2万亩、瑞丽0.3万亩；完成投资63万元，占48%。完成技术培训1.4万人次，占计划数的52%；完成投资12万元，占48%。购置仪器设备1台（套），完成投资5万元。多种经营项目完成投资829.8万元，占计划数的53%，具体项目是：（一）种植业项目。完成种植0.29万亩，占计划数的64%，其中柠檬种植0.19万亩（潞西0.1万亩，盈江0.05万亩，瑞丽0.04万亩），梁河魔芋种植完成0.1万亩；共完成投资192.8万元，占30%。（二）养殖业项目。完成畜禽养殖1.05万头，占计划数的117%，其中潞西仔猪

养殖0.75万头，盈江商品牛养殖0.3万头；完成投资178万元，占89%。（三）加工项目。建成潞西顺成年加工5000万公斤鱼粉生产线及陇川精米加工厂的改造，项目共完成投资129万元，占计划数的34%。通过开发，开发区实现年新增粮食265万公斤、油料11.9万公斤、糖料4205万公斤、肉类18万公斤，农民年人均纯收入增加52.4元。

【有偿资金还款】 1999年，德宏州通过努力，收回各县市应归还到期历年农业综合开发上级财政有偿资金借款930.62万元，并及时归还省开发办，得到省开发办的肯定。

【制定2000年农业综合开发项目计划】 1999年，德宏州根据国家农业综合开发第二次联席会议精神，严格按省政府对各地州的开发布局及省开发办的要求，结合德宏实际情况制定了2000年德宏州农业综合开发项目。其主要内容是：土地治理部分以改造中低产田为主，努力改善农业基本生产条件和生态环境；多种经营部分以开发德宏名、特、优、稀产业，重点放在种、养、加三个方面；科技项目主要是以调整产业结构，开发冬季优势产业为主；增量项目主要是开发优质米及优质饲料等方面。经省政府项目评估专家组认定，省开发办通知德宏编报2000年农业综合开发存量资金项目，上报计划为2847万元，其中中央财政资金924万元，省级财政资金595万元，州级财政配套资金239万元，县市级财政配套资金369万元，自筹资金630万元，农行贷款90万元。项目投资中用于土地治理开发1766万元，多种经营项目968万元，科技项目投资113万元，尚有部分增量资金项目待中央审定后下达。

【实行农业综合开发项目资金报帐制管理】 1999年按云南省开发办要求，德宏州瑞丽、畹町试行农业综合开发项目资金报帐制管理。采用报帐制管理，保证了农业综合开发财政资金专款专用，并能将专款及时、足额下达到项目；同时能监督各级财政配套资金落实。此外，“报帐制”对农业综合开发资金的统一核算和规范管理，把农业综合开发资金管理与项目管理有机地结合起来，督促了工程建设进度和监督施工质量。最大限度地发挥了农业综合开发资金使用效益。年内，除抓瑞丽、畹町农业综合开发项目资金报帐制的试行，还对其他县市进行报帐制的宣传学习培训，为省2000年全面实行农业综合开发项目资金报帐制管理打下了基础。

（《农业综合开发》撰稿　冯友祖）

农经管理与服务

【农村经济情况分析】 1999年，德宏州农村经济的总体情况如下：一、全州大小春粮豆总产为371701吨，比上年减17279吨。其中：小春减130619吨，大春减4210吨。减产的主要原因是：（一）由于全州调整产业结构，粮豆种植面积较上年减5.58万亩；（二）1999年单产较上年减1公斤。二、全州油、茶、糖情况：（一）油料作物总产12197.6吨，比上年增3194.2吨，增35.48%；（二）甘蔗产量为271.1万吨，比上年减64506吨，减2.32%；（三）茶叶总产为3478.5吨，比上年减525.2吨，减13.12%。三、全州农村经济总收入为15.51亿元，比上年减913万元，减0.59%，人均减24元。分行业的情况是：（一）种植业收入为99125万元，减3.2%；（二）林业收入为5476万元，增11.57%；（三）畜牧业收入为22876万元，增5.86%；（四）渔业收入为1899万元，增11.51%；（五）工业收入为4906万元，减13.93%；（六）建筑业收入为2092万元，增2.45%；（七）运输业收入为8294万元，增22.95%；（八）商饮业收入为4565万元，减3.83%；（九）服务业收入为1433万元，增33.3%；（十）其他业收入为4136万元，减19.23%。四、收入减少的主要原因是：（一）由于全州产业结构调整，粮食产量减少，再加上粮食价格又较上年有所下降。（二）甘蔗产量减少6万多吨，价格由上年的180元/吨（综合价）降为130元/吨，每吨减少50元。（三）全州乡村办企业效益下降。五、全州农村经济总费用为61563万元，占总收入的39.68%，比上年增311万元，增0.5%。在总费用中，种植业费用为37451万元，占60.83%（其中：粮食生产费为15293万元，占40.8%）。造成费用增加的原因主要是农民购买农用生产资料的费用增大。六、全州农民所得总额为89737万元，较上年减1166万元，减1.28%；农民人均所得为1106元，比上年减21元。农民减收的原因是：在全州农村经济总收入减少的情况下，农村经济总费用又增长0.5%，因而导致农民所得总额减少。分县（市）的具体情况是：潞西市农民人均1053元，较上年减41元；梁河县834元，增59元；盈江县1230元，增35元；陇川县881元，减184元；瑞丽市1845元，增1元。

【落实“延长土地承包期”政策】 1999年，为贯彻中办发〔1997〕16号文件“土地承包期再延长30年”的要求，德宏州各级农村经济管理站积极协助州委、州政府全面完成了全州土地延包工作。全州共签定承包合同15.8万份，签发土地经营权证书15.8万份，将147.7万亩耕地具体承包到农户。10月底，全州7000个合作社、341个行政村、64个乡镇全部建立了比较规范的档案，全州共装订卷宗22270册。在这次土地延包工作中，清理解决了7个方面的问题：一、清理农转非户口、人口及土地的处理情况；二、清理第二轮承包后私自占用国家、集体荒山、荒地情况；三、清理私自出售承包土地的情况；四、清理在承包土地上起房盖屋的情况；五、清理被自然灾害毁坏不可恢复的耕地情况；六、清理国家建设需要按政策征用耕地的情况；七、清理农户承包的每一块耕地的四至界线。通过清理，按政策做了必要的调整，处理了一大批遗留问题和矛盾纠纷。

【减轻农民负担】 1999年，德宏州农民收入下降。面对这一情况，州政府对减轻农民负担非常重视。年内，各级农经管理站协助政府，重点抓了五项制度的建立和实施：一是行政首长负责制。县、乡、村的行政领导必须向上一级政府负责，层层签定责任书，确保在自己的辖区内，不出台增加农民负担的新的收费项目，不出现提留统筹超过中央限额的行政村，不发生涉及农民负担的恶性案件。二是继续完善农民负担收费监督卡制度。三是实行农民负担审计制度。由各级经营管理站负责对辖区内的农民负担情况每年进行一次全面审计，对群众反映较大的各种集资、摊派和罚款进行专项审计。四是实行提留统筹一定三年不变。以行政村为单位提留统筹不准超过1997年农民所得收入的5%，也不准超过97年的提留统筹款。五是实行集资审批制度。不管任何部门、单位要向农民集资都必须向上一级农民负担监督部门提出申请，经批准后才能集资，凡未经批准的集资行为都属加重农民负担的违法行为，农民负担监管部门有权责令其将所收钱物如数退回农民，并追究当事人和领导人的责任。

【乡村不良债务情况】 1999年，德宏州各级农经站对乡村两级不良债务进行了清理。具体情况是：一、乡级债权、债务情况：（一）债权总额1124.57万元，其中所属单位欠款133.51万元，在合作基金会存款8.05万元，外单位欠款426.7万元，个人欠款194.77万元，其它应收款361.5万元。（二）债务总额2887.51万元。按来源分类：银行贷款本金420.68万元，利息89.2万元；信用社贷款本金762.94万元，利息105.9万元；农村合作基金会借款本金371.6万元，利息124.2万元；外单位借款本金361.78万元，利息52.56万元；个人借款本金98.38万元，利息7.03万元；其它应付未付款493.24万元。在债务总额中，逾期款2227.73万元，占债务总额的77.15%，其中逾期一年以内的77.53万元，一年以上三年以内的571.44万元，逾期三年以上的1578.76万元。（三）担保总额135.23万元，其中所属企业担保1241.22万元，为其它单位担保32万元，为个人担保92万元。二、行政村（办事处）债权、债务情况：（一）债权总额2090.86万元，其中所属企业欠款55.26万元，在合作基金会存款1594.92万元，个人欠款319.66万元，其它应收款127.02万元。（二）债务总额554.59万元，其中银行贷款本金16.6万元，利息2.15万元；信用社贷款236.15万元，利息75.72万元；合作基金会借款本金59.47万元，利息24.57万元；单位借款本金71.15万元，利息1.94万元；个人借款本金11.98万元，利息1.35万元；其它应付未付款53.51万元。在债务总额中，逾期款205.97万元，占总债务37.13%，其中逾期一年以内的11.31万元，一年以上三年以内的42.84万元，三年以上的151.82万元。（三）担保总额5.3万元，其中为所属企业担保4.6万元，为个人担保0.73万元。

【开展农村集体财务整顿】 1999年，德宏州农经站为配合村务公开，在全州范围内开展农村集体财务清理整顿工作。共对238个行政村、2585个合作社的集体财务进行了审计，审计总金额达2699.35万元。其中：有违纪单位49个，违纪金额67.14万元，追回贪污款5.88万元。

【对农村合作基金会的管理】 1999年，德宏州农经站根据中央清理整顿农村合作基金会的要求，进一步加强了对农村合作基金会的管理和整顿。采取的主要措施是：一、继续完善资产负债情况和内部融资情况月报制度。二、完善审计制度，加强内部监督。各县市对所属基金会全部进行了一次年终审计，对违章违纪行为进行严肃查处，进一步规范了经营行为。三、根据全州实际情况，一方面严格控制大额和长期借款、严格控制存贷比例；另一方面加强到期借款的催收力度，从而有效地防止了挤兑现象的发生。四、积极筹措资金，支持农业生产。到年底，全州共筹集资金75800万元，开展内部融资4800万元，有效地增加了农业投入，促进了农村经济增收。

（《农经管理与服务》
撰稿　李　黎）

种　植　业

【百亩山苍子基地通过阶段性验收】 1999年6月6日，云德香料有限公司在潞西市中山乡赵布寨建设的百亩山苍子试验样板基地，通过了由德宏州科委、州“18”办、州乡镇企业局主持的阶段性验收。

（朵明先）

【梁河县引种脱毒马铃薯获成功】 1999年6月28日，梁河县委、县政府在小厂乡召开脱毒马铃薯现场种植观摩会，并决定在全县山区乡广泛推广种植脱毒马铃薯。1998年，梁河县农业局引进10吨脱毒马铃薯，在大厂、小厂、杞木寨3个山区乡进行示范种植，面积达50亩（其中立体示范种植23.4亩，常规示范种植27.6亩）。至1999年7月收获测产，立体示范种植亩产为1746.3公斤；常规示范种植平均亩产2890公斤，比当地老品种亩产增1640公斤，增131.2%。此外，脱毒马铃薯还具有较强的抗旱耐旱能力及延时延期生长的特点。

（杨星明）

【农田建设】 1998－1999年旱季，国家和省继续加大对德宏州商品粮基地、糖料基地、优质米基地、高稳产农田建设、滇西南农业综合开发等项目的投资力度。共投入农田基础建设资金919.10万元，全州完成农田基本建设9.78万亩（其中高稳产农田4.40万亩，超省任务12%；改造中低产田5.38万亩，改造后的中低产田再经过2～3年的土壤改良，有望达到高产稳产的农田标准）。

【沃土示范】 1999年，德宏州继续将“沃土工程”列入重大农业科技推广项目，并安排经费20万元。各级土肥站年内着重抓了示范样板，并取得显著的增产增收效果。其具体做法是：一、全州积制有机肥168万吨，比上年增5.5万吨。二、在潞西市勐戛镇举办麦后绿肥样板，面积0.11万亩，亩产鲜草绿肥1.82吨。三、在潞西市三台山乡举办玉米地间种绿肥“绊牛豆”样板520亩，亩产鲜草绿肥2.3吨。四、在畹町举办酵素菌种堆肥示范76吨，为解决小麦秸秆腐熟用于大春生产，找到了有效途径。五、在瑞丽市举行机械一次粉碎冬玉米秸秆直接还田3170亩，解决了冬玉米后茬与水稻栽培时间紧的矛盾。六、在盈江县莲花山乡、芒允乡举办山区轮歇地夏大豆种植示范，示范面积558亩，带动面积1070亩，超省土肥站任务指标10%。示范夏大豆平均亩产113.4公斤，亩纯收入142元，超过种玉米、旱谷的产值，还增加了土壤氮肥，并可为坝区种植冬大豆提供种子来源。

【推广施肥技术】 1999年，德宏州施肥技术推广有新进展。一、平衡施肥：共推广58.3万亩，其中在水稻上推广40.7万亩，平均增产14.9%；在甘蔗上推广17.6万亩，平均亩增产530.5公斤，增12.4%。二、激肥与微肥：（一）在缺硅地区推广硅肥8.68万亩。（二）推广云大120、绿叶素、2003、喷施宝等37.8万亩。（三）推广硼肥、锌肥、钼肥等微肥45.3万亩。激微肥增产效果：水稻亩增20~35公斤，小麦亩增18~30公斤。

【水稻品种选育】 1999年，德宏州的水稻选种及繁育情况是：一、种质资源保存：由州农科所进行，共种植400份，其中紫糯米育种材料30份、优质软米和香软米育种材料370份。在保存种植的基础上，还配制育种亲本组合45个，测交配制优质软米杂交新组合17个。二、优质常规稻新品种选育：由州农科所进行。（一）品选：品种100个，参加6组正规试验；结果，亩产在158~610公斤之间。产量最高的是“德优1号”香软米，平均亩产达610公斤，比对照“滇陇201”亩增80公斤。（二）品比：品种11个参加品种比较试验；结果，“德优4号”产量最高，米质较好，平均亩产500公斤，比对照“滇陇201”亩增50公斤。三、山区水稻良种品比：由州农科所进行。引进粳稻新品种12个，在陇川县户撒乡保平村公所芒团村种植，海拔1450米；结果，“合系41”具有丰产、抗病、抗寒、易脱粒的优点，平均亩产546.7公斤，比对照“合系24”亩增206.7公斤，增60.8%。四、三系杂交稻区域试验：由州、县市种子公司进行。（一）参加全国南方品种区域试验：参试品种22个，结果筛选出抗逆性较好、产量比对照“汕优63”高7%以上的品种4个，具体是特优388、亩产717.5公斤，增7.08%；C优22，亩产719.17公斤；冈优182，亩产724.17公斤；II优明86，亩产729.17公斤。（二）参加全国南方品种比较试验：参比品种4个，结果均比对照“汕优63”增产10%以上，具体是II优162，亩产612公斤，增10.46%；冈优151，亩产625公斤；冈优364，亩产625.4公斤；D优68，亩产673.5公斤。（三）参加全省品种区域试验：参试品种12个，结果筛选出抗逆性较好、产量比对照“汕优63”高7%的品种2种，具体是D优68，亩产775公斤，增9.28%；特优420，亩产775公斤。五、种子繁育：由州、县市种子公司进行。（一）优质常规稻：繁育品种“滇陇201”、“德农203”等，面积1840亩，共产良种64.4万公斤。（二）三系杂交水稻制种：面积308亩，平均亩产种子140.4公斤，总产4.32万公斤。

【水稻栽培新技术推广】 1999年，德宏州水稻栽培新技术推广工作取得好成绩，主要表现在以下几方面：一、旱育稀植和抛秧：完成30.65万亩，占水稻总种植面积41%。（一）旱育稀植28.6万亩，超省农业厅下达任务3.6万亩；亩产575.3公斤，比上年亩增5.82公斤。（二）抛秧2.05万亩，超省农业厅下达任务500亩；亩产585.1公斤，比上年亩增15.6公斤。在推广工作中，州、县市农技推广部门共配发秧盘9960片，壮秧剂222件。二、优质稻示范：面积22.08万亩，占水稻总种植面积的29%，超省农业厅下达任务7.08万亩；亩产409.16公斤，与亩产500公斤的指标还有差距。

【山区水稻良种示范】 1999年，德宏州农科所在潞西市勐戛、中山、江东，梁河县小厂、杞木寨、九保，盈江县苏典、昔马、卡场，陇川县户撒、王子树等乡镇示范种植山区粳稻优良品种5100亩，取得平均亩产290.2公斤、亩增90.2公斤的好成绩。其具体情况是：一、合系41：示范600亩，亩产414.8公斤，比对照“鄂粳杂1号”亩增75公斤。合系41增产幅度大、抗逆性强、适应性广，已建议在2000年大面积推广。二、德宏601-602等品种：示范518亩，亩产352公斤，比对照“大红谷”、“昔马麻谷”亩增152公斤。三、5-126：示范3982亩，亩产263.4公斤，比对照“大红谷”、“北京谷”亩增48.9公斤。

【小麦品种选育】 1999年，德宏州小麦品种选育由州农科所进行，主要工作情况是：一、杂交自育：（一）种植杂交亲本126个。（二）从黑龙江、内蒙古、甘肃、中国农科院春麦室等春麦区引进试验材料156份种植，以供筛选。（三）配制杂交组合152个。（四）种植杂交1-7代组合435个，计优良单株1390个。经过观察比较，从以上试验中选留组合376个、单株1860个、株系456个，可供2000年种植三行区120个、产量鉴定26个。

二、鉴定：（一）产量鉴定：种植五行区66个、三行区52个。结果：五行区有14个供下年品比试验，有29个下年再继续鉴定，有23个被淘汰；三行区保留16个。（二）异地鉴定：参试材料53个，结果综合性状好的有8个。（三）穿梭育种：种植1580份低代材料，结果选出优良株系39个、单株1080个供下年再选择。（四）品比试验：参试材料9个，结果综合性状好的有4个，供下年州区试。三、区域试验：区域试验是新品种从选择试验走向示范的重要环节。年内的小麦区域试验有全国冬麦区试长江上游组、省田麦区试、州区试3个，结果从中筛选出表现好的品种11个，供下年示范。

【小麦新品种推广】 1999年，德宏州小麦新品种推广由州农科所进行。推广品种是：德麦4号、德麦5号、91-14、R101、S001；推广面积14.42万亩，占小麦总种植面积的82%；平均亩产206公斤，总产量2970万公斤。

【玉米品种选育】 1999年，德宏州玉米品种选育工作，由州农科所进行。其具体情况是：一、冬玉米新品种：（一）引种：引入省内杂交玉米品种30个进行试种鉴定，结果筛选出6个较好的新品种供下年继试。（二）区试：参试品种6个，结果有3个品种比对照“中单2号”增产，它们是：云单13，亩产583.6公斤，增20公斤；鲁单一号，亩产590.6公斤，增4.8%；97Q－167，亩产593.6公斤，增5.3%。（三）全省多点试种：品种12个，结果综合性状较好的品种有7个，它们是：通黄3、南21－32×素湾2号、6－1、CG78、1621×8371、通玉2号、云试4号。二、夏玉米新品种：（一）国外杂交玉米引入比较试验：分黄粒、白粒两组，黄粒组品种27个，白粒组品种47个；试验结果，共筛选出好的品种13个。（二）全省多点试种：参试品种28个，结果选出好的品种3个，即云德1号，云德3号，保试202。（三）全省区域试验：试验结果选出好的品种2个，它们是：黄单901，亩产628.3公斤；思361×SC122，亩产505公斤。三、山区玉米新品种：（一）引种与组配：引进自交系30个，组配杂交组合124个供下年选种。（二）品比：在潞西市勐戛、江东、五岔路3个乡镇进行，结果州农科所自育的“云德”1－3号3个品种均比对照增产、抗逆性强。这3个品种亩产分别为：526.5公斤、403公斤、565.4公斤，有推广前景。

【玉米新品种示范】 1999年，德宏州玉米新品种示范由州农科所进行。具体情况是：一、冬玉米：（一）示范：面积共14510亩，品种4个，结果为：云优167种植308亩，亩产591.2公斤；晴三种植13567亩，亩产580.9公斤；鲁单1号种植583亩，亩产481.5公斤；白甜糯玉米种植52亩，亩产鲜玉米800～1000公斤。（二）丰产示范样板：地点为陇川县景罕镇；品种为鲁单1号、中单2号、晴三、优质蛋白玉米；面积1088亩，平均亩产508公斤，达到预期目标。二、夏玉米：品种3个：云德1号种植5.5亩，亩产421公斤；云德2号种植3.2亩，亩产376.8公斤；云德3号种植10.3亩，亩产459.6公斤。经评定，云德1号、云德3号较好，突出优点是双穗率高、高抗穗腐病，计划下年再扩大示范。

【山区杂交玉米规范化栽培样板】 1999年，德宏州农技推广中心继续举办山区杂交玉米规范化栽培样板。栽培样板地点在陇川县户撒乡，海拔1400米左右，年均温16℃，年降雨量1925.4毫米；落实样板面积1080亩；品种为丹玉15、中单2号、连玉3号；栽培上改传统塘播方式为条播，推广拉线规范条栽；亩施厩肥1000公斤做底肥，亩施播种复混肥10公斤，并根据玉米不同生育期采取不同科学肥水管理方法，整个样板区玉米生长健壮。经陇川县政府和农业局上山检查验收：亩产从原来的271公斤增加到404.1公斤，增长49%。样板栽培期间举办技术培训12次，受培训人数2130人。

【大豆品种选育】 1999年，德宏州大豆选种育种工作主要开展项目是：一、菜用大豆：由州农科所进行，外引品种4个，经过冬夏秋三季试种，结果筛选出优质菜用大豆新品种“台75”，表现出高产、抗病、早熟、适应性强、品质好等优点，是目前德宏州最好的菜用型大豆新品种，亩平均产干豆142公斤。二、全省冬大豆区试：由州农科所进行，供试品种11个，结果筛选出好的品种4个：黔2号、中品661、冀3321、吉林25，亩产干豆在200～500公斤，较本地品种“托改良”亩增50公斤左右，并提早成熟10～15天。三、夏繁：由州农科所与州、县市种子公司合作进行，全州完成良种夏季繁殖3326.5亩，总产30.2万公斤，可供种植4.5万亩。其中良种“中品661”繁殖2983亩，平均亩产93.6公斤。

【大豆高产栽培样板】 1999年，德宏州农科所结合种子夏繁举办大豆高产栽培样板。样板面积258.3亩，平均亩产131.4公斤。具体情况是：（一）冬大豆高产攻关30亩，经中国农科院品资所、省农业厅、省农大、州科委、州农业局等单位组织验收，平均亩产224.15公斤，超指标24.15公斤。（二）夏大豆高产攻关，在潞西市菲红、户育村进行，面积3.03亩，平均亩产176.6公斤，创德宏州夏大豆亩产最高纪录。

【冬植作物立体栽培示范】 1999年，德宏州冬植作物立体栽培示范分别由两个单位开展。一、州农科所：在潞西市遮放镇、陇川县景罕镇和州农科所内进行。玉米间种大豆，总面积104亩；示范结果，玉米亩产458公斤，大豆亩产89公斤，复合产值817元，比净种玉米亩增213元，比净种大豆亩增187元。二、州农技推广中心：在盈江县平原镇胜龙办事处坝区内进行。玉米间种大豆，面积6.5亩，播种方式为两行玉米间两行大豆，玉米用农膜覆盖，每亩玉米基本苗5500株、大豆15000株，管理上重施种肥、穗肥；示范结果，玉米亩产400公斤，大豆亩产30公斤，复合产值558元，加上前作水稻产值845元、马铃薯产值500元，一年亩产值1903元，达到预期指标。

【蔬菜科研】 1999年，德宏州蔬菜科研工作主要侧重新品种引选和无土栽培两个方面，由德宏州农科所具体实施：一、引种选育：引进辣椒品种5个、番茄品种5个、黄瓜品种5个进行选育。结果，筛选出辣椒良种“徽椒3号”、番茄良种“珍珠红”，黄瓜品种正在继续栽培观察中。二、无土栽培：分别进行黄瓜、番茄、白菜、莴笋、辣椒、芹菜、菜花、莲花白、葱等蔬菜的无土栽培试验，均获成功，并表现速生、抗病、高产等特点。年内引进的无土栽培方法简单易行，有望推广使用。

【推广夏秋蔬菜大棚栽培】 1999年，德宏州农科所以所内30亩基地为示范窗口，继续向各县市郊区推广，夏秋蔬菜大棚栽培。年内，由于农用物资、人员、培训、技术全部到位，推广面积达769.7亩，比上年增420.7亩。据抽样调查，瑞丽市姐东乡农户试种获得的亩产值为：菜花1170元，萝卜2600元，白菜1860元，农民普遍反映收益较好。

【花卉繁育】 1999年，德宏州农科所继续扩大花卉繁育，共扦插“帕哈”苗3000株、三角梅苗250盆（5种花色）、女贞1万株、扶桑4万株、小叶黄杨1100株，大青树和象皮树高空压条180株，移栽伞树2000株，重点引种并进行繁殖耐热、矮生、常绿的四季草坪340平方米。

【良种经营】 1999年，德宏州种子公司共经营粮豆种子230.6万公斤，其中杂交籼稻97.3万公斤，杂交粳稻9.1万公斤，常规优质稻26万公斤；小麦78万公斤；杂交玉米14.4万公斤，含包衣12.2万公斤，包衣率为84%；大豆5.8万公斤。所销售的良种全部进行精选加工。

【病虫害防治及检疫】 1999年，德宏州、县市植保植检工作主要完成项目为：一、测报：全州设测报员15人，全年发出31期预报，及时有效地指导病虫害工作，完成省下达的测报任务。二、防治：（一）冬季农业（小春）：防治粘虫5240亩、小麦蚜虫14.24万亩次、小麦和玉米锈病1027亩，麦田化学除草4.6万亩，玉米地化学除草11242亩次，防治大豆毒蛾2.46万亩次，防治油菜蚜虫9.62万亩次，农田灭鼠36.7万亩次。有效地控制了冬季作物病虫草鼠危害。（二）大春：水稻种子药剂浸种106.9万公斤，秧田防治12.2万亩次，大田防治稻叶瘟4.6万亩、穗瘟1.13万亩、白叶枯病4.88万亩、细菌性条斑病2.51万亩、稻飞虱29.71万亩，大田化学除草36.6万亩，大田灭鼠48.7万亩。最大限度地减少了病虫害危害的损失。（三）防治斑潜蝇：完成“斑潜蝇大面积综合防治技术推广”课题，防治面积22.47万亩，控制了斑潜蝇。同时，有意识地保护利用州内发现的两种斑潜蝇寄生蜂。三、检疫：全州设检疫员57人，全年共检疫7153批次、计66960吨货物，收入30万元，既控制危险病虫的传播蔓延，又为财政和单位增加了收益。

【绿色证书工作】 1999年，德宏州绿色证书工作的主要情况是：一、在瑞丽市和陇川县开办绿证培训班，学员400人（瑞丽300人，陇川100人）；其它县市也开展了种植、养殖技术短期培训班。二、根据有关文件规定，州绿证办与州教委、州科协等单位联系，对农职中、二加一班、农函大部分学员进行“绿证”有关内容培训。至年底，培训2758人，其中颁发“绿证”2358人、合格证400人。

【农业行政执法工作】 1999年，德宏州及各县市相继成立农业行政执法队，其中盈江县被列为农业部全国农业行政执法10个试点县之一。7月6－8日，举办德宏州首届农业行政执法培训班，由省农业厅法规处讲课，州及各县市农业局主要行政领导共54人参加培训，经过考试，颁发了农业行政执法证件。年内，全州农业行政执法部门，围绕“依法治农，依法护农，依法兴农”的宗旨，以“打假护农”为核心，开展认真细致的工作。

（《种植业》撰稿除署名外，均为刀承明）

（见《州情概览》29页）

山区扶贫开发

【召开扶贫会议】 1999年3月上旬，德宏州委、州政府召开“全州农业和农村工作会议”。会议传达贯彻“全省农业和农村工作暨全省第四次扶贫工作会议”精神，会后制发了《德宏州人民政府1999年扶贫开发工作安排意见》。10月中旬，州委、州政府又专门召开“全州扶贫开发工作会议”，贯彻落实“全国扶贫开发工作会议”和“全省第五次扶贫开发工作会议”精神，总结前几年扶贫工作和讨论今后措施，会后制发了《中共德宏州委、德宏州人民政府关于进一步加强扶贫开发工作的意见》，对今明两年和今后一段时期的扶贫工作进行了安排部署。

【考评验收】 1999年6月，德宏州对全州18个省州级扶贫攻坚乡98年度扶贫任务完成情况进行考查。经过逐项看、议、查、评的认真考核，考评得分90分以上（优秀）有3个乡，得分80分以上（合格）有11个乡，得分低于80分（不合格）有4个乡。年末，根据统计、实际对照考评标准，王子树、杞木寨、盏西、五岔路4个乡初评达基本解决温饱指标。

【山区扶贫完成项目】 1999年，德宏州扶贫系统围绕“九五”扶贫规划，以解决现有贫困人口的温饱问题为目标，进一步加大扶贫力度，较好地完成了当年各项扶贫目标和任务。年内，省、州、县三级投入财政专项扶贫资金762万元，其中省450万元，州160万元，县152万元。实施扶贫项目167项。完成的主要项目是：新修整修道路122公里、沟渠58公里；架设改造输电线17.8公里；解决了1448户4516人和2170头大牲畜饮水困难；新开水田和改善灌溉2042亩；扶持种植鄂粳杂16228亩、经济作物14600亩、经济林果25500亩；扶持养羊932只；开展科技培训28600人次。全年全州有32461人贫困人口基本解决了温饱问题，其中18个省、州攻坚乡解决25334人。年末，全州山区农民人均收入836元，比上年减14元，其中18个省、州攻坚乡人均收入698.5元，比上年增41.5元。

年内，由于粮食、甘蔗、畜牧等主要农产品价格下滑和受阴雨低温灾害的影响，造成一些地区增产不增收或减产减收，使全州农村和农民收入有所下降。

【挂钩扶贫】 1999年，德宏州继续开展部门挂钩扶贫工作，坚持结对帮扶工作，坚持为贫困山区的群众做实事、献爱心。全年全州有360个单位分两期派出扶贫工作队员1400多人次，其中州直有54个单位155人次到11个攻坚乡（其余7个攻坚乡开展“村建”）开展蹲点扶贫工作，共为扶贫点协调引资55万元，捐资捐物折价72万元；全州有16位地州级、74位县处级、416位乡科级人员参加驻点帮扶、现场办公和贫困调研工作，为贫困地区解决了许多实际困难。

【检查审计】 1999年，由德宏州县市政府办牵头，组织监察、审计、财政、扶贫等部门，联合对扶贫资金使用情况进行全面的检查审计，进一步加大资金的管理力度，并针对少数违纪乡提出限期清退整改和上报有关部门严肃处理的意见。年内，州人大、州政协分别组织人大代表、政协委员深入攻坚乡进行重点督察、调研。12月22日，德宏州人大常委会第十一次会议审议了州扶贫办主任受政府委托汇报《德宏州实施“九五”扶贫攻坚计划的情况报告》，会后制发了《德宏傣族景颇族自治州人大常委会关于全州“九五”扶贫攻坚工作情况的审议意见》（即“德人字〔1999〕17号”文件）。

【小额信贷】 1999年，德宏州的小额信贷乡从上年的7个扩大到10个，信贷资金增至1500万元（其中农行700万元）。至年底，10个乡共组建信贷中心360个、信贷小组2576个。累计受扶9898户发贷1109.5万元，其中扶持种植业3729户404.6万元，养殖业3504户391.5万元，商业1859户197.6万元，其它806户115.8万元。年末，有80%的农户依靠小额信贷扶贫基本解决了温饱。

【异地扶贫】 1999年，德宏州的异地扶贫仍以龙江河谷开发为主战场。在进一步充实加强开发指挥部的同时，主要做了三方面的工作：一是进行已转移人员的稳定巩固工作；二是根据当前蔗糖市场情况，对开发产业进行稳步调整；三是以国有土地为主，重新测量规划龙江河谷可开发土地面积及实际可安置人数，视土地规划落实情况做好下一步的转移安置计划。

【茶叶生产】 1999年，德宏州的茶叶生产，仍以“努力提高质量和效益为重点，稳步发展良种茶园，巩固完善现有茶园，创名茶、出高效”为工作方针。年末，茶叶面积135225万亩；茶叶总产4578.9吨，比上年减18.6%；茶叶产值3892万元，增1.5%；茶叶税收299.65万元，减47%。

【热区开发】 1999年，德宏州的橡胶、咖啡、香料、剑麻、甘蔗、云南大叶茶、热带亚热带水果、南药等热带、亚热带经济作物总面积达116.42万亩，比1995年增33.7558万亩；总产量达313.9692万吨，增150.0342万吨。年内，根据本州热区资源和市场的实际情况，德宏州上报的南亚热带专项贷款项目以咖啡种植为主，经省热区办与省农行共同审定，上报农业部南亚办批准实施4个咖啡种植项目，总规模8500亩，总投资3520.7万元（其中贷款1942.9万元）。年内南亚热带专项贷款850万元，贴息资金36万元。

【温饱试点村】 1999年，云南省扶贫办立项扶持德宏州十个“温饱试点村”，共扶持150万元（每村15万元），项目建设期限为1999－2000年。年内，是温饱试点村工程实施的第一年，州县扶贫办按照省办要求，在试点范围内，严格对项目进行筛选、论证、审核，及时上报，并认真填写扶贫温饱示范村项目档案表。目前，组织实施工作已全面展开。

（《山区扶贫开发》
撰稿　杨建文）

畜　牧　业

【兽药经营调查】 1999年6月10日至7月10日，德宏州兽医执法部门在全州范围内开展单位、个人兽药经营情况调查。全州经营兽药的单位和个人有92户（潞西市10户、瑞丽市4户、梁河县11户、陇川县40户、盈江县19户、州直1户），其中单位集体经营的87户，占94.5%；个体经营的5户，占5.5%。有兽药经营许可证的58户，占63%；无证的34户，占37%。专营兽药的55户，占59.8%；兼营的37户，占39.2%。全部注册资金142.8万元，兽药年经营额205.44万元。从业人员193人，其中专业人员140人，占72.5%；其它人员53人，占27.5%。有经营场地1831.6平方米，仓库容量445平方米。有管理制度的76户，占82.6%；无管理制度的16户，占17.4%。所经营的兽药器械、添加剂等基本上能满足当地动物疫病防治的需要。从调查情况看，全州兽药经营管理还不规范，监督、检测机制不健全，有的地方伪劣兽药、过期淘汰药仍在上市，兽药执法力度亟待加强。

【兽医防疫】 1999年，德宏州免疫注射畜禽261.73万头（只）次，比上年增7.1%。其中注射家畜122.91万头（次），注射家禽138.82万（只）次。全年注射猪瘟疫苗77.07万头（次），防疫密度为79%，比上年增0.3个百分点；猪肺疫免疫24.43万头，比上年增10.2%；仔猪副伤寒免疫3.29万头，减3.7%；牛出败免疫15.36万头，减16.4%，全年注射鸡新城疫Ⅰ Ⅱ系苗97.94万只，比上年增12.2%；禽出败免疫39.36万只，增22%，其它各种疫苗的免疫也有不同程度的增加，有效地防治了主要动物疫病的流行，促进了畜牧业的生产的健康发展。根据全州畜禽死亡率调查：全州全年猪、牛、鸡的死亡率分别为2.5%、1%、11.5%，均在省业务部门要求控制的范围以内。

【畜牧扶贫见成效】 1999年，梁河县的平山、大厂、小厂、杞木寨4个贫困山区乡的畜牧扶贫项目成效显著：一是畜牧业生产获得较大发展。年内4个山区乡生猪存栏3.45万头，比上年增1.5%；能繁母猪5990头，增19.6%，能繁母猪占全县母猪存栏的87.3%；出栏肥猪1.15万头，增28.5%；生猪出栏率33.6%，增4.6个百分点；出售仔猪5.69万头，增50%；项目区肉蛋总产达1046.8吨，增28.77%；人均占有肉蛋25.4千克，增5.7千克，增幅为22.4%。二是科学养猪实用技术迅速普及。4个乡年内开展科技培训65期，培训农民6800人次；印发“梁河县农村科学养猪技术手册”1万册；建三结合（猪圈、沼气、厕所）沼气池502套，比上年增465套；猪圈改造2.45万平方米，是上年的2.83倍；“三高”母猪培育2422头，增1.24倍；仔猪培育3104窝，增2.17倍；人工种草147亩。三是农民收入显著提高，贫困人员逐渐减少。4个项目乡年内畜牧业总收入1007.47万元，比上年增36.2%；畜牧业产值占农业总产值的26.95%，增1.95个百分点；农民人均纯收入621元，增97元（其中畜牧业24元，占24.7%）；4个山区乡有2400余人的贫困人口依靠畜牧业脱贫。

【动物检疫与监督】 1999年，德宏州有动物检疫、卫生监督人员146人，其中动物检疫人员123人、监督人员23人；有肉类市场111个，开展检疫工作的98个，占88.2%；有活畜禽市场85个，开展检疫工作的56个，占65.8%；有屠宰户370户，屠宰检疫户366户，占98.9%。年内检疫活畜禽26.41万头（只），其中马属动物155匹、牛1.91万头、猪12.31万头、禽12.17万只；检出病畜禽0.17万头（只），占检疫总数的0.64%。全年共检肉类13591.24吨，其中牛羊肉2186.63吨、猪肉11344.77吨、禽肉25.14吨、其它肉类34.17吨；检出病害肉类1451.5吨，占检疫总数的10.7%(其中已作处理的55.8吨，占病害肉类的3.8%)。另外检疫动物的毛蹄骨角13吨、皮张4633张。年内处理违反兽医卫生法规案件12起，罚款1200元。5月，为了确保世博会期间德宏州不发生重大动物疫情和使消费者吃上放心肉，按照省业务主管部门的安排，州农业局组织检查组对全州各县市的动物免疫、检疫、卫生监督、执法人员的管理进行了全面的检查，使动物检疫、兽医卫生监督等工作落到实处。

【实验种鸡场扭亏为盈】 1999年，德宏实验种鸡场实行承包生产经营，调动了鸡场职工的积极性。年内引进父母代肉种鸡3312套，向市场提供狄高肉鸡苗近3万羽，艾维茵种鸡的各项生产和技术指标比上年都有提高，生产、管理、销售步入了良性循环的轨道。在养好种鸡的同时，加强多种经营，如养猪、养商品鸡（出售近7000只），引进优良新品种腾冲雪鸡等，并千方百计降低饲养成本，年内财务已做到略有盈余，一举抛掉了亏损的帽子。

【马传染性贫血检疫】 1999年，德宏州畜牧兽医部门在全州3县市的15个乡（镇）、57个村公所（办事处）、127个自然村开展马传染性贫血的检疫净化工作，共检疫马属动物1027匹，检出阳性马属动物13匹，阳性率为1.26%。其中潞西市检疫412匹，全部为阴性；陇川县检疫259匹，检出阳性一匹，阳性率为0.38%；梁河县检疫356匹，检出阳性12匹，阳性率3.37%。根据省业务部门的安排，对上年在瑞丽市、畹町经济开发区检出的9匹马传染性贫血的阳性马属动物全部宰杀，消除了疫源。

【瑞丽禽蛋基地发展良好】 1999年，瑞丽市禽蛋基地出栏肉禽3.51万只，生产禽肉581.4吨，比上年减6%；生产禽蛋168.4吨，增13.6%；推广良种肉鸡苗32.8万只，减2%；发展养鸡专业户379户，其中规模50－199只的260户、200－999只的65户、1000－1999只的26户、2000只以上的28户。4月19日，该基地引进5500只罗曼褐蛋鸡开始试养，8月2日开产到12月30日：存栏产蛋鸡4998只，成活率90.9%，产蛋26吨；产蛋高峰期平均蛋重57.1克，最高产蛋率92.3%。至年末，该基地实际到位资金150万元，比原计划少90万元。年内各项工作已步入良性循环轨道。

【姐冒养猪综示区】 1999年，盈江县姐冒养猪综合示范区通过三年的建设，圆满完成了项目的各项任务，成效显著。项目在7个行政村、36个合作社、1687户农户中进行，采用畜牧兽医的综合配套措施，提高科学养猪水平和劳动者素质。年底生猪存栏7482头，比上年增19.9%；出栏肥猪5811头，增58%；母猪存栏142头，增10.9%；全年改良配种203窝，增0.2%；推广各种饲料34.6吨；培育仔猪145窝1160头。年内，在全乡推广猪瘟免疫程序改革，免疫猪6847头，使生猪的死亡率降至3%，促进了养猪生产的发展。

【疫苗试验】 1999年，潞西市畜牧兽医部门完成了口蹄疾灭能苗中试任务。全年完成口蹄疫灭能苗免疫注射4715头，采血440头份。其中：注射O型苗1797头，采血164头份；注射亚洲Ⅰ型苗1530头，采血138头份；注射O型和亚洲Ⅰ型联苗1388头，采血138头份。整个试验工作进展顺利，为今后在全州推广运用奠定了基础。

（《畜牧业》撰稿　张慧云）

（见《州情概览》30页）

渔　业

【水产养殖面积】 1999年，德宏州水产养殖面积情况是：池坝塘养殖面积22361亩，比上年增5.16%，其中国有单位1396亩，减30.06%；水库养殖面积9570亩，增11.47%，其中国家所有9035亩，增5.24%；稻田养鱼面积120825亩，减7.23%，其中国有单位养殖13600亩，与上年持平；水库网箱养鱼面积3135平方米，减13.52%；流水养鱼面积51359平方米，增1倍。

【水产品产量】 1999年，德宏州水产品产量8606吨（其中鱼类8550吨、虾蟹类8吨、贝类5吨、其它43吨），比上年增631吨，增7.91%，其中国有单位996吨（鱼类983吨、其它13吨），增18.01%。水产品按产出水域分：人工养殖产量8389吨，增8.05%，其中国有单位986吨，增18.23%；自然捕捞产量217吨，增2.84%。在人工养殖产量中：池坝塘产量5676吨，比上年增648吨，增12.89%，其中国有单位417吨，减9.54%；水库产量337吨，增35吨，增11.59%，其中国有单位288吨，增157.14%；稻田产量2376吨，减58吨，减2.38%，其中国有单位281吨，增7.66%。人工养殖水产品产量的品种结构是：草鱼1795吨，占21.4%；鲢、鳙鱼832吨，占9.92%；鲤鱼2579吨，占30.74%；鲫鱼207吨，占2.47%；罗非鱼2607吨，占31.8%；蛙类15吨，占0.18%；鳖18吨，占0.21%；鳗鱼11吨，占0.13%；河蟹2吨，占0.02%；胡子鲶300吨，占5.29%；其它23吨，占0.41%。

【鱼苗鱼种生产投放】 1999年德宏州生产鱼苗24504万尾，比上年增1919万尾，增8.5%，其中国营场站生产7946万尾，占32.43%；生产鱼种5226吨，增3171吨，增154.31%，其中国营场站生产250吨，占4.78%。年末全州各类人工养殖水域共投放鱼种843吨，减53.14%，其中国营养殖投放162

吨，占 19.22%。

【池塘养鱼单产提高】 1999 年，德宏州池塘养鱼平均亩产 256 公斤，比上年增 20 公斤，增 8.47%。单产提高的主要原因，是渔业技术推广部门组织推广池塘精养高产技术。

【渔业从业人员】 1999 年，德宏州有渔业行政事业单位职工 115 人，比上年增 3 人，其中科技人员 62 人、技术工人 46 人。全州从事渔业群众 1295 户、9532 人。

【引进名特优水产品种】 1999 年，德宏州引进试养了 4 个新水产品种：一、奥尼罗非鱼。4 月，从海南引进规格为 1 厘米的奥尼罗非鱼 10 万尾，投放到州水产新种引进、繁殖基地试养，经 62 天精心培育，鱼种长至 30 克左右提供给潞西、瑞丽、梁河 1658.5 公斤进行饲养，养殖户反映较好。奥尼罗非鱼，即奥利亚罗非鱼为父本，尼罗罗非鱼为母本进行种间杂交从而获得较高雄性率仔代罗非鱼（或称奥杂罗非鱼）。本种罗非鱼雄性率在 85%以上，具有成活率高、生长快、增肉率高、经济效益好等优点，饲养中无繁殖后代状况，是近期替代尼罗罗非鱼养殖的品种，适宜德宏州大力推广饲养。二、月鳢。7、8 月，分别从广西南宁、云南省元阳引进规格为 5 厘米的月鳢 3 万尾在州水产新种引进、繁殖基地和潞西市水产站水产养殖基地试养。经近 4 个月精心饲养，长势良好，年末最大个体达 200 克，一般达 70 – 100 克。月鳢是鳢科鱼类中经济价值较高的淡水鱼类，有“鱼中珍品”之称。此种鱼还具有生长快、产量高，对不良养殖环境有很强的适应力、疾病少、活鱼运输方便等养殖优点。本地品种宽额鳢（地方名马鬃鱼）虽然有滋补功能，但自然生长慢，产量低，上市量小，不能满足消费者对药用水产品的需求；月鳢形态酷似宽额鳢，且营养价值超过宽额鳢，是替代宽额鳢的最佳品种。三、美国大口胭脂鱼。12 月，从宜良引进规格为 100 克美国大口胭脂鱼 1000 尾，投放在州水产新种引进、繁殖基地饲养，长势较好。美国大口胭脂鱼原产于北美洲的密西西比河流域，在中国适宜条件下试养情况是：当年可长到 500 克，次年 700 – 1500 克，第三年可达 1500 – 2500 克。该鱼具有个体大、生长快、抗病力强、饲料系数低，有极强逃避凶猛鱼类的能力等养殖优点，且肉味鲜美，商品价值高于大宗品种 2 – 3 倍，适宜德宏推广饲养。四、中华鳖。10 月，从西双版纳引进规格为 200 克中华鳖 200 只，投放在潞西市水产站养殖基地饲养。饲养中发生鳖病，出现少量死亡。目前德宏的食用鳖品种多为缅甸野生鳖，而中华鳖是中国乃至世界的优良品种，该品种的引进饲养优化了本州养殖品种结构。

（《渔业》撰稿　杨盛荣）

（见《州情概览》30 页）

林　业

△【森林消防】 1999 年，德宏州各县市不同程度地发生了森林火灾 135 起。其中：森林火警 110 次、一般火灾 24 次、重大森林火灾 1 次（境外火引起）；过火总面积 3357.68 公顷，森林受害面积 1156.96 公顷，受害率为 2.1%，高出省下达控制指标 1.88‰；发生率为 16.62 次/10 万公顷，控制率为 8.57 公顷/次；查处率为 32.59%；出动扑火人员 21000 人/次、扑火车辆 2300 车/次，直接耗用扑火经费 49.46 万元。年内森林火灾是自 1986 年以来最多的一年，由于受大气环流和拉尼娜现象影响，全州气候异常，持续高温物燥，森林火灾高发期提前，导致火灾不断发生。特别是沿中缅边界境外一侧森林火灾连绵不断（主要在盈江县支那、苏典一线），且来势迅猛、涉及面广，给全州森林防火工作造成前所未有的困难。2 月 3 日，缅甸火从盈江县支那大雪山垭口入境，酿成德宏州历史上罕见的一次重大森林火灾，过火总面积 728.25 公顷，受害面积 77.95 公顷，烧毁森林蓄积 19169.6m3，原木损失 9584.8m3，造成直接经济损失 287.5 万元，直接消耗扑火经费 15.8 万元。盈江县支那大娘山重大森林火灾，引起了国家、省政府的关注，李嘉廷省长亲自打电话过问此事，州长管国忠、副州长赵家培亲临火场指导，省政府也派出施天俊秘书长、省林业厅陈德照副厅长等到火场检查指导，州林业局何永明局长 3 次赶赴火场，昼夜指挥扑救工作。

【造林绿化】 1999 年，德宏州造林绿化主要完成以下工作：一、人工造林 12.53 万亩，成活率在 85%以上的合格面积为 11.87 万亩，为省下达任务 10 万亩的 118.7%，其中：重点工程造林完成 6.09 万亩、一般造林完成 5.78 万亩。在重点工程造林中：干果基地 0.95 万亩，完成计划 0.53 万亩的 179%；速丰林基地 3.79 万亩，完成计划 3.6 万亩的 105.3%；绿色扶贫工程 0.91 万亩，完成计划 0.56 万亩的 162.5%，扶贫户数 1336 户；农业开发项目完成 0.44 万亩。二、累计封山育林 121.47 万亩，其中：当年新封 11.64 万亩，占计划 10 万亩的 116.4%。三、育苗完成 653 亩，为计划 500 亩的 130.6%，其中：本年新育 339.5 亩；备种 14.44 吨；容器育苗 262.7 万袋；提供造林苗木 2355 万株（其中经济林苗木 883 万株）。四、迹地更新 0.26 万亩，预整地造林 7.48 万亩；抚育 7.92 万亩，其中：新造林地抚育 3.38 万亩，成林扶育 4.54 万亩。五、义务植树完成 148.98 万株，完成计划 140 万株的 106.4%，实际参加义务植树 40.38 万人，以钱代劳 20839 人，缴纳绿化费 15.37 万元；草坪绿化 21661

平方米，栽花10109盆（株）、绿篱960米；各级领导办绿化点13个，绿化面积0.13万亩。年内全州造林绿化资金共投入745.39万元，其中：部省投入217.87万元(其中36.2万元为上年资金年内到位)，县乡投入132.1万元，自筹341.42万元，贷款54万元。群众投工投劳67.8万个。上述资金的具体投向是：一、在部省投入资金217.87万元中，干果基地22.8万元，速丰林162.07万元，绿化扶贫工程11万元，农业开发项目12万元，封山育林6万元，新造林管护4万元；二、在县乡投入132.1万元中，干果基地8万元，速丰林49.77万元，绿色扶贫工程5万元，农业开发项目14.3万元，封山育林0.03万元。此外，年内德宏州林业部门还编制上报了《德宏州"十五"商品林和绿色扶贫工程可行性研究报告》；完成了滇皂荚在德宏州的分布状况和栽培管理现状调查；完成了农业综合开发林业项目第一、二、三期工作总结汇报材料；协助国家林业局完成对盈江县1998年造林绿化成果和1995年造林保存率的检查；协助省林业厅完成对潞西市、瑞丽市1998年造林绿化和森林资源保护管理考核检查工作；协助省林业厅、省财政厅、省审计厅完成对全州林业重点工程项目的调查研究工作；协助省种苗站完成对全州1999年度造林用种子苗木的抽查工作。

【德宏州中心苗圃建设项目启动】 1999年度，在国家林业局和省林业厅的扶持下，德宏州中心苗圃建设项目启动。该项目建设规模为500亩，总投资240万元。

【森林病虫害防治检疫】 1999年，德宏州森林病虫害发生面积1.66万亩，发生率为0.19%。发生面积中：松毛虫1.58万亩、泡丝栗食叶虫0.03万亩、华山松木蜂0.04万亩、板栗锈病0.01万亩。有效防治面积1.55万亩，为发生面积的93.19%。全州年内落实防治经费19.95万元，调入溴氰菊酯10吨，其它农药200千克，购喷粉机2台；应施调查监测代表面积10万亩，实施调查监测代表面积9.7万亩，监测覆盖率97%。产地检疫完成：种子9.79吨、苗木1764.77万株、木材0.1万立方米、竹子16吨；建立无检疫对象苗圃65个400亩；应施产地检疫种苗面积420亩，实施种苗产地检疫400亩，检疫率为95%。调运检疫完成：商品木材12.96万m3、竹子24.18万根、果品3000.58吨、花卉123.83万株、药材265.54万千克、藤条11413.5吨、林产品2973.7吨；木材及林产品调运检疫率为95%，收取检疫费59.63万元。年内，州林业系统还完成了"全国森林植物检疫对象普查"工作。此次普查工作，全州共组织了113人参加，耗资6万元，调查乡镇48个，调查线路67条，行程3986公里，调查总面积25.54万亩，采集标本175份，共查出全州主要病虫害16类，其中：昆虫12类、病害4类。

【资源林政管理】 1999年，德宏州资源林政管理主要做了以下工作：一、严格执行凭证采伐林木、凭证运输木材制度。全年全州森林总采伐消耗量152.13万m3，比上年增34.6%，其中：商品木材13.93万m3，农民自用材38.35万m3，烧材消耗量99.77m3，其它用材0.08万m3；全州共发放国内木材运输许可证12065张33688m3、边贸木材运输证76311张21.16万m3。二、查处林业行政案件。全年全州发生林业行政案件1342起，其中：盗伐林木283起、滥伐林木156起、毁坏林木苗木18起、违法征占用林地5起、违法运输木材531起、非法收购加工木材27起、乱捕滥猎野生动物1起、其它321起，查处1306起，查处率97%；受林业行政处罚人数1456人，没收木材1979.7m3，罚款31.39万元，赔偿损失72.72万元，补征林业经费0.4万元，补种树木9650株。三、加强林地管理。年内，贯彻执行国办发9号"关于继续冻结征占用林地的决定"，以及《云南省林地管理办法》和州政府德政发〔1998〕118号文件精神，重视并调查了解群众举报的毁林情况，如：陇川县户撒307道班附近、护国乡，盈江县油松岭乡，梁河县安乐后山，潞西市中山乡等几个具体地块，并起草调查报告呈报州政府。年内全州毁林搞开发的行为已得到遏制。四、加强林业（木材）检查站工作。年内州县（市）林业局加强了对重点林业（木材）检查站基础设施建设和人员配备工作，全州各站共检查运输木材车辆39815车36.46万m3，处罚781车（其中：无证运输木材12857.47m3、超方运输木材12.14万m3，使用过期票证运输木材56.37m3），罚款38.95万元。五、认真执行木材经营、加工许可证制度。1月20日至3月31日，全州林业部门对全州木材经营加工企业进行年检换证，其中国内木材经营企业年检换证15户，比上年减少1户；边贸木材经营企业年检换证136户（含新审批），减53户；木材及林产品加工企业年检换证（含新审批）190户，减44户。全州木材经营许可证于12月底全部到期，12月1日至31日又组织对木材经营企业进行全面换证。

【林业公安】 1999年，德宏州破坏森林资源的违法犯罪行为大幅度增加。全州林业公安围绕"打击毁林犯罪、维护林区治安"中心任务，开展了不同层次的专项斗争，使一些问题较多的林区治安得到有效整治。全年全州共发现受理各类森林案件824起，比上年增210起，增34%，综合查处率达99.6%。其中：刑事案件26起，治安案件73起，林业行政案件725起；打击处理违法犯罪人员1172起，其中：逮捕14人、刑事拘留23人、治安拘留99人、警告117人、治安罚款58人、林业行政罚款495人，其它处罚366人；为国家挽回经济损失266.71万元，其中：收缴木材1817m3、桂皮1500公斤、各类野生动物1358只(头)、蛇14508公斤、野生动物皮101张、非法运输车3辆、手机1部、传呼机2个；从案件分类划分，盗伐林木案299起、滥伐林木案58起、木材投机倒把案132起、森林火灾案16起、野生动物案71起、盗窃抢夺林木案5起、伪造倒卖林业票证案1起、故意毁坏林木、苗木案各1起。年内，森林案件的典型案件是：年初，陇川自然保护区周边的部分群众，偷砍盗伐保护区林木1129棵1330m3，植被破坏面积597.9余亩，参与盗伐人员达275人（其中境外56人），造成经济损失60余万元，属德宏州历史上的重大森林盗伐案件。案发后，州局党组非常重视，何永明局长、罗恒荣副局长等领导赶赴现场，指挥案件的侦破工作；州县林业公安干警经过侦查取证，迅速查清了此案，对两名主要犯罪嫌疑人予以逮捕，其余人员分别给予行政处罚。

【野生动物保护管理】 1999年，德宏州各级林业部门开展了以下野生动物保护管理工作：一、开展了野生动物资源调查，查清德宏州野生动物资源现状。调查队经过近两个月的分片调查，完成了55个样带的外业调查任务，为制定德宏州野生动物保护和合理利用，实现可持续发展战略提供了依据。二、开展对虎骨、犀牛角禁贸品的清查工作。在全州范围内共清查医院、药店、个体医疗所、边民贸易摊位等65个，查获和查封虎骨100公斤、木瓜风湿药饼50盒620包、犀牛角粉16盒1600包、麝香虎骨止痛膏54盒5700包、虎骨药酒三箱101瓶、大象皮53块、穿山甲片500克。三、加强州野生动物收容救护中心建设。经过两年多的努力，年内已建成禽类围栏561.1平方米、猴舍99.6平方米、兽类笼18个、兽禽医务室23.4平方米及蛇场、穿山甲园的野生动物收容救护中心。四、加强打击境外非法走私贩卖野生动物违法犯罪行为。年内，认真执行野生动物及产品经营许可证制度和运输证制度。

【自然保护区】 1999年，德宏州林业部门在自然保护区主要做了以下工作：一是加强宣传教育。入春以来，保护区3个管理所各安排一名副所长，专门负责宣传教育，采取多种形式对保护区内及边缘村寨的群众进行宣讲有关法律法规，提高群众保护生态环境、保护大自然的意识。二是认真开展巡护工作，完成各种规章制度，建立了岗位责任制和目标管理办法，实行定岗、定员、定量、划片管理的办法，责任到人，并在巡山护林中认真填写巡护登记卡。三是积极参加省林业厅“中荷项目”办举办的各种业务培训班4期，参训人员11人，内容为第一、二期电脑初级培训班和信息系统培训。四是及时查处各类案件。年内共查处各类案件9起，其中：刑事案件2起、治安案件1起、林政处罚6起，打击处理违法犯罪人员283人，其中：逮捕2人、刑事拘留5人、治安拘留6人、林政处罚201人、其它处罚59人。

【林业科技】 1999年，德宏州林业科技主要取得以下成果：一、《德宏州高等植物调查》已取得阶段性成果；二、完成《德宏州国家重点保护珍稀野生植物调查》、《德宏州陆生野生动物资源调查与监测》、《德宏州森林病虫害检疫对象调查》、《龙竹有性繁殖获成功》、《引种万亩漾濞泡核桃》等课题项目；三、开展了《台湾毛叶枣引种试验》、《皂荚开发可行性研究》、《热带优良水果的引种试验》等课题研究；四、利用《西南桦优质苗木培育》、《西南桦造林技术推广运用》、《竹子无性繁殖造林技术》及《ABT生根粉育苗试验》等课题技术，推广西南桦、山苍子、柠檬等营养袋育苗，假植育苗、竹子新法育苗等先进适用技术，提高造林科技含量，巩固造林成果。

【农村能源建设】 1999年，德宏州共建沼气池875口，推广节柴灶10335户，推广太阳能热水器5130平方米，改造卫生猪圈602个，建造标准厕875个，建成预制件厂1个，建成沼气示范村（寨）5个；举办短期培训班5期，受训人员268人次；印发沼气宣传手册5000册。

【森林分类经营工作】 1999年11月，德宏州完成森林分类经营区划工作，并通过州政府的检查验收。全州林业用地面积76.82万公顷，其中：公益林面积39.2万公顷，占51.8%；商品林面积37.62万公顷，占49%。全州共界定公益林3155块。全州直接参与界定工作的干部群众11394人次，召开各级会议2134次，参加会议人员达52128人。此项工作年内州政府安排经费10万元，各县（市）政府安排经费15万元。

【林业宣传工作】 1999年，德宏州林业宣传的主要做法是：一、利用广播、电视、报纸等新闻媒体，继续宣传贯彻“森林法”等法律法规；宣传贯彻国务院98年8号令《关于保护森林资源、制止毁林开垦和乱占林地的紧急通知》精神；学习宣传朱镕基总理视察云南时对“天然林保护工程”的重要讲话，增强全州各族干部群众自觉学法、守法意识。1999年州县（市）两级林业主管部门成立了“林业宣传领导小组”及“林业信息报道组”，负责全州林业宣传报道工作。年内共编出《德宏州林业简报》18期，征订发行《中国绿色时报》159份、《中国林业》杂志120份、《云南林业》杂志327份和《森林与人类》117份。冬春季节，在全州范围内掀起了森林防火宣传高潮，各县市出动防火宣传车182次、广播电视宣传312次，发放防火户主通知书71000份、宣传日历1000份、布告42700份，利用各种会议宣传防火630次，并用四种民族语言宣传《森林消防条例》及森林防火的方针、政策、火源管理规定和法律法规。4月在芒市参与举办了“人与自然”科普宣传活动周，利用图片、文字、解答等形式，宣传人与森林的和谐关系，增强人们保护生态环境、维护生态平衡的意识。5月在全州范围内开展了《云南省绿化造林条例》的宣传活动，大力宣传造林绿化的重要意义，做到家喻户晓，激发广大干部群众参与造林绿化的积极性。

（《林业》撰稿　谢　锋）

（见《州情概览》30页）

水利水电

【遮冒水利枢纽工程完成可行性研究阶段工作】 1999年1月，由水利部东北勘测设计研究院承担的遮冒水利枢纽工程完成可行性研究阶段的各项任务，正式向德宏州提交了可行性研究成果。枢纽工程的主要功能是防洪、发电，同时兼顾灌溉、水产养殖、供水和旅游，大坝建在龙江干流上，坝址以上径流面积5758平方公里，多年平均年径流量63.4亿立方米，坝高112.3米，总库容12.44亿立方米，坝后电站装机4×50000千瓦，多年平均发电量9.55亿千瓦小时，防洪保护面积10万亩，灌溉面积10万亩，估算投资18.20亿元。

【全州水利工程建设管理工作会】 1999年6月22日至23日，德宏州水利工程建设管理工作会议在瑞丽市召开，参加会议的有州、县(市)水利水电局主要领导、分管领导和测量、设计、施工单位的领导以及新闻单位记者等共42人。会议以工程质量为中心，通过汇报交流经验和参观考察瑞丽江国际河流治理工程，形成了以下共识：一、水利水电建设工程的质量问题，不仅关系到国家建设资金的有效使用，而且关系到国民经济持续、快速、健康发展和人民群众的生命财产安全，必须把质量第一的思想贯穿于项目建议书、可行性研究、初步设计、施工准备、项目实施、生产准备、竣工验收和后评价等工程建设的各个阶段；二、必须建立项目法人责任制、招标投标制和工程监理制，严禁在同一经营实体或同一行政单位直接管辖范围内搞设计、施工、监理一条龙作业，严禁建设单位将投标单位是否自带资金参加工程建设作为招标条件；三、必须建立质量管理的三大体系，即政府部门的质量监督体系、建设单位和监理单位的质量检查体系、设计单位和施工单位的质量保证体系；四、必须建立以工程质量终身责任制为核心的质量责任制，分清各自职责，实行终身负责。

【州水利电力学会第二次会员代表大会】 1999年7月13日至14日，德宏州水利电力学会第三次会员代表大会在芒市召开，61名代表和特邀代表参加了会议。州水利水电局副局长杨国保代表第二届理事会作了题为《团结进取，科技兴水，开创德宏水利电力事业的新局面》的工作报告，局长周金生作了题为《内强素质、外树形象，以新的精神面貌将我州水利电力事业推向21世纪》的重要讲话，原老局长李生万、州电力公司经理韩光伟、州科协副主席沙玉庄也在会上发了言。会议经过认真讨论，一致通过了《德宏州水利电力学会章程》，采用无记名投票方式选举产生了由17名理事组成的第三届理事会；在理事会召开的第一次全会上，杨国保当选理事长，胡琦龙、杨恩山、施加林当选副理事长，孟祖佑当选为理事会秘书长，杨楩楠当选为副秘书长，推举周金生、韩光伟为名誉理事长，李繁琪、寸尊钦、李维乔、陈荫禧为名誉理事。大会表彰了7名中青年科技工作者、9名学会先进工作者和9名学会工作积极分子，大会收到了19篇论文，有6篇论文作了大会交流；通过评审，对2篇一等奖、9篇二等奖、8篇三等奖论文进行了表彰奖励。大会还形成了《德宏州水利电力学会第三次会员代表大会纪要》。

【梁河县城后山与曩滚河滑坡泥石流治理工程通过省级验收】 1999年7月26日，梁河县城后山、曩滚河滑坡泥石流治理工程通过省计委验收。梁河历史上曾多次发生滑坡泥石流，是全省有名的滑坡泥石流重灾区。滑坡泥石流主要分布在县城后山及曩滚河流域。为彻底根治泥石流灾害，1990年省计委国土整治办帮助制订了《梁河县滑坡泥石流十年减灾规划》；1991年，中科院和水利部成都山地灾害与环境研究所又帮助完成《梁河县城后山泥石流治理初步设计》。同年，县委、县政府成立了县滑坡泥石流治理工程指挥部，开始了治理县城后山及曩滚河滑坡泥石流的工程。在中央、省、州等主管部门的大力支持下，至1998年6月，基本完成了设计规定的工程任务，并于同年11月通过州级验收。整个工程历时7年，总投资525.6万元，主要采用“上堵、中拦、下泄”三道设防的布局进行治理，共修建谷坊55座、大型拦沙坝2座、各种丁坝82座、滚水坝4座、格栅坝1座、石堤1200米、砂堤200米、排导槽1743米、防洪道1500米，兴建和改建桥梁7座，开挖土石方69367立方米，完成浆砌石30512.5立方米、钢筋混凝土609.5立方米。此外，为保护生态环境，还在曩滚河上游植树造林近万亩。工程竣工后，按洪灾频率曲线计算，每年至少减少损失100万元，经过治理的灾点已趋于稳定，经济、社会和生态效益显著。

（罗致普）

【浑水沟“八五”续建工程竣工验收】 1999年8月，盈江县浑水沟泥石流治理“八五”续建工程，通过了省水利水电厅组织的竣工验收。续建工程的初步设计由中国科学院成都山地灾害与环境研究所承担，初设成果经盈江县人民政府和德宏州人民政府逐级上报，于1990年2月8日得到省计划委员会、省水利水电厅批准，批准的主要项目为：一、五号拦砂坝，坝体结构为钢筋混凝土框格、干砌石混合重力坝，坝顶轴线长177.8米，其中溢流坝段为钢筋混凝土框格结构，长69米，坝高14.5米（含基础埋深4.5米），非溢流坝段为干砌石结构，长108.8米，最大坝高18.5米；二、砌石谷坊5座；三、浆砌石潜坝3座；四、植树造林1000亩。审批概算投资230万元。1991年8月，二凹发生大面积滑坡，需在一二凹汇口处增设半永久性钢筋石笼谷坊一座，在南宛小河增设长170米的钢板渡槽一座等应急处理工程，经省批准，追加应急处理经费28万元，总投资为258万元，施工期为1991年至1995年。工程于1991年春开工，由盈江县浑水沟工程指挥部组织施工，施甸县保场建筑公司承担施工任务，至1996年春，完成下述设计项目：一、五号拦沙坝，坝型为钢筋混凝土框格干砌石硬壳坝，坝顶轴线长171米，溢流坝段长69米，坝高14.5米，坝顶宽2.5米，非溢流坝段长102米，最大坝高17.5米，坝顶宽3.4米。二、长42.5米的浆砌石重力坝和长65米的钢筋混凝土面板钢筋石笼坝各1座，三、浆砌石潜坝1座；四、长170米的钢板渡槽1座；五、植树造林750亩；六、已建工程维护及进沟公路维修。上述施工项目共完成土方开挖2.88万立方米，土方回填0.57万立方米，干砌石1.76万立方米，浆砌石0.49万立方米，混凝土浇筑3547立方米，耗用钢材46吨，水泥1518吨，木材122立方米，完成投资250.5万元。

【翁姐堤除险加固工程通过验收】 1999年8月，盈江县翁姐堤除险加固工程通过了省、州验收。翁姐堤是大盈江盈江段的重要堤防之一，堤防全长9.26公里，1975年始建，1985年基本建成，堤防保护区涉及5个乡（镇）的12个行政村、办事处，承担着2.5万亩农田的灌溉任务，因受到初建时资金投入的限制和运行后管理工作滞后诸因素的影响，堤防标准普遍偏低，5年一遇洪水即出现险情。在省、州水行政主管部门的关心支持下，翁姐堤被列入除险加固项目，总投资970万元。1998年11月12日，除险加固项目开始实施，盈江县水电局派出工程技术人员驻守工地，州水利电力建设工程质量监督站对工程实施了质量监督。工程施工以机械为主，共投入装载机4台、翻斗车36台、碾压机1台、洒水车1台，至竣工的1999年5月31日，完成了包括主堤加高培厚、水下护岸、河道疏浚、防汛道路、管理站房、堤后排水沟和生物措施等设计项目，共完成回填土方34.02万立方米，开挖土方9.23万立方米，石方支砌、填筑9038立方米，混凝土浇筑18立方米，打竹木桩16.73万棵，压放竹梢2499吨，种柳树70万株，栽竹2.56万棵，管理站房160平方米。经专家评审和质量监督部门认定，翁姐堤除险加固工程被评为优良工程。

【大盈江段防洪治理工程初步设计方案获省批准】 1999年9月，由州水利电力勘察设计院完成的《大盈江盈江段防洪治理工程初步设计》方案，获省计委、省水利水电厅批准。该工程按20年一遇洪水标准设计，需加高培厚主堤43.35公里，新筑主堤11.05公里，新筑丁堤620座、长30.3公里，新建护岸坝65.4公里，河道疏浚7处、长6.4公里，新建水闸6座，新建中心管理站8处、分站10处、房屋建筑面积1410平方米，改建、扩建防汛道路10条、长37.8公里，修建桥涵16座，支砌挡墙8.7公里，开挖堤后排水沟62.1公里。初步设计概算工程总投资5684.07万元，施工期5年。该工程防洪保护区涉及盈江县14个乡（镇）、79个行政村、办事处，保护区有人口21.68万人，有农田21.35万亩。

【勐板河水库工程初步设计报告通过省级审批】 1999年9月29日至30日，由云南省水利水电勘测设计研究院完成的《潞西市勐板水库工程初步设计报告》通过省有关部门的审批，并将该工程列入省"九五"末和"十五"初的基本建设计划。勐板河水库位于潞西市南部黑鱼沟河上段，距城市17公里。工程规模为小（一）型水库，即坝高69.5米，总库容为805.5万立方米，总投资9511.98万元。

（杨星明）

【湾中河小流域水土保持综合治理项目通过省州验收】 1999年11月2日，梁河县湾中河小流域水土保持综合治理项目通过省、州验收。该治理项目于1998年被列为全省第一批水土保持综合治理国债项目，同年11月2日开工建设，至1999年7月30日全部完工。整个治理项目共投资282万元，其中中央投资60万元，省投资50万元，州县投资50万元，群众自筹和投劳折资共122万元；治理水土流失面积6平方公里，坡改梯0.07万亩，种植水保林0.25万亩、经果林0.23万亩，铺灌溉经果林输水管道7.8公里，封禁治理0.3万亩，新建和加固谷坊23座，建挡土墙66米、取水坝2座、沉沙池2座、蓄水池5座、管理房两间199.74平方米和一条长5公里的施工道路。湾中河小流域水土保持综合治理项目实施后，所产生的效果主要有：一、基础效益（保水，增加土壤入渗，拦蓄地表径流，减轻土壤面蚀、沟蚀，拦蓄坡沟泥沙，降低水土流失灾害）；二、经济效益（增产粮食，增长木材，促进流域区群众经济增长）；三、社会效益（减轻滑坡泥石流危害，保护杞木寨村人民群众的生命财产安全，减轻下游萝卜坝河泥沙灾害、洪涝灾害，改善农业基础设施，提高土地生产率，调整农村生产结构，适应市场经济发展，帮助贫困山区人民脱贫致富）；四、生态效益（减少萝卜坝河洪水流量，增加湾中河常流水，提高土壤肥力，改善贴地层的温度，提高地面林草植被，保护野生动物繁殖）。

（罗致普）

【水土保持国债项目竣工验收】 1999年11月和12月，被省列为国债项目的梁河县湾中河流域和潞西市邦滇河流域水土保持综合治理项目。通过了受省委托、由州组织的竣工验收。该工程于1998年11月开工。梁河县湾中河流域共完成水土流失治理面积5.67平方公里，其中封禁治理3000亩，坡地改梯地700亩，种植杉木2150亩、杜仲50亩、山苍子300亩、板栗1400亩、齐橙640亩、芒果90亩、李子70亩、澳洲坚果100亩，建成小型水土保持工程21件，完成土方开挖29.81万立方米，浆砌石0.20万立方米，投工16.18万个，完成投资282万元（其中中央预算内资金60万元，省级财政50万元，州、县财政50万元，群众投劳折资122万元）；潞西市邦滇河流域完成水土流失治理面积6平方公里，其中封禁治理2000亩，种植大竹4284亩、板栗995亩、柠檬1000亩，澳洲坚果721亩，完成土石方开挖57.87万立方米，投工20.34万个，投资261.05万元

(其中中央预算内资金 60 万元，省财政 50 万元，州、市财政 50 万元，群众投劳折资 101.05 万元)。

【瑞丽江国界河险段治理工程开工】 1999 年 12 月 17 日，瑞丽江国界河险段治理工程开工，省、州、市(县)水行政主管部门领导，州、市(县)党政领导参加了开工典礼。该工程项目包括：堤防工程总长 18250 米，其中新建土堤 5011 米，加高培厚土堤 11066 米，加高加固石堤 2073 米，新建钢筋石笼导流坝 26 座、长 3788 米，维修加固钢筋石笼导流坝 14 座、长 2011 米，新建护岸工程 6 处、长 1450 米，新建配套交叉工程 20 件，新建瑞丽江工程管理处用房 800 平方米，改建、扩建防汛抢险道路 5000 米，新建通讯线路 5000 米，新建 10 千伏输电线路 3000 米，以及绿化堤防的生物工程。该工程概算总投资 2909 万元，施工期 2 年。该工程由州水利电力勘察设计院承担可行性研究和初步设计工作，于 1998 年提交了可行性研究和初步设计成果；1999 年 3 月和 8 月，省计委、省水利水电厅分别批准了可研和初设；10 月 19 日，工程招标工作完成。该工程主要工程量为土方填筑 61.55 万立方米，钢筋石笼石方 15.23 万立方米，浆砌石方 1.69 万立方米，钢筋混凝土 977 立方米。

【浑水沟六号拦沙坝工程设计方案通过初审】 1999 年 12 月 21 日，盈江县浑水沟泥石流治理工程中位于主沟的最后一座拦沙坝——六号坝的初步设计通过了专家的初步审查。六号拦沙坝的初步设计由成都山地灾害与环境研究所于 1999 年 12 月完成，坝址位于五号拦沙坝上游 80 米，坝型结构为钢筋混凝土箱格式坝与干砌石坝组成的混合重力式拦沙坝，其主要设计成果为：坝轴线长 153.0 米，其中溢流段长 57 米，非溢流段长 96 米，有效坝高 12 米，最大坝高 22 米，坝顶宽 2 米，基础埋深溢流坝段为 3.5 米，非溢流坝段为 2.0 米，溢流口为矩形，宽 31 米，高 2.0 米，左盲沟长 320 米，右盲沟长 550 米，按三级建筑物和百年一遇泥石流标准设计，设计流量 600 立方米每秒，设计容量 2.05 吨/立方米，总投资 357 万元，需完成土石方开挖 0.98 万立方米，土石方回填 0.60 万立方米，钢筋混凝土 1415 立方米，混凝土 2005 立方米，浆砌石 0.42 万立方米，干砌石 1.48 万立方米，需水泥 1354 吨、钢材 35 吨、木材 20 立方米。参加初步审查的专家分别来自北京林业大学、成都山地灾害与环境研究所、东川泥石流研究所、省地矿局、省水保办、州和盈江县水利水电局，其中有中国工程院院士 1 人、研究员 1 人、高级工程师 7 人、工程师 5 人。专家组的初审意见认为：六号拦沙坝初步设计的设计思想明确，因地制宜，符合客观实际，筑坝拦沙、抬高沟床、稳定滑坡、植树造林的治理原则正确，设计资料可靠，坝基埋深合理，坝体结构适用当地实际，是能够保证工程安全运行的，施工期 4 年是合适的，同意按初步设计方案进行施工。

【德宏电力股份有限公司成立】 1999 年 12 月 23 日，按照国家对电力体制改革的部署安排，在州委、州政府的统一领导下，通过州、县(市)水行政主管部门两年多的精心组织和筹备，德宏电力股份有限公司在芒市召开成立大会，正式宣告德宏电力股份有限公司成立。在成立大会上，由股东州电力公司、农垦分局电力公司、盈江县电力公司、陇川县电力公司、瑞丽市电力公司、梁河县电力公司和潞西市电力公司推举的股东代表选举产生了德宏电力股份有限公司董事会，董事会由 13 名董事组成。公司下设生产技术处、调度处、财务处、行政人事处、工程咨询处、发电公司和电网公司。生产技术处下设 5 科 1 所，调度处、财务处各下设 3 科，行政人事处下设 3 科 1 室，发电公司下辖 4 个发电总厂，电网公司下辖 5 个输变电管理所和一个线路维护队。公司管理机关定员 90 人，发电公司各电站定员 678 人，电网公司各变电站和线路维护定员 536 人，公司总员工 1304 人。施加林出任公司董事会的代理董事长和公司总经理。

【勐板河水库工程开工】 1999 年 12 月 30 日，潞西市勐板河水库工程开工，省水利水电厅厅长张森、州委书记王南昆、州长管国忠、州水利水电局局长周金生、潞西市委书记李春华、市长管国照等党政领导参加了开工典礼并为工程开工剪彩。勐板河水库是龙江～瑞丽江流域规划项目之一，水库大坝建在芒市河一级支流勐板河上，距州府驻地芒市镇 17 公里，水库的主要功能是为城乡生活供水和农业灌溉。工程由省水利水电勘测设计研究院承担可行性研究和初步设计，1997 年 12 月完成可行性研究，1999 年 8 月完成初步设计，同年 9 月初设获省批准，11 月完成输水隧洞工程的招投标。其间，省政府德宏现场办公会对该项目建设给予了大力支持，副省长黄炳生、省水利水电厅厅长张森、副厅长李正黄、刘忠武等曾先后到坝址区考察。勐板河水库为小(一)型蓄水工程，坝高 69.5 米，总库容 805.5 万立方米，总投资 8009 万元，是德宏蓄水工程建设史上的第一高坝。

【水利水电基本情况】 经过半个世纪的艰苦创业，至 1999 年末，德宏州共建成蓄水工程 240 座，总库容 20674 万立方米，其中中型水库 4 库、库容 13463 万立方米，小(一)型水库 19 座、库容 5284 万立方米，小(二)型水库 52 座、库容 1515 万立方米，小塘坝 165 座、库容 412 万立方米；引水工程 9858 件，其中引水流量 0.3 立方米/秒以上渠道 339 件；小型水闸 5 座；机电排灌站 20 座，装机容量 1080 千瓦；水利工程年供水量 70174 万立方米。按开发方式划分：蓄水工程供水 14091 万立方米，引水工程供水 52293 万立方米，机电提灌站供水 499 万立方米，其他工程供水 3219 万立方米。按供水对象划分：农业供水 64035 万立方米，工业供水 3006 万立方米，城镇生活供水 3133 万立方米；52 座水电站发电引用水量 32.99 亿立方米，其中蓄水工程供水 1.73 亿立方米，引水工程供水 31.26 亿立方米；全州有效灌溉面积 56.55 千公顷，是建州初期的 5.8 倍，水利化程度为 46.4%，建成万亩灌区 8 个，有效灌溉面积 15.83 千公顷，有 25.61 千公顷农田达到旱涝保收；建成江河堤防 311 公里，其中主要堤防234公里；累计治理水土流失面积80.2千公顷；为12.79千公顷农田进行了除涝治理，其中除涝标准达3～5年一遇的面积有12千公顷，5～10年一遇的面积有0.79千公顷；为35.43万人、16.43万头大牲畜解决了吃水困难。1999年，全州共有52座水电站87台机组运行，装机容量16.63万千瓦，年发电量4.64亿千瓦小时，其中有中型电站1座、机组3台、装机容量6.3万千瓦，年发电量1.42亿千瓦小时；建成的输变电设备拥有量为：高压线路5095公里，其中110千伏372公里，35千伏532公里，3～10千伏4191公里，低压线路4376公里；供电变电站34座、50台变压器、容量26.61万千伏安，其中110千伏7座8台、容量16.55万千伏安，35千伏27座42台、容量10.06万千伏安，配电变压器3021台、容量37.75万千伏安，电站升压变压器69台、容量12.38万千伏安，全州乡镇、行政村、居民户的通电率分别达到100%、98.03%和97.61%，供电保证率和供电质量都有较大提高。

（《水利水电》撰稿 除署名外，均为周兴铭）

农　　机

△**【引进洋马联合收割机】** 1999年8月，德宏州引进首台价值24万元的日本产洋马人民号自走式联合收割机。经研究该机划拨给盈江县农机局作示范用机。当年收割水稻807亩，机具先进，收获效果好，充分展示了联合收割的先进技术。

【德宏州农业机械研究所更名为德宏州农业机械化技术推广站】 1999年9月3日，经德宏州人民政府〔德政复（1999）50号〕批准，德宏州农业机械研究所更名为德宏州农业机械化技术推广站。

【水稻机收现场会】 1999年9月9日，德宏州农机局在潞西市城郊乡广母村召开全州水稻机械收割现场会。参加现场会的有省农机局局长王文亮、州委、州政府、州财政局、州计委、州农业局、州科委、州政策研究室、法帕乡政府有关负责人，各县市农机局局长、农机推广站站长共120多人。现场会共组织5台联合收割机进行现场收割演示。其中：桂林3号、6号稻麦联合收割机3台，浙江台州160型1台，日产洋马人民号1台。5台联合收割机在演示中，充分展示了各自的优势和良好的技术性能。特别是洋马人民号，噪声小，劳动强度低，性能优越，收割效率高，损失率小，深受人们亲睐。现场会的召开，先进联合收割机的引进，进一步加速了全州收割机械化的进程。

【科技进步奖】 1999年，德宏州农机系统进一步强化农机科技推广工作。全年全州农机系统共获各级政府和部门的科技进步奖8项，其中由德宏州农机研究所、潞西市农机推广站、盈江县农机推广站共同申报的“X195型柴油机扩缸增力节油技术推广”和由德宏州农机局、各县市农机局共同申报的“德宏州30万亩稻麦机械收割效益显著”，获州人民政府科技进步三等奖。由陇川县农机局申报的“桂联型稻麦联合收割机的示范推广”获云南省农机局科技进步一等奖。由盈江县农机局申报的“大面积推广使用联合收割机效益显著”获云南省农机局科技进步二等奖。由潞西市农机技术推广站申报的“甘蔗机械开沟效益显著”、由州农机研究所申报的“X195型柴油机推广增力节油技术推广”获云南省农机局科技进步三等奖。瑞丽市农机推广培训站申报的“瑞丽市机械粉碎秸杆还田示范、推广”，瑞丽市农机推广站培训站申报的“瑞丽市十年机械联合收割技术推广”，盈江县农机局申报的“推广抛秧种植技术成效显著”，分别获德宏州农机局科技进步一、二、三等奖。

【潞西市全国水稻机械化示范县建设顺利】 1999年，潞西市农机局成立水稻机械化示范县项目领导小组，并抽调专人组织实施全国水稻机械化示范项目。年内，按照省计委、省农机局的项目要求，严格项目管理，精心规划实施。全年中央财政投入100万元，云南省财政投入50万元，潞西市财政投资40万元，项目资金已全部就位。540平方米的水稻简易育秧工厂建成，并投入使用；1450多平方米的农机技术综合大楼和1200平方米的育秧大棚建设进展顺利。

【农业机械在抢险救灾中发挥作用】

1999年，德宏州相继出现严重的旱情和洪涝灾害。上半年的持续干旱天气，造成小春粮食严重减产，人畜饮水困难，延长了大春栽插节令。进入7月后，出现连续降雨天气，江河水位上涨，沿江两岸的村寨受灾严重。灾情发生后，全州农机部门积极组织人力、物力，投入抗旱、抗洪抢险工作。据统计，全州组织投入农机总动力11.73万千瓦；拖拉机13302台；农机人员12655人，其中干部146人，技术员181人，机手12328人。抗洪排涝农田面积7262亩；拉运土石方15万吨；拉运救灾物资8.2万吨；救灾作业面积61526亩，其中抢耕40320亩，抢种17406亩，改种3800亩；此外，即时将200吨救灾柴油分配到重灾区。

【全州农机公司系统销售下降】

1999年，全州农机公司完成销售3769.9万元，是近10年来的最低水平；与上年比，降2963万元，降46%；与历史最高水平的1993年相比，降5915.1万元，降61%。造成销售下降的主要原因是：一、受东南亚金融风暴的影响，出口额减少；二、制糖业滑坡，农民收入减少，购买力下降；三、农机市场放开，外来厂（商）家增多，市场竞争日益激烈。

【宣传贯彻《云南省农业机械安全监督管理条例》】 《云南省农业机械安全监督管理条例》于1999年9月24日由云南省第九届人民代表大会常务委员会第十一次会议审议通过。"条例"公布后，德宏州农机监理所制发了《关于贯彻落实学习宣传"条例"实施意见》，将11月22日~28日定为宣传周，并将"条例"翻录成傣文，向各县市农机监理站发放，采取多种形式进行广泛宣传，至年底，全州有监理员221人次深入农村进行宣传，共发放"条例"2937本，宣传材料3177份，出动宣传车73台次；同时以宣传"条例"为契机深入乡村道路，事故多发地段和交通要道开展路检路查，在此期间共清理出无牌黑车2795辆。

【农机安全监理】 1999年，德宏州农机安全监理工作以宣传《云南省农业机械安全监督条例》为中心，认真开展路检路查，提高检审率，降低事故率，截至1999年底，共办理新车落户（各类拖拉机）2606台，检审各类农用拖拉机25232台，其中大中型轮式拖拉机1266台，小型拖拉机23966台；各县市累计开展安全生产检查和路检路查385天，出动监理人员2486人次，共检查各类拖拉机31808台台次，纠正各种违章4302台/次，向广大机手发放《云南省农业机械安全监督管理条例》17500本。全年全州各类农用拖拉机在国家道路上发生事故30起，比上年降19起，事故率0.09‰；重伤5人，重伤率0.015‰；死亡9人，死亡率0.027‰；田间场院无事故发生。

【瑞丽市农机公司改为瑞丽市农机股份合作制公司】 1999年，由云南省农机公司聘请大理州大理苍耳会计师事务所对瑞丽市农机公司国有资产进行评估，确认国有资产93.51万元，按规定扣除终止在职职工国有企业职工身份的生活补助费及安置费，离退休职工养老金及医疗费等非经费性资产余额29.3401万元。经云南省机械工业厅〔云机办字（1999）第02号〕、云南省国有资产管理局〔云国资企字（1999）第20号〕批复同意，从1999年元月起，瑞丽市农机公司改制为瑞丽市农机股份合作制公司。

【开展扶贫工作】 1999年，德宏州农机局认真抓了盈江芒璋乡线帕村扶贫点工作：一是干部到位，年内州局和直属单位领导对扶贫点进行走访、调查，并抽调两名干部参加村建、驻村帮扶。二是广泛动员直属各单位和职工帮扶，共筹集资金2万元，投入扶贫点建设。三是落实党员结对帮扶，州直农机系统的33名在职党员，全部参加结对帮扶，共筹集帮扶贫困户款4000元，使线帕村20户贫困户得到帮助。

（《农业机械》
撰稿　孔　锐）
（见《州情概览》32页）

旅　　游

【瑞丽成为中国优秀旅游城市】 1999年1月3~7日，在广西桂林召开的全国旅游工作会议暨创建中国优秀旅游城市工作会议上，瑞丽按《创建中国优秀旅游城市试行标准》中的18大项、153个小项的严格要求，已顺利通过国家旅游局的验收，成为全国首批"中国优秀旅游城市"之一。9日，出席全国旅游工作会议的市长思立章，从桂林捧回了"中国优秀旅游城市"奖杯和证书。市委、市政府在环岛举行了欢迎仪式。

（陈　江）

【举办盈江首次灯会】 1999年2月15日至3月3日，盈江县城建局与四川自贡灯展团共同在盈湖公园举办"'99盈江之春'灯火大拜年庆祝活动"。这次灯会共制作6座大型火炬，12组灯组、景点，400多只大小风车，400盏工艺灯。灯组景点取材于中国民间传统故事，灯具制作精良，配合现代科技的灯控声光技术，展出效果较好。灯会期间，那些各式各样的灯展与周围数不清的彩旗、彩灯，相互辉映，神奇浪漫，令人心旷神怡，使3万余各族群众和中外游客大开眼界。

（陈春刚）

【南姑河淘宝场一期工程竣工】 1999年4月15日，瑞丽市南姑河淘宝场第一期工程竣工，市旅游局与旅游淘宝场责任公司在该地举行了隆重的开业庆典。来自省内外的各新闻单位、市内的15家旅行社和'99世博会接待定点单位代表400余人参加庆典。瑞丽淘宝场位于瑞丽市弄岛乡，占地60万平方米。南姑河岸边建起一排排具有东南亚民族风格的建筑，有集餐饮、宝石加工、购物于一体的大型综合间，有休闲娱乐中心、职工住宅、办公室和票务等配套设施。瑞丽推出的淘宝之旅，是国内目前唯一的特种旅游项目。今天的旅游淘宝场，正以全新的面貌迎接海内外旅客。

（陈　江）

【畹町生态园开业迎宾】 1999年4月18日，由辽宁省抚顺市天仪股份有限公司与瑞丽市畹町经济开发区共同投资兴建的边境旅游重点项目——畹町生态园开业迎宾。该园以生态观赏为特点，发展奇花异木珍禽异兽，一期工程投资2000万元，占地300亩，自1998年破土动工，经一年时间建设，目前已建成孔雀园、百鸟谷、动物园、蟒蛇园、生态标本馆等区。区内依山傍水，热带雨林郁郁苍苍，现有豹、熊、猴、蟒、孔雀、驼鸟、天鹅等珍稀禽兽。其中孔雀园内有绿、蓝、白三色孔雀300余只，是云南最大的孔雀园。1999年4月被省旅游局定为世博会旅游接待定点单位。

（陈　江）

【郑菊被评为云南优质服务明星】 1999年11月23日，在云南省窗口行业迎世博创百佳优质服务竞赛颁奖大会上，德宏州瑞丽凯通国际大酒店客房部领班郑菊荣获云南省总工会、省委宣传部和省园艺博览局联合颁发的优秀服务明星奖。

（杨星明）

【瑞丽市歌获特别金奖】 1999年11月26日，全国首届旅游歌曲大奖赛在广州揭晓，瑞丽市捧回了两个金奖奖杯。这次旅游歌曲大赛，共有200多家单位报名参加，最后有39家进入总决赛。经评委会严格评选，瑞丽选送的瑞丽市歌《有一个美丽的地方》，获此次大赛最高奖——特别金奖。同时获MTV制作奖。

（陈　江）

【抓好外联促销】 1999年，德宏州旅游局全方位加大旅游宣传促销力度。一是组织参加省“’99世博之旅”为主题的对外宣传促销活动，分赴全国进行德宏州居民族歌舞表演、国内旅游交易会和对外友好交流活动。二是邀请和组织国内重点客源地的20多批近100人次的新闻记者与旅行商到德宏考察。三是认真组织参加’99中国国内旅游交易会。瑞丽局展台获优秀展台奖。四是将全州旅游主管部门、景区（点）、旅游企业分别上了云南旅游及德宏电信英特网。另外，香港文汇报、世博快报、中国旅游报、云南日报、东陆时报、德宏团结报、中央及国内省级电视台都长时间、高起点、多侧面地报道了德宏旅游业。五是配合有关部门将景颇民俗文化带入北京，参加系列活动，产生轰动效应。六是贷款100万元，制作《德宏旅游》画册10万册、扑克10万幅、挂历1万幅分送全国。七是成功运作全国独一无二的大象跨国境赶街的旅游项目。

【加强旅游管理】 1999年，德宏州旅游局为全力做好州委、州政府《关于加强全州旅游市场管理规定的有关规定》的贯彻执行，深入各旅游企业调研，多方征求意见，并制定了《关于贯彻执行州人民政府〈关于加强全州旅游市场管理的有关规定〉实施办法》。调整和规范了全州旅游线路，制定全州统一价格，规定了全州15个区旅游景点、6家旅游定点购物单位，以及除星级和定点饭店外的旅游定点餐饮单位，制定了“团队行程计划书”，实行州内景点奖惩制度。

【业务培训】 1999年，德宏州旅游局为做好世博会德宏分流客源的接待工作，进一步提高全行业员工素质，以“内强素质，外树形象”为目标，全年全州培训员工1781人，其中宾馆酒店服务员1320人，导游员400人，外语类培训61人。

【整治旅游市场】 1999年，德宏州旅游部门共受理游客投诉19起，调查处置19起，共赔偿金额28246元，投诉结案率达100%。年内，州旅游局组织开展了世博会前、后的两次旅游市场专项整治活动，共进行市场检查92次，其中检查旅行社46家次，可陪人员1320人次，定点商店13家次，旅游车辆123辆次，景点景区27家次。对检查中发现的违纪违规行为分别视情况作出处理。通过整治，严厉打击了扰乱旅游市场的不法人员，树立了旅游主管部门的威信，德宏旅游市场秩序明显好转。

（《旅游》撰稿除署名外，均为姚宏科）

（见《州情概览》36页）

农　垦

云南省农垦集团有限责任公司德宏分公司

【督导检查农业结构调整】 1999年1月4日至10日，德宏农垦分局组织由分局局长、书记、副局长，各农场场长、书记、主管农业的副场长，生产科长，瑞丽热带作物科学研究所所长等共20人组成的检查组，对垦区农业产业结构调整实施情况进行督导检查。检查组对5个农场、1个科研单位，13个分场、26个生产队的农业产业结构调整实施情况作了检查，听取了农场和热作所的汇报，查看了现场，与部份基层干部及生产单位进行交流。检查结束前进行了讨论总结，肯定了取得的成绩，找出了存在的问题，制定了改进措施。

【企、事业公安机构体制改革】 根据上级公安机关的文件精神及人事部门的要求，德宏农垦企、事业公安机构体制改革工作继续进行。1999年1月，由州公安局、州人事局及农垦分局有关部门组成联合审查组到各县、市农场派出所进行转警前人员的资格审查。垦区原有105名公安民警，经过资格审查，有71人符合转警资格条件。通过参加省人事厅公务员录用考试，有59名原农垦公安民警考试合格。由于德宏州公安局和州人事局在工作上的支持，加快了垦区企、事业公安机构的体制改革工作。

【民主评议领导干部】 1999年3月，德宏农垦开展了职代会民主评议企、事业领导干部工作。共评议企、事业领导干部35人，其中信任度达到90%以上的10人，信任度在中间阶层的24人，信任度达不到最低要求的1人。评议结束后，农垦分局党委对评议结果作了认真分析，对信任度高的领导干部，给予表彰鼓励；对信任度在中间层次的领导干部，分别指出工作中存在的问题；对信任度达不到最低要求的领导干部，免去领导干部职务，另行安排一般干部工作。通过评议，加强了企业的党风廉政建设，密切了党群和干群关系，促进了企业的改革和发展。

【农垦建筑公司推出歇业解散改制方案】 德宏农垦建筑公司由于流动资金短缺，施工设备简陋，企业资质不高，缺乏市场竞争能力，自1995年以来一直处于全面停业状态。1999年4月，经公司职代会讨论通过，公司推出了歇业解散公司的改制方案，提出以公司土地资产变现形式安置职工办法。德宏农垦分局批准了该公司的改制方案，向潞西市人民政府提交了采取歇业解散农垦建筑公司，并以土地资产变现形式安置职工的请示报告，待政府批示后实施。

【芒市民族橡胶厂宣告破产】 德宏州芒市民族橡胶厂因经营管理不善，盲目扩大生产规模，缺乏资金投入，造成严重亏损，企业资不抵债。1998年末，资产负债已达8千余万元。1999年4月，该厂向德宏州经贸委提出破产申请，经德宏州中级人民法院11月19日以德经矿字（1999）第01号民事裁定书裁定芒市民族橡胶厂破产还债。由德宏州中级人民法院指派组成的芒市民族橡胶厂破产清算小组，于12月1日进驻该厂，对该企业实施全面接管，并对该企业财产进行保管、清理、估价、处理和分配。

【调解停发退休人员津贴问题】 1999年6月29日，由德宏农垦分局局长及有关部门的同志到陇川农场听取关于退休人员对陇川农场因经济困难而停止执行地方性津贴补贴问题的情况汇报，并两次召开退休人员代表会议（参会人员近120余人），听取退休人员对停止执行地方性津贴问题的意见。分局领导干部在会上宣讲有关政策。并对农场目前的经济状况与经济承受能力的关系做了详细分析。通过工作，退休职工了解了有关政策及农场目前的经济状况。此举对退休人员的稳定起到了积极作用。

【召开经济工作与体制改革会】 1999年7月15日，德宏农垦分局召开经济工作与体制改革会议。会议传达贯彻了云南省农垦集团公司蒙自会议精神，并结合德宏农垦区的实际提出了下一步的工作思路。会上，首次提出对垦区农业企业职工实行“职工身份、农民管理”的改革目标。

【场（厂）、队务公开】 1999年8月20日，根据上级要求，德宏农垦分局成立了由分局党、政、工、纪主要负责人参加的场（厂）、队务公开领导协调小组，并成立了办公室。10月25日至26日，协调小组召集各农场及直属企事业单位的党、政、工、纪主要负责人参加的场（厂）、队务公开工作会议，交流了工作情况，布置了场（厂）、队务公开的工作任务。会后，各单位认真制定场（厂）、队务公开工作实施细则，认真扎实地开展工作。

【补发拖欠企业离退休人员基本养老金】 1999年9月，根据有关文件精神，德宏垦区进行补发拖欠企业离退休人员基本养老金工作。各单位对历年拖欠离退休人员基本养老金情况进行了认真清理，及时将社会保障资金足额发放兑现到有关离退休人员手中，实际补发拖欠金额2766.16万元，领取补发拖欠基本养老金人数为7506人。

【召开德宏州农垦分局第二次党代会】 为选举出席德宏州第四次党代会代表，德宏州农垦分局于1999年10月15日召开了第二次党员代表大会，选举产生了33名出席州第四次党代会代表。

【召开咖啡冬管工作会议】 1999年10月18日，德宏农垦分局在瑞丽热带农业科学研究所召开咖啡冬管工作会议，专题研究垦区新发展的咖啡产业的冬管与发展问题，要求对咖啡越冬采取地膜覆盖、草物覆盖的冬管技术措施。此次会议对大面积咖啡安全越冬起到了积极作用。

【开展精神文明建设工作检查】 1999年10月，由临沧农垦分局人员和德宏分局人员共同组成的农垦社会主义精神文明建设工作情况检查组，对德宏农垦98年至99年两个年度的社会主义精神文明建设工作进行检查。共抽查了遮放农场、瑞丽农场、陇川农场3个农场及部分分场、生产队。检查组充分肯定了德宏农垦两年来在社会主义精神文明建设工作中取得的成绩，指出了工作中的不足，提出了改进工作的意见。检查结束前，向云南省农垦总局推荐了德宏农垦社会主义精神文明建设工作先进单位名单。陇川农场、遮放农场、农垦总局职工二院获农垦总局社会主义精神文明建设工作先进单位称号和德宏州文明单位称号，陇川农场广线分场机耕队保持了云南省文明单位称号。

【州人大主任会听取农垦分局专题汇报】 1999年11月23日，德宏州人大主任会议听取了德宏农垦分局对所属企事业单位情况的专题汇报。德宏农垦分局局长肖大明对农垦45年屯垦戍边情况进行回顾，对农垦当前的经济工作，农垦面临的各种困难及农垦的改革情况等作了全面汇报。会后，州政府对州内各县市发了会议纪要。“纪要”充分肯定农垦对边疆建设，民族团结作出的贡献，同意农垦对所属农业企业职工实行“职工身份、农民管理”的改革思路，要求各县市政府想尽一切办法，帮助农垦企业减轻负担，克服困难。

【肖大明等任德宏电力股份有限公司董事】 1999年12月22日，由德宏农垦分局局长肖大明带队的四位同志以股东身份参加州电力股份公司创立大会，经股东大会选举，肖大明、杨良骧、邢苏文、李茂增当选为德宏电力股份有限公司董事。

【德宏农垦分局制定各项管理制度】 1999年12月，德宏农垦分局针对工作上各项管理无制度的状况，制定了分局经营管理会议制度、局长办公会议制度。机关学习会议制度、财务管理制度、机关行政管理制度、机关干部守则和机关各科室（部门）岗任责任制等各项管理制度。这些管理制度的建立，对于改进分局机关的工作作风和规范分局机关的管理起到积极作用。

【推广橡胶新割制】 1999年，德宏农垦在98年试点的基础上，全面推广了橡胶新割制。年内开割橡胶面积3752.99公顷，其中采用新割制面积为3051.94公顷；开割橡胶117.82万株，其中采用新割制橡胶有81.53万株。推广橡胶新割制，提高了干胶产量，减少了割胶刀次，延长了胶树的经济寿命，节约了劳动力，减轻了劳动强度。

【完成“农转非”工作】 根据有关文件精神，1999年度德宏农垦进行系统内职工及家属户口“农转非”工作。在州、县（市）政府及各县（市）公安、计委、粮食等部门的领导、支持下，垦区圆满完成了系统内职工及家属户口“农转非”工作。共办理“农转非”户口11514人、29061户。

（张　赤）

（见《州情概览》98页）

芒市华侨实业总公司

【基础设施建设】 1999年，芒市华侨实业总公司基本建设投资共158万元。其中：更换糖厂汽轮发电机120万元；修缮帕底管区水库和场内蔗区道路38万元。

【加大改革力度】 1999年，华侨实业总公司加大改革力度，采取了如下改革措施：一、抓好经济体制改革的前期准备工作。对农作物和土地面积做了摸底调查，核定“两田”。完成遮相营区职工家庭联产承包土地使用证的颁发工作。同时对转场员的人数、补偿金、离退休人员的养老统筹金等进行测算。农场的改革方案经市、州两级人民政府批准上报省政府。

二、进一步完善市场目标成本管理，建立健全成本责任风险制度。对糖厂、茶叶公司、产品经营公司等单位实行目标成本管理。对吨糖成本、出糖率、吨茶成本、吨销售费用几项主要指标进行考核。推行市场目标成本管理后，98/99榨季节约生产费用及各种物化费用380万元，总成本下降444万元。在全州同行业同等条件下亏损额最少。其他单位实行费用包干后，有效地降低了生产成本和销售费用。

三、建立以人为本的激励和制约机制。对农业公司生产队实行“一长制”，试行“年薪制”，根据生产队大小、责任大小，确定5000－7000元不等的年薪，与考核指标挂勾。工商企业实行单性工作制和单性工资制。此举有效地增强了管理人员的事业心和责任心，促进了生产发展。

四、进一步改革财务管理制度。对产品公司、茶叶公司、糖厂、农业公司等4个重点单位的财务科长实行委派制度。此举对公司的资金调控、资金的安全运行、监督使用起到积极的作用，保证了全场职工、离退休人员的基本生活及生产必需资金的落实。

五、坚持对干部的年度考核，建立和完善干部的考核制度。由总公司党委、办公室、人事科组织对公司二级班子领导干部进行评议和考核。以德、能、勤、绩四大项的16个方面为主要内容，坚持使用与考核相结合，引入竞争机制，增强了领导干部的紧迫感。同时对二级班子进行轮岗和调整。

六、逐步完善医疗管理。在“大病统筹、小病自理”的原则下，根据企业实际，取消门诊医疗包干费，并按不同工龄调整住院报销比例。对“三种病”医疗费报销作了必要的调整。

【关心职工生活】 1999年，芒市华侨实业总公司为丰富老年人的精神生活，投资2万余元，修建老协一、二、三分会的门球场。年内，为离休老同志增发和补发了6万余元离休金。中秋、春节总公司又拿出40余万元，对职工和离退休人员进行节日慰问。

（《芒市华侨实业总公司》撰稿　张　丽）

（见《州情概览》102页）

财　税　金　融

财　　政

△**【预算外资金管理】** 1999年，德宏州财政针对过去预算外资金管理不严，收支混乱等问题，进一步加强预算外资金“收支两条线”管理，完善预算外资金统筹管理办法，初步形成预算内外资金统筹使用的新机制。年内，州本级在17个单位率先推行行政事业性收费“收缴分离”办法，取得显著成效。全州财政专户收入7559万元，专户支出7212万元。其中：州本级专户收入2974万元，按规定归单位专户支出2646万元，政府调控为328万元，对促进财政收支平衡起到积极作用。年内，加强执法监督和检查力度，共查处收缴“小金库”资金102.5万元，依法移交司法机关立案1户。

【“以奖代补”】 1999年，从德宏州财政收支执行情况看，只有梁河县、陇川县完成地方财政收入任务。梁河县比上年增6%，陇川县比上年增6.7%，可完成“以奖代补”考核任务。其他县市只能部分完成确定“以奖代补”考核任务。全州预计可得到省政府“以奖代补”奖励资金600万元。

【争取增资补助费】 1999年，根据中央12号文件精神及省委、省政府的有关规定，德宏州政府将州财政困难的实情向上级反映，积极争取上级补助资金。全州需增加调整收入3000万元。通过努力，得到省财政增资补助2584万元，并及时兑现到干部职工手中。

【“零基预算”】 1999年，德宏州本级试行“零基预算”，取消各部门各单位历年来形成的基数，按照公平、公开、公正的原则和遵循科学化、民主化决策安排行政事业单位的预算，规范了预算管理。年初、州政府与州级各行政事业单位签订财政经费包干使用责任书。为调动各单位增收节支的积极性，制定了奖惩办法。经过一年运行，取得良好效果，达到加强财政资金管理的目的。

【推进“三项制度”改革】 1999年，德宏州建立和完善了全州企业职工基本养老制度、国有企业下岗职工基本生活保障制度、城镇居民最低生活保障制度（三项制度）。全年财政投入资金726万元，其中中央、省财政补助提高三项社会保障制度标准及补发拖欠企业离退休金补助452万元，省财政厅专项补助186万元，地方财政补助88万元。

【完成第三期农业综合开发】 1999年，德宏州顺利完成第三期农业综合开发任务，共到位资金2471.8万元，占计划数3272.2万元的75.54%。年内完成中低产田改造3.05万亩，人工造林0.52万亩，冬玉米、冬大豆等试范推广3.96万亩，种植柠檬、魔芋0.29万亩，畜牧养殖1.05万头，完成加工项目2个。此外，认真编制了2000年农业综合开发项目建议书。年内，省财政厅已确定德宏州2000年项目投资计划为2847万元。

（许洪宏）

【开展统一报表工作】 1999年，根据国家财政部决定开展“统一报表”工作的精神，德宏州财政、国资局成立领导小组，多次召开财政、国资“统一报表”会议，通过协调、研究、部署安排，全面完成了“统一报表”汇总上报工作。99年的“统一报表”按国有企业类、金融企业类、城镇集体企业类、行政事业单位等类型统计，对全州1294户进行了资产存量统计，合计资产总额71.85亿元，其中国有企业、单位户数1039户，资产总额为53.17亿元；全州国有企业户数263户，资产总额为40.22亿元，比上年增1.67亿元，增4.33%；全州城镇集体企业户数199户，资产总额8.36亿元，减0.01亿元，减0.02%；全州行政事业单位年汇总单位户数776户，资产总额15.06亿元，增加1.55亿元，增9.72%。

【资产评估】 1999年，德宏国资局为实现全州3个评估机构从名称、人员、职能和财务等方面与行政主管部门脱钩改制的目标，成立了清理小组，对全州资产评估机构进行全面整改，开展了资产清查、产权界定、财务审计、资产处置等工作。全年全州完成资产评估业务99项，资产评估值达11.6亿元，增值率21%。其中：国有性质的38项，评估值11.33亿元，比评估前帐面调整值94345万元，增值18959万元，增值率为20%。全州完成整体资产评估项目21个，土地评估25项。

【开展全州行政事业单位国资产清理】 根据德政发（1999）93号文件《关于加强行政事业单位国有资产清理登记管理的通知》，州国资局对州直135户行政事业单位占有、使用的国有资产进行清查。清查结果：截止1999年10月31日，固定资产总值28596万元，平均每户占有使用的资产212万元。通过清查工作，对达不到固定资产价值者，转调为低值易耗品管理的资产价值17万元；处理历年因资产处理未按规定报批，而进行补办审批手续的不良资产105万元；此处，对1023万元因房改后产权发生变更的住房资产进行了核减。

【清产核资工作获奖】 1999年，德宏州清产核资办公室被评为“全国清产核资先进集体”；潞西市、盈江县清产核资办公室被评为“全省先进集体”，有6人评为全省清产核资先进个人；在州政府对清产核资工作的表彰中，有10个先进集体和40名先进个人受到表彰。

【完成全州乡镇集体企业清产核资工作】 全州乡镇集体企业清产工作，从1998年9月开始到1999年12月结束。参加此次清产核资工作的企业共346户，其中农业企业96户、工业企业142户、施工企业20户、交通运输企业1户、商品流通企业40户、旅游饮食服务业25户、其它企业22户。其主要工作阶段是：一、资产清查。通过清查，摸清了全州乡镇集体企业的家底。全州有346户企业，资产总额为90135万元，平均每户占有资产261万元，其中流动资产26124万元，占29%；固定资产60309万元，占66.9%；其它资产3702万元，占4.1%。负债总额73796万元，平均资产负债率81.87%，资产负债率超过100%的资不低债企业有29户，占8.38%。全部资产损失资金挂帐，不良资产总额15221万元，占资产总额的16.89%。二、固定资产价值重估。根据财政部清产办《固定资产价值重估实施细则》规定，对固定资产原值在200万元以上的企业并在93年底形成的固定资产进行重估。全州对7户乡镇集体企业进行固定资产价值重估。7户企业全固定资产原值为6017万元，重估后固定资产原值增827万元，净值增357万元。三、产权界定。这项工作是此次清产核资工作的难点和重点，政策性强、情况复杂、涉及面户、操作难度大。全州清产办经过认真学习文件政策，深入实际调查研究、协调工作，本着来源清楚，界定正确、确认合理、手续完善，解决问题不留尾巴，不留隐患的要求，确保了工作质量，并完成了工作任务。四、整章建制。整章建制工作是在摸清家底，明晰产权的基础上，对清产核资工作中暴露出来的产权管理、资产管理、经营管理、财务管理等方面进行认真分析研究，并提出具体的可行性意见、制定出具体措施，以加强管理，堵塞漏洞，提高经济效益。

（何学明）

（见《州情概览》36页）

税　　务

国　　税

【税源状况】　1999年德宏税源大幅度锐减。由于边贸业萧条，国内市场疲软，造成大部分企业经济效益持续下滑，特别是重点税源制糖业，连续三个榨季亏损，产品滞销，价格猛跌，造成税收锐减。加之，原部分正常纳税企业改为安置残疾人的福利企业，享受先征后返税收优惠政策，以及年内对甘蔗征收10%的农业税增加了增值税进项税金抵扣等因素，造成国税经济税源总量不足，收入缺口近5000万元。

【税收征管】　1999年，德宏州国税局强化征管，堵塞漏洞，不断深化征管改革，加快其步伐。年末共有办税服务厅9个，其中县城6个，农村乡镇3个；全州征收厅有微机69台；征收户数6737户；征收税款9067万元，占总收入任务的69.8%。6月10日至10月10日在全州范围内进行了三年一次的税务登记证换发工作，共换证6548户，其中内资企业1164户，港澳台商投资企业15户，外商企业20户，个体工商户5349户，清理出漏管22户，查补税款22万元，罚款1万元，加强了税源监控，规范了税务登记户籍管理。

【税务稽查】　1999年德宏州国税稽查充分发扬“四铁”精神，开展了医药行业、金融行业、建材行业、功法组织等专项检查，进一步扩大案件来源，狠抓大案要案查处，并改进了稽查工作方法，采取交叉检查方式，防止了地方保护主义和人情关系对稽查工作的负面影响，提高了稽查质量并起到了现场练兵的作用。全年共稽查各类企业1174户，查补税款1421万元；滞纳金4万元；罚款150元；共入库1555万元，入库率99%；完成上级下达任务的222%。年末，省局的各项考核指标均达到要求。

【出口退税】　1999年，德宏州国税局认真贯彻执行99年国家有关出口退（免）税政策，加快退税进度。“从千方百计扩大出口”的要求出发，在搞好出口退税政策宣传时，还开展了各项专题调查和专项检查工作。年内对全州36户出口退税企业进行清算。此外，在省局的安排下与红河州进出口退税分局进行交叉检查。本局还结合实际，改进申报办法，完善对外承包退税工程，规范统一出口退税凭证、帐薄、单据，建立了一套行之有效的管理办法，加强了出口退税管理，提高了工作质量、工作效率。全年共办理出口退税1.3亿元，为去年的302%，净增8700万元，首次突破亿元大关。

【涉外税收】　1999年德宏州国税局的涉外税收工作，主要是对“超税负返还和期初库存已征税款允许抵扣”两项政策执行情况进行清算检查。五年来，共为8户外商投资企业办理税负增加退税，金额为33.5万元，对9户企业实行期初库存抵扣，抵扣金额达89.4万元，在执行政策中坚持先征后退，严格审批程序，从未出现扩大退税范围和错用税率等问题。同时，积极开展并完成了34户外商投资企业和外国企业的联合年检工作，对35户企业换发税务登记证，加强了涉外税源管理。开展了涉外税收检查，检查了14户企业，查补税款43.3万元，加大了反避税力度。

【内部管理基础工作】　1999年，德宏州国家税务局狠抓内部管理基础工作，使之向规范化、制度化、科学化、合理化迈进。年内州局机关档案目标管理达标，通过州档案局达标评审小组综合检查评定，州局达B1级标准，各县市（区）局均全部达C1级标准。年内州局被评为德宏州1999年度社会治安综合治理文明良好单位。1999年“税收宣传月”活动，由于重点突出，行动早、方法得当、效果明显，获省国税局二等奖。在全州信息工作评比中，被州人民政府办公室评为全州信息工作一等奖。全州国税系统计算机2000年问题的成功解决，受到州政府的通报表彰，并被评为全州解决计算机2000年问题工作先进单位。州局附属单位德瑞酒店，通过潞西市卫生局、爱国卫生运动委员会检查验收，达到了卫生单位各项指标的要求，被评定为1999年度卫生先进单位，受到了挂牌表彰。年内全州国税系统行风评议方面通过州行风办审议，州政府纠风办发文给予充分肯定和高度评价。

【干部队伍建设】　1999年德宏州国税局把加大教育培训力度，提高干部素质做为工作重点，真正做到了“内强素质”。3月，本局有10人通过全国统一考试，被省内大学录取；4月，有11人考取省委党校函授专科，4人考取中央党校行政学院函授本科；同时与昆明理工大学联合举办的会计电算化专业函授（专科）第一学年结束，全体学员顺利升入二年级；截至9月，全州国税系统有88人在就读函授大学。年内州县（市）局共举办40期培训班（或以会代训），共有1321人次参加，这些培训得到了省局和地方政府有关部门的大力支持配合，分别举办了文秘信息、征管业务、防伪税控开票、档案达标、稽查业务、出口退税办税人员、税务统计分析、税收政策和计算机操作系统基础知识等培训班；组织4批共20人参加省局举办的计算机基础知识培训班；10月、11月与州电信局联合举办了两期培训班，共40人参加培训，通过培训基本掌握了计算机数据录入、文字编辑处理等初级知识；为解决2000年问题，进行了计算机2000年问题升级处理方法培训。

年末，全州国税系统共有大专以上学历128人，中专（高中）学历314人，高中以下学历79人。通过采用学历教育和短期培训，年内本局的整体学历结构有了较大改观，已能适应新形势下的税收工作。

【目标管理考核与获奖】　1999年德宏州国税局通过省国税局对口科

室考核，州国税局9个科室全部进入省局目标管理考核先进行列。其中，二等奖5个科室，三等奖4个科室。在省局对全局的综合考核评定中，本局再次进入全省一级局行列，并且名次由原13名上升为第7名。年内瑞丽市国税局勐卯分局被国家税务总局授予云南省唯一的“全国最佳办税服务厅”荣誉称号，梁河县国税局被州委宣传部推选申报“省级精神文明单位”称号，2个分局被省局命名为省级“文明单位”，2个县（市）局被州政府命名为州级“文明单位”。

（《国税》撰稿　杜建波）

（见《州情概览》41页）

地　方　税

【解决千年虫问题】　根据德宏州政府办公室《关于“计算机2000年问题”应急计划和过度安排的通知》文件要求，德宏州地方税务局于1999年3月派出专业人员，对全州地税运用计算机进行税收征收管理的5个单位（瑞丽、盈江、潞西、州直属征收分局、州局机关）的计算机进行了硬件、网络设备、系统软件、应用软件等方面的测试；9月省地税局派出专门检查复测小组，对全州地税系统的计算机进行全面复测。两次测试结果：瑞丽、盈江、州局机关共有20台计算机，因配置较早，硬件均存在“2000年问题”。通过更换硬件和升级软件的方式，及时解决了计算机存在的“2000年问题”。

【开展税收执法检查】　根据国家税务总局关于开展1999年税收执法检查的布置和省地税局的要求，德宏州地税局于7月8日召开了99年度税收执法检查工作会。会上认真学习了税收执法检查的内容及要求，并就全州开展税收执法检查拟定具体的实施方案。经过1个多月的执法检查，州直属征收分局、7个县级局、23个分局、22个税务所都进行了自查，自查面达100%；对36个业务科、室和基层分局、所进行了重点检查，重点检查面达44%。通过执法检查，全州各级地税部门没有发现违反国家税收政策法规的行为。

【加强小税种和零散税种的征管】　1999年，德宏州地税部门加强对小税种的专项检查，做到集零收散，以小补大。潞西市芒市一分局全年征收个人所得税120万元，比上年增55.9%，增收43万元；瑞丽市地税局姐告分局累计征收芒果农特税24.1万元，征收城建税和教育费附加1.3万元；陇川县地税章凤分局共查补建筑安装营业税41.8万元。99年在地税征收的12个工商税种中，除土地增值税和资源税减收外，其余税种的收入均比上年有大幅度增长。全年投资方向调节税增44.2%，增145.6万元；个人所得税增36.2%，增218.5万元；屠宰税增39.8%，增42.1万元；土地使用税增61%，增210.8万元；车船税增230.2%，增209.8万元；印花税增34%，增30.3万元；房产税增38%，增41.3万元；城建税增16.5%，增130.3万元。

【开展非机动车车船使用税征收】　1999年，德宏州地税局认真开展非机动车车船使用税征收入库工作，其具体做法是：一、针对非机动车车船使用税是新开征税目，不被纳税人理解的实际，加大宣传力度。二、认真调查、分析税源的分布情况，周密进行安排，并抽调人员增设征收点。第三、积极主动向当地党委、政府汇报，并得到大力支持，从而使征收工作中出现的情况得以及时解决和处理，确保了征收工作的顺利开展。全年全州共征收非机动车车船使用税43.18万元。

【税务稽查】　1999年，德宏州各级稽查局从工作计划、措施、方案入手，把日常检查同专项稽查工作有机的结合起来，扩大稽查面，增加检查户数，并对一些行业、部门和单位的完成情况，进行了认真的重点稽查。全州地税稽查部门对450户纳税户进行专项稽查，查补税款1216.9万元，入库1144.2万元，入库数比上年增189.89万元，增19.9%。值得一提的是：瑞丽市地税稽查局查处案件6起，查补应纳契税81.56万元；潞西市地税稽查局在公安部门的配合下，对长期拖欠税款的保山市板桥建筑公司第十二施工队队长张为民采取强制措施，追缴税款滞纳金及罚款7.15万元。

【核定个体工商户税款】　1999年，德宏州地方税务部门对实行定期定额征收税款的个体工商户进行重新核定和调整定额工作。主要采取以下有效的征管办法：一、对房屋租赁实行按平方面积和地处繁华程度，参照市场价格进行重新核定和调整。二、对个体从事零星小规模建筑安装的，以建筑面积和建筑物结构为依据，参照国家现行造价计算应纳税金。三、对无帐可查或帐务不健全的纳税人，采取以发票管税和定额的“双定”方法进行征管；对从事饮食的除“双定”征管外，还对承办“宴席”的餐厅、食馆，以收取的宴席收入按次申报纳税。四、对其它行业严格按省局关于核定定额的7项方法进行核定。全年全州对3960户定期定额征收纳税户的核定税款进行了重新核定和调整，占定期定额征收总户数的41%。调整后年增加税款150万元。通过调整工作，缩小了定额与纳税人实际经营收入之间的差距，营造了一个良好的地税征收环境。

【税法宣传】　1999年，德宏州地税部门围绕国家税务总局提出的“依法治税、强国富民”的主题，积极采取有效措施，充分利用媒体开展形式多样的宣传工作。年内，州政府组织召开了’99年税法宣传动员会，与会人员有州直各部、委、办、局、企业、厂矿等负责人200余人。会上杨焰平副州长作了题为《依法治税、强国富民》的重要讲话；州地税局局长作了题为《加强地方税法宣传、强化地方税收征管、保证财政收入增长、促进全州经济发展》的发言。在宣传活动期间，瑞丽市地税局为181户饮食餐馆订挂了“瑞丽市地方税务局提示：就餐后请索要发票”的告示牌。此举收到良好的效果；梁河县地税局组织召开了由156人参加的税法宣传动员会；盈江县地税局抽调征管股、税政股、农税股组成宣传组，利用群众赶集的时机，到各民族乡讲解税收疑难问题，受到群众的称赞。全年全州地税共设立咨询服务台4处，印发宣传材料30000余份，张贴宣传标语200份，悬挂大型横幅标语30幅，举办宣传栏25期，组织召开座谈会6次，参加人员达500余人。

【清理发票】 1999年，德宏州地方税务系统在发票清理工作中，采取自查与重点检查相结合的办法，全面进行了认真清理。全年全州有1682户用票户进行自查，自查面达100%，其中自查有问题的9户，占自查户的0.5%，罚款2400元，补税8600元；重点检查815户，占用票户的49%，有问题的99户，占检查户的12%。查出违章发票730份，依照文件规定对34户进行罚款处理，共罚款2.83万元；对57户进行补征税款11.57万元；罚款补税共计14.4万元。

（《地方税》撰稿　向　斌）

（见《州情概览》41页）

金　融

储蓄存款

【瑞丽万龙娱乐有限公司诈骗案】 1999年5月24日，中国国家外汇管理局德宏支局发现瑞丽万龙娱乐有限公司持假的中国银行“确认书”参加年检。于是德宏支局立即收缴假“确认书”，向社会声明作废，并将情况向有关部门通报。经公安部门查实，该企业已诈骗资金500万元左右，由于发现早，及时采取措施，避免了更多企业和个人受骗。

【开展“反假币宣传周”活动】 1999年6月13日至19日，德宏州金融系统开展声势浩大的“反假币宣传周”活动。此活动充分利用广播、电视、报刊等媒体进行宣传，并结合边疆少数民族地区特点，利用傣语、景颇语等当地少数语言文字进行宣传。宣传周期间，全州各金融机构营业网点共悬挂布标160幅；设立小票残损币兑换点20多处，其兑换小票、残损币270余万元。此外，全年缴获假币29030元(指交到人行州中心支行部分)，公检法破获贩卖假币3起，抓获罪犯6人。

【开展“三讲”教育活动】 1999年，人行德宏州中心支行、县市支行的“三讲”教育于8月23日开始，分别于11月11日、30日结束，历时两个多月。通过“思想发动，学习提高”、“自我剖析，听取意见”、“交流思想、开展批评”、“认真整改，巩固成果”四个阶段的工作，顺利地完成了各个阶段的任务，通过“三讲”教育和全面整改，全面加强了全辖人行系统领导班子和干部队伍建设，进一步完善了党内监督、财务、车辆、考勤等制度，行风行貌焕然一新，基本达到“三讲”教育的目的。

【储蓄存款平稳增长】 1999年，德宏州金融机构以经济效益为中心，盘活存量为重点，积极组织存款。年末全州城乡储蓄存款余额达31.3亿元，比上年增25931万元，增9.03%。储蓄存款占各项存款余额的69.4%，在各项存款余额中居首位。其中：活期存款余额11.6亿元，比上年增23059万元，增24.8%；定期存款余额19.7亿元，比上年增2872万元，增1.48%。储蓄存款平稳增长有以下特点：一是中央银行认真执行货币政策，充分发挥货币政策的作用，适当扩大货币供应量。全州金融机构一方面坚持扩大内需的方针，积极促进消费；一方面大力组织存款筹集资金，支持全州经济发展。二是年内国家连续7次下调利率，加之开征利息税，城乡储蓄存款表现为：上半年存款增长幅度快；下半年存款增长缓慢，比上年降3.86个百分点，其中活期存款增幅大于定期存款增幅23.32个百分点。这表明居民支付能力增强，有的居民开始考虑减少存款，把方向转向投资和消费。三是三期凭证式国债发行任务顺利完成，表明国家扩大内需促进消费、投资等一系列政策开始对居民产生影响。四是发展储蓄和扩大内需并不矛盾。城乡居民除消费外，对股市、证券、产业投资等领域不熟悉，不敢轻易涉足，更多的是还在观望。加之就业、养老、医疗、教育、住房等因素，安全方便的储蓄存款仍将是城乡居民多数人的首选。因此，银行的储蓄工作不仅不能削弱，服务还应加强，金融品种和工具要按市场要求不断扩大和改进，满足社会各阶层群众的不同要求。

【党组建设】 1999年，是人民银行管理体制改革第一年，也是党的关系实行垂直领导体制的第一年。人行德宏州中心支行根据总分行党委的要求，于3月重新建立人民银行各县市支行党组，对各县市支行党组书记和党组成员进行任职；5月各县市支行改选党支部委员会，组成新一届党支部委员会；6月人行德宏州中心支行机关成立3个党支部，选举产生3个党支部委员会，充实了州中支机关党支部委员会会员3名（州中心支行党总支部委员会由5人组成），同时各党支部分设了党小组。年内积极开展党支部活动，选送15名入党积极分子到当地（州县市）机关工委参加培训学习，并发展预备党员10人。

（《储蓄存款》撰稿　闫焕美）

政策性金融

【严把贷款发放关】 1999年，德宏州农业发展银行认真贯彻执行“收一斤粮、贷一斤粮款”的政策规定。在做好大小春粮油收购资金测算的同时，与粮食购销企业密切配合，认真核打收购码单，核实收购品种、数量，按收购进度适时安排资金，做到既保证收购顺利进行，不发生资金脱供打“白条”，又避免了超量贷款或资金闲置占用的发生。年内累计发放收购（调销）贷款6892万元，支持粮食购销企业收购粮食7366万斤（贸易粮）、油脂258万斤。做到既体现了敞开收购农民余粮的政策，又保护了农民种粮的积极性，发挥了政策性金融支持经济发展、稳定社会、稳定边疆的作用。

【管好库存实物】 1999年，德宏州各级农业发展银行认真履行工作职责，与各县市粮油总公司和各分公司密切配合，对各分公司的粮油库存从粮仓分布、仓储品种、数量、储存时间及新粮入库、粮油移库、调销等各个环节，逐项进行盘查和详细登记，做到情况清楚，心中有数。针对粮食调销困难、超储突出，粮食陈化变质严重的状况，积极协助粮食部门抓紧对陈化粮的质检鉴定，按政策要求积极向当地政府汇报反映处理意见和建议，力争通过妥善处理，既减轻企业包袱，又把处理中所带来的贷款损失减少到最低程度。

【抓好销售货款归行】 1999年，德宏州农业发展银行部门在认真执行"销一斤粮，收回一斤粮的本息"的政策，一方面加强向政府汇报和与财政、粮食部门联系、讲清顺价销售和销售货款归行的重要性，取得理解和支持；另一方面积极了解市场信息，帮助粮食部门对外调销粮食，协助催收外地州拖欠的粮食结算款。对企业回笼的销售货款，通过严格帐户管理，督促全额归行并严格执行"及时、规范分割、全额分摊利息和足额收贷收息"的规定。全年回笼销售货款8428万元，从中收回贷款7952万元、收回当期利息390万元、收回欠息62万元。杜绝了销售货款体外循环的现象。

【清收陈欠贷款】 1999年，德宏州粮油附营业务占用的865万元贷款是1998年业务划转后遗留下来的老大难贷款，制约着信贷资产质量的提高。经州县两级农发行多次与粮食企业协商联系，陈述利弊，在取得理解和配合下，组织收回71万元。与上年相比，全州农业发展银行不合理占用贷款降8.2个百分点。

【电子化建设】 1999年，德宏州农发行系统一是加强了对微机应用技术的指导和培训；二是为门柜业务、信息统计等部门配齐了微机。通过努力，于4月全州各县市支行全部实现对公业务由手工操作改为微机处理；7月实现信息统计由手工操作改变为微机处理；11月开通州级金融系统计算机信贷咨询系统；12月省州两级电子邮件系统投入使用。此外，在州政府、州人行等的指导帮助下，杜绝了计算机2000年问题，保证了全州农业发展银行计算机运行的平稳过渡。

【强化稽核检查】 1999年，德宏州分行在人少任务重的情况下，坚持按规定对辖属各县市支行粮油收购贷款使用情况进行定期稽核。全年投入192个工作日，分别对各县市支行粮油收购资金管理和使用情况现场稽核5次；对财务会计稽核2次；对会计内控制度执行、会计工作等级行及养老保险、统筹基金各稽核1次，提出整改措施和建议25条。从而保障了收购资金封闭运行的健康运转。

【精神文明建设】 1999年，德宏州农发行系统在精神文明建设方面取得了新成果。年内主要抓好以下工作：一是通过组织开展对"法轮功"邪教的揭批，提高干部职工的"四爱思想"。二是通过连续两年实现收购资金封闭运行的事实，激发全行员工进一步做好工作的信心和决心。三是以"艰苦创业、爱岗敬业、廉洁从业、建功立业"为主题，开展创建"青年文明号"活动。年内经团州委和州人行考核，授于陇川县支行营业室为1998年州级"青年文明号"光荣称号。荣获这一光荣称号的营业单位占全州总数的75%。此外，州分行被评为全省农业发展银行优秀单位。

【德宏州农发行首次盈利】 1999年，德宏州农发行加强核算，努力改善财务状况。年内重点抓好以下工作：一是强化效益观念，增强政策性银行也是银行的意识，加强对回笼销售货款的监督管理，做到准确分到资金，对利息应收尽收。二是积极与财政协调，做好补贴资金的到位和使用。三是积极帮助企业促销、清收应收货款，扩大收息来源。三是灵活调度信贷资金，减少系统内借款4302万元，相应减少系统内借款利息2600多万元。四是严格财务管理，合理控制费用开支。五是加强会计工作制度化、规范化建设，提高会计核算质量。经过努力，全州农业发展银行第一次实现盈利16万元。较好地体现了农业政策性金融"保本微利"的政策目标。

【圆满完成核定目标】 1999年，通过狠抓"两基"（即抓基层行管理、抓基础工作），强化"两个支撑"（即强化全行规范化管理、强化全员学习培训），以收购资金封闭运行为中心的七项考核指标取得明显成效。具体为：一、当年新增收购贷款与新增粮油收购值的比率达100%；二、回笼销售货款归行率达100%；三、回笼销售货款收贷率达100%；四、贷款利息收回率达95.87%；五、其它不合理占用贷款下降率达8.29%；六、信贷资金运用率达93.5%，其中贷款利息收回率、其它不合理占用贷款下降率和信贷资金运用率分别超额2.87、1.29和0.5个百分点，圆满完成上级行核定的政策目标。

（《政策性金融》撰稿 谢成良）

工商信贷

【审计合格】 1999年，按照国家审计署的统一部署，对工商银行进行全面审计。为此，中国工商银行德宏州分行在年初就成立了财务信贷审计领导小组，开始进行自查、整改，做好迎接国家审计署开展审计工作的准备。5月25日，国家审计署驻昆明特派办审计小组正式进驻德宏实施全面审计，经16天的审计，于6月10日结束，国家审计署驻昆特派办审计小组签发了25份"审计认定书"；与此同时，各县市支行也完成了州审计局组织的对各支行的审计工作。通过今年对工商银行的全面审计，进一步提高了工商银行的经营管理水平。

【开展"三讲"教育活动】 1999年10月10日至11月30日，中国工商银行德宏州分行开展了"三讲"教育活动，参加人员是州分行领导班子、行级党员领导干部，县（市）支行领导班子及党员正副行长，共21人。在教育活动中，采取整风的方式开展教育活动，共征求到297条意见。州分行党委班子和行政党员领导干部，按照中央提出的4个方面要求和中央金融工委要求着重解决的5个方面的问题，认真查摆了自1992年以来党性党风方面存在的主要问题，从主观方面深入分析问题的成因，撰写班子和个人的剖析材料，提出今后努力的方向，针对州分行党委存在的6个方面突出的问题，提出了7个方面24条整改意见。此次“三讲”教育活动，达到了预期目的。

【组织储蓄存款】 1999年，中国工商银行德宏州分行面对激烈的同业竞争、利率多次下调的严峻形势，做到早计划、早安排，研究制定了有关的劳动竞赛办法，在储蓄部门开展“最佳储蓄所”、“最佳储蓄员”活动，并以代发工资为突破口，带动其他中间业务的开展。经全行员工的努力工作，至年末，储蓄存款比上年净增5530万元，完成省分行下达年计划任务的115.2%，完成发行国债850万元的任务。

【电子化建设】 1999年，中国工商银行德宏州分行加大对科学技术力量的投入，实现了全州所有网点的大机延伸，电脑网点覆盖率由上年的94.6%升到97.3%；改善了州分行机房环境和设施，完成了全州资金汇划系统投产、信贷台帐、牡丹卡系统升级和机关办公网络系统建设，开通了机关所有业务部门的电子邮件，改善了办公条件；完成了计算机设备和软件更换，使全行所有的计算机顺利解决了“2000年”问题。

【加强党建】 1999年，中国工商银行德宏州分行在组建州分行党委和纪委后，进一步充实纪委，增补了2名纪委委员，完善了纪委班子；成立州分行党委的工作部门－办公室、组织部、宣传部、统战群工部；对所辖六个支行的党支部进行调整充实，组建了新的党支部班子；任命了团委书记，组建了州分行团委。

【开展组织机构改革】 1999年，中国工商银行德宏州分行完成了州分行内设科室的设置；组建了州分行营业部；完成了畹町市支行降格并入瑞丽市支行事宜；完成了对州分行机关科室负责人和州分行营业部正副总经理、县（市）支行正副行长第三轮聘任工作。

（《工商信贷》撰稿　吴昆建）

农村金融

【开展“三讲”教育】 1999年9月至10月底，德宏州农行党委按照中央〔1998〕17号文件和中央金融工委、农总行党委的安排布置，开展了“三讲”教育活动。参加人员有州农行机关副处级以上党员领导干部5人，各县（市）支行领导班子成员18人。在省分行巡视组的指导下，全行的“三讲”教育分四个阶段依次进行。通过开展严肃认真的“三讲”教育，考核了各级行的领导班子，找准了存在的主要问题，并制定切实可行的整改措施，基本达到了“三讲”目的。

【保持存量增量市场份额三项第一】 1999年，德宏州农行各项存款继续增长，年末余额达13.42亿元，比上年净增2.27亿元，完成省行下达计划的151.7%，市场份额提高3个百分点，在全州金融系统中，连续3年保持存量、增量、市场份额三项第一。各项贷款余额达14.98亿元，比上年净增4989万元，贷款总量、增量也双双名列全州金融系统榜首。

【电子化建设】 1999年，德宏州农行进一步加快全行58个营业网点电子化建设，全部实现电子化操作，并成功地解决了计算机2000年问题。

【精神文明建设】 1999年，德宏州农行经严格复查后，再次被云南省委、省人民政府授予省级“文明单位”称号。州农行和梁河县农行被德宏州委、州人民政府评选为州级“安全文明单位”。瑞丽市农行被省委、省精神文明建设指导委员会授予“创建文明行业窗口先进单位”荣誉称号。在全州农行56个基层营业网点中，有19个分别被人总行、农总行及省、州团委、人行、农行考评为“青年文明号”，占网点总数的34%。此外，潞西市农行芒海营业所景颇族干部何忠文，被中国农业银行总行党委授予“优秀共产党员”荣誉称号，这是云南省农行系统唯一获此殊荣的员工；盈江县农行营业室傣族女工李成凤，荣获第三届“德宏十大杰出青年”提名奖。

【信贷扶贫】 1999年，德宏州农行全力支持全州的农业综合开发和扶贫攻坚工作。年内，全州农行在外部经济环境不佳的情况下，克服困难，累计发放农业贷款5280万元，其中甘蔗贷款3500万元，化肥贷款1220万元，子种贷款560万元。年末，政策性较强的专项贷款余额为5.53亿元。全年全行累计对全州9个扶贫攻坚乡发放小额扶贫贷款463万元，一般扶贫款4300万元，康复扶贫贷款654万元，边疆贫困农场扶贫贷款1147万元。

【党建和干部队伍建设】 1999年，德宏州农行党建和干部队伍建设取得新成果：一是全州农行系统党组织建设基本完成，共建立州分行级党委1个，县支行级党委2个，党总支3个，基层党支部16个，党小组21人。全年发展新党员4名。二是在省分行调整组建州分行新一届领导班子之后，县支行的领导班子也得到相应的调整充实。全年对3个支行的5名副行级干部进行任免调整，并加强了后备干部的管理培养。9月中旬，举办了全州农行首届支部书记培训班。随后，成立系统团委，并召开首届团代会。

【加强内控管理】 1999年，德宏州农行狠抓内控管理，坚持依法治行，实行合规经营，加大对违法违纪案件的查处力度，促进了各项工作的顺利开展。其主要做法是：一、抓好《金融违法行为处罚办法》的学习贯彻，做到边学习、边检查、边整改；二、加大检查力度，充分发挥稽核的再监督作用；三、加强纪检监察，严厉打击经济犯罪；四、在全州金融系统中，率先实行“诫勉谈话制度”，并与州检察院反贪局结成“预防经济犯罪联系单位”，达到了“预防为主，打防结合，标本兼治，确保平安”的目的。年内，全州农行共查处各类违法违纪问题30多件，经济处罚2200多元，其中开除公职3人，除名2人。

（《农村金融》
撰稿　陈卫宏）

对外金融

【机构名称变更】　1999年2月，原中国银行德宏支行根据云中会24号文《关于我行辖内部分机构名称变更的通知》精神，经中国人民银行云南省分行云银复（98）485号文批准，机构名称变更为“中国银行德宏傣族景颇族自治州分行”，并颁发新的经营金融业务许可证。变更后的中国银行德宏州分行内部机构由原来的13个科室精简为8个部室。辖属4个县市支行的内部机构除瑞丽支行为三部一室外，其余均定编为两部一室。机构更名后的隶属关系、业务范围、对外债权债务关系等均不变，并接受当地人民银行的监督管理。

【推出小额质押贷款柜台业务】　1999年3月1日，中国银行德宏州分行为方便城乡居民个体私营经济发展资金需求，向社会推出更加贴近市场、贴近百姓的小额质押贷款柜台业务。该行针对市场不断出现的新情况，根据自身资金实力和社会经济发展对资金的需求，决定敞开供应小额质押贷款。同时为让借款人能及时取得贷款，在保障贷款安全的前提下，简化贷款审批的环节和手续，改变过去由信贷部门审查发放的惯例，把这项业务授权各营业网点在柜台上办理。客户向柜台人员提出贷款申请后，柜台人员当即审查办理，客户当时就可拿到贷款或提取现金，受到客户的普遍欢迎。这项柜台业务推出后，全辖17个机构网点已办理发放贷款980多笔，累计金额达3000多万元。

【省中行副行长到德宏调研】　1999年5月18日至23日，中国银行云南省分行副行长曹立聪率工作组到德宏调研。调查期间对全州5个中行的金融机构经营、防范金融风险及金融运行情况进行全面调查，并详细询问中行系统开展“三讲”教育、员工队伍状况及贯彻落实省分行党建工作会议情况。曹副行长对德宏中行近年来的工作给予了充分肯定。

【搞好“三讲”教育】　按照中央、金融工委和总行、省分行关于开展“三讲”教育的统一布置，中国银行德宏州分行在云南省分行巡视组的具体帮助下，从1999年10月11日至11月30日，历时51天，认真扎实地开展了以“讲学习、讲政治、讲正气”为主要内容的党性党风教育，并取得了明显成效。全行有28名领导干部参加“三讲”。“三讲期间”找股以上干部谈话67人次，设立了专线电话和5个意见箱，先后征求各种意见建议和问题500多条，使群众的满意度都达到80%以上。

【储蓄存款】　1999年，中国银行德宏州分行把存款工作列入各项工作的重中之重，存款发展坚持“一个方向，两个市场，三个领域，四个重点”，稳中求进。在存款市场发生较大变化的情况下，该行采取多种措施，加深对“存款立行、兴行”新内涵的认识和理解，改进存款工作方式方法，提高服务质量，加强营销宣传，加大科技含量，注重成本核算，依法合规经营，自觉维护金融秩序，克服种种困难，取得储蓄存款增长的好成绩。年末，人民币各项存款余额为54392万元，比上年增1300万元；各项外汇存款余额为594万美元，增90万美元，超额完成省分行下达的任务。

【外汇业务】　1999年，中国银行德宏州分行充分发挥国际结算业务优势，不断加强金融市场营销，积极引导进出口企业使用信用证，办理进出口结算，进一步降低经营成本和收付汇风险，使外汇业务稳步发展。年末，进出口收付汇业务达822万美元，其中出口收汇484万美元，市场占有率为49%；进口付汇338万美元，市场占有率为27%。结售汇898万美元，市场占有率为38%，其中结汇538万美元（贸易结汇484万美元，非贸易结汇54万美元）；售汇360万美元（贸易售汇338万美元，非贸易售汇22万美元）。受理国外来证7笔45万美元，对外开证3笔15万美元。

【信贷管理】　1999年，中国银行德宏州分行在边贸下滑、企业经营困难、欠税费严重、偿债能力普遍下降的情况下，及时把握机遇，以质量为核心，以效益为目的，积极寻找信贷工作的结合点，狠抓盘活存量，优化质量和加强收贷信息工作。至年末，人民币各项贷款余额为28267万元，各项外汇贷款余额为238万美元。全年累计发放人民币贷款19168万元，较好地支持了企业发展和地方经济建设。在信贷管理上，该行一是顺利完成信贷清分工作，分别对全州有人民币贷款关系的237户、外汇贷款8户和承兑汇票6户的企业，按照正常类、关注类、次级类、可疑类、损失类进行清分，为全面掌握全行信贷资产状况奠定了基础。清分工作受到省分行表彰，并在省分行召开的座谈会上做了经验交流。二是抓呆帐贷款的核销申报工作，并取得明显成效。三是狠抓质量贷款和利息催收工作。全年催收低质量贷款1157.36万元，超额完成考核指标120万元，催收利息超额完成考核指标53万元，依法收贷收回资产价值5083万元，使低质量贷款下降18.14个百分点。四是加强对依法收贷所收资产的管理。据统计，该行近几年依法收贷收回的资产评估价值近亿元。对此，该行积极采取变卖、自管、出租等形式加强管理，全年收益518万元，使部分资产步入良性循环的轨道。

【经营管理考核办法】　1999年，中国银行德宏州分行在认真调查、分析所面临形势和自身发展定位内在要求的基础上，按照稳健发展与突出效益有机统一的原则，确定了业务经营及管理工作任务目标。将主要任务分为经营效益、人民币和外汇存款增长率、低质量贷款收回率、资产负债及存款结构比例、信用卡、备付金和库存现金、三防一保、文明优质服务和精神文明建设等10大类。根据各行不同情况进行分解、把各项指标量化为100分，按月监控、按季考核，并将考核结果与人均费用的三分之一挂钩，实行按劳取酬，多劳多得，奖勤罚懒，奖优罚劣，较好地调动了各级领导和员工抓好各项工作的积极性、主动性和创造性。此办法促进了经营管理的健康发展，各项业务指标都取得明显成效，并得到省分行充分肯定。

【加强防范金融风险】 1999年，中国银行德宏州分行坚持从严治行，依法合规经营，把风险防范意识落实到每个部门、每个岗位和每个员工的具体行动之中。具体做法是：一、抓好整章建制，完善内控机制。年内整理内部管理和业务操作规章制度30个，并汇编成册，发全行员工人手1册。二、建立工作报告制度。三、加强稽核、监察、保卫工作力度，调整充实监督管理部门人员，使之经常对基层行和机构网点进行稽核检查。全年9次组织工作组对储蓄、信用卡、会计、信贷、出纳、联行、保卫等重要部门和岗位进行全面检查，并对检查情况进行及时通报，对问题提出批评和整改意见，使各行逐步形成规范化的防范制度。年内堵住了外部人员作案6起。具体是：盈江中行营业部成功堵截2起银行承兑汇票诈骗案，金额达580万元之巨；盈江中行储蓄专柜破获1起盗取客户存折骗取资金的4人盗窃团伙案，为客户挽回损失3000元；陇川中行破获1起偷盗亲属存单进行质押贷款挥霍案件，为客户挽回经济损失7400元；瑞丽中行破获2起利用存单挂失进行诈骗案，并没收被盗现金支票23张，有效防范了金融风险，保障了各项业务正常有序运转。

【财务管理】 1999年，中国银行德宏州分行继续推行全州中行系统一个财务中心的财务管理制度，坚持从经营效益出发，提高理财水平，建立健全财务指标管理考核办法。年内，在全辖推行按季报帐制，坚持分类管理，保证重点，量入为出，分配费用，最大限度地优化费用支出结构。同时，在全辖开展加强成本核算、增收节支活动，坚持以效益为中心，把效益标准贯穿到业务发展和经营管理的每个环节。该行还针对员工反映强烈的招待费、电话费、车辆管理费、公杂费等问题，修改补充了有关规定，对所有费用实行行长“一支笔”审批，对超过一定限额的由行领导集体研究审批，实行民主管理、职工监督，按月公布费用开支。据统计，全年各项正常费用比上年减80多万元，业务经营实际比上年减亏352.88万元。

【强化岗位资格培训】 1999年，中国银行德宏州分行遵循“以人为本”的思想，通过多种教育培训方式努力提高现有人员素质。年内，先后选派24人参加上级举办的外汇、联行、结算、英语、会计、出纳、信用卡等业务技能培训班；自办电脑、信贷、公文写作等培训班5期，共培训60多人次。除平时坚持经常性、群众性的业务练兵活动外，于10月份组织一次全州中行系统有47名选手参加的7个项目（单指单张点钞、多指多张点钞、计算器、人民币储蓄、外币兑换、珠算、电脑操作）的业务技能比赛，有1人次达全国三级能手，有8人次打破该行上届比赛记录，有13人次获技术能手级称号。

【完成签定劳动合同工作】 1999年，中国银行德宏州分行全面开展劳动合同的签订工作。该行成立了以行长杨明贤为组长的领导小组和有关部门参加的办事机构，坚持公开透明原则，根据双方的权利和义务，行方按照有关规定和要求拟定了“双方约定的其他内容”共7个方面，使员工的合法权益得到有效保障。全行266名在编员工有263名签定了《中国银行劳动合同书》，并经省劳动厅鉴证，签订率达98%，其中无固定期限的占38%，有固定期限的占60%。

【宣传工作】 1999年，中国银行德宏州分行始终把理论研究和宣传工作摆在重要位置，认真抓好。全年撰写调查报告、理论研究文章、新闻稿件等被州以上宣传媒体采用417篇，其中被《国际金融信息报》、《中国工人》、《中国财经报》等中央级报刊采用13篇，被《云南日报》、《云南金融》等省级报刊采用177篇，受到了省分行的表彰。

（《对外金融》
撰稿　赵保明）
（见《州情概览》38页）

固定资产投资管理

【存款继续增长】 1999年，建行德宏州分行各项存款年末余额达73701万元，比上年增6032万元，增长率8.9%。其中：企业存款余额26136万元，增1330万元，增5.4%，储蓄存款余额44205万元，增4447万元，增11.2%；同业存款余额3360万元，增507万元，增17.8%。新发行龙卡17618张，年末累计达114377张，龙卡存款余额达10802万元，比上年增3215万元，增长率42%。

【信贷经营】 1999年，建行德宏州分行贷款总规模为47515万元，比上年增556万元，增1.8%。全年发放贷款9344万元，其中固定资产贷款1600万元，流动资金贷款7744万元。全年回收贷款8491万元，其中固定资产贷款215万元，流动资金贷款8276万元。年末贷款余额26286万元，其中信贷资金贷款余额19597万元；不良贷款余额2278万元，不良率11.6%；委托类贷款余额6689万元。信贷投放完成全年计划的97%，贷款周转率0.29次/年，利息实收率102.4%。

【房改金融】 1999年，建行德宏州分行主动配合有关部门开展工作，积极提供安居工程金融服务，管好用活资金，确保安居工程计划的实施。年末，政策性住房存款余额达4280万元，累计归集住房公积金1877万元，发放政策性委托住房贷款1307.6万元，安居工程贷款1100万元，支持安居工程建设4.9万平方米，累计完成投资3300万元。年内，大力发展个人住房贷款业务，向购房户提供业务咨询800多户，收到购房贷款申请352户，进行贷款调查222户，发放贷款150户。

【建筑造价管理】 1999年，建行德宏州分行在建筑造价管理工作中，正确执行国家政策，合理确定工程造价，加快审查、编制进度，提高编审质量。全年共编制工程预结算5885万元，审查工程预结算10106万元，审查定案9418万元，剔除高估冒算资金691万元，增加合理资金3万元，审查定案率达100%，取得了明显的社会效益和经济效益。

【综合经营计划考核】 1999年，建行德宏州分行全面实施综合经营计划考核。年末，新增存款完成计划的118%，国际业务结算量完成180%，中间业务完成84%，业务管理费完成100%，资产收入完成83%，贷款控制额完成97%。

【机构改革】 1999年，建行德宏州分行根据上级行的改革思路，结合本行实际进行机构调整：撤销原"信贷经营管理部"，实行信贷经营和风险管理分离的体制，建立信贷委办公室、风险委办公室、信贷经营部、房地产信贷部；撤销原"财务会计经营管理部"，新设计财科、会计科（含清算中心、稽核中心）、筹资科（含卡部）；撤销州分行营业部下辖的建国路储蓄服务点和集贸市场储蓄服务点；撤销审计科；经省分行和人行批准，将已归并瑞丽市支行管理的原畹町市支行取消支行建制，更名为瑞丽市支行畹町办事处，原畹町民主街分理处更名为瑞丽支行畹町民主街分理处。

【员工培训】 1999年，建行德宏州分行从实际出发，挖掘和开发现有人力资源潜力，加大员工培训力度。州县两级行全年举办各种业务短训班36期，受训员工1247人次。培训的主要内容有：计算机基础知识、会计业务、信贷业务、98定额软件、综合经营计划、储蓄、资金计划、YZK应急等内容。通过培训，提高了员工的业务技能，缓解了人力资源与业务发展的矛盾。

【精神文明建设】 1999年，建行德宏州分行主要从以下几方面开展精神文明建设工作：一是对96年以来全行在"两个文明"建设中涌现出来的4个先进集体、23名先进个人进行表彰。二是推行"窗口员工规范服务"，进一步提高服务质量。三是注重"青年文明号"的创建工作，至年底，全州共有12个单位获"青年文明号"称号，其中州分行营业部储蓄专柜获省级"青年文明单位"称号。四是积极开展创建"安全文明单位"等活动。年内，梁河支行获省级"文明单位"称号、"企业理念教育员工行为规范先进单位"；州分行获市级"安全文明单位"、"综合治理优秀单位"；锦华路宿舍区获市级"安全文明楼院"。五是按照中央金融工委和上级行党委的要求，6名处级领导和12名科级领导参加了"三讲"教育。

【科技工作】 1999年，建行德宏州分行的科技成果运用继续在本地金融系统中保持领先优势，其主要表现在以下几个方面：一是推出了信贷信息系统，使信贷管理实现现代化、科学化；二是推出预算外资金代收系统，实现与财政联网管理；三是推出国信寻呼代收费系统，实现全省BP机联网收费功能；四是推出外汇业务系统，使本行此项业务脱离了手工操作；五是建立票据交换系统，与人行的票据交换工作实现自动化；六是建立信贷咨询系统，与人行及各商业银行实现信贷信息网上资源共享；七是推出设备报表系统，实现报表网络化；八是对瑞丽pos收费系统进行改造，使业务开支降至最低水平；九是推出人力资源系统，为人事管理网络打下基础。十是为解决好YZK问题，成立领导小组和指挥中心，进行三次停业测试，从组织机构、人员物资、责任目标等几个方面准备应急预案，并进行模拟演练，做到不挂空挡、不留死角，使各项业务系统平稳过渡到2000年。

【查处金融案件】 1999年，建行德宏州分行坚持"防查并举、标本兼治、综合治理、重在预防"的方针，加强思想政治工作，强化监督制约机制。年内，在全辖开展3次执行规章制度的检查，落实了日常业务中的现场稽核、事后监督及专项稽审，改进了技防措施。年内，协助公安机关抓获诈骗犯1名，查处案件1起，追回涉案资金15.3万元，处理职工11人（其中开除、撤职、记大过和辞退各1人，经济处罚7人）。

【拓展服务范围】 1999年，建行德宏州分行从贴近市场、服务社会的认识出发，先后与交警、城建、财政、地税、国信寻呼及27家执法单位签订代收费（税）协议；对13家执收单位提供了代收费上门服务。

（《固定资产投资管理》撰稿　李江航）

保　　险

财产保险

【公司更名】 德宏分公司1999年5月26日正式更名为中国人民保险公司德宏分公司，并举行了隆重的更名庆典，副州长李志明等州级领导到会祝贺并讲话，州委、政府有关部门和社会各界70余人参加庆典。更名后的中国人民保险公司仍为国有独资的商业保险公司，经营除人寿保险以外的所有保险业务，业务接受中国保险监督管理委员会的监管，党的工作由中央金融工委垂直领导，干部实行垂直管理。6月，分公司办公地址迁至为民小区人保路新大楼。

【党团建设】 1999年8月，成立中共中国人民保险公司德宏分公司党委，王剑任党委书记。至11月，除畹町开发区营业部因党员数量少暂缓建立党支部外，其余各支公司、营业部均新建或分设基层党支部，由分公司党委指定各支部的支部书记。12月分公司设立共青团总支委员会。全年发展新党员3

名。

【加快电子化进程】 1999年，中国保险公司德宏分公司机关内部的局域网和向外的广域网均已建成开通，利用租用的电信市内专线和S·25专线，实现了与州内各分支机构和省分公司的远程计算机联网。年内通过加强职工的计算机操作培训，使大部分职工掌握和熟悉操作技能，主要业务的电脑机管率和出单率均已达100%。

【开展“创名优工程”活动】 中国保险公司德宏分公司在1998年机动车辆险“创名优工程”活动的基础上，99年又推出企事业财产保险“创名优工程”活动。这两大主要险种的创名优活动覆盖了占承保额、收入和赔付额90%以上的业务量。公司以此为契机，推出系列优质服务，相继在全州各分支机构实施24小时查勘定损值班、承保理赔上门服务、缩短结案时间实施承诺服务等优质服务措施。

【业务经营情况】 1999年，德宏财产保险共承保6555户（笔）；保险金额47.7亿元，保险费收入4230.2万元，比上年增5.26%，其中企财险1050.6万元，增17%；家财险53.23万元，减32%；工程、责任、其它险152.7万元，增5%；机动车辆险2909.5万元，增2%；货运险64.2万元，增13%。年末有效储金352.2万元，比上年减24.2%。全年处理各种赔案5984件，比上年增7%；赔款支出2359.2万元，增10%；综合赔付率56%，比上年上升3个百分点；到期返还72.6万元；实现利税452.5万元。

【保险宣传】 1999年，中保公司德宏分公司在《德宏团结报》刊登各类保险宣传稿件71篇；投资140余万元，相继完成按新CI计划实施的门楣、灯箱和公司名称标准字体的更换和设立工作；在芒市主要街道上的100块出租车招牌上做了宣传广告；在瑞丽、盈江城区主要路段上竖起司名标牌和灯箱广告，扩大了人民保险的宣传覆盖面。

【表彰先进】 1999年，中保公司德宏分公司被评为全省系统的“双文明先进单位”、“社会治安综合治理先进单位”和“党风廉政建设量化管理先进单位”；陇川县支公司被授予省级“文明单位”和全省系统“双文明先进单位”称号；分公司营业部、梁河县支公司和盈江县支公司营业室被授予州级“青年文明号”；梁河、盈江、瑞丽三个支公司被评为州级系统“双文明先进单位”。一批“双文明”建设的先进个人受到省、州系统的表彰和奖励。

（《财产保险》撰稿　曾广济）

人寿保险

【改善办公条件】 1999年2月12日，投资340万元的中国人寿保险陇川营业大楼正式落成，并举行隆重的乔迁庆典；投资200万元的中国人寿保险盈江营业楼建设至年底已基本完成；7月7日，省寿险公司党委书记、总经理刘碧春赴德宏调研，同意州寿险公司在芒市经济开发区建设新办公大楼；此外，12月底，投资70万元的梁河办事处职工宿舍建成并投入使用。

【中保人寿保险有限公司德宏分公司改建】 1999年5月13日，中保人寿保险有限公司德宏分公司改建为中保人寿保险公司德宏分公司。（杨星明）

【推出新险种业务】 1999年6月10日，在银行利率第7次下调后，为体现保险功能，化解经营风险，中国保监会通知停办所有一年期以上业务。中国人寿保险德宏公司按上级通知，及时将险种由过去的储蓄型产品转为保障型产品，并于6月24日开办了康宁、祥和等13个险种业务。8月，开办国寿简易人身保险等18个条款。9月，开办国寿幼儿、学生平安保险等25个短期险种。以上共56个险种，满足了老百姓的不同需求。

【举办“中国人寿迎澳门回归”演唱会】 1999年12月8日，中国人寿保险公司德宏分公司与州团委联合在芒市体育馆举办“中国人寿迎澳门回归芒市地区青少年革命歌曲演唱会”。演唱会共有各行业20多支代表队参赛，观众达3000余人。

【加强业务管理】 1999年，中国人寿保险公司德宏分公司在业务管理方面主要做了如下工作：一、强化业务规范化管理。4月5日，全州寿险清理整顿保险中介机构，报批邮政等27个代理网点，规范了寿险代办工作和保险代理合同，建立了依法合规经营的管理模式。业务处理中心步入正轨，正式使用业务综合处理系统，对业务流程实现同步管理。二、财务实现预算制，建立财务处理中心，完成新旧财务制度转轨，强化了州公司会计管理。三、电子化建设完成业务、财务管理系统的应用工作，解决了千年虫问题，软件开发应用水平进一步提高。四、制度化建设明显加强，保证了各项工作的正常开展。

【业务经营情况】 1999年，中国人寿保险公司德宏分公司认真贯彻全州寿险工作会精神，按照“抓改革、促发展、调结构、强管理、防风险、增效益”的指导思想，积极开拓寿险市场。全年完成保费4836万元，基本完成省公司下达任务，其中直销业务保费收入2473.5万元，占总保费的51.4%；营销业务保费收入2362.5万元，占总保费的49.6%，比上年增24.1%。全年全州承保20.48万人次，保险金额达61亿元，满期给付保险金1495万元，比上年增10.4%；累计死、伤、医疗赔付521万元，增28.8%，其中短期意外险给付4919人次，给付金额382.7万元，增20.1%，赔付率达49.93%。

【开展竞赛活动】 1999年，中保人寿保险公司德宏分公司为充分调动直销、营销、代办三支队伍的工作热情，推动业务发展，全州寿险系统有计划、有步骤地开展了“绿满神州”、“爱心九九”、“九九昆明世博行及迎接新世纪”等竞赛活动。在“爱心九九”行动中，全州完成99版新单保费300万元，完成上级下达任务的214%；在“绿满神州”活动中，共完成新单保费944万元，完成上级下达任务的178%。

【表彰先进】 中国人寿保险公司德宏分公司被云南省精神文明建设指导委员会评为先进文明单位；12月，云南省委、省人民政府授予“省级文明单位”；同时被州委、州政府授予“社会治安综合治理优秀单位”称号。全州5个基层单位分别有1个获省公司“双文明”表彰，3个获“州级青年文明号”，1个获“州级文明单位”，1个获“县级青年文明号”，1个获“县级文明单位”，1个获“重合同、守信誉”单位。全州有20人获总省公司表彰。此外，州公司机关党支部被省公司表彰为“先进基层党组织”，张永光被省公司表彰为“优秀党务工作者”，孙文解同志被省公司表彰为“优秀党员”。

（《人寿保险》撰稿 高 江）

（见《州情概览》4页）

城乡建设

【梁河县兴建第二自来水厂】 1999年4月1日，梁河县城第二自来水厂正式动工兴建。由于县城人口增加，居民每天正常的需水量达3000立方米，而现有水厂的日供水量仅有1300立方米。为此，县委、县政府决定兴建第二自来水厂。经实地踏勘后，确定建设规模为日供水能力10000立方米的第二水厂，分两期建成，总投资997.59万元。经过9个月的紧张施工，日供水能力为5000立方米的第一期工程将于2000年1月建成。

（罗致普）

【加强法律法规宣传】 1999年，德宏州各县（市）继续深入开展“建筑法”、“城市规划法”、“城市供水条例”、“建筑安装工程承包合同条例”、“企业资质管理规定”、“云南省建筑工程招标投标管理条例”、“建筑市场管理条例”、“城市燃气管理条例”、“房地产管理法”、“城市市容和环境卫生管理条例”、“城市绿化管理条例”、“防灾减灾法”、“人民防空法”和“测绘法”等一系列行业法律法规和宣传教育工作。州和各县（市）建设局在资金紧缺的情况下，克服困难，保证宣传教育所需资金，充分利用报刊、电视、法律知识讲座、宣传栏、宣传专题片、标语和举办各种培训班等多种形式，加大宣传，使建设法规进一步深入人心。在加强建设法律法规教育的同时，各县（市）还加大了执法力度，全年建设系统共查处违法违规案件275起，从而保证了建设法规的顺利实施。

【强化城市规划管理】 1999年，德宏州城乡建设系统按照统一规划，合理布局、面向市场、综合开发、配套建设的原则，充分发挥规划在城镇基础设施建设、土地开发利用和调控城镇建设规划等方面的作用，完成了潞西市、瑞丽市和畹町开发区的规划修编工作；完成了潞西、瑞丽、梁河垃圾处理场的选址和前期规划工作；完成了潞西、梁河水厂扩建的规划工作；开展了全州多条街道的规划设计工作。全年共发放选址意见书329份，规划许可证792份。

【城镇基础设施建设】 1999年，德宏州各县（市）坚持“人民城市人民建、人民城市人民管”的原则，多方筹措资金，主要完成了潞西芒市大街工程（该工程全长2890米，宽50米，道路面积近15万平方米，总投资5480万元），友谊路民族一条街已按计划完成交付使用，芒市街心花园改造工程（该工程占地8.4亩，由原来的封闭式花园改造成敞开式休闲绿地，于4月交付使用，得到广大市民的广泛好评和赞誉），年内完成投资3500多万元。瑞丽市完成了民族街、友谊巷等13条街巷的新修和续修工程。新装、更换、维修路灯861盏，修理触发器350个，更换埋地管线31000米，架设了瑞宏路、姐岗路、瑞江路、兴安路路灯168盏，埋设电缆三芯线5430米，总投资915.8万元。经济合作区投资2830万元新修岗勐路中段和广母路的路基工程，投资140万元维修姐岗路路灯和绿化。畹町经济合作区主要在原有道路补种了许多行道树。盈江县投资695万元完成了3条街道的排水沟、人行护栏、人行道扫尾工程；投资180万元完成了盈湖路520米水泥路面的铺设、建设路北段前500米侧沟和路基工程及盈东路414盏路灯安装工程。梁河县完成南甸路、1号路、先锋路、振兴路道路工程，全长3600米，总投资1213.7万元。陇川县结合县城搬迁，主要完成了中心区龙凤路、新城路、园林路、友谊路的路基和排水工程，4条路全长4200米，面积26.76万平方米，共完成投资2600多万元。

【自来水工程建设】 1999年，德宏州城建系统主要完成了以下自来水工程：潞西自来水主要水源和输水管道工程，管道全长14公里，供水规模4万吨/日，总投资1500万元；盈江在第二水厂改造的基础上，投资38万元新建日处理2万吨的净水厂、清水沉淀池，日供水可达1.8万吨；梁河投资980万元，日供水能力1万吨的新水厂工程基本结束。

【小城镇建设】 1999年，经过德宏州、县（市）城建、计委等部门的共同努力，德宏州2000年有12个乡镇列入云南省小城镇建设计划，这对全州城镇规划、建设、管理工作起到了积极的推动作用。

【城市监察管理】 1999年，德宏州以世界园艺博览会在昆明召开为契机，进一步加强了对城市规划、市政工程、公用事业、建筑市场、市容环卫、园林绿化等方面的监察力度。同时严格内部管理，坚持持证上岗，完善行政执法程序，依法办事，文明执法，促进了市容市貌管理工作的顺利进行。全州各县市城市管理监察队伍与公安、工商、卫生等部门积极配合，对违章建设、占道建筑（经营）、破坏城市公共设施及影响市貌环境卫生等292起事件进行纠正和查处，教育、查处了违章占用人行道、乱停放车辆、乱摆摊设点等影响市容市貌事件1541起。

【房地产管理和房改工作】 1999年，德宏州房地产管理工作主要是加强了新版房产证的发放、换发和房产转移、抵押、评估工作。全年发证6366本，开展房地产评估3起（评估土地面积为4485．65平方米，建筑面积为5093．16平方米，评估总价值为398．69万元）。年内房改工作在加快半产权向全产权过渡扫尾工作的同时，开展了房地产调查研究，为房地产二级市场的全面启动作了充分的准备。

【抗震防灾】 1999年，德宏州开展了在建工程抗震设防大检查，并针对历年来地震造成的情况，对受损严重的房屋进行了加固处理。年内潞西市完成了《破坏性地震应急方案》的编制工作。

（《城乡建设》撰稿除署名外，均为赵春玲）

建 筑 业

【建筑市场整顿】 1999年，德宏州针对外来施工队伍多而杂的现状，一方面加强了已注册施工队伍的资质管理工作，另一方面严格限制信誉低劣、名不符实的施工队伍进入本州。年内常住德宏州的施工队伍230家，年检合格209家，基本合格13家，注销资质的8家。

【建筑工程设计】 1999年，德宏州城建系统在设计工作中主要抓了两方面：一方面加强了对外来图纸的审查工作。如畹町啤酒厂的图纸在审查中发现抗震设防没有达到八级设防标准，即通知建设方和设计方必须重新调整，避免新建危房的产生。另一方面是在州内的设计单位（一院、两所、三室）中重点抓了统一标准、增加技术设备、提高人员素质工作。全年共增加计算机8台、打印机1台、硒图机2台、绘图机1台，选送省培训并取得结构师证书10人、建筑师证书9人。

【建筑工程质量监督】 1999年，德宏州城建系统对建筑工程质量加大监督力度和扩大监督覆盖面。全州投资在30万元以上的工程（除边远地区外）都执行了工程质量监督，使全年全州建设工程质量合格率在98%以上，优良率在20%以上，全年未发生重大工程质量事故。此外，为更好地开展质监工作，全州投资30万元，增加试验检测设备10台。

【招标投标管理】 1999年，德宏州生产性项目在200万以上、生活性项目在50万元以上的77个建设项目全部实行了招标。其中：州直11个，各县（市）66个，招标金额11163.73万元。77个招投标项目中公开招标67个，公开招标率占87.01%。通过开展招标投标工作，保证了建设工程的质量，取得明显的经济效益和社会效益。

【建筑工程报建】 1999年，德宏州共核发“施工许可证”563份（含私人建房），为加强规划管理、施工管理和提高建设工程质量奠定了基础。

【标准定额造价管理】 1999年，德宏州分别在芒市、瑞丽、陇川、盈江举办了建设工程概预算人员培训班，参加培训人员250余人。年内还完成了全州概预算人员两年一次的业务资格评审考核工作，发布了’99年《德宏州建筑经济信息》。上述工作对稳定全州工程造价起到了重要作用。

（《建筑业》撰稿　赵春玲）

（见《州情概览》34页）

环　　保

【全州排污费财务决算会】 1999年1月18日至19日，德宏州环境保护局在芒市召开了全州排污费财务决算会。参加会议的有州环保局领导、财务负责人、财务人员，各县、市城建环保局负责人及排污费会计共18人。会上下达了1999年征收120万元的排污费计划。

【瑞丽江流域自然保护区资源考察】

1999年2月3日至8日，德宏州环保局邀请中国科学院昆明生态研究所专家庞金虎、魏天昊，潞西市林业局退休老干部张绍德及州环保局有关人员共9人，对瑞丽江流域内的幸万、王子树、勐约、户永山等地的动、植物资源进行了野外考察。7月14日至8月10日，州环保局又派人到瑞丽市、陇川县、潞西市收集了保护区内居民的社会经济情况。12月初，完成了《瑞丽江流域自然保护区综合考察报告》。该项工作的完成为申报成立省级瑞丽江流域自然保护区打下了基础。

【州委召开人口、资源和环保工作座谈会】 1999年3月26日，德宏州委、州人大和州政府在州人代会期间，召开了“人口、资源和环保工作座谈会”。会上，瑞丽市政府就污染防治工作作了专题报告，盈江县政府对保护生态环境工作作了专题发言，州环保局汇报了全州的环境保护工作。

【瑞丽市城市污水处理厂开工】 1999年4月7日，德宏州第一个城市污水处理厂——瑞丽市城市污水处理厂初步设计方案在昆明通过专家论证；5月，瑞丽市政府为该厂征地29.5亩；8月，正式动工兴建。

【开展德宏环保世纪行宣传活动】 1999年5月至6月，德宏州环保局与德宏有线台合作，开展了德宏环保世纪行宣传活动。该活动主要拍摄了电视专题片8集，在德宏有线台上播放了两篇。

【全州环保人员参加执法上岗证培训】 1999年6月28日至7月2日，德宏州环保局李文煌等11人和各县、市城建环保局环保人员23人到畹町参加州政府举办的执法上岗证培训。全部人员均考试合格，获得了州政府颁发的执法上岗证。

【贺连美被任命为州环保局首任局长】 1999年6月，由州委提名、州人大常委会通过，任命贺连美（男，傈僳族，49岁，云南丽江人）为州环保局第一任局长。7月5日，贺连美在州委常委、组织部部长龚敬政的陪同下，正式到州环保局上任。

【工业污染源达标排放工作全面开展】 1999年9月22日，德宏州委、州政府在芒市召开了全州2000年工业污染源达标排放工作会。会议对该项工作进行了全面的部署，要求全州37家重点工业污染源（包括列入全省1042家中的18家）在2000年12月底以前完成达标排放工作，并与各县、市政府签订了达标排放责任书。州和各县、市政府随后都分别成立了达标排放领导小组。10月，州环保局分2个小组，对各县、市政府此项工作开展情况进行了第一轮检查促督。12月6日至13日，在州人大、州政府的带领下，州环保局又参与开展了第二轮达标检查。12月24日至25日，云南省政府2000年工业污染源达标排放检查组到德宏州检查指导工作，省检查组对全州达标排放工作给予较好的评价。

【盈江县政府与7家工业企业签订污染源排放达标责任书】 1999年10月10日，在盈江县召开的2000年工业污染源达标排放工作会议上，县政府与弄璋糖厂等7个工业企业签订了污染源排放达标责任书。根据省州工业污染源达标排放工作会议部署，全县有7家列入名录的企业，若到2000年底不能做到达标排放的，必须实行停产治理或关停搬迁。因时间紧、任务重，所以盈江县及时制定了“达标”的立项措施：一、实行谁污染谁负责治理的原则，各企业要提高达标排放优化环境的意识，按期达标，顺利过关；二、坚持依法治污，按照中央、省、州一系列相关配套的法规政策，依法保护好生态环境；三、明确责任，县政府与各家企业签订达标排放责任书，由县环保部门负责督办；四、有关部门要采取切实可行的措施，为企业达标排放提供帮助；五、要加大对达标排放工作的宣传力度，努力营造一个有利于排放工作的社会气氛；六、县城建局要切实履行好达标排放的监督检查和组织协调职能，搞好达标考核验收和动态报表工作，发现问题及时处理。

（陈春刚）

【州环境监测站通过省技术监督局计量认证】 1999年10月26日至27日，德宏州环境监测站一次性通过了省技术监督局环保计量认证领导小组的初审。12月3日至5日，通过正审，州环境监测站获得了省技术监督局颁发的计量认证合格证书。

【认真执行“建设项目环境影响评价”制度】 1999年，德宏州环保局共完成昔马铝厂、畹町渡假村等8家新、改、扩建企业的“环境影响评价报告”，办理了梁河芒东糖厂、盈江勐典河电站等6家建设项目的环保验收。

【德宏州污染源监督监测公报】 1999年，“六·五”世界环境日期间，德宏州环境监测站发布了“德宏州污染源监督监测公报”，内容如下：一、制糖行业（98－99年榨季）

（一）、制糖行业锅炉废气

厂　名	锅炉容量	除尘方式	年检结果（烟尘浓度超标倍数）
梁河沙坝糖厂	20T/20T	麻石水膜/麻石水膜	达标/达标
梁河芒东糖厂	28T	麻石水膜	达标
梁河勐养糖厂	35T	湿法	达标
陇川弄巴糖厂	20T/20T	钢管水膜/钢管水膜	达标/达标
潞西遮放糖厂	35T	麻石水膜	达标
盈江平原糖厂	20T/20T	麻石水膜/麻石水膜	达标/达标
盈江盏西糖厂	20T	麻石水膜	达标
芒市华侨糖厂	10T/10T	麻石水膜/麻石水膜	达标/达标

续上表

厂　名	锅炉容量	除尘方式	年检结果（烟尘浓度超标倍数）
芒市糖厂	35T/35T45T+35T	麻石水膜/麻石水膜	达标/－
陇川景坎糖厂	35T+35T	麻石水膜/麻石水膜	达标 10.9 倍
瑞丽糖厂	35T/35T	卧式水膜/卧式水膜	1.0 倍
盈江弄璋糖厂	70T/35T	麻石水膜/湿法	达标 10.9 倍

全州 12 个糖厂（龙江糖厂除外）年排尘 595 吨，年排烟气 27.03（标）立方米；监测糖厂锅炉 18 台，排放浓渡超标的占 16.7%。

（二）制糖行业废水

项　目	酒精系统				制糖系统			
	B0D5	C0Dcr	SS	吨产品排水量	B0D5	C0Dcr	SS	吨产品排水量
超标范围（倍）	12－1180	7－665	0－164	0－4	0－325	0－611	0－131	0－33

全州 12 个糖厂（龙江糖除外）年排废水 4758 万立方米，酒精废醪液中 B0D5、C0D5 和悬浮物的排放浓度严重超标。

二、水泥行业（见下表）

厂　名	扬尘点	收尘方式	年检结果（排尘浓渡超标倍数）
盈江芒桑水泥厂	回转窑尾/水泥磨	高压静电/布袋	1.1 倍/10.8 倍
德宏州水泥厂	回转窑尾/水泥磨	高压静电（有故障）/布袋	41.5 倍/1.0 倍
瑞丽市水泥厂	立窑/烘干系统	沉降/湿法	－/3.7 倍
潞西市城郊水泥厂	立窑	沉降	3.9 倍
潞西市法帕水泥厂	立窑	沉降	4.2 倍
遮放第一水泥厂	立窑	沉降	6.6 倍
畹畹康达水泥厂	立窑/水泥磨	沉降/布袋	63 倍/达标
盈江允罕水泥厂	立窑	沉降	6.0 倍

全州水泥行业主要扬尘点经收尘后的年排尘量 2995 吨，年排放废气 18.1 亿标立方米。

三、造纸行业（见下表）

项目 / 厂名	废水（超标倍数）				锅炉排尘浓度（超标倍数）
	B0D5	C0Dcr	悬浮物	吨产品排水量	
芒市造纸厂	10.4 倍	9.1 倍	－	1.6 倍	达标
瑞丽市造纸厂	12.4 倍	10.5 倍	达标	达标	1.4 倍
陇川双龙造纸厂	1.2 倍	0.76 倍	0.76 倍	8.4 倍	0.9 倍

四、硅冶炼行业（见下表）

厂　名	测　点	年检结果（烟尘浓度超标倍数）	除尘方式
盈江莲花山硅冶炼厂	1#炉/2#炉	4.4 倍/－	无
盈江大盈江硅冶炼厂	1#炉/2#炉	4.7 倍/达标	无
盈江县硅业有限责任公司电冶硅厂	1#炉/2#炉	－/5.4 倍	无
盈江槟榔江电冶硅厂	1#炉/2#炉	10.4 倍/－	无
芒市硅厂		2.3 倍	无

（备注：以上各表中“－”表示因各种原因没有获得监测数据。）

五、结果分析

(一)、全州糖厂锅炉烟尘经过治理后，已有9个厂做到了达标排放。所有糖厂排放的废水均没达标，特别是酒精废醪液严重超标。

(二)全州所有水泥立窑废气排放浓度均超标，其它设备（如水泥磨、生料磨等）安装收尘设施后基本能达标排放。

(三)、3个造纸厂废水均超标排放。

(四)、硅冶炼行业共监测了6台炉子，其中5台炉子的烟尘排放浓度超标。

（《环境保护》撰稿除署名外，均为高进华）

（见《州情概览》43页）

教　育

普通教育

【郑宏昌荣获全国少年儿童书画竞赛金奖】 1999年1月1日，梁河县第一中学初三学生郑宏昌接到“获奖证书”和“收藏证书”，他的一幅淡墨山水画在“第二届素质杯全国少年儿童书画竞赛”中荣获金奖，并作为珍藏品被该委会收藏。同月，他又接到有关部门通知，他的这幅作品将于1999年10月1日参加在武汉黄鹤楼举办的“中华人民共和国建国五十周年，庆祝澳门回归祖国二十世纪书画名家墨迹大展”，同时他的作品将被收入《二十世纪中国少年儿童书画艺术新星》画册出版。

（杨星明）

【召开全州基础教育工作会】 1999年1月，德宏州教育委员会召开了全州基础教育工作会议。参加会议有各县（市）教委教育科长、州直学校负责人。会上组织学习五个内容：一是组织学习了十五大报告，明确十五大提出的教育目标和任务。二是组织学习了“教育法”、“义务教育法”等法律法规，提高了依法治教的自觉性。三是组织学习国务院批转教育部颁布“面向21世纪教育振兴行动计划”的通知，明确21世纪实施科教兴国战略的重大部署。四是组织学习州人民政府颁布的《德宏州中小学素质教育的实施意见》，提高对实施素质教育的认识。五是组织学习中学、小学等评估材料，掌握评估标准。同时还认真总结了1998年基础教育工作，布置了1999年基础教育工作要点。

（王瑞生）

【中学生田径篮球运动会】 1999年2月3日至11日，德宏州体育局和教育委员会联合在芒市举办了“德宏州中学生田径、篮球运动会”。田径共有7个代表团、篮球共有8个代表团参加比赛。

（寸永流）

【州民一中成立教科室】 1999年春季学期，德宏州民一中成立了教研科室，其主要职能是：制定学校各阶段科研计划，拟定和安排科研课题，组织各学科教学竞赛，负责统计教师撰写发表的教育教学论文，向校以外各级有关论文评审单位或报刊杂志推荐优秀论文，组织校内论文评选活动，编辑出刊“科研简报”，编印优秀论文集等。教科室成立以来，教师共发表论文55篇，其中国家级1篇，省级17篇，州级37篇。在云南省《中小学德育》上刊出“德育专页”一期，刊发德育研讨论文12篇。

（陈德用　邓吉川）

【贯彻第三次全国教育工作会议精神】 1999年6月15日至18日，党中央、国务院在北京召开了改革开放以来第三次全国教育工作会议，出台了《中共中央国务院关于深化教育改革全面推进素质教育的决定》。为学习宣传和贯彻好会议精神，全面推动德宏州的教育改革与发展，德宏州教委及时向各县（市）教委、州属各院、校（园）发出了《关于认真学习贯彻全国教育工作会议精神和<中共中央、国务院关于深化教育改革全面推进素质教育的决定>的通知》，要求各级教育行政部门和各级各类学校迅速掀起学习宣传和贯彻“全教会”精神的热潮，并以会议精神为指导，结合本州实际，解决好以下问题：一是通过学习，全面准确地领会会议精神，进一步解放思想，转变观念，增强加快全州教育改革与发展的责任心和紧迫感；二是以会议精神和“决定”为指导，研究制定出本州推进素质教育的方案及措施；三是积极推进全州的“普九”进程，确保梁河、盈江、陇川三县2000年实现“普九”；四是按照实施素质教育的要求，切实采取措施解决好当前各中小学教育普遍存在的一些热点问题。

（陈寿昌）

【召开德宏州教育工会二届一次全会】 1999年7月2日，为贯彻落实中国教育工会云南省委员会第三届一次全会精神，健全德宏州教育工会组织，德宏州教委组织召开了德宏州教育工会二届一次全会。各县（市）教育工会、州属各学校工会的负责人参加了会议；州总工会主席冯绍先、州教委党委书记杨前光到会，并作了重要讲话；州教委副主任兼州教育工会主席梁其伦作了《在党的领导下，团结全州教职工为开创我州教育工作新局面而奋斗》的报告。此次会议还选举产生了德宏州教育工会二届委员会常委、主席和副主席。

（陈寿昌）

【州委州政府出台德育工作实施意见】 1999年7月8日，德宏州委、州政府以“德发〔1999〕16号”文件出台了“中共德宏州委、州政府贯彻《中共中央关于进一步加强和改进学校德育工作的若干意见》和省委、省政府‘实施意见’的实施意见”。该文件从提高认识、加强领导、学校德育工作的指导思想、目标任务、分工协作等五个方面，就全州如何进一步贯彻落实两个上级“意见”精神，全面推进学校德育工作作出了全面、系统、科学的安排部署，从理论上、政策上、措施上为进一步加强和改进学校德育工作提供了根本保证。文件明确规定：“州委、州政府自1999年起，每年拨出5万元专款用于学校德育工作，各级党委、政府要按上一级党委、政府下拨的专款数额，以1：1的比例安排专款用于学校德育工作”。州委列支学校德育工作专项经费在全州尚属首次。文件还首次将学校德育工作按部门职能的不同，在14个相关部门中进行明确划分，要求各相关部门积极协助学校德育工作，认真承担起本部门在学校德育工作中的职责

（谢大鹏）

【省教委李云芳处长到德宏检查学校德育工作】 1999年8月28日至9月2日，云南省教委政教处李云芳处长、许颖元老师一行到德宏州检查、指导学校德育工作。李处长一行轻车简从，跑遍了全州三县二市（含原畹町市），到了11个乡、7个镇、察看了1个爱国主义教育基地（马嘉里事件发生地），召开了5次座谈会，对1所中专（州师范）、1所职中（潞西市职教中心）、13所中学、21所小学的德育工作进行了全面检查、指导。李处长一行对德宏州德育工作的评价是：一、领导重视、认识到位；二、思想清晰、措施得力；三、重点突出，形式多样。

（李维良）

【省教委主任杨崇龙到德宏州视察】 1999年9月2日至7日，云南省教委主任杨崇龙一行在中共德宏州委副书记李增寿和州教委主任杨前光的陪同下，视察了德宏州各县（市）的中小学和部分州直学校。杨崇龙主任此次到本州视察的主要目的，一是调查了解本州抓学校常规管理的情况；二是了解本州在实施“两基”工作中还存在哪些困难和问题，以便在资金上给予适当倾斜。

（陈寿昌）

【州政府表彰优秀教师及教育工作者】 1999年9月10日，教师节期间，德宏州人民政府表彰了一批优秀教师及先进教育工作者。其中：优秀教师86人，先进教育工作者9人。受表彰的优秀教师是：潞西市的赵德常、肖岩相所、蒋永成、杨恒军、章永忠、余学刚、王丽波、杨志芳、曹文兰、许琼芬、排惠清、杨恩连、杨新江、韩定洲，梁河县的聂常甲、杨明尚、杨仲文、何开林、邹维忠、李加繁、们绍琴、岳太发、李艳秋、瞿忠华，盈江县的李君清、刘庚寅、施庆芬、刘永明、岳太武、杜敬伟、李根连、姚德兴、李杏春、寸待强、孟成光、杨世进、李朝德，陇川县的杨生国、杨仕兰、胡德海、周应俊、李勇、刘永然、陶永芳、蒋红英、杨晓金、撒文森，瑞丽市的张金凤、李韵、段惠仙、苏春会、赵源、曹凤兰，畹畹经济开发区的王倩、孔桂秀，州教育学院的陈越明、张兰仙，州师范申彩琴、罗自旺、赖卫明、寸永泽，州财校的莫丽娟、马莉，州农机校曾亚斌、唐明成，州农校番绍玲、高雪红，州卫校刘国华、杜若金、颜云，州民一中符洪双、杨祖林、蒋启武、郑山河、杨和平、陈德用，州民二中张云刚、许燕、段鸿雁，州职中康裕祥、温伟雄，州幼儿园刀保桂，州党校廖元昌、左安嵩，州民干校杨晖、陈楷模。

受表彰的先进教育工作者是：潞西市杨常敏，陇川县段达常，瑞丽市俸启明，州教育学院龚运麟，州农机校许平，州卫校王正华，州党校万国兴，梁河县梦成顺，畹町经济开发区王宝林。

（赵　敏）

【盈江县选派84名干部支教】 1999年9月初，盈江县从党政机关和事业单位中选派84名干部到基层中学支教，其中男60名，女24名；党员11名，团员3名；大学本科文化16名，大专文化68名。经过一周的学习培训，分配到16个乡镇的17所中学任教。这是实现全县普及九年义务教育、缓解当前师资严重紧缺矛盾、进一步改善机关作风、大力培养锻炼机关年轻干部的一项重大举措。

（陈春刚）

【州民一中召开首届教育科学研讨会】 1999年10月24日，德宏州民一中召开了第一届教育科学研讨会，学校全体领导及教研组长共30人参加了会议。此次研讨会的主题是：交流教育科研课题规划，推进学校科研工作。会上，学校教科室主任刘江愚和14位学科教研组长及6位年级主任作了教育科研课题交流，陈德用校长就如何开展科研工作作了专题发言，州教研室副主任孙和平、寸待龙应邀出席会议，并就如何深入开展科研工作作了指导性发言。这次教研会，标志着州民一中的教育科研工作已逐步走上了规范化、制度化轨道。会议决定，今后每年将举行一次研讨会。此次有组织、有计划、有议题的教育科学研讨会，在州内中小学校中尚属首次。

（刘江愚　邓吉川）

【幼儿骨干教师舞蹈培训】 1999年10月，德宏州教委在芒市举办了为期5天的幼儿教师舞蹈培训。对参训的幼儿教师进行了幼儿基形体综合训练、幼儿律动综合训练和成人等舞蹈培训。通过培训考核，参训的48名教师取得了良好的成绩，为全州幼教事业的发展，打下了坚实的基础。

（李正英）

【州民一中成立“绿草”文学社】 1999年秋季学期，德宏州民一中高中语文组，成立“绿草”文学社，共有社员42人，并创办社刊《绿草》第一期。该刊将定期出刊，主要刊登学生的优秀作文，负责向报刊杂志推荐学生的优秀习作，以繁荣校园文学，促进学生的写作积极性。

（邓吉川）

【州民一中对教职员工进行电脑培训】 1999年秋季学期，德宏州民一中筹资40万元，购买42台计算机，大大加强了学校现代化教学设备。同时，要求全体教职工必须参加计算机培训学习，并将学习成绩纳入学年履职考核内容。

（邓吉川）

【州民一中开展“绿色希望工程”捐资活动】 1999年10月，州民一中响应团州委关于“保护母亲

河，创建绿色德宏”的口号，积极开展“绿色希望工程”捐资活动。到11月底，全校师生员工共捐资人民币11234.60元。

（邓吉川）

【举行德宏州第十届完中校长联谊会】 1999年11月19日至20日，德宏州第十届完中校长联谊会暨第三届素质教育研讨会在陇川县第二中学举行。德宏州民族一中、州民族二中、梁河一中、盈江平原中学、盈江民族寄宿制中学、陇川一中、陇川二中、瑞丽一中的校长及部分副校长、处室主任和畹町中学的副校长、芒市中学的处室主任共29人出席会议。这次会议的中心议题是：全面实施素质教育与启动教育科研。云南省教科所所长李劲松副教授应邀专程出席会议，并作了《教育科学研究的理论与实践》的学术报告。会议印发并组织学习了国务院1999年1月13日批转的《面向21世纪教育振兴行动计划》（摘要）。会议收到学术论文及学校工作计划、学校管理规定等20多篇。6位校长、两位副校长、两位主任在会上宣读了自己的学术论文。经过与会代表充分讨论，决定第十一届完中校长联谊会暨第四届素质教育研讨会由盈江平原中学承办。

（陈德用）

【州民一中举行第12届军训】 1999年11月27日，州民一中本届高一年级四个教学班的256名学生，在德宏公安边防支队教导大队进行了为期10天的全封闭强化训练，训练内容包括队列、体操队形、实弹射击、国防教育等。

（邓吉川）

【学校健康教育培训】 1999年11月，德宏州教委在芒市举办了为期3天的全州学校健康教育培训班，来自全州两市三县的中学和州属大中专院（校）的教师共30余人参加了培训。培训会上州教委主任杨前光就全州学校健康教育工作提出了具体要求，强调学校要积极开展预防艾滋病、性病的宣传教育工作，增强学生的自我保护，使学生建立良好行为，树立正确的人生观，抵御不良诱惑、拒绝毒品。省教省体卫处董一凡老师和省学校健康教育项目办公室朱敏老师也参加了此次培训会，并对会议中涉及的一些技术问题给予了指导。

（李正英）

【州民一中举行第38届冬季田径运动会】 1999年12月7日，州民一中在本校田径运动场举行第38届冬季田径运动会开幕式，州、市有关领导及179个单位的来宾参加并观看了由1000多名学生组成的大型广播操表演及第12届军训结业汇报表演。运动会历时3天半，学生有5462人次、教职工有307人次参加30多个田径项目的比赛。本届运动会，有2人3项打破校运会纪录。

（邓吉川）

【州民一中举行第五届班主任工作研讨会】 1999年12月11日，州民一中举行了第五届班主任工作研讨会。会议主题为：“学习贯彻《中华人民共和国预防未成年人犯罪法》。”校长陈德用作了指导性发言，全校31位班主任在会上宣读了自己撰写的专题论文。

（刘江愚）

【试点学前班评估】 1999年12月，德宏州教委根据德教发（98）69号文件安排，按照省教委制定的《云南省学前班办班水平评估方案（试行）》要求，成立了州教委评估领导小组，对潞西市轩岗乡州定试点学前班进行等级评定。州评估小组通过听、查、看、议、访等方法，对轩岗乡知新学前班的办班条件、学前班管理、保育与教育逐项进行了评价，测评总分为96.4分，达到省定优级学前班的标准，评估为优级学前班。该学前班的评定在州县（市）学前班中起到了示范性的作用。

（李正英）

【教育经费】 1999年，德宏州教育经费总收入19045.2万元，比上年增818.8万元，增4.49%。其中：财政预算内教育经费15025.1万元，教育税费836.8万元，企业办学经费503万元，校办产业、勤工俭学和社会服务收入用于教育292.1万元，事业收入1734.9万元，社会捐集资办学经费564.9万元，社会团体、公民个人办学经费19.6万元，其他收入68.8万元。教育经费总支出17599.2万元，比上年增554.7万元，增3.25%。全州教育经费投入变化的主要特点是：一、财政预算内教育经费、社会捐集资办学经费略有增长，增长率分别为1.73%、2.34%。但预算内教育经费占教育经费总收入的比重由上年的81.04%下降到78.89%，下降了2.15个百分点。二、教育税费及校办产业、勤工俭学和社会服务收入用于教育的经费大幅下降，分别比上年下降18.15%、22.89%。其中城市教育费附加下降8.46%，农村教育费附加下降100%。三、企业办学经费，尤其是事业收入大幅增长，分别比上年增长25.6%、67.96%。其中学杂费增37.67%，学杂费占教育经费的比重从上年的4.2%提高到5.53%。四、预算内教育事业费支出中，公用部分所占比重从上年的23.01%降至13.05%，下降了近10个百分点。中师、职中、普通高中、初中、小学生均预算内公用经费分别为408.84元、131.75元、236.65元、128.25元、62.06元，分别比上年下降15.54%、41.92%、68.63%、65.29%、21.31%，这种现象是德宏州教育发展史上极为罕见的。

（邵维涛）

【教育基建】 1999年，德宏州所属各级学校基本建设计划投资3577万元，实际完成投资3163万元，比上年增7.33%，本年新增固定资产2784万元。年内校舍建筑施工面积69877平方米，竣工面积51109平方米（其中教职工住宅完成投资726万元，增长44.33%，施工面积15570平方米，竣工面积14860平方米，建成住房108套）。8月底，邵逸夫先生第十二批赠款项目全部竣工投入使用，竣工面积4102平方米，完成投资315万元（其中邵氏赠款145万元，省配套145万元，自筹25万元），3个项目均被评为优良工程。年内，中央补助地方实施九年义务教育基建投资项目、“两基”项目、边境口岸学校项目、寄宿制校点建设等项目均在顺利实施。

（邵维涛）

【改善办学条件】 1999年，德宏州改善办学条件的投入进一步增加，各级各类学校的办学条件显著改善，校舍质量明显提高。全年改造危房1400平方米，投入资金798.1万元；购置图书65000册，投入资金39.7万元；购置课桌凳8860单套，投入资金52万元；添置教学仪器设备投入资金211.1万元。危房率由1.44%降至1.33%，损坏房所占比例由13.67%降至11.15%；混合结构校舍比重由37.10%提高到39.85%，土木结构校舍所占比重由28.86%下降到26.71%。

（邵维涛）

【控制中小学生流失】 1999年初，德宏州教委根据中小学生流失较多的实际，及时发文要求各县（市）认真做好学生的回收工作，严格控制中小学生流失。由于各级政府和教育主管部门及时采取措施做流失学生和家长的动员工作，到1999年底，全州共回收小学流失学生1754人，回收率84.5%；回收初中流失学生1458人，回收率78.6%，使全州小学、初中学生的辍学率分别降到了1.75%和2.53%。

（陈寿昌）

【开展“文明学校”检查评估】 1999年，德宏州、县（市）教委分两批对60所申报文明学校的学校按评估标准进行了全面的检查评估。检查评估结果有40所学校被命名为县（市）级文明学校，17所学校被命名为州级文明学校。同时，州教委还对1998年被省教委首批命名为省级文明学校的6所学校认真进行了复查，合格率为100%。州（县）市教委还对州级文明学校进行了表彰奖励。

（陈寿昌）

【充实初中教师队伍】 1999年，德宏州为解决初中教师不足，确保全州如期实现“普九”，主要采取了以下措施：一是将应届大专毕业生，不论师范或非师范专业，通过培训后，全部分配到中学任教；二是从州外引进和调入一部分合格的初中教师；三是从小学教师中选拔具有大专学历的教师充实到中教行列；四是从党政机关和事业单位选派干部支援教育。

（陈寿昌）

【学校安全工作】 1999年，德宏州、县（市）教委和各级各类学校把安全工作列为学校教育工作的一项重要内容来抓，切实采取措施确保了师生和财产安全。其主要措施是：一是提高认识，切实加强领导。各县（市）和各级各类学校成立了学校安全工作领导小组，有专管学校安全工作的机构和人员。二是建立健全了各项安全工作管理制度，并注意抓好各项制度的贯彻落实。三是加强安全教育，提高师生的安全防范意识。四是实行安全工作管理责任制，层层签订责任书，将责任落实到人。五是坚持开展安全工作检查活动，发现隐患，及时排除，做到防患于未然。由于制度健全，措施得力，全年全州各级各类学校未发生过重、特大安全事故。

（陈寿昌）

【“中专热”已降温】 1999年，随着人才需求层次的提高和就业形势的发展变化，德宏州和全国一样，长达近20年的“中专热”开始明显降温。许多初中毕业的优秀生已报考普通高中，准备日后进入大学深造；一些中专学校因遇到招生难而陷入了困境，办学规模已呈现萎缩趋势。据初步分析，当前“中专热”降温的主要原因为：一是近年来中专毕业生已出现分配难；二是大学扩招，为高中毕业生升入大学提供了更多的机会；三是随人民生活水平的提高和独生子女的增多，父母已不希望子女提前就业，而更多的是希望子女能够接受更高层次的教育。调整中等教育结构，适度发展高中已成中等教育今后的发展方向。

（陈寿昌）

【学校后勤社会化改革】 1999年，德宏州部分中学积极借鉴高等学校后勤社会化改革的经验，大胆探索中学后勤社会化改革的路子，并取得了一定的成效。如盈江县太平中学大胆引进资金，让个体户投资6万多元建盖学生食堂、厕所及道路；梁河县囊宋中学发动教职工集资建盖学生公寓，大大改善了学生的住宿条件；许多中学裁减后勤人员，让经营户到学校承包经营学校的早点摊、百货店等。通过以上改革，既减轻了“普九”给学校带来的后勤压力，又增加了学校的收入。

（陈寿昌）

【农村初中综合改革见成效】 1999年，德宏州陇川县的广等职业初级中学和潞西市法帕中学在农村初中综合改革中成绩突出，受到了各级领导和当地群众的充分肯定。法帕中学的做法是：“结合农村实际，进行分流施教，为当地农村培养实用技术人才”。广等职业初级中学的经验是：“面向农村实际，发挥学校优势，大胆注入职业教育，尊重学生差异，实施分层教学”。两校的学生毕业参加中考，升学率在全县名列前茅，极少数未能升学的学生回乡后也因有一技之长很快成为当地技术推广和勤劳致富的能手。9月5日，省教委主任杨崇龙视察陇川广等职业初中，对学校的改革思路和已取得的成绩给予高度评价。为了在全州推广陇川县广等职业初级中学的改革经验，州教委组织各县（市）教委主任、教研室主任及基础教育科科长在陇川召开了农村初中综合改革现场会，进一步研究和探讨了农村初中综合改革的有关问题。

（陈寿昌）

【全州教育教学质量明显提高】 1999年，德宏州共有6383名初中毕业生参加中考，有535人被州外中专录取，225人被州内中专录取，300人被州师范录取，165人被中专学校录取为自费生。高考又有新突破，773名高中毕业生参加高考，有527人考上大专院校，其中本科168人，专科313人，预科46人，102人考上中专，高考升学率为81.37%。

（陈寿昌）

【全州“两基”工作】 至1999年底，德宏州“两基”工作已取得重大阶段性成果：全州已实现基本扫除青壮年文盲和基本普及六年义务教育。瑞丽市和原畹町市于1996年在全省率先实现基本扫除青壮年文盲和基本普及九年义务教育；潞西市的“普九”工作也于1999年10月接受了省人民政府的评估验收。按省政府的规划，德宏州的梁河、盈江、陇川三县也将于2000年实现基本普及九年义务教育。

（陈寿昌）

【教委奖励文明学校】 1999年，德宏州教委对全州涌现出的一批省级、州级文明学校进行经费奖励，其中省级文明学校奖励3000元，州级学校奖励1000元。该年度获省级文明学校称号的学校有瑞丽一中、盈江芒允小学、州民一中、州民族师范学校、瑞丽市二中、瑞丽市勐卯小学；获“州级文明学校”称号的学校是：瑞丽市民族中学、陇川县一中、盈江县弄璋中学。

（李维良）

【全州教育系统推行政务、校务公开】 1999年，根据党中央关于加强基层民主政治建设的精神和省委六届七次全会精神，德宏州教委在内部建立了财务、校务公开领导机构，领导和督促教育系统政务、校务工作，制定了政务、校务公开的内容及办法，并在全州教育系统内实行，同时对实行政务、校务公开提出了原则和要求。为了便于社会各界和广大群众的监督，州教委在行政办、主任办、负责审评工作的副主任办、州教育工会主席办设监督举报电话，对群众关注的大中专招生、毕业学生分配、中小学收费项目标准等热点问题，实行了全面公开。通过推行政务、校务公开，促进了全州教育系统的各项改革，教育教学质量也得到了进一步的提高。

（李维良）

【创建文明学校】 1999年，德宏州各级教育行政部门、各级各类学校严格按“八有十无”的文明学校要求，积极开展创建文明学校活动。盈江、瑞丽、梁河以典型为阵地适时召开创建文明学校现场会，使各级各类学校学有榜样、追有目标，既有压力，也有动力，全州上下形成了一种你追我赶、校校争先的创建文明学校的生动局面，得到省教委领导多次充分肯定。截止1999年底，全州共创建省级文明学校8所、州级文明学校27所、县（市）级文明学校32所。年内州教委拨出2.1万元专款对州级以上文明学校进行了表彰奖励。

（谢大鹏）

【学校法制教育】 1999年，德宏州完小以上学校100%地开设了法制教育课。各级各类学校与公检法部门联合开展了形式多样、内容丰富的法制教育活动。为做好禁毒宣传，严防学生受到毒品的危害，各级各类学校采取了专题讲座、图片（实物）展览、到戒毒所参观、开办家长学校禁毒教育课等措施，继续全面强化禁毒教育，取得了明显成效。截止1999年底，全州已连续5年在22万在校生中未发现一例吸毒事例。1999年8月，省教委、省公安厅组成的禁毒调研专家小组，对全州各级各类学校进行近一周的实地检查，对全州教育系统禁毒工作的成效给予了充分肯定；省政法委将德宏州教育系统禁毒教育的成功经验作为典型，在包头市召开的1999年全国禁毒工作会议上进行了交流；《禁毒工作》、《云南禁毒简报》（112期）还刊载了“云南德宏州民一中从禁烟入手，禁毒预防取得实效”的成功经验。年内，各级各类学校普法工作也取得优异成绩，教育战线广大干部、师生员工学法、守法、用法护法的法律意识进一步增强，依法行政、依法治教、依法施教的现代教育法制观念逐步树立，全年11607名教职员工中无1人犯罪，学期违纪率为0.3‰；开除、体罚或变象体罚学生等违反教育法律法规的情况大大减少，个别出现上述问题的教职员工受到及时、严肃的处理；22万在校学生学期违纪率仅0.97‰。

（谢大鹏）

【成立教育科学规划领导小组】 1999年，德宏州教委根据省教委文件要求，并结合本州实际，成立了德宏州教育科学规划领导小组，下设办公室和3个学科规划组，即教育理论规划组、基础教育学科规划组、高等教育和成人教育学科规划组。年内州教委接连下发了《关于加强德宏州教育科学研究的意见》、《关于印发 < 德宏州教育科研课题管理暂行办法 > 及 < 德宏州教育科学研究课题规划 >》、《关于申报高中级教师专业技术职务论文要求的补充通知》等一系列文件，从宏观和微观方面对全州的教育科研工作提出了明确的意见，从政策措施方面促进和规范了全州的教育科研工作。

（孙和平）

【完成“德宏边疆民族地区中小学校教师队伍建设研究”课题】 1999年，德宏州教委承担的国家级“九五”重点课题的子课题“德宏边疆民族地区中小学教师队伍建设研究”，经过课题组的调研论证，年内撰写出了课题结论报告，上交总课题组，圆满完成了课题任务。

（孙和平）

【举办全州第二届中学各学科青年教师课堂教学竞赛】 1999年，德宏州教委按省教科院和教育学会相关学科教学研究会的安排布置，用了近一年的时间，采取集中和组织巡回各县市评选的方式，举办了全国第二届中学各学科青年教师课堂教学竞赛。通过州内竞赛，德宏赛区共选派了13位教师参加省组织的相关学科课堂教学竞赛，有7位教师获得了省级二等奖。

（孙和平）

【实施教师履职晋级培训考核】 1999年，德宏州教委按省教委安排，分春秋两季举行了两次中小学、幼儿园教师履职晋级培训和考核。寒假共有3500人次参加了培训，共有3388人次参加了开考的17个科目的考核，其中实考2850人，及格以上2258人，占79.2%；不及格592人，占20.8%。暑假共有3400人次参加培训，共有3225人次参加了开考的15个科目的考试，其中实考2795人，及格以上2255人，占80.7%；不及格540人，占19.3%。通过培训和考核，促进了教师钻研业务，提高了素质。

（孙和平、李映杰）

【中小学勤工俭学】 1999年，德宏州中小学勤工俭学工作得到不断发展，主要表现在三个方面：一、养殖业。盈江县蛮璋乡教办、太平乡中心小学、蛮允乡中心小学、卡场乡教办，陇川县护国乡教办、清平乡教办，潞西市三台山乡中学等共饲养山羊达500余只；盈江县盏西乡教办、苏典乡中学、蛮允乡中心小学、太平乡中心小学共饲养黄牛100余头；盈江农一中、弄坎农职初中、蛮允乡办寄宿制小学，陇川县清平乡中学、中心小学、陇川县民族小学，瑞丽市民族小学、勐典小学，梁河县一中、县职业高级中学，潞西市职教培训中心等饲养生猪达700余头。二、种植业，州教委在全州5县（市）的高寒山区中小学校共扶持了9个“干果基地”，面积达1440余亩。其中7个“干果基地”种植核桃，面积达1140亩；2个“干果基地”种植板栗，面积达300余亩。扶持的办法采取集资形式，州教委对每个“干果基地”补助10000元人民币，县（市）教委补助一点，学校自筹一点。三、完成了上级下达的各项指标任务。全州中小学勤工俭学开展率达98.5%，比上年增0.05%；有农、林、牧、渔、副基地16608亩，增4.6%；总产值及营业额为1319万元，增13.5%；总收益815万元，增10.1%；生均收入41.34元，增10.4%。

（杨有宽）

【表彰“普实”先进集体和个人】 1999年，云南省教委对全省在“普实”工作中作出突出成绩的先进集体和先进个人进行了表彰。其中德宏州原畹町市教委，瑞丽一中等4个先进集体，马志炜、张正永等12名同志榜上有名。另外，在全省自制教具评选中，德宏州民一中、州师范教师制作的6件教具获省奖。

（马志炜）

【实验室建管工作】 1999年省、州、县三级筹集经费73.8万元，供德宏州购初中理、化、生教学仪器8套，小学自然教具8套，中小学图书58960册，装备初中8所、完小8所。年末，全州完全中小学教学仪器配备率达100%，初中达94%，完小达99%。中学理、化、生，小学自然课实验教学得到认真开展，实验开展率提高，学生动手能力加强。由于实验教学开展得好，在’99年首次高中会考实验操作考核中，全州绝大多数考生都取得了较好成绩，通过了考核。

（马志炜）

【现代教育技术装备】 至1999年底，德宏州中小学共有计算机200余台，有5所中学配备了计算机教室，开设了计算机课。部分县、市和学校对教师进行了计算机基础知识和基本技能的培训。州师范、芒市四小配备了多媒体电教室，州师范建立了教学录像播放与控制系统、微格教室、电子数码钢琴教室，7所中学配备了语言教学室。年内州民一中、芒市中学等几所中小学的部分教师到省参加了运用现代教育技术课题培训。

（马志炜）

【全面推进“普九”进程】 1999年，按照省、州普及九年义务教育规划，遵循积极进取、实事求是、分类指导、逐步推进的原则，德宏州教委带领一班人多次到乡（镇）研究“普九”工作，先后4次培训县教委联络员和乡（镇）教办资料员共186人次，抽查核对“普九”的15种表册，查验了“普九”的普及程度、教师校长、教育质量、办学条件、教育经费等5大类29项指标。年内还认真抓了盈江县、陇川、梁河等三县的“普九”测算工作，认真抓了原畹町市和瑞丽市的“普九”巩固提高工作，年底全州已实现了普及六年义务教育，“普六”的人口和地区覆盖率已达100%；原畹町市和瑞丽市、潞西市实现了“普九”，“普九”的人口和地区覆盖率已达42.1%。

（王瑞生）

【检查评估中小学常规管理】 1999年，德宏州教委根据省教委安排，按照《云南省中小学常规管理暂行规定》和《德宏州中小学常规管理考核评分表》，按优、良、中、差四个等级，对州内中学50所、小学689所，进行检查评估。通过量化评估考核，评出中学优级学校16所、良级学校12所、中级学校20所、差级学校2所；评出小学优级学校175所、良级学校249所、中级学校245所、差级学校20所。通过考核评估，促使各级中小学更加重视中小学常规管理，使中小学管理工作逐步走上了规范化、制度化、科学化的轨道。

（王瑞生）

【实施中小学素质教育】 1999年，按照州人民政府颁布的《德宏州中小学素质教育的实施意见》，德宏州教育部门重点抓了以下几方面的工作：一是各级中小学要严格执行国家统一颁布的教学大纲和教学计划，开齐课程、开足课时。一律不准利用节假日、双休日、寒暑假为学生集体补课。二是实施普及九年义务教育之后，坚决取消小学毕业升初中考试，实行小学毕业生就近入学。三是制止县（市）按考试分数对学校排队和学校按考试分数对学生排队，或公布考试成绩等错误作法。四是州、县、乡教育部门进一步加强和规范对各种教学用书管理，非经教育行政部门批准，一律不准擅自征订复习资料书刊，加重学生课业负担。五是加强教师基本功训练，提高教师业务水平。六是加强薄弱中小学建设，努力改善办学条件。

（王瑞生）

【重点建设一批中小学校】 1999年，德宏州集中财力、人力、物力重点建设一批中小学校舍：投资584.5万元新建和扩建9个扶贫攻坚乡中心完小；投资726.8万元新建和扩建14所边境口岸的中心小学；投资448.7万元新建和扩建4所民族寄宿制小学、6所半寄宿制高小学校。同时，年内还选派一批骨干教师充实到这些学校任领导，按学校类别配齐配足自然实验仪器和电教仪器，提高学校办学质量。

（王瑞生）

【特殊教育】 1999年，德宏州教委继续贯彻落实“残疾人教育条例”，大力发展特殊教育事业，先后在潞西市三台山中心小学、勐戛镇中心小学，陇川县景罕中心小学、王子树中心小学设弱智学校各1所，实行两块牌子，一所学校，共有在校弱智儿童148人；在梁河县开办4个弱智儿童班，在全州各级各类小学开办弱智儿童随班就读。据统计，全州有7456名轻度弱智儿童就读于各级各类小学。

（王瑞生）

【五所小学晋升为一级三等学校】 1999年，根据云南省委、省政府提出的“到本世纪末全省有1000所小学办成示范性或标准化小学”的目标，德宏州委按照《云南省示范小学评估验收标准》，经过示范小学自评、县（市）教委复评、州教委复核、省教委抽检，共命名了5所一级三等学校。他们是：潞西市芒市三小、芒市四小，瑞丽市勐卯小学，陇川县民族小学，梁河县遮岛小学。省教委对上述5所学校给予了表彰奖励，并授予“一级三等学校”铜牌一块。

【两所民族小学受表彰】 1999年，陇川县民族小学、瑞丽市民族小学被省教委评为“云南省先进民族小学”，受到了表彰和奖励。

（王瑞生）

【州民一中情况】 1999年，德宏州民族一中共有32个教学班，其中初中18个，高中14个，在校学生1927人，当地五种少数民族生629人，占32.64%。在编教职工152人，其中具有本科学历的73人，专科44人，中专以下35人；特级教师1人，高级职称29人，中职66人，初职17人。学校占地面积162亩，建筑面积27888平方米，图书馆藏书39259册，生均20.37册。

年内该校主要做了以下几方面工作：

一、加强基础设施建设，不断改善办学条件。50×21米8个标准游泳道的游泳池竣工；总面积898.5平方米集阅览室和教师工作室为一体的综合楼投入使用；新建一幢8套748平方米的教职工单元宿舍楼；改造了学校电缆电线。多方筹集资金44.8万元，购置40台计算机；安装了教室有线广播网。

二、进一步强化管理，规范制度。制定了《加强学校管理的补充规定》、《学校领导班子成员的分工意见和岗位职责》、《校园综合管理规定》等规章制度，进行了校园周边环境的整治，做到环境育人，管理育人。

三、加强师资队伍建设。本年度分入新教师6人，调入5人。有6人晋升高级职称（其中破格晋升1人）。组织教师认真学习和贯彻执行国家教委颁布的《中小学教师职业道德规范》和《德宏州教委关于全面整顿教师队伍的通知》；注重提高教师业务素质，教师参加履职、晋级培训考试104人次，合格率99.3%，教师93人参加了计算机操作使用等培训；开展对新教师的上岗前培训，提倡教师在职进修，激励中青年教师脱颖而出。

四、积极开展教育科研活动，以研促教，科研兴校。在全州中小学校中，率先成立教科室，创办《教研通讯》，召开了第一届教育科学研讨会。制定了《教师撰写发表论文奖惩制度》，年内教师发表论文55篇，其中国家级1篇，省级17篇，州级37篇。完成两项省级科研课题，科研成果在《云南禁毒简报》、《禁毒周刊》、《中小学德育》及《东陆时报》等省级报刊发表。

年内成绩显著：中、高考成绩再获新突破，全校308名学生参加中考，七科均及格人数150人，比上年增26人，增加率为20.97%；人均总分566.04分，比上年提高39.81分。高中新生录取线630分，比上年提高60分。本届高中毕业人数201人，高中9个科目第一次会考平均总合格率87.62%；高考成绩取得了自1994年以来第四次新突破，应往届生221人报名参加高考，达省定本专科线93人，比90年代以来最好的1998年增30人，总达线率为42.08%，正式录取人数187人，录取率为84.62%。年内荣获州人民政府颁发的数学质量优秀奖和培养优秀人才奖；学校被州委、州政府评为“州级文明单位”；被潞西市委、市政府评为“安全文明学校”和“卫生先进单位”；学校课外科技活动小组参加全国青少年生物和环境科技实践活动，《德宏野生动物变迁原因调查分析活动》获国家“优秀活动持之以恒奖”，省“突出贡献奖”，州“项目奖”；在中国语文报刊协会、共青团中央少年部等7家单位联合举办的第三届语文报杯全国中小学生作文大赛活动中，学校荣获优秀组织奖。

（陈德周　邓吉川）

【州民一中举办第六届集邮、书画、制作展览】 1999年“六·一”儿童节，州民一中团委和集邮协会在州民一中教师工作楼举办了第六届集邮、书画、制作展览。318个邮票贴片，分“人与自然”、“祖国风景名胜”、“花与动物”、“改革开放成就”、“爱我中华”等21个专题；展出书画作品191幅；手工艺品38件。

（邓吉川）

【州民一中两位教师论文获奖】 1999年，德宏州民一中语文教师邓吉川撰写的论文《谈素质教育对教师的要示》和《语文素质教育的探索与实践》，分别获得云南省“垦区素质教育大家谈”有奖征文一等奖、首届“语通杯”全国语文教研成果大赛优秀论文二等奖；语文教师刘江愚撰写的《〈荷塘月色〉的语言艺术特色》在庆祝建国50周年全国中小学教师征文比赛活动中获二等奖。

（邓吉川）

【瑞丽一中中学语文教改获成功】 瑞丽一中于两年前引进了“中学语文五步三课型反刍式单元教改”实验，1999年首轮实验班毕业参加中考就获得好成绩：语文平均分88.46分，高于全市平均分17.31分；及格率46.43%，高于全市21.06个百分点。

（孙和平）

【罗焕兰荣获全州中考状元】 罗焕兰是陇川第一中学初中第133班学生，1999年初中毕业参加中考，以737分的优秀学业成绩，考取德宏州民族中学高中部，并荣获全州中考总分成绩第一名。该生出身农民家庭，生活贫寒，为鼓励支持该生继续学习，将来成为国家的有用之才，陇川县政府特通报奖励她500元，学校奖励200元，录取学校也相应为她减免了部份学费。

（尚秉有）

职业技术教育

【中等职教情况】 1999年，德宏州中专职教招生2065人，普高招生1252人，职普招生比为1.65:1；全州中等职教在校生5893人，普高在校生3196人，职普在校生比为1.65:1。全州中等职教应届毕业生经考核被高等职校录取14名。年内，德宏州卫生学校顺利通过省教委合格学校验收，成为全州第一所合格普通中等专业学校；德宏州民族职业高级中学与德宏州技工学校完成合并；潞西市在撤并第一、二职业高级中学基础上，又撤并芒市华侨中学，建成“三校合一”的潞西市职业高级中学。上述职业学校的调整，进一步优化了中等职教资源配置，为提高质量和效益打下了坚实的基础。

（杨昌浩）

【州财校采取多种形式办学】 1999年，德宏州财校为拓宽办学路子，多渠道、多形式、多层次办学，在原有基础上增设成人中专班，扩大函授大专班招生，大专生源比往年增加。本年度招收普通中专99人，成人中专36人，大专函授生66人，共191人。毕业生中：普通中专90人，职高85人，大专8人。同时为部分毕业生推荐了就业单位。

（余　虹）

【州财校绿化美化校园见成效】 1999年，德宏州财校为营造良好的学习环境和迎接该校20周年校庆，全体师生员工发扬自力更生、艰苦创业的精神，在学校经费十分困难的情况下，挖掘、组织现有人力、物力和财力，在绿化、美化、净化校园方面做了如下工作：一、在校内修建2140平方米的柏油路；二、绿化、美化、净化校园面积约200平方米；三、建盖大门、单车房、围栏等。通过全校师生员工的努力，使校容校貌大有改观。

（余　虹）

【州财校举行20周年校庆活动】 1999年11月27日～12月1日，德宏州财校举行建校20周年校庆庆典活动。在此之前创办了校刊、通讯录等，并做了大量的准备工作。活动期间展示了建校20周年成就，同时举行第十一届校冬运动会、文艺联欢晚会和电影晚会等。此次校庆共接待领导、来宾和校友1000多人，单位130多个，校庆活动办得圆满成功，得到领导、来宾和校友的一致好评。通过校庆活动，展示了财校20年来的办学成果，总结了办学经验，推动了学校的各项工作。

（余　虹）

【州农校为盏西乡成功推广“油菜育苗移栽”】 1999年10月20日至11月17日，德宏州农校应盈江县盏西乡政府邀请，由专业课教师带领97级植保班39名毕业生到该乡芒岭村指导农户开展“油菜育苗移栽”。学生们引进高产区种植技术，并结合当地种植习惯，采用拉线条栽保全苗，科学施肥保壮苗，田间管理保丰产等措施，共完成1037亩油菜规范种植任务。经县乡政府、农业部门及农户现场考察，长势明显好于往年，一致认定该乡“油菜育苗移栽种植技术”获得成功。

【州农校骨干专业被省教委认定】 1999年，省教委〔云教职（1999）8号〕和〔云教职（1999）46号〕分别对德宏州农业学校开办的“农业技术推广”、“园艺”、“农作物”、“热带作物”四个专业给予重新评审认定。这对学校明确发展目标和人才培养方向、规范学校办学、合理设置特色骨干专业十分重要。

【团中央组织部“五四红旗团委创建单位”在州农校挂牌】 （见州政府重大事件　　页）

（李　勇）

【OSTA计算机信息技术考试站德宏州考培点挂牌】 1999年9月10日，经云南省电子职业技能考评委员会批准，德宏州计算机信息技术考培点在德宏农业机械化学校挂牌。原中共中央委员、云南省政协副主席朗大忠、云南省农机局局长王文亮为德宏农机校OSTA计算机信息技术考培点揭幕。自此，德宏州有了自己的计算机信息技术考培点，填补了全州计算机信息技术考培空白。年内，德宏州农机校与德宏州劳动局达成协议，将对全州计算机信息技术人员进行考培。

【德宏农机校20周年校庆】 1999年11月26日，德宏农业机械化学校举行20周年校庆活动。共有德宏州人民政府等100余家单位的来宾及校友近1000人参加了校庆庆典。副州长赵家培出席会议并讲了话。校庆期间，学校编辑出版了《德宏农机校校庆资料汇编》，全书10万字，发行1200册；与德宏电视台联合录制了电视专题片《一路高歌铸辉煌》。

（朱德江）

【德宏农机校教研活动】 1999年，德宏农机校教研活动取得显著成果。全校撰写教研论文50余篇，发表5篇，获省奖励2篇，其中朱德江论文《论语文教学在素质教育中的作用》，获云南省中专教师论文比赛二等奖，何丽疆论文《关于大语文教学在实践中的几点尝试》获云南省中专教师论文比赛三等奖，并被编入《园丁杯全国优秀教师论文大赛获奖作品集》。朱德江的论文《课文阅读浅议》被编入《二十世纪教育改革论文汇编》。

【州卫校接待来访与考察情况】 1999年3月18日，云南省曲靖卫校尹竹仙校长、沈文善副校长等一行12人到德宏卫校考察交流。4月26日，丽江卫校赵副校长等一行来访。4月2日，省计委、省教委、省卫生厅等部门有关领导到该校检查指导工作。5月8日，杨俊忠副州长、教委领导等到校检查指导工作，杨副州长对本校办学情况及近年来的发展变化给予充分肯定，并指出：要利用周边优势，增加创收，要努力提高办学质量，争创好的社会效益。4月20日，云南省广播电视大学继续学院罗东生院长、周晓俊副院长等一行4人到校检查指导工作。对本校电大医学专业办学情况给予肯定，并安排今后的工作。6月22日，云南省卫生厅尧挥彬厅长、计财处革应苍处长等到校检查指导工作。8月5日，省计划与发展委员会驻北京办事处袁千禾主任等一行到校检查指导工作，并拨50万元用于修建学生宿舍。10月23日，云南省广播电视大学张从信校长、理工学院罗翼院长等一行到校检查指导工作，并对该校电大医学专业的工作给予指导。11月6日，由德宏州及潞西市两级爱委会、卫生局领导组成的“州市卫生文明检查团”到校检查文明卫生工作，并授予德宏卫校“99年度文明单位”称号。11月15

日，由德宏州人大、州政法委、潞西市政法委、110指挥中心等单位领导组成的“社会治安综合治理检查团”到校检查安全防范、普法落实及揭批“法轮功”等社会治安治理工作，并授予德宏卫校“99年度社会治安综合治理优秀单位”称号。11月25日，国家卫生部王陇德副部长到德宏检查工作，并到德宏卫校视察。12月2日，由德宏州护理学会组织的“心灵美演讲团”到德宏卫校演讲，德宏卫校全体师生参加了演讲报告会。

（李长富　赵家福）

【州卫校成为云南省合格中专学校】　1999年9月13日至14日，由云南省教委职成教处李毓华处长为首的教委中专学校办学水平评估专家组一行10人对德宏卫校进行评估。专家组采用听、看、查、访等多种形式，对该校的办学条件、教学设施、办学效益等进行了认真的综合考评。考评组认为：德宏卫校在办学过程中始终坚持正确的办学方向和服务社会的办学宗旨；德宏州委、政府高度重视和支持学校发展，在财政经费较困难的情况下，坚持逐年加大拨款，不断改善办学条件；学校领导班子团结务实，有开拓精神，有较强的事业心和责任感，认真贯彻国家的教育方针；学校积极推进内部管理体制改革和教学改革，注重学生实践能力和综合能力的培养，以市场为导向，面向社会需要，开展多形式、多层次办学等方面取得了较好成绩。根据国家颁布的合格中专学校办学水平评估标准，考评组对德宏卫校打分85分，并认定德宏州卫校成为云南省合格中专学校。

（李长富　赵家福）

【州民干校改革办学情况】　1999年，德宏州民干校与云南大学公共管理学院和云南民院成教院、中文系、政法系和英语系联合办学。年内，新增两个本科专业（公共事业管理、法律）、五个专科（公共事业管理、法律、涉外经济管理、旅游、经济管理）；同时，先后举办了三期岗位培训班（全州中青年少数民族干部、妇女干部、非党干部培训班），举办了全州乡、镇长岗位培训班、全州中青年科技骨干人才读书班，圆满完成了州委、政府组织部交给的任务，受到上级领导和有关部门的好评，收到良好的社会效益。此外，还完成了年内招生计划，共招生340人，比上年增58.5%。

（朗继红）

师范教育

【州民族师范建成全州首间数码钢琴教室】　1999年1月25日，德宏州师范的全州首间数码钢琴教室竣工并投入使用。该教室占地143平方米，投资50万元，由教师主控中心和学生单人钢琴组成，全部设备采用具有国内先进水平的广州爱威德牌数码钢琴，可同时供56位同学使用。

（车发云）

【州师范开展结对扶贫助学活动】　1999年，德宏州师范与社会各界开展了“结对扶贫助学”活动。针对学校生源绝大多数来自贫困地区的特点，该校于3月向社会发出倡议。之后，州直团工委、州电力公司团委、州人寿保险公司、德宏边防支队、芒究水库管理处、州民宗局、州人大、武警德宏支队等单位及何琳（团州委副书记）、陈岩希（州直工委）等个人纷纷响应，年内与20名贫困学生结成“扶贫助学对子”。结对子后，每名学生每月从资助单位和个人手中领到50元资助金，直到学业期满。

（车发云）

【举办教职工第一期计算机等级培训】　1999年，德宏州民族师范学校根据国家教育部《面向二十一世纪教育振兴行动计划》和《面向21世纪深化中等师范教育教学改革的几点意见》的精神及要求，于3月至6月利用双休日，举办教职工第一期计算机等级培训。全校45周岁以下的教职工参加培训。为将培训活动真正落到实处，学校制定了严格的培训计划和考核办法，并将考核结果与教职工学期考核、职称职务晋升和教师继续教育活动挂钩。

（车发云）

【全省13所中师到德宏民师考察】　德宏州民族师范在3年内，率先在州内建成花园式学校，并荣获“省级文明单位”、“省级文明学校”，因而受到全省中师的广泛关注。1999年3月至10月，思茅师范、红河民族师范、红河师范、曲靖师范、楚雄民族师范、楚雄大姚师范、文山师范、文山民族师范、昆明东川师范、昆明幼儿师范、西双版纳师范、昭通师范、昭通镇雄师范等13所中师，先后组团到德宏民师考察取经。

（车发云）

【州师范计算机教学网络建成】　1999年4月，德宏州民族师范学校的计算机教室竣工投入使用。该室设置86套586计算机，是全省较先进的现代化教学网络。该网络历时3年，投资120多万元，由计算机教室网络、微格教室网络、校内双向监控多媒体教学闭路电视网络及主控中心构成。该网络的建成对提高州师范整体办学水平和培养德宏高素质的师资具有十分重要的意义。

（车发云）

【州师范获“省级文明学校”称号】　1999年5月，德宏州师范学校被授予“省级文明学校”称号。这是该校继1997年获“省级文明单位”称号之后又获得的一项殊荣，该校由此成为全州唯一获得省级“双文明”称号的单位，也是全省28所中师中获此殊荣的两个学校之一。

（杨星明）

【举行首届教职工代表大会】　1999年，德宏州师范充分调动广大教职工参政议政的积极性，更好地做好民主治校工作，9月12日举行首届教职工代表大会。40名代表出席大会，州总工会、州教育工会有关领导到会祝贺并讲话。会议听取并审议《1999－2000学年工作情况报告》、《经费收支情况报告》、《第六届工会情况报告》及《关于99年下半年及今后工作安排》等报告，选举产生了第七届工会委员，通过了《德宏州民族师范学校校园环境管理条例》。

（车发云）

【英国救助儿童会官员到州师范访

问】 1999年11月4日下午，英国救助儿童会伦敦总部艾滋病预防教育研究所所长琼斯女士、中国项目总部副总干事潭乐山博士、官员曹虹在国家教育部、省教委及州教委有关负责人的陪同下，一行8人到州师范就艾滋病预防教育问题与学校师生进行交流座谈。

（车发云）

【州师范校史馆建成】 1999年12月，德宏州师范投资10多万元的全州规划最大的校史馆建成。该馆占地528平方米，内设校史、教学成果两大展区。馆内共收藏展出各种图片1500多幅，师生论文作品集100多册，书法绘画作品100多幅，工艺美术品300多件，生物标本千余件，学校集体荣誉奖状锦旗120多块（面）。

（车发云）

【首次实行全州统一招生】 根据德宏州第十一届人大常委会第四次会议决议，德宏州师范学校于1999年首次在全州范围内实行统一招生工作。在99年录取的350名新生（含民代）中，最高分为704分，最低分595分，录取新生素质创历史最好纪录。

（车发云）

成人教育

【成人自学考试】 1999年，德宏州组织参加了云南省第32、33次自学考试。全年有3918人次报考，比上年增720人次；报考科次9825，增2784科次；实考科次6637，增1632科次；参考率67.55%，降3.5个百分点；单科合格3219，增1123科次；合格率48.5%，增6.6个百分点，略高于全省平均水平；年内毕业84人，增62人；毕业生中本科2人，专科82人（专业结构为：本科有汉语言文学和法律各1人；专科有汉语言文学4人，英语2人，会计6人，金融2人，商业经济1人，农业经济管理1人，公安管理1人，农业会计1人，行政管理4人，林业经济管理2人，法律8人，社会林业1人，农业推广33人，护理10人，旅游管理1人，新闻5人）。到1999年底，全州自考毕业数已达490人，其中本科5人，专科349人，中专136人。

（刀承辉）

【扫盲及农村成人教育】 1999年，德宏州共开设扫盲班196个，组织近3000名剩余青壮年文盲入学；经县市教育部门统一考试，脱盲1552人；全州1949年10月1日以后出生，年满15周岁的青壮年文盲已降至1%左右。年内，州教委还开展各种类型的培训1100多期，共培训10.22万人次；开展初等教育，组织成人入学人数1800多人，毕业297人。盈江县的扫盲工作，在自检自查上报州政府复核的基础上，省政府已6月初对其进行了评估验收。至此，全州三县两市已全部实现了基本扫除青壮年文盲的目标。

（番跃平）

【杨前光等荣获“中华扫盲奖”】 1999年，在全国扫盲工作会议上，德宏州教委主任杨前光荣获“中华扫盲奖”，受到国家教育部的表彰和奖励。同时，梁河县勐养乡卡子村完小因扫盲工作成绩突出，被授予“先进集体”称号。

（刀承辉）

高等教育

【普通高考创佳绩】 1999年德宏州有773人报名参加普通高等学校、中等专业学校“一条龙”招生全国统一考试，其中男生414人，女生359人；应届600人（占77.6%），往届173人（占22.4%）；少数民族考生198人，占25.6%。从报考类别看，文史类363人，占47.0%；理工农医类318人，占41.1%；外语类50人，占6.5%；体育类21人，占2.7%；艺术类21人，占2.7%。1999年全州普通高考取得了恢复高考以来的最好成绩，全州共有168人上线，实际分达专科线以上），上线率为21.7%，上线人数比上年增77人，上升84.6%。其中上重点线43人，比上年增加21人；上一般本科线86人，增47人；上专科线39人，增9人。从类别看，文史类上线40人，上线率为11.0%；理工农医类上线100人，上线率为31.4%；外语类上线13人，上线率为26.0%；体育类上线2人，上线率为9.5%；艺术类上线13人，上线率为61.9%。

全州大专以上共录取527人，其中本科168人、普通专科31人、师范专科200人、电大82人、预科46人，录取率68.2%，比上年上升了29.6个百分点；录取少数民族考生120人，占录取总数的22.8%。全州共录取高中文化程度的中专102人，其中少数民族考生27人，占中专录取数的26.5%。全州高中毕业生为大中专院校录取629人，录取率为81.4%，比上年上升了31.3个百分点。

【普通中考】 1999年德宏州有6383人参加高中、中专升学考试（简称中考），其中少数民族考生2336人，占36.6%；报考高中类674人，占10.6%；报考中师兼高中类1562人，占24.5%；报考州外中专兼高中类2773人，占43.4%；报考州内中专类1374人，占21.5%。全州共录取初中中专（含中师）1255人，其中普通中专779人（州外524人，州内255人），中师（含幼师）311人（州外11、州内300人），自费、职业、电视中专165人；共录取少数民族生470人，占中专录取总数的37.5%。州内中专录取的255名考生中，少数民族考生138人，占54.1%；州师范录取的300名考生中，少数民族考生119人，占39.7%；录取高师预备班50人，其中少数民族考生11人，占22.0%。年内，州师范的招生进行了重大改革，具体措施为：一、州师范实行招生并轨改革、学生实行缴费上学。二、州师范招生名额不再分配到各县（市），实行全州一条分数线统一招生，面向山区农村统一分配，当地少数民族和农村教师子女给予适当照顾录取。三、艺术类专业考试全州统一进行，文化考试成绩最低控制分数线按普师专业最低控制线的80%下达。录取办法为：在政治思想品德考核和体检合格，文化考试成绩达到最低控制分数线的情况下，根据考生志愿，按专业成绩从高分到低分择优录取。四、州师范只招收应届初中毕业生。

【成人招生工作】 1999年德宏州实有1769人参加成人大中专招生考试，其中报考教师类专科起点本科55人，录取23人，录取率41.85；报考专科层次1214人，录取508人，录取率41.8%；报考中专层次555人，录取393人，录取率70.8%。全州中小学代课教师报考民代班467人，其中少数民族考生202人，占43.3%；民代班录取50人，其中少数民族考生8人，占录取数的16.0%；报考教师系统进修班151人，其中少数民族考生63人，占41.7%；录取50人，其中少数民族考生18人，占录取数的36.%。

（州招生办）

【大中专毕业生分配】 1999年，德宏州共接收高等院校，中等专业学校国家计划内统一分配毕业生1222人。其中本科生57人，占4.8%，专科生133人，占11.2%，中专毕业生993人，占84%。具体分配结果是：州直57人，占4.8%，其中本科19人，专科13人，中专25人；潞西321人，占27.1%，其中本科10人，专科41人，中专270人；梁河195人，占16.5%，其中本科4人，专科20人，中专171人；盈江257人，占21.7%，其中本科5人，专科19人，中专233人；陇川173人，占14.6%，其中本科3人，专科22人，中专148人；瑞丽143人、占12.1%，其中本科7人，专科18人，中专118人；中央省属驻德宏单位15人，占1.3%，其中本科8人，中专7人；分配到外地州20人，占1.7%，均为中专生；农垦1人，占0.1%，为中专生；自谋职业1人，占0.1%，为本科生。民族毕业生共分配398人，占33.6%，其中本科18人，专科25人，中专355人。各民族比例：傣族245人，占20.7%，其中本科7人，专科13人，中专225人；景颇族73人、占6.2%，其中本科1人，专科3人，中专69人；阿昌族29人，占2.4%，其中本科1人，中专28人；德昂族2人，占0.1%，其中本科1人，中专1人；傈僳族15人，占1.3%，其中本科1人，专科2人，中专12人；其他民族34人，占2.9%，其中本科7人，专科7人，中专20人。

（赵　敏）

【调整德宏教育学院管理体制】 根据《中华人民共和国教育法》、《中华人民共和国高等教育法》的法律原则，遵照云南省政府办公厅〔1999〕86号文件精神，1999年9月7日德宏教育学院举行了管理体制调整交接仪式。体制由原来省、州共建共管以州管为主，改为省、州共建共管以省管为主。云南省教委主任杨崇龙、副主任和福生，德宏州州长管国忠、州委副书记李增寿、州人大副主任曹大忠、州政协主席杨拾全、州教委主任杨前光等党政领导人出席了交接仪式。会议由省教委副主任和福生主持，省教委主任杨崇龙、德宏州州长管国忠在交接仪式上发表了讲话。

【基础设施建设】 1999年，德宏教育学院投资30余万元，完成了该院内部的输变线路维修改造工程。

【精神文明建设再创佳绩】 1999年，德宏教育学院狠抓社会主义精神文明建设和强化治安管理，年末，被评为“安全文明学校”、“社会治安综合治理优秀学校”。

【整顿考风考纪】 1999年，德宏教育学院针对社会上学风不振，考纪不严，考风败坏，影响高校办学社会声誉的现象，提出严格整顿考风考纪，振作学风，整肃校风的严厉措施，在院内实施考风考纪层层责任制。目前，全院上下考风考纪严肃，学风振作，教育教学质量稳步提高。

【招收高师专科生】 1999年，德宏教育学院遵照德宏州委五套班子97年联席会议关于“德宏教育学院招收应届高中毕业生，进行高师专科学历教育，培养州内各乡镇中学教师，为‘普九’服务的决议”，99年又续招100名学生，年末全校高师专科（外语、中文、数学、政史各专业）学生共200名。这批学生将于2001年秋季陆续毕业，并补充到全州各乡镇中学，参加“普九”教学工作。

【首次开办高等职业学历教育】 经省教委批准，1999年，德宏教育学院首次开办普通高等职业学历教育。全年面向全省招生94名，学制3年，开办了文秘和计算机应用2个专业。

【修订教学计划】 1999年，德宏教育学院为适应社会需求，培养基础扎实，知识面宽，能力强，素质高，而且富有创新精神、实践能力和创业精神的德、智、体、美等方面全面发展的人才，全面修订了原有6个专业的教学计划，并制定新开4个专业的教学计划。所修订的教学计划，注重理论与实践、知识传授与能力培养相结合，能力培养贯穿教学全过程，加强了实践教学环节，增加了实训、实践的时间和内容，使修订后的教学计划具有鲜明的时代特点。

【马富润获曾宪梓基金奖】 1999年，德宏教育学院理化生教研室主任马富润先生荣获曾宪梓基金会高等师范院校优秀教师奖三等奖。

（刘建平　文静斋）

（见《州情概览》42页）

科 学

自 然 科 学

科 委

△【召开全州科技扶贫现场经验交流会】 1999年1月18日至20日，德宏州政府在芒市召开全州科技扶贫现场经验交流会。州人大、州政府、州政协的领导出席会议，州直有关单位负责人、省、州18个贫困乡的领导以及6个县、市的科委主任、科协主席、扶贫办主任共80余人参加了会议。省科委副主任徐宝明、农村科技处处长薛启荣专程到会指导。州科委主任谷忠人和州扶贫办主任寸永元在会上作了工作报告，总结了近三年来全州科技扶贫工作的经验。潞西市政府、州科协以及4个省级科技扶贫示范乡在会上交流了经验。会议代表现场参观了省级科技扶贫示范乡——潞西市象滚塘乡。会议研究布置了今明两年的科技扶贫工作。省科委副主任徐宝明对德宏州委、州政府切实加强对科技扶贫的领导，全方位以科技为龙头进行扶贫，推动贫困地区经济的发展给予了高度评价。据悉，由地州级政府专门召开科技扶贫现场经验交流会在全省尚属首次。

【科技培训】 1999年1月，根据潞西市象滚塘乡的要求，德宏州委组织部、州科委、州科协和州扶贫办联合在该乡举办甘蔗“三高”栽培技术培训现场会。通过甘蔗技术人员通俗易懂的讲解和熟练的现场操作，使乡、村干部和农民学到了很多知识。该乡98年种植甘蔗1500亩，99年猛增至2400亩，增幅达60%。年内，全州新招农函大学员2825人，比原计划增40%，比98年增55.6%。潞西市纳入农函大培训的约400人，创历史最高水平。为提高教学质量，7月1日至2日，州科委又与州科协举办有137人参加的农函大教师培训班。12月1日至3日，在芒市召开的“全省农函大工作会议”上，农函大德宏州分校以及潞西市辅导站被评为全省先进集体。

【春节慰问专家学者】 1999年春节前夕，中共德宏州委常委、组织部长龚敬政率州科委、州科协的领导先后走访了农、林、水、电、医药卫生各条战线的10几位专家学者。慰问组一方面带去了州委、州政府对专家们的关怀，对他们在德宏的科技进步和经济建设中做出的贡献表示感谢；同时倾听了专家们对依靠科技进步发展德宏经济的意见和建议。由州委常委、组织部长亲自挂帅走访慰问专家，这在德宏州还是第一次。

【科技成果管理工作】 1999年4月6日，在芒市召开的98年度科技进步奖颁奖大会上，德宏州副州长方绍南宣读了州政府的授奖决定和获奖项目名单。全州有32项科技成果获得98年度州科技进步奖，其中一等奖1项，二等奖6项，三等奖25项，获省星火奖4项，省科委第四届技术市场金桥奖个人奖1项。年内，德宏州科委还完成了本年度州科技进步奖征集评审工作。截至5月30日止，州科委共收到请奖项目41项，经科技进步奖评审委员会评审出获奖项目30项，其中一等奖1项，二等奖6项，三等奖23项。年内，州科委推荐申报省政府星火奖项目3项，其中章凤制药厂完成的“云胆系列产品开发”获二等奖，州糖办等单位完成的“德宏州推广48万亩‘三高’甘蔗栽培技术”和梁河县杞木寨乡畜牧兽医站等单位完成的“杞木寨乡推广科学养猪措施，加快脱贫致富步伐”均获三等奖。3项获奖成果新增产值43254.5万元，新增利税20271.8万元。

【举办“人与自然”大型科普宣传活动】 1999年4月，在傣族、德昂族泼水节期间，德宏州科委、州科协与9个部门联合在全州范围内举办“人与自然”大型科普宣传活动周。参展展版156块，图片3227幅，放映科技录相74场，发放科技书刊2286册、科技报9450份，印发科技知识竞猜582题，设咨询点38个，实物宣传321类，从多角度、多层次展示科学技术是第一生产力，展示全州实施科教兴州和可持续发展取得的成绩与面临的形势。参观展览的干部群众达22.67万人次。中国科协副主席、书记处书记徐善衍和省科协副主席王淑珍、李义甫参观后给予了高度评价。

【获国家和省级农业科技成果奖】 1999年5月，中国、云南省公布了1998年度农业科技项目评选结果，德宏州共有6项冬季农业科技成果获国家和省级农业科技成果二、三等奖。它们是：州农科所参与完成的《云南省滇西南六地州热区冬季农业技术开发与示范推广》项目，获全国农牧渔业丰收二等奖；州农业局的《发挥德宏热区优势，“三冬”开发效益显著》项目，获云南省12项重大农业科技推广二等奖；瑞丽市的《依靠科技发展冬早蔬菜效果显著》、潞西市的《五万亩蔬菜瓜果保护地栽培》，两个项目均获云南省农业厅农业科技推广成果二等奖；州果树站的《推广西瓜良种“抗病苏红宝”四万亩》获三等奖。上述科技项目在1998年度使全州22万亩冬季作物总产值达1.1亿多元，比1997年增38.3%，纯收入达8000多万元，投入产出比为1：3.5。

（杨星明）

△【引进优良太湖种猪获成功】 1999年6月，德宏州引进的优良种猪——太湖（二花脸）猪在芒市德康民营科技试验示范种养场试养成功，这在滇西是第一家。太湖猪是中国的良种猪，其中二花脸平均每头猪年产仔猪2.14窝，平均窝产仔猪17.3头，成活率达95.5%，且肉质鲜美、饲养方便。“九五”期间，太湖猪和长白猪被国家科委列入科技攻关项目。芒市德康民营科技试验示范种养场分别于1998年10月、1999年4月从上海引进纯种太湖（二花脸）猪14头，其中母猪12头。6月30日，首批引进的二花脸猪繁育出第一代纯种母猪10头。州科委安排专项经费1.5万元，把这10头太湖二花脸猪分别送到潞西市象滚塘乡、梁河县大厂乡、盈江县苏典乡和陇川县王子树乡4个省科技扶贫示范乡进行养殖示范。

（杨星明）

△【三项成果获省星火奖】 1999年8月，德宏州有3项科技成果推荐申报云南省政府星火奖，经评选均获奖。它们是：陇川章凤制药厂完成的《云胆系列产品开发》获二得奖；州蔗糖办等单位完成的《德宏州推广48万亩甘蔗“三高”栽培技术》、梁河县杞木寨乡畜牧兽医站等单位完成的《杞木寨乡推广科学养猪措施加快脱贫致富步伐》获三等奖。上述3项获奖成果均产生了较显著的经济、社会、生态效益，其中经济效益总额为66419万元，新增产值43254.5万元，新增利税20271.8万元。

（杨星明）

【继续办好《科技动态》】 1999年，德宏州科委共编发《科技动态》27期，印发5400份，及时反映了全州科技工作的情况，为各级党政领导提供决策信息和依据。

【科技扶贫】 1999年，德宏州科委在科技扶贫工作中主要做了三项工作：一、支持德康民营科技试验示范种养场推广养殖“太湖二花脸”良种猪。年内州科委安排22500元专项经费，将繁育成功的第一代“太湖二花脸”纯种母猪15头引进到全州四个省级科技扶贫示范乡养殖。其中象滚塘乡2头，大厂乡4头，王子树乡4头，苏典乡5头。计划通过典型示范，带动周围群众发展，帮助农户尽快摆脱贫困。年内，州科委还扶持州内科学养猪示范户50户，人均增加一头猪，增收200元。二、组织全州4个省级科技扶贫示范乡实施10个科技扶贫示范项目，取得了较好的效果。4个贫困乡全年推广种植脱毒马铃薯1010亩；饲养黄山羊685头；新植甜竹110亩，总面积达300亩；示范“三高”甘蔗10亩；示范双低油菜1200亩；示范推广“两杂”900亩，增产幅度达47%；魔芋丰产栽培示范50亩。这些科技扶贫示范项目大多数已开始产生效益，杂交稻亩产达250千克，比常规稻增80千克；杂交玉米平均亩产184千克，比常规品种增104千克，增幅达130%；300亩油菜丰产示范单产140千克，增产幅度达25%。三、加强科技培训，提高劳动者科技文化素质。年内全州科委系统开办各类科技扶贫培训班50期，培训贫困群众4800余人，其中4个省级科技扶贫示范乡招收农函大9个专业、649名学员。

【实施科技计划】 1999年，德宏州科委在科技三项费未拨到位的情况下，积极争取省科委的大力支持，全年组织实施各类科技计划40项（其中省级19项、州级21项），具体情况如下：

一、农业科技计划由州农业科学研究所承担的省级科技攻关计划“水稻优质米新品种选育及应用示范”进展良好，有望在德宏201、203……211系列中选育出接近泰国米的良种，为全州粮食作物结构调整、扩大优质软米种植面积奠定基础。州级科研计划“高寒山区水稻新品种选育”连续两年在梁河县小厂乡、杞木寨乡、陇川县户撒乡、潞西市勐戛乡等海拔1400～1700米的地区栽培试验示范，比鄂粳杂1号表现优良，6个试点平均亩产495.4千克，比同等条件下鄂粳杂亩增34千克；全州示范606亩、增幅10～20%。在冬玉米、冬黄豆、冬早瓜菜的品种选育上，年内引进黄豆新品种、新材料185个，主要为从浙江引进的3个甜脆大豆和从省农科院引进的美国黄豆杂交新材料175个；在瑞丽市和盈江县建设黄豆优良品种“中品661”重点示范基地1万亩，全州推广种植3.5万亩；先后引进甜瓜新品种“丰甜1号”、“金玉香”、“台农2号”等数十个，建设示范园623亩，重点示范、推广8602亩，平均亩产850千克，总产6967吨，其中外调223吨，实现产值2090万元，利润1488万元，甜瓜种植面积占全省71.7%。二、蔗糖科技计划。年内继续推广“甘蔗三高”、“甘蔗电脑专家系统”、“亩产吨糖”等计划。潞西、瑞丽两市1998、1999年完成甘蔗示范面积5013.5亩，测产验收亩产达9.14吨，田间蔗含糖份达14.02%，实现了亩产吨糖的预期目标。瑞丽市两年完成甘蔗重点示范8051亩，幅射面积20036亩，亩产甘蔗8.5吨，含糖份13.97%；瑞丽糖厂产糖率达12.05%，跃居全州第一。在华侨糖厂、景坎糖厂、平原糖厂进行甘蔗电脑专家系统试验示范，产生了明显的效果。为使全州蔗糖业尽快走出困境，年内，州科委又牵头申报实施省级科学研究计划——“云南省制糖企业科技创新摆脱困境研究”。三、生物资源科技开发计划。年内，州科委积极帮助云德香料公司总结山苍子人工育苗的经验、教训，使该公司全年成功培育出600余万株山苍子苗，为全州全年种植6万亩山苍子提供了种苗保证。州科委还进行了潞西中山200亩山苍子试验、示范课题的阶段验收。经测定，定植两年的山苍子树最高达5米，最大冠幅5×4.5米，一年试花率66%，两年挂果率33%，比预期提前1～2年，为山苍子的大面积种植与管理提供了科学数据。年内，州科委帮助争取到两个省级科技攻关计划——“湿法魔芋超细精粉及葡甘聚糖复合胶生产中试研究”和“咖啡优良品种筛选及丰产栽培技术试验示范”，并已启动实施。魔芋软腐病的防治已有明显进展。咖啡种植已出现好的势头。11月23日，“德宏州印楝种植基地建设”项目，通过了省政府“18生物资源开发工程办公室”的专家论证会，使这一具有良好经济、社会、生态效益项目成为全州生物资源开发的又一重大后续项目。四、星火计划，年内，章凤制药厂承担的国家级星火计划“云胆系列产品开发”已成功地开发出熊胆粉、熊胆口服液、熊胆胶囊、熊胆酒、熊胆痔灵栓和肝胆舒等4种剂型6个品种，该项目已成为甸川公司的主要经济支柱。盈江星云公司实施的省级星火计划项目5000吨/年电解铝，1999年生产电解铝5272吨，销售收入7848.7万元，上缴税金270万元，实现利润550万元，已成为全州又一个新的经济增长点。

【专利工作】 1999年，德宏州科委发明协会向省科委申报小发明两项；向省发明协会申报“云南省99年度优秀发明科技成果选拔赛”项目4项，获一等奖一项，三等奖两项。年内，州发明协会代理专利申请2件，接受专利咨询36次，组织专利代理员资格考试培训4人。年内，州发明协会被省发明协会授予“’99先进协会”称号。

【解决计算机千年虫问题】 1999年，德宏州科委、科协与州信息研究所牵头，承担了德宏州计算机千年虫的技术攻关。经过5个多月的扎实工作，各县市和州直共80多个单位完成了检测、检查、修正工作，排除了可能造成严重危害的系统隐患，为2000年安全过渡创造了条件。该项工作受到省、州政府表彰。

【国内外科技合作与交流】 1999年，德宏州科委先后接待了美国农业部亚热带作物研究中心主任、世界印楝权威专家戈登博士、澳大利亚昆士兰大学马德岑博士、马来西亚印楝专家、北京农工商总公司总经理和世界印楝组织中国联络员、中国林科院资源昆虫研究所赖永棋研究员等对德宏印楝的考察。国内外专家对德宏州科委1994年就跟踪、开展对印楝的研究工作表示赞赏，对潞西市生物研究所进行印楝开发研究工作给予高度评价，并就今后与德宏州科委和潞西市生物研究所共同加强印楝开发研究达成协议。

【梁河县沼气建设成绩显著】 1999年，梁河县的沼气建设取得显著成绩。梁河县的沼气建设始于70年代，但由于造型原始，管理粗放，发挥不出应有的效益，所发展的沼气基本告吹。1998年，梁河县被列为省沼气重点建设县，县委、县政府以此为契机，出台了一系列优惠政策鼓励农户进行沼气建设，如每建一口沼气池，畜牧局补助400元，能源站补助300元的实物，科委、卫生局、扶贫办等部门也给予一定的资金，使沼气建设得到迅速发展，初步形成了“猪－沼－果”、“猪－沼－菜”、“猪－沼－茶”、“猪－沼－稻”等生态农业模式的配套建设。截至1999年11月，全县共建成农村户用沼气池562口，带动养猪户500户，出栏生猪3372头，改厕562个，减少林木低价值消耗2248立方米，使农民增加纯收入20多万元，为全县农村经济的发展和保护生态环境发挥了重要作用。

（罗致普）

（《科委》撰稿除署名外，均为田志明）

（见《州情概览》42页）

气　象

【气象现代化建设】 1999年，德宏气象台在完成《气象卫星综合应用业务系统德宏分系统》的建设并完全实现业务化运行后，建立完善了新的预报制作流程；采用人机交互预报系统为工作平台，制作天气预报；建立了短时、短期灾害性指导预报业务，加强了对德宏灾害性天气指标的研究。在州及各县政府的大力支持下，建成了州气象台，瑞丽市气象局、陇川县气象局、盈江县气象局、梁河县气象局的五个卫星单收站，并投入日常预报使用。单收站的建成，使州、县级气象站能够获取大量的预报用气象要素信息，不仅提高了预报准确率，也标志着德宏气象站在气象现代化建设上上了一个新台阶。

【公益气象服务】 1999年，德宏州气象台站高度重视为领导决策及重大活动提供气象保障服务。年初，各台站结合当地的服务重点，制定了气象服务周年方案、专为’99昆明世界园艺博览会和建国50周年大庆等重大庆典活动提供气象保障服务的方案。在着手建设气象服务系统的同时，精心组织、细致实施，圆满地完成了省气象局为世博会提供服务的加密观测任务，为德宏分会场提供的气象保障服务受到政府领导的好评。另外，还为扑灭盈江境内的中缅边境森林大火提供了较为准确的预报，多次为州委、州政府和各级生产指挥部门提供抗旱栽插、防洪等关键农事季节的专题气象服务也受到好评。全年共取得有显著经济效益的服务个例10个。

年内，进一步加大对农业气象服务的力度。州局成立农气服务组，制定农业气象服务方案，根据全州各关键时期农业生产的实际，除定期发布农业气象旬报、气象情况反映外，还不定期发布3期农业气象专题服务材料。年内州局结合气象部门的实际开展科技扶贫，开展了《龙江河谷气候资源的考察和分析》，完成了《德宏州农业气候资源及区划》的编写，在通过由州科委组织的鉴定后，已正式出版。此举为各县市调整农业生产结构提供了可靠的科学依据。

【科研教育】 1999年，德宏州气象系统认真贯彻落实“科教兴气象”的发展战略，着力抓好科研和教育两个方面的工作，并取得较好成绩。科研方面，科研课题省局立1项，德宏州科委立2项，州局“短平快”立2项。年内《气象卫星综合应用业务系统德宏分系统的建设和应用》、《德宏州农业气候资源及区划》两项科研成果通过德宏州科委主持的鉴定验收，前一项目并获得1999年度德宏州人民政府科技进步一等奖，这也是州气象部门首次获得州科技进步奖的最高奖项。教育方面，全州在读提高学历的函授生达12人，其中3人已取得相应的本专科学历；先后选派25人次参加省气象局和地方举办的各种培训班；自办气象卫星单收站使用培训班一期，培训人员20人。

【台站住宅环境改善】 1999年，德宏州台站综合改善取得显著成效，州气象局、陇川县气象局、盈江县气象局完成了职工住宅建设，使职工的生活条件有较大改善。陇川、盈江两县气象局进行道路维修改造和绿化工作，使站风站貌均有较大改观。尤其是州局大院，自筹资金10万余元，拆除原来的土基房，修建了道路、篮球场、围墙、花园，使大院长期存在的脏、乱、差得以初步改善。

【州气象系统被命名为文明行业】 1999年，德宏州气象部门的精神文明建设结出丰硕果实，州县6个单位全部建成文明单位，其中州局为省级文明单位，陇川县气象局为州级文明单位。由于全州气象系统工作成绩突出，德宏州委、州政府正式命名德宏州气象系统为文明行业。这也是州委、州政府首次命名并是全州唯一的文明行业。

（《气象科研》撰稿 王绍山）

地　　震

【震　情】 1999年，据云南地震台网测定德宏州境内共发生大于等于1.0级以上地震73次，其中1.0－1.9级39次，2.0－2.9级28次，3.0－3.9级4次，4.0－4.8级2次，最大为99年1月25日11时59分28.3秒发生在盈江县边境4.8级和99年12月20日19时46分49.5秒发生在盈江县平原镇勐町村4.6级地震。年内，德宏、保山重点监视区共发生大于等于3.0级以上地震26次，与上年度同期相比减少14次，最大为中缅边境地区的4.8级地震，震中地区有强感，局部地区有破坏，盈江县、陇川县、梁河县有震感，震中距州府潞西市80公里。

【地震灾情】 1999年，德宏州境内发生中强地震造成灾害的共有3次。一次是99年1月25日11时59分28.3秒发生在盈江县边境4.8级强感地震，震中位于边境地区，波及2个行政村，造成直接经济损失52万元。一次是99年11月19日21时30分17秒发生在瑞丽市户育乡3.6级强感地震，震中位于人口相对密集，无直接具体经济损失，地震造成瑞丽市、畹町开发区居民一度处于恐慌中，社会间接影响严重。第三次是99年12月20日19时46分49.5秒发生在盈江县平原镇勐町村4.6级强感地震，震中位于城区，地震造成城区供水系统破坏，停止供水达50多个小时，据盈江县人民政府统计上报地震造成震中地区直接经济损失54.7万元。

【防震减灾立法管理】 1999年，德宏州地震局认真贯彻落实《中华人民共和国防震减灾法》和《云南省防震减灾条例》，根据法律、条例赋予地震工作部门的职能，结合实际，起草了《德宏州建设工程场地地震安全性评价管理规定》（送审稿），于99年10月25日由州人民政府钱强副秘书长组织召开10家相关部门参加的“送审稿”研讨会。会议对“送审稿”修改说明进行审议，同时报请州人民政府常务会审批。其次，组成以州政府副秘书长为组长，州地震局牵头，州城建局、州武警支队为成员一行7人的州人民政府地震应急预案检查组，于99年5月26日～6月2日，对全州3县2市及18家州直应急协作单位的地震应急预案工作进行全面检查。检查结果为：各单位在地震应急预案编制工作中做到政府分管领导亲自抓，部门领导具体抓，在落实预案中做到分工明确、责任清楚、任务具体、措施得当，预案具有较强的可操作性，一旦区内发生破坏性地震，整个应急系统将能有序、高效地开展各项应急工作。

【地震前兆监测】 1999年，德宏地震前兆所属23个观测项目圆满完成了本年度监测任务。其中有13个项目参加全省16个地州市工作质量评比，有9个单项获奖，分别为：德宏州地震无线电通讯获二等奖，德宏州地震局国家级观测网滇22井水位获优秀奖，州局水质化验获优秀奖，法帕深井地温获优秀奖，瑞丽市地办水氡获优秀奖，盈江县地办水氡获优秀奖，梁河县地办水氡获优秀奖，陇川县地办水氡获优秀奖，州防震减灾综合管理获优秀奖。全州前兆参评资料获奖率为70%。

【地震预报】 1999年，德宏州地震局研究编写了12期《震情分析》、3期《震情反映》和一份年度中期趋势报告，并在《云南地区1999年度地震趋势研究报告》结论中指出：“99年云南省存在发生6.0级左右地震的可能，5级地震2－3次，最大地震强度小于等于6.4级。”据此判定了三个危险区：一、滇西南以北纬22°10′，东经101°21′为参考点，半径120公里范围内存在6.0级左右地震；二、滇西以北纬25°10′，东经99°20′为参考点，半径100公里范围内存在5.0－5.9级地震；三、滇南以北纬24°00′－25°20′，东经102°20′－103°30′，存在5.0－5.5级地震，据云南省地震台网测定，99年该研究区共发生大于等于5.0级地震4次，最大地震为99年6月29日和7月15日发生滇西南中缅边境地区的两次5.5级地震，中期趋势判定基本正确。本年度德宏州地震局中期研究报告被云南省地震局评为优秀奖。

在短临跟踪预报方面，德宏州地震局判定州内存在3次强感地震，并以99年01号、11号、12号《震情分析》向政府报告。据云南地震台网测定，分别于99年1月25日盈江边境地区发生了4.8级地震；99年11月19日瑞丽发生了3.6级地震；99年12月20日盈江平原镇发生了4.6级地震。3次地震的发震时间、地点、强度均在预报时段内，短临跟踪预报正确，分别受到有关部门的肯定与奖励。

【地震科普】 1999年，德宏州地震局科普宣传中注重宣传生态平衡和自然灾害的产生与防御。99年为迎接中国’99昆明世界园艺博览会，积极参与“人与自然”大型科普活动，共组织4块展版、23幅照片、1幅全州历史地震分布图及州内地震历史记实资料，印发科普传单4000份，共有20人次参与本次组织活动，参观受益人数3万人次。德宏州地震局本年度荣获州人民政府科普活动组织奖。在“11·6”抗震减灾宣传日期间，开展贯彻实施《云南省防震减灾条例》宣传，组织编制科普音像制品10件，设制刊出专栏3期，在法帕、风平、芒市镇市区组织防震减灾条例宣传车，进行巡回宣传，增强民众减灾意识。

【潞西市地震调查】 1999年，德

宏州地震局接到潞西市少数乡镇“区内出现地裂缝及喷沙、冒水及民房墙体开裂，局部地段地面下沉，引起当地群众不安”的报告。省州地震部门十分重视这一情况，及时派出由预报和地质专家组成调查组，对地裂缝的分布及其性质进行全面调查。地裂缝主要分布于坡地陡坎前沿附近，走向与陡坎走向近乎平行，少数垂直或斜交；呈北东向为主，少数北北西或近东西向；剖面上呈上大下小的楔形，可见深度为 30－40 厘米。经专家论证分析认为：“地裂缝为典型的重力张性裂缝，与地震活动断裂没有直接联系；地裂不会造成灾难性破坏，但局部被损坏的民房需要加固修复；对现有灌水的地段需进行排水、引流”。结论做出后，专家调查组随即召开现场干部群众大会，对上述现象作了具体分析讲解，消除了群众顾虑。11 月 26 日，调查组将整个地裂调查情况向州市政府作了详细的书面汇报。

（《地震科研》撰稿　李建昌）

社　会　科　学

经济研究

【课题研究】　1999 年，德宏州经济研究所以区域经济中的重点、热点和难点研究对象，主要做了以下课题研究和调研工作：一、针对本州目前农民增收难和面临的新情况，组织人员进行了专题研究，并完成了《当前我州农民增收面临的难点与对策建议》专题调研报告；二、完成了《中缅边境贸易发展前景分析》专题研究分析报告；三、根据州委、州政府的安排，参加全州农业和农村工作调研；四、根据州委、州政府的安排，参加全州旅游事业建设问题调研，并参与完成调研报告；五、根据州政府安排，参加国有企业改革调研，并参与完成调研报告；六、参与州计委为制定“十五”计划而进行的综合调研，并参与完成外经贸专题调研报告；七、根据州委安排，对全州经济协作情况进行调查，并完成了《扩大对内开放步伐，促进德宏经济发展》的会议材料；八、参加全州发展个体私营工作会议的筹备，并为会议起草重要报告材料。

【《德宏经济》更名为《德宏民族经济》】　1999 年，为更好地突出地方特色，德宏州经研所主办的原《德宏经济》年刊更名为《德宏民族经济》。1999 年《德宏民族经济》年刊（总第 25 期）主要内容有支柱产业、国有企业改革、非公有制经济、农业和农村经济、对缅经贸合作、扶贫攻坚等，约 30 万字，预计 2000 年初出版。

【内刊编印】　1999 年，德宏州经研所主办的《德宏经贸动态》、《缅甸政治经济动态》、《经济信息快报》3 种内刊，全年共编印 204 期，约 70 万字。3 种内刊除定期反映缅甸政治、经济、外交大事记外，还独家刊载了重要的文章和资料，主要有“缅甸促进进出口贸易的新举措”、“缅甸木姐市边贸局禁止出口和进口的商品”、“缅甸加入东盟后的中缅关系及其发展趋势”、“缅甸与东盟关系现状及其发展趋势”、“缅泰关系的发展变化及其对我国的影响”、“缅甸企业 50 强”、“中国水泥出口缅甸受阻及禁令解除后的原因及经过”、“国外各界对‘中印缅孟’会议的反映”、“冷战后缅甸的对华政策”、“缅甸渔业概况”等。3 种刊物全年发送州内五套班子及有关部门 300 多套，发送（订阅）北京大学、广州暨南大学东南亚研究所、中国驻缅甸大使馆、中国驻曼德勒总领事馆、外交部亚洲司、中央联络部国际信息中心、新华社、中国建设银行研究室、福建省侨务办公室、省委、省政府及有关部门和企业、西双版纳州景洪市外经贸局、怒江州驻昆明办事处等省内外 70 多个单位和企业。

【赴缅考察】　1999 年，为进一步加强对德宏州主要贸易伙伴邻国缅甸的了解和对中缅边贸的认识，德宏州经研所研究人员杨春萍，深入缅甸木姐、曼德勒、腊戌、密铁拉、仰光等地对缅甸的交通、旅游、贸易、市场等进行了考察，并完成《赴缅考察记》考察报告。

【专业研究队伍】　1999 年，德宏州经济研究所有在职人员 7 人，其中从事专业研究的人员 5 人；专业研究人员中有副研究员 1 人，助理研究员 2 人，研究实习员 1 人。

（《经济研究》撰稿　段晓辉）

民族语言文字

【充实领导班子】　1999 年 1 月 12 日，德宏州委组织部长龚敬政到州民族语文指导工作委员会公布州民语委新一届的领导班子，任命跑承梅何腊和快永胜为州民语委副主任，由跑承梅何腊主持工作。10 月，经州人事局党组审批任命岳小保、穆勒弄、莫所连、石瑞芳、祁永光为民语委秘书科、傣语文科、景颇语文科、载瓦语文科的科长或副科长。

【新西兰肖红女士考察德宏州民语工作】　1999 年 1 月 21 日，新西兰利特贝尔大学肖红女士到德宏州考察民族语文工作，并与州民语委的有关人员进行座谈。其间，双方对中国和国外的民族语文政策进行比较，并对国内外开展民族语文工作情况进行认真的探讨。肖红女士是从事研究语言规划学学科的专家，她曾两次来德宏考察，对德宏的傣语、景颇语、阿昌语、德昂语等进行过深入的调查研究。

【党组织建设】　1999 年 4 月 21 日，经德宏州直机关工作委员会批准，德宏州民语委党组与民宗局分开，正式成立德宏州民语委党支部。经过党员大会民主选举，州直机关工委审批，民语委副主任快永胜任第一届民语委党支部书记。

【向州人大汇报工作】　1999 年 5 月 3 日，德宏州民语委副主任跑承梅何腊和快永胜受州人民政府委托，向州十一届人大常委会主任会议汇报本州近年来的民族语文工作情况，并提请主任会议审议。通过审议，会议肯定了本州的民族语文工作，并提出了意见、建议和希望。主管州民族语文工作的副州长杨俊忠也参加了汇报和审议。

【召开载瓦语文工作汇报会】 1999年5月10日，德宏州民语委召开载瓦语文汇报座谈会。应邀到会的有州人大主任麻端、州政府副州长李志明、州政协副主席彭勒准、州委办公室副主任何春荣、州政府副秘书长刀忠明、州政协提案委员会主任董文武及老一辈载瓦语文工作者排大兰、朵示拥汤、雷正明等17人。座谈会由民语委副主任跑承梅何腊主持，民语委载瓦语文科、州广播电台、州教委民文编译教研室、德宏团结报社汇报了自恢复使用载瓦语文以来所起到的作用及现实情况。与会者围绕汇报内容展开了讨论。

【在部分州市直单位抽查牌匾印章使用民文情况】 1999年6月21日至24日，德宏州民语委组织专业技术人员7人，对部分州直和潞西市直机关单位抽查了牌匾、印章使用民族语文情况。具体抽查结果为：抽查州直机关单位公章20枚，有民文的7枚（其中一枚为音译），占35%；牌匾44块，有民文的34块，占85%。上述公章牌匾中有错译错写民文的18块，占41%。抽查市直机关单位公章17枚，有民文的6枚，占35%；牌匾15块，有民文的13块，占86%，其中错译或者错写民文的8块，占61%。

【检查验收畹町载瓦文提高班】 1999年9月28日，受省民语委的委托，德宏州民语委副主任快永胜、载瓦语文科科长穆勒弄、秘书科副科长祁永光、业务人员唐勒干等4人对芒棒乡广董村载瓦文提高班进行了检查验收。通过测试，全班学员的平均分都达到85分以上。这个提高班是省民语委拨专款举办的，提高班达到了预期的目的。

【州民语委与中央民大戴庆厦教授等座谈】 1999年10月5日，中央民族大学语言文学学院院长、中国民族语言学会副会长、博士导师戴庆厦教授、博士后研究人员何俊芳、在职博士袁焱等一行5人，到德宏进行语言调查，并与州民语委及州直民族语文工作者座谈。座谈会由州民语委副主任快永胜主持。座谈会上，戴庆厦首先肯定了德宏的民语语文工作成绩，并分析了国内少数民族语言文字工作的现状和发展态势。

【陪同专家学者考察】 1999年10月5日至15日，德宏州民语委派景颇语文科副科长石瑞芳陪同中央民族大学教师关章秋女士到全州各县（市）和部分乡（镇）对民族语言文字进行实际调查。10月14日，载瓦语文科科长穆勒弄陪同台湾何翠苹博士前往盈江县卡场乡进行古籍文化调查。

【赴缅参加国际景颇文学术研讨会】 1999年11月5日至7日，应缅甸东方省景颇文研究会的邀请，德宏州民语委副主任跑承梅何腊和副研究员朵示拥汤赴缅甸迈扎央参加国际景颇文学术研讨会。研讨会上，有关景颇文的现状、发展和使用等问题进行了深入的探讨和交流。

【举办首期傣族综合知识讲座】 1999年11月25日至26日，德宏州民语委举办了首期傣族综合知识讲座。该讲座聘请州文联龚肃政（译审）、原教育学院院长、教授刀保尧、州口岸办主任龚锦文、原州教委副教授王焕道等4位傣族专家和学者，就傣族傣文、历法换算、古籍整理、文字创作等方面的知识进行了深入浅出、结合实际的讲授。芒市地区的州、市直民族语文工作者（主要是傣语文工作者）共100多人入场。

△**【各县市成立民语办】** 1999年，根据德宏州自治条例有关条款和州政府德政发〔1993〕58号文件精神，全州三县两市的民族语文工作办公室成立。各县市民语办公室设在民宗局内，配备了专（兼）职人员。

（《民族语言文字》撰稿　岳小保）

艺　研

【《德宏州志·文化卷·文化艺术篇》志稿编撰完成】 1999年，德宏州艺术研究所编写人员在资料不足的情况下，克服困难，至年底已按期完成《德宏州志·文化卷》文化艺术篇编写任务。该志稿为部门专业志，分10章38节，计15万字，翔实记录了全州文学、戏剧、曲艺、音乐、舞蹈、美术、摄影、文博、图书、电影等文化艺术事业的历史和现状。

【戏剧小品《戴包头》获奖】 1999年，德宏州艺术研究所二级编剧吴高义创作的戏剧小品《戴包头》，在全州第二届计划生育文艺调演中荣获创作奖，在全省调演中荣获三等奖。

（《艺　研》撰稿　高　仪）

年鉴工作

【年鉴组稿与编纂】 1999年1月21日，德宏年鉴编辑部印发了《关于编撰<德宏年鉴>（1999卷的通知）》和《德宏年鉴’99卷编撰方案》，共印发245份。由于经费不足，故未召开组稿会，仅改为发文通知。3月9日至9月30日，是编纂阶段。为了保证工作时间和集中精力编稿，编辑部将轮流坐班制改为全体人员坐班制，由总编打考勤，年终严格执行奖惩制度。此招一出，成效明显。编辑部历年均聘请编外人员3人。年内因经费吃紧，故决定终止回聘，采用在本编辑部进一步挖潜改革，充分发挥个人专长及特点的办法，扬长避短，由工人承担编辑工作，工人负责校对和投入广告组稿工作。通过一年的实践，此举是成功之举。9月30日，《德宏年鉴》99卷拿出清样，10月2日付梓。

【《德宏年鉴》获奖】 1999年4月，《德宏年鉴》98年卷在第三届全国年鉴校对质量评比中被评为合格，并由中国年鉴研究会和《年鉴信息与研究》杂志社颁发了荣誉证书。4月28日，《德宏年鉴》97卷被云南省年鉴研究会、省出版工作者协会和省新闻出版局评为二等综合奖；98卷也同时被评为特等综合奖（最高奖项）。9月，在昆明召开的云南年鉴研究会第三届代表大会上，由省人大副主任吴光范颁发了奖状和奖杯。12月12日，98卷《德宏年鉴》又在第二届全国地方年鉴评奖中荣获二等奖、装帧版式设计二等奖、框架设计二等奖和条目编写二等奖；同时，德宏年鉴主编张建章被评为“全国年鉴优秀工作者”，并由中国年鉴研究会在广州颁奖会上颁发了奖状和奖杯。

【《逛缅甸》出版发行】 1999年7月3日，由德宏年鉴总编张建章编著的《逛缅甸—挡不住的诱惑》正式出版发行。该书是旅缅指南类书，由香港天马图书有限公司出版。全文20万字、彩页20页、设名胜奇观、世居民族、佛国探奇、缅甸风情、节会多彩、礼仪之邦、禁忌如网、婚姻采风、品尝风味、珠宝指南10章。定价26元。该书是缅甸旅游中文宣传资料中较全较新的一本好书。

【99年《德宏年鉴》出版发行】 1999年12月21日，《德宏年鉴》（99年卷）正式出版发行。全书正文73.5万字，彩图112页，设卷首、百科、卷尾三个基本组成部分。卷首设置彩页、特载、专文、大事记、州情概览；百科设置领导机构、人民团体、军事、政法、经济管理、贸易、口岸管理、工业、交通、邮电、蔗糖、农林水利、旅游、农垦、财税金融、国土建设、教育、科学、文化、卫生、体育、社会生活22个类目；卷尾设置附录及索引。该书由德宏民族出版社出版发行，国内外公开发行。

（《年鉴工作》撰稿 张建章）

文　　化

文化艺术

【世博园中心艺术广场演出】 1999年5月1日，瑞丽市民族艺术团在世博园中心艺术广场的文艺演出，为世博会拉开了帷幕。此次演出，连续10天，为国内外来宾上演36场，观众达20余万人次。

【歌舞《神奇的勐巴娜西》专场晚会演出成功】 1999年7月7日至8日，按照世博会组委会的安排，德宏州民族歌舞团排演的民族歌舞《神奇的勐巴娜西》在云南艺术剧院演出2场。演员们以较高的表演艺术再次赢得观众的热烈掌声，省文化厅李正荣副厅长说：德宏州民族歌舞团演出的《神奇的勐巴娜西》是世博园开园以来演出最成功、观众最多、气氛最好、评价最高的一次专场演出；香港政协委员考察团员观摩后说：德宏州民族歌舞团高水准的演出，使他们认识了云南，认识了德宏，并领略了德宏独特的民族风情。

【樊涌剪纸作品获奖】 1999年10月1日，德宏州歌舞团舞美设计人员樊涌的剪纸作品《故乡情》，在庆祝建国50周年全国剪纸展览中，获第四届中国黑龙江剪纸艺术节金奖。11月，该作品又在’99中国民间剪纸博览会上荣获优秀奖。

（张建章）

【梁河县被评为省文化先进县】 1999年，在组织参与全国文化工作先进县的评选推荐工作中，德宏州梁河县被评为“云南省文化先进县”，受到省文化厅人事厅的表彰。

【万小散被授予“优秀青年演员”】 1999年，云南省文化厅命名了一批自1987年以来为云南省民族艺术事业发展作出贡献的青年演员，德宏州傣剧团青年演员万小散被授予“云南省优秀青年演员”的荣誉称号。

【制作光盘《有一个美丽的地方》】 1999年，为宣传和提高德宏知名度，德宏州文化局借举办’99昆明世界园艺博览会的契机，组织有关人员，精心策划，拍摄和制作了10万张《有一个美丽的地方》的光盘，并借开园仪式，向党和国家领导人、外国领导人及国内外来宾赠送了95000盒。

【艺术作品】 1999年，德宏州文化系统学术论文艺术作品丰富多采。由杨忠德撰写的《莫忘“艺术更需要人民”》被云南省邓小平理论研讨会评为优秀论文；瑞丽市文化馆龙斯鸿发表的论文《现代少数民族绘画创作作品思考》，获文化部、浙江文化厅颁发的三等奖；州图书馆所板撰写的论文《联系实际，搞好边疆少数民族地区图书馆工作》，录入《中国发展研究文库》；州群众艺术馆吴莉撰写的论文《试谈边疆农村图书室的巩固和发展》被《云南图书》杂志刊用。州艺术研究所吴高义等人创作的话剧《刀安仁之梦》获’99全国第七届少数民族戏剧“孔雀杯”铜奖，小品《戴包头》获全省计划生育专题调演铜奖；州群众艺术馆钱英的摄影作品《欢乐的锣鼓》获“’99冰雪情全国青少年艺术精品大展”银奖；州艺术研究所曹明强撰写的《阿昌族文化》选登于德宏史料。

【组成世博园迎宾队】 1999年为完成世博园仪式的迎宾任务，德宏州文化局以州景颇歌舞团为主、以业余文艺骨干为辅，组成68人的具有德宏民族特色的迎宾队，圆满地完成了世博会开园仪式的迎宾任务。

【傣剧精品在中央电视台演播】 1999年，按照文化部和省文化厅的统一部署，德宏州傣剧团圆满地完成了傣剧《娥并与桑洛》精品节目片段，该项目在中央电视台春节联欢晚会（戏曲）中演出。

【中华民族园游园展演】 1999年，按照州人民政府的部署，德宏州景颇歌舞团赴北京参加了“建国五十周年中华民族园游园活动的展演”。其间，全体演职人员以独特鲜艳的景颇服饰、催人奋进的景颇乐曲和热情奔放的舞姿吸引了众多的游客观赏。此次演出历时37天，上演113场，观众9万多人次。

【青年演员参赛获奖】 1999年，德宏州文化系统组织参加了“云南全省第五届青年演员比赛”，在竞争对手众多的情况下，州傣剧团参赛的傣剧《浪嘎西贺》的表演者们从高获二等奖；州歌舞团演员马晓娟的独舞获二等奖；州傣剧团多三相勐参赛的戏剧《花蝶戏猴》获表演三等奖。

【民族民间歌舞乐展演获奖】 1999年，在’99云南第二届民族民间歌、舞、乐展演中，德宏州选送的《德昂姑娘下山来》获银奖；《欢乐的比朗》获铜奖；景颇舞《丰收乐》、阿昌舞《喜迎春》获优秀奖。

（《文化艺术》撰稿 杨忠德 王永利）

群众文化

【庆祝建国五十周年晚会】 1999年9月30日，为欢庆国庆五十周年，由杨忠德等策划、组织和指挥的歌舞《红旗颂》在芒市体育馆举行，参加演出的演员169人，年龄最大的75岁，最小的5岁。此外全州各县市也举行了丰富多彩的演出活动，其中瑞丽市编排的《走进新时代》国庆晚会，创下了参加人数最多、规模最大、效果最好的演出记录；盈江策划的《金秋十月》别开生面，以艺术的方式再现了各条战线在改革开放后取得的辉煌成就；陇川举办的专场晚会，持续三个半小时，演出结束后，观众仍不愿离开会场。

【芒市地区迎千禧年篝火晚会】 1999年12月27日，德宏州芒市地区迎千禧年篝火晚会在芒市广场举行。晚会以5堆雄雄燃烧的大火为背景，象征德宏5个主体民族。州委宣传部部长李向前和副州长方绍南的新年贺词拉开了晚会帷幕，在欢乐的乐曲声中，芒市地区各族群众约1500人围绕5个火球尽情狂欢。

【德宏歌手获“龙都杯”大赛特别奖】 1999年，在云南省首届“龙都杯”歌手大奖赛中，德宏州选送的5名优秀歌手，1人获三等奖，3人获优秀奖，州文化局的宋德威荣获特别奖。

【首次命名德宏民族民间艺人】 1999年，德宏州推荐的民族民间艺人思华章和邵梅罕被省文化厅命名为“云南民族民间美术师”，这在全州尚属首次。9月16日，邵梅罕在省民族博物馆为《云南省民族文化旅游资源社会经济综合协调发展国际研讨会》的中外代表团做了现场美术剪纸表演，受到有关领导和中外贵宾的赞赏。

【参加全国“体育舞蹈”比赛获金牌】 1999年，德宏州组织人员赴北京参加第六届全国少数民族运动会“体育舞蹈”比赛，其中州景颇歌舞团演员金麻诺、李异兰获金牌一枚、银牌四枚；由州群众艺术馆赵早坤编排的“甩银泡”获第二名，他本人获运动员“道德风尚”奖。

（《群众文化》撰稿 杨忠德 王永利）

电　影

【加大新影片宣传】 1999年，德宏州各级电影发行放映公司积极做好优秀国产影片《挥师三江》、《良心》、《国歌》、《一个也不能少》、《宝莲灯》以及《大决战》等8部影片的影展，对学校实行票价优惠，服务上门，取得很好的社会效益和经济效益。

【民族语影片译制】 1999年，德宏州电影公司在企业亏损的情况下，动员干部职工克服困难，恢复民族语影片的译制工作。年内，共完成傣语片译制6部，景颇语片译制6部，为州译制中心提供傣语节目4部，深受民族观众的好评。

（《电　影》撰稿 杨忠德 王永利）

文化市场管理

【依法管理文化市场】 1999年4月17日至9月27日，为了营造一个良好的社会环境，德宏州文化行政管理部门先后举办经营者和管理人员的“学法用法培训班”32期，参加培训人员2127人次。培训期间，印发相关的宣传材料1957张，分别发给经营者和管理者，并张贴在经营处，以便对照检查。

【开展“扫黄打非”】 1999年5月1日至10月31日，德宏州为了对世博会营造一个良好的政治环境和社会环境，开展了“扫黄打非”工作，全州共出动车辆176辆（次），出动检查人员2214人次，检查了176个单位。其间，共收缴非法录像带926盒，收缴禁书471册；受理群众举报的有重大社会影响的典型案件36起，结案31起。受理案件中，处罚违规经营户6户，取缔违规经营摊点7个。

【打击“法轮功”邪教组织】 1999年，为了严厉打击“法轮功”邪教组织，德宏州开展了3次清查活动。其间，共查缴“法轮功”禁书118册，VCD光盘23盘，录像带30盒。州和县市分别在州政府芒市和县市所在地举行了销毁“法轮功”非法出版物大会。

【文化市场管理受省级表彰】 1999年，在全省文化市场大检查中，省文化厅通过明查、暗访后，充分肯定了德宏州文化市场的管理工作。其中瑞丽市文化市场稽查队被评为全省“文化市场管理先进单位”，潞西市文化市场管理科的张国霖被评为“先进个人”。

（《文化市场管理》撰稿 杨忠德 王永利）

广播电视

【李树文视察德宏电视】 1999年11月1日至2日，国家广播电影电视总局副局长李树文到德宏州视察广播电视“村村通”工作，李副局长对德宏州广播电视工作给予高度评价。

【昆明至芒市广播电视光纤干线开通】 1999年12月20日，省广播电视光纤传输网昆明至芒市光纤主干线顺利开通，为下一步州至各县市广播电视光纤网的建设打下了坚实的基础。

【宣传工作】 1999年，德宏州各级广播电视宣传部门完成了各级党委、政府交给的一系列宣传任务和日常宣传工作，圆满完成了“人代会”和“政协会”、’99昆明世界园艺博览会、谴责抗议美国轰炸我国驻南斯拉夫大使馆、揭批“法轮功”、建国50周年、澳门回归祖国等重大宣传任务。全州全年共播出汉语及少数民族语新闻26141条，其中广播12677条，电视13464条；播出专题、专栏节目456组，其中广播176组、电视280组。在所播出的新闻稿件中，播出昆明世界园艺博览会专稿450条、建国50周年专稿902条、揭批“法轮功”专稿245条。州少数民族语电视节目译制中心译播中央电视台《新闻联播》节目2508条。同年4月，德宏有线电视台对“迎世博会，做文明公民”知识竞赛活动作了现场直播。国庆节前夕，德宏有线电视台和德宏电视台合作对“德宏州国庆50周年联欢晚会”作了现场直播。

【向上级台送稿】 1999年，德宏人民广播电台利用网络给省台送稿100多篇。德宏电视台新闻上省台150条，上中央台16条；专题、专栏节目上省台50件，上中央台6件。

【开办新频道和新节目】 1999年，德宏人民广播电台新办了“午间剧场”节目，主要播出广播剧、小说连播、开心30分、歌曲排行榜、曲艺等节目；与州电信部门合作开办了“广播168心连心热线电话”节目。陇川县广播电视台与县科委合作开办《科普之窗》栏目，每周定时播出1期。潞西电视台增办了“百味人生”和“影视漫步”栏目。同年9月，德宏有线电视台开通了少数民族语电视节目进网频道，通过全州微波网传送各县市。同年10月，德宏有线电视台又开办了经济频道节目。

【论文获奖】 1999年，德宏人民广播电台胡孚亭撰写的论文《正确引导舆论—新闻工作者的天职》，被中国广播电视学会评为全国优秀广播电视学术论文奖三等奖。有3篇论文获云南省第五届广播电视学术论文奖，其中一等奖1篇、三等奖2篇。有1篇科技论文获云南省广播电视科学技术奖二等奖。

【广播电视节目获奖】 1999年，德宏州有7件广播节目获云南广播奖，其中二等奖2件、三等奖5件；有4件电视节目获云南电视奖，其中二等奖1件、三等奖3件；有2件广播文艺节目获省第六届广播文艺奖三等奖；有2件播音作品获云南播音与主持作品奖，其中二等奖1件、三等奖1件；有7件广播电视节目获第十五届云南新闻奖，其中三等奖4件、提名奖3件。有39件广播电视节目获德宏广播电视奖，其中一等奖11件、二等奖23件、三等奖5件；有8件播音作品获德宏播音与主持作品奖，其中一等奖2件、二等奖6件。

【表彰先进】 1999年，瑞丽市被国家广播电影电视总局、国家人事部评为全国广播电视先进市，同时获云南省广播电视先进市；瑞丽市中波台获云南省台际竞赛先进单位；瑞丽市中波台职工汤瑞仙获省广播电视技术维护先进个人。

【“211”工程建设】 1999年，德宏州完成广播电视“211”工程30座，基本实现全州村村通广播电视。

【调频广播建设】 1999年，在省广播电视厅扶持下，瑞丽市1座300W调频广播、梁河县1座300W调频广播和1座100W调频广播建成开播。

【完成双频共塔工程】 1999年，在省广播电视厅和州地方财政投资22万元的支持下，德宏州七0五台完成双频共塔工程，更新了天馈线。

【昔马乡新建广播电视站】 1999年，省广播电视厅投入8万元资金在盈江县昔马乡建起了1座50W电视转播站和1座调频广播站。

【农村有线电视网建设】 1999年初，陇川县广播电视投资48.7万元，用于MMDS工程建设，于3月份开通有线电视网，该网覆盖陇川坝子大部分村寨，共传送12套电视节目。其后，陇川县广播电视局又完成了王子树、护国、邦瓦3个乡政府驻地的有线电视网建设，至此该年内完成了全县12个乡镇政府驻地的有线电视网络建设。同年，梁河县广播电视局建起了酒乌、白马头、芒东3座微波发射站，新建网点14个，沟通了芒东乡、勐养乡和杞木寨乡的有线电视，在全县范围内实现了有线电视大联网。潞西市广播电视局建成了芒海、中山、东山3个乡镇政府所在地的有线电视网，全市15个乡镇除三台山乡外，其余14个乡镇政府所在地都建成了有线电视网。

【清理地面卫星接收站】 1999年，德宏州各级广播电视管理部门认真贯彻国家广播电影电视总局《关于坚决查处擅自接收转播境外卫星电视的通知》精神，在各级公安、国家安全部门的密切配合下，两次对全州地面卫星接收境外电视节目进行了清理，共清理地面卫星接收站187座。

（《广播电视》撰稿 任德新）

报　　纸

△【《德宏团结报》告别铅印】 从1999年1月1日起，《德宏团结报》汉文版增设星期刊，由周三刊变周四刊；傣文、景颇文、傈僳文、载瓦文四种报纸全部采用电子激光照排、胶印设备出报。至此，《德宏团结报》彻底告别铅印出报。年内，《德宏团结报》增办网络版，开辟了德宏团结报对外宣传业务。

（杨星明）

【纪念《德宏团结报》创刊45周年座谈会】 1999年12月31日，德宏团结报社举行座谈会，纪念《德宏团结报》创刊45周年。州委常委、州委宣传部长李向前和离退休老领导刀安钜、张国龙、张彭健出席座谈会并讲话。州和潞西市有关领导应邀参加了座谈会。会上，社长苏汉远主要介绍了报社近几年来，在报纸亏损不断增加，工作经费严重困难的情况下，报社党委正确处理好主业与副业、社会效益与经济效益、汉文版与各民族文版、报社与印刷厂四个方面的关系，团结和带领全社干部职工开拓前进的经验。与会领导及离退休领导听了介绍，充分肯定了《德宏团结报》创刊45年来特别是近几年来所取得的成绩，希望报社在今后的工作中，发扬光荣传统和作风，牢牢把握正确舆论导向，不断提高报纸的综合质量，把《德宏团结报》办得更好。

【《德宏团结报》宣传重点】 1999年，《德宏团结报》宣传的主要内容是：一、圆满完成了党的十一届三中全会召开的改革开放20年、纪念“五四”运动80周年、抗议以美国为首的北约集团轰炸我驻南使馆、国庆50周年、澳门回归祖国5个重大事件的宣传活动。二、围绕经济建设中心，在做好常规性、经常性宣传工作的过程中，突出了扶贫攻坚、培育支柱产业、农业和农村工作、国企改革和脱困、精神文明建设等5个方面的宣传。

（《报纸》撰稿　李祖英）

图　书

【共建“千里边防文化长廊”】 1999年10月，公安边防总队在芒市举办全省性的“千里边防文化长廊图书馆（室）标准化图书管理基础知识培训班”。州图书馆所板、杨学兰受聘为培训班辅导授课，系统地向部队学员传授了整套图书管理的程序，并指导州边防支队战士突击出两个规范化的“军事图书馆”。同时前往瑞丽、章凤等部队进行实地指导，加快了部队图书室标准化建设的步伐。

【扩大订阅种类】 1999年，为了让读者及时了解国内外大事，德宏州各级图书馆订阅党报和地方报15种以上，订购党刊、半月谈、科技、看世界、家庭、妇女等杂志50种以上，对跨年的报刊不烧不丢，指定专人分类分编，整理入库保存。

【图书馆全年开放】 1999年，为方便读者利用公休和节假日阅读图书、查看资料，德宏州各级图书馆实行了全年开放制度。年内，仅州图书馆和瑞丽、陇川、梁河图书馆就接待读者6.78万人次，书刊流通13.18万册次。

【提供咨询服务】 1999年，德宏州各级图书管理人员克服困难，积极为读者查找历史、科技、饲养、变迁、地矿等文史资料。年内仅州图书馆就接待报刊杂志查阅者852人次，接待科研教学者3605人次，提供地方文献服务4675人次。

【开展“节日书展”活动】 1999年，为促进爱书、读书活动，德宏州各级图书馆于“目脑纵歌”节、泼水节、国庆节等重大节日期间，以图书馆为阵地，精心挑选出儿童读物、科技丛书等知识性读物进行展出。其中：州图书馆展出140多种近4000册，接待读者近5000人次；盈江、梁河展出509册，接待读者1500余人次。

【开展巡回服务活动】 1999年，德宏州各级图书馆围绕“图书宣传服务周”、“万村书库”活动，积极开展巡回服务活动。年内，州图书馆巡回农村小学10个点，流通图书29937册次，接待读者50647人次；并把农业科技资料翻译成傣文、景颇文，到两个集市服务3次，提供咨询服务2867次，流通资料3978册次。

【送书下乡】 1999年，盈江县图书馆4次专程到省级扶贫点支那村、苏典村、胜利村和油松岭村，为读者送去图书600册和“万村书库”资料4套；梁河县图书馆为囊宋文化站、丙界文化室和农村小学配发图书1659册。

【开展“全国农村图书大联展”活动】 1999年，德宏州各级新华书店积极开展“服务三农，全国农村图书大联展”活动。年内先后走村串寨17个，行程650公里，发行各类图书23425册。

【四县市图书馆达标上等级】 1999年，在全国开展的第二次县以上公共图书馆评估、定级工作中，瑞丽市图书馆、潞西市图书馆、陇川县图书馆、梁河县图书馆经量化考核达标上等级，被文化部命名为“三级图书馆”称号，并颁发了“三级图书馆”标牌和证书。

【开展公共图书馆图片展】 1999年，为庆祝建国五十年华诞，德宏州图书馆向各县市文化（体）局，收集了218幅照片，举办了《德宏州公共图书馆工作汇报展》。同时，收集精选出28幅具有代表性的摄影作品，制成板面，参加在昆明举办的《云南省公共图书馆五十年成就展》。图片展从不同角度、不同侧面反映了本州图书馆新旧变迁、“万村书库”的开展、流动书箱的收获、送书下乡的艰辛、图书宣传周服务等事迹。

【三所学校图书馆达标】 1999年，由德宏州图书馆辅导的州民一中图书室、州师范图书室、芒市三小图书室在全省学校图书馆达标评估中达标。

（《图书》撰稿
杨忠德　王永利）

文　物

【南甸宣抚司署第四期维修工程动工】 1999年4月，国家级重点文物保护单位南甸宣抚司署第四期维修工程正式动工。此期维修工程主要项目为：司署一至四进大殿及厢楼的瓦屋面、木屋面整修；司署小姐楼旁院落的全面抢救性维修。开工以来，德宏州文物管理所与梁河县文体局、文管所密切合作，对工程经费预算、施工方案、技术做法等方面严格把关，对每一道工序仔细核查，确保维修工程质量。年内工程主体项目之一的司署小姐楼旁院落修复工程已完工。

【全州第一套文物图片资料档案建立】 1999年4月至5月，德宏州文管所将历年工作中多方收集、拍摄的几千幅文物图片资料，进行科学分类，并补充文字说明，最后分类建档，建立了德宏州第一套文物图片资料档案。这套文物图片资料档案每幅图片样片、底片齐全，并均有文字说明，查找方便快捷。

【姐勒塔文物保护工作】 1999年6月，按照《云南省文物事业改革与发展纲要》的要求，德宏州文管所与瑞丽市文管所协作，对州级文物保护单位姐勒塔进行了文物“四有”工作，即为该塔划定了保护范围和建设控制地带，确定树立文物保护标志碑和说明碑，与该塔管理人员签订了文物保护单位管理合作协议，建立了该塔科学规范的档案，测量绘制了平面图、立面图、剖面图等相关图纸。

【李根源故居产权归属明确】 1999年，梁河县文物管理所在县委、政府和州文管所的大力支持下，经多次耐心工作，终于与李氏后裔达成了故居产权归属协议。李氏后裔同意将李根源故居捐赠给政府文物管理部门，此举将有助于这一省级文物保护单位的维修、保护、利用。

【少数民族文物抢救保护工作】 1999年，德宏州文物管理所与各县市文物部门协作，克服资金缺乏、交通不便等困难，先后组织人员在潞西中山乡，盈江铜壁关乡，陇川勐约乡、章凤镇，梁河大厂乡、小厂乡等民族聚居乡镇进行民族文物的抢救保护工作，征集了一批各民族的重要民族文物，掌握了大量重要文物线索。同时，文管所专业人员还广泛宣传了文物保护知识和相关法规。

【马嘉理事件标志物设计完成】 1999年，盈江县文物管理所在省、州文物部门的协作支持下，决定在马嘉理事件发生地建立一组纪念性标志浮雕。该标志浮雕下半年已完成设计方案，并已获省文物处批准。

（《文物》撰稿　曾　方）

档　　案

【宣传“档案法”】 1999年，德宏州各级档案局因地制宜，采取不同形式宣传执行“档案法”及相关法规。州档案局采取请进来的方式，分6批组织召开了州直机关单位办公室主任、档案员会议，共有98个单位185人参加；梁河县和盈江县采取走出去宣传，下发通知、通报的形式宣传；瑞丽市采取以姐勒乡档案室为样板，举办乡镇档案员业务知识培训班的形式宣传。

【举办第四期档案培训班】 1999年，德宏州档案局为加强全州档案干部的整体业务素质，并经省档案干部培训中心批准，举办了第四期档案专业基础知识培训班。培训班聘请6名具有档案专业中级职称以上的教员，进行为期3个月的系统授课。经考试，全部学员均达到档案专业技术要求，并获得《岗位培训结业证》证书。

【档案达标】 1999年，德宏州各级档案行政管理部门共对169个立档单位，进行业务指导监督工作。全年全州有20个档案室，经州和各县市“目标管理”考评小组考评认定达标升级。其中：州国税局、州地税局达BI级，州纪委达B2级，州统计局达B3级；有16个县市机关档案室达CI级标准，分别是：潞西市国税局、地税局、交通局，梁河县委办公室、国税局、地税局，盈江县检察院、农发行、国税局、地税局，陇川县国税局、景坎派出所，瑞丽市纪委、农发行，畹町国税局、地税局。截止99年底，全州国税系统县市级以上机关档案室综合目标管理，全部达一级标准。

【档案馆藏与利用】 1999年，德宏州档案局共接收进馆档案25全宗2169卷，接收破产企业档案进馆213卷；抢救破损褪变档案资料400余卷册。年内共接待查阅利用3477人次9299卷册。州档案馆承担《州志·档案篇》和《德宏档案志》的撰写稿共12.4万字。

（《档案》撰稿　朗　青）

出　　版

【获年鉴编辑奖】 1999年3月23日至25日，云南新闻出版局文件公布了云南省1997、1998年度获奖年鉴和有关事项。其中：1997年度思继春担任责编的《丽江年鉴》、《云南经济年鉴》、《中共楚雄州委年鉴》，方萍担任责编的《曲靖年鉴》、《玉溪年鉴》荣获特等综合奖；方萍担任责编的《楚雄市年鉴》荣获一等综合奖；思继春担任责编的《昭通地区年鉴》，童荣云担任责编的《德宏年鉴》，排英担任责编的《双柏年鉴》荣获二等综合奖；思继春担任责编的《曲靖市年鉴》、《元江年鉴》，方萍担任责编的《牟定年鉴》、《马龙年鉴》、《师宗年鉴》，方萍、排英担任责编的《南华年鉴》荣获单项奖。1998年度童荣云担任责编的《德宏年鉴》，思继春担任责编的《曲靖年鉴》、《云南经济年鉴》、《中共楚雄州委年鉴》、《红河州年鉴》、《楚雄市年鉴》，方萍、思铭章担任责编的《会泽年鉴》荣获特等综合奖；思继春担任责编的《保山地区年鉴》，思继春、思铭章担任责编的《蒙自年鉴》，方萍担任责编的《五华年鉴》、《曲靖市年鉴》、《牟定年鉴》、《双柏年鉴》，排英担任责编的《马龙年鉴》荣获一等综合奖；思继春担任责编的《迪庆年鉴》，思继春、思铭章担任责编的《元江年鉴》，方萍担任责编的《南华年鉴》荣获二等综合奖；童荣云担任责编的《云县年鉴》，思继春担任责编的《巍山年鉴》荣获单项奖。

【罗天溥作品入选第五届全国书籍装帧艺术展】 1999年10月，罗天溥书籍装帧艺术作品《中国景颇族地名探源》入选第五届全国书籍装帧艺术展览。

【童荣云理论文章被收入省高校理论文集】 1999年，童荣云的理论文章《坚持邓小平理论，促进民族出版工作的健康发展》，被收入由云南民族出版社出版的《邓小平理论与研究》（下卷）。

【罗天溥封面设计入选《中国当代图书设计艺术》】 1999年，罗天溥书籍装帧艺术作品《中国景颇族地名探源》、《德宏土司专辑》入选《中国当代图书设计艺术》一书。

（《出版》撰稿　孟成信）

卫　　生

【州卫生工作会】 1999年4月27日至28日，德宏州卫生工作会议在芒市召开。各县（市）政府分管卫生工作的领导、卫生部门“五长”、州直属医疗卫生单位及有关部门领导共106人参加了会议。州委常委、州纪委书记杨文忠，州人大副主任曹大忠，州政协副主席方文琴应邀到会并作了重要讲话。会议主要内容是深入贯彻落实“中央决定”和省、州“实施意见”及全省卫生工作会议精神；总结上年全州卫生工作，通报上年卫生工作责任目标考核情况；部署99年卫生工作，签订99年卫生工作责任目标书及中英妇幼卫生合作项目协议书。会上，方绍南副州长作了题为《提高认识、加强领导、促进我州卫生事业的发展》的重要讲话；州卫生局局长杨正文向大会作了99年的卫生工作报告。会议还对被省爱卫会评为“乙级卫生城”的盈江县、瑞丽市颁发了匾牌；为获得全省行风建设先进集体和先进个人颁发了荣誉证书；兑现了99年卫生工作责任目标考核奖金。

【省卫生厅尧挥彬厅长到德宏调研】 1999年6月22日至28日，云南省卫生厅厅长尧挥彬一行8人，在州委副书记李增寿、副州长方绍南及州卫生局局长杨正文、副局长孙春兰的陪同下，到德宏州三县二市进行调研。调研的主要内容为：一、州政府及卫生部门贯彻落实’99年全省卫生工作会议、省政府70号令关于《云南省医疗损害事件处理规定》等情况；二、农村卫生工作开展的情况；三、中医、民族医机构建设和工作开展的情况；四、政府对卫生事业费预算安排的情况。调研组先后视察了州级医疗卫生单位5个、县级医疗卫生单位18个、乡镇卫生院11个、村卫生室2个、国境口岸3个，还视察了农村沼气池或厕所示范村。通过6天的实地查看和听汇报，尧厅长一行于28日向州委、州政府的领导作了反馈意见。在反馈会上，尧厅长对德宏州的卫生工作所取得的成绩给予了充分肯定，对今后的工作提出了意见和建议。并承诺从经费上给予支持，重点解决疾病控制、房屋建设及设备购置。

【执业医师管理】 1999年9月2日，德宏州卫生局召开贯彻实施《中华人民共和国执业医师法》会议，各县市卫生局、州直医疗卫生单位、州农垦医院的领导及有关人员共47人参加会议。根据“执业医师法”有关规定，卫生部决定于’99年底以前完成现有医师、医士的资格认定和考试工作。为此，本此会议研究出台了《德宏州贯彻实施<执业医师法>的实施意见》，年内，完成了301人的综合笔试和104人的实践技能考试，对1852人申请医师资格进行了认定。

【州护理学会组织巡回演讲】 1999年11月27日至12月6日，德宏州护理学会组织“爱岗敬业演讲团”到全州各医院进行“爱岗敬业”巡回演讲。演讲团由刀麻南等12名护士组成，每个护士都以自己的亲身经历讴歌了白衣天使的神圣职责，抒发了护士爱岗敬业的职业理想。本次演讲活动共组织6场，听众达1500多人次。演讲活动受到有关领导和听众的肯定和赞扬，对提高全州各医院的护理质量起到了积极的推动作用。

【农村卫生“三项建设”】 1999年，德宏州农村卫生“三项建设”争取到各级投资333万元，其中省投入196万元、州投入30万元、县投入77万元、乡镇投入14万元、其它部门筹集16万元。年内开展的主要工作有：一、立项完成了对梁河县杞木寨、九保，潞西市城郊、东山，盈江县那邦、莲花山，陇川县景罕，瑞丽市妇幼保健院、勐卯及畹町芒棒10个农村基层卫生机构的危房改造，排危面积6208平方米；二、完成更新设备13个单位；三、继续举办乡医函授班，59名乡医在读；四、举办了第二期乡村医生中医药知识培训班，145人参加全省统考合格。至此，全州有302名乡医通过中医药知识培训并考试合格，占乡医总数的64.81%。

【全州农村初级卫生保健基本合格】 1999年，德宏州初级卫生保健委员会组织人员到各县（市）督导实施和开展“农村初保”审评，推动了全州初级卫生保健工作的开展。年初经州审评，梁河县和瑞丽市达到“合格”标准，盈江县实现“基本合格”，潞西市保持“基本合格”，陇川县下半年进行自查审评亦达到“基本合格”指标。

【医疗情况】 1999年，德宏州医疗单位以加强行业作风建设为重点，不断提高医护人员的技术水平和服务质量，促进了全州医疗工作的进一步发展。全年全州共诊疗病人151.61万人次，较上年增15.63万人次；入院52064人，出院52163人，治愈率66.78%，好转率29.02%，病死率0.76%；病床使用率43.23%。全年全州各级医院业务总收入9454万元。

【卫生科技成果】 1999年，德宏州卫生系统共申报技术成果19项，推报州委13项，有9项获州政府科技进步奖，其中二等奖2项、三等奖7项。年内还对上年来被评上州奖的8项成果进行了系统奖的评审，有8项获奖。

【医学会工作】 1999年，德宏州卫生系统依托学会组织，积极开展各种学术活动。年内共邀请省内外及本州专家开展学术讲座16次，受训925人次；鼓励会员撰写科技论文向专业杂志投稿和参加学术交流，有15篇论文在国家和省级杂志上发表，部分论文在省级、国家级学术会议上交流。年内，州医学会各学组共收到论文54篇，对优秀论文组织了交流并给予奖励。

【职称评聘】 1999年，德宏州卫生系统组织了对367名拟申报晋升初、中级技术职务人员的基础理论和专业知识的考试，有254名考试合格；并对申报中职的150名及24名申报高职人员进行了论文答辩，有169名答辩合格。在考试、答辩等条件合格的基础上，通过各级评委会评审，年内全州有3人获正高、10人获副高、121人获中级、159人获初级任职资格，有36人办理了转正定级。任职资格通知下发后，各级医疗卫生单位完成了卫生专业技术人员的履职考核及续聘工作。

【血液管理】 1999年，德宏州认真贯彻落实《中华人民共和国献血法》及卫生部“血站管理办法”，进一步加强了德宏州血液质量的管理。至1999年，全州已建有州中心血站和各县市中心血库，州中心血站设在州人民医院，除潞西市医院到州中心血库采血外，其余各县市中心血库均设在各县市医院，并能正常开展采供血工作。血站、血库的建立，为全州实现血液管理“三统一”，保障输血安全奠定了基础。

【医疗管理】 1999年，德宏州卫生局加强了对医疗机构的管理，依法处理医疗纠纷，保障了医患双方的合法权益。年内对全州发生的5起（州级2起、县级1起、乡级2起）医疗纠纷，依法进行了调查、鉴定和处理。为严厉打击“医疗”违法活动，州政府以德政发〔1999〕02号文件下发了《关于贯彻落实<医疗机构管理条件>的实施意见》，各县市认真贯彻执行，对医疗机构，特别是个体诊所进行了认真的清理整顿，全年共取缔无证行医7家、处予罚款1家、吊销许可证1家。通过清理整顿，沉重打击了非法行医行为，规范了医疗市场。

（《卫生综述》撰稿 向 阳）

爱国卫生

【农村改水改厕】 1999年，德宏州深入开展爱国卫生运动，建立健全健康教育机构，普及健康教育知识。首先，继续开展创建“卫生城市”和“卫生县城”活动，城乡环境卫生面貌有较大改观。其次各县（市）认真开展了春秋两次大面积灭鼠，大力推广农村改水改厕，经费投入以个人为主，国家适当补助。年内全州改水受益人口8.32万人，其中自来水受益人口5.44万人；全州所建农村户厕4000座，其中沼气645座，两格以上化粪池756座，其它2599座。

防疫与地方病

【传染病疫情管理】 1999年，德宏州共报告甲乙类传染病15种，总发病人数6153例，死亡106人。其中：常住人口发病5296例，死亡98人，发病率为530.2/10万，死亡率为9.8/10万，病死率1.85%，与去年同期相比，发病率、死亡率、病死率分别上升45.0%、58.1%、9.5%。流动人口发病857例，死亡8人。常住人各类传染病发病为：呼吸道传染病264例，占总数的5.0%；肠道传染病1434例，占总数的27.1%，死亡2人；虫媒及自然疫原性疾病3317例，占总数的62.6%，死亡31人；血源及性传播疾病276例，占总数的5.2%，死亡65人；新生儿破伤风发病5例，占总数的0.1%。流动人口发病占全州发病总数的13.9%。年内，虽传染病发病有所回升，但由于各级领导的高度重视和防疫人员努力工作，一旦发生疫情，能及时采取措施控制疫情蔓延，未造成大面积传染病流行。

【生物制品管理】 1999年，德宏州防疫站12次将疫苗安全运送到各县市，保证了基层的正常预防接种。全年共发放生物制品16种、91.30万人份毫升支粒。其中：卡介苗9.15万人份，糖丸疫苗36.85万粒，百白破三联8.85万毫升，麻疹疫苗29.35万人份，乙肝疫苗2.88万支（含项目疫苗），项目破类2万毫升，乙脑疫苗1.03万支，流脑疫苗0.27万支，甲肝疫苗0.45万支，伤寒疫苗0.23万支，风疹疫苗0.03万支，狂犬疫苗0.09万支，气管炎疫苗0.05万支，丙球0.02万支，腮腺炎疫苗0.02万支，精制百白破0.03万支。

【儿童强化服苗】 1999年，德宏州卫生防疫部门按上级“强化儿童服苗”要求，分3次开展全州性儿童强化免疫工作，服苗时间为1月、9月、12月。年内每次儿童强化免疫做到时间统一，专业人员就位，宣传动员深入而面广。全年共出动宣传车12辆次，设强化服苗点158个次，出动专业技术人员4516人次，出宣传栏18期次，发各种宣传材料2.9万份，张贴大小标语711条。同时州防疫部门还派督导员到各县市监督并参与实施。年内，全州儿童共服苗17.35万人份次。其中本州户口儿童15.74万人份次，流动人口和境外人员服苗1.61万人份次。

【消毒管理】 1999年，德宏州卫生防疫站的消毒管理工作，在做好专业人员技能培训的同时，抓紧时间筹建了有利条件，配备了相应的设备、试剂，在辖区内进行医疗单位和个体药店、诊所消毒管理摸底调查和抽检。结果发现，多数单位及个体对消毒管理工作认识不足，消毒意识差，使用低效消毒剂突出；一次性医疗卫生用品进货不规范，品牌杂而不清，许可证不全。对此，州卫生防疫部门按“消毒管理办法”的规定，到有关部门进行登记注册，抽样检测。全年共抽检一次性医疗卫生用品42个单位户、107份样品（其中：输液器49份、注射器38份，其它20份），总合格98份，不合格9份，合格率为91.58%。

【卫生监督与监测】 1999年，德宏州卫生防疫站在指导和协助好各县市卫生监督与监测工作的同时，按’99昆明世博会卫生保障部卫生防疫工作实施方案的任务要求，以芒市地区为重点，做了以下主要工作：一、在芒市地区广泛开展“食品卫生法”和卫生管理条件的宣传，加强辖区内监督与监测，对办了证的经营单位进行验证或换证，对从业人员进行体检，符合卫生要求的给予办证。全年共检查962个单位户，持有效卫生许可证670个单位户，占70.0%；从业人员共查1604人，持有效健康证899

人，占56.0%。分级管理监督168户，监督504户次，持有效卫生许可证136户，占81%；从业人员400人，持有效健康证389人，占97%；食品检测31份，合格30份，合格率97%。二、按有关文件要求，由公安、工商、卫生部门联合组成调查组，对芒市地区卫生服务场所进行清理整顿，共检查按摩等服务场所45户，检查结果无卫生许可证11户，无公安机关许可证6户，无工商营业执照4户；从业人员共查148人，无健康合格证80人，无暂住证31人。年内，公共场所卫生共查43户，新办证25户，从业人员体检98人，合格92人，合格率为94%。三、根据云博指卫（99）1号文件精神，对瑞丽、潞西两市定点接待酒店、宾馆进行综合卫生状况抽查，共查9户，从业人员282人。抽查结果为持有效健康证240人，持证率85%，经综合卫生评价4户为好，4户为较好，1户为一般。四、严厉查处在食品中使用罂粟壳等违法行为，禁止经销比利时等国受二恶英污染食品，制止夸大宣传保健品功能。年内，分别查处8家饮食及牛肉干巴加上中使用罂栗籽的情况，并责令改正；查出受二恶英污染的荷兰奶制品800克×45筒，按要求进行封存。五、按时、按质完成全州卫生监督、监测的季报、年报的统计汇审上报工作。年内全州共有食品生产经营单位3932户，食品卫生监督员98名。全年监督食品生产经营单位4326单位户次；从业人员7493人，体检合格7136人；共监测各类食品1236件，合格838件，违法处罚144户次，销毁伪劣食品7913.27千克，罚款0.62万元，吊销卫生许可证1户，取缔非法经营6户。年内，共发生食物中毒4起，中毒126人，其中微生物引起中毒1起，中毒39人；原因不明2起，中毒81人；鼠药中毒1起，中毒6人。

（《防疫与地方病》撰稿　张铭光）

医　　疗

【梁河县初级卫生保健工作通过验收】　1999年5月6日至10日，梁河县初级卫生保健工作通过省州验收。梁河县1991年被列为省州初级卫生健康普及试点县。经过一年的试点工作，到1992年经省州验收为“基本达标县”。1993年至1998年，县初保委严格按照“2000年人人享有卫生保健”目标审评中的12项指标要求开展工作。经过不懈地努力，尤其是在地方病防治、计划免疫、妇幼卫生及农村改水改厕上做了大量工作。到1999年4月，县初保委对照考核标准，自检自查打分为87.18，各项指标均达到合格标准，然后向省州初保委报请验收。州初保委经过实地查看，量化打分89.77，审评结果为“合格”。省初保委认可州初保委的审评结果，并上报中央，等待正式认定。

（罗致普）

【梁河县医院在全州率先实行住院费公开制度】　1999年6月，梁河县医院按州物价部门核定的收费项目明细标准，在全州率先实行住院费公开制度（即将住院的相关项目收费标准公开列表，张榜公布，并逐日登记，让就医者清楚地知道自己所接受的检查项目、使用的药品金额和每天的诊疗费用）。住院费公开后，不但杜绝了医院过去存在的巧立名目收费、乱收费、不合理收费现象，也解除了患者一些不必要的误解。同时，医院内部的管理工作也随之得到加强，医护人员的医德医风有了明显转变。整个医院出现了病人回流、诊疗人数增多、业务收入提高的良好局面，产生了较好的经济效益和社会效益。

（罗致普）

【州民族医院改称德宏州人民医院】　1999年8月，为了规范医院名称，与各地州市医院名称统一，经德宏州人民政府批准，德宏州民族医院改称德宏州人民医院。

△**【州人民医院高压氧仓通过验收】**　1999年11月8日，德宏州人民医院的高压氧仓通过由省、州技术监督部门和州卫生局组成的验收组验收，并于当天正式投入使用该项目，从而填补了全州无高压氧治疗的空白。

（杨星明）

【州医院获年度“安全文明单位”称号】　1999年，德宏州医院全面落实与德宏州社会治安综合治理办公室签订的合同，严格内部治安管理。根据医院人员出入多，且不能关大门的实际情况，加强保安力量，并实行不定期夜查户，清理无证暂住人员，对外来暂住人员实行注册管理等，取得良好效果。年内，州医院还与下属科室签订《安全防火合同》、《综合治理责任书》各30份，对违反责任书的科室，年终考核扣分。年内州医院治安工作，做到内紧外松，既抓好治安，又保证病人和家属来去方便。年末，经检查验收，州医院荣获州委州政府授予的“1999年安全文明单位”；同时，潞西市委、市政府还授予州医院“’99年度社会治安综合治理优秀单位”匾。

【精减机构】　1999年，德宏州医院根据医疗工作的需要，加强医院内部机构改革的力度，精减部分科室：呼吸科并入内一科，妇科与产科合并为妇产科，撤消美容室，撤消糖厂分院，新建了科教科。经调整，人员紧缺、房屋少、设备缺的情况大为改变，人力、房屋、物资配置较合理。州人民医院调整后，有41个科室，其中：临床科18个、医技科8个、行政后勤科15个。

【高压氧仓进入临床治疗】　1999年，德宏州人民医院新购入中国贵航风雷军械厂生产的FLY－1230型双人纯氧仓一台，价值8.7万元；改造了杭州新颖氧仓制造厂生产的YYC1800B－6医用小型多人氧仓一台，价值21万元。年内利用两台高压氧仓对348名患者进行高压氧治疗，受到患者好评。其治疗方法是：将患者置入压力超过一个标准大气压的氧仓内，呼吸浓度在99.5%以上的氧气。主要适应治疗的疾病是：急性一氧化碳中毒及中毒性脑病、急性气栓症、急性减压病、毒气中毒、厌氧菌感染、缺血性脑血管疾病、眩晕综合症、牙周病、骨折、脑外伤、皮肤溃疡等。

【开展成份采血法】　1999年，德宏州人民医院购入一台美国产MCS3P型血细胞分离机，价值38

万元。该机是血液采集仪器中最先进的设备，它能分离血浆和血球，可以单采血小板、白血球、红血球、血色素等。该机可根据病人需要采血，改变了过去不管缺什么血液成份，都采全血的办法，减少了血液浪费，为病人提供了有效治疗，节省了开支。

【重视学历培训】 1999年，德宏州人民医院针对学历现状（该院年内在职职工545人，其中大学本科学历的职工85人、大专毕业77人、中专294人），院领导与大理医学院成教部研究决定，联合举办一班“成人医疗大专班”，学制三年，须参加全国成人高考入学，毕业后承认大专学历。该班由大理医学院的老师任教，州医院提供教学场地。年内有72名学员已完成一学期的学习任务。此外，年内医院还有22名护士通过成人自学考试，取得大专学历，年内又有118人参加自学考试。

（《医疗》撰稿除署名外均为杨达纲）

中　医

【业务建设】 1999年，德宏州中医院利用自身特点，注重加强突出中医药特色建设工作：一、抓特色专科建设。年内加强与发达地区中医药机构联系，建立健全了风湿病科、神内、糖尿病、骨伤等专科。二、开展风湿类疾病、心脑血管疾病、糖尿病、老年性骨质疏松症、颈椎病、椎间盘脱出症、骨伤等专病治疗研究工作。三、引进并开展小针刀手术疗法、蜡疗、骨伤科手法复位杉树皮夹板外固定术等特色疗法。四、开展中药专方研究工作。年内研制出颈痹方、痛风方、子宫肌瘤散、癫痫散、熊胆痔疮膏等，并相继应用于临床，效果明显。五、积极开展民族民间医药开发研究工作。年内开发出龙芋骨伤散、钻骨膏、天青果降压、降糖、降脂、减肥系列药品及药物薰蒸疗法，经临床验证，疗效独特。

【外科业务发展快】 1999年，德宏州中医医院引进外科学科带头人，加强了技术力量。同时投资50余万元用于改建手术室：购置RY－Ⅱ型全能麻醉机、进口高频电刀、多参数监护仪、床旁X光机、骨创伤治疗仪、四肢功能康复治疗仪、多功能手术床等设备及大批手术器械。并争取到了昆医附二院、上海医大华山医院外科专家的技术支持，从而使外科发展成为具备开展各种手术、创作急救、矫形手术、康复治疗等系统服务功能、技术领先的科室。年内成功地开展了胸腹部复合创伤急救、胸腰椎骨折哈氏棒内固定、椎板切除椎管减压、老年性股骨颈骨折股骨头置换等高难度手术，11次完成全州交通事故重伤人员急救任务，成功救治了因车祸致伤生命垂危的台湾籍商人田三能。年内，州中医院外科已发展成为该院的支柱优势科室。

【行风建设】 1999年，德宏州中医医院采取有力措施，认真扎实抓行风建设工作，从而促进了医疗质量、服务质量的全面提高。年内共收到患者感谢信5封、锦旗2面、授匾3块、《德宏团结报》登报表扬1次、德宏有线电视台专题报道3次，拒收红包5次共计人民币5600元。12月27日，云南电视台还以“德宏州中医医院拒收红包”为专题进行报道，提高了该院的社会知名度，经济效益逐步好转。

【开展送医下乡活动】 1999年，德宏州中医医院先后3次派出13名医务人员到梁河县勐养卫生院开展送医下乡活动，在当地开设B超、心电图、检验、放射、妇检、健康体检等多项检查，向群众提供医疗、手术、健康咨询及预防保健知识宣传等服务。共诊治病人674人次，开展手术24台，诊断疑难病3例，并成功抢救“宫外孕破裂并出血性休克”妇女1人，深受当地群众的欢迎。

【团支部工作成绩显著】 1999年，德宏州中医医院团支部积极开展推行“青年文明号承诺服务卡”、创建“青年文明号”活动，在院内掀起爱岗敬业、树行业新风的工作热潮。年内，州中医院团支部被州直团工委授予“五四红旗团支部”，内科获州级“青年文明号”；另有1人获“云南省优秀团员”称号、2人获州直机关“优秀团干部”称号。

（《中医》撰稿　何明庚）

妇幼保健

【妇幼保健基本情况】 1999年，德宏州7个妇幼保健机构有人员188人，比上年增3.87%，其中业务人员162人，占人员总数的86.17%。有床位106张，比上年增11.58%。全州62个乡镇卫生院防保组有人员208人，比上年减1.42%，其中妇幼专干39人，平均每个防保组有妇幼专干0.63人。329个行政村卫生室有乡村医生、卫生员670人，比上年增18.17%，其中女乡医、卫生员239人，比上年增20.10%，平均每个行政村卫生室有女村医0.73人。3106个自然村有接生员850人，比上年增16.76%。年内全州7岁以下儿童95177人，其中5岁以下儿童67710人，占71.14%；3岁以下儿童41313人，占43.41%。产妇总数12343人，活产数12297人。全年门诊人次总计76639人次。其中：妇保26426人次，儿保29004人次，计划生育2206人次，其他19003人次。住院总计682人次，其中妇科99人次，产科308人次，计划生育228人次，儿保10人次，其他37人次。全州全年新法接生率为91.04%，比上年升28.46%；住院分娩率44.50%，升8.70%；孕产妇产前检查率77.10%，升21.26%；0－6岁儿童保健管理率53.56%，升22.65%；婴儿死亡率39.58‰，降9.05%；5岁以下儿童死亡率49.11‰，降8.45%；孕产妇死亡率73.19/10万，降30.24%；新生儿破伤风死亡率0.24‰。降4.00%。

【孕产妇和5岁以下儿童死因排位】 1999年，德宏州新生儿死因排名前三位的是：新生儿窒息、肺炎、早产，分别占新生儿死亡总数的25.44%、21.93%、19.30%；婴儿死因排名前三位的是：肺炎、新生儿窒息、早产，分别占死亡总数的32.60%、14.36%、11.68%；1－4岁儿童死因排名前三位的是：肺炎、腹泻、传染病，分别占1－4岁儿童死亡总数的38.38%、15.15%、12.12%；孕产妇死因排名前三位的是：内科合并症、产科出血、妊高症，占孕产妇死亡总数的55.56%、33.33%、11.11%。

【实行“举报待岗制”】 1999年6月，为深化妇幼卫生改革，建立体现“优质、高效、低耗、便捷”的运行体制，经请示州卫生局同意，德宏州妇幼保健院实行举报待岗制。其主要内容是：凡群众及监督员举报或者查出有违反举报待岗制之规定者，经核定并视其情节轻重处于待岗一至三个月，待岗期满本人态度端正并有改错表现方可上岗；一年中待岗两次者当年考核视为不称职；一年中两次以上待岗者，降级使用；连续两年考核不称职者即处于下岗。

【创建爱婴医院】 1999年，德宏州积极创建爱婴医院，全州有5个县以上医疗保健机构达到爱婴医院标准，他们是：州妇幼保健院、州民族医院、潞西市人民医院、潞西市妇幼保健院、梁河县人民医院。

【妇幼健康教育】 1999年，德宏州为提高全州妇女儿童健康素质，结合本地实际，印制了13种妇幼保健健康教育处方在全州各县（市）妇幼保健机构推广使用。其内容是：一、产前检查；二、孕期自我保健；三、新法接生和住院分娩；四、产后保健；五、母乳喂养；六、新生儿保健；七、儿童急性呼吸道感染的家庭护理；八、儿童腹泻；九、预防接种；十、儿童意外伤害的预防及急救；十一、避孕知识；十二、育龄妇女破伤风类毒素接种；十三、推广碘盐预防碘缺乏病。

【开展长寿地区老年人口综合调查】 围绕“国际老人年”，1999年云南省卫生厅、省老龄问题委员会、省民族事务委员会、省计划生育委员会决定在全省20个县（市、区）开展“云南省长寿地区老年人综合调查研究”，德宏州潞西市、瑞丽市被列为省级课题选点。7至8月，州妇幼保健院、潞西、瑞丽市妇幼保健院派专业骨干协助省级课题调查组通过入户问卷式调查，对选点地区60岁以上老年人进行了老年人健康素质、长寿老人综合情况的调查。

（《妇幼保健》撰稿 张晶晶）

药政管理

【查处“三唑仑”精神药品案】 1999年5月初，盈江县城小平原地区查获7家销售“三唑仑”药片的经销商，其中1家是国有企业，其余为个体工商户。经查，盈江县医药公司自1996年起至今共销售“三唑仑”药片1190瓶，其中批发给个体户398瓶。根据国务院发布的《精神药品管理办法》规定，对县医药公司作出罚款15000元，没收销售货款13091.9元的处罚决定；对经销者共罚款13000元，没收销售货款7655元。

（陈春刚）

【药品监督管理】 1999年，德宏州进一步加强了对药品质量的监督管理，全年全州共查处各种假劣药品违法案件30起，总价值36563.85元，其中，千元以上的案件11起，没收药品306种，没收药品价值32643.35元，没收非法收入2843.8元，罚款1146元，取缔非法经营药品单位6个。年内，德宏州卫生局组织人员对芒市城区的医院、医药公司、药店及诊所共42家的药品质量进行监督、检查，共查处了不合格药品13种，规范了芒市城区的药品流通秩序。

（向 阳）

【药品抽验】 1999年，德宏州药检部门共完成药品检验1105件，合格率90.32%，其中抽验药品1017批次，不合格87批次，合格率为91.45%。抽检药品生产企业101件，合格99件，合格率98.02%；抽检药品经营企业164件，合格147件，合格率89.63%；抽验医疗单位174件，合格154件，合格率88.51%；抽检医院制剂68件，合格66件，合格率为97.06%；抽检乡镇卫生院及医务室81件，合格73件，合格率为90.12%；抽检零售药店和商号137件，合格130件，合格率为94.89%；抽检个体诊所292件，合格262件，合格率为89.73%。

（向 阳）

（见《州情概览》42页）

体 育

运动竞赛

【竞技体育训练管理改革】 1999年，德宏州体育学校根据国家体育总局颁布的《奥运争光计划》及云南省竞技体育三星工程纲要的精神，加强了业余训练的工作力度，强化了优势项目的管理，并在第一周期工作的基础上，加强了深化改革的工作。从1994年至1999年，德宏州设置的竞技项目仍然为田径、游泳、女排、举重和网球等5项。各县（市）及网点训练均围绕着这5个奥运项目。99年全州在训学生人数和教练都比过去增多。陇川县积极创造条件，成立了县业余少体校。年内，陇川县、梁河县、畹町等地的体育场馆建设又有新进展，州体委建成了两块网球场。

在业余训练工作中，全州体育工作者克服各种困难，加强训练管理。重点训练项目都按国家体育总局颁布的教学大纲要求进行训练，训练的总体质量有一定提高。同时，制定了一系列规章制度，并引入竞争机制，对专职教练员从“德、勤、能、绩”四个方面进行综合评定考核。通过这些管理措施和制度，进一步提高了本州的竞技体育水平。

【竞技体育成绩有提高】 一、参加省年度赛。1999年，德宏州组队84人参加田径、游泳、女排、举重、网球和击剑6个项目的省年度赛。同时，由中行德宏州分行赞助，州体委还成功承办了全省少年排球赛。在参加省年度赛各项目的比赛中，德宏参赛运动员、教练员齐心协力，奋力拼博，共获得金牌10块、银牌8块、铜牌13块，在4至6名录取名次中，取得44个名次的好成绩。本州运动员还打破三项州少年田径纪录和一项州少年游泳记录。二、增加州内竞赛，促进学校体育发展。2月3日至11日，在芒市举行全州中学生田径、篮球运动会，共有8个单位的317名运动员、教练员和95名裁判工作人员参加。这是最近几年历届州运动会中参赛人数最多、规模较大的一次。

“六一”儿童节期间，在畹町举行了德宏州第四届小学生游泳对抗赛。有潞西、梁河、畹町三个单位共80人参加43个小项的比赛。

全年全州输送省少体校5人，输送到大中专体育院校3人，达到二级运动员标准的11人。

群众体育

【芒市地区举行第24届元旦越野赛跑】 1999年1月1日，德宏州体委、潞西市文体局在芒市举行第24届“元旦越野赛跑”。参加越野跑的有党政干部、企业职工、武警官兵、中小学生、退休干部、商人等68个单位4662人。

【全州“三·八”体育活动丰富多彩】 1999年，“三·八”妇女节期间，潞西市举行“三·八妇女运动会”。设有拔河、飞镖、跳绳、8×100米接力、8×40米拖板接力、篮球、中国象棋等11个项目，共有54个单位1319人参加比赛。瑞丽市举办了“首届职工运动会”、陇川县举办了“心系澳门长跑”活动。99年的“三·八”体育活动已推向农村，如瑞丽市勐典村公所举办农村妇女拔河比赛。

【全州庆“五·一”、“五·四”体育活动】 1999年5月1日，德宏州总工会、州体委、潞西市总工会、体委，联合举办了为期6天的“芒市地区第十九届职工运动会”，设有男女篮球、男女排球、老年门球、男女拔河、8×100米迎面接力、健美操等9个项目。瑞丽市举办了“庆五．一”拔河赛，第四届“青年杯”足球赛。陇川县组织了一年一度的拔河联赛。州体委、团委与潞西市体委、团委举办了“五·四”青年节“世博杯”6×100米趣味接力赛。在两个节日期间，共有153个单位1993人参加活动。

【陇川申报云南省“体育先进县”】 1999年5月25日至26日，云南省体委、云南省农业厅、云南省农民体协一行5人，对陇川县申报争创云南省“体育先进县”进行了检查验收。陇川县委书记马春、县长毛勒端、州政府副秘书长钱强、州体委主任何继武及有关单位的领导听取了检查验收的反馈意见。

【章凤镇参加“亿万农民健身活动”】 1999年6月21日，陇川县章凤镇政府组织人员参加由云南省农民体育协会组织的“亿万农民健身活动”通讯比赛。由于宣传到位，全镇人民家喻户晓，共有1862人参加活动。

【举办德宏州第七届“瑞丽杯”钓鱼比赛】 1999年10月30日至31日，德宏州第七届“瑞丽杯”钓鱼比赛在瑞丽举行，全州共有30个队90名运动员参赛，瑞丽二队获团体第一名。

【全州庆“十·一”体育活动】 1999年，“十·一”国庆节期间，德宏州县（市）两级体委采用举办运动会、杯赛、联赛等方式庆祝祖国50华诞和迎澳门回归。开展了篮球、排球、门球、地掷球、中国象棋、围棋、保龄球、网球、乒乓球、拔河、田径等丰富多彩的体育活动，全州有641个代表队5680人参加活动。

【参加云南省第六届残疾人运动会】 1999年11月20至23日，德宏州组团参加了在昆明海埂举行的“云南省第六届残疾人运动会”。德宏残疾体育代表团由杨街生为团长，教练龚成政、杨光，运动员9人组成，共参加3个大项21个小项。经过3天比赛，王光辉获男子（儿麻）52公斤级举重第一名，鼓勒堆获男子（A6）60公斤级举重第二名，线加茂获男子（儿麻）75公斤级举重第三名，麻腊获男子（S5）400米自游泳第一名，杨刘军获男子（A6）铁饼第二名，杨月红分别获女子（聋哑）铁饼、标枪第三、第四名，曹明才获男子（A6）标枪第四名，孟成华分别获男子（S9）200米仰游、100米自游泳第五、第六名。德宏代表团荣获“体育道德风尚奖”，并取得举重团体第三名的好成绩。

【云南省群众体育工作会在芒市召开】 1999年12月26日至29日，“云南省群众体育工作会议”在芒市召开。省体委副主任蒋绍敏及16个地州市体委、文体局领导及有关人员共46人与会。会议结合当前云南实际，提出了云南群众体育发展思路。

【参加云南省第十三届钓鱼比赛】 1999年，德宏州选派6名运动员组成两个队参加云南省第十三届“永峰安格”钓鱼比赛，和平获得抛竿单尾重赛个人第三名。

（龚成政）

老年体育

【桥牌邀请赛】 1999年3月11日至15日，由德宏州老年体协组织的“德宏、保山桥牌邀请赛”在芒市举行，参加邀请赛的有8支代表队、32名运动员。经过4天较量，保山地直机关代表队配合默契，技高一筹获第一名；保山市代表队、德宏州直代表队分别获二、三名。

【参加云南省’99国际老年人运动会】 1999年4月至11月，云南省老年体协主办的’99国际老年人运动会分别在昆明、玉溪、曲靖、楚雄等地分项举行，德宏共派出43人参加6个项目的比赛。比赛成绩为：健身球保健操获一等奖，网球总名次获二等奖，门球获二等奖，木兰拳、剑获三等奖，桥牌获三等奖，地掷球获三等奖。

【滇西老年网球协作邀请赛在芒市

举行】 1999年12月5日至8日，“滇西老年网球协作邀请赛”在芒市举行。根据老年人的特点，比赛设6个项目，全部为双打，即男女甲组、男女乙组、男女丙组，共有110名老年运动员参赛。德宏队发挥正常，取得3项第一名（男子乙组林清福、李占元；女子乙组张彦芬、朱云杰；女子丙组线映霜、蔺汝英）。

【全州老年门球比赛在芒市举行】 1999年12月10日至15日，由德宏州老年体协主办的“德宏州老年门球赛”在芒市举行。全州各县（市）及部门分行业共14支门球队，130人参赛，经过5天精彩比赛，前6名分别为：芒市总段、盈江、农垦、瑞丽、潞西、州粮局。

【培训老年体协骨干】 1999年，德宏州各级老年体育协会组织，努力抓好骨干培训工作。全年共培训各项目骨干人数为：地掷球3次85人，门球8次169人，健身舞10次440人，木兰拳剑、太极拳剑40次459人，健身球2次71人。全年培训体育骨干63次1224人。

（彭建平）

（见《州情概览》43页）

社 会 生 活

计划生育

【流动人口计生管理】 1999年1月1日国家“流动人口计划生育管理办法”实施，德宏州以此为契机，在全州开展了声势浩大的“流动人口计划生育管理”宣传活动。此次宣传活动共出动宣传车15天，发宣传单2万多张，张贴标语584条，免费发放避孕药具4000多份，免费为流动人口查环查孕。10月12日，州委常委会决定州计生委增设“流动人口计划生育管理办公室”，各县市共增编7人，有力地支持流动人口计生管理工作。

【州人民政府召开计生工作会】 1999年3月24日至26日，德宏州人民政府召开1999年全州计划生育工作会。参加会议的有州政府杨成礼副秘书长、各县（市）政府分管计划生育工作的副县（市）长、州县计生委主任及负责计生科技领导、服务站长共51人。会议针对上年县级乡镇换届后，县级计生委领导班子成员80%的作了调整，加之各级政府对计生经费投入减少的情况，提出八项要求：一是提高认识，加强领导，力争全面完成州政府与各县（市）政府签定的11项责任指标；二是认真贯彻中央、省两会精神，强化部门思想工作，开展“三讲”教育；三是抓基层打基础仍然是工作重中之重，要克服困难，巩固“三为主”推广“三结合”；四是对新换领导，要积极争取做好政府参谋，争取基层领导重视；五是降低统计误差率，把长效节育率放在工作首位，抓早、抓牢、抓实，坚决扭转98年一增三降局面；六是加强基层人员培训，提高业务素质；七是实行计生委与服务站、服务站与服务所“双轨”管理，签定责任书，力争完成手术任务数；八是加强计划生育系统内部管理，精简文件、会议，工作必须务实。会上，州政府还兑现了1998年各县（市）政府完成人口与计划生育责任目标奖，与各县市政府签定了1999年人口与计划生育责任书，安排布置了计生科技、宣传教育、法规、“三结合”工作。

【德宏州召开计生、环保工作座谈会】 1999年3月26日，德宏州委、州政府在州人大十一届二次会议期间召开德宏州计划生育、环境保护工作座谈会。参加会议的有州委常委、州五套班子领导、州计生协调领导小组成员、县（市）书记、县（市）长、县（市）分管计生工作政府领导、州县（市）计生委主任以及人民代表中乡镇领导共176人。会议由州政府副州长杨俊忠主持。州计生委主任赵友仙就1998年人口与计划生育责任目标完成情况及1999年主要工作任务作了汇报，其主要包含以下几个方面的内容。1998年全州计划生育工作较好地完成省政府下达的人口责任目标，人口计划比省下达少生8800人。但存在四方面困难和问题：一是生育水平不稳定。二是投入不足；三是流动人口管理难度大；四是基层队伍待遇低，人员不稳定。为保证全州年末总人口控制在101.3万人，必须抓好以下工作：一是把加强基层基础工作放在首位，迎接国家“三为主”工作验收；二是着力提高计划生育率，严格控制计划外生育；三是加强流动人口计划生育管理；四是确保计划生育经费投入；五是加强队伍建设，适应工作需要。州委书记王南昆在会上作了讲话，王书记指出，德宏州还处于生育高峰期，出生率比全国高9.28个千分点，比全省高4.03个千分点，按省98年抽样调查推算，德宏州是全省出生率最高一家。因此，全州计划生育工作还相当艰巨，各级党委政府、部门不能掉以轻心。其次，必须突出工作重点，农村基层和流动人口管理是重点，要一手抓农村经济，一手抓计划生育。三是加强领导，树立人口意识和人均观念，做到认识到位，组织到位，责任到位，投入到位，措施到位，各级财政不能因困难减少对计划生育事业投入，在完成责任目标中，坚决执行一票否决权。州长管国忠在会上要求各级政府要认真贯彻朱镕基总理的指示，狠抓落实，按照李嘉廷省长要求的把计划生育各项管理和措施落实到村、落实到户、落实到人；增加经费投入，保证人均事业费达4.2元。同时要求计划生育部门做好党委、政府参谋，为群众提供生产、生活、生育的优质服务，使计划生育工作在99年有新的进展。

【州委常委会为计生工作解决四个问题】 1999年10月12日，德宏州委常委会专题听取州计生委工作汇报。会议由州委书记王南昆主持，州计生委两位副主任管国英、袁旗光作汇报。会议肯定了全州计划生育工作取得的成绩。其主要有：一、贯彻计划生育基本国策以来，德宏20年少生11.51万人，8年连续完成人口计划，少生4万多人口，为德宏的经济建设、社会发展做出了贡献。二、群众婚育观逐步发生了转变，执行计划生育的人越来越多。三、《云南省计划生育条例》、《德宏州计划生育暂行规定》执行得好，“三为主”、“三结合”工作深入人心。常委会经过讨论，一致意见为计生部门解决4个问题：一、自99年起，每年12月组织一次对县处级领导班子落实计划生育工作情况考核，由组织部门牵头，纪检、人事、计生委参与，将考核结果作为考察领导干部内容之一，并形成制度。二、为加强流动人口计划生育管理，同意州计生委增设流动人口计划生育管理办公室机构，级别为正科级，暂定增编2人。三、同意年底举办一期全州各县（市）计生委主任、乡（镇）分管领导基本国策知识培训班。四、按州委〔1998〕22号文件，州财政设法兑现推广“三结合”和“百乡千村”启动周转金15万元，从1999年起连续执行三年。

【开展县处级领导班子计生工作考核】 1999年10月12日，中共德宏州委作出决定：从1999年起，每年将对各县市及州直各单位、省属县处级单位的领导抓计划生育工作情况进行年度考核。年内州直93个县处级单位开展了自查自评，其中自评为优秀的有73个单位，占73.2%；合格的有18个单位，占18.2%；未开展自查的6个单位，占6.1%。与此同时，州成立了由州纪委书记杨文忠、副州长方绍南率队，州人大、州纪委、州委组织部、州人事局、州计生委5个部门组成的考核小组，对三县二市党委、政府、州直16个单位领导班子进行考核，并抽查了17个乡（镇）的计生工作。考核结果为：州直优秀单位14个，合格单位2个；瑞丽市为优秀，潞西市、陇川县、梁河县为合格。

【举办“基本国策”知识培训班】 1999年11月21日至26日，针对德宏州乡（镇）领导95%都换了新人的实际，州委组织部、州计生委联合在州委党校举办了为期一周的乡（镇）领导“基本国策”知识培训班。参加培训人员共73人，培训内容是人口理论、计划生育政策法规、计生宣传教育、计生统计、计生科技管理、计生“三为主”和“三结合”、计生公文写作、计生财务、流动人口管理、优生优育、避孕节育等知识。经过培训，全部学员考试成绩均达优良。

【宣传教育】 1999年，德宏州计划生育宣传教育内容丰富多彩，具体是：一、为迎接“世界60亿人口日”和建国50周年，举办了以“破千年封建旧俗，树一代婚育新风，弘扬计生主旋律，讴歌计生新典型”为主题的第二届计划生育文艺调演活动。在州级调演中共评出“特别奖”2个、“组织奖”6个、“编导奖”3个、“创作奖”2人、“表演奖”3个；州级调演结束后，确定了“欢乐的毕朗”、“戴包头”2个节目参加全省第二届计划生育文艺调演，2个节目均获省级“中国人寿杯”铜奖。二、为普及科学知识，提高人口素质，积极参予州科委等单位举办的“人与自然”科普知识图片展。州计生委共制作了8块版面，宣传优生优育知识，被州政府评为“人与自然”宣传活动优秀组织奖。三、10月12日，全州举办了世界60亿人口宣传活动，各级计生委在活动中都召开了纪念报告会、座谈会，认真分析人口过快增长给经济、社会事业发展带来的压力，提醒人们要树立人口意识。这次活动共发放宣传单48600张，推出15条计划生育公益广告，选送新闻录像13条，新闻投稿《德宏团结报》4件，录制少数民族录音带6盒。潞西市在宣传周活动中免费发放避孕药具8690盒、价值13513元，义务诊治3560人次。州直、盈江县、陇川县也都开展了生殖健康优质服务优惠月活动，为广大妇女进行生殖健康检查。经过一周的宣传活动，宣传教育面达95%以上。四、发挥宣传阵地作用。全州68所党校、80所中学坚持开设人口课。据统计，全州有计划地开展活动710次，举办各类学习班729期，受教育人数46026人，新婚班参学率82.2%，孕产班参学率达80%。五、加大宣传媒体效果。全州广播计生宣传946次，出专栏566期、黑板报1512期、标语16436条，送各级电视台新闻21条、投各类报刊杂志稿101条，征订《云南人口报》809份、《中国人口报》116份、《人口与计划生育》233份，宣传覆盖率达95%。

【统计工作】 1999年，德宏州计生统计工作继续向着规范化、法制化、科学化迈进，并取得显著成绩，其主要表现是：一、为提高统计质量和统计分析水平，举办了以县为单位的统计台帐、统计分析技术培训班13期、486人次，有效地降低了统计误差率，提高了分析水平。二、10月份，州计生委与计经委共同编制了2000年人口计划及2005年人口计划、2010年远景计划，各级计生部门及时完成各时期统计报表收集、分析工作，为领导决策提供科学依据。三、完成98年人口与计生责任目标指标评估工作和99年人口与计生责任目标的下达。四、根据省统一布置，按时按质完成云南省1999年人口与计生抽样调查。从9月16日至10月25日，共抽中70个样本点，调查3270户，调查总人口15472人（其中育龄妇女4104人，已婚育龄妇女2999人），调查结果全州出生率为19.62‰，计划生育率77.64%，综合节育率77.26%，长效节育率68.16%，绝育率15.31%，死亡率7.89‰，自增率11.73‰，多孩率3.66%。五、按国计生委计字〔1998〕78号文件、省计生委〔1998〕150号文件要求，组织开展了德宏州1990－1998年出生人口清理清查工作。州计生委以德办发〔1998〕51号文件下发“关于在全州范围内开展出生人口清查工作的通知”，并组织了培训。此次清查历时近半年，共清查出1990－97年出生漏报瞒报人口9214人，党员干部计划外生育307人；清查中落实补救措施1485人，其中放环5783人，结扎304人。

【计生科技】 1999年，德宏州计划生育科技工作发挥了重要作用。年初州计生委召开全州计划生育科技专题工作会，交流科技管理经验，推行“双轨”制管理，实行计生委与服务站、服务站与服务所签定责任目标合同。据统计，年内全州计生服务站、所共做计划生育手术24337例，其中女扎385例、男扎19例、放环12143例、采取补救措施8117例、取环3673例，占全州计生手术数的85%以上。年内，潞西市、瑞丽市、梁河县积极开展创达标站活动。经州级初评，报省验收，三县（市）服务站均达标，至此全州两市三县县级服务站已100%被省验收为达标站。年内，州计生服务站、陇川县服务站还成立了生殖健康服务中心，两个服务中心已为1000余人进行了生殖健康检查。为加强避孕药具市场管理，年内州计生委举办了药具人员培训班，除培训县级药具管理人员外，还培训了芒市地区市场零售人员30多人，经考试，都获得上岗证；盈江县培训了乡、村、县直药具发放人员。年内，全州新建了遮放、勐养、平原、姐相、苏典5个乡级计生服务所，为24个乡服务所增配了一些设备。

（《计划生育》撰稿　文晓燕）

（见《州情概览》44页）

劳动工作

【全州劳动工作会】　1999年4月28日，由德宏州政府主持的“全州劳动工作暨国有企业下岗职工基本生活保障与再就业工作会议”在芒市召开。参加会议的有各县（市）分管劳动工作的领导；州县（市）两级劳动（人事劳动）局局长和各科室负责人，以及经贸委、财政局、总工会的领导；中央省属驻德宏单位及州直各企业主管部门的领导、企业的厂长（经理）或劳资人员共130多人。李志明副州长到会作了《坚定信心，狠抓落实，努力实现“两个确保”，推进我州劳动和社会保障事业》的报告，对全州上年劳动工作取得的成绩予以充分肯定。会议认真学习了中央、省、州的重要决策和部署，提出了今年的劳动工作任务。会上表彰了上年完成劳动工作任务目标的先进单位，其获奖情况是：瑞丽市劳动局获一等奖，潞西市劳动局获二等奖，梁河县人事劳动局获三等奖。

【城镇职工医疗保险制度改革工作会】　1999年4月29日，“德宏州城镇职工基本医疗保险制度改革工作会议”在芒市召开。参加会议的有各县（市）政府分管劳动、卫生工作的领导，州县（市）两级劳动（人事劳动）局、卫生局、财政局、体改办、社保办、医保办等单位的领导，州医改协调领导小组成员及有关单位领导共100多人。李志明副州长到会作了《提高认识，统一思想，精心组织，确保全州城镇职工医疗保险改革工作的顺利开展》动员报告。会议认真学习了国务院“关于建立城镇职工基本医疗保险制度改革的决定”以及云南省的重要决策部署，传达了省城镇职工医疗保险制度改革工作会议精神，提出了本州医疗改革的基本思路、原则和目标任务。

【劳动就业】　1999年，德宏州劳动部门积极培育和发展劳动力市场，实行城乡统筹就业，全年失业人员在册登记数为2005人（其中：上年结转1138人，本年新增867人），安置就业991人（其中：女性491人），占失业人员总数的49.4%，年末结转失业人员1014人（其中：女性519人，长期失业者783人），失业率为1.24%。与上年比：城镇失业人员减少142人，就业人数增50人。年内，失业职工在册登记数954人（其中：上年结转214人），实现再就业660人，再就业率为69.2%；年末结转294人，比上年增80人。年内，登记求职人数6218人，登记招聘数4537人，介绍实现就业3307人（其中：女性1842人，失业职工16人，失业人员314人，其他人员和农村劳动力2977人）。年末，全州职业介绍服务机构49个（其中：劳动部门办含乡镇劳动服务站45个，公民个人办4个）。

【就业培训】　1999年，德宏州就业培训和转业培训工作，采取自培为主、与企业联合培训为辅的方式开展。培训的工作（专业）有摩托维修、家电维修、美发美容、客房服务、电脑、缝纫等。年内共培训城乡劳动力870人（其中：城镇失业人员163人，失业职工118人，下岗职工16人，农村劳动力及其他人员573人），比上年增180人；培训后就业756人，就业率达87%。年内，州劳动局利用州就业服务中心现有条件，初步建成具有教育培训、实习操作、食宿一体化的就业训练基地——州就业培训中心。10月，州就业培训中心开班招生，培训工种（专业）有摩托维修、家电维修、美发美容、烹调4个，共培训城乡劳动力30人。

【流动就业管理】　1999年，德宏州流动就业管理工作，继续认真贯彻实施《云南省流动就业管理规定》，实行“卡证合一”管理办法，使流动就业管理工作进一步规范化。年内，外来劳动力流动就业4861人（其中：外省劳动力1326人，省内州外劳动力3535人）；共办理“外来人员就业证”4508人本（其中：外省1320人，省内州外3188人）；发出“外出人员就业登记卡”334人次。此外，州劳动部门还组织劳务输出50人次，全部输往省外，比上年增10人。

【外国人入境就业管理】　1999年，德宏州劳动部门在公安、卫生检疫部门的支持配合下，认真开展了外国人入境就业管理年检和新办证工作。年内共办理“外国人入境就业证”140人，比上年减少8人。就业的行业是：汽车修理、美发美容、副食饮食及个体经商。梁河、陇川两县无入境就业的外国人。

【国企下岗职工基本生活保障与再就业】　1999年，德宏州国有企业下岗职工基本生活保障与再就业工作取得了五方面的成果：一、资金拨付渠道得到完善。年内，下岗职工解困工作列入当地党委、政府的“一把手”工程，州解困办和州财政局认真贯彻执行有关文件精神，为便于向下岗职工及时拨付基本生活费，建立了适合本州实际的资金拨付制度和办法，并在实施中得到完善。二、规范国企再就业服务机构的管理。年初，州劳动、财政部门对全州运转中的企业再就业服务工作站进行了认真检查，拟定出全州的统一管理办法，基本实现了下岗职工管理、生活费的发放、财务管理等规范运作。年末，全州共有再就业服务机构26个（其中：有8户企业建立再就业服务工作站）。三、积极筹集下岗职工基本生活保障金。全州劳动、财政部门，按照省、州有关文件精神及解困资金实行“三三制”的筹集原则，积极筹集资金，为国企下岗职工的基本生活提供保障。年内，共安排下岗职工基本生活保障资金194.73万元。其中：财政预算安排45万元，社会筹集141.9万元（含失业保险金调剂124万元），企业自筹7.5万元；向下岗职工发放基本生活费20万元。其中：财政拨款9.2万元，社会筹集拨款7.16万元。四、按照下岗程序，及时认真地审批下岗实施方案。认真严格地按下岗程序办理国企职工分流下岗，建立职工下岗申报备案制度。年内全州共有国企下岗职工471人（含事实下岗251人），其中：进入再就业服务机构领取基本生活费109人，保留劳动关系自谋就业门路111人。年内共减少下岗职工173人（其中：自谋职业104人，实现再就业19人，失业退休等50人）。年内全州共审批36户国企的下岗分流方案，核发下岗证104本。

【企业养老保险】 1999年，德宏州城镇职工养老保险工作，按照国务院令259号和《云南省企业职工养老保险条件》及有关法规精神办理。年内强化养老保险费收缴，确保养老金按时足额发放。全州国有企业“参统”覆盖面达100%，“参统”在职职工17144人，“参统”离退休人员4363人，分别比上年减1323人和151人；收缴养老保险费1856万元，支付养老金4545万元，分别比上年降7.5%和增10.9%；国有企业养老金收不敷出698万元。集体企业“参统”的在职职工2376人，“参统”的退休人员925人，分别比上年增1052人和299人；收缴养老保险费154万元，支付养老金281万元，分别比上年增57.2%和68%；集体企业养老金收不敷出127万元。其他所有制企业参保在职职工2156人，收缴养老保险费13万元。年末企业欠缴养老保险费645万元，基金收缴率为76%。历年累计欠缴2111万元。年内，德宏州各级劳动部门在企业养老保险方面还开展了下述工作：一、积极开展企业社会保险登记工作。在工商部门支持与配合下，开展了未参加养老保险统筹的私营企业、个体工商户清理核查，年内前来办理登记的有56户，占应登记的47%。二、扩大养老保险覆盖面。年内此项工作收效甚微，仅有27户企业111人参加养老保险统筹，未完成计划。三、加强退休审批管理，使退休审批管理工作更加规范化和制度化。

【宣传“失业保险条例”】 1999年，德宏州劳动部门按照上级业务部门的安排部署，认真组织开展了国务院“失业保险条例”宣传活动：州县（市）先后组织召开宣传动员会5次，列会人员600多人；政府分管领导就此事发表电视讲话；电视、广播、报社等新闻单位全文刊播“失业保险条例”；在主要街道及闹市悬挂大幅标语30幅，张贴小标语1520条；上街开展“失业保险条例”咨询服务，设立咨询台7个（其中州直1个），共发放失业保险手册3000余册，自编宣传资料800多份。

【失业保险】 1999年，德宏州失业保险工作，以贯彻国务院“失业保险条例”为重点，按照《云南省企业职工失业保险条例的规定》，积极认真做好失业保险费的征缴和失业职工救济。年内全州参加失业保险单位727户、职工16679人，共收缴失业保险费278.2万元。与上年比，参保单位增143户，参保职工增2539人，保险费增缴58.9万元。当年有580名失业职工享受失业救济，比上年增284人，增96%；发放失业救济金88万元，比上年增58.16万元，增195%；发放医疗补助费6.79万元。

【医疗保险制度改革】 1999年，德宏州医疗保险工作按照上级的部署，积极推进城镇职工基本医疗保险制度改革。

4月9日，德宏州城镇职工基本医疗保险制度改革协调领导小组及办公室正式成立，各县（市）也相继成立医保协调领导小组及办公室。8月31日州政府主持会议，将卫生部门的医疗保险工作职能移交劳动部门管理，本州医疗保险制度改革开始启动，并取得了一些成果：一是认真开展基础数据调查、测算汇总分析；二是按上级有关文件精神要求，草拟《德宏州城镇职工基本医疗保险试行办法》（征求意见稿），经广泛征求意见和反复修改，形成州政府文件报呈省政府审批。年内享受公费医疗的州直国家机关单位132个，其中：参加医疗保险单位126个，因驻昆及州内各县不参加医疗保险实行医疗费包干使用的单位6个。享受公费医疗保险人数6492人，其中：参加医疗保险的6073人（在职职工4941人，退休1009人，离休123人），不参加医疗保险的298人。共筹集医疗保险基金656.61万元，其中：财政核拨594万元，个人按工资总额1%缴纳42.1万元，州政府特批19.6万元，存款计息及罚金0.9万元。医疗保险核定：记入个人帐户339.59万元，占总额的51.77%；记入社会统筹317.02万元，占总额的48.28%；年内共支付医疗保险费783.27万元。

【实施劳动合同】 1999年，德宏州实施劳动合同职工数60075人，占全州职工总数的72.8%。其中：国有企业签订劳动合同的职工44403人，占国有企业职工总数的99.93%；城镇集体企业签订劳动合同的职工数6987人，占98%；乡镇集体企业签订劳动合同的职工2486人，占33%；外商投资企业签订合同的职工785人，占34.58%；股份制企业签订合同职工507人，占100%；私营企业签订合同职工259人，占16%；个体经济组织签订合同职工1178人，占7.5%；国家机关签订合同职员2984人，占98.7%；事业组织及社会团体签订合同职员1996人，占100%。此外，全州劳动部门为加快非国有企业实施劳动合同制度的进程，深入到企业监督劳动关系双方依法签订劳动合同，并办理鉴定和备案手续。在集体合同制实行方面，年内，全州劳动部门按照《云南省企业实行集体合同制度暂行办法》，积极开展集体合同工作。全州有32户企业与7958名职工签订集体合同，形成了职工参与企业民主决策和民主管理的新型机制。

【劳动争议处理和劳动信访】 1999年德宏州县（市）劳动争议仲裁委员会，依法受理劳动争议案件4件，其中：复杂程序处理1件，普遍程序处理2件，简易程序处理1件。受理群众上访315件人次，其中来信32件，来访283人次，集体上访1批。直接答复263件，直复率83.5%，对集体上访做到及时上报和处理。年内主办重要信访案44件，结案43件，结案率97.7%。此外，全州劳动部门有24人参加省劳动和社会保障厅举办的仲裁员培训学习，经考核全部合格并取得结业证。

【劳动工资】 1999年，德宏州劳动行政部门在企业工资管理方面主要做了以下工作：一、认真组织开展了1998年度企业工资结算提取和1999年工资基数核定。98年全州工资结算中，按"工效挂钩"结算的企业26户、职工3928人，应提工资总额3280.13万元，实发工资总额3221.32万元，职工年平均工资0.8087万元，其余企业按"工资总额包干"办法进行结算。二、对工业、交通、商业、建筑、旅游等5个行业14户国有企业1996至1998年工资分配情况进行调查。据统计：97年人均工资水平为5978元，比上年增4.8%；98年为6070元，增1.5%。行业间的分配有差距，但数额不大；在工资结构方面，除糖厂外其他企业结构基本合理。三、组织开展国有企业拖欠职工工资和企业工资内外收入监督检查。据统计，有31户企业(不含改制企业）历年拖欠2180名职工工资达749.64万元，其中：整月拖欠工资额203.89万元，部分拖欠的545.75万元。四、将原由县（市）级办理的特殊工种和因病提前退休的鉴定权和审批权上收州级。年内全州共办理退休手续256人，为55名职工进行了劳动能力和伤残等级鉴定。

【职业技能开发】 1999年，云南省下达德宏州技校招生计划423人，比上年增49人。全州报考技校生703人，经考试录取新生398人，完成省计划的94.1%，其中：高中毕业生4人，初中毕业生394人；男生249人，女生149人；少数民族181人。年内，州劳动局组织各职业、中等专业及技工校毕业生350名进行了5个工种的职业技能考核鉴定，其中：初级工171人，中级工179人。通过考核鉴定，有338人取得职业资格证书，占参考人员的96%。年内，州劳动局与州工商局还联合开展了烹调、汽车修理、美发3个工种212人的社会职业技能鉴定，其中：初级工69人，中级工128人，高级工15人。通过考核鉴定，有192人取得职业资格证书。此外，州劳动局在本州厨师、汽车修理、家电维修、美发美容等5个工种的从业人员中推行职业资格证书制。年内，共审批社会力量办职业技能培训机构3个，按照有关规定和要求，完成了各培训机构的年度审检。

【劳动监察】 1999年，德宏劳动部门以劳动执法年审为重点，积极开展各种专项检查工作。年内，共对1034户企业的劳动管理、工资支付、工作时间、社会保险费、"两个确保"等执行情况进行全面的年度审查，涉及劳动者28583人，发出年审意见书60件，发出限期整改意见15份，监督485名外来务工人员补办流动就业证、卡，清退擅自使用外来劳动力56人，责令用人单位补签劳动合同295人（份），清退童工21人，清退风险抵押金3.2万元，督促企业为劳动者补发拖欠工资20.02万元，追缴养老保险费20.08万元及失业保险费25.4万元。年内，巡视监察企业1300户、涉及劳动者8100人，监督89人外来务工人员补办流动就业证卡，责令用人单位补签劳动合同290人（份），对25户违法企业发出实施整改指令。查处群众举报案7件，及时查处拖欠工资行为2起，涉及劳动者14人。此外，州劳动局举办劳动法规培训班5期，计600余人；组织251名劳动系统干部及企业的厂长（经理）、劳资人员参加合同劳动系统"三五"普法考试，全部及格；订购发放劳动政策配套法规1950册，劳动执法年审指南书籍560册；选派5名工作人员，参加省劳动和社会保障厅举办的劳动监察业务培训，经考核均取得资格证。

【提高下岗职工基本生活费和养老金】 1999年，德宏州为贯彻落实中央办公厅中办发〔1999〕12号文件精神，即提高下岗职工基本生活和失业保险金，调整、补发企业离退休人员养老金，在9月15日前将钱兑现到相应人员手中。州政府于9月13日召开会议，作出部署及要求，德宏州劳动部门履行职责，在银行、财政部门的支持下，在规定的时间内圆满地完成了各项任务。全州共为5130名离退休人员（其中离休92人）增补养老金88.62万元，为1155名退休人员补发历年拖欠养老金164.02万元；为212名下岗职工增发基本生活费3.4万元，为283名失业职工足额补发3个月的失业救济金，总额为63339元；全州有142户企业8668名职工按规定调整了工资，但由于企业经济不景气，仅少数企业能够兑现。

（《劳动工作》撰稿 尹可谅）

（见《州情概览》44页）

民　　政

【优抚安置】 1999年1月，德宏州委、州政府召开了全州拥军优抚安置暨基层双拥先进单位表彰会议，全州有37个军、地双拥先进单位受到表彰。9月，潞西市被省委、省政府和云南军区命名为"双拥模范城"。同时，地方积极开展慰问部队及优抚对象工作。春节、"八一"期间，按照就近就地、分级慰问的原则，州直机关及各县（市）广泛开展了慰问驻军官兵及优抚对象的活动，及时为部队和优抚对象解决实际困难。在州委、州政府的直接领导下，全州"爱心献功臣"活动开展得有声有色，成效显著。截至11月底，全州已接收捐赠款30余万元，衣物3000余件(套)。与全州老烈属、老复员军人、老伤残军人结对帮扶单位共546个，被帮扶对象327户，全州50%的单位落实了帮扶行动。全州共投入60余万元，解决"三属"中47户的住房难和153户的生活难、医疗难问题。在整个“爱心献功臣”活动中，涌现出了州统计局、州电力公司、潞西市芒市镇、盈江县检察院、盈江县统战部、盈江县烟草公司等一批先进典型。

为保障优抚对象的基本生活，全州各县（市）均建立了优待抚恤补助标准自然增长机制，全州“三属”对象人均补助标准已达到140～150元；伤残人员抚恤大幅度提高，其中特一等伤残人员人均年标准提高为1200元，其余等级的伤残人员分别提高了300～600元；抗日战争时期、解放战争时期和建国初期入伍的老复员军人的定补标准分别由原人均月标准35元、30元、20元提高到220元、120元、70元，使优抚对象的生活水平明显提高。

在安置退役士兵方面，全年接收退伍义务兵289人，其中在城镇安置就业101人，回农村安置188人，并接收转业志愿兵15人，于8月底以前圆满完成了全州安置任务。

【军休干部安置】 1999年1月，德宏州各级民政部门在军队离退休干部安置和服务管理方面主要做了如下工作：一、对全州军队离退休干部增加了离退休费，其中师职每月增34元，团职每月增32元，营级以上每月增28元。同时，为全州1949年10月1日至1953年12月31日期间入伍的师职军休干部发放了每人每月100元的生活补助；为全州已移交地方安置的军队离退休干部调整了军人职业津贴标准；为全州军队无军籍退休职工提高了退休费。以上四项措施，对稳定社会特殊群体起到了极大的推动作用。二、州军安办提前完成了第五批13名军队退休干部的建房任务，截至6月底，拨出专项建房经费67万元，建造师职干部住房4套、团职干部住房7套、营职以下干部住房2套，总建筑面积1176平方米。三、在春节、“八一”建军节、老年节对全州军休干部和军队无军籍退休职工进行了慰问，全州各县（市）共开支慰问经费3.7万元，慰问人数375人次，共召开座谈会12次。四、12月，在芒市举办了全州军休干部安置服务培训班，受训人数36人。讲授了军休干部建房与管理、接收与安置、政治与生活待遇、经费预算、车辆管理等方面的政策和工作方法，提高了参训人员的政策水平和业务素质。

【建立城镇居民最低生活保障制度】 1999年1月，梁河县开始建立并实施城镇居民最低生活保障制度。到年底，全县共有317户、853人次享受城镇居民最低生活保障金。全年共发放保障金42254元。发放最低生活保障金的标准是：1－6月，按人均生活费不足120元的补足120元，7－12月，按人均生活费不足150元的补足150元。城镇居民最低生活保障制度的建立和实施，促进了梁河各项改革的顺利进行，维护了社会的稳定。

（罗致普）

【举行城市居民最低生活保障金首发式】 1999年6月21日，潞西市举行城市居民最低生活保障金首发式。该市无依无靠的孤老残幼、失业人员或因其它特殊原因造成家庭生活困难的236名城市居民，共领取最低生活保障金34650元。首发式的举行标志着该城市居民最低生活保障制度正式全面启动。

（朵明先）

【遮放发生洪水灾害】 1999年7月19日，潞西市遮放镇发生洪水灾害，龙川江边遮放镇的户闷、户弄、户拉32529亩水田被淹，31幢民宅被洪水冲垮，375户群众房屋进水，6081户群众受灾，直接经济损失1555.35万元（其中农渔业经济损失981.4万元），但无人员伤亡。

（杨星明）

【梁河县遭受洪涝灾害】 1999年截至7月22日，梁河县共有10个乡镇34个村公所遭受不同程度的洪涝灾害。其中：农作物受灾面积达8670亩，成灾面积5460亩，重灾面积2460亩，预计因灾减产粮食830吨；受灾人口11418人，成灾人口7649人，重灾人口3847人，因灾死亡2人；民房受损49户，民房倒塌17间；有5个自然村的人畜饮水工程被毁，造成3227人饮水困难；损坏水利、交通等基础设施134处。共造成直接经济损失867万元。

（杨星明）

【潞西市洪灾损失严重】 1999年汛期，潞西市大部分乡镇普遍遭受洪涝、滑坡泥石流灾害，损失严重。据统计，各类自然灾害共涉及全市10个乡镇118个自然村，因灾死亡6人，各项经济总损失达6012.7万元。

（杨星明）

【王子树乡发生山体滑坡及泥石流特大灾情】 王子树乡地处陇川东北部山区，属高黎贡山支脉。1999年进入雨季以来，暴雨连天，造成有史以来罕见的多处山体滑坡及泥石流灾害。截至9月中旬，全乡有7个村公所20个合作社不同程度受灾。据统计，受灾户达424户，2372人；受灾房屋1072间，已倒塌11间，测算经济直接损失达2085万元。各灾区不同程度出现下列灾情：一、寨子头离寨子几十米至几百米处出现大断裂地带，裂缝沿寨子边形成包围圈，寨中布满纵横交错的大小裂缝；二、寨脚出现滑坡，逐渐向寨子扩展；三、由于寨子上坍下塌，自来水管、输电线路呈现松紧现象，有的已断裂；四、受灾区80%以上的农房墙体地面开裂；五、寨子中心部分多处出水，形成小水沟，寨子随时有滑坡覆没的危险。其中，盆都村公所的曼当寨和邦东村公所的大牛寨灾情最严重，需整寨搬迁。

灾情发生后，陇川县委、县政府极为重视，一面向州政府报告，一面努力组织人力物力进行救援。同时召开紧急会议，对灾民迁移安置、生活保障、卫生防疫、学生就读等具体问题作了全面安排。据年末统计，县政府全年共拨出救灾救济专款126万元、大米10吨、衣物3.5万件，县红十字会组织向灾区捐款8750元、衣物214件、棉被15床、食品（玉米蓉）15件，并组织医疗队分赴灾区为灾民治病。

（尚秉有）

△**【全州城市居民最低生活保障制度初步建立】** 1999年7月，根据国务院和云南省政府的有关要求，

德宏州城市居民最低生活保障标准从原来的人均每月120元提高到人均156元；同时从10月份起，有关部门按属地管理的原则，已基本将中央、省、州属工矿企业、农垦及各县市乡镇的非农业人口纳入保障范围。

（杨星明）

【梁河县部分地区遭单点暴雨灾害】 1999年8月1日至10日，梁河县杞木寨、平山、大厂、小厂等4个山区乡普降单点暴雨，导致山洼洪水猛涨，山体滑坡，下游地区河堤决口，使部分房屋、沟渠、公路倒塌，部分农作物受损，直接经济损失达118.378万元。其中杞木寨乡受灾最重，直接经济损失81.25万元。据当地老人讲，象这样大的雨，50年没有发生过了。此外，芒东、曩宋、九保等地也不同程度地遭受暴雨灾害。灾情发生后，县委、县政府领导和当地党委、政府的领导赶赴灾区，组织群众抗洪抢险，修复水毁工程，抢救受灾农作物，力争把损失降到最低程度。

（罗致普）

【内部管理】 1999年8月，德宏州民政局先后制定局机关计划财务、事业财务、行政财务三个方面的暂行规定，理顺了局机关的财务关系，加强了民政资金的收支管理，受到省民政厅的表扬。同时，还制定局机关加强工作纪律的规定，局主要领导以身作则，工作作风焕然一新。11月9日，又制定下发了《德宏州民政局公文处理暂行办法》，以促进公文处理工作进一步规范化、制度化和科学化，努力提高办事效率，保证党和国家的方针、政策、法规及时得到贯彻落实。

【梁河县开展“爱心献功臣”捐赠活动】 1999年9月，梁河县开展了“人人献爱心，爱心献功臣”捐赠活动。此项活动得到社会各界的热烈响应。至10月，已收到捐款69183.65元。此外，政府又投入17万元。这些资金主要用于提高在乡老复员退伍军人、革命伤残军人、烈军属的生活定补标准；帮助95户在乡复员退伍军人解决“三难”，其中解决住房难27户，补助生活难和治疗难68户；兑现106名现役军人家属优待金。

（罗致普）

【德宏州洪涝灾害损失严重】 在1999年10月27日至11月7日出现的长时间强降雨天气过程中，德宏州各县市均有洪涝灾害发生，损失严重。据初步统计，全州5县市有26个乡镇138个村5.95万人受灾；农作物受灾25032亩，成灾17417亩，绝收1129.5亩；减产粮食11吨，损失粮食281吨；淡水养殖损失252亩，减产56.3吨；9521亩谷垛出芽发霉。

（杨星明）

【潞西市获省级“双拥模范市”称号】 1999年11月，在云南省第五次双拥模范市命名表彰会上，潞西市被省政府、省军区评为“双拥模范市”。

（杨星明）

【救灾救济】 1999年，德宏州自然灾害较往年严重，特别是泥石流滑坡尤为频繁。据统计，全州农作物受灾面积68410公顷，成灾面积34056公顷，绝收面积10228公顷，损失粮食24115吨，因灾减产粮食10万吨，受灾人口55.79万人，成灾人口38.46万人，死亡大牲畜346头，因灾死亡人口24人，因灾倒塌、损坏民房1146间。全年因灾造成直接经济损失达26311万元，其中农业直接经济损失20926元。

面对严重的自然灾害，各级党委、政府对救灾救济工作高度重视，州、县（市）党委、政府领导深入第一线，安抚灾民，亲自组织干部群众全力抗灾救灾。如8月31日陇川县王子树乡盆都、帕董等5个自然村发生泥石流灾害，受灾群众近1000人，陇川县委、县政府立即成立救灾领导小组赶赴现场，组织救灾。9月1日，州长管国忠亲自批示：“由州民政局局长王奇代表州委、州政府速赴陇川协助做好群众安置和救灾有关事宜的安排”。州局局长王奇与救灾科负责同志立刻于即日夜抵达灾区，按管州长指示组织灾民搬迁和应急抢险。州政府副州长方绍南、赵家培也经常带领民政工作者深入灾区、贫困区安排布置救灾抢险工作，检查和安排灾民、贫困群众的生产、生活。在掌握基本情况的前提下，州民政局11次下拨各县（市）救灾救济款共计673.6万元，投入救灾物资（折款）90.8万元，接收上海、深圳救灾捐赠物资81.5吨，及时下拨分发到灾区、贫困区，解决了灾区、贫困区“双缺”户的吃、穿、住、治问题。维护了农村社会稳定，避免了非正常情况的发生。年内，在全州范围内还进行了救灾救济款、救灾捐赠款物管理使用的自查和检查，以保证救灾款物及时到位，避免拉用、挪用和挤占现象发生。

【全面推行低保制度】 1999年，德宏州民政部门根据州委、州政府的部署，始终把推行城市居民最低生活保障制度当作“民心工程”、“稳定工程”来抓。据3月份统计，全州城镇居民共有1473户、4274人需得到最低生活保障，占全州非农业人口总数的2.5%。4月7日，由方绍南副州长代表州人民政府与各县（市）人民政府签订了尽快建立低保制度的目标责任书，促使各县（市）立即行动，抓紧落实。经调查研究统计测算，全州城市居民最低生活保障标准定为人均120元/月，凡达不到者均列为保障对象，由民政部门发放不足部分。保障资金由各县（市）财政纳入预算，省、州适当补助。6月，各县（市）先后举行了城市居民最低生活保障金的首发仪式，全州共发放保障金62.16万元。9月，根据国务院和省政府要求，全州城市低保标准由人均120元/月提高到人均156元/月。10月，按属地管理原则，扩大低保范围，已基本将全州中央直属、省属、州属工矿企业、农垦及各县（市）乡镇的非农业人口纳入了低保范围。11月，州人民政府下发了《关于德宏州开展城市居民最低生活保障制度的实施意见》，使全州低保工作走上法制化、规范化轨道，为全州保障城市特困居民、企业困难职工及其他非农业城镇居民的基本生活，建立了最后一道安全网，同时也为国有企业的改革创造了有利条件。

【福利企业】 1999年，德宏州民政福利企业发展到25家，分布情况为潞西市17家、瑞丽市3家、陇川县1家、盈江县3家、梁河县1家。民政福利企业安置残疾人就业325人，安置其他民政对象就业106人。

【勘界工作】 1999年，德宏州民政部门已勘定完成地州间县界270公里，州内县界235.94公里，州内乡（镇）界线1419.12公里。其中，陇川县有乡（镇）界线24条258.95公里，已贯通21条249.35公里，仅有3段9.6公里未贯通，乡（镇）界桩已埋设完毕。瑞丽市有乡（镇）界线9条150.9公里，已全部贯通并埋设了界桩。盈江县有乡（镇）界线37条626.85公里，现已贯通36条587.92公里，仅有一条38.93公里未贯通。梁河县有乡（镇）界线20条227公里，已贯通16条175公里，尚余4条52公里未贯通。潞西市乡（镇）界线勘定难度大，进展稍缓。全市有乡（镇）界线28条450公里，已贯通15条246.35公里，还有13条203.66公里未通。

【福利彩票】 1999年，根据国务院开展社会福利彩票赈灾专项募集的指示，省募委召开了紧急会议，下达德宏州赈灾彩票发行任务1200万元，要求6月底以前完成。时间紧，任务重，全州福利彩票发行系统全力以赴，周密安排，精心策划，共销售赈灾彩票966.19万元，按“地方一分不留，民政一分不用”的原则，悉数上缴福利资金，由国务院统一用于长江、松花江流域灾区重建和灾民生活的安排。这次赈灾彩票销售总量为过去两年的总和，全州人均购买达到10元左右，荣获全省社会福利彩票发行人均购买二等奖。

【筹建社会福利院】 为填补德宏州史无社会福利院的空白，1999年德宏州人民政府批准，由州民政局负责德宏州社会福利院的筹建工作。按规划内设办公楼、老年部、儿童部、多功能中心、餐厅及室外活动区、门球场、凉亭、绿化带等附属设施。工程预计总投资700万元，由省民政厅、州人民政府、州民政局共同筹资建设。年内，州民政局已投入社会福利资金60多万元，完成了在芒市近郊芒核村19.48亩的征地任务，工程建设将根据资金到位情况逐步开展。

【社会事务管理】 1999年，德宏州社会事务管理稳步发展，逐步走向法制化、规范化的轨道。一、全州婚姻登记率和合格率有所提高，各级婚姻登记机关杜绝了搭车收费现象。全州全年申请结婚登记7254人，准予登记7128人。未准予登记126人，申请离婚487人，准予离婚登记477人。准予办理涉外、涉港澳台婚姻82人。二、收遣工作扎实开展。1999年10月31日止，全州共收遣“三无”盲流人员306人。三、社团登记得到加强。1999年对全州社会团体进行了清理整顿，并按时完成了社团审核换证工作，通过省厅检查验收，获得全省第二名。经清理整顿，全州原有的206个社会团体中，符合条件予以保留的143个，注销62个，补办和新办登记手续17个，现全州共有社会团体160个。四、殡葬工作稳步发展。殡葬机构积极推行火葬，建立健全各项规章制度，努力降低成本，全年火葬尸体251具。

（《民政》撰稿除署名外，均为马向东）

残疾人事业

【春节慰问残疾人】 1999年2月4日至9日，德宏州残联受州委、州政府的委托，以走访慰问和座谈慰问的形式对盈江苏典、勐弄乡，梁河小厂乡，潞西低视力、肢体残疾康复点和德安地板条厂、芒究煤厂等困难企业的残疾人进行春节慰问，共慰问残疾人80名，发放价值1700元的慰问品和7000元的慰问金。并鼓励残疾人自强不息，做生活的强者。

【残疾人保障法执法检查】 根据德宏州人大的安排，1999年4月州人大常委会将审议《中华人民共和国残疾人保障法》在德宏的执行情况。为此，3月上旬，以州人大副主任、残联名誉副主席杨庆华为首，由州人大民侨工委、残联等部门参加的10人调查组深入全州各县、市，对《中华人民共和国残疾人保障法》颁布实施以来的贯彻执行情况进行首次执法调查。

调查组在检查中充分肯定了全州贯彻落实残疾人保障法8年来所取得的成绩，并提出进一步做好全州5.88万残疾人的工作：一是要继续依照有关法律、法规，在康复、教育、扶贫、福利及劳动就业、文化生活等方面认真落实残疾人的合法权益；二是在社会上营造一个尊重、帮助、支持残疾人的良好环境，促进全州的“两个文明建设”。杨庆华还要求各级政府要站在全局的高度，深刻认识做好残疾人工作的重要性，并主要抓好以下几点：一要切实加强领导；二要依法将残疾人事业纳入国民经济和社会发展计划，将经费列入财政预算；三是按政策规定该免、该优惠的不打折扣；四要加强对残疾人保障法的宣传和对残疾人的法律援助；五要改善基层残联的办公条件，保证工作的顺利开展。这五项要求已于4月28日在州人大常委会第11届7次会议专题审议《中华民共和国残疾人保障法》会议上通过，并形成决议，以德人大〔1999〕6号文下发各级政府。

【州残联理事长会议】 1999年5月13日，德宏州政府主持召开了有各县市委、政府分管残疾人工作的副书记、副县市长及残联理事长等34人参加的全州残疾人工作会议。会议传达了邓朴方的讲话及全省残联理事长会议精神，宣读了李岚清副总理的祝词，传达省政府〔1998〕240号文件及州人大常委会调查并审议《残疾人保障法》的情况和决议，总结了1998年工作，安排了99年的工作，表彰了信访先进集体和先进个人。州政府副州长方绍南、州人大副主任雷冯庆到会作了重要讲话，州民侨工委应邀出席了会议。

【助残日活动】 1999年5月16日是第九次全国助残日，德宏州紧紧围绕“无障碍与视觉第一”的主题，开展了形式多样的助残活动：一是深入残疾人家庭走访慰问77户贫困残疾人，赠送慰问金7400元。二是大力宣传扶残助残，全州68个乡镇张贴了“情系六千万”

宣传画；陇川县残联办了7个残疾人宣传栏，张贴500张宣传画，悬挂标语15条；瑞丽残联点播歌曲、专题片，向残疾同胞问候；州残联组织残疾人工作者上街散发“无障碍设施的必要性和防盲治盲的重要性”传单2000多份。三是召开了由各部门领导、社会各界人士、残疾人及其亲属参加的座谈会。通过座谈，使残疾人感受到自身的价值、增强了自信心，为残疾人充分参与社会做好了心理准备。

【国际盲、聋人节活动】 1999年9月24日是一年一度的国际盲、聋人节，德宏州残联组织芒市的部分盲、聋人在益民食馆举行了一次别开生面的庆祝活动。

这天，食馆老板赵大妈热情款待了残疾同胞，残疾同胞就象回到亲娘身边，有说有笑，并表示决不辜负党和政府及社会各界对他们的关爱，一定做到自尊、自信、自强、自立、自爱。州残联理事长张显明在联欢活动中总结讲话。

【参加省第六届伤残人运动会】 1999年11月20日至23日，德宏州残疾人体育代表团参加了云南省第六届伤残人运动会，德宏州运动员共参加了旅游、田径、举重3大项21个小项的竞技比赛，取得了400米自由泳、52kg级举重个人第1名；60kg级举重、铁饼个人第2名；75kg级举重、铁饼个人第3名的优异成绩，共夺得了7枚奖牌11个名次，并获得体育道德风尚奖。11月26日，副州长方绍南到州宾馆看望了载誉归来的运动员，并为取得奖牌的运动员颁发奖金。

【扶贫解困】 1999年，德宏州各级残联按照“残疾人扶贫攻坚计划”，利用前几年的康复扶贫贷款，采取多种形式、多渠道地普遍扶贫、专项扶贫，取得显著成效：一是梁河县残联利用康复扶贫资金所生利率差4.68万元，扶持40户残疾人发展种植、养殖、服务行业；二是救济残疾人特困户1313人，共发救济金76052元；三是结对帮扶24名残疾人。通过以上措施，全年有1290名残疾人脱贫。

【康复工作】 1999年，德宏州共有365名残疾人得到不同程度的康复。其中229名白内障患者重见光明；16名肢体伤残者经矫治手术改善功能，重新直立行走；肢残者系统康复训练15名；105名精神病患者经社会化、开放式、综合性防治，解除关锁、融入社会。此外，99年6月，由州医疗、残联组派医疗专家分赴梁河、陇川，为基层白内障患者免费检查、诊断眼疾病人113名，可做复明手术45人，为下步“视觉第一中国行动”在德宏开展奠定了基础。

【残疾人劳动就业】 1999年，德宏州各级残联在残疾人劳动就业方面主要做了以下工作：一是抓残疾人职业培训，共举办盲人按摩培训1期1人，农机修理1期6人和家电修理、种植业、养殖业培训5518人。二是通过残联牵线搭桥，集中安排解决了180名残疾人到福利企业工作。三是帮扶有一定经济基础的160名残疾人从事个体经济，走自谋职业之路。四是缜密普查、掌握底数，做好残疾人求职登记，建档立卡。残疾人就业中心对州直各单位和中央、省属驻德宏单位的残疾人就业状况进行了摸底调查，在职职工底数10717人，其中残疾人57人，摸清了各单位残疾人就业比例数，并得出德宏州残疾人就业比例偏低，仍可将103名残疾人分散安置到企事业国家机关的结论，为2000年贯彻实施“州政府按比例安排残疾人就业规定”打下基础。

【组织建设】 1999年，德宏州残疾人事业组织建设有较大进展，全州68个乡镇均配齐专兼职理事长，县市残疾人就业服务机构组建完毕，州编委于99年11月2日批准州康复按摩医疗所增设“德宏州残疾人用品用具供应服务站”和“德宏州残疾人康复服务指导站”两块牌子，全州2市3县和州残联经州、县、市政府批准授权，于99年12月底前完成执法主体公告，应上岗执法的残疾人工作者，都经过州政府法制部门组织的法律培训，并经考试取得了上岗执法证书。

（《残疾人事业》
撰稿　陆　英）

民族宗教

【州民宗局大力开展调查研究】 按照国家民委、省民委的要求，德宏州民宗局联合有关部门组成专题调研小组，于1999年5月深入到全州各县（市）分别对景颇族、阿昌族、德昂族经济社会和少数民族地区边境贸易发展状况进行广泛深入的调查研究，撰写了《德宏州景颇族经济社会发展情况调查报告》、《德宏州阿昌族经济社会发展情况调查报告》、《德宏州德昂族经济社会发展现状及脱贫建议》等调研报告，为党委政府制定民族工作方针提供了重要依据。

【民族专项资金】 1999年，德宏州民宗局在中共德宏州委的领导下，认真贯彻执行党的民族政策，通过对民族专项资金的管理和使用，为协调民族关系，增强民族团结，解决特殊问题，加快民族贫困地区脱贫步伐，维护边疆社会稳定，发挥了特殊作用，取得了良好的经济效益和社会效益。主要体现在如下几方面：

一、水、电、路项目的实施，带动了农村社会经济的发展。据统计，民族专项资金投入农村“三通”项目后，共修筑公路329公里，有10.8万人受益；架通人畜饮水管道127.5公里，有2.6万人受益；架设输电线路381.5公里，有5万多人受益。

二、注重山区、民族乡的建设，进行产业结构调整。州民宗局历来把扶持的重点放在山区或民族乡。从“八五”以来民族专项资金的投资结构情况看，对山区的投入比例占40.7%，民族乡占18.8%，包括大量的水电路、种养业及文化教育等项目。该局从1996年开始，在各县（市）建立了6个“民族工作试验示范点”，都选择在景颇、德昂、阿昌、傈僳族聚居的山区和半山区。到99年，大多数获得成功，其中比较典型的是从陇川引种“巴西陆稻”在三台山乡试种成功。

三、解决“热点”、“难点”问题，促进民族团结和社会稳定。多年来，该局围绕民族工作的重点、热点、难点，安排好民族专项资金，并积极向上级争取了一些“团结稳定”项目。如畹町民族广场建设10万元，瑞丽公安局“110”建设20万元，盈江县戒毒所建设10万元，盈江县姐冒乡芒面村先岛寨搬迁建设15万元等。先岛寨由于历史与自然等原因，解放40多年来，居住在这里的阿昌族群众仍处于原始状态，生活基本靠政府救济，是远近闻名的贫困寨子。该局先后用民族专项资金帮助他们搬迁和发展种植业，至99年末，先岛寨的人均纯收入已达606元，生活水平有较大提高。

四、文化教育项目的实施促进了社会事业的发展。民族专项资金对文化教育方面的投资项目主要有：乡级文化站（寨）建设、民族文字课本书刊出版、民族影视译制、民语广播、民族节日、民运会、民族寄宿制中小学、民族干部培训、民族重点高中班等。针对德宏州少数民族学生升入大专院校的比例增长缓慢的问题，省民委分别于1997－1999年在德宏州民一中开办了两个少数民族重点高中班，共87人，共投入民族专项资金30万元。这些资金主要用于少数民族学生的生活补助。

99年州民宗局参与管理和安排的民族专项资金共468万元，比上年有所增加，其中边补费354万元，少数民族发展资金104万元，省级民族机动金10万元。

【调解莫里佛脚印纠纷】 潞西市遮放镇部分信教群众同瑞丽市旅游管理部门对莫里“扎朵佛脚印”的纠纷，多年来，虽然双方多次协商，但一直未了，并导致矛盾日益激化。1999年，德宏州民宗局会同两市有关部门深入实地反复调查研究，从团结稳定的大局出发，本着既尊重历史，又要面对现实的原则，共同管理和开发好莫里。在反复调解下，双方均接受了州民宗局的解决方案。这样做既依法维护了瑞丽市旅游部门的合法权益，又照顾了潞西市遮放群众历史以来一直看管保护佛地的合理要求。为了彻底消除隐患，州民宗局还进一步提出了解决莫里问题的具体方案。年内召开了二县市高层领导参加的协商会，形成了德办发61号文件。使双方日益紧张的关系得到平息。

【促进民族文化发展】 1999年，德宏州民宗局在促进民族文化、教育、体育事业方面主要做了以下工作：一、组织参加第六届全国少数民族传统体育运动会。该局选送的景颇族《甩银泡》表演项目和4名少数民族演员入选云南省代表团，参加了9月在北京举行的六届全国民运会。《甩银泡》获表演项二等奖，州民宗局获组织奖，为德宏州各族人民赢得了荣誉。

二、参与北京中华民族短期文化交流的筹备、组织工作。年初，选派了第一批演出队驻京开展民族风情展演活动。演出队由17名傣族和10名景颇族青年演员组成，经州民宗局和州文化部门组织培训后，由两名干部带队赴京演出。在8个月的展演活动中共演出3147场次，先后接待了来自世界五大洲的外宾及国内各省、市、区的佳宾游客约250万人次，其间还隆重推出了傣族的“泼水节”和景颇族的“目脑纵歌节”大型活动，在民族园中两次掀起活动高潮，《中央电视台》、《人民日报》等首都新闻单位分别作了报道。

三、继续抓好民族重点高中班工作。根据省民委、省教委的部署，以招收景颇、德昂、傈僳等民族学生为重点的民族重点高中班，现已开办两个班，招收学生80人，该局继续在经费上给予支持。

四、督促边境县市少数民族中、小学生困难补助基金的使用。为帮助边境县市民族特困学生完成学业，省民委自1997年设立了困难补助基金达107万元，年内德宏资助特困学生60名。

五、协同州委与国家民委调研组，对三台山德昂族乡“普六、普九”情况进行调研，并争取到国家民委民教经费30万元，用于补助潞西市三台山乡“普六、普九”硬件设施建设。

六、积极支持和帮助州民干校开展工作。年内争取到省民委补助资金5万元，用于解决电脑教学的困难。

【表彰先进】 1999年，德宏州民族工作方面受国务院表彰的模范集体2个：中共瑞丽市委、市政府；模范个人3个：管国忠（傣族）州人民政府州长、麻端（景颇族）州人大主任、赵东芬（阿昌族）梁河县河西乡政府副乡长；受国家民委、省政府联合表彰的模范集体2个：潞西市民宗局、畹町海关；模范个人4个：李志明（景颇族）、雷才国（傣族）、管国爱（傣族）、赵兴宝（阿昌族）；受云南省政府表彰的先进集体是梁河县勐养乡政府；模范个人4个：余正来、排生、黄世金、杨晖。

【搞好“民族团结月”活动】 1999年10月是德宏州第17个“民族团结月”活动月。全州各级党委政府领导都非常重视“民族团结月”活动工作，认真部署“民族团结月”活动工作，搞好团结月活动的组织领导，全州各县市成立了“民族团结月”活动领导小组，并设立临时办公室。由分管民族工作的州、县（市）委宣传部、民宗局负责组织开展具体的活动，为开展活动提供了组织保证。使“民族团结活动”开展得有声有色，扎实有效。

在民族团结月期间，州各县（市）党政领导作了广播、电视讲话。向广大群众宣传党的民族政策“民族区域自治法”和“德宏州自治条例”，加强马克思主义观和党的民族政策的宣传教育，强调各民族要牢固树立“汉族离不开少数民族，少数民族离不开汉族，各民族谁也离不开谁”的思想。坚持民族平等、民族团结、共同进步、共同繁荣的方针，强调加强民族团结、促进边疆社会稳定和经济发展的重要性和必要性。

【试行基层乡镇政府工作目标管理责任制】 1999年，盈江、潞西开始试行乡镇政府宗教工作目标管理责任制，二县市政府出台了管理办法，县市长将部分管理内容化解后分别与乡镇签订责任书，将确保民族团结、维护社会稳定、抓好管理工作、实行与政绩挂钩和干部的选拔任用挂钩等。此举在一定程度上促进了乡镇基层领导重视和管理宗教工作的力度。潞西市乡镇配备了乡镇民族宗教事务助理员，逐步完善管理机构队伍建设。盈江县乡镇对做好宗教工作普遍加深了认识，服务意识、责任意识明显增强，把要我做变成我要抓，管理力度得到加强。如昔马发生非法化缘活动事件，乡党委政府与县级有关部门通力协作，迅速予以取缔，严惩为首者，依理耐心教育追随者，群众拍手称快；铜壁关乡洋伞河南坝发生信教群众私请境外人员私办基督教儿童培训班擅自传教，乡党委政府和宗教工作部门及有关部门接到报告后，迅速组织工作人员旗帜鲜明地讲理讲法，耐心细致地做通信教群众工作，依法驱逐境外人员，实实在在抓好反渗透工作。通过目标管理，依法对宗教事务的管理工作得到加强。

【协助宗教团体抓好培训工作】 德宏州基督教、天主教发展呈上升趋势，1997年至1999年约发展6000多人。两年来，州县（市）管理部门大力支持和协助“两会”抓好培训班，共举办19期短训班，1360多人参加培训。通过培训，不仅丰富了他们的宗教知识水平，还学习了党的方针政策、农科技术和卫生健康知识。

【防范境外宗教势力渗透】 1999年，德宏州发生境内50多名基督教礼拜长执事以上骨干出境在同一个培训班培训的事件。这突出地反映了德宏宗教工作的热点和难点问题。州民宗局对此进行了深入调查，并将调查结果向党委政府领导作出了汇报，提出了工作方案。年内召开部门协调会，采取有力措施，抓好各县市基督教“两会”负责人和县市骨干的培训教育工作，加大爱国爱教宣传教育工作，实行外籍骨干信徒入境报告制度。年内，重大宗教活动都能坚持这个办法，宗教团体也能逐步按此办理，并初步建立了部门协调联合处置办法。年内公安、安全也密切配合，加强查禁工作，没收处理了由境外非法支持的办教办学资金，把圣水血灵全备福音布和道团活动堵在境外；对监控对象加强跟踪监控；查禁封存从内地和境外进来的非法出版音像制品。从而打击了境外宗教渗透势力，抵制了境外入境宗教自由传教讲经的势头。

【加强宗教文化对外交流工作】 1999年，德宏州民宗局接待了泰国外交部到芒市菩提寺的施布礼活动，接待了美国密里苏达州信义神学院及香港理工大学的基督教访问团；指导了二次较大规模的纯民间交往的缅甸尖山地区赠送铜佛像护送团活动和缅甸大其力高僧召温准比丘的访问活动。为了学习周边国家的佛教管理工作，该局组织州佛协长老，对缅甸进行访问考察。

（《民族宗教》撰稿　方永义）

逝世人物

梅普麻鲁，女，景颇族，云南省瑞丽市人，1943年1月5日生。1957年7月参加革命工作；1979年7月11日加入中国共产党。历任德宏州妇联副主任、州总工会副主席、主席等职。1999年6月9日因病在瑞丽市病逝。

郑嘉才，男，汉族，云南省腾冲县人，1931年10月生。1949年10月参加革命工作；1954年8月31日加入中国共产党。历任中共陇川县委常委、组织部部长；陇川县人民政府副县长，德宏州城乡企业局局长等职。1999年11月25日因病在芒市逝世。

（段兆雄）

段留昌，1999年11月29日，德宏州政协民族宗教委员会副主任段留昌因病在芒市逝世，终年66岁。段留昌长期从事国家安全工作；回国后先后在省政协和德宏州政协工作；1994年退休、享受正处级待遇。11月30日州政协为其举行追悼会。

（李全民）

潞西市的“毕朗”象脚鼓方队

瑞丽市牛车选美赛一角

（均为张建章　摄）

附　　录

地 方 法 规

关于贯彻执行州人民政府《关于加强全州旅游市场管理的有关规定》有关问题的实施办法　（摘要）

为深入贯彻执行全州旅游工作会议精神及州人民政府《关于加强全州旅游市场管理的有关规定》（以下简称《规定》），规范全州旅游市场秩序，促进全州旅游经济的发展。州旅游局针对我州旅游市场存在的主要问题，在深入调查研究的基础上，对贯彻执行州人民政府《规定》中的有关问题，特制定本实施办法：

一、全州实行统一规范的旅游线路

（一）、中缅边境旅游线路五条

1、潞西芒市－畹町－缅甸九谷－缅甸木姐－缅甸南坎－弄岛－瑞丽－畹町－芒市

2、潞西芒市－畹町－缅甸九谷－缅甸木姐－姐告－瑞丽－畹町－芒市

3、潞西芒市－瑞丽－姐告－缅甸木姐－缅甸南坎－弄岛－瑞丽－芒市

4、潞西芒市－陇川－拉允口岸－缅甸洋人街－芒市

5、潞西芒市－盈江－那邦口岸－缅甸拉咱街－芒市

（二）、缅甸长线旅游线路七条

1、潞西芒市－瑞丽（畹町）－缅甸八莫多日游

2、潞西芒市－瑞丽（畹町）－缅甸腊戌多日游

3、潞西芒市－瑞丽（畹町）－缅甸曼得勒多日游

4、潞西芒市－瑞丽（畹町）－缅甸仰光多日游

5、潞西芒市－陇川－缅甸八莫多日游

6、潞西芒市－陇川－缅甸八莫、密支那多日游

7、潞西芒市－盈江－缅甸密支那多日游

（三）、州内环线旅游线路三条

1、潞西芒市－畹町－瑞丽－陇川－盈江－梁河－芒市（或腾冲）

2、潞西芒市－畹町－瑞丽－陇川－芒市

3、潞西芒市－梁河－盈江－芒市（腾冲）

（四）、全州必游景点

潞西芒市：民族风情游览区（文化宫）、树包塔、菩提寺（或伍云寺）；瑞丽（畹町）：莫里景区、红蛇码头漂江游、生态园、独树成林、旅游淘宝场；陇川：广山景颇民族寨、拉允口岸；盈江：允燕山景区、虎跳石落水洞、凯邦亚湖游览区、华夏榕树王；梁河：南甸宣抚司署。上述必游景点要加强管理，规定游览时间，设置景点导游员。旅行社导游员带团到达景点后，交由景点导游员全权组织游览活动。

参加（一）中缅边境旅游，必须搭配州内必游景点。总体搭配方案为：东线1、2、3条线路，瑞丽（畹町）地接团或自组团，原则上要求开展一晚两日或多日游（一晚两日以上）。一晚两日游必须选游瑞丽（畹町）区域内四个必游景点；多日游必须游完瑞丽（畹町）区域的五个必游景点。芒市接团或自组团，原则上要求开展三晚四日或多日游（三晚四日以上）。二晚三日游必须选游东线四个必游景点；三晚四日游必须选游东线六个必游景点；多日游必须游完东线八个必游景点。西线4、5条线路，必须选游口岸县市三个以上必游景点。东、西两线，具体搭配方案，由县市旅游主管部门制定，报州旅游局批准实施。

参加（二）缅甸长线游，出境前的旅游，参照（一）边境旅游的搭配规定执行。

参加（三）州内环线游，第1条大环线要求完成全州十五个必游景点；第二条东环线要求完成芒市、

瑞丽畹町、陇川沿线的十个必游景点；第三条西环线要求完成芒市、梁河、盈江沿线的八个必游景点。三条线路具体的游程安排，分别由潞西、陇川、盈江制定，报州旅游局批准实施。

二、确定规范定点单位

（一）、旅游定点住宿单位：全州的星级涉外饭店及旅游定点宾馆酒店是旅游主管部门评定的集食宿为一体的旅游综合接待单位。旅游团队必须入住星级和定点宾馆酒店，不得到非星级非定点宾馆酒店住宿。

（二）、旅游定点购物单位：经县市旅游主管部门推荐、州旅游局考察批准，全州已以德旅质监发(1999) 2号文件确定了6家定点购物单位。即：1、芒市民族文化宫丰泽金玉馆；2、畹町龙氏珠宝有限公司；3、瑞丽姐告大麒麟有限责任公司；4、瑞丽独树成林华裕珠宝行；5、瑞丽旅游淘宝场珠宝加工销售部；6、东南亚、南亚风情园旅游商品部。陇川、盈江、梁河三县定点购物单位可根据旅游发展需要报州旅游局批准。旅行社接待团队，每次游程都必须在出境前安排一至二家定点购物商店对游客进行珠宝知识培训和购物活动，确保游客购买到货真价实商品。旅行社不得将团队带到境内外的非定点购物商店进行购物等活动。

（三）、旅游定点餐饮单位：经县市旅游局推荐，州旅游局考察批准，全州规定九家旅游定点餐饮单位：1、芒市同乐园；2、芒市润美酒家；3、畹町红蛇码头餐厅；4、瑞丽东南亚、南亚风情园；5、瑞丽旅游淘宝场餐厅；6、陇川广山景颇寨绿叶宴；7、章凤花园饭店；8、盈江天香园；9、梁河宾馆餐饮部。

为展示我州民族风情，让游客观赏民族歌舞，参加边境旅游的团队，从姐告、弄岛口岸出入境当日下午必须到瑞丽东南亚、南亚风情园歌舞餐厅就餐；从畹町口岸入境的，入境当日下午必须到畹町宾馆风味餐厅就餐。其它餐饮，各旅行社可根据游程自主安排，但必须按规定到定点餐饮单位就餐（包括星级涉外饭店、旅游定点宾馆酒店）。

三、统一接团价格，提高旅游企业效益。

（一）全州旅游价格。为规范全州旅游价格，避免不正常竞争，全州实行统一对外报价。见下列价格明细表。

中缅边境一日游旅游环线价格组成明细表

表1

价格组成 \ 线路 / 金额（元）		A：瑞丽⇒姐告⇒木姐⇒南坎⇒弄岛⇒瑞丽	B：畹町⇒九谷⇒木姐⇒姐告⇒瑞丽⇒畹町		c：畹町⇒九谷⇒木姐⇒南坎⇒瑞丽⇒畹町	
一、口岸交团价		142	132	147	147	157
1	出境手续费	20	20	20	20	20
2	旅游设施维护费	15	15	15	15	15
3	宣传费	10	10	10	10	10
4	保险费	2	2	2	2	2
5	餐饮费	30	30	30	30	30
	使用缅方车辆	50		55		65
6	缅方收费					
	使用中方车辆		40		55	
7	承办费	15	15	15	15	15
二、国内旅行社组团收费		106	105	107	107	108
8	州内景点促销费	20	20	20	20	20
9	交通费	20	20	20	20	20
10	住宿费	40	40	40	40	40
11	综合服务费10%(－+8,9、10)	22	21	23	23	24
12	核定税	4	4	4	4	4
三、中缅边境一日游报价（一＋二）		248	237	254	254	265

德宏州旅游价格明细表（标准团）

表2

收费项目 \ 路线 金额（元）		一晚二日游	二晚三日游	三晚四日游	六晚七日游	备　注
1	中缅边境一日游	254	254	254	264	取中价计算
2	住宿费		40	80	200	1－2星级
3	交通费	20	40	60	100	10人级以上
4	餐费	50	90	130	250	
5	保险费	10	10	10	10	由组团社负责
6	景点门票费	60	80	100	100	按规定路线计
7	小计	394	514	634	924	
8	外联组团费2%	8	10	12	18	
9	综合服务费12%	48	61	75	110	
10	小计	56	71	87	128	
12	总计（7＋11）	450	585	721	1052	

注：1、表1州内景点促销费20元由各县市办证处带收专储，由县市旅游局按本实施办法第六条第五项组织实施。

2、表1核定税由各县市联合办证处代收后交所在地税务局，不得重复计税。

3、表1出境手续费20元（含公安办证10元，卫检、旅检、边检9元，传真费1元）。已办证的，可从口岸交团价中扣减。

（二）、旅游车价格。为规范旅游用车市场，不断提高我州旅游用车的档次和服务质量，对我州旅游专用车实行保护价制度。即五座以上十座以下进口车，芒市接团，两晚三日一个行程最低不得少于450元，三晚四日一个行程最低不得少于600元。其他行程以天数计算，每增加一天，增加额不得低于150元；十座以上十五座以下进口车，两晚三天一个行程最低不得少于600元，三晚四日游一个行程最低不得少于800元。其他行程以天数计算，每增加一天，增加额不得少于200元；十五座以上进口车，二晚三日一个行程最低不得少于750元，三晚四日一个行程最低不得少于1000元，其他行程以天数计算，每增加一天，增加额不得低于250元。

（三）、导游员管理制度（略）

（四）、关于司陪人员减免规定（略）

（五）、措施保障（略）

本办法自公布之日后15日起施行。

德宏州旅游局

德宏傣族景颇族自治州人民政府关于禁止猎捕和倒卖、走私野生动物及产品的公告

野生动物是国家的宝贵资源，也是自然环境的重要组成部分。根据《中华人民共和国刑法》、《中华人民共和国野生动物保护法》以及国家、省有关对珍贵、濒危野生动物保护的法律规定，为了进一步加强对我州野生动物资源的保护、开发和合理利用野生动物资源，维护生态平衡，严厉打击非法猎捕和倒卖、走私野生动物及其产品的各种犯罪行为，特发布此公告：

一、加强本州行政区域内的野生动物资源保护管理工作的领导。野生动物是自然界留给人类的一份珍贵遗产，又是一种可持续利用的资源，各级人民政府必须加强对野生动物资源保护管理工作的领导，落实各项保护措施，坚决制止猎捕和倒卖、走私野生动物及其产品的问题。各级行政机关、企事业单位、社会团体，要采取各种形式，广泛宣传《中华人民共和国野生动物保护法》等有关法律、法规，宣传保护野生动物的重要意义，以增强全州各族干部、群众的保护意识，提高保护野生动物的自觉性和积极性。

野生动物管理部门要认真开展野生动物资源的调查，建立其档案，向社会公布国家明令保护的珍贵、濒危野生动物种类。明确野生动物保护主管部门，陆生野生动物保护主管部门为林业部门，水生（含两栖）野生动物保护主管部门为农业部门，两部门必须在各有关部门的支持配合下认真履行好对全州辖区内野生动物的保护管理工作。

二、禁止在本州境内猎捕野生动物。要加强野生动物栖息环境的保护，特别是在自然保护区内严禁狩猎和其他破坏自然环境的违法活动。

三、加强野生动物及产品经销管理。工商行政管理部门要加强市场监督管理，禁止市场、宾馆餐厅经营销售野生动物及其产品，对屡教不改的，要吊销其工商营业执照。医药管理部门和制药厂利用野生动物及其产品为药材或原料的，需按有关规定办理报批手续，由野生动物收容机构按批准手续供给，不得进行非法收购。

因特殊情况需运输或邮寄出州的野生动物及其产品，除明确经国务院批准的以外，应按规定报德宏州野生动植物保护管理委员会办公室批准，并出具运输准许证。民航、陆运、邮政等部门及武警公安边防检查站，凭运输准许证和国家规定的其他有关文件查验放行。否则一律不准办理运输、邮寄，并扣留野生动物及其产品交野生动物主管部门处理。

通过边境小额贸易和边民互市渠道进入我州的野生动物及其产品，一律由州野生动物收容救护中心和各收容站在站内作价收容。私自到境外收购野生动物及其产品进行贩卖，并逃避海关、工商、野生动物保护管理等部门监管的，依照《海关法》第四十七条的规定以走私罪依法惩处。

各野生动物收容机构，必须依法认真做好野生动物的收容救护、驯养繁殖、野外放生、种源调剂、产品开发和珍贵、濒危品种的拯救等工作。

四、国家鼓励依法进行野生动物驯养、繁殖，合理利用野生动物资源，开发野生动物产品。经营野生动物及其产品的单位及个人，必须按照国家有关规定，依法取得许可证，禁止任何单位和个人无证驯养、经营野生动物及其产品。

五、严格狩猎枪支、弹具生产、销售和使用的管理。在州内严禁使用枪支、炸药、毒物、铁夹、套扣、电击捕鱼器等猎捕、捕捞工具猎捕野生动物。公安机关要加大对猎枪猎弹的管理力度和对无证猎枪猎弹的收缴。各单位和个人持有的枪支、弹药，自公告发布之日起，三个月内主动将枪支交公安机关查枪验证，对逾期不交验，违反规定的，司法机关将依照《中华人民共和国枪支管理法》和《刑法》第一百二十八条的规定，以非法持有、私藏枪支弹药罪惩处。禁止任何单位和个人制造销售铁夹、套绳、枪支、电击捕鱼器等猎捕工具。公安、工商、林业、农业等部门要密切配合，进行彻底的清查、登记、收缴，对有犯罪行为的，要依法严惩。

对国家公务员、企事业单位职工，利用配发保卫枪支进行狩猎活动的惩处从严，利用其他民用枪支及器械狩猎、捕杀野生动物的，公安和野生动物主管部门直接没收其狩猎枪支和其他猎捕工具、猎物及运输车辆。对狩猎人员，所在单位要作出行政处理。情节严重，触犯刑律的，交司法机关依法处理。

六、公安、林业、工商、农业等部门要加大执法力度，坚决打击各种非法猎捕和倒卖、走私野生动物及产品的违法犯罪行为。鼓励乡、村社制定相应的乡规民约对野生动物进行保护，鼓励社会各界人士加强对野生动物保护拯救和对违法犯罪行为进行举报，举报电话：州野生动物保护管理委员会办公室：2128853、州农业综合执法支队：2121344。对有功人员政府将给予奖励。

此公告自发布之日起施行。

特此公告

德宏傣族景颇族自治州人民政府
州长：管国忠
1999年10月30日

社会调查

德宏州宗教调查报告

德宏州政协

为了全面了解和掌握全州宗教情况，进一步做好宗教工作，德宏州委统战部会同德宏州政协、州民宗局等部门参加组成调查组，对全州宗教进行了一次全面深入的调查研究。调研组深入到全州三县两市，对11个乡镇、15处宗教活动场所和两个基督教培训点进行了重点调查，听取了县乡汇报，与党政领导、各有关部门和宗教界人士进行了座谈。基本上掌握了全州宗教和宗教工作的情况。现报告如下：

一、全州宗教和宗教工作的基本情况

德宏地处西南边陲，与缅甸接壤。民族众多，宗教齐全。全国性的佛教、基督教、天主教、伊斯兰教和道教等五大宗教都存在；佛教中又有南传上座部佛教和汉传佛教（俗称小乘佛教和大乘佛教）两大部系；此外，在部分景颇族中还保留着原始宗教的色彩。各民族中，傣族、德昂族和阿昌族基本上是全民信仰上座部佛教；景颇族信仰基督教和天主教；傈僳族信仰基督教；回族信仰伊斯兰教；部分汉族信仰汉传佛教、道教或基督教。由于历史、民族和地域的关系，德宏宗教的民族性、群众性、国际性、复杂性和长期性的特点尤为突出。

目前，全州信教群众43.52万人，占全州总人口的43.57%。其中南传上座部佛教36.29万人，汉传佛教33950人，基督教32133人（入教受洗的17749人），天主教1756人（受洗的1031人），伊斯兰教1396人（不含流动暂住人口约4000人），道教3000人左右。全州宗教职业人员2017人，其中专职人员345人，兼职人员1672人。按教分，南传上座部佛教1353人，其中门长（佛爷）59人，召尚（比丘）84人，尼姑（比丘尼）20人，沙弥29人，贺路（带领信教群众进行佛事活动的居士）1161人；汉传佛教350人，其中比丘5人，比丘尼54人，居士291人；基督教294人，其中牧师7人，传道人员39人，长老31人，礼拜长、执事209人，教师8人；天主教18人，其中执事、教师各9人；伊斯兰教吾梭（阿訇）1人；道教道姑1人。宗教活动场所共有946所，其中南传上座部佛教奘房（寺院）642所，佛塔22座；汉传佛教寺院64所；基督教堂209所，天主教堂7所；清真寺1所；道观1所。宗教场所中，已登记发证的907所，临时登记的6所，缓登的16所，不予登记的3所，漏登的14所。已登记的宗教场所占地4222.9亩。房屋998幢，建筑面积29.39万平方米。

宗教工作机构和爱国宗教团体。州和县市教设有宗教事务行政管理机构——政府民族宗教事务局。州和县（市）都建立了佛教协会；潞西市、瑞丽市、陇川县和盈江县成立有基督教三自爱国运动委员会和基督教协会；瑞丽、陇川和盈江分别建立了天主教爱国领导小组代行天主教爱国组织。此外，陇川和盈江各举办了常设性的基督教培训点。

解放50年来，德宏州宗教和宗教工作大部分的时间是处于正常的，但期间受到两次大的冲击和干扰。一次是1958年大跃进中“破除迷信”活动，宗教活动被迫停止；一次是“文革”中“破四旧”，党的宗教政策受践踏，宗教工作机构被解散，宗教场所被捣毁或占作它用，许多宗教界人士受迫害或转业，宗教活动完全停止。两次干扰，极大地伤害了信教群众的宗教感情，造成了大量的群众外出，宗教活动转入外向和地下活动。党的十一届三中全会以后，各级党委和政府对宗教工作是重视的，做了大量工作，主要是：

（一）、认真贯彻落实党的宗教政策，把宗教活动引向正常的轨道。广泛进行了党的宗教信仰自由政策的宣传教育；为受迫害的宗教界爱国人士平反昭雪，允许外出的教职人员回国和原来的教职人员重新执教；退还被占用的宗教活动场所，帮助或允许恢复修建佛塔、寺院和教堂等；恢复和建立爱国宗教组织；并帮助刊印了急需的景颇文和傈僳文的《圣经》、《赞美诗》和傣文的佛经等宗教书籍。基本上满足了信教群众的正常宗教活动，把宗教从外向引为内向，由地下引向公开，走上了正常的轨道。同时，各级党委和政府还积极支持各少数民族开展源于宗教、而演化成民族节日的节庆活动，通过立法，确定傣族的“泼水节”、景颇族的“目脑纵歌节”、傈僳族的“阔时节”、阿昌族的“窝罗节”以及回族的“开斋节”等民族节日。并引导各族群众为节庆充实新鲜内容，使这些与宗教有联系的民族民间传统节日赋予生机和活力，增强了民族团结，促进了物质文明和精神文明的建设。

（二）、加强对宗教界人士的团结教育工作，搞好政治安排。爱国宗教界人士是党和政府联系信教群众的桥梁和纽带，各级党政注意加强对他们的团结、教育和帮助工作，做好政治安排，积极发挥他们对内对外的影响作用。全州有84位宗教界人士安排在各级人大、政协中，其中全国和省政协委员各1人；州政协常委或委员8人，州人大代表1人；县市政协副主席、常委、委员或人大代表73人。他们参与国家大政方针和地方重大事务的协商讨论，发挥参政议政作用；反映宗教界的情况、意见和要求，协助宣传贯彻党的政策；发挥对外的影响力，对抵制境外敌对势力利用宗教对我渗透产生了很好的作用。

（三）、重视宗教骨干队伍的教育培训，努力提高其素质。鉴于我州宗教骨干队伍文化水平较低、年龄偏大、宗教学识不高的状况，宗教工作部门积极协助爱国宗教团体重点抓了中青年教职人员的培训。1、举办了4期上座部佛教僧侣培训班，培训僧尼200多人。以师带徒自传，晋升了50多名比丘级僧侣。州佛协组织编印出版了一套4本巴利语佛学教材。2、支持帮助盈江县、陇川县的基督教培训点举办基督教培训班13期，2500多人。学员中，除本州外，还有怒江、保山、大理、迪庆、丽江等地州的青年教徒。3、推荐30多名景颇族、傈僳族信徒到内地神学院、神哲学院学习；选送上座部僧侣到内地或缅甸、泰国等学习培训，有的已学成归来，成为爱国宗教组织和教会工作的骨干。此外，先后按立了牧师7人、传道人员39人为自己的神职人员；并注意加强对私自去境外宗教院校学习回来的神职人员的教育转化帮助工作，使他们成为爱国爱教的神职人员。

（四）、依法加强对宗教的管理，引导宗教与社会主义社会相适应。全州除州县有宗教管理部门外，各乡镇基本上明确有分管宗教工作的领导和兼作宗教工作的干部。各地认真宣传贯彻国务院144号、145号令及云南省政府53号令。96年进行了我州有史以来第一次宗教活动场所的普查登记工作，对符合条件的进行了登记，发放了合格证、法人证、土地权属证；对条件不成熟的予以缓登；对不符合条件、属于两乱的不予登记，限期拆除。普查登记中，建立健全了场所管理小组和规章制度。依法加强对宗教管理，保护合法正常的宗教活动，制止和取缔非法活动。查禁收缴了境外流入的不健康宗教音像制品书刊；查处销毁了德宏团结报社擅自为外商印制10万册宗教书刊。各级党政注意妥善处理与宗教有关的问题，化解矛盾，把问题处理在萌芽之中，如及时解决瑞丽莫里佛脚印宗教场所与旅游景点开发的矛盾；陇川疏导化解了老马寨（回族）与邻寨的土地纠纷问题；妥善处理了瑞丽、潞西、盈江回民服务站的问题，维护了安定团结。同时，各地还注意发挥宗教教规教义中教化益人、劝人行善、团结互助等与社会主义精神文明相益的内容。宗教界人士响应党和政府号召和要求协助宣传党的政策起了很好的作用。如州政协委员、梁河县政协常委、囊宋青松寺主持释园明捐资助学，宣传禁毒，济贫救灾，支持老年人工作，宣传计划生育，转变群众重男轻女的观念。盈江太平十八岔傈僳族传道员、县基督教三自爱国会副主席余德政，在山区带头发展科学种植养殖业，成为脱贫致富带头人，并帮助群众共同富裕；盈江县岗勐乡沙坡奘主持、县佛协会长主动送该寺14名适龄小和尚到正规学校接受国民教育。

5、开展对内对外的宗教友好往来，为宣传我州起了积极作用。先后组织我州宗教界人士13批606人到内地参观学习，开阔了视野，增长了见识，受到了爱国主义教育，增强了宗教内向力。应周边国家宗教界人士的要求，组织他们到我内地考察游览，起到了宣传我国的作用。接待了来自全国21个省市区30余批500多人的宗教界人士到我州考察参观；接待了傣、缅、日、芬兰、香港等国家和地区38批1500多人的访问参观团，增进了友好交往，宣传了德宏。各地接受了缅甸、泰国佛教界友好人士敬赠的12尊铜佛像和16尊较大的汉白玉佛像及钱物。我们应邀参加境外的宗教活动；指导州内宗教界人士开展宗教友好往来，增进了与周边国家的友谊。在交往活动中，坚持我独立自主自办宗教的原则，警惕和防范敌对势力利用宗教对我进行渗透。

我州的宗教工作，在党委政府的领导下，各有关方面互相配合，做了大量的工作，取得了明显的成效。贯彻落实了党的宗教信仰自由政策，依法加强了宗教事务的管理，积极引导宗教与社会主义社会相适应。宗教活动总的是正常的，团结和调动了广大信教群众致力于社会主义现代化建设的积极性。民族团结，社会稳定，边境和睦，为我州的经济发展创造了良好的社会环境。

二、目前宗教和宗教工作中的主要问题

（一）、宗教呈继续发展的趋势。全州五种宗教都有逐渐发展。除了按统计口径，全民信教的傣族、阿昌族、德昂族和回族随着人口的增长信教人数增加外，其它宗教亦有发展，尤其是基督教，发展趋势强劲。解放初至66年的14年间基督教共发展了4000多人，年均增285人；82年至96年的14年间发展了23000人，年均增1642人；97年、98年发展了6500人，年均发展3250人。诚然，宗教的产生、发展、消亡有其客观规律，我州宗教发展态势，除了历史原因外，有其直接和现实的原因。主要是：一境外的影响；二极“左”思潮下宗教受压抑的反弹，落实宗教政策的使然；三对现实存在的一些问题的扭曲反映，如人际关系的淡薄淡凉、吸毒屡禁不止、腐败滋生蔓延等等，转而信教；四改革开放后贫富不均、机缘不等，祈求神灵的庇佑和寻求精神的慰籍；五以经济建设为中心后，缺乏卓有成效的思想政治工作。

（二）、爱国宗教团体组织不健全。州县的宗教爱国团体没有专职人员，没有活动经费，处于有名无实或瘫痪、半瘫痪状态。不能很好发挥其应有的作用。

（三）、爱国爱教的宗教骨干青黄不接。宗教骨干队伍量少、质弱，年龄偏大，素质不高，不能满足信教群众的需求。基督教7名牧师，年纪都在70岁以上；39个传道员，年龄也都在55岁以上。佛教有寺无僧的情况很普遍。上座部佛教高僧不但奇缺，且年事甚高，身衰体弱，而年轻僧侣学识浅显，难掌佛事。天主教无一个神父，主持宗教活动须向外请。

（四）、境外宗教势力对我影响较大。由于历史渊源和地域关系，同一民族跨境而居，信仰同一种宗教，国境无设防，加之境外宣扬“宗教无国界”，因此境内外宗教联系和往来密切，使境外对我宗教渗透予有利条件。境外宗教对我影响主要是：一是国内信徒到境外接受培训，主要是基督教和天主教。据不完全统计，96年至98年先后去缅甸神学院就读的基督教徒233人

(含短训班)，如加上95年前毕业和短训班的，不少于500人左右。二是外请神职人员入境主持宗教活动(主要是天主教)。因州内无天主教神父，而天主教大的活动，又须神父主持不可，因此只好请境外神父来主持。三是经济上对我教会或宗教场所的支持，予以施加影响。四是境外派遣牧师、传道员流窜入境传教，发展教徒，走边沿一线时有发生。这样，对我坚持独立自主、自办教会和贯彻“三自”方针造成不利的影响。

(五)、教派纷争，有分裂为各自民族教会的苗头。主要是基督教比较明显。卡六朋（新派）、木东朋（旧派）、NG朋（神召派）三派暗中争信徒、各自发展势力。目前，卡六朋人多势众，在教会班子中占有优势，但经济实力弱；木东朋势力较小，但经济实力较强；NG朋活动诡密，属异端邪派，虽经整治，但仍未改弦易辙，仍有活动。由于教派纷争的影响和民族心理因素、习俗差异，出现意欲分为景颇族、傈僳族教会的苗头，陇川县较为突出，盈江县亦有反映。潞西市基督教的活动，则以景颇族、傈僳族、汉族分开活动，各自为阵。

(六)、一些地方邪教活动抬头。盈江县太平乡李麻糯自创“雷神教”并进行传播，被我取缔后仍有活动。潞西市象滚塘乡出现过反动会道门“一贯道”。盈江县岗勐乡，潞西市五岔路、西山等地所谓的“神召会”，活动诡密，夜间活动，祷告颤抖；视我党政干部为魔鬼，宣传世纪末日论，干扰和影响群众的生产生活。

(七)、有的地方的领导对宗教工作不够重视。反映在：一是思想上对党的宗教信仰自由政策认识有偏差，对宗教人为限制或支持鼓励的现象时有发生。二是对宗教工作不学习、不研究，对宗教存在不敢管、不愿管、不会管、放任自流或一管就管死的情况。三是宗教工作队伍量少、质弱的问题没有得到有效的改变。四是基层宗教工作薄弱，宗教工作重点乡镇没有健全宗教工作机制。五是宗教工作经费没有保证，除州级宗教工作部门外各县市没有专项工作经费。

三、对今后宗教工作的建议

(一)、进一步重视和加强对宗教工作的领导。各级领导要深刻理解江泽民总书记关于“民族宗教无小事”的重要指示和对宗教工作的“三句话”，即全面、正确贯彻执行党的宗教政策；依法加强对宗教事务的管理；积极引导宗教与社会主义社会相适应。从思想上、行动上重视和加强对宗教工作的领导。一是加强对广大干部、群众进行马克思主义宗教观和党的宗教政策、法律、法规的宣传教育。二是切实把宗教工作列入党委和政府的议事日程，研究和解决宗教工作中的新问题；领导和检查督促有关宗教工作部门发挥好职能作用；组织、协调各有关方面的关系，形成宗教工作的合力。三是明确基层宗教工作的要求职责，各乡镇要有一名领导分管，有专或兼职人员做宗教工作，建立健全宗教工作责任制和责任追究制。四是切实帮助宗教工作部门解决工作上的困难和问题，保证必要的宗教工作经费。五是抓紧研究制定我州宗教管理方面的地方性法规。

(二)、加强宗教骨干队伍的培养教育。爱国爱教的宗教神职人员是信教群众的精神首领，是党和政府联系信教群众的桥梁和纽带，是坚持独立自主、自办教会和有效抵制境外宗教影响的骨干力量，对未来我州的宗教走向和面貌起至关重要的作用。对宗教骨干队伍，要立足当前，着眼未来，加强培养，注重提高，适当发展，有所控制，要与信教群众的需要和我们工作的要求相适合。为此，一是强化对现有教职人员培训提高，对去境外学习受训回来的神职人员，要慎重对待。经过考查，对其中宗教学识较高，思想表现较好，不受境外控制使用人员，可经过一定时间的培训提高，重新履行从教资格手续。二是积极协助爱国宗教团体选送教徒去内地宗教院校学习培养。为目前之计，积极向上反映要求宗教院校对边疆少数民族学生予以特殊照顾，适当降低录取线和减免学费。三是尽力争取筹办云南佛学院德宏分院的工作；继续帮助搞好现办的陇川、盈江两个基督教培训点的工作。

(三)、加强爱国宗教团体组织的建设。一是健全已成立的州县佛教协会、县（市）基督教“两会”的工作。加强组织建设和工作制度建设，使其焕发生机，正常运作，真正起到党和政府联系信教群众的桥梁纽带作用。二是对届满的佛协会和三自爱国运动委员会等宗教团体组织，要及时换届选举，并选好配好班子。三是建议成立州基督教“两会”和瑞丽、陇川、盈江三县市的天主教爱国会。四是建议政府给各爱国宗教团体组织一定的编制和补助经费，使其有人办事、有钱办事。五是帮助各爱国宗教团体建立健全规章制度和对各教自身的建设和管理、活动规章措施，真正发挥宗教团体对外的积极作用。

(四)、在坚持独立自主自办教会和“三自”方针的基础上，积极开展宗教对外友好交往活动。对外友好交往是扩大对外开放的一个方面，也是宗教工作的一个重要方面，组织和协助宗教爱国团体，采取请进来、走出去的方法，公开进行宗教友好交往，以减少和避免宗教人士的明来暗往活动，把宗教界的对外交往活动规范到公开、可控的轨道。通过对外交往，不断促进与周边邻国宗教界的相互了解，增进友谊。

(五)、重视发挥宗教文化在旅游资源中的作用，宗教活动场所大多在环境幽雅、生态环境比较好的地方；且具有风格迥异的民族特色和地方特点，有丰富的宗教文化蕴含，是开展旅游的很好资源景点。州县旅游部门与宗教管理部门要密切协作，把一部分宗教场所纳入旅游景点规划，共同开发建设，发挥其经济、文化价值。

(六)、要加强宗教界和信教群众的思想政治工作，一是组织学习宣传邓小平理论和党的路线方针政策；二是对广大信教群众进行社会主义、爱国主义的教育，使广大信教群众热爱党、热爱社会主义、热爱祖国；三是加强宗教的法律、法规和党的宗教政策的宣传教育，使信教群众明确，一切宗教活动都要在法律和政策范围内活动；四是加强民族团结、维护稳定、维护祖国统一的教育；五是对信教群众进行要坚定不移地坚持独立自主自办教会和“三自”方针的教育，要明确中国的宗教团体和宗教不受外国势力支配。在对外交往中，要坚持我们的办教原则、方针，绝不允许境外宗教势力干预我境内的宗教活动，有效的抵制境外宗教势力的影响，特别要警惕境外敌对势力利用宗教对我渗透；六是对信教群众进行信科学、用科学的教育。

（七）、依法加强对宗教事务的管理。一是保护合法正常的宗教活动；二是坚决取缔打着“宗教”名誉的各种非法邪教活动。保证宗教在法律和政策允许范围内正常活动。

总之，我们要进一步认真的贯彻党的宗教政策，加强对信教群众和宗教界的爱国主义、社会主义和独立自主自办教会的教育，调动他们的积极性，巩固和发展同宗教界的爱国统一战线，依法加强对宗教事务的管理，采取有效措施，防止境外宗教势力的渗透，加强民族团结，维护稳定，为统一祖国，振兴中华，为我州的物质文明建设和精神文明建设服务。

一九九九年十月八日

关于开发盈江仙人洞风景区之构想

张建章

一、仙人洞的基本情况

盈江仙人洞，位于盈江县姐帽乡岗热寨后的普伦山腰部，距姐帽乡政府驻地约4公里，保瑞公路从其下穿过，乘车过路，仙人洞极为醒目。

据考证，远古的盈江坝子系一高原湖泊，现存之洞皆为出水洞。随着大气候变化，湖水渐退，遂成为盆地。因地下水减少，水位降低，故今天的出水口移至山脚。

解放前，当地傣族称此洞为"唐岗热"，系傣语，意即岗热寨之洞。相传早年为魔鬼洞，此魔无恶不作，危害四方，于是百姓忍无可忍，请佛驱走邪魔，辟为佛教圣地。解放后，汉语盛行，易名为"仙人洞。据悉，傣族老人现对"仙人洞"仍不解其意，但只要提及"唐岗热"，便无人不晓。1966年前，仙人洞附近建有南传上座部佛教尼庵，并常驻沙弥尼（白尼姑）数人，每年皆在泼水节期间举办佛会。"文革"期间，佛地受到冲击，尼散庵毁。1982年后仙人洞的公洞恢复为佛教圣地，每逢佛节，香火兴盛。

1992年8月，姐帽乡党委和政府统一认识，着手开发仙人洞旅游资源，至今年4月初，共投资11万余元，初步完成了车路、石阶、停车场、电路灯光和公厕五项重要的基础设施建设项目，为今后进一步开发仙人洞风景区奠定了坚实的基础。今年4月12日（泼水节），初见成效的仙人洞景点正式对游客开放，截至5月底，仅门票收入即达9000元。1994年1月5日，国务院审定公布第三批国家重点风景名胜区，德宏的瑞丽江和大盈江风景区还被列为重点风景名胜。1999年7月8日，德宏州瑞丽一大盈江国家级风景名胜区总体规划项目在昆明通过省级评审。

二、开发价值及可行性分析

（一）纵向比较：1992年8月前，仙人洞仅为一地方性的佛教圣地，其景观以自然景观为主，辅以简陋的上座佛教文化为主干的人文景观。1992年4月后，经过乡政府初步开发，在佛教圣地的基础上将其建设提高为县级旅游胜地。尤其值得一提的是，在仙人洞中配置了现代灯饰，不仅起到照明效果，而且增添了艺术的梦幻色彩。由于初步开发满足了当地群众一睹全洞风采的求新求奇的夙愿，故仅在开放后的43天中，就收入门票费近9000元，这充分说明仙人洞风景区具有很大的开发价值和潜力。

（二）横向比较：就盈江县而言，姐帽仙人洞具有得天独厚的区位优势、自然优势和人文优势，其开发价值与潜力较潞西三仙洞和腾冲云峰山景点有过之而无不及。三仙洞开发于1924年，系大乘佛教常斋教派圣地，其优势主要是洞中石笋资源丰富，造形生动。云峰山则是云南三大道教圣地之一，主要靠登高观景吸引游客，给人以"无限风光在险峰"的享受。因此，近年来这两个地方已成为吸引保山地区、德宏州和缅北游客的重要旅游圣地。但其明显的、致命的劣势是：二者皆远离交通干线，远离乡级集镇；自然景观较为单一枯燥；且均在汉族山区。姐帽仙人洞则不同，与其相比，具有如下主要优势和劣势：

1、优势

(1)、区位优势：距盈江县城37公里，位处坝区环州公路干线旁，且盈江八（莫）公路已接轨。此外，仙人洞已被纳入盈江县旅游局漂江游——虎跳石——仙人洞——曼允的旅游循环线路。更为重要的是1994年大盈江风景区已被列为国家级重点风景名胜区域。

(2)、自然优势：姐帽仙人洞有龙洞（大出水洞和小出水洞）；稠密诱人的热带雨林，至今保护良好；有山和悬岩绝壁，观赏性强，可塑性大；有公洞、母洞和尚未开发利用的3号洞，其地府资源有待进一步调查开发；登临洞口及山巅，盈江坝子尽收眼底，大江南去，阡陌纵横，远山巍巍，白云悠悠，边陲风光一览无余。有水、有洞、有奇花异木和有怪石奇岩，这些专项资源又组合成为不可多得的仙人洞综合性的丰富多彩的资源。

(3)、人文优势：仙人洞是南传上座部佛教圣地，建有岩上塔；历史上傣族和阿昌族信众视其为净土；昔日曾有南传上座部佛教的尼庵，这在德宏、全省乃至全国都属罕见。

2、劣势

(1)、知名度不高。现有的关于仙人洞来历的传说过于单薄，且不便发挥，换言之，即缺乏一个有利于宣传和开发仙人洞的支柱性传说。

(2)、目前，虽已确定为国家级重点风景名胜区的一个景点，但从开发投资者及旅游者的角度看，仍仅为县级旅游景点；且多为自然景观，人文景观的分量太少，在开发上缺乏个性，缺乏竞争力。

结论：与当前享誉一方的云峰山和三仙洞相比，就区位优势和自然景观等方面看，仙人洞是一块风水宝地，可谓得天独厚。倘若我们在未来的开发中注重扬长避短，发挥优势，弱化劣势，那么在5－10年内极有可能与前二者媲美。

三、开发思路及总体规划

（一）、更名："言不正则名不顺"，"山不在高有仙则名，水不在深有龙则灵"，这些至理名言表明一个旅游景点若要树立自己独特的旅游形象，并能招揽天下游客，就必须有一个好称谓，有一个好传说。基于此，笔者挖掘历史，虚构细节，演绎出一个具有“历史感、神秘感、地方性、民族性和国际性”（以下简称“二感三性”）的传说：宋代，蒲甘朝的阿奴律陀（1044——1077年）帝闻知大理国崇信佛教，并有一枚佛牙，就亲率其子江喜陀、四员大将和象、马大军，沿古西南丝路抵大理求取佛牙。大理国王隆重友好地接待了缅王，并赠阿奴律陀一尊碧玉佛。归途中，缅军于傍晚抵姐帽普伦山下，正待埋锅造饭，突遭土酋武装袭击。土酋以利箭射象，象负痛狂奔，缅营大乱。土酋趁乱攻入。阿奴律陀端着玉佛，落荒而逃，逃到普伦山腰，前有悬岩峭壁，后有追兵。在这上天无路，下地无门之际，玉佛倏地射出三道金闪电，晃若三条金龙，三声炸雷响过，悬岩上现出三个岩洞。阿奴律陀藏入最大最深的“救驾洞”，江喜陀王子躲进“王子洞”，其他武将则钻入“将军洞”。御林军放箭滚石，死守洞口。待援军赶来，土酋武装不支，仓惶撤退。阿奴律陀等又累又饿，当夜仍以洞为行宫，忽见玉佛又闪出一道金光，金光中有傣女端着傣味佳肴款款而至……。竖日，为感佛恩，缅王赐封洞名，并仿名塔吉谛喻在飞来石上建三座金塔。释迦牟尼佛是赏罚严明的，见开凿将军洞的金龙不太卖力，故将其收走，并对开凿救驾洞和王子洞的两条金龙论功行赏，分别封为大龙洞和小龙洞的掌权龙王。公元1287年前后，意大利旅行家马可波罗受元朝廷派遣，随军出访东南亚诸国，途经姐帽时，为避酷暑，他选王子洞为官邸。在这里，他喝到一种用糯米和香料酿制的糯米香酒，感到终身难忘，并写进回忆录。由于佛洞初开，当地少数民族仍信奉原始宗教，故称之为“仙人洞”。

基于该故事的“二感三性”较强，故其内涵和外延都颇有开发潜力，不仅点题明确，开发主旨明确，而且为度假村、疗养胜地、旅游食品和纪念品等项目的开发埋下伏笔。

笔者与盈江县地方志办公室，地名办公室和县旅游局通气商讨后，均得到他们的认可，并达成共识。

（二）、总体规划：1993年6月20日，乡政府主管乡镇企业工作的同志及州双文明建设工作队的同志冒雨考察了仙人洞风景开发区。我们一致认为，开发仙人洞景区的总目标是：力争在5－10年内，将其建设成为初具规模的集佛教圣地、旅游胜地、度假村及疗养胜地为一体的多功能、高品位的综合性旅游风景区。开发的总方针是：扬长避短，总体规划，筹攒资金，分段建设。所谓扬长避短，即在规划和施工时尽力做到“你无我有，你有我优”。总之，在突出重点和特点时，务须遵循“二感三性”的原则。时至今日，这一总体规划仍是适用的、合理的、科学的。

（三）、景点开发设计

1、停车场选建于保瑞公路东侧，龙洞溪与公路交叉处。原停车场及公路可作为内用或备用。

2、沿龙洞溪筑一牛车道（可供轿车行驶），其风格为小桥流水，尽量展示边地、田园风光。修此路有三个优点：一是视野开阔，可遥望仙人洞景区全貌；二是可绕过旅游环境不佳的附近傣寨；三是为今后开展乘牛车游览打下基础。

3、公园大门建在大龙洞前100米开外，系傣族三亭式排楼门，中门大，左右二门次之，亭柱以缅式龙抱柱为佳，昂首的龙头应凌空于枋内角处。中亭上端悬阴刻黑底金字匾额，上书“救驾洞”。大小龙洞皆以石龙头吐水造型，前者镌刻“大龙洞”，竖刻“饮此矿泉，浑身泰然”；后者镌刻“小龙洞”，竖刻“延年益寿，幸福吉祥”。字体均为大篆，饰以红漆。因池水清澈稳定，故可建观鱼池（建水榭，供观鱼垂钓）及露天游泳池。

4、在大龙洞东北角榕树下，建傣式塔状穿斗铁皮项尼庵，并建受戒亭。

5、在龙洞西南的甘蔗地建稻香村（度假疗养胜地）和白鹭饭店，建筑群应与周围环境和谐，以傣式别墅为主体。

6、筑小龙洞至王子洞的“拜佛路”，路宽一庹，曲径通幽，铺以卵石，移步换景，主要观赏热带雨林的奇花异草及园林艺术。

7、在王子洞古榕的巨臂上刻魏碑体“迎客榕”三字，涂红漆为妥。

8、王子洞内塑江喜陀王子及马可波罗像，供从缅甸吉谛喻或蒲甘接来的佛像。

9、“石抱树、树抱石”奇观。

10、“鹞子翻身”景点当恢复其险，以铁链防护。

11、在弯腰树旁建“风雨亭”。

12、“飞石塔”应重建，当更象吉谛喻（螺丝塔），气派应更伟岸豪华。风铃力求先进，组装出“未见其貌，已闻其声”的佛地氛围。

13、建“望江廊”。

14、重振“求子石”雄风，以大理石或汉白玉建供台石栏，并刻书“求子得子，求女得女，有求必应”。

15、开辟攀天藤线路，刻石窝供人攀登，以满足游客探险猎奇的需求。

16、开辟飞石塔至救驾洞之间的栈道。

17、扩开救驾洞之山门，救驾洞是整个风景开发的重点项目，当全力开发。洞门二壁可镶嵌汉白玉浮雕二幅，左幅内容为大理君王向缅王馈赠玉佛的隆重场景；右幅是反映玉佛开洞救驾的传说。在前洞“象”（钟乳石）之背部，置特制绿玻璃佛像一尊，内设光源，重现碧玉佛之尊容。中洞设地府饭庄、酒巴及舞池。下洞可辟为魔鬼洞、地狱洞等刺激性较强的娱乐性项目。倘若觅到地下水洞其开发价值将倍增。

18、建“楼上楼”避暑山庄，系穿斗铁皮顶建筑，沿山势建成塔形，铁皮顶涂成红或黄的防锈漆，以示美观。内设茶馆、酒店及娱乐室等。

19、沿攀天藤而上，可达顶峰，在较高的山峰上分设“对歌亭”，左叫“娥妍亭”，右称“桑洛亭”。今后若有资金，可开通揽车线路。娥妍与桑洛是傣式梁祝，东方的罗密欧与朱丽叶，相信这一爱情悲剧将能深深打动东西方游客的心。提倡在防护铁链上锁同心锁，不仅有售锁之收入，而且将提高游客的回头率。

20、绿化植被，保护好现有植被，今后的绿化以种植野蕉，澳洲蕉、乌头、树蕨、棕树王、榻扇树、油棕树、柚子、桂花、寄生兰、血竭藤、藤篾、过山龙、叶子花、菠萝密树、芒果树等热带雨林为主。

21、野生动物训养，要保护好景区内现有的野生动物，同时应放养猴、白鹭、乌鸦、孔雀、原鸡、雉鸡、锦鸡等观赏性较强的动物。

四、开发措施

(一)、争取召开乡、县、州三级有关部门、专家、人士参加的专题论证会，对今后如何优质高效地开发仙人洞风景区进行系统、全面、深入的科学论证。

(二)、在充分论证的基础上，县政府应对其开发构想作出决议。因开发仙人洞风景区并非一两届政府任期内能办妥的事，故须树立坚持30—50年不动摇的决心。

(三)、在分段开发方案中，应首先建尼庵，将原沙弥尼请回庵任主持。所接之佛当首选仰光吉谛喻之佛。此举办妥，办其它事时可易办一些。建庵资金可化缘筹集。其次是尽快征购所需之土地（最好由佛教协会出面征购），此举宜快不宜慢，若资金不足，即便贷款亦可。

(四)、资金来源。筹积资金的办法大致有如下几种：

1、门票收入。目前规定门票为国内每人每票1元，国外每人每票3元。此规定不尽合理，应在国内人士上加以区别，建议对本地信徒及当地游人减免门票费。这样做的好处是能保证圣地香火的兴旺。就一般而言，佛教徒的心态是必定要施舍功德的，而且施舍不仅够自己销费，而且要有剩余资助他人。

2、增设宗教活动娱乐项目，让信徒及游客在愉快的精神享受中增加支出，如多设功德箱、硬币投佛钵、花钱敲磬撞钟、购香烛纸火、求子、锁连心锁，在农闲时增办佛节、抽签（下设或少设下签，皆大欢喜），花钱勒石等等。

3、开设饭店、客栈、酒巴、舞厅、按摩、游泳池、垂钓等业务，出售玉雕、竹根、树根雕、牛骨头雕件，贝叶经、牛头、羊头、竹筒装糯米酒（创“马可波罗”名牌）等。

4、寻求热心的赞助者，欢迎企业和国内外人士到风景区搭桥铺路，建亭筑廊，谁出钱就落谁的名，树碑立传，留芳百世。

5、欢迎国内外人士在景区内投资立项，自主经营。

6、借重建仙人洞佛教圣地之名，请州、市佛教协会出面，在省、州及缅甸北部地区化缘筹款。

7、尽快与各县市旅游局、旅行社联网，开展旅游业务。

8、争取在城建项目中立项，当地方财政好转时，争取政府拨款。

总之，在资金筹集上要立足于自力更生，以洞养洞，取之于民，用之于民，攒够开发一个景点的资金，便请最优秀的工匠按总体规划施工。做到开发一个景点，就要见效一个景点。

热 点 问 题

德宏州十一届人大三次会议举行记者招待会 州长管国忠等答记者问

本报讯 州十一届人大三次会议3月26日晚在州人大会议室举行记者招待会，州长管国忠，副州长赵家培、李志明、龚敬政以及州级国家机关有关职能部门负责人就有关我州经济社会发展问题，回答了记者的提问。

记者：党中央提出西部大开发战略后省委、省政府制定了“中国西部开发云南行动计划”。最近的州委工作会议和这次的人大会都提出要抓住西部大开发的历史机遇，开创德宏经济社会发展新局面。对此，我州有没有具体的工作思路？

州长管国忠：关于西部大开发战略，国家计委有个设想，分三步走，大体要50年的时间，省里制定了云南行动计划，要解决8个方面的问题。首先是关于基础设施建设的倾斜，同时还有金融、信贷、政策等方面的优惠。面对这一千载难逢的机遇，第一步，我们已责成州计委牵头准备了128亿元的投资项目，成立了西部开发云南行动计划重点项目协调领导小组，由州委书记王南昆任组长，政府领导具体有我和各位副州长。领导小组现在正在紧锣密鼓地作第一批项目的筛选申报，争取有比较高的项目申报命中率。本月29日，我州将召开领导小组第一次办公会，把这些初步选出的项目进行分门别类整理，按近、中、远期分轻重缓急组织实施。

记者：加大德宏州对外宣传的力度，提高德宏的知名度，是出席“两会”人大代表、委员们最关心的热门话题之一，我州是怎样开展这方面工作的？

州委宣传部副部长张方元：州委、州人民政府非常重视我州的对外宣传工作，今年在州财政预算中增加了100万元的对外宣传投入，用以促进我州经济建设和旅游业的发展。

下步的对外宣传工作，州委、州人民政府结合西部大开发战略以及德宏的四大支柱产业建设已作了具体规划，其总体思路是：结合我州经济建设中心，围绕西部大开发这个重点，采取请进来走出去和加强横向联系的办法，来实施我州对外宣传的总要求。“请进来”就是要借助外边的新闻媒体，特别是中央和其他省市的重要的新闻媒体，组织进行对德宏的对外宣传介绍。这方面，我们已经做了一些工作也取得了一定成效。“走出去”有几种途径，一是组织本州的新闻单位采写、报道，采取节目交流等形式，使我州的对外宣传工作有新的突破；二是要通过举办各种活动特别是结合民族文化大省建设举办民族文化、旅游活动，吸引外地的游人、客商到德宏来；三是组织我州的文艺团体到州外、省外、国外开展民族文化交流演出活动，以此为载体加强外宣工作；四是用现代传媒手段，特别是利用国际互联网络进行宣传。这方面，我州旅游、宣传和其他部门已经做了大量工作，今后还要继续加大力度。

此外，自觉搞好对外宣传工作，对于每个德宏人来说都是义不容辞的工作，特别是新闻宣传单位，要立足于德宏的发展，立足于西部大开发战略的实施，大力宣传我州的优势、开发项目及发展前景，既要让本州的各族群众对之有深入的了解，又要让州外、省外甚至国外的人们都能了解德宏是一个美丽的地方，是一片大有希望的热土，来共同开发建设德宏。

记者：今年，国企改革已进入倒计时的攻坚阶段，对此，州政府将采取什么方案来保证我州国企改革的顺利进行？

副州长李志明：目前，全州现有的323户国有企业中已经完成改制的仅有86户，占26.6%，远远低于全省和其它地州的发展速度。今年力争达到60%－70%是有希望的。下步我州将从以下几方面来努力：一、省里最近将召开全省国企改革和脱困会议，可能会有新的政策和措施出台，我们要认真贯彻落实这次会议精神。二、州直和各县市要明确责任。省里有明确指示，各县市国企改革以各县市政府领导为第一责任人。要加快各县市国企改革的步伐，州上的主要任务一是要指导全州国企改革。该出台政策、该配套的文件已出台了，现在的关键是要进一步督促检查各县市加速国企改革的进程，督促他们尽快制定企业改制方案并加以实施。二是通过各县市与州政府签订责任书、部门与州政府签订责任书的办法，把责任具体落实到人，层层抓落实，扎实抓好改制工作。三、各部门要通力配合。经过几年的配合协作，各部门对国企改革已形成共识，很多关系已逐步理顺。今后各部门更要齐心协力，通力配合。四、改革形式要多样化。基本思路以股份合作制为主要形式，采取股份有限公司、有限责任公司以及租赁、承包、拍卖、转让的方式进行，也可允许个体私营经济来参与国企改革，或购买或兼并国有企业。同时，要注重改革质量，一步一个脚印，改一家算一家，改一家活起来一家。五、各新闻单位、新闻媒体要结合“解放思想，更新观念”大讨论，围绕国企改革怎么转变思想观念进行大力宣传。只有这样，我州的国企改革任务才能够完成。

记者：近年来有个体私营户近4000户流出我州，这主要是什么原因？政府对发展我州非公有制经济有什么对策？

副州长李志明：通过几年的发展，非公有制经济已成为我州国民经济的重要组成部分，是我州财税收入的一个增长点。然而，由于受各方面因素的影响，到1999年末我州仅有个体工商户19485户，比1998年同期减少18.15%，即大约4000户左右。据调查分析，造成我州个体工商户外流、减少的原因有：一、整个经济形势的影响。主要表现在：受大气候影响，糖价下跌，糖业经济不景气；国家调整边贸政策后，我州边贸业连续几年下滑，到1999年虽出现恢复性增长，但恢复较慢，导致个体私营经济无发展空间。二、我州近几年经济不景气，各有关部门又强调所谓的规范管理，使管理变成以收费为目的，且收费名目繁多，在经济不景气的情况下，也没有相应减少，甚至有增无减。三、受边贸下滑影响，我州旅游业发展比较缓慢，人员流动少，收入则少。四、其他地州出台优于我州的优惠政策，吸引了一批个体工商户弃我投他。五、我州整个管理的硬环境虽有改变，但软环境管理较差，管理不能全州一体化，有的部门服务意识差，导致“脸难看、门难进、事难办”，令个体户心中不愉快而另寻发展空间。还有就是我州的扶持力度不够，工作做得不够好。

解决上述问题的方法是：首先要解决认识问题。全州各级领导，包括各有关部门和广大人民群众要把非公有制经济真正作为我们社会主义国家的一种体制、一种制度来认识，把它作为社会主义市场经济的重要组成部分来认识。二、各级金融部门要大力扶持，给予倾斜，从老观念中转变出来，把非公有制经济与国有企业一样地扶持对待。三、各级各有关部门要积极转变观念，树立服务意识，大力帮助个体私营者解决其发展中遇到的问题。四、营造一个宽松环境，清理制止乱收费行为。最近，州人民政府准备发文就一批乱收费项目进行清理，紧接着还要继续进行第二批、第三批清理。五、要继续扶持、大力发展我州的边境贸易，吸引流失的人员和更多的人员到我州发展。

记者：省里出台了对全省25个边境县（市）的边境沿线行政村小学及其以下学校1至6年级的在校学生实现“三免费”教育政策。今年，我州的陇川、盈江、梁河三县又面临着实施“普九”教育验收，对此，我州将出台什么政策和措施来面对机遇和困难？

州教委主任杨前光：省委、省政府出台的这个免费教育政策，涉及我州有盈江、陇川、瑞丽三县市，也包括了畹町、潞西两地。现在我们正在争取让梁河县也能列入。该方案由省民委具体操作实施。最近，省民委的有关领导已到我州进行了调查研究，我州教育行政部门积极主动地配合省民委进行了这项工作，各县市也进行了认真调查核实，准备逐步往省上申报。

争取到这项经费后，我们要按照省委、省政府的要求，把它管好、用好，让它实实在在地对推动我州基础教育发挥应有的效益。

关于我州西部三县今年的“普九”达标工作时间，是省委、省政府具体规划确定的。对此，我们不能讨价还价，必须下定决心，破斧沉舟，团结拼搏，打好这场攻坚战。

而打好这场“普九”攻坚战，我们面临的难题之一是我州财政困难，对义务教育的投入不足。解决这个问题的办法是，坚持依法行政、依法支教，从而依法保证对教育经费投入的三个增长。目前西部三县党委、政府都采取了积极的筹资方式。另外，省里已作出决定，将明、后两年的基础教育经费提前用于今年，这将是一个难得的机遇。第二个难题是初中教师匮乏。解决办法除了从外地引进一部分大专学历以上的教师外，潞西市结合机构改革，抽调一部分党政机关干部支教的做法不失为一条好路子。目前，各县市在这方面已有具体的方案、措施。最后，要注意的问题是“普九”解决办学条件、师资紧缺等硬件建设必须实事求是，要有具体、详尽、长远的规划，避免不必要的投入浪费。

记者：据报道，李铁映在参加全国人大云南代表团讨论时说过，云南要做好迎接西部大开发的准备工作，首先要做好基础设施建设和人才的准备。这当然也包括我们德宏州在内，请问我州在基础设施建设特别是人才的引进上有什么打算？

州长管国忠：基础设施建设是国家实施西部大开发战略的一个重要组成部分。就我州而言，在电力方面已实现了电力的低水平过剩，并且于去年实现了全州的“一网打尽”；在通讯方面发展水平仅次于昆明和玉溪；并且每百人拥有的移动电话数量也居于全省较高位次；在交通方面要比友邻地州好一些。可目前我州的基础设施建设仍显得薄弱。为此，我州将争取在项目上得到支持，打通保山－芒市、腾冲－盈江、潞西－临沧的等级公路，争取部分水利、江河堤治理等项目的立项。

在人才引进方面，我州目前所急需的是管理方面的人才。一个能人可以救活一个企业，在这方面我们的体会和感受都很深；而我们的国有企业改革，也正需要这样的人才。在引进人才方面，我们必须重视两个问题，一是防止“宠了女婿，丢了儿子”；二是虽然我们还不具备引进技术人才、高新技术开发人才的优势，但要统筹考虑。在引进人才时必须注意要引得进、用得上、留得住。引进人才的概念应是广义的，而不是缺什么才引什么。从现在起，我们将着手制定引进人才的规划；同时也将营造一个让所引进的人才能够发挥聪明才智、实现人生价值的工作环境，从而有效地促进全州政治、社会、经济的发展！

记者：德宏去年农村人均收入比前年减少近2%，州政府今年对增加农民收入、提高农村物质文化生活水平有些什么打算和具体措施？

副州长赵家培：去年农民收入比前年有所下降的原因，一是由于市场价格的波动，特别是蔗糖价格的下降，导致了企业的亏损，从而也使甘蔗的收购价格有了大幅度下降，这是农民人均收入下降的主要因素；

二是去年部分地区1至6月遭受干旱和夏秋多雨低温，造成部分地区生产减产欠收，这也是农民人均收入减少的重要原因。

为了实现农民增收的目标，州委、州政府根据中央、省委、省政府的要求做了认真的研究，决定抓住西部大开发的机遇，以实现绿色经济强省、建设民族文化大省、打通国际大通道为奋斗目标，进行全州四大产业的开发，即稳定粮蔗生产，开发生物资源，大力发展边贸和旅游业，同时把对农业、农村经济结构进行战略性调整作为今年农村工作的中心任务，以确保农民增收和农村的稳定。同时，今年我州还将加大基础设施的建设力度，特别是加大大盈江、瑞丽江、勐板河这些水利工程的建设，并搞好生态环境建设，加强林业工作，做好封山育林、植树造林、退耕还林、个体承包等工作。通过认真落实这些措施，农民增收、农村稳定是有希望的。

记者：近几年来我州的公路交通建设有了较快的发展，但从瑞丽－章凤－盈江的公路仍然等级低、路况差，制约了西三县的经济发展和旅游资源的开发，据说州政府对此已有规划，那么请问具体规划情况如何？是否已有个时间表？

州交通局局长柳五三：瑞丽－章凤－盈江的公路是连接两个国家级旅游区、两个国家级口岸和两个省级口岸的重要国际通道，也是整个德宏州实施干线公路等级化的重要条件之一。瑞－章公路从去年10月开工至今已完成工程量的60%，预计路基工程可于今年5月20日完工；章－盈公路建设的可行性分析预计今年完成，预计将在2002年至2003年开工，德宏将用2至3年时间，完成州内干线公路等级化的艰巨任务，为德宏的经济发展作出应有的贡献。

生　活　指　南

德宏州旅游路线精选

东线3日游（潞西市、瑞丽市）

D1：潞西市民族文化宫、树包塔、缅桂亭、芒市镇南传上座部佛教景点（奘相、奘贺信、奘罕）、芒棒佛泉、勐戛观音寺、三仙洞（常斋教）、用傣味餐、法帕尖山温泉浴、观光夜市。

D2：潞西市风平塔寺、遮放芒丙塔寺（南传上座部佛教尼奄），瑞丽市畹町口岸、畹町桥、畹町生态园、扎朵佛脚印风景区（莫里风景区）、原始风光漂江游（领略中缅两国边境风光）、独树成林、姐勒金熊塔、观光夜市、自由购物。

D3：瑞丽市麓川古城、滇弄金鸭塔寺、姐告口岸、71号界桩、奘喊沙、大等喊寨风情、丙冒国门、雷允飞机厂遗址、淘宝场、风情园、用民族餐、欣赏民族歌舞表演。

西线3日游（梁河县、盈江县、陇川县）

D1：梁河县土司衙门、勐砥公园、芦葫口风光（浑水沟泥石流治理工程），盈江县凤凰山橡胶母树、允燕山景区、马鹿场、盈湖公园。

D2：盈江县芒允古镇、马嘉里事件遗址、凯邦亚湖游览区、铜壁关、华夏榕树王、那邦口岸、观赏役象。

D3：盈江县大盈江原始生态游、姐冒仙人洞、虎跳石与落水洞奇观，陇川县户撒皇阁寺、用阿昌风味餐、景罕五兔塔、拉允口岸、广山景颇民族寨、用景颇绿叶宴、欣赏景颇歌舞。

（张建章）

瑞丽海外旅游公司旅游线路精选

一、瑞丽市内一日游（瑞丽精品景点之旅）

8：30　从瑞丽出发
9：30　抵红蛇码头，参加漂江游
10:30　游览莫里热带、亚热带雨林风景区
12：00　畹町午餐
12：50　参观畹町生态园
14：40　游览独树成林景区
15：30　淘宝场淘宝
18：00　淘宝场晚餐
19：00　返回瑞丽市区
标准团160元/人

二、瑞丽市内二日游

D1：瑞丽生命健康之旅
8：30　从瑞丽出发
9：30　抵红蛇码头，参加漂江游
10：30　游览莫里热带、亚热带雨林风景区
12：00　午餐
14：00　参观畹町中缅友谊桥
15：00　游览畹町生态园
16：30　游览独树成林景区
17：30　游览姐勒金塔
18：00　晚餐

D2：瑞丽淘宝之旅
8：30　从瑞丽出发
9：30　淘宝场淘宝
12：00　午餐
13：30　参观银井村“一寨两国”景点
14：30　喊沙佛教文化景点
17：00　游览观光中缅岛或中缅街
18：00　晚餐
标准团：280元/人

三、中缅旅游（瑞丽－姐告－木姐－南坎－弄岛－瑞丽）

8：30　从瑞丽出发
8：45　姐告办理出境手续，观看大象跨国赶集
9：20　思达旅游公司回门接团
9：30　参观金皇宫珠宝展，游览木姐市区五佛寺
10：30　返回金皇宫、珠宝商场购物，自由活动

12：00　午餐
12：30　大象表演、人妖表演（自费项目）
14：00　乘车前往南坎
15：30　游览南坎曼坎寺
16：00　游览南坎山帝大民族村（自费项目）
17：00　游览南坎市区、中心大佛寺
17：30　送团
18：00　东南亚、南亚风情园歌舞晚餐

四、瑞丽－弄岛－南坎－木姐－姐告－瑞丽
8：30　从瑞丽出发
9：10　弄岛口岸办理出境手续
9：40　到达南坎旅游公司
9：50　游览山帝大民族村（自费项目）
10：50　游览南坎市区、中心大佛寺
11：10　珠宝购物、自由活动
12：00　午餐
12：30　观看人妖表演（自费项目）
13：10　游览南坎佛寺
14：00　乘车前往木姐
15：30　游览木姐市区、五佛寺，金皇宫珠宝展览
16：30　观看大象表演（自费项目）
17：30　送团
19：00　东南亚、南亚风情园歌舞晚餐
标准团 195 元/人

五、瑞丽、缅甸八莫三日游
D1：瑞丽至八莫，游览缅甸风光
D2：八莫市内游：游览八莫佛教圣地、中国远征军将士墓公园、伊　洛瓦底江、古战场、准多干群塔
D3：返回瑞丽
标准团 850 元/人

六、瑞丽－腊戌　三日游
D1：瑞丽－腊戌（考察自由市场）
D2：住腊戌（游波打雁缅寺、曼镜塔、高山寺，观赏歌舞晚会）
D3：腊戌－瑞丽
标准团 1410 元/人

七、瑞丽－曼德勒　五日游
D1：瑞丽－腊戌（考察自由市场）
D2：腊戌－曼德勒（观光夜市）
D3：住曼德勒（上午游曼德勒山，下午自由活动）
D4：曼德勒－眉苗（游情人木桥、皇宫、鸳鸯船，眉苗湖、瀑布）
D5：眉苗－木姐（住木姐或出境）
标准团：2140 元/人

八、瑞丽－仰光　八日游
D1：瑞丽－腊戌（市容市貌）
D2：腊戌－曼德勒（游曼德勒市貌）
D3：白天游曼德勒（游曼德勒山、情人木桥、皇宫），傍晚乘车去仰光
D4：住仰光（游大金塔、卧佛、博物馆、购物）
D5：住仰光（游皇家湖、码头、自由市场购物）
D6：仰光－曼德勒
D7：曼德勒－眉苗（游曼德勒大佛寺、眉苗湖和瀑布）
D8：腊戌－木姐（住木姐或瑞丽）
标准团 3200 元/人

九、瑞丽－仰光－东枝－蒲甘　十一日游
D1：瑞丽－腊戌（观光市容市貌）
D2：腊戌－曼德勒
D3：住曼德勒（游曼德勒山、情人木桥、皇宫）
D4：曼德勒－仰光（夜市购物）
D5：住仰光（游大金塔、卧佛、博物馆、购物）
D6：住仰光（游皇家湖、码头、自由市场）
D7：仰光－东枝
D8：住东枝（游茵莱湖、东枝城）
D9：东枝－蒲甘（游塔林）
D10：蒲甘－曼德勒－眉苗（游眉苗湖）
D11：眉苗－木姐（住木姐或出境）
标准团：4290 元/人

主题索引

说　　明

一、本索引采用主题分析索引，索引范围包括文献、州情概览、大事专题及附录。

二、本索引分两部分，第一部分为按首字笔画为序排列，第二部分以首字的汉语拼音为序排列。

三、索引款后的阿拉伯数字表示该索引内容所在的页码，数字后的字母（a、b、c）表示栏别，即版面从左至右的1、2、3栏。

主　题　索　引

（按首字笔画）

二　画

三　画

四　画

五　画

六　画

七　画

八　画

九　画

十　画

十一画

十二画

十三画

十五画

十六画

主 题 索 引

（按首字汉语拼音）

H

J

K

L

M

N

W

春节期间，州委书记王南昆（右一）、副州长赵家培（右二）等深入梁河县杞木寨看望贫困户。

州委书记王南昆（右一）看望民国时期的畹町镇长。

（均为刀承贤　摄）

人象拔河

傣族民间传统体育竞技项目“扭棍”

（均为郑海洪　摄）

（滇）新登字 06 号

责任编辑：童荣云
封面设计：张建章

版权声明

德宏年鉴（2000 年）

（总第 9 期）

德宏年鉴编辑部　编

德宏民族出版社出版发行
（云南德宏芒市青年路 1 号）
国外发行：中国国际图书贸易总公司（北京车公庄西路 35 号）
德宏州跨世纪电脑科技开发中心排版录入
深圳市（宝安）新兴印刷厂印装

开本：787 × 1092　1/16　印张：20　字数：750 千字
2000 年 7 月第一版　　2000 年 7 月第一次印刷
印数：1-3000 册

ISBN　7-80525-545-8/Z · 118　　定价：80 元